汽车先进技术译丛 汽车创新与开发系列

汽车电子技术——硬件、软件、系统集成和项目管理
（原书第4版）

[德] 凯·博格斯特（Kai Borgeest）著

熊 璐 田 炜 译

机械工业出版社

本书由德文版第4版翻译而来。本书主要内容包括汽车电子技术导论，汽车电气系统，能量存储装置，混合动力驱动和电驱动，柴油发动机电子控制单元示例，汽车总线系统，汽车电子系统硬件，汽车电子系统软件，信息安全（信息保护），汽车电子系统安全性和可靠性，项目管理、流程和产品，应用示例，汽车的个性定义与调整，以及未来的汽车科技。

本书适合汽车行业电子电气工程师、研究人员以及汽车零部件企业的电子技术人员阅读使用，也适合大专院校车辆工程及相关专业师生阅读参考。

First published in German under the title
Elektronik in der Fahrzeugtechnik: Hardware, Software, Systeme und Projektmanagement (4. Aufl.)
by Kai Borgeest

© Springer Fachmedien Wiesbaden GmbH, ein Teil von Springer Nature 2008, 2010, 2014, 2021

This edition has been translated and published under licence from Springer Fachmedien Wiesbaden GmbH, part of Springer Nature.

此版本仅限在中国大陆地区（不包括香港、澳门特别行政区及台湾地区）销售。未经出版者书面许可，不得以任何方式抄袭、复制或节录本书中的任何部分。

北京市版权局著作权合同登记　图字：01-2022-3104号。

图书在版编目（CIP）数据

汽车电子技术：硬件、软件、系统集成和项目管理：原书第4版/（德）凯·博格斯特（Kai Borgeest）著；熊璐，田炜译. --北京：机械工业出版社，2025.2.（汽车先进技术译丛）（汽车创新与开发系列）. -- ISBN 978-7-111-77420-4

Ⅰ. U463.6

中国国家版本馆 CIP 数据核字第 2025C73D34 号

机械工业出版社（北京市百万庄大街22号　邮政编码100037）
策划编辑：孙　鹏　　　　　责任编辑：孙　鹏　高孟瑜
责任校对：郑　婕　李　婷　封面设计：鞠　杨
责任印制：张　博
北京建宏印刷有限公司印刷
2025年7月第1版第1次印刷
169mm×239mm · 25.25印张 · 2插页 · 516千字
标准书号：ISBN 978-7-111-77420-4
定价：199.00元

电话服务　　　　　　　　　　网络服务
客服电话：010-88361066　　　机 工 官 网：www.cmpbook.com
　　　　　010-88379833　　　机 工 官 博：weibo.com/cmp1952
　　　　　010-68326294　　　金　书　网：www.golden-book.com
封底无防伪标均为盗版　　　机工教育服务网：www.cmpedu.com

第 4 版前言

自本书上一版面世七载有余，汽车行业已历经深刻变革。在此期间，一个值得警惕的现象是道路交通事故致死率的回升。值得注意的是，尽管德国境内交通事故总量呈现小幅增长，但得益于车辆被动安全技术的革新与车载电子系统的智能化发展，年度道路交通事故数已显著降至3046起的里程碑式低位。2015年震惊业界的排放门事件无疑成为公众关注的焦点——我在2017年的专著中已就此进行过系统分析。虽然本书未对该事件展开详细论述，但着重探讨了与之密切相关的核心技术议题，特别是废气后处理系统及其控制单元的关键作用。

相较于引发舆论哗然的排放丑闻，汽车数字化浪潮的影响虽显低调却更为深远，这一趋势正在重塑消费者的购车决策逻辑。随着车载数据吞吐量呈指数级增长，无钥匙进入系统等便利功能背后潜藏的安全隐患逐渐显现：从利用智能手机实施的车辆盗窃，到黑客通过无线电远程劫持制动系统等新型威胁层出不穷。为此，本书特别增设了车载数据安全专题，系统剖析这一日益严峻的挑战。

电动汽车发展方面，全球多个市场已迈入规模化普及阶段。在锂离子电池技术占据主导地位的同时，固态电池等新一代储能技术的研发竞赛正在全球范围内加速推进，这一技术迭代趋势值得业界同仁持续关注。

自动驾驶领域正汇聚着行业最密集的研发资源。本书所详述的各类辅助驾驶系统正在向集成化方向演进，控制单元间的协同交互也日趋复杂。为应对激增的车载通信需求，本书对第3版中简要提及的CAN FD和以太网技术进行了深度拓展，同时前瞻性地探讨了即将登场的CAN XL协议标准。

此外，本书还针对多项关键技术标准进行了更新，其中电磁兼容性（EMC）与诊断技术领域的标准演进尤为显著。这些看似零散却至关重要的内容扩充，共同反映了行业的最新发展。

凯·博格斯特
2020年10月于阿沙芬堡

第 3 版前言

与前几版相比,本版最引人瞩目的突破性进展当属:2012 年德国道路交通事故死亡人数已历史性地降至 3606 人。然而,新版的价值远不止于统计数据的更新——我们系统性地扩充了混合动力驱动、功能安全及汽车电子应用等前沿领域的内容,确保知识体系与行业发展趋势同步演进。本书的编纂理念始终如一:不仅要为读者呈现丰富的技术案例,更要构建基础理论与工程实践的纽带,通过深度解构汽车电子开发流程,带您以批判性视角洞察技术背后的逻辑本质。

值得强调的是,本版对关键技术公式进行了教学优化,这一改进直接源自读者群体的宝贵建议。特别是来自高校学生的使用反馈,为我们提供了极具价值的修订方向,这些真知灼见已充分体现在新版内容的完善之中。

令我倍感鼓舞的是,本书正获得日益广泛的国际认可,尤其是近期收到的多国翻译授权咨询。

凯·博格斯特
2013 年 3 月于阿沙芬堡

第 2 版前言

自本书第 1 版问世以来，汽车行业又经历了诸多变化，这些变化在本书第 2 版中进行了修订。最令人高兴的是：第 1 版导言中提到的德国年道路交通事故死亡人数已从约 5000 人下降至 2008 年的 4467 人，而根据初步统计，2009 年这一数字还要进一步降低。此外，自第 1 版出版以来，汽车技术也有了进一步的发展，并出台了新的行业标准和规定。

电动汽车、混合动力汽车与 EMV（电磁兼容性）是读者关注的焦点，对此我也很愿意着手研究，这也是我进入汽车行业前所从事的最后一个领域。

鉴于现实意义，本书也从电子技术的角度对废气后处理进行了探讨。

除上述重点内容外，全书还有许多小的改进。本书最初的排版稿曾超过 420 页，为了在尽可能多地安插新内容的同时控制篇幅，本书有所删减。

在此，我要感谢 Fromm MediaDesign 的弗洛姆女士，她为本书第 1 版和第 2 版的印刷出版工作付出了大量心血。关于本书第 2 版，我还要感谢教授、工学博士约翰内斯·泰戈尔科特先生，作为电动机专家，他审读了本书的新章节并提供了他的电动汽车图片；还感谢教授、工学博士 U. 博和特勒，我在他的 EMV 实验室拍摄了一些照片，由于篇幅原因，这些照片并未完全呈现在书中。

凯·博格斯特
2010 年 1 月于阿沙芬堡

第1版前言

2005 年夏季学期，我在阿沙芬堡应用科技大学首次为机电工程与电子工程专业的高年级学生开设了"汽车电子技术"课程。作为面向第八学期的专业课程，其教学目标是为学生奠定电子学与信息学的知识基础，使其具备胜任汽车行业供应商或制造商相关岗位的专业能力。然而，如何甄选最具实践价值的知识内容成为课程设计的核心。

诚然，详尽解析汽车各类电子系统虽然具有学术趣味性，但对于培养工程师开发符合汽车行业标准的可靠产品而言收效有限。值得注意的是，尽管工程师通常只需负责特定子系统的研发，但必须全面掌握与之相关的硬件架构、软件系统及整体集成知识。以电子模块布置为例，工程师不仅需要考虑发动机舱极端高温环境下的稳定性，还需确保其在严寒条件下的可靠性——这类特殊工况要求在其他电子应用领域极为罕见。此外，成本控制要素、区别于通用计算设备的专用软件系统特性和控制单元，以及产品全生命周期的可靠性要求，共同构成了汽车电子工程师必须掌握的核心知识体系。

需要特别指出的是，汽车电子系统开发过程中的挑战往往来自非技术因素。该领域的研发工作具有鲜明的协作特征，需要与供应链上下游企业建立紧密合作。其中，供应商工程师需要持续对接客户需求，而主机厂工程师则鲜少直接面对终端用户。除专业技术外，规范的开发流程管理和高效的时间成本控制同样至关重要——这正是工程师必须深入理解"如何正确开发"的根本原因。

面对为期四周的紧凑课程安排，现有教材难以满足如此广泛的教学需求。尽管市场上有若干优质专著从不同维度探讨相关主题，但在系统性和针对性方面均存在不足。这一现状促使我萌生编撰本书的初衷。本书虽难免存在内容覆盖面较广之嫌，但系统整合了汽车电子开发各关键环节的核心知识。

著书立说从来不是孤军奋战的过程。在此，我首先要向 Vieweg 出版社的德波尔先生致以诚挚谢意，感谢他在出版过程中给予的专业支持与良好合作。

正如我在书中强调的汽车技术系统测试的重要性，本书本身也需要经历严格的"测试"过程以不断完善。特别感谢所有为本书提供宝贵审读意见的同行专家，你们的多维视角为本书质量的提升做出了重要贡献，他们是教授、工学博士约克·阿比克先生、工学硕士比约恩·阿诺德先生、工学硕士马里安-彼得·波沃尔先生、工学硕士哈拉尔德·沃基特克先生和工学博士白明丽女士。

我还感谢 Akkumulatorenfabrik Moll 的施莱尔先生，Robert Bosch GmbH 的丹吉尔女士和第切尔先生，Sharp Technologies GmbH 的舍弗尔先生，VTI Technologies Oy 的图劳先生，他们提供了图片资料支持。

凯·博格斯特

2007 年 11 月于阿沙芬堡

译者的话

《汽车电子技术——硬件、软件、系统集成和项目管理（原书第 4 版）》的翻译工作历时一年多，如今终于与读者见面。作为本书的主译，深感荣幸能参与这一重要技术著作的引进工作，同时也对在翻译过程中给予我们支持和帮助的各方人士表示由衷的感谢。

本书系统阐述了现代汽车电气系统的设计、检测和开发技术，内容涵盖电气架构、能量存储、动力驱动、电子控制、软件系统等多个专业领域。在翻译过程中，我们力求在准确传达原著技术要点的同时，兼顾中文读者的阅读习惯，使专业内容既严谨又易于理解。在此，我们首先要感谢原书作者对技术细节的详尽阐述，为翻译工作奠定了坚实基础。同时，特别感谢机械工业出版社的编辑团队，他们专业的审校意见和细致的排版工作，极大提升了译本的质量。

本次翻译工作特别感谢上汽大众汽车有限公司余召锋先生的专业支持。作为资深汽车电子专家，余先生对全书译稿进行了系统性审校，重点修订了核心章节的关键技术表述。他不仅从专业术语的准确性出发，更结合行业工程实践，对控制逻辑示意图、系统架构框图等专业图表中的技术描述提出了诸多建设性修改建议。这些专业指导显著提升了译本的技术严谨性和行业适用性，使本书的翻译质量达到了更高的专业水准。

汽车电气技术发展迅速，新概念、新标准不断涌现，我们在翻译过程中虽力求精准，但仍难免存在不足之处，恳请广大读者不吝指正。希望本书能为国内汽车电路系统领域的技术人员及相关专业师生提供有价值的参考，推动行业技术的交流与发展。

最后，再次向所有为本书出版付出努力的同仁致以诚挚谢意！

熊璐

2025 年 6 月

目　录

第4版前言
第3版前言
第2版前言
第1版前言
译者的话
第1章　导论 ……………………………… 1
第2章　汽车电气系统 …………………… 3
　2.1　车身线束系统 …………………… 3
　　2.1.1　导线和导线束 ……………… 3
　　2.1.2　布线图 ……………………… 6
　　2.1.3　插接器 ……………………… 7
　　2.1.4　熔丝 ………………………… 9
　2.2　多级电压电路网络 ……………… 9
　2.3　电能管理 ……………………… 11
　参考文献 …………………………… 12
第3章　能量存储装置 ………………… 13
　3.1　铅酸电池 ……………………… 15
　3.2　铅碳电池 ……………………… 16
　3.3　镍镉电池 ……………………… 16
　3.4　镍氢电池 ……………………… 17
　3.5　锂离子电池 …………………… 17
　3.6　钠硫电池 ……………………… 19
　3.7　锂硫电池 ……………………… 20
　3.8　锂空气电池 …………………… 20
　3.9　钠氯化镍电池 ………………… 20
　3.10　钠离子电池 ………………… 21
　3.11　钠空气电池 ………………… 21
　3.12　储能电容器 ………………… 21
　3.13　燃料电池 …………………… 23
　3.14　其他能量存储设备 ………… 24
　参考文献 …………………………… 25

第4章　混合动力驱动和电驱动 …… 27
　4.1　电机 …………………………… 27
　　4.1.1　直流电机 …………………… 28
　　4.1.2　同步电机 …………………… 29
　　4.1.3　异步电机 …………………… 30
　　4.1.4　变频器 ……………………… 31
　4.2　发电机 ………………………… 32
　4.3　起动机 ………………………… 34
　4.4　起动发电机 …………………… 36
　4.5　混合动力汽车 ………………… 36
　　4.5.1　串联式 ……………………… 37
　　4.5.2　并联式 ……………………… 39
　　4.5.3　混联式 ……………………… 39
　4.6　纯电动汽车 …………………… 40
　　4.6.1　燃料电池汽车 ……………… 42
　　4.6.2　可在公共电网充电的电动
　　　　　 汽车 …………………………… 43
　　4.6.3　太阳能汽车 ………………… 44
　参考文献 …………………………… 45
第5章　柴油发动机电子控制单元
　　　　示例 ………………………… 46
　5.1　柴油发动机控制的任务 ……… 47
　5.2　喷油系统 ……………………… 47
　　5.2.1　曲轴转角 …………………… 48
　　5.2.2　计算喷油量 ………………… 51
　　5.2.3　计算喷油起始时刻 ………… 52
　　5.2.4　喷油系统控制 ……………… 53
　　5.2.5　喷油器控制 ………………… 54
　　5.2.6　共轨压强控制 ……………… 59
　5.3　发动机转速控制 ……………… 60
　5.4　进排气控制系统 ……………… 61

5.4.1 排气再循环系统 ………… 62
5.4.2 内燃机增压装置 ………… 66
5.5 废气处理 ……………………… 68
　5.5.1 微粒过滤器 ……………… 70
　5.5.2 氮氧化物过滤器 ………… 71
　5.5.3 废气传感器 ……………… 75
5.6 排放丑闻 ……………………… 78
5.7 热能管理 ……………………… 79
参考文献 …………………………… 80

第6章　总线系统 …………………… 82
6.1 设备功能的划分 ……………… 82
6.2 组成局域网的汽车电子部件 ………………………… 84
6.3 CAN 总线 …………………… 86
　6.3.1 CAN 总线的物理层 …… 87
　6.3.2 CAN 总线的数据链路层 … 97
　6.3.3 上层协议层示例 ……… 103
　6.3.4 CAN FD 和 CAN XL …… 105
6.4 其他的总线系统 …………… 107
　6.4.1 LIN 总线 ……………… 107
　6.4.2 时间触发的总线系统 … 109
　6.4.3 乘员保护系统总线 …… 113
　6.4.4 简单的传感器总线 …… 114
　6.4.5 多媒体应用总线 ……… 114
　6.4.6 以太网 ………………… 116
　6.4.7 无线网络 ……………… 117
6.5 实践方法 …………………… 117
参考文献 ………………………… 120

第7章　硬件 ……………………… 122
7.1 电控单元结构 ……………… 122
　7.1.1 核心运算器 …………… 123
　7.1.2 传感器 ………………… 132
　7.1.3 传感器信号处理 ……… 136
　7.1.4 执行器控制 …………… 142
　7.1.5 变压器 ………………… 151
7.2 电磁兼容性 ………………… 153

7.2.1 干扰源和潜在敏感装置 … 153
7.2.2 干扰耦合机制 ………… 154
7.2.3 电磁兼容性法规 ……… 157
7.2.4 确保电磁兼容性的措施 … 166
7.2.5 电磁兼容性模拟 ……… 170
7.2.6 电磁兼容性检测和测量方法 …………………… 171
7.3 力学要求 …………………… 174
7.4 热学要求 …………………… 175
7.5 化学要求和密封性 ………… 179
7.6 环境保护要求 ……………… 181
7.7 声学要求 …………………… 182
7.8 封装和连接技术 …………… 182
参考文献 ………………………… 184

第8章　软件 ……………………… 189
8.1 电控单元软件架构 ………… 189
8.2 实时操作系统 ……………… 192
　8.2.1 实时操作系统的任务 … 192
　8.2.2 OSEK/VDX …………… 194
　8.2.3 AUTOSAR ……………… 197
8.3 软件的控制和调节功能 …… 202
　8.3.1 控制功能 ……………… 202
　8.3.2 PI 控制器和 PID 控制器 … 203
　8.3.3 基于模型的控制器 …… 206
8.4 软件的自诊断功能 ………… 212
　8.4.1 故障的识别和处理 …… 213
　8.4.2 故障信号的去抖动和自愈 …………………… 215
　8.4.3 故障存储管理 ………… 215
　8.4.4 电控单元和测试仪之间的通信 ………………… 216
　8.4.5 车载诊断系统 ………… 220
　8.4.6 通过诊断接口进行编程 … 224
　8.4.7 ODX …………………… 224
　8.4.8 OTX …………………… 225
8.5 应用软件开发 ……………… 226

8.5.1 设计和建模 ………… 226
8.5.2 程序开发 …………… 227
8.5.3 旁路技术 …………… 229
8.5.4 数据和应用程序 …… 230
8.5.5 软件测试 …………… 235
8.5.6 闪存程序写入 ……… 242
参考文献 ………………………… 244

第9章 信息安全（信息保护） … 247
9.1 开发过程中的信息安全 …… 249
9.2 加密 ……………………… 250
9.3 身份认证 ………………… 253
9.4 验证 ……………………… 254
9.5 特殊攻击 ………………… 255
    9.5.1 恶意软件 …………… 256
    9.5.2 边信道攻击/侧信道攻击 … 256
9.6 测试 ……………………… 257
参考文献 ………………………… 257

第10章 安全性和可靠性 ……… 259
10.1 ISO 26262 标准 ………… 260
10.2 电子系统的失效 ………… 261
10.3 软件的失效 ……………… 268
10.4 安全性和可靠性的分析方法 … 268
    10.4.1 FMEA ……………… 268
    10.4.2 故障树分析 ………… 271
    10.4.3 事件序列分析 ……… 272
10.5 改进措施 ………………… 273
    10.5.1 元件的品质验证 …… 273
    10.5.2 监控和诊断 ………… 274
    10.5.3 复杂度和冗余度 …… 274
参考文献 ………………………… 276

第11章 项目管理、流程和产品 … 278
11.1 汽车行业的特点 ………… 278
11.2 电子系统开发的步骤 …… 280
11.3 项目和流程 ……………… 281
11.4 实践中的项目 …………… 283
11.5 项目的阶段性 …………… 284
    11.5.1 获取阶段 …………… 284
    11.5.2 规划阶段 …………… 286
    11.5.3 开发阶段 …………… 300
11.6 产品生命周期管理 ……… 303
11.7 基于架构的开发 ………… 304
11.8 维护已投产产品 ………… 305
    11.8.1 开发部门对已投产产品的支持 … 305
    11.8.2 量产 ………………… 305
    11.8.3 售后服务 …………… 307
11.9 产品质量 ………………… 308
    11.9.1 质量管理 …………… 309
    11.9.2 质量标准 …………… 313
参考文献 ………………………… 317

第12章 应用示例 ……………… 320
12.1 空调控制系统的功能开发 … 320
    12.1.1 空调控制的原理 …… 320
    12.1.2 空调控制系统的结构（示例） … 321
    12.1.3 空调电控单元的功能开发（示例） … 321
12.2 动力总成系统 …………… 324
    12.2.1 汽油发动机电控单元 … 324
    12.2.2 可变凸轮轴电控单元 … 327
    12.2.3 电控燃油泵 ………… 330
    12.2.4 电控机油泵 ………… 330
    12.2.5 变速器电控单元 …… 331
    12.2.6 离合器电控单元 …… 331
    12.2.7 电子差速器锁 ……… 332
    12.2.8 发动机安装 ………… 333
12.3 汽车动力学和主动安全系统 … 335
    12.3.1 纵向动力学和制动系统 … 336

12.3.2 横向动力学、转向系统和车身电子稳定系统（ESP） … 341
12.3.3 垂直动力学 …………… 344
12.3.4 轮胎监测系统…………… 346
12.4 被动安全系统 ……………… 348
　12.4.1 预碰撞系统 …………… 349
　12.4.2 安全带张紧器 ………… 349
　12.4.3 安全气囊 ……………… 350
　12.4.4 行人保护系统 ………… 351
　12.4.5 座椅安全系统………… 352
　12.4.6 事故数据记录器 ……… 352
12.5 驾驶辅助系统和信息系统 …………………………… 353
　12.5.1 车道保持辅助系统和变道辅助系统 …………… 353
　12.5.2 泊车辅助 ……………… 354
　12.5.3 导航系统 ……………… 355
　12.5.4 车载信息服务系统 …… 358
　12.5.5 自动驾驶 ……………… 360
　12.5.6 车窗清洁系统………… 362
　12.5.7 照明系统 ……………… 362
　12.5.8 夜视系统 ……………… 365
　12.5.9 疲劳辅助系统 ………… 366
　12.5.10 防眩目后视镜 ……… 367
　12.5.11 外后视镜 …………… 367
12.6 人机交互 …………………… 367
12.7 舒适性系统 ………………… 370
　12.7.1 座椅系统 ……………… 371
　12.7.2 电动车窗和天窗……… 371
　12.7.3 顶盖控制 ……………… 372
　12.7.4 个性化 ………………… 372
　12.7.5 车内照明 ……………… 372
12.8 娱乐系统 …………………… 372
12.9 车辆声学 …………………… 374
12.10 防盗保护…………………… 374
　12.10.1 车辆进入 …………… 374
　12.10.2 防盗器 ……………… 376
　12.10.3 转向盘锁 …………… 378
　12.10.4 报警系统 …………… 378
参考文献 ………………………… 378

第13章 汽车的个性定义与调整 … 383
参考文献 ………………………… 385

第14章 未来的汽车科技………… 386
14.1 自适应系统 ………………… 386
14.2 纳米技术 …………………… 387
14.3 光电子技术 ………………… 387
14.4 增强现实技术 ……………… 388
14.5 其他的未来科技 …………… 388
参考文献 ………………………… 389

第1章 导 论

30年前如果提到汽车，人们的印象是环境污染、车祸高死亡率和长途旅行的疲惫。而如今，汽车仍然会对环境造成污染，德国每年仍发生多达3046起车祸死亡事故，开车长途旅行和搭乘高速列车或飞机相比，在舒适性上也仍略逊一筹。尽管如此，在过去的30年中，汽车技术得到了迅速发展。在被动安全领域，汽车技术的改善主要体现在底盘结构设计和车内陈设方面，而在环境保护（发动机控制、废气处理）、主动安全（ABS、ESP）和舒适性方面的改善则主要得益于电子技术的发展。此外，电子技术在与被动安全相关的重要部件如安全气囊的开发中，也起到了关键作用。

上述汽车技术的发展在未来仍会继续，同时在相关任务中将给工程师们带来新的挑战。**例如，越来越多的混合动力汽车进入市场；2012年，一辆混合动力汽车首次赢得了勒芒赛**。许多在乘用车中得到普及的新技术，还将被应用到商用车和摩托车中。虽然被动安全技术已经取得了很高的水平，但主动安全技术以及主、被动安全技术的结合还会给汽车产业带来新的机遇。随着越来越多的老年人驾驶汽车，能够提供驾驶信息支持、安全信息警告甚至可能介入驾驶操作的辅助驾驶系统将变得越来越重要。如果工程师在关注技术细节的同时，关注客户的需求，那么在驾乘舒适度和车内娱乐方面还会出现更多有意义的技术改进。

与此同时，其他方面的汽车技术也在不断进步。例如，提到柴油发动机，人们往往联想到噪声大、体积庞大、行动缓慢的拖拉机。而如今，新式的柴油发动机甚至可以用于急速赛车，如2006年在法国勒芒24小时耐力赛上就出现了第一辆柴油发动机赛车。当然，绝大多数人并不驾驶赛车，在普通轿车上，柴油发动机也完全可以胜任。另外，业界还涌现出了多种新式的内燃机，从技术方面进行归类的话，这些新式发动机在很多方面介于柴油发动机和汽油发动机之间，但大部分还处于研发阶段。而这些发动机的工作也需要精确的电子控制。

汽车发生故障时，故障的诊断往往需要耗费很多时间和人力，而通过电子诊断系统，理论上可以大大简化烦琐的故障查找过程（尽管在实际情况中却并不总是如此）。另外一个技术更新是车辆之间的联网以及与外部基础设施的通信。因此，从长远来看，车辆与道路将发展为一个相互融合的统一系统。尤其是载重货车，每辆车都将作为物流网络的组成部分。

汽车电子技术的发展带来的一个利好就是可以创造大量的就业机会，所以，德国的汽车工业若想引领汽车行业发展，需要对新兴的技术始终保持灵敏的嗅觉。

然而在汽车电子技术的发展对各方面带来改善的同时，也不应该忽略其产生的问题。

一个显著的问题是系统的高度复杂性。面对高可靠性的要求，最基本的系统设计原则是尽可能地保持系统设计简单、清晰。然而，由于现代汽车大量使用电子器件，汽车变得越来越复杂。如果有人在寒冷的冬夜驾驶汽车时因为软件错误而被迫抛锚，他以后可能会对这个品牌的汽车产生反感，并把自己的经历告诉亲朋好友。如果电子转向系统由于软件的错误决策而撞向行道树，会出现更为糟糕的结果。很可惜，数据表明，尤其在豪华车领域，汽车的可靠性变得越来越差。如果想要在复杂的系统中仍然保持高可靠性，仅仅关注最终产品是远远不够的。相反，必须先开发针对产品研发的工艺和流程。工程师不能只关注研发项目的最终结果，同时也要关注如何在困难的研发条件（时间压力、成本压力等）下，在不牺牲产品质量的前提下达到既定目标。

以前，驾驶员自己可以完成很多汽车的维护和保养工作，而随着电子器件的增多和汽车电子复杂性的提高，个人动手修车或者进行保养的可能性也越来越低。尽管可以使用电子诊断系统，但根据经验，很多工作不再可能由个人自己动手完成，而越来越依赖整车厂。大多数时候，这正是整车厂所希望的，因为售后服务占整车厂总利润的很大部分。所以说，越来越多的电子器件的使用让制造商可以相对自由地定制哪些功能必须去汽修厂或者品牌修理店做维护，这对于用户来说需要花费更多的时间成本，但对车厂来说却利润丰厚。

第 2 章　汽车电气系统

在电子控制单元在汽车中取得应用之前，简单的电气部件或者机电部件就已经应用到汽车中，例如照明系统以及电子打火装置。电气部件所需要的电能，通过能量存储装置以及传输导线来输运。汽车电气系统这个概念包括经典的电气部件以及现代化的电子控制系统。本章将介绍车身线束、能量存储装置和电能管理。虽然发电机是内燃机汽车的相关能源，但电化学储能系统对混合动力汽车和电动汽车越来越重要，在本书中将单独用第 3 章来介绍它们，然后在第 4 章介绍混合动力驱动和电驱动。由于点火系统已经完全采用电子控制，所以放在第 12 章来介绍。

2.1　车身线束系统

车身线束是连接电能来源（电池、发电机），并将电能传输到用电器的连接系统。另外，它也包括电气信号和信息的传输，在个别情况下还可以进行光信号传输。车身电器网络总体示意图如图 2.1 所示。

在过去的几十年中，虽然各式各样的小型用电器的数量显著增加，但汽车的电能消耗并未发生根本改变。相反，越来越多的电控单元之间的信息交换却是爆炸性增长，点对点的信息传输已经变得不再可能，如今，信息传输只能通过数据总线来实现，例如 CAN 总线，这方面我们将在第 6 章进行介绍。应对越来越多的走线的下一个解决方案是采用无线信号传输，可在实际中，由于车身的诸多金属结构会对无线信号产生屏蔽，以及无线信号在电磁兼容性上更加容易出现问题，所以无线信号传输至今不能得到广泛应用。另外，一部分公众关心的话题是某些频率的电磁波可能对人体的健康产生影响，人们通常将无线电波统称为"电磁辐射"，这个词立刻让人产生负面的印象，影响了公众对无线技术的接受度。

2.1.1　导线和导线束

根据统计，汽车发生自燃的最常见原因是导线起火，所以导线必须在大电流下仍然保证不会过热，必须通过加装熔丝来避免短路。

防止导线过热的方法是，电流密度不能超过允许界限 S。在电流强度为 I，导线面积为 A 的情况下，

$$S = \frac{I}{A} \qquad (2.1)$$

电流密度的允许界限取决于多种因素，比如导线是单股导线还是多股绞合线、导线的材料（汽车上大多时候用铜导线，很少用铝导线）、导线的直径，以及外包绝缘层材料的种类等。这里给出大概的参考值，连续工作时电流密度的临界值为 $5A/mm^2$，短时间电流脉冲的临界值为 $10A/mm^2$。如果超过了临界值，导线的功率损失 P_V 会产生热量，从而导致电线的熔化、分解，绝缘保护材料或者毗邻导线部件甚至会起火燃烧。电流为 I 时导线的功率损失为

$$P_V = I^2 R \qquad (2.2)$$

式中，

$$R = \frac{\rho l}{A} \qquad (2.3)$$

式中，l 为导线的长度；ρ 为导线材料的电阻率（铜线大概为 $0.0185\Omega \cdot mm^2/m$）。电流可以通过用电器的功率 P（表2.1）和电压 U 来计算：

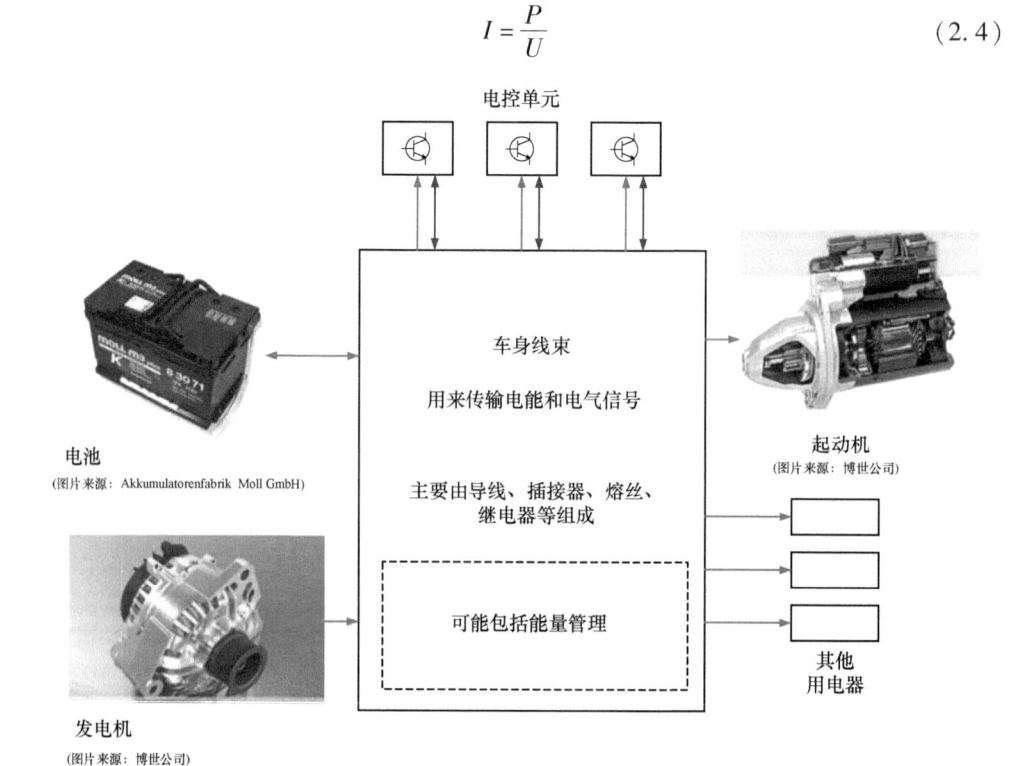

$$I = \frac{P}{U} \qquad (2.4)$$

图2.1 车身电器网络总体示意图

表 2.1　用电器的功率 P

用电器	功率 P/W
电子油泵	250
后风窗加热	200
鼓风机	120
散热风扇	120
近光灯	110
驻车灯	8

在实际中，计算出某个截面的电流之后，可以为每种导线做个列表。这也包括需要选择的熔丝的额定值。在汽车中用到的导线 FLY 和 FLRY 的数据表格可以从导线供应商处获取。这两种导线类型在汽车中的应用有相应的规范［ISO 6722, ISO 9642］。

除了减少导线的功率损失之外，也需要保证导线本身的电阻不可以产生明显的电压损失。这可以通过欧姆定律来计算，或者从数据表格中读取。

如果发生线路起火，根据线路材质的不同，会产生熔化、滴落以及有毒气体释放等伤害。因而在有大量人类活动的地方需要适用更加严格的标准，如公共汽车的车厢内［R118］。

［DIN72552］规定了导线的颜色，例如棕色为地线。通常情况下，导线的标记为双色的。

只有在线路很短时采用单独的走线，在长的线路中，导线被集中成线束⊖的结构。主线路中含有很多分支导线束，而分支导线束又产生进一步的分支，连接到独立的传感器、执行器、电控单元或者其他的电气设备上。线束往往包裹有塑料护套或者波纹管。在通常情况下，现在的汽车往往有至少一条车身线束和一条发动机线束，整车的布线通常采用多条线束。如果将一辆轿车中的导线长度累加起来，会有几千米长。

电动汽车和混合动力汽车中可能会出现高于 100V 的电压。电压高于 60V（根据［ISO 6469-3]，属于 B 级电压）的线束就被称为高压线束。高压线束具有接地屏蔽层，机械性能特别稳定，并以橙色突出显示。高压组件通过环形低压线路连接（高压互锁回路，HVIL），并能够监控中断。如果由于线路断开或外壳打开而检测到中断，高压系统会关闭。

传统的线束由于体积原因，在整车上的布置总是很困难的。未来，圆柱形线束可能被方形线束取代，以节省空间。在一些设备中，例如在汽车的仪表板中，方形

⊖　由于多股导线集结在一起，末端的分支通向分离的电控单元，整个形状为树状结构，所以称为导线束。

导线已经逐渐取得了应用,但是方形导线完全取代整个汽车的线束还不太可能。提高车身电路网络的电压可以降低供电电流,也有利于减小供电导线的截面面积。

2.1.2 布线图

图2.2所示为标准布线图的一部分,其规则基于DIN72552规范。其中元件(例如电阻为R,电容为C)的标记在[IEC 81346]中有详细的规定(之前参考DIN40719)⊖。在图2.2的上方列出了重要的引脚,通过这些引脚对汽车中所有系统进行控制,其中首先是有第15、30和31号夹线槽的电源引脚,其标记方式见表2.2,特定的区域为中央电气区,在这些区域中除了所画的线路之外,还有其他单独的元器件。在之前的汽车中,中央电气区往往是熔丝盒,位于仪表盘附近,在行李舱或者发动机舱中;在新式的汽车中,中央电气区往往是独立的、有特定

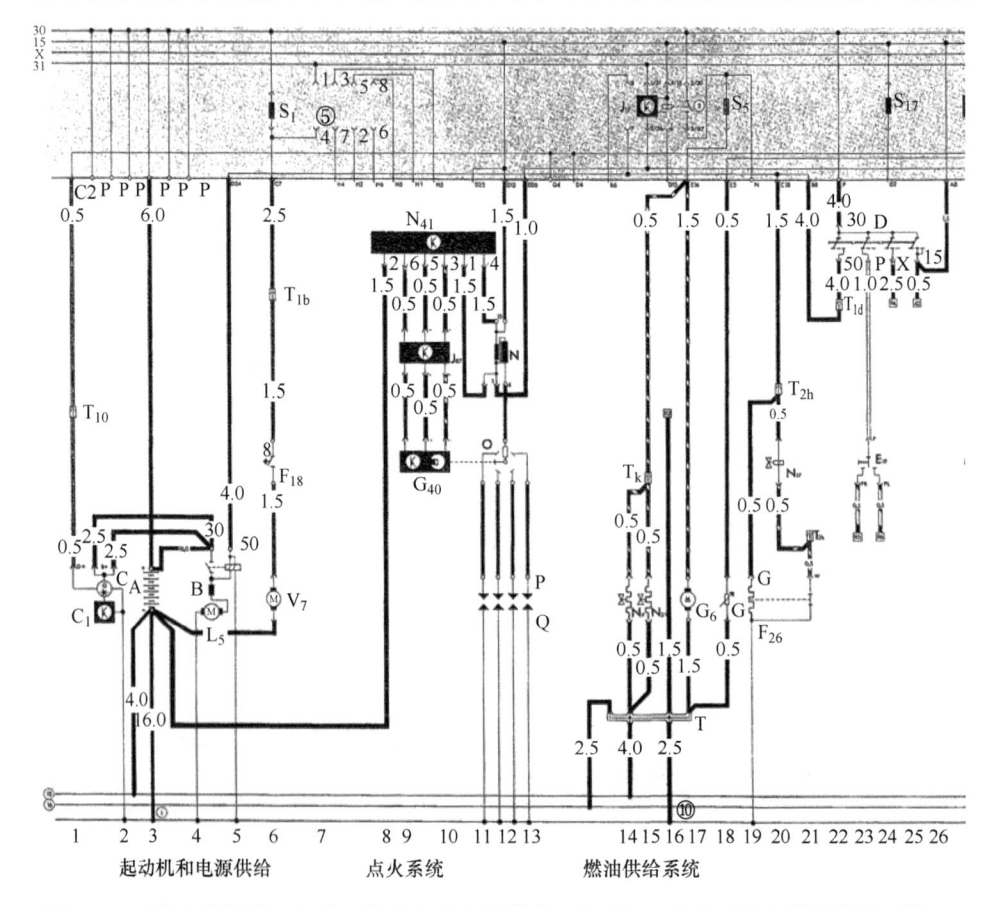

图2.2 标准布线图的一部分(其中包含电源供给、起动机、点火系统和燃油供给系统)

⊖ 一些符号也根据习惯来改变,例如2000年以后线圈也使用R而不是L,但为了避免混淆,本书中还是继续使用L。

功能的智能电控单元（例如电能管理模块），当然也可以通过外加熔丝盒来对其进行完善。图 2.2 下方表示接地，一部分通过和汽车车身相连来实现，一部分通过接入总地线来实现。图中下部有两条地线，第三条"导线"其实是车身。在左右两侧边界之间，从左到右是编了号码的电气系统。另外，也对导线的截面积进行了标注。为了有效识别汽车中的导线，也可以标明导线的颜色（如果电路图并非彩色的）。由于一直在强调电路图的标准化，所以即使不同车型的设计图，也只需要稍加训练便可理解。有时，电子控制单元不能在设计图中标明，这时注明每条导线的功能就变得非常有帮助了。然而，导线功能的描述往往不够清晰，即使有也仅仅是生产商内部的缩写，外部的人通常不能识别。

表 2.2 DIN72552 中规定的夹线槽标记方式

编号	夹线槽
1	点火线圈（共同夹线槽）
4	点火线圈（高压输出端）
15	通过点火开关连接电池正负极
30	电池正极
31	电池负极
50	起动机
54，…，58	照明系统
81，…，88	开关和继电器
B +	连接电池的发电机正极夹线槽
B -	连接电池的发电机负极夹线槽
D +	发电机和控制器的正极夹线槽
D -	发电机和控制器的负极夹线槽
DF	发动机和控制器的励磁线圈夹线槽
U、V、W	发电机的三相电

接线槽在每辆车中都会用到，DIN72552 也规定了对接线槽的标记，而且对某些接线槽做出了指数说明。表 2.2 仅给出了一些例子。这些缩写经常联合使用，如 K15 表示接线槽 15。

现代汽车中使用的另一种绘图形式是将每个控制单元表示为一个矩形，其传感器、执行器和电源线都画在其自己的平面中。

2.1.3 插接器

无论是不同的分支线束之间，还是线束与电气部件之间的接口，都是通过可拆卸的插接器来连接的，如图 2.3 所示。一个例外情况是超大电流元器件，例如起动机或发电机与蓄电池的连接，往往倾向于用螺钉旋紧的电缆接线头进行连接。

图 2.3 控制器连接示例图（与插头相符合的是左下角的插口。插接器左侧集成了拔出辅助装置。插槽中含有很多小功率的信号接口以及几个大电流接口）

汽车工业对插接器有很高的要求，因为它们经常需要在振动、极端温度和湿度条件下使用。插接器往往被人们忽视，可正是这个不起眼的部件，频繁地导致电路系统故障。插接器对于整车可靠性有着非常重要的意义。

在汽车中，插接器必须充分卡紧，来避免由于振动而松动。试过将插接器拔出的人都知道，这是一件非常费力的事情（有时候还会弄伤指甲）。所以电控单元的多路插接器都有集成了插接器拔出辅助装置，用来简化拔插的过程。

防水防潮的功能通过密封件和防腐蚀的触点来实现。使用金作为触点材料是最理想、最稳定的，但价格也最贵。触点两侧的金属必须是同一种材料，不然会由于接触电压，产生电化学反应现象。除了驾驶室内部空间之外，汽车中的部件必须达到 IP 67（详见 7.5 节）的级别。

当插接器方向插反时，会出现故障甚至造成汽车损坏，所以，插接器应该设计为非对称性的（比如利用特殊形状的缺口或者开槽），这样可以避免在车辆组装或维护保养的时候反插。另外，当一个电控单元有多个同样的插接器时，要对插接器进行"编码"以避免混淆。

由于在生产或维修中，控制单元会在部分车载电子设备未关闭时插入，因此建议延长接地触点，使其先关闭后打开，以防止电流在插入过程中通过意外路径形成接地回路，从而损坏元件。

常见的插接器外壳是塑料的，不同材料的金属端子挤压到塑料外壳中，从而产生不同导电能力的接口。

对于大的插接器，需要考虑电缆的走向，这是一个很重要的过程，因为电控单元一般要安装在狭窄的空间中（如发动机舱、控制面板之后、物品存储箱后方、座椅下方以及行李舱旁边等)。插接器和布线空间要在整车设计之初就进行考虑，并且体现在 CAD 模型中，从而避免到汽车量产时才发觉，由于空间的限制电控单元无法安装的情况出现。

2.1.4 熔丝

很多电路还需要加装熔断型熔丝（电流过大时，熔丝导线熔断以保护电路其他部件不被损坏）实现安全控制，通常情况下所有的熔丝安装在一个中央的熔丝盒中，熔丝盒通常位于发动机舱或仪表板下方。如今，半导体熔丝得到越来越多的应用——有些是集中安装，有些则被集成在特定的电控单元中。当电流过大时，微处理器芯片可以对集成智能功放模块所产生的数字报错信息，或者甚至把实际的电流与预编程的电流曲线来对比，从而决定电路是否产生故障、是否断开电路以及当故障排除后是否再开通电路。半导体熔丝提供了诊断功能（人们不用再去观察熔丝是否熔断，或者人工更换熔丝来判断电路是否发生故障）。当需要安装熔丝的电路数量多时，半导体熔丝的价格和传统的熔断型熔丝相比也很有竞争力。有些部件是不可能应用熔丝的，比如说，起动机的电缆需要承受高达 1000A 的电流，在这个范围内没有合适的熔丝可供选择。车用熔丝的标准参见 [ISO 8820]。

2.2 多级电压电路网络

无论是混合动力汽车，还是大功率用电器，都有多级电压在同一个电路网络中并存的问题。混合动力汽车将在第 4 章中详细讨论。

除了一些老爷车以及一些试验用车的电路网络电压为 6V，如今的汽车都采用统一的 12V 电池组，发电机可以提供的电压都为 14V。载重货车中的电压值为 12V 的两倍，因为货车中使用两块 12V 的电池串联。摩托车的 6V 电压供电逐渐也将被 12V 的供电网络所代替。

未来新的汽车中，线控制动系统（Brake by Wire）或者线控转向系统（Steer by Wire）将会普及，同时电能需求也随着电子部件的增多而大幅度上升。这个发展所带来的结果便是电流越来越大，而功率损耗则随电流平方而增长，见式 (2.2)。通过采用高的供电网络电压，可以用比较小的电流传输同样的功率。电压越高，功率损耗越小。从安全的角度考虑，即使触电也对人体无损害的电压为 42V 的电路网络，其中电池电压为 36V(3×12V)⊖。在汽车工业之外，这个电压也被 DIN61140 定义为安全超低电压（Safe Extra Low Voltage，SELV）。

⊖ 42V 的电路网络在 10 年前就已经提出，但至今还未获得应用，所以业界也存在怀疑，即到底是否采用这个电压。

自 20 世纪 90 年代末宣布的 42V 网络的开发在大约 10 年后停止。2011 年 6 月，几家制造商宣布要推出 48V 电压的车载电气系统，令人意外的是，48V 系统于 2016 年才首次应用于量产车。

除了出于人体的安全保护考虑，选取的电压还需考虑另一方面的因素。高于 18V 的电压会使电线在受外力而突然断裂时，产生电弧放电现象［Slade14］。可能发生电弧的最低电压是经验值；由于许多电气、几何和材料参数（电极和中间的气体）的影响，最低值不能以普遍有效的方式在物理上得到证明。通常情况下，由于其局部热量很高，直流电弧不会自熄，即使有一个小的扩散，也会引起火灾。还有一种特殊情况是意外电弧加上燃料泄漏引发风险。相似的概念也用在居民供电网络中。当传输功率一定时，要通过提高传输电压来降低能耗。所以德国的远程供电不是采用 230V，而是用 380kV 的高压来传送。在汽车电路网络中也是一样的道理，中心为高压电缆（当然不是 380kV），对高功率用电器直接供电。对于小功率用电器，则用分支电路传导低电压供电。和普通供电网络的交流供电不同，汽车电路网络全部采用直流供电。交流-直流变压器本身的重量太大，不适合用于移动交通。

对于所有的用电器统一使用 48V 的电压供电也是不可取的。在许多电控单元模块中，设计电压为 5V 或者更小。在每个电控单元中，供电电压都要从 48V 大幅度变压到 5V 方可使用。这可以通过线性稳压器或者通过开关电源来实现［TieSch19］。线性稳压器将压差转化为功率损耗。所以在一些电控单元中，内部的功耗往往会超过在 48V 的电路网络中传输的损耗。开关电源的转换效率更高，但它价格更贵、体积更大，而且可能导致电磁兼容性问题。

更优化的解决方案为多级电压电路网络：12V 的网络为小功率用电器供电，同时 42V 的网络为大功率用电器供电。两个网络通过一个开关转换器耦合。开关转换器的成本、占用空间以及电磁兼容性都要比许多独立的变压器好很多。同时，这也节省了对所有电控单元进行改装的研发成本。当其中的一块电池出现故障时，还可以用另一块电池对两个电路网络供电。未来多级电压电路网络结构图如图 2.4 所示。

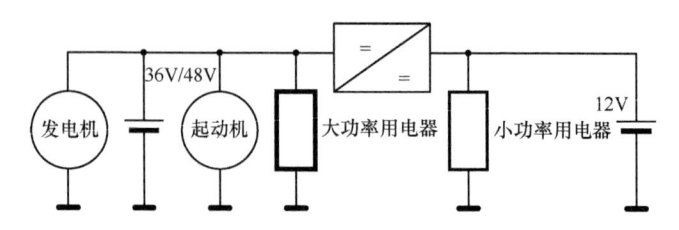

图 2.4　未来多级电压电路网络结构图

2.3 电能管理

电能管理可以分为多个级别。最简单的电能管理是对电池进行监控，从而告知驾驶员电池的电能状态。在充电过程中采用电能管理，可以将充电控制更智能化。发动机电控单元为了达到为电池充电的目的，要保持发动机的最低转速。更高级别的能源管理是，可以根据优先级和功率消耗自动打开或者关闭不同的用电器。大陆集团提供的"能量交易"系统中，不同优先级的用电器向能源管理系统请求支持，而管理系统则负责将电能像在市场上一样"出售"给每一个用电器。最高级别的能源管理则是管理混合动力驱动。

纯粹的电池状态监控系统可以给出 3 个目标数值：电池的充电状态（State of Charge，SOC）、电池的寿命（State of Health，SOH），以及功能的可操作性（State of Function，SOF），例如能否进行汽车起动等。

获取这些信息需要能量管理电控单元测量电池的温度、电压和电流等信息。基于这些测量值以及利用仿真模型，可以计算出需要获取的 3 个目标数值。从测量和计算的角度来讲，比较耗时的一个方法称为阻抗谱法。这种方法要求在不同的频率之下测量电池的阻抗（实部和虚部），从而得到电池状态的特征曲线。

仿真模型则需要根据不同类型的电池而相应调节。电池管理中，不可能把一个仿真模型应用于市面上所有的电池。一个可以想象的比较极端的解决办法是，生产商只针对某一种电池类型开发专用的管理模型，而顾客只去原厂指定的车间做维护和保养（维护的价格通常会比市场价要高）。但是，长期以来，许多客户已经习惯了没有能量管理系统的汽车，也习惯了可以根据自己的喜好来选择安装的电池，所以如果限制客户的选择，从长远来看，会影响到顾客的满意程度。另外一种解决办法为，通过电能管理的诊断系统确定哪一种电池类型适用。即使出于短期内经济利益的考虑，需要客户去原厂车间更换电池，电能管理系统也至少需要兼容非原厂产的电池，哪怕精确度不如原厂电池那么高。

很遗憾的是，在实际中，不同的车厂对电池管理电控单元的叫法不一。现在比较流行的叫法是"电路网络电控单元"，但有些其他的生产商则有另外的叫法。

在图 2.5 中，电池管理单元固定在蓄电池负极柱，从而计算蓄电池的充放电电流，能量管理单元据此实施相应控制策略。这时电控单元可以识别正在进行的外部起动，从而会在运算中做相应的调整。图 2.5 的右部是一系列熔丝，这正是中央控制电路。在电池前面是一个继电器，当有严重事故时（例如安全气囊被引爆时），会自动切断车辆的供电系统。

对于混合动力汽车和电动汽车的大型电池，能量管理则被集成到电池管理系统中。

图 2.5　一辆高档车型中的电能管理系统（位于行李舱附近）

参 考 文 献

[Bosch19]　Robert Bosch GmbH: „*KraftfahrtechnischesTaschenbuch*", 29. Auflage, Springer-Vieweg, 2019, ISBN 978-3-658-23583-3
[DIN...]　→ siehe Normenverzeichnis
[IEC...]　→ siehe Normenverzeichnis
[ISO...]　→ siehe Normenverzeichnis
[R118]　Wirtschaftskommission der Vereinten Nationen für Europa (UN/ECE): „*Einheitliche technische Vorschriften über das Brennverhalten und/oder die Eigenschaft von beim Bau von Kraftfahrzeugen bestimmter Klassen verwendeten Materialien, Kraftstoff oder Schmiermittel abzuweisen*", letzte Änderung 28.05.2019
[Slade14]　Paul G. Slade: : „*Electrical Contacts*", CRC Press, 2. Auflage, 2014, ISBN 978-1-43988130-9
[TieSch19]　U. Tietze, Ch. Schenk, E. Gamm: „*Halbleiter-Schaltungstechnik*", Springer, 16. Auflage, 2019, ISBN 978-3662485538

第3章 能量存储装置

运动中的汽车所用的电能由发动机带动发电机提供。但发动机起动时，所需要的动能需要起动机来提供，柴油发动机在冷起动时，还需要用电驱动的预热塞（参见第4章）。在这个耗费能量的阶段，发电机并不能通过静止的发动机来提供能量。解决这一问题的方法是使用起动用蓄电池，当汽车运行时，电池通过发电机充电；汽车起动时，电池则放电提供电能。新型汽车中，即使在汽车停车的状态下，也有越来越多的用电器需要电能，所以电池也要供电，或者通过备用的电源［辅助电源（Auxiliary Power Unit，APU）］为这些用电器供电。随着电驱动技术的进步，电池的应用越来越多，即作为动力电池为电力驱动系统供电。

能够多次充电和放电的电池，称为蓄电池。当对蓄电池两极之间施加电压时，会导致电池内部产生化学反应，将电能转化为化学能进行充电，称为化学能量存储。当电池和用电器通过回路相连接，电池内部会发生相反的化学反应，化学存储的能量被转化成电能释放出来，从而进行放电。

放电时，一块蓄电池内部通过化学反应所产生的电压很低，并不能达到可以直接在汽车中应用的程度。所以车用的蓄电池都是通过串联多个电池单体形成一个电池组，从而达到所需要的电压。蓄电池的总电压是电池单体的电压和电池单体数量的乘积。虽然在经典的汽车起动用蓄电池中只有6个电池串联，但大型动力电池可以包含数百个电池，其中一些通过并联连接，以便能够提供更大的电流。通常将数十个电池单元组合成一个模块，并将数十个模块组合成电池来分层布置。动力电池还包含空冷或水冷模块以及电子控制单元。

对于起动用蓄电池有很多要求。首先，人们期望它有尽可能高的能量密度，也就是说，单位体积（也考虑单位重量）所存储的电能尽量高。其次，它要有高的电能转化效率，也就是说，尽量多地把存储的化学能转化为电能再输出。另外，自放电现象要尽量避免，以便汽车在长时间停车和放置之后仍然可以起动。在极端的温度下，电池也要正常工作。在恶劣的环境条件下，电池仍然要具有多年的使用寿命。在电池报废后，需要对其进行回收处理，因为这对环境保护有举足轻重的意义。

本书的读者可能从各种各样的小家电中，对各种电池已经有所耳闻，例如镍镉电池（NiCd）、镍氢电池（NiMH）或是锂离子电池（Li-Ion Battery）等。在电动汽车中，镍金属氢化物和锂离子电池用作动力电池。锂离子电池的进一步发展是磷

13

酸铁锂电池、锂碳复合电池，以及可能在2025年左右上市的锂硫电池，还有可能在2035年左右上市的锂空气电池。

如果能达到与如今铅酸电池相似的回收率，那么担心全球锂资源可能会限制锂离子电池的普及［Mohr12］是没有根据的。尽管如此，不含锂的替代品也正在研究中，例如钠-镍氯化物电池、钠离子电池和钠空气电池。钠的使用并不新鲜；早在1980年左右就已对与电动汽车相关的钠硫（Na-S）电池进行了研究。事实证明，它的缺点很严重，以至于尽管可以实现高能量密度，但这种类型电池的研发工作却被中止了。

表3.1列出了不同电池的重要参数及比较。在不同来源的进一步研究中，读者会发现一些不同的特性，而对于仍在深入研究的"后锂"电池，它们的特性会有很大的不同。这并不是因为消息来源不真实，而是一种类型的电池、测量方法（由于对环境和操作条件的依赖）以及锂空气电池和钠空气电池之间实际上存在显著差异。钠空气的特性值也在精确定义中。

表3.1 不同电池的重要参数及比较（如今实际使用的类型用粗体标注）

电池类型	体积能量密度/(W·h/L)	比能量/(W·h/kg)	电压/V
铅酸电池	**最高110 ［Bauer17］**	**最高50 ［Kiehn03］**	**2**
镍镉电池	最高180 ［Bauer17］	最高60 ［Bauer17］	约为1.3
镍氢电池	**最高370 ［Bauer17］**	**最高100 ［Bauer17］**	**约为1.3**
锂离子电池	**最高670 ［Bauer17］**	**最高250 ［Bauer17，Wilcke16］**	**最高3.7**
钠硫电池	最高240 ［Kiehn03］	最高120 ［Kiehn03］	2.1
锂硫电池	320 ［Fahlb15］	理论上最高2600/2700，实际最高400/500Wh/kg ［WilOff19］	约为2.5
锂空气电池	参见表注	理论上最高5200，实际最高1000 ［Fahlb15］	2.91
钠氯化镍电池	165 ［BatFD］	120 ［BatFD］	2.58
钠离子电池	低于锂离子电池	低于锂离子电池	最高3.5
钠空气电池	参见表注	理论上最高1677 ［Fahlb15］	1.94

注：即使是同一类型的电池，能量和功率密度也会有很大的浮动，例如在不同的运行温度下有不同的值。除非另有说明，否则表中给出的数值是能达到的最大值。根据不同的电极材料，某些类型的电池电压会有所不同。锂空气电池和钠空气电池的体积和能量密度在很大程度上取决于气体设备，目前还没有有意义的规范，因为尚未在这方面进行优化。

作为电池的长期替代品，电容器正在发展，其中的能量不是以化学方式而是以电能方式储存。目前，即使是非常强大的电容器也不能提供化学电池那样的能量密度。然而，进一步的发展是如此迅速，以至于在几年内电容器将可能渗透到以前为电池保留的领域。

从长远角度来看，电容器将逐渐发展为电池的下一个替换物。在电容器中，能量不是以化学形式，而是以电能的形式进行存储。但目前即使功率很大的电容器的能量密度，也达不到化学电池的水平。但是电容器的发展非常迅速，而且非常可能在未来的几年赶超至今为止一直占有优势的电池技术。

燃料电池也是通过化学反应来产生电能。和化学电池本质性的不同在于，在燃料电池中，反应物最初被分离存储，当开始运作时，反应物会被消耗，需要持续添加反应物。因为目前的燃料电池技术中，两种反应物中的一种为氧气，所以相应的化学反应类比于另外一种反应物（"燃料"）在氧气中的燃烧，所以这种电池被命名为"燃料电池"（Fuel Cells）。

氧化还原液流电池则是将存储在罐中的介质以液体形式送入电池，然后两种介质之间发生充电和放电反应。氧化还原液流电池的一个优点是反应和存储的解耦，例如，如果需要小功率，同时需要大量能量，则可以使用两个装有反应液体的大罐和一个小型电化学电池来精确设计电化学电池以满足要求。使用寿命长也是氧化还原液流电池的一个优势。然而，存储这两种介质是它的弊端，目前其能量密度还无法与传统的蓄电池相媲美。因此，不期望在车辆中使用氧化还原液流电池。

3.1 铅酸电池

我们通过表3.1了解到铅酸电池的一些局限，但作为起动用蓄电池，铅酸电池至今为止已经在汽车领域作为标准配置而得到了广泛应用。每一个电池单体可以提供2V的电压，一个12V的电池组需要用到6块电池单体。新的未充电的电池单体由两个铅板电极浸入稀硫酸电解液中（$H_2SO_4 + nH_2O$）。更准确地说，正负极板是由金属铅框架涂敷铅膏来实现的，为了满足某些特性要求，添加了钙或锑等成分。在硫酸中，铅的表面会很快形成白色的硫酸铅[$PbSO_4$]。铅酸电池在未充电的状态最好不要长时间放置，因为硫酸铅会形成一层固化的膜附着在电极表面，从而阻止化学反应的发生。这种在设计中不期望发生的现象称为硫酸盐化（Sulfation）。

频繁的充电和放电循环会缩短铅酸电池的使用寿命，例如在自动启动/停止系统中。出于这个原因，只有针对这种工况进行了优化的铅酸电池才能用于此类应用，即AGM（Absorbent Glass Mat）电池，它将电解质结合在玻璃纤维中，或者是采用了EFB（Enhanced Flooded Battery）技术的电池，它具有较厚的板栅和特殊的隔板。

对电池充电时需要外加电压。当电池的正极和外加电压的正极相连（充电器或者带整流器的发电机）、电池的负极和外加电压的负极相连时，正电极由于氧化反应失去电子（电子在反应式中写为e^-），负电极由于还原反应得到电子。电流的方向和电子流动的方向相反，所以，当充电时，电流流入电池的正极。

与此同时，在充电电路的另一面，电子流入负极（或者说电流流出负极）。负极发生的充电反应很简单：反应式左侧的两个电子由外部充电电路所提供。本来和铅电极化合存在的硫酸根得到两个电子，从而被还原为硫酸根离子进入溶液。铅电极右边为灰色的金属铅。

负极反应：

$$PbSO_4 + 2e^- \xrightarrow{充电} Pb + SO_4^{2-} \quad (3.1)$$

正极发生的反应则相对复杂一些。在充电时，正极失去电子，从而产生氧化铅（PbO_2）、硫酸、氢离子以及电子，电子流向充电电路。

正极反应：

$$PbSO_4 + 2H_2O \xrightarrow{充电} PbO_2 + H_2SO_4 + 2H^+ + 2e^- \quad (3.2)$$

正极反应产生的氢离子和负极反应产生的硫酸根离子相结合形成硫酸。过高的充电电压会导致正极产生大量的氢气（和空气中的氧气混合有爆炸的危险）。导致氢气产生的临界电压值和温度相关，每个电池单体为 2.2V（40℃）或 2.5V（-20℃）。由于充电析氢电压还取决于酸浓度和极板结构，因此温度和充电析氢电压之间的关系不能精确和普遍地表达。放电时，反应会逆向进行。

因为在充电过程中产生硫酸，其密度大于水的密度，所以可以通过测量硫酸的密度来测量电池的充电程度。测量需要借助专用的工具来进行。因为硫酸的密度大，所以其浓度从下而上逐渐变低（分层化）。在使用铅酸电池时需要注意，硫酸具有腐蚀性。需要通过密封胶或者毯子来隔离硫酸，防止其由于晃荡而溢出或者泄漏。这样的蓄电池需要根据应用环境来单独定制，因为有可能在应用时产生严重倾斜，所以价格也比无电解质的电池要高。

铅会对环境造成污染，所以社会上有专门对铅酸电池的铅电极进行回收的产业链。

3.2 铅碳电池

锂离子电池是目前混合动力汽车最有希望的电池解决方案。然而，对于一些微型混合动力汽车或未来车辆而言，这太昂贵了，因为它们不能从驱动动力中回收少量能量，而是从其他来源（例如废气流中的涡轮发电机单元与电动压缩机结合以替代涡轮增压器）获取。妥协可能是铅酸电池的进一步发展，即铅碳电池，它的成本并不比传统的铅酸电池高多少。随着 48V 汽车电气系统的引入，铅碳电池可能会带来良好的经济性。它在能量密度上不会有显著增加，但可以承受更多的充电/放电循环。铅碳电池（PbC）的名称来自于在负极中除铅还使用了碳或用碳替代了铅。[Anderson15] 概述了不同类型及其特征。

3.3 镍镉电池

镍镉电池的正极是镍金属，而负极为镉金属，电解质为氢氧化钾。长期以来，镍镉电池被广泛用于小型电器中。

当镍镉电池不完全放电便进行充电时，会导致电池的容量降低。电池会"记住"其充电、放电的幅度和模式。当电池长时间不充放电时，便很难再完全充电和放电，逐渐失去了电池的充电能力。这种效应称为电池的"记忆效应"（Memory Effect）。对于电动汽车或者混合动力汽车的电池能量管理，需要多次不同程度地进行充放电，由于镍镉电池的记忆效应，因此镍镉电池是不适合汽车应用的。由于镉的致癌性，在欧盟新出产的汽车中都禁用镍镉电池。镍镉电池已经被镍氢电池所取代。

3.4 镍氢电池

镍氢电池是镍镉电池的下一代产物。镍镉电池的镉金属负极被镍氢电池的合金电极所取代，这种合金能结合氢离子，形成金属氢化物。

正如表 3.1 中所示，相对于镍镉电池，镍氢电池的体积能量密度和比能量都有所提升，与此同时，电池单体的电压保持不变，充放电特性曲线也和镍镉电池非常相似[一]，所以镍氢电池顺理成章地取代了镍镉电池，从而避免使用有危害的镉金属。镍氢电池也有记忆效应，但比镍镉电池的记忆效应弱得多。镍氢电池的一个缺点是，在低温的情况下，氢离子不易于从合金电极中分离，从而在低温下的电池效率要低于其他类型的蓄电池。同样，在高温的情况下进行充电也很困难，因为高温下氢离子不易和合金进行键合。

镍氢电池表现出惰性效应；与镍镉充电电池的记忆效应相反，如果充电电池在完全放电之前充电，这会导致电压输出略有下降。在实践中，这意味着在放电过程中较早地达到了最低可用电压，并且容量似乎有所降低。

在串联生产的混合动力汽车中，镍氢电池现在基本上已被锂离子电池取代。

3.5 锂离子电池

锂是一种金属元素，早在 20 世纪 30 年代，由于其独特的电化学特性，锂就吸引了电池生产商的关注，人们将锂元素作为早期锂电池的主要原料。而把锂离子用作蓄电池的主要媒质则是一种相对来说比较新的技术。

锂离子电池如图 3.1 所示，负极通常由石墨组成，现在最多可加入 30% 的硅，正极由锂金属氧化物组成，通常是层状结构的锂钴氧化物（$LiCoO_2$）或混合氧化物。不同成分的典型混合氧化物是锂-镍-锰-钴氧化物或特斯拉使用的锂-镍-钴-铝氧化物。不含钴的合适材料为氧化镍锂（$LiNiO_2$）、氧化锰锂（$LiMn_2O_4$）和磷酸

一 在某些小型电器中常常有快速充电模式，在快速充电模式下不同的电池类型往往不能互相替换。

铁锂（LiFePO$_4$）。在电极之间有一种有机电解质（一种含有导电盐的有机液体，在锂聚合物电池中是一种几乎固体的凝胶，在未来的固态电池中是一种铸造的固体），可以输送锂离子。这两种电极都能在其原子晶格结构中储存锂离子。在充电过程中，带正电的锂离子通过电解质中的载体分子（导电盐）从氧化物迁移到石墨，并在那里获得一个电子。在这个过程中，碳的体积略有增加。放电时，离子在石墨负极再次留下这个电子，并返回到正的氧化物电极。一层可渗透的聚合物薄膜充当隔膜，防止电极接触。其功能对于防止锂离子电池造成火灾危险也很重要。[Wu15]中给出了对组件的详细描述，特别是对正极材料的描述。

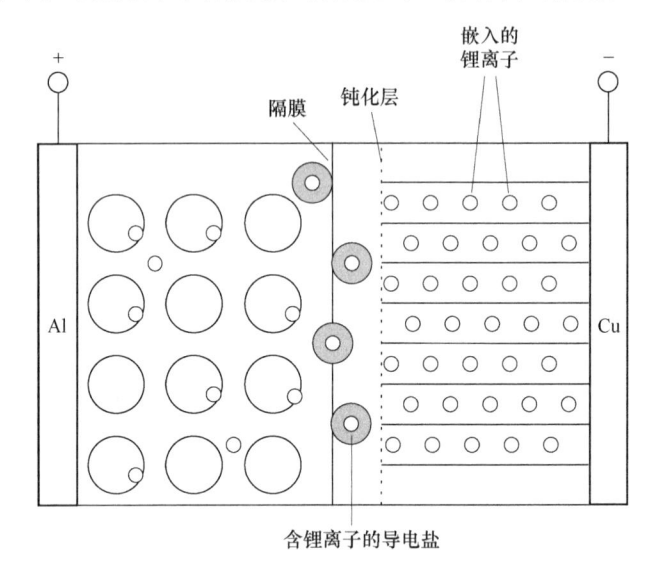

图3.1 锂离子电池的结构：铝（Al）、铜（Cu）、锂

以 LiNiO$_2$ 为例，其电荷反应为

正极： $$xLi^+ + 6C + xe^- \xrightarrow{充电} Li_xC_6 \tag{3.3}$$

负极： $$LiNiO_2 \xrightarrow{充电} Li_{1-x}NiO_2 + xLi^+ + xe^- \tag{3.4}$$

根据表3.1，锂离子电池在已有电池类型中具有最高的体积能量密度和最高的比能量。因此，它们是电动汽车或混合动力汽车的最佳选择。虽然其成本仍高于以前的电池系统，但正在稳步下降。锂离子电池启动时，有限的大电流能力仍然是一个问题，还有一个弱点是在低温下获得电能的表现。

还有一个问题是锂离子电池只有几年的使用寿命（虽然循环稳定性比铅酸电池好）。由于锂离子电池对深度放电特别敏感，但经常深度充放电也会减少使用寿命。与移动设备中的小型锂离子电池相比，车载锂离子电池的容量并没有全部被使用，从而延长了使用寿命。对于铅酸电池，运行几年后需要更换是可以接受的。然而，考虑在混合动力或电动汽车中较大的锂离子电池包的更换成本需要数千欧元，这表明需要研发延长锂离子电池使用寿命的技术［Olivetti17］。

由于对过充电和深度放电的敏感性，电池中的电路会补偿制造公差、老化或温度差异导致的电池之间的电压差（电池平衡）；在最简单的情况下，这可以通过以牺牲效率为代价的集成电阻网络来完成。用于汽车行业的商用锂离子电池为减小电压差通常需要包含复杂的监控和平衡电路（Cell Supervision Circuits，CSC），其中通常包含它们自己的微控制器［BauFer08，Andrea10］。此外，还集成了电池管理系统（BMS），可在运行期间监控电池并控制充电过程。

锂离子电池在进一步发展中用磷酸铁锂（LFP）代替了正极中使用的氧化物。LFP 电池具有安全优势、加速充电的可能性和更高的功率密度，但缺点是较低的能量密度。具有相同晶体结构的相关材料有磷酸锰锂（$LiMnPO_4$）和磷酸铁锰锂。

锂聚合物电池使用聚合物电解质，因此在设计中提供了高度的灵活性并实现了更轻的外壳。2010 年，一辆电动奥迪 A2 创造了锂聚合物电池电动汽车的续驶里程记录（行驶超过 600km 无须充电）。

锂合金/碳复合材料电池与当今的锂离子电池的区别主要在于负极。例如，使用硅-碳复合材料来代替石墨。锂碳复合电池这一术语的使用并不一致；有时在正极中含有含碳化合物的电池也被称为锂碳复合电池。

如果发生机械损坏、过充电或过热，锂离子电池可能会着火，深度放电后着火的风险也会增加。最初，局部过热几乎总是由于蓄电池中的一连串正反馈事件而产生热失控，这可能需要不到 1s 的时间。触发该过程的临界局部温度（可以通过建设性措施加以控制）为 60℃。锂离子电池起火的原因是电解液中释放出更多易燃气体和正极释放氧气，以及石墨电极本身也是可燃的。锂本身的可燃性起次要作用，因为蓄电池的电极中没有使用纯锂电极。由于高温和内部氧化剂供应，锂离子电池中的火灾难以扑灭，并且可能发生爆炸。

电池管理系统可防止过充电和深度放电，防碰撞设计可防止电池机械损坏。运输拆下的电池时，应注意它们被归类为危险品（UN Class 9A）。冷却系统旨在防止超过最佳工作温度（25~35℃之间）而减弱功能和使用寿命，或防止严重、危险的过热。通常使用由水、防冻剂和腐蚀抑制剂制成的冷却剂，它也用于冷却内燃机。动力电池空气冷却不太常见。

3.6 钠硫电池

在 20 世纪七八十年代所发明的钠硫电池，曾经以其优异的能量密度轰动一时，并且被认定是未来电动汽车的动力来源。钠硫电池采用液体硫酸作为正极，液体金属钠作为负极，陶瓷容器作为电解质，容器内为钠，容器外为硫酸。材料的高可用性是它的一个优点。

这种构造也有缺点。首先，电池必须被加热到大概 300℃，从而使钠和硫酸都有足够的迁移率。同时，作为一种化学性质非常活跃的元素，钠一旦遇到水分子，极易发生燃烧，危险性非常高。

因为镍氢电池无须加热，也无须价格昂贵的安全措施，便可提供相似的效率，所以，钠硫电池一直未能取得实质性的发展。

3.7 锂硫电池

锂硫电池的比能量远远超过锂离子电池，实际上已经超过了400W·h/kg[WilOff19]。因此，其在飞机上的首批应用正在研究。尽管理论能量密度很高，但目前实现的锂硫电池的低能量密度对车辆使用尤其不利（表3.1）。

锂硫电池正极由硫和放电状态下的硫化锂组成，其中只有Li_2S是一种稳定的化合物，负极由锂组成。充电期间的能量储存是通过分裂正极中的硫化锂实现的。在这个过程中释放的锂离子通过电解质被输送到负极。例如，含有导电盐的醚类可作为电解质；还有不易燃的电解质。与早期的钠硫电池相比，正极由金属导体上的固体硫磺层组成，所以不需要加热。

目前，对正极研究的一个关键点是对硫磺添加活化（例如用碳），使其具有导电性。对负极进行研究的关键点是，减缓其退化速度，从而改善其循环稳定性，与锂离子电池相比，其循环稳定性仍然很低。目前还在对电解质中难以控制的硫离子溶液进行研究。

3.8 锂空气电池

在锂离子电池中，充电过程是通过在电极内存储或去除离子来实现的，而锂空气电池则利用表面上的反应，结合巧妙的设计，有望显著提高能量密度。

以由金属锂制成的负极为例，充电时进一步吸收锂离子，放电时再次释放出来。正极由多孔碳基质组成。在正极，以前作为过氧化锂（Li_2O_2）与氧结合的锂在充电过程中被离子化，并且在放电过程中离子再次与氧发生反应。正极与环境空气进行氧气交换，出于成本、重量、空间和安全的原因，实际上排除了使用纯氧的操作。电解液可以是带有导电盐的有机液体，也可以是类似于锂离子电池的离子传导固体。锂空气电池的实现充满了许多技术难题，这意味着不太可能在不久的将来量产。铁空气电池和钠空气电池的工作方式与锂空气电池类似（参见第3.11节）。

3.9 钠氯化镍电池

各种类型的钠镍氯化物电池（也称为ZEBRA电池）已经开发了三十多年。它们在270~350℃之间工作。在所有类型中，负极由液态钠组成，正极包含熔融的氯化镍（$NiCl_2$）和氯化钠（$NaCl$），两者由在工作温度下可渗透钠离子的陶瓷电解质隔开。正负极电荷反应分别为［BatFD］

$$2Na^+ + 2e^- \xrightarrow{充电} 2Na \tag{3.5}$$

$$2NaCl + Ni \xrightarrow{充电} NiCl_2 + 2Na^+ + 2e^- \tag{3.6}$$

尽管钠氯化镍电池比铅酸电池具有更高的能量密度，但它们仍远低于锂离子电池的能量密度。其优势在于使用寿命长和使用现成的材料。提倡者认为其更大的工作温度范围是进一步的优势，但必须强调的是，钠氯化镍电池的工作是需要加热的，而在低温条件下其他电池能正常工作。

3.10 钠离子电池

钠离子电池的功能与锂离子电池类似，最初是与锂离子电池并行开发的，但锂离子电池更高的能量密度让它们得到了进一步的发展，钠离子电池暂时被遗忘了。然而，钠具有高可用性和低成本。与锂离子电池相比，钠离子电池对深度放电不敏感，使用寿命更长。与锂离子电池类似，它的负极可以由碳制成，但也可以考虑使用各种金属氧化物或合金。除了稀有材料，钠金属氧化物（锂离子电池的情况下为锂金属氧化物）、其他金属氧化物或磷酸铁钠也可用于正极。［Hang17］给出了非常详细的概述。

3.11 钠空气电池

钠空气电池对应于锂空气电池，锂被钠取代。与其他用钠代替锂的电池类型一样，钠空气电池的能量密度较低，但价格也较低（预计约为锂空气电池的1/10）。因为放电正极上的氧化物是NaO_2（而不是Li_2O_2），通过电解质的阳离子数量减少了一半，导致能量密度的差异，锂空气电池的能量密度至少为钠空气电池的2倍。

3.12 储能电容器

电池的原理是把电能转化为化学能存储，电容器则是将电能以电场的形式存储在两极之间。电容器有多种结构，薄膜电容器和陶瓷电容器的典型能量值为几皮法（pF）到一微法（μF）。大容量的电解质电容器的容量可以从$1\mu F$到$1mF$。存储电场的能量值为

$$W = \frac{1}{2}CU^2 \tag{3.7}$$

例如，使用的大容量的电容器的电容值为$C = 1mF$，充电电压为$U = 100V$时，所

存储的电能为5J。由于1W·h=3600W·s=3600J，所以存储的能量为0.0014W·h。如果假设此电容器的重量为100g的话，得出其能量密度约为0.01W·h/kg。这仅仅是铅酸电池能量密度的1/500。因此，在很长的一段时间内，人们普遍认为用电容器进行能量存储是不具有实际意义的。

随着一种新型的电容器——双电层电容器的产生，这种情况在20世纪90年代出现了转机。市场上有多个产品品牌，例如 UltraCap（Epcos 公司），GoldCap（Panasonic 公司）或者 Supercap（WIMA 公司）等。这些公司的产品使有限体积的电容器拥有高达数法拉（F）的电容值，这对于传统的电容器来说是遥不可及的。这是怎么实现的呢？

平板电容器的电容为

$$C = \varepsilon_0 \varepsilon_r \frac{A}{d} \tag{3.8}$$

式中，ε_0为真空中的介电常数，$\varepsilon_0 = 885419 \times 10^{-12}$ As/Vm；ε_r为介质中的介电常数，大于1的材料常数；A为平板电极的面积；d为电极之间的距离。要达到高的电容，应该选用具有高介电常数ε_r的电介质、相对大面积的电极A，而且电极之间的距离d要尽量小。但是d的数值不能过小，否则当电压稍高时容易发生击穿效应而失去电容的功效。不同材料的介电常数ε_r会有所不同，但也只能在一个有限的范围之内做选择，而不能实现彻底性的改变。在新型的超级电容器中，通过使用多孔的碳电极材料来代替金属电极，电极的面积得到了极大的提升，从而改善了电容值。

通常的电容器通过静电感应在电极表面存储电荷来实现充电，而超级电容器电极之间的电解液中则拥有可以运动的有机离子，当施加外加电压时，这些有机离子会沉积在电极上。鉴于这些电容器的工作原理和锂离子电池相似，所以有一个疑问是，这种超级电容器是属于电容器的范畴，还是属于电池的范畴？由于有机离子是通过静电沉积在电极上，并非通过化学键合（锂离子电池是通过锂离子和正极的氧化物化合来进行电能和化学能之间的转换的），所以还是称为双电层电容器。

双电层电容器的能量密度为10W·h/kg或者20W·h/L，创新电极材料甚至更高。相对于表3.1中的电池的典型值还是很小的，但是电容器的发展却很快，而且有一个突出的优点是，电容器的功率密度可以高达6kW/kg或者10kW/L，而电池则远远达不到这个数值［Emadi05］。超级电容器的这种特性非常适合用作汽车起动时提供大功率的电能。在实际应用中，电容器可以用来给混合动力汽车供电，但只适合为电动机进行短时间供电和加速。

双电层电容器的另外一个应用是在汽车电力系统负载不稳定时，起到缓冲电压变化的作用。当打开和关闭负载（用电器）时，在发电机控制系统还没有快速响应的这段时间，电容器可以起到一个缓冲的作用。

3.13 燃料电池

燃料电池需要及时地提供"燃料",比如氢气以及氢气"燃烧"所需要的氧气。这两种物质放置在同一个容器中,可以引发很强烈的放热反应。

燃料电池的效用,不是像通常一样引发化学反应释放热能,而是将释放的能量转化为电能。这个过程的实现通过将燃烧的化学反应分解为一连串的分步反应,同时在反应链中,及时捕获被释放出来的自由电荷。通过这个方式,燃料电池可以通过化学反应释放大量电能,却几乎不放热。基于这样的原因,这里所讲的"燃料"和"燃烧"都需要添加引号,因为所指的是不发热、无火焰的燃烧。

图 3.2 中对燃料电池的工作原理进行了简化和阐述,示例中的燃料电池只有氢气和氧气这两种反应物。上一段所提到的分步反应是指在正电极,氧气分子获得电子被还原为阴离子,以及在负电极,氢气分子失去电子被氧化为氢离子,还有接下来的反应,也就是氧离子和氢离子结合形成水分子。特别需要提到的是在负电极,反应不会自动发生,而是需要具有催化作用的电极材料,来起到分离电子对的作用。一个氢燃料电池单体所能提供的电压大概为 1V。由于每一个单元的厚度只有几毫米,将电池单体叠加串联,便可获得任意强度的电压。为了使燃料电池可以在最佳的状态工作,各项参数,例如压强、"燃料"气体的流量、湿度和温度都需要进行精确控制。

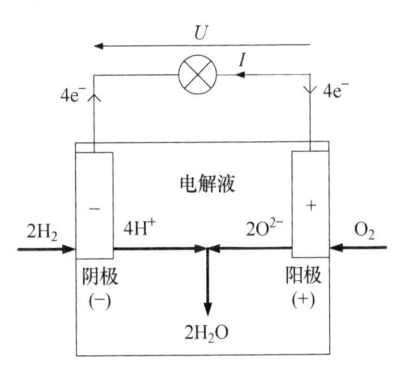

图 3.2 燃料电池的工作原理图(实际中,燃料电池的电解液只能选择性地传输正离子或者负离子,所以水只能在其中的某个电极一侧生成)

判断多种多样燃料电池类型的一个重要标准,是看其电解质是液体的还是固体的。燃料电池见表 3.2。

表 3.2 燃料电池(Fuel Cells)

类型	电解质	工作温度
PEMFC(Proton Exchange Membrane)	高分子质子导体膜	环境温度
DMFC(Direct Methanol)	高分子质子导体膜	环境温度
AFC(Alkaline)	氢氧化钾溶液(导通 OH^- 离子)	大约 80℃
PAFC(Phosphoric Acid)	磷酸溶液(导通质子)	170~200℃
MCFC(Molten Carbonate)	熔融碳酸盐(导通 CO_3^{2-} 离子)	大约 700℃
SOFC(Solid Oxide)	掺杂的二氧化锆(导通 O^{2-} 离子)	800~1000℃

质子交换膜燃料电池(Proton Exchange Membrane Fuel Cell,PEMFC)采用

10～100μm厚的高分子固体膜作为电解材料，允许质子通过，但阻碍电子和气体分子通过，所以也称为高分子交换膜燃料电池（Polymer Exchange Membrane Fuel Cell）或者高分子电解质燃料电池（Polymer Electrolyte Membrane Fuel Cell）。尽管需要用到贵金属（常用铂）作为催化剂，这种电池还是属于各种燃料电池中最廉价的类型，而且不需要加热便可工作。质子交换膜燃料电池的构造也可以适用于汽车应用的极端条件，但需要注意避免反应中有毒气体一氧化碳（CO）的产生。因为其工作温度低，所以其一个缺点是水作为反应产物，不容易以水蒸气的形式被排出；另外一个缺点是，其发电效率相比其他高温燃料电池要低。质子交换膜燃料电池有机会为电动汽车提供牵引能量，或者作为混合动力汽车的备用能源。德国联邦国防军在2004年投入使用的U212型U-Boote就是采用质子交换膜燃料电池所提供的能量，几乎可以无噪声行驶。在汽车应用中重要的一点是，在温度低于冰点时，燃料电池不会损坏，并且能够尽快再运行。要想提高燃料电池的使用寿命，必须要突破两个问题：第一，杂质元素引发的催化剂中毒（例如一氧化碳和氧化硫）；第二，质子交换膜会随着使用时间而减薄，这一点必须要注意。

宝马公司曾经研制固体燃料电池（Solid Oxide Fuel Cell，SOFC）作为备用能源（Auxiliary Power Unit，APU）。固体燃料电池采用氧化锆作为电极材料，工作温度为800℃，属于高温燃料电池。宝马的装置中设计了一个氢气重整装置，从汽油中提取氢气用来驱动燃料电池。由于电池要首先被加热才能使用，加热所用的热量也可以用作停车采暖或为风窗玻璃除霜。但在2008年，宝马宣布停止此项目的研发。

其他的燃料电池类型，例如在固定的大型设备中应用的熔融碳酸盐燃料电池（Molten Carbonate Fuel Cell，MCFC）、在航空领域应用的碱性燃料电池（Alkaline Fuel Cell，AFC）、在大型设备中应用的磷酸电解质燃料电池（Phosphoric Acid Fuel Cell，PAFC）等，在未来的几年中将不太会有可能应用到汽车领域。

储氢的方式有多种，例如高压瓶、冷冻瓶，或者利用氢和其他材料化学键合来储氢。氢气也可以在车中通过氢气重整装置，利用甲醇、汽油等其他燃料来提取。还有一些燃料电池是针对特定的有机物来设计和优化的，例如甲醇［直接甲醇燃料电池（Direct Methanol Fuel Cell，DMFC）］，这种燃料电池利用特定的催化剂将甲醇分解为氢气和二氧化碳。

由微生物形成质子/电子对的燃料电池（微生物燃料电池）在技术上远未得到应用。

3.14　其他能量存储设备

从理论上来讲，存储能量的方法有很多。但在实际中得到应用的只局限于前面介绍的两种：化学能量存储或者电场能量存储。从物理学的角度讲，能量存储的形式有很多种，但唯一的要求是，所存储的能量要能够转化为电能。

曾经研发出来两种其他类型的技术，但是却没有成熟到可以应用的程度。其中一种和电容器的电场相似，将能量存储为磁场；另外一种是指在公交车中，将能量作为动能存储在运动的飞轮上。感应磁场存储，必须利用冷却的超导线圈，而汽车中并没有放置这种装置的空间，所以这种技术是不合适的。飞轮作为能量存储器曾在20世纪50年代量产，并在瑞士"Gyrobus"公交车中应用。少量售出的车却并不能证明这种能量形式成熟可靠。一直到今天，都还有许多新的实验和创新在开展。例如在［vBurg98］中，飞轮的能量密度达到50W·h/kg（和铅酸电池相仿），功率密度达到1800W/kg。一个新的应用领域是赛车中的能量存储，这些系统被称为能量回收系统（Energy Recovery System，ERS）。一些制造商正在为系列车辆开发此类系统。

参 考 文 献

[Anderson15] Jon L. Anderson, Jay Frankhouser: „*Advanced lead carbon batteries for partial state of charge operation in stationary applications*", 2015 IEEE International Telecommunications Energy Conference (INTELEC), S. 1–5

[Andrea10] Davide Andrea: „*Battery Management Systems for Large Lithium-Ion Battery Packs*", Artech House, Norwood (MA), 2010, ISBN 978-1-60807-104-3

[BatFD] Batterieform Deutschland: http://www.batterieforum-deutschland.de/infoportal/batterie-kompendium/sekundaere-batterie/thermalbatterien/natrium-nickelchlorid-batterie (08.10.2020)

[Bauer17] S. Bauer: „*AkkuWelt*", Vogel Business Media, Würzburg, 2017, ISBN 978-3-8343-3409-1

[BauFer08] A.C. Baughman, M. Ferdowsi: „*Double-tiered switched-capacitor battery charge equalization technology*", IEEE Transactions on Industrial Electronics, Band 55, S. 2277–2285, Juni 2008

[Emadi05] A. Emadi: „*Handbook of Automotive Power Electronics and Motor Drives*", CRC Press, Boca Raton (Florida), 2005, ISBN 0-8247-2361-9

[Fahlb15] E. Fahlbusch (Hrsg.): „*Batterien als Energiespeicher*", Beuth-Verlag, Berlin, 2015

[Hang17] J.-Y. Hwang, S.-T. Myung, Y.-K. Sun: „*Sodium-ion batteries: present and future*", Chemical Society Review, Band 46, Ausgabe 12, 2017, S. 3529-3614, http://dx.doi.org/10.1039/C6CS00776G

[Kiehn03] H.A. Kiehne und 11 Mitautoren: „*Batterien*", Expert-Verlag, Renningen, 2003, ISBN 978-3816922759

[Mohr12] Steve H. Mohr, Gavin M. Mudd, Damien Giurco: „*Lithium Resources and Production: Critical Assessment and Global Projections*", Minerals, 2012, Nr. 2, S. 65–84; https://doi.org/10.3390/min2010065

[Olivetti17] Elsa A. Olivetti, Gerbrand Ceder, Gabrielle G. Gaustad, Xinkai Fu: „*Lithium-Ion Battery Supply Chain Considerations: Analysis of Potential Bottlenecks in Critical Metals*", Joule, Band 1, Ausgabe 2, 2017, S. 229–243

[ReNoBo12] K. Reif, K. E. Noreikat, K. Borgeest: „*Kraftfahrzeug-Hybridantriebe: Grundlagen, Komponenten, Systeme, Anwendungen (ATZ/MTZ-Fachbuch)*", Springer-Vieweg, 2012, ISBN 978-3-8348-0722-9 [vBurg98]　　P. von Burg: „*Moderne Schwungmassenspeicher – eine alte Technik in neuen Aufschwung*", VDI-GET Fachtagung Energiespeicherung für elektrische Netze, 10/11. November 98, Gelsenkirchen

[Wilcke16]　　Winfried W. Wilcke, Ho-Cheol Kim: „*The 800-km battery lithium-ion batteries are played out. Next up: lithium-air*", IEEE Spectrum 3/2016, S. 42–62

[WilOff19]　　Mark Wild, Gregory J. Offer (Hrsg.): „*Lithium-Sulfur Batteries*", John Wiley & Sons Ltd., Hoboken, Chichester, Oxford, 2019

[Wu15]　　Y. Wu: „Lithium-Ion Batteries", CRC Press, Boca-Raton, 2015, ISBN 978-1-4665-5733-8

第4章 混合动力驱动和电驱动

汽车从传统的内燃机驱动,逐渐过渡到混合动力驱动,再到电驱动是宏观的发展趋势。本章的内容和前一章有非常紧密的联系。随着混合动力和电驱动越来越重要,技术也越来越复杂,所以作为单独的一章来论述。推荐阅读[ReNoBo12]进行更深入的研究。

4.1 电机

物理学中的电磁感应定律阐述了电机的工作原理:
1) 对磁场中的导体通电流时,磁场会对导体产生作用力。
2) 导体在磁场中做切割磁感线的运动时,会产生感应电动势。

第一个效应(图4.1a)中的作用力为洛伦兹力。当电荷在磁场中运动时,会产生洛伦兹力。当许多电子通过导体运动时,作用在每个单独电荷上的洛伦兹力叠加,产生作用在导体上的合力。利用这个效应,可以制作通电便可转动的电动机。假设磁感应强度为B,导体垂直于磁场方向长度为l,所通的电流为I,所产生的垂直于磁场方向的作用力F为

$$F = IlB \tag{4.1}$$

第二个效应(图4.1b)为电磁感应定律的另一种形式,通过力学驱动产生感应电动势,从而可以制作发电机。假设磁感应强度为B,导体长度为l,以速度v垂直于其长轴,同时也垂直于磁场方向运动,所产生的感应电动势为

$$U = vlB \tag{4.2}$$

发电机和电动机中,都用到在磁场中运动的导体。发电机是利用运动的导体来产生电压,而电动机的情况恰恰相反,是利用通电使导体运动。上面的这两个效应,正是电机的典型特征:用力学驱动可以产生电动势(发电机),用电流驱动则可以产生作用力或者转矩(旋转电动机)。有很多例子利用这种技术进行能量的双向转换,例如,流体机械(水轮机、风力发电机等)既可以作为涡轮发动机来使用(流体流动产生机械旋转),又可以作为泵、压缩机来使用(机械旋转推动流体流动)。但是内燃机不具备这个两用的特征。

单个导体在磁场中还不能形成足够的功率来驱动电机,所以要将导线缠绕成线

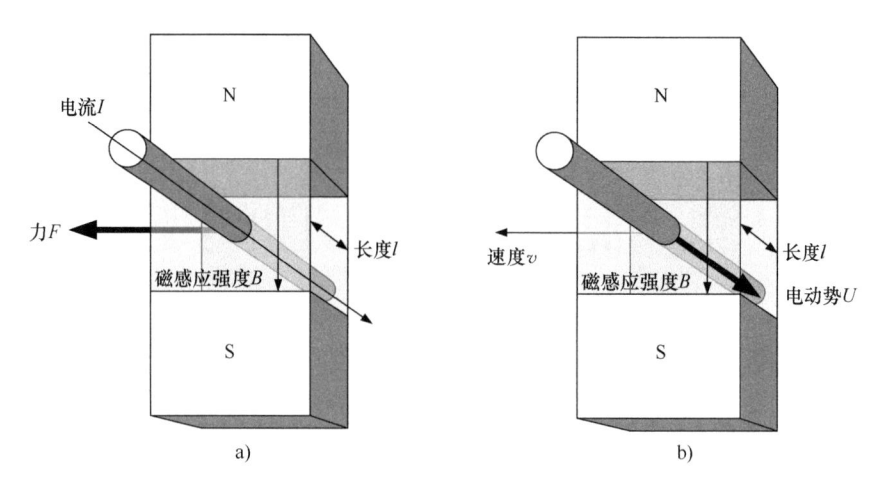

图4.1 左侧表示通电导体在磁场中会受力,右侧表示磁场中运动的导体会产生感应电动势

圈。一个有 n 圈的线圈相当于 n 个串联在一起的导体,所提供的电压也是单独导体的 n 倍,作为电动机使用时,可以提供 n 倍的驱动力。当所有的导体沿一条线平行运动时,称为直线电机,经常使用在工业驱动或者磁悬浮列车的驱动中。但在大多数情况下,导线都缠绕在一个可以转动的圆筒形状上形成线圈,称为转子,这种方式称为旋转电机。如果没有特殊说明,以下所讲的电机,均指旋转电机。电机的外壳以及磁铁称为定子。我们还将提到各种不同构造的电机,例如有些电机的磁铁随转子运动,而线圈则在定子中固定不动;也有些电机的转子在定子之外,围绕定子转动。为了避免混淆各种不同构造的电机类型,我们首先从最直观的构造开始讨论:机壳和磁铁组成的定子在外围固定不动,线圈随转子在内部旋转。

假设可旋转的转子上缠有 n 圈导体线圈,线圈的直线边到中心转轴的距离为 r,n 个线圈的一个直线边所受的总力矩 M 为

$$M = rnIlB \tag{4.3}$$

由于磁铁都有两极,电流通过导体的一端流入,就会从导体的另外一端流出,所以在电机的设计中,磁铁的另外一极和线圈的另外一个直线边也会发生同样的电磁作用,产生同样大小的力矩,所以作用在 n 个线圈上的总力矩为

$$M = 2rnIlB \tag{4.4}$$

4.1.1 直流电机

正如其名字一样,作为电动机使用时,直流电机需要直流电来驱动;作为发电机使用时,直流电机可以产生直流电压。直流电机的构造和前面介绍的电机类型大体一致,但是还需要回答两个问题:第一,磁场是如何产生的;第二,转子(也称电枢)转动时,如何将和磁铁两极产生的感应电动势作为直流电压输出。

小功率的直流电机(例如刮水器电动机)使用永磁体产生磁场。大型的电机,

例如作为汽车驱动的电机，使用的则是电磁铁，也就是缠绕在铁磁材料周围的线圈，这种线圈称为励磁线圈。

励磁线圈和转子线圈可以进行并联（并励电机）或者串联（串励电机）。将励磁线圈分为并励和串励磁场两部分，并且和转子线圈结合使用的，称为复励电机。

并励电机中，由于励磁磁场是恒定值，所产生的转矩随着转速的升高只有少量的降低，特性和永磁磁场电机相似。

转子从静止开始转动时，所产生的电枢电流是非常大的，如果没有外加电阻，电流只受非常小的线圈电阻所限制。当转速增大时，电枢电流逐渐降低，在发动机没有负载的情况下，电流趋于0。这时随着转速增大，转子内部产生感应电动势（电动机同时也是发电机），这个感应电动势方向和外部电压相反，互相抵消，所以电流减小。串励电机（励磁线圈和转子线圈串联）的磁场取决于电流大小，当电机起动时（大电流），磁场强度非常大，产生的转矩也非常大；随着转速的增加，电流减小，磁场和转矩也都减小。当外加电压U一定时，转矩遵循如下关系：

$$n \approx \frac{U}{\sqrt{M}} \tag{4.5}$$

串励电机的特性尤其适合用作汽车的驱动，在最初起动时，可以提供很大的转矩，当起动后进入匀速行驶过程后，电机耗费很小的电能便能产生一个相对较小的转矩，足以维持汽车的匀速运行。因此，电动汽车大都采用串励电机作为发动机。另外需要提到的一点是，必须避免无负载驱动的情况（分母为0），因为这时串励电机会全速转动，非常高的离心力可能会损坏电机的力学结构。

为了使旋转的转子产生直流电压，导线的电极必须不停转变。起到此作用的装置叫作换向器。换向器由转动部分通过固定部分的电刷和电源实现连通。换向器产生的电磁干扰信号可能会影响汽车中其他的电子元器件，而电刷也会随着使用而逐渐磨损。对于换向器的详细介绍参见介绍电机的相关资料［Fischer17］。

大型电机中，除了励磁线圈和电枢线圈之外，还设计有用来减少整流过程中产生的感应电压干扰的转极线圈和平衡电枢电流对磁场影响的补偿线圈。由于本书的篇幅所限，对于这些细节无法详细介绍，感兴趣的读者请参考相关资料［Fischer17］。

4.1.2 同步电机

最简单的同步电机的结构，外围的定子由三相线圈所组成，中心的转子为永磁体，同步电机原理图如图4.2所示。三相线圈通入强度相同但相位差为120°的交流电来驱动，从而产生一个旋转的磁场。作为永磁体的转子由于磁场作用力产生转矩而转动。转子的转速和电机旋转磁场的转速相同，称为同步转速。每转动1圈代表驱动电流的1个周期。

实际中所应用的同步电机是多极的，所以转子转动的周期是驱动电流周期的整数倍。当同步电机有负载的时候，电机的转速恒定，而转子则落后于旋转磁场一个恒定的相位差。当负载太重以至于相位差过大时，同步电机的转子便不再能随磁场旋转，这时电机无法进行驱动。

转速通过调整电流的频率来实现。从设计构造上来说，同步电机比直流电机要简单，但同步电机需要额外的变频器，用于将驱动电流变成需要的频率，这增加了成本。由于近年来随着功率电子器件的技术发展，变频器的成本逐渐降低，同步电机有逐渐取代直流电机的趋势。

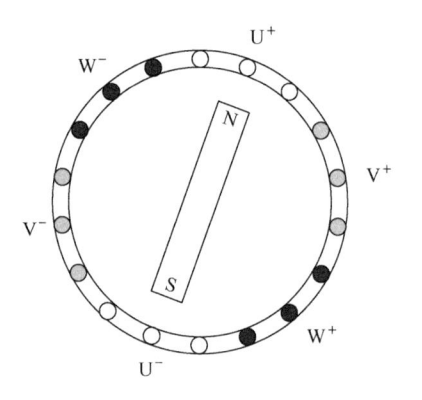

图4.2　同步电机原理图

当作为发电机使用时，永磁转子旋转1周，对于2极电机，在定子线圈中产生三相电压的1个周期；对于多极电机，则产生多个电压周期。

实际很多电机中，同步电机的转子并非永磁体，而是电磁铁，也并非只有N、S两极，而通常是多个磁极。转子通过集电环来供电。随着新式磁性材料的产生，集电环的转子则趋向于被永磁体转子所取代。永磁体转子的一个缺点是其磁场为不变值，而集电环转子的磁场则可以通过电流的大小来调整，这一点对于发电机控制至关重要。对同步电机的详细论述参见［Fischer17］。

4.1.3　异步电机

在一些情况下，我们可以把电机想象成由定子的三相线圈和转子线圈组成的调压模块，因为变化的定子磁场会在转子中产生感应电动势，从而产生感应电流。假设转子和定子磁场同步转动，相对于转动的定子来说，与其转速相同的磁场是静止的，所以在这种情况下，转子并不能产生感应电动势。但是当转子的转速慢于磁场时（异步也就是指不同步），转子将会在磁场中产生感应电动势。

异步电机的原理为，转子以低于定子磁场的转速旋转（在发电机模式则高于定子磁场转速），从而转子线圈不需要外接电源，而是通过自身感应电流来驱动。所以，异步电机也称为感应电机。在存在负载的情况下，转子的转速相对于定子磁场转速越低（但是不能过低），所引发的感应电动势越大，感应电流也越大，从而电机的转矩也就越大。在空载的情况下（实际中由于摩擦力而并不存在完全的空载），异步电机的转速最高可以达到定子磁场转速（同步），这时，电机的转矩为0。这样，异步电机是一个在负载变化时，通过轻微改变转速就可以快速达到稳定的运行的系统。转子转速n对定子磁场转速n_0的偏差称为转差率，用s表示为

$$s = \frac{n_0 - n}{n_0} \tag{4.6}$$

当空载同步工作时，$s=0$；当转子完全静止时，$s=1$。

正是由于此特性，异步电机的原理复杂，但在实际中却利用转子产生感应电动势的副效应，从而省去了外接的驱动电源，节省了成本，电机的质量也变得更小。常见的构造为笼型电机（Squirrel Cage），类似于仓鼠笼的转轮，当然实际中是没有笼栏的。

和同步电机类似，异步电机的转速也可以通过变频器调整定子绕组驱动电流的频率来实现调整。其他调整转速的方法参见［Fischer17］。

不同于同步电机，异步电机在转子绕组未通外加电流的情况下也拥有转矩，所以可以自起动。当汽车中变频器的频率是从0开始增加时，同步电机和异步电机并无区别。

4.1.4 变频器

如前所述，三相电机的转速取决于三相电流的频率。此外，电机的转矩取决于转速和三相电的电压。所以电机需要前置的变频器，用来提供可变频率和电压的三相电。和直流电机相比，变频器增加了三相电机的成本。尤其在大型电机中，变频器的成本甚至超过电机的成本。关于变频器技术的介绍参见［Brosch07］。

在此只说明变频器的工作原理，以及电机用变频器和50Hz电网的固定变频器的区别。相对于固定变频器一个明显的区别是，车用变频器是用直流电池作为电源，但由于其功率太低，不用作电机供电。

工业用的固定变频器由整流单元（交流变直流）、能量存储装置（电容、电感）（作为缓冲的直流电压或直流电流中间回路）、逆变单元（直流变交流）组成，用来产生特定频率的三相电压，从而驱动三相电机。

如图4.3所示，车用变频器中，没有整流单元，取而代之的是升压转换器，作用是将几十伏的电池电压转换为几百伏的驱动电压。逆变单元可以用此电压驱动电机。在升压转换器和逆变单元之间是直流回路，通过电容器来对高电压滤波（电压型变频器）。与其不同，另外一种变频器的架构为，在直流回路中不是通过电容，而是通过电感来滤波（电流型变频器）。这时电池可以直接向直流回路供电，不再需要独立的升压转换器，而是通过直流回路的电感和逆变单元相互作用来产生高的输出电压。

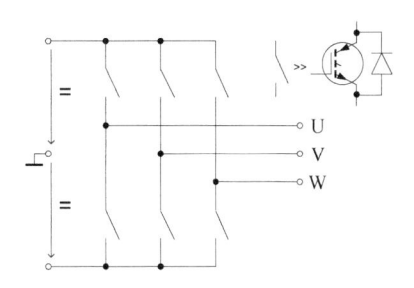

图4.3 三相半桥电路的交流变频器
［车用变频器中，采用6个带有续流
二极管的功率半导体作为开关
（见7.1节）］

变频器主要有两种调制方式，如图4.4所示，一种是按一定规律改变方形脉冲列的幅度，称为脉冲幅值调制（Pulse Amplitude Modulation，PAM），一种是按一定规律改变正弦脉冲宽度，称为脉冲宽度调制（Pulse Width Modulation，PWM）。

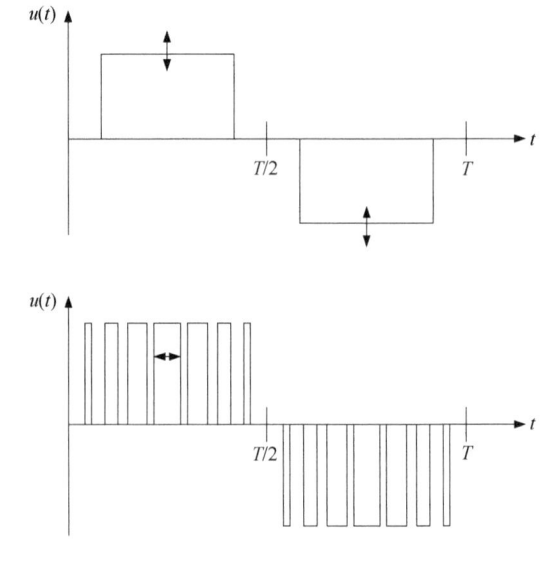

图4.4　采用PAM（上图）和PWM（下图）的正弦信号的周期 T 变化

4.2　发电机

早期的发电机是直流电机，如今无论是在轿车还是商用车中，都普遍采用三相电机作为发电机。发电机由内燃机通过传动带驱动。发电机的作用是为整个汽车电气网络供电，同时为蓄电池充电。常见的额定功率从小型汽车的几百瓦到货车或特殊装备汽车的4kW不等。由于照明用电是汽车总体用电的一大部分（至少在过去的车型中），所以德语口语中通常把发电机称为 Lichtmaschine（Light Machine）。

产生感应磁场的励磁线圈存在于转子上，通过集电环来供电。由于无蓄电池，所以摩托车中采用永磁体来代替励磁线圈。除了商用车上一些大型发电机是单极之外，其他类型的发电机都有12或者16个爪极。爪极是磁性材料像爪子一样延伸，沿着每一个爪极分支都缠绕有圆柱形的励磁线圈。汽车发电机内部架构的详细介绍请参见［Bosch11］。

在线圈的N、S极，爪极总是交替循环出现。定子的三相绕组U、V和W中产生感应电流。当1对转子爪极经过定子绕组时，就是感应电动势的1个周期。感应电压的频率正比于转速，所以发电机是同步电机。

图4.5中，3个感应线圈产生三相电压，通过6个功率二极管的B6型电路整流。由于需要导热性好，功率二极管采用两层金属板封装，铆压在电机的金属壳体之中。在电极B+和B-之间，输出发电机产生的直流电脉冲，通过一个容量为几微法的电容器使其平滑化。

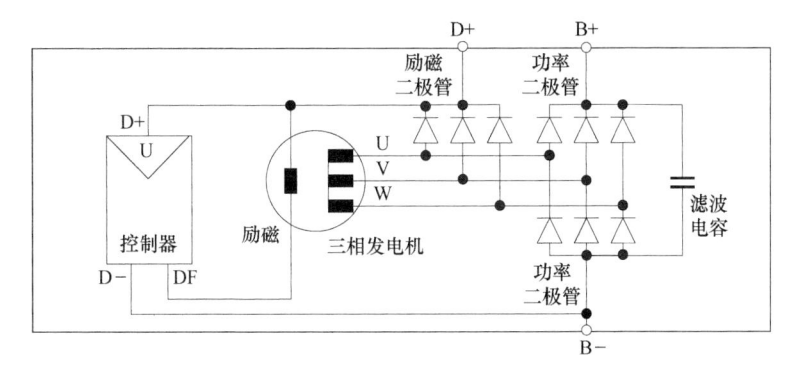

图 4.5 三相发电机及其控制器

发电机的电压取决于转速、旋转磁场的感应强度以及负载等因素。为了使汽车电气网络的电压相对于蓄电池充电电压恒定，需要对电压进行调制。由转速和负载引起的电压浮动，可以通过电压调制来进行平衡。由于励磁电流可以根据需要调整其强弱，所以通过调整励磁电流的强度，就可以调整磁场强度，从而来控制输出电压达到期望值。进行控制的时候，可以在 D+ 和 B− 电极之间通过引入 D+ 和 D− 之间的控制器来控制。

控制器通过对比测量电压 U 和汽车电气网络的设定值（高温下最低值为 14V，低温下更高），从而调整励磁电流的强度，来使发电机达到设定值。当今所用的控制器为一个集成芯片，通过功率晶体管来调整励磁电流。因为励磁线圈的电感效应，电流不能大幅度改变，电流强弱的调整通过开通和断开晶体管来实现。断开晶体管之后，发电机绕组中产生的电流通过和绕组并联的续流二极管放电。在图 4.5 的电路中，控制器的晶体管位于 DF 和 D− 端之间。当其开通时，励磁电流增加，其断开时，励磁电流降低，如图 4.6 所示。对一些晶体管位于 DF 和 D+ 端的控制器，则不能像图 4.6 中相连，而是应该接于 DF 和 B− 端之间。通常情况下，控制器和集电环一起，集成在发电机中作为励磁线圈的导电部分。主要由石墨制成的电刷的磨损是发电机故障的一个常见原因。有些新式的控制器也采取不集成在发电机之内，而是作为电子控制单元（例如电能管理电控单元），可以通过软件实现功能。

三相发电机在车身电气网络中的连接如图 4.7 所示。B+ 和 B− 端直接和电池的正负极相连，D+ 接口通过汽车钥匙开关（点火开关）和充电指示灯和电池的正极相连。这个预励磁电路存在，是因为发电机在刚起动时，还不能产生自己的励磁电流，而是首先需要通过起动电池进行他励磁。一旦 B+ 和 D− 端达到电气网络所需的电压，充电指示灯便会熄灭。预励磁电路的电流可以通过外加电阻（图 4.7 中的虚线框）来调整，目的是不要因为电流过大损坏充电指示灯。和充电指示灯并联的一个电阻可以保证即使指示灯损坏，仍然可以进行预励磁。由于如今都是使

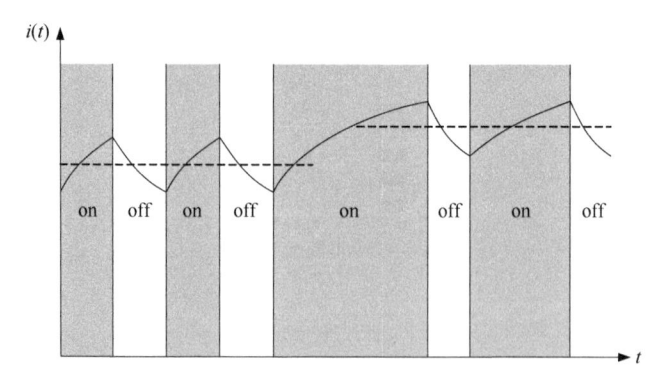

图4.6 发电机励磁电流控制时序图［当控制器中的晶体管开通时（on），电流升高；当晶体管断开时（off），电流降低。1个开关周期通常大约持续1ms或更长］

用发光二极管（LED）指示灯，所以指示灯损坏这种情况非常罕见。对于LED，并联电阻仍然有用，因为大约10mA的发光电流不足以进行预励磁（大约200mA）。当汽车熄火时，励磁电流也应该被断开，所以D+端设计有3个独立的二极管，否则关闭电流之后，控制器仍将尝试升高励磁电流。这对于静止的发电机来说是没有意义的。

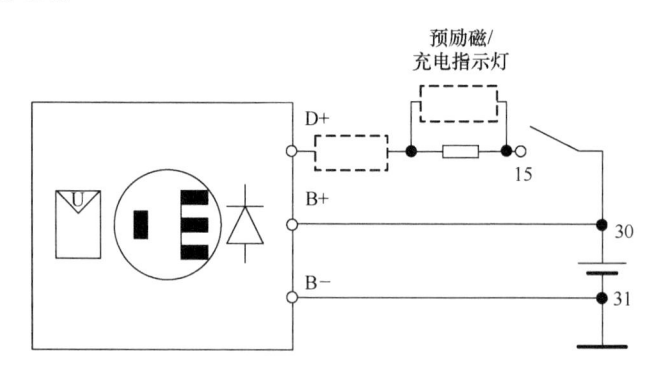

图4.7 三相发电机在车身电气网络中的连接

有些发电机没有3个励磁二极管。它们有一个控制器（在博世称为多功能控制器），该控制器通过内部开关晶体管，通过充电指示灯从预励磁电路切换到B+和B-，交流发电机产生足够的电压后立即切换，并且在点火装置关闭后关闭励磁绕组。

4.3 起动机

和电机不同，内燃机在静止的时候并不能产生转矩，而是需要借助外力达到最小转速，才可以独立运行。现今轿车发动机的起动转速在50~200r/min之间。

早期的汽车中，装备有手动摇杆，一般插在水箱下面。在天气不好的时候，下车进行手摇起动非常不方便，另外还有受伤的风险。在19世纪30~40年代，起动机被发明出来，并且首先应用在飞机和军用汽车中，当时的起动机采取引爆少量炸药的方式来获取能量。在每次起动之前都必须更换炸药，所以如今这种方式也已经被淘汰。

小型的发动机可以用手动牵引一个绳索带动滑轮旋转的方式来起动，汽车发动机需要的力量大得多，人手部的牵引力不足以用作起动。

对于大型的轮船发动机来说，通常的解决办法是，按照点火顺序向发动机的气缸内冲入压缩空气增压起动，但对于汽车发动机来说，这种方式太过昂贵。只有在一些国家规定，运输易燃易爆材料的汽车，必须用压缩空气来起动。

在所有的轿车和绝大多数的商用车中，都是采用电机作为起动机。起动机通过蓄电池供电，所以蓄电池也称为起动机电池。起动机作为直流串励电机的模式运行，由于发动机还处于静止状态，所以还未产生反方向的感应电压。这时起动机线圈中的电流很强，定子绕组所引发的磁场强度也很大，所以起动机可以产生很高的牵引力矩。随着转速的升高，牵引力矩逐渐下降。

随着近年来新型的磁性材料的产生，现在的轿车起动机不再使用定子绕组，而是使用永磁体来产生磁场。载重汽车中还是大多采用串励电机作为起动机。

在起动时，起动机要与内燃发动机相连。一旦发动机起动，起动机要和其分离。如果起动机未和发动机分离，而是跟随发动机一起旋转，轻则降低发动机的可用效率，重则导致起动机损坏。一个例外是4.4节将提到的起动发电机，会一直随发动机运转。普通的起动机拥有嵌入部件和分离部件。

起动机的嵌入通过嵌入继电器的电磁线圈来实现，如图4.8所示，线圈通过驾驶员发送起动指令或者通过另外的继电器来激活。线圈挤压起动机底端的小齿轮，使其和发动机飞轮的链轮相啮合。在进行嵌入时，齿轮并不总能啮合，所以在起动机达到全速运转之前，需要利用粗牙螺纹协助齿轮的啮合。这种嵌入方式称为推力

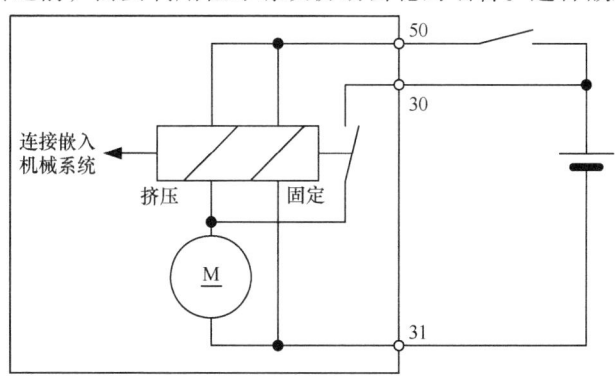

图4.8 起动机的电子部分，包括通过夹线槽30、31和50端连接的嵌入继电器

螺旋传动。一旦齿轮成功嵌入，嵌入继电器接通主电流（轿车约 1.5kA）通过起动机的线圈。成功嵌入后，嵌入电路便自行断电。

通常，起动发动机通过一个集成的行星齿轮来驱动嵌入齿轮，以实现更高的转矩。另外，嵌入齿轮也比飞轮的链轮小得多。内燃机开始运行后，嵌入齿轮的转速通过惯性滑行和起动机的转速解耦。轿车利用转动惯性，而大型的起动机则利用滑动惯性。起动后，驾驶员松开钥匙，第 50 端断开，这时嵌入继电器断开。关于起动机的更多详细内容参见［Bosch11，WalRei11］。

4.4 起动发电机

轿车中的两个大型电机分别是起动机和发电机。由于电机也可以作为发电机模式使用，所以，一个想法是使用一个单独的电机既可以在起动时作为起动机使用，又可以在汽车平稳行驶时作为发电机使用。这个想法由来已久，在过去，人们也一直尝试把起动机和发电机合为一体。将两者结合的一项很实际的好处是可以发挥电机的其他作用，例如平衡传动系统的转速波动；另外一个有利于节省燃油的应用为自动起停系统（Start-Stop-Automatic），当长时间怠速（例如等信号灯时）会自动停止发动机运转，当驾驶员踩踏加速踏板时，又会在后台自动起动发动机。电机也可以应用在再生制动系统（Regenerative Brake）中，当制动时，电机或起动发电机可以把动能转化为化学能，存储在电池中以便再利用，而不像传统的摩擦制动一样，将动能通过摩擦转化为热能而耗散掉。这些应用可以作为下一节中要介绍的混合动力驱动的一个过渡。拥有再生制动和自动起停系统的汽车也称为微混合动力汽车。

对于小功率的汽车，使用电池电压为 48V 甚至 12V 的起动发电机被集成在发电机壳体中，两部分通过传动带相连接。当发电机在起动时和内燃发动机相连接的情况下，它必须能够经受住高转速，而且不能有太大的惯性力矩。然而，在像自动起停系统这样的应用中，它必须可以提供比较大的转矩，用来把发动机快速而平缓地提升到运行转速。对于大功率的汽车，起动发电机则一般采取另外的设计。被证明切实可行的是永磁电机，它位于发动机和离合器之间的机轴上，由于其体积狭小，所以需要的空间也很小。

4.5 混合动力汽车

这里讨论的混合动力汽车是具有风冷或水冷电机以及内燃机的车辆。广义上，该术语是指至少两种类型的驱动器组合的汽车，例如内燃机和液压驱动（叉车［BierHamm10］）或内燃机和气动驱动［DöVaOnGu09］。这个优点是这样实现的：混合动力汽车中燃油发动机的转速通常只在一个很有限的范围内变化，当汽车加速时，电机用来提供一部分功率，所以燃油发动机并不需要消耗很多的燃油。未来，混合动力汽车中的燃油发动机将越来越优化，转速和油耗也越来越低。由于内燃机在低负载转矩下的效率水平不高，因此电机可以专门为发动机加载（负载点增加）并将过程中释放的能量传送到电池中。混合动力驱动的另一个优点和起动发电机的原理类似，在制动的时候，动能不会被耗费，而是转化为电能存储备用。缺点是由于混合动力汽车电池组的原因，车重比较大。在市内行驶时，混合动力汽车的优点比较显著。

混合动力驱动可以看作在起动发电机（微混合动力）的基础上另外两类的延伸和发展。第一类，电机只是作为辅助动力使用，在英语中称为"Mild Hybrid"（轻度混合动力汽车）。第二类，电机作为主要的动力引擎，称为"Full Hybrid"（全混合动力汽车）。表4.1所列为混合动力驱动的分类。由于混合动力汽车的定义还未标准化，所以在其他文献中也有可能出现和本书不同的定义。

电驱动和燃油驱动之间通过电子控制系统来实现协调。燃油发动机和电机都有各自独立的电控单元，这两个电控单元通过总线（例如CAN总线）和混合动力电控单元实现通信。前面章节所提到的电能管理的概念也被集成在混合动力电控单元之中。

表4.1 混合动力驱动的分类（目前这些名称没有标准化，还使用了其他定义）

类别	自动起停系统	再生制动系统	混合动力牵引	纯电动动力牵引
微混合动力驱动	√	(√)		
轻度混合动力驱动	√	√	√	
全混合动力驱动	√	√	(√)	√

插电式混合动力是指其电池也可以从公共电网充电的混合动力汽车。未来主要为电动操作而设计的车辆将只有一个非常小的内燃机，可用于在驾驶时充电，因此被称为增程器。Jaguar（2010）和Techrules（2016）尝试使用小型燃气轮机作为增程器，但迄今为止在市场上并未取得成功。这种车辆可以被视为从混合动力汽车向纯电动汽车的过渡。

图4.9和4.10对两种基本的混合动力汽车的结构做了比较。

4.5.1 串联式

最早出现的为串联式混合动力（图4.9），是把在柴油机车[一]和轮船[二]中的柴油发电机已得到广泛应用的技术，移植到汽车中来。世界上第一辆混合动力汽车——

[一] 在世界上多数国家，柴油机车发动机通过电力驱动传动轴，但在德国通用的是用液压驱动传动轴。

[二] 很多中小型船只中装备多个并行柴油发动机，采用电力驱动。在大型货轮或油轮中则只采用一个大型柴油发动机，直接用力学驱动。

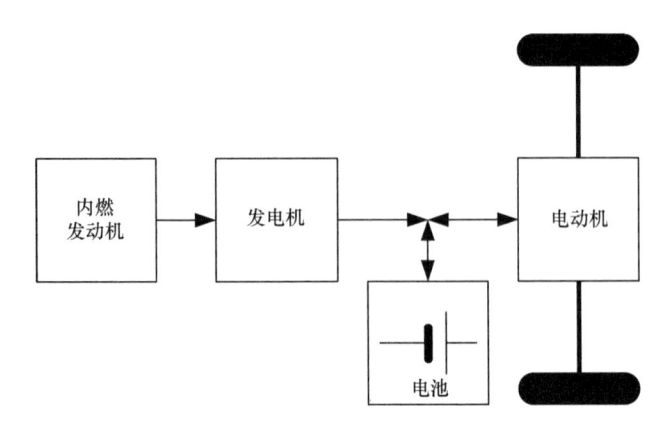

图4.9 串联式混合动力（出于简化原因省略了变速器）

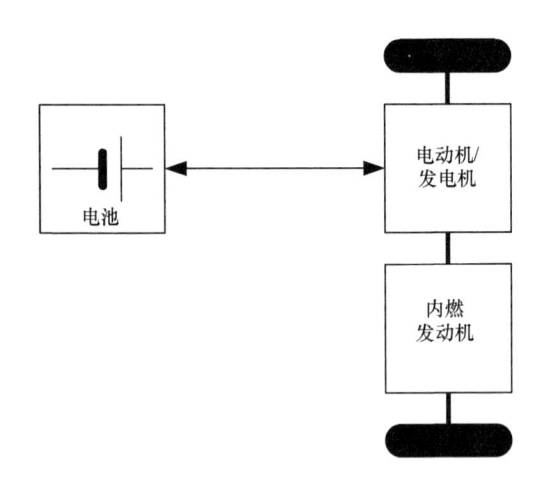

图4.10 并联式混合动力（出于简化原因省略了变速器）

1896年生产的"Lohner-Porsche"也是采用此种技术：燃油发动机驱动发电机，所产生的电能用于驱动电机作为牵引动力（四轮驱动时为4个电动机）。电机部分相当于电力传输而不是力学传输的无级变速器。电池还作为能量缓冲器存在于电气部分中，它可以吸收电动机的制动能量，在驱动功率较低时为电池充电或在短时间内从电池提供额外的能量以达到峰值驱动功率而无须加速内燃机。

相对于并联式混合动力汽车，串联式混合动力汽车的优点为，燃油发动机和汽车驱动系统是分离的，所以无论汽车在何种情况下行驶，燃油发动机总可以工作在和电池充电效率所匹配的最优配置条件下。由于全部的驱动功率都是通过电力系统传输的，所以驱动系统需要两个电机，所以虽然串联式混合动力汽车设计简单，但价格却高于并联式混合动力汽车。

4.5.2 并联式

并联式混合动力汽车的优点在于，燃油发动机和电机都可以为汽车提供驱动力。由于两部发动机可以同时提供动力，所以在一定的时间内，汽车可获得很高的牵引力和很快的加速值。两部发动机输出的转矩并非一定同时施加在汽车的驱动轴上，而是可以通过行星齿轮变速器作用在别处来实现。一种并联式混合动力驱动的例子为，通过电能驱动一根驱动轴（电动轴），通过燃油发动机驱动另外一根驱动轴（燃油轴），两种动力直到汽车运动在地面上，才实现"混合"。当电动驱动轴被动旋转时，实现对电池充电。

如今很多混合动力汽车（例如 Golf GTE 和现代 Ioniq）都采用并联式的概念，如图 4.10 所示。这种汽车的电机比串联式混合动力车的电动机要小很多。本田汽车在大多数情况下采用燃油驱动，只有当驾驶员在发动机预热之后、速度不高并保持匀速行驶时，也就是说驱动力只需要克服微弱的摩擦力的时候，才会采用电能驱动。除此以外，本田汽车只用电力来驱动自动起停系统（在等待信号灯时自动停止或者起动发动机），或者作为加速辅助。奔驰 S 级车型和同年的宝马 7 系也均采用并联式混合驱动方式。在这两款汽车中，都是优先考虑混合动力系统强劲的驱动功率。宝马公司的"Efficient Dynamics"系统拥有并联式的微混合动力架构，通过再生制动和自动起停功能来节省燃油，已经可以算是混合动力汽车，但是在市场上并未作为混合动力汽车来宣传和销售。

并联式混合动力可以很容易地从传统的传动系统中衍生出来，因为在这种情况下，电机几乎可以放置在驱动轴或车轴上的任何位置，并在那里增加其转矩。电机的转子通常是轴的一部分，但也可以使用简单的齿轮在轴和电机之间建立传动装置。根据电机的位置有所不同，P1 混合动力汽车在发动机和离合器之间，通常在双离合变速器之前；P2 混合动力汽车在离合器和变速器之间；P3 混合动力汽车在变速器后。并联式混合动力（P4 混合动力）的一种特殊变体以电动方式驱动一个车轴，并通过内燃机驱动一个车轴。为了给电池充电，电动轴被动地滚动。P14 混合动力汽车结合了两台电机，即像 P1 混合动力一样的小型机器直接安装在发动机上，而像 P4 混合动力这样的大型机器则安装在单独的车轴上。

4.5.3 混联式

图 4.11 所示为串联式和并联式结合的混联式混合动力系统，这个系统的架构更复杂，但是结合了串联式和并联式系统的优点。燃油发动机可以直接作为力学驱动（力学分支），也可以驱动发电机（电学分支）。和串联式电机相似，力学分支和电学分支的牵引力同时作用在驱动轴上。

第一款量产的，也是迄今为止销量最好的混合动力汽车：丰田公司的 Prius 属于这一类。丰田将这一款混联式混合动力系统称为"串联-并联式"，燃油发动机可以从驱动轴解耦,工作在驱动发电机的模式下。Prius用电机起动,在大功率行驶时采用燃油发动机驱动,在强劲加速时双电机驱动,在低速时则采用纯电力驱动。丰田公司采用紧凑型的行星齿轮变速器来实现混联,并用来驱动发电机和驱动轴。电机直接和驱动轴相连,电机转矩和发动机转矩同时作用在驱动轴上,通过传动齿轮作用在轮胎上[Priusf]。通用汽车与宝马和当时的戴姆勒克莱斯勒一起开发了一种串联的"双模式混合动力系统",该系统安装在传统的变速器外壳中,允许机械齿轮或混合动力系统运行。

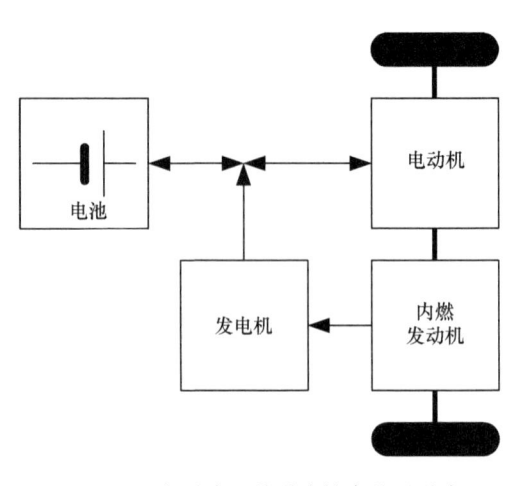

图4.11 串联式和并联式结合的混联式混合动力系统(出于简化原因省略了变速器)

4.6 纯电动汽车

随着全社会对二氧化碳排放问题越来越关注以及对其激烈的讨论,纯电动汽车也进入了公众的视线。然而,电厂发电的过程中,也会产生大量的二氧化碳。对于汽车二氧化碳排放的科学评估,要考虑整个工业环节,而不应该只局部地考虑行驶过程中的排放。如果将全球变暖的限制设定为社会目标,那么除了二氧化碳排放量,还必须考虑颗粒物排放量,例如来自内燃机或其他来源的颗粒物,其对气候的影响是近年来才为人所知的[Bond13]。

表4.2所列为不同驱动类型汽车的二氧化碳排放对比。混合动力汽车和燃油发动机汽车相似,但由于油耗低,所以行驶过程中二氧化碳排放量很小。

表4.2 不同驱动类型汽车的二氧化碳排放对比

内燃发动机 (汽油、柴油)	电驱动, 普通电网充电	电驱动, 燃料电池	电驱动, 太阳能
- - 汽车运行过程中产生二氧化碳	—	—	- - 太阳能模块生产过程产生二氧化碳
- 汽车生产过程中产生二氧化碳	- 汽车生产过程中产生二氧化碳	- 汽车生产过程中产生二氧化碳	(-) 汽车生产过程中产生二氧化碳(不包括太阳能模块)

第 4 章　混合动力驱动和电驱动

(续)

内燃发动机 (汽油、柴油)	电驱动， 普通电网充电	电驱动， 燃料电池	电驱动， 太阳能
- 炼油过程中产生二氧化碳	- - 发电场利用化石燃料发电时产生二氧化碳	0/ - - 制造氢气的过程，有可能产生二氧化碳	—
—	(+) 汽车大多在夜间充电，可以平衡充电电网的日间和夜间使用率	—	—

　　燃油发动机在行驶过程中，每消耗 1L 柴油（长碳链烃类）产生 2.7kg 二氧化碳，每消耗 1L 汽油（相对短碳链烃类以及芳香烃）产生 2.4kg 二氧化碳。另外，在石油采取、提炼和运输过程中，也会产生二氧化碳排放。经常被忽视的是，汽车生产过程中，也会排放二氧化碳[⊖]。对于电动汽车和混合动力汽车，电池的制造也是能源密集型的，其排放不能忽视。

　　通过电网充电的电动汽车，在生产过程中也会产生二氧化碳，当然，由于车身普遍比较轻，所以二氧化碳排放量也相对较少[⊖]。在如今德国的能量构成中，由于化石燃料发电仍然占很大比例，所以发电过程中会伴随产生很多二氧化碳排放。对于一些水利资源丰富的国家，水电占很大比例，所以生产电力过程的二氧化碳排放相对较少。但有一个优点是，大多数电动汽车都会在夜间充电，这使得夜间使用率本不足的电网，会得到一定程度的平衡。

　　对于燃料电池汽车来说（对燃氢汽车也一样），要计算二氧化碳的排放量，决定性的一个因素是生产氢气的方式。如果在制氢过程中用到的能量是通过化石燃料所产生的，那么通过电解水或者天然气重整的方法制氢并不会减少整个产业链中总的二氧化碳排放量。

　　对于太阳能电池汽车需要注意到，生产高效率的太阳能电池板是非常耗能的。电动汽车最主要的部件，例如电机、蓄电池，以及燃料电池都已经在前面的章节中讨论过。按照电能产生的方式，电动汽车大体可分为两种，一种通过氢燃料电池或者其他种类的燃料电池自身产生电力，另一种是具有大容量蓄电池，在停车时通过外部电网进行充电。如今市面上所见的轻型电动汽车为后一种。也有少量的电动汽车，蓄电池是通过车顶的太阳能电池板进行充电的，但是这种汽车只是实验用车，

⊖ 正确的二氧化碳排放的计算方法，应该将汽车生产过程的排放单独计算，将其加入油耗等随着里程数增加的排放量中。

⊖ 这并不适用于所有的情况。某些轻型车的生产材料，例如铝车身，在生产的过程中耗费的能量比钢车身要多。

41

其技术还远远未成熟到可以投入市场的程度。

电动汽车的另外一个重要的区分标准，即是单电机驱动，还是分轮独立驱动。分轮独立驱动的优势在于，驱动力可以根据需要对每一个轮胎进行动态分配。当分轮独立驱动可以提供足够的动力时（高转矩，小的转动惯量），驾驶稳定控制系统例如车身电子稳定系统（ESP）（见第12章）将来可直接通过驱动电机来实现。分轮独立驱动发展的趋势是将驱动电机的体积缩小，以便可以集成在每个车轮的轮毂中。

目前，电化学存储的能量密度低于燃料罐的能量密度，所以今天的电动汽车是非常轻的结构，可以在一定程度上弥补这一差距。在更强大的储能系统下，电动汽车是否会越来越像今天的内燃机汽车，或者图4.12所示的可以在公共电网充电的轻型电动汽车是否会成为未来的设计趋势，未来将给出答案。

在许多城市，电动公交车是通过架空线供电的（特别是在德国以外，在德国只有索林根、埃伯斯瓦尔德和埃斯林根这些地方采用这种设计）。这种方案已经在考虑能否用于货车。在西门子目前的一个研究项目中，目标不是城市交通，而是将高速公路的右车道电气化。

图4.12　可以在公共电网充电的轻型电动汽车示例

4.6.1　燃料电池汽车

在前一章已经讲到，燃料电池可以利用氢气和空气中的氧气，以很高的效率发电来驱动电机，而且过程中不会产生对环境有害的副产物。相对于装备电池组的汽车来说，燃料电池汽车的优越性在于，其液体或者气体的反应物都有很大的能量密度，要比电池或者蓄电池的能量密度大得多。对于氢燃料电池来说，难点在于在汽车中储氢，尤其是如何生成氢气。如今，氢气是利用从天然气中提取甲烷（CH_4）

生成的，所以比较昂贵。氢气也可以利用电解水生成，但是成本更加昂贵。虽然用燃料电池驱动汽车的过程无二氧化碳产生，但是如果利用的氢气燃料是用热电厂燃烧化石燃料产生的电能转换产生的，整体过程则并非零二氧化碳排放。

4.6.2 可在公共电网充电的电动汽车

充电型电动汽车的一个挑战是，电池充电一般需要几个小时方可完成，而燃油发动机汽车可以在几分钟之内即可完成加油。要想缩短充电时间，提高充电总量，对于充电控制电路以及电池组本身都有很高的要求。然而，一个值得一提的优点是，汽车充电可以在夜间进行，夜间电价普遍比日间便宜，而且可以使电厂和电网的全天发电量相对平衡一些。

这些车辆的进一步普及将需要能源供应网络的转型。此外，可以想象，电价更取决于一天中的供需情况；如果不需要紧急充电，充电周期可以根据动态电价自动计算。配电网必须扩大建设范围，尤其是在靠近消费者的末端区域，因为住宅区大量车辆的突然开始充电会产生很大的局部峰值负荷。

将能量从电网转移到车辆，以及使用汽车电池作为缓冲存储，把能量从车辆转移到电网，可以通过电缆和无线两种传输方式。此外，可考虑使用电池存放系统，将使用后的电池更换为已充电的电池，而不是在车辆中充电。使用自动更换装置进行电池更换，不比为传统车辆加油更耗时。无线技术省去了电缆的麻烦，在无线技术中，只有感应式传输有实现的现实可能。

就充电电缆而言，需要标准化车辆的插头。除了家用插头之外，根据 [IEC 62196]，目前全世界有 3 种不同类型的插头在广泛使用，在德国和几乎所有其他欧洲国家都使用 7 孔 "Type 2"，这是由开发此产品的 Mennekes 公司命名的。Type 2 用于交流充电（一相对中性线或三相）。组合充电系统（CCS）为 Type 2 插接器增加了两个 DC 触点。在日本，"CHAdeMO" 插头（CHArge de MOve）占主导地位，在美国，SAE 标准的插头占主导地位。中国标准源自 Type 2，特斯拉的插头也是如此。

电缆在最大充电电流下不得过载，IEC 62196 定义了 4 种不同的充电电流级别，从最大 16 A 的单相家用连接上的慢速充电到 250 A AC 的快速充电（在车辆中进行整流）或 400 A DC。

目前，瑞士和法国正在建设更高电流的充电站，用于在公交车站对城市公交车进行快速充电。这些设施耸立在公共汽车上方，并通过一个类似受电弓的结构与之接触，无须人工干预即可在不到 1s 的时间内建立连接，据说可以在 15s 内完全充电。

理论上，无线充电可以考虑在电磁远场充电以及电容充电和感应充电，在这些方法中，感应充电的实际适用性最大。感应充电的倡导者也提到了安全性，因为在通电的情况下拔下插头时不能有接触危险电压或产生电弧的风险，但即使使用导电解决方案,这些风险也可以通过安全措施来控制。大约 0.9 的感应传输效率与通过电动汽车减少二氧化碳排放的目标相矛盾。此外,随着距离增加而迅速减小的杂散场会破坏电子系统。感应充电是基于调压模块的原理,充电时,埋在路面上的线圈作为初级绕组,车上的线圈作为次级绕组。固定线圈可以布置在街道上看不见的地方,也可以平放在车库地板上。为了实现经济性,该调压模块不以电源频率运行,而是以数十千赫兹([J2954]建议为85kHz)的频率运行,这需要在路侧和车辆侧使用相应的转换器。空气间隙应该只有几厘米,因此也限制了车辆的离地间隙,前提是车辆线圈被永久安装在汽车地板下。车辆停靠时,必须使车辆线圈与静止的线圈精确对准,必要时可借助辅助系统帮助驾驶员做到这一点。感应式充电的标准是 [IEC 61980]。未来的一个可能选择是在驾驶过程中进行感应式充电,在这种情况下,整个轨道必须都配备线圈,而且控制系统确保只有配备适当充电设备的车辆下面的线圈才会通电。

车边的线圈是否必须在地板下是值得商榷的;一个被提出但目前没有实现的解决方案是车顶边的线圈和一个固定在旋转臂上的线圈。这将最大限度地减少两个线圈之间的距离,驾驶员不需要对车辆进行精确定位;但是,为此需要精心设计相应的机械装置。

借助 16 A 家用充电站,充电器可在车辆中自主工作,无须与基础设施通信。用于更高功率的快速充电站与车辆通信。使用 CCS,只交换少量基本数据,车辆和充电站通过这些数据相互传输重要的特征值。这是使用脉冲宽度调制信号和两个引脚上的电阻编码来完成的。其他充电连接(例如 CHAdeMO)使用总线系统,例如 CAN 总线(详见第 6.3 节)。在基础设施和车辆之间的能量交换期间,安全的数据交换也是必要的,以控制充电过程,并在必要时自动将传输能量的计费数据传输给能源供应商。信号可以通过上述控制线路传输、调制到能量流上或通过无线电传输。一种可能的协议是具有底层协议级别和不同物理层的车辆到电网传输协议(V2GTP)[ISO 15118]。

4.6.3 太阳能汽车

在澳大利亚会举行两年一届的太阳能汽车拉力赛。参赛的汽车证明,太阳能电池作为能量来源驱动汽车是可行的,但是就目前的技术而言,太阳能汽车离量产和市场化还有很远的距离。另外,太阳能在不同的地域也不相同,在欧洲中部,太阳能资源就没有澳大利亚丰富,而且阴天时,漫反射的光也只能提供一部分能量。欧洲中部,太阳直射的时候能量密度可达 $1000W/m^2$,冬天或阴天的时候则会降到 $100W/m^2$ 以下。完全使用太阳能来驱动的商用车目前还不现实。可以想象的实际应用的实例是,在汽车,尤其是电子部件繁多的豪华车车顶集成太阳能电池模块,停车的时候也可以利用太阳能给电子部件供电,这样可以减少电池的放电。

对于太阳能电池模块的选取,既要考虑转换效率,又要考虑成本。单晶硅模板使用高纯度的硅原料，光电转换效率最高，但价格也最高。多晶硅模板的价格稍低，但效率也低。价格最便宜的为薄膜太阳能电池，但其光电转换效率也最低。

参 考 文 献

[BierHamm10]	J.-W. Biermann, J. Hammer: „*Jetzt auch noch Hybridantriebe bei Flurförderzeugen?*", VDI-FVT-Jahrbuch 2010
[Bond13]	T. C. Bond et al.: „*Bounding the role of black carbon in the climate system: A scientific assessment*", Journal of Geophysical Research, 2013, S. 5380–5552
[Bosch11]	Robert Bosch GmbH: „*Autoelektrik, Autoelektronik*", 6. Auflage, Vieweg + Teubner, 2011, ISBN 978-3-8348-1274-2
[Brosch07]	Peter F. Brosch: „*Moderne Stromrichterantriebe*", Vogel-Verlag, Würzburg, 5. Auflage 2007, ISBN 978-383433109
[DöVaOnGu09]	Chr. Dönitz, I. Vasile, Chr. Onder, L. Guzzella: „*Realizing a Concept for High Efficiency and Excellent Driveability: The Downsized and Supercharged Hybrid Pneumatic Engine*", SAE, 2009
[Fischer17]	R. Fischer: „*Elektrische Maschinen*", 17. Auflage, Hanser, 2017, ISBN 978-3446452183
[IEC...]	→ siehe Normenverzeichnis
[ISO...]	→ siehe Normenverzeichnis
[J...]	→ siehe Normenverzeichnis
[Künne08]	B. Künne. „*Köhler/Rögnitz Maschinenteile 2*", Teubner, Wiesbaden, 10. Auflage, 2008, ISBN 978-3835100923
[Priusf]	Priuswiki.de, http://www.priuswiki.de (10.10.2020)
[ReNoBo12]	K. Reif, K. E. Noreikat, K. Borgeest: „*Kraftfahrzeug-Hybridantriebe: Grundlagen, Komponenten, Systeme, Anwendungen (ATZ/MTZ-Fachbuch)*", Springer-Vieweg, 2012, ISBN 978-3-8348-0722-9
[WalRei11]	H. Wallentowitz, K. Reif: „*Handbuch Kraftfahrzeugelektronik. Grundlagen, Komponenten, Systeme, Anwendungen*", Vieweg, Wiesbaden, 2. Auflage, 2011, ISBN 978-3834807007
[WSC]	Homepage World Solar Challenge, http://www.worldsolarchallenge.org (10.10.2020)

第5章　柴油发动机电子控制单元示例

鲁道夫·狄塞尔（Rudolf Diesel）于1892年发明的柴油发动机，在轿车、货车、公交车、轮船、坦克、建筑机械、农业机械、叉式起重车，甚至发电机中都得到了广泛的应用。当时的柴油发动机并没有任何辅助控制系统，但如今，没有电动控制系统的柴油发动机早已落伍。柴油发动机越来越小巧和轻便，也越来越节省燃油。同时，欧盟法律规定了对废气中有害气体的排放标准（柴油发动机主要为氮氧化物和微粒）、噪声标准以及"汽车操控性"标准。近年来，能耗这个优化目标在欧盟标准中越来越重要，当车辆的能耗超过欧盟标准［EU19-631］时，制造商将会被罚款。美国也有类似的标准。

微粒的主要成分为炭黑，分布于其表面的多环芳香烃为致癌物质［MeScSO04］。微粒的大小不均，尤其是直径小于$10\mu m$的细微粒对健康有严重危害，微粒健康经常是公众讨论的主题⊖。自从纳米颗粒的测量技术问世以来［VDI-N06］，纳米颗粒也引起了公众的注意。直到几年前，法律中只规定了微粒的总量，并没有对微粒的大小和化学组成作出规定。除了柴油发动机，汽油发动机也会产生少量的微粒，汽油直喷发动机和二冲程发动机甚至会产生更多微粒。

氮氧化物会刺激呼吸系统，但却是夏季臭氧层形成的催化剂。它和微粒的重要性不相上下，但在2015年排放丑闻之前，它不像微粒一样被广泛讨论以及严格控制。汽车技术的发展成功地减少了氮氧化物的排放量，但是由于臭氧的减少，对于氮氧化物限制的法律变得不再必要，所以在1995年生效的《臭氧法》又于2000年被废止。

噪声来自于不同的噪声源，例如，运动的力学部件（如阀门噪声）、油料燃烧时气缸内的气压突然增大所产生的噪声等。现代的柴油发动机在冷起动时或者加速时也会产生一些令人不舒服的噪声。

为了达到这些标准（操控性、排放标准、噪声控制），一方面要不断改善发动机的力学设计，另一方面，必须引入精确的、复杂的发动机电子控制系统，用来实现通过纯力学设计不能实现的功能。此外，电子系统提供了自诊断功能，虽然在现

⊖ 公众的讨论往往并不是客观的，例如在德国，汽车尾气产生的微粒小于微粒总量的1/4，家庭供暖所产生的微粒要多于汽车尾气微粒，但家庭供暖微粒往往被公众所忽视。另外，不同类型微粒（例如废气、吸烟、道路灰尘、供暖微粒等）对健康产生的影响也并没有相关评估。

实中，一些个人用户未必总能从此受益。

柴油发动机的电子控制系统称为 EDC（Electronic Diesel Control），它和车辆行驶控制系统一样，是汽车中最为复杂的电子控制单元，对于讲解电子控制单元的不同功能和实现方法，是一个非常好的例子。所以，我们将在本章中详细介绍柴油发动机电子控制单元（简称电控单元）。

柴油发动机电子控制单元的内部结构参见第 7 章的图 7.2。

5.1 柴油发动机控制的任务

柴油发动机控制的主要任务是完成燃油向气缸内的喷射。

除了喷射燃油的主要任务之外，控制系统还可以完成其他任务，例如：

1) 发动机最高转速和车速控制。
2) 进排气系统控制（排气再循环控制和增压压力控制）。
3) 废气处理。
4) 预热塞控制和热能管理系统。
5) 气门关闭。
6) 自诊断系统。
7) 发动机防盗锁止系统。

上述仅提供了几个可供选择的选项，其具体功能的定制取决于制造厂家、汽车型号以及配置。未来会有越来越多的功能被开发出来，而一个不期望开发出来的功能是非法关闭（详见 5.6 节）。由于所有的传感器和除喷油器之外的所有执行器均位于燃油气缸之外，所以燃油的过程是非直接控制的。未来或许会发展出新式的传感器，可以直接测量燃烧时气缸内的压力。新型的化学传感器也将为自动控制提供可能性，例如可以监测废气中化学组成的传感器。在大多数情况下，所有关于发动机控制的功能都集成在同一个电控单元中，只有在某些例外的情况下，一些单独的功能利用独立的电控单元来实现，独立电控单元和发动机电控单元之间互相通信交换数据（见第 6 章）。当发动机电控单元拥有足够的运算能力时，也可以将其他和发动机控制关联不大的功能模块集成进来。

5.2 喷油系统

喷油系统的任务是，实时监测发动机需要的燃油量，并且准确地将所需燃油喷射到发动机的气缸中。实现此功能的前提是，电控单元的运算器可以计算出每个气缸的最优喷油起始时刻，并且计算出"正确"的燃油量。这就需要电控单元精确控制喷射阀门和其他执行器的闭合，才可在实际喷射过程中，在计算出的时刻精确地执行燃油喷射。

图 5.1 所示为柴油发动机电控单元的喷油原理示意图，各类型喷射系统（直列式喷油泵、分配式喷油泵、单缸油泵喷射系统、共轨系统或其他类型）的喷油功能有所不同［Reif12］。传统喷油系统中，通过凸轮轴的力学运动来锁定喷油起点位置，并没有电子运算模块。当计算出燃油量和喷油时刻之后，喷射系统要能够准确执行这些喷射。在执行过程中，执行器实现这些数值的误差的大小，取决于喷射系统的类型。

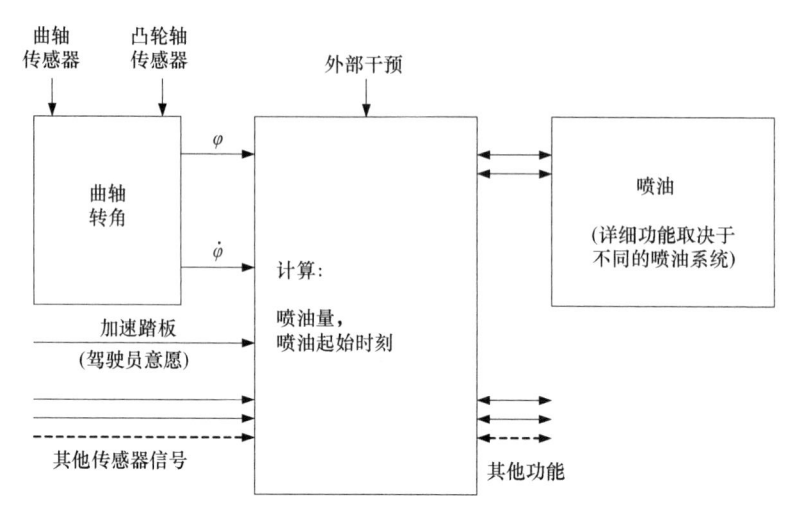

图 5.1　柴油发动机电控单元的喷油原理示意图（φ 为曲轴转角）

5.2.1　曲轴转角

在电控单元的大多数运算中，描述发动机随时间变化的进程，不直接以时间为变量，而是以曲轴转角为变量来计算。这不仅可以使电控单元的数据简化，而且发动机的研发工程师也都习惯于用度（°）为单位而不是以 s 或者 ms 为单位来进行思考。在时间 Δt 内，转速为 n 的曲轴所转过的角度为

$$\frac{\Delta \varphi}{[°kW]} = 6 \frac{n}{[\min^{-1}]} \frac{\Delta t}{[s]} \tag{5.1}$$

在 0°时喷油表示，活塞正位于所选气缸上止点的位置。-10°表示曲轴还要再转动 10°方可使活塞到达气缸的上止点。+10°表示活塞已经经过上止点，正在向下运动。对于四冲程发动机（图 5.2）来说，每个工作循环由进气行程、压缩行程、做功行程和排气行程组成，每完成 1 个工作循环，曲轴需要转动 2 圈，喷油是在压缩行程和做功行程之间（也就是 720°）进行的。在排气行程和进气行程中间（360°时），活塞虽然也到达上止点，但却不喷油。

1) 进气行程（360°—540°）：进气阀开启，活塞向下运动时吸入空气。
2) 压缩行程（540°—720°）：进气阀和排气阀都关闭，活塞向上运动压缩空

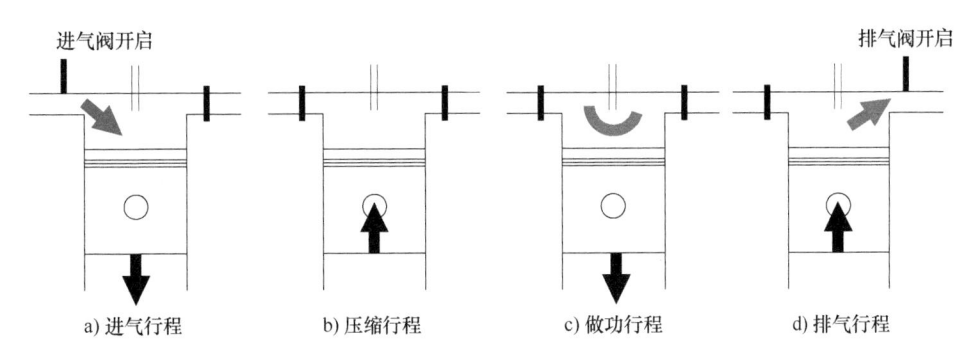

a) 进气行程　　b) 压缩行程　　c) 做功行程　　d) 排气行程

图 5.2　四冲程发动机

气，导致气体温度上升。

3）做功行程（0°—180°）：燃油喷射，遇到高温气体进行燃烧，气体体积发生膨胀压缩活塞向下运动。

4）排气行程（180°—360°）：排气阀开启，活塞向上运动将废气排出。

曲轴转角传感器向电控单元提供关于曲轴位置和当前转速的精确信息。在实际中，在曲轴和凸轮轴上各自装有一个传感器。曲轴每转动一圈，传感器就会产生一系列脉冲，脉冲的频率和发动机转速成正比，通过检测这些脉冲的频率，便可以计算转角。由于四冲程发动机的每个工作循环需要曲轴转动两圈，所以每一个曲轴转角对应两个状态，例如，为了区分做功行程前的上止点和排气行程前的上止点，除了记录曲轴转角外，还需要另外的信息加以识别。由于在曲轴转动两圈时，凸轮轴只转动一圈，所以附加的凸轮轴传感器正是用于分辨曲轴的具体位置。

曲轴转角增量式编码的一个问题是，通过脉冲的数量可以计算出两个时间点之间的相对转角，但是为了实现对发动机的电动控制，也需要获取绝对转角的信息。这通过添加参照标记来实现，也就是说，在曲轴特定的位置，不产生脉冲。如图 5.3 所示，通过两个转角传感器，可以确定曲轴转角位置。在曲轴脉冲中有两个没有脉冲的位置，以此作为绝对位置的标记，这两个脉冲的不同点在于，在第二个曲轴空余脉冲时，存在一个凸轮轴脉冲。

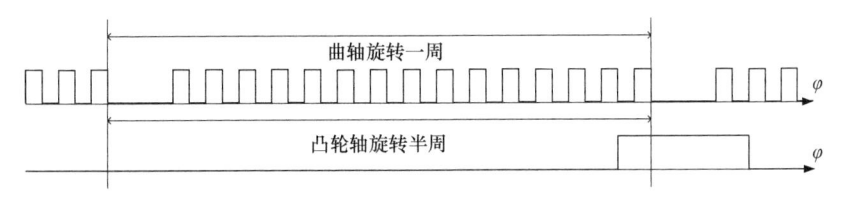

图 5.3　曲轴传感器和凸轮轴传感器信号

使用双传感器的另外一个优点在于，通过比较两个传感器的信号，可以对信号进行纠错。监测曲轴转角传感器是否正常工作的一种方法是，检查所测量的转速

（如突然的变化）是不是有可能，是不是已经超出了发动机转速的极限范围，这种方法就是平时所称的"合理性校验"（Dynamic Plausibility）。

在简要地介绍了曲轴转角传感器的原理之后，我们还要简短地说明一下如何产生这两个信号。在曲轴上附加有一个齿轮，齿轮缺少一个或者几个连续的齿，这作为曲轴绝对位置的参考标记。在齿轮转动时，旁边的传感器检测每个齿。从原理上讲，这个过程可以通过光栅原理来实现，但由于光学部件对于污损特别敏感，所以一般采取无接触式的电磁传感器来实现，如图5.4所示。当矩形的齿通过传感器时，在传感器和齿轮之间的磁通量变化也基本为矩形。根据电磁感应法则，理论上的信号应该为 δ 函数，实际中则可以测量到类似于正弦曲线的信号。

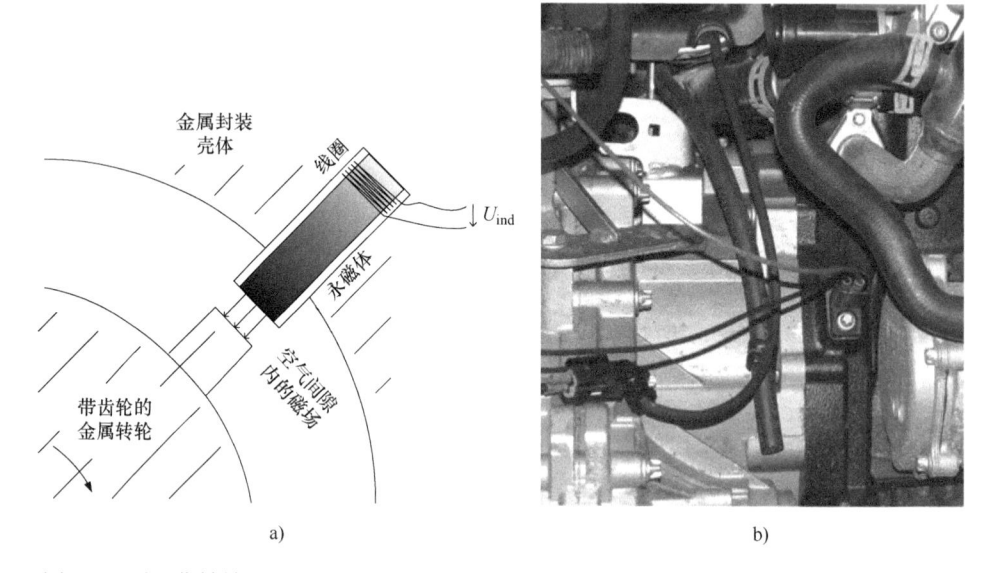

图5.4 测量曲轴转速的电磁传感器。a）为信号产生原理，在其中的空气间隙中所表明的磁场通过齿轮以及金属封装壳体完成闭合。当磁场发生变化时，线圈中会产生感应电压 U_{ind}。b）为奔驰公司发动机 OM 639，图片的左下方为转速传感器）

电控单元会把这些信号处理成方形信号之后再用作后续的运算。

在凸轮轴上，没有附加的齿轮，而是直接检测凸轮轴的一部分。由于每转动1圈，凸轮轴传感器只检测到2次信号，所以凸轮轴传感器中采用更加敏感的霍尔效应传感器，尽量精确地记录信号的位置。

用于解决曲轴位置不确定问题的凸轮轴传感器在三缸发动机和其他奇数缸发动机中可省去，原因是，对于三缸发动机，1个工作循环开始于720°/3的距离，即0°、240°和480°。如果通过发动机转速的细微变化检测到这一点，则连续两圈检测到的下一个工作循环与曲轴传感器的参考标记的距离不同。例如参考点位于0°，则到下一个工作循环开始的距离将始终交替为0°（=0°–0°）和120°（=480°–360°）。

5.2.2 计算喷油量

驾驶条件可大致分为起动、怠速、行驶和超速。怠速一词的定义并不一致，它通常意味着（在本书中也如此），发动机在空档下运行（除了摩擦损失外零负荷）；它也可以意味着驾驶员没有加速，但车辆挂档的情况下行驶。超速是指发动机不驱动车辆，例如在低档位下坡行驶时；在这种情况下，发动机在下坡时对车辆进行制动。除了这些经常被细分的驱动状态（例如分为部分负荷和全负荷），还有一些特殊的故障状态（例如当控制单元检测到临界状态时的紧急操作）或极限状态（例如当达到发动机限速时）。根据驾驶条件计算出喷油量。

在喷射过程中的喷油量根据需要发动机产生的转矩来计算，且与需求的转矩近似成比例，驾驶时，主要根据驾驶员的加速或者减速意愿，而当发动机空转怠速时，则由怠速控制器（见 5.3 节）来进行自动控制。驾驶员踩踏加速踏板时，通过踏板传感器产生的电信号反馈到电控单元。踏板传感器将角度变化转换为电压信号。这可以通过电位计来实现。人们常常认为这个传感器很简单，但其功能却至关重要，因为一旦出现传感器故障，例如，在驾驶员没有加速的时候自行加速，那后果将不堪设想。所以，踏板传感器中必须要集成安全保护模块，来增加可靠性，避免事故隐患。

其他的计算转矩和喷油量所用到的重要参数为当前的转速、行驶速度和负载。另外，发动机的温度（通过测量冷却水的温度、在少数情况下通过测量发动机油的温度获取）、电池组的电压、变速器的状态、运行情况（例如冬天冷起动）或者其他的限制条件，例如尾气烟尘量等，也都需要在计算时进行考虑。

按照算法来划分，计算喷油量的方法大体上可以分为两类：油量计算法和转矩计算法。这两种算法其实是等效的。油量计算法是粗略估算出大体的油量之后，再根据一些修正算法、特征图线、边界条件和外部反馈等，计算出所需油量的精确值。转矩计算法是首先估算出发动机所需转矩，电控单元中的所有计算都是基于转矩而不是油量来做运算，最终给出发动机所需要转矩的精确值，然后再换算成所需油量的精确值。这两种算法的最终功能和效果相同，使用哪一种取决于开发人员的偏好和需要。在过去，更多开发商使用转矩计算法，但现在也有相当一部分开发商重新采用油量计算法。

外部反馈是指来自其他电控单元的信号，例如，在进行手动换档的同时，变速器电控单元可以降低喷油量。在外部干预的情况下，转矩结构可以作为几个控制单元的"通用语言"而具有优势，因为变速器控制单元和动力学控制单元在内部使用的是机械变量而不是燃料量进行计算。

为了避免在快速踩下或松开加速踏板时传动系统出现令人不快的振动（抖动），喷射量的变化通常不是突然实现的，而是通过斜坡实现的。此外，在控制单元中经常有一个调节器（反抽控制），它以这样的方式干预喷射，即如果速度曲线被强烈的振动所叠加，就会减少振动。这种调节器是否有效以及如何设置，取决于车辆是为舒适性还是动力性而设计。

到现在为止，我们都只在讲单一喷射。但在实际应用中，除了用于产生转矩的主喷射以外，还有添加其他的喷射脉冲（但喷油量要远小于主喷射），例如，用于降低噪声的预喷射，又或者由一个或者几个脉冲组成的再喷射，用来使气缸内的微粒充分燃烧，以及使尾气更加容易进行再处理。对于这些"小剂量"喷射，也需要预先计算喷射量。由于这些喷射和主喷射的目的不同，喷射量的计算也依据其他的标准。

实现上述复杂的功能无法只通过硬件设计来实现，而是需要用到相应的软件[○]。普通轿车的预喷射油量为 1~2mm^3，主喷射一般为几十立方毫米。喷油的准确率要求控制在 1mm^3 以内。大家可以通过对比来获得数量级的概念：一滴水的体积大概为 30mm^3。

当汽车在行驶中靠惯性运行时，电控单元并不需要发动机喷油，此时，电控单元会自动进行零喷射校准，以便能对小喷射计量进行精确的控制。校准时，电控单元控制喷油器的电流由小到大进行改变，并且对发动机转速变化进行监控，当发动机转速有所变化时，记录下喷油器的电流值，并将其作为最小喷油量的控制电流。

5.2.3　计算喷油起始时刻

过早喷油将导致提前燃烧，这会使活塞在没有到达上止点时便受到由上而下的压力，从而导致发动机的效率下降，在某些条件下，甚至造成发动机熄火或损坏。同时，过早喷油可以使燃烧温度达到很高的峰值，致使废气中产生大量的氮氧化合物。

过晚喷油导致喷入气缸的燃油不能完全燃烧，从而使发动机效率降低。不完全燃烧的微粒形成废气中的黑烟。如果喷油继续延迟，甚至会使燃油不经过燃烧就被直接排出，尾气颜色变深，而且带有柴油味。某些情况下，液体燃油会积蓄在活塞凹槽中，会导致发动机损坏。

研究表明，喷油起始时刻提前或者延后 1°，尾气便不能达到排放标准 [Reif12]。所以，转速和曲轴转向角的测量必须要非常精确。

喷油起始时刻对发动机效率的影响可以通过热力学原理来进行计算。但由于计算方法已经超出了本书所讨论的汽车电子学的范畴，所以在此不作描述。最优效率的喷油起始时刻稍稍位于最优尾气的喷油起始时刻之前。相对于尾气来说，效率受喷油起始时刻的影响较小，所以，发动机一般采用最优尾气喷油起始时刻，而效率也基本位于最优值附近。

○ 在电子部件引入之前，预喷射和再喷射就已经可以通过凸轮轴硬件设置来实现，但是这种喷射的时间点和喷射量都是固定值，没有办法进行调节。

最优喷油起始时刻并不是常数，而是取决于发动机的类型以及其他参数。最重要的参数为转速和喷油量。当发动机转速加快，或者喷油量增加时，喷油起始时刻会提前。对喷油起始时刻影响较小的参数还有发动机温度、进气温度以及外界气压值等。

在没有装备电动控制的纯力学发动机中，喷油起始时刻只取决于发动机转速，由离心力控制多个连杆来进行喷油调节。电子技术的发展，使得精细调整得以实现，一方面，可以对测量变量和调节变量非线性控制，另一方面，通过其他附加的传感器，还可以进行更复杂、更优化的计算。电控单元并不是通过特定的数学公式将测量变量和计算出的起始时刻相关联，而是通过特性曲线图、数据表格来关联。这类特性曲线的得出，首先是根据经验总结，之后通过实验对其进行优化。在进行实验的过程中，由于输入变量数量众多，而产品研发过程的时间有限，所以要对优化实验做好规划（Design of Experiments，DoE），优化的过程也要针对参数的重要性来进行。

同样，对预喷射和再喷射过程，电控单元也都需要计算出具体的喷油时刻。

5.2.4 喷油系统控制

计算出喷油量和喷油起始时刻时，并未考虑喷油系统的因素；在得出计算值之后，还需要通过控制喷射系统的执行器，实现喷射的过程。在老式的喷射系统中，喷油的实现取决于液压控制系统。

共轨式喷油系统的核心部件为圆管状的燃油喷射装置。也曾有生产商称之为"共球系统"，是因为其采用圆球形的压力容器代替管状压力容器，但并未得到广泛普及。和集束型电缆相似，压力导管称为"轨"。在老式的喷射系统如直列式喷油泵中，只在特定的时间下，才产生高压燃油，而共轨系统中的燃油则始终处于高压下。共轨的主要优点是燃料是永久可用的，并准备好在高压下喷射，可以在多次喷射中不断调节，而不像老式喷射系统（管道泵、独立泵、分配泵、泵-喷嘴、泵-线-喷嘴 [Reif12]）仅在凸轮驱动泵活塞的特定时间。此外可以随时进行喷射，喷射在很大程度上不受力学或者液压部件的限制，发动机开发工程师可以根据需要对喷射控制单元进行编程，从而实现喷射次数、喷油量以及喷射时间长短的调节。喷射时间的最短时间间隔有一个下限值，也就是说关闭和打开喷油器之间，需要间隔的最小时间，小于最小时间时，喷射的油量可能不能再精确控制。在这一点上，压电式喷油器的响应时间要比电磁阀喷油器快得多。图5.5所示为共轨式喷油系统示意图。

每个气缸的喷油器（喷嘴）通过传导系统和中央轨道相连。喷油器由电控单元所控制，在特定的时间开启进行喷油。所喷射的油量由喷油时间（取决于喷油器开启的时间）以及中央轨道中的压强所决定。喷射压力可以高达 2700bar（1bar = 10^5Pa），在货车中能达到 3000bar。从这一点上我们可以看出来，共轨系统的喷射功能并非只通过喷

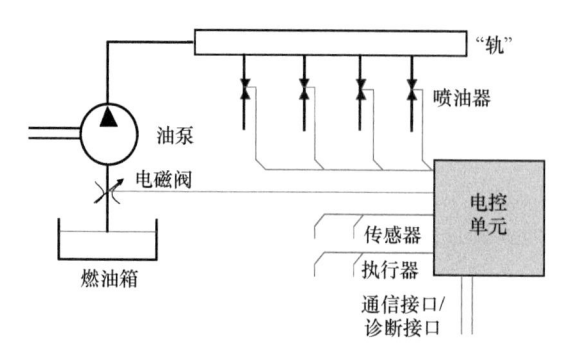

图 5.5 共轨式喷油系统示意图

油器进行控制，也需要控制共轨压力，从而得到最优的喷油效果。图 5.5 中压强控制元件为进气端的节流阀。尽管取得了进展，但喷射压力高达 1600bar 的传统共轨系统仍在中国或印度等市场大量生产。

由于系统成本、能量消耗和压力高于 2000bar 的管路中的压力波问题，一些新系统在轨压低于 1000bar 的情况下工作，并且仅在喷射之前提高压力，理想情况下仅在注射器中，通过液压助力器活塞将压力增加到喷射压力注射，例如 2500bar。如果有可能桥接增压器活塞，甚至可以在不同压力下进行预喷射和主喷射。这种的系统称为 APCRS（Amplifier Piston Common Rail System）或增压共轨系统。一种先导系统是戴姆勒的"X-Pulse"系统，该系统由戴姆勒与博世共同开发，自 2011 年以来一直用于货车发动机。

5.2.5 喷油器控制

共轨喷射系统中，喷油器主要分为两种，如图 5.6 所示，一种为市场上大量普及的电磁阀喷油器，另一种为喷射精度更高的压电式喷油器，其中使用压电陶瓷作为执行器来控制阀门的开启和关闭。

1. 电磁阀喷油器

图 5.7 所示为共轨式喷油器系统电磁阀喷油器的内部结构。控制喷射开关的针阀 11，并不是直接通过电磁效应来控制。电磁线圈 3 通过陶瓷球阀 5 控制球阀控制室 8 和燃油回流之间的通断［Leohnard10］。针阀则通过球阀控制室和针阀后方的相对压强来控制动向。

球阀控制室的油压以及针阀中部的调压弹簧的压力保持针阀位于关闭状态。作用在针阀台阶（图 5.6 中椭圆形的腔室）上的油压，则可以提供与这两个压力方向相反的压力。这三个压力互相平衡，从而控制针阀闭合，如图 5.7b 所示。

当电磁线圈通电时，球阀打开，燃油由球阀控制室通过排油限流孔回流，在球阀控制室的进油节流阀和排油节流阀之间的压力降低，压力值降低到共轨压力和大气压之间的某个值。当球阀控制室的压力降低时，针阀台阶的压力大于球阀控制室

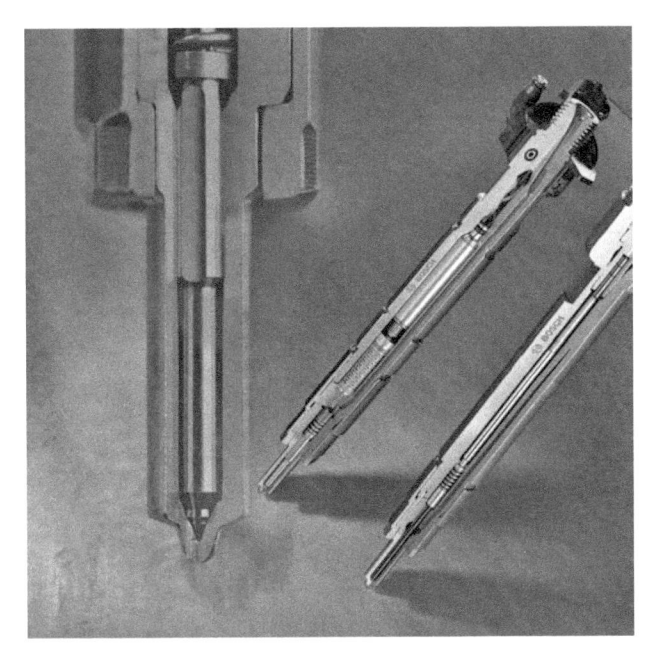

图5.6 电磁阀喷油器（右）和压电式喷油器（中），最左侧为
喷针部分的放大图（图片来源：博世公司）

压力和调压弹簧压力的合力，这时候针阀开启，如图5.7a所示。

整个过程如下：电磁线圈通电→排油限流孔打开→针阀开启→喷油。喷油器开发的主要任务就是将上述过程中间的时间差尽量减少，并且尽量降低每一步之间的波动和误差。

有些喷油器不再需要这种形式的球阀［DE102009002892A1］，以便快速切换到更高的压力。然而，这里呈现的作用链并没有改变。

作用链在控制器中尽早地通过命令启动。电控单元要尽量快地使线圈内产生所需电流值，从而开启排油限流孔。共轨式喷油器系统预喷射和主喷射的时序图如图5.8所示。

图5.8中，左侧的波形图为预喷射，右侧的波形图为主喷射。两个图谱的共同点为，电流快速增加，在 $80\mu s$ 之内达到20A左右，然后电流保持在20A左右浮动。主喷射时间更长，所以电流从20A降低到13A，然后保持在其附近浮动，但一般来说，浮动持续的时间比示例中还要更长。在喷射之间还有几个8A左右的电流脉冲，其作用将在后面提及。

第一个20A左右的电流称为开启电流，其功能为快速地打开排油限流孔。短的喷射，例如预喷射，可能在开启的过程中就已经结束了。一般认为，开启的过程在0.5ms之内。这段时间之后，13A左右的电流已经足够将排油阀保持在开启位置。这个电流称为保持电流。

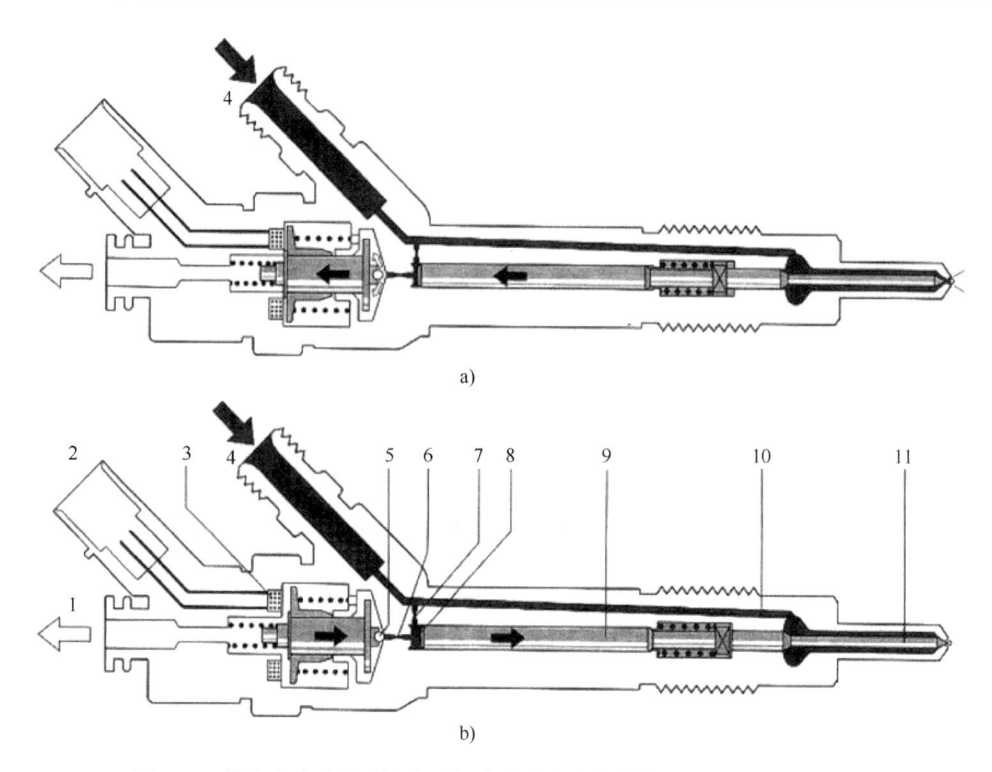

图 5.7 共轨式喷油器系统电磁阀喷油器的内部结构（上图为开通状态，下图为关闭状态）（图片来源：博世公司）

1—回油口 2—电子接口 3—电磁线圈 4—进油口 5—陶瓷球阀 6—回流阀
7—进流阀 8—球阀控制室 9—压力传导活塞 10—燃油 11—针阀

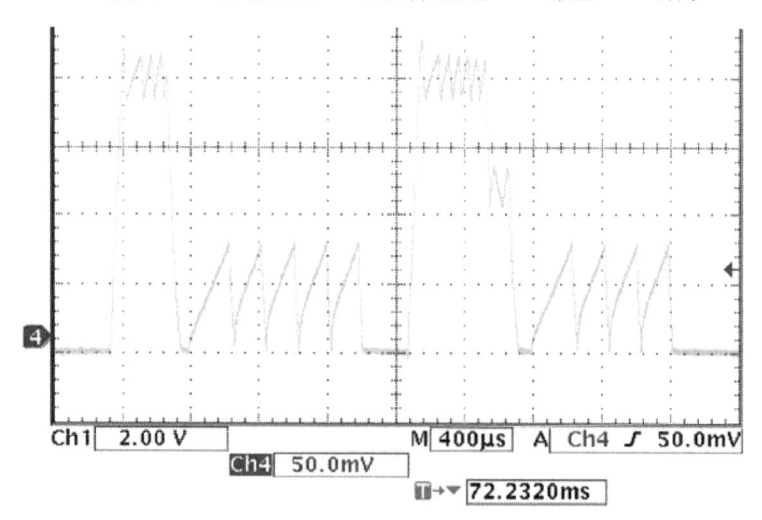

图 5.8 共轨式喷油器系统预喷射（左图）和主喷射（右图）的时序图
（纵轴一个方格代表电流为 5A，横轴一个方格代表时间为 400μs）

电流通过晶体管开关来控制保持在平均值附近波动，所以电流信号为三角形的形状。

在燃油喷射之前，电流增加的速度大概为250kA/s，达到这么高的增速是一个技术难点。由于导线的电感效应，如此高的电流变化速度不能通过车载电池来实现，而是通过充电电压为70~90V的大容量电容器，也称为升压电容器，来提供开启排油限流孔的能量。仔细观察图5.7可以发现，电流浮动的幅度并不完全相同，因为电容器提供开启电流之后，电流重新切换到电池供电的模式。

在老式的电控单元中，升压电容器通过两种方式进行充电，一种是利用喷油器闭合时，磁性线圈中存留的能量，另一种则是利用图5.8所示的喷射周期之间的充电脉冲（图中强度大概为8A的脉冲）来充电。在实际中，这种充电方式非常复杂，因为充电时，喷油器必须处于关闭状态，无法喷油。共轨式喷油器系统电磁阀喷油器的控制电路原理图如图5.9所示。

由于老式充电方式的缺陷，现在的电容器中都采用集成的升压转换器（在第7.1.5节还将介绍），将电池电压转换为开启电压，为升压电容器进行充电。这种充电方式中，不再需要图5.8中的充电脉冲。将升压转换器和图5.7对比，图5.9中的电路图的功能也是升压转换，只不过由4个喷油器代替了节流阀。

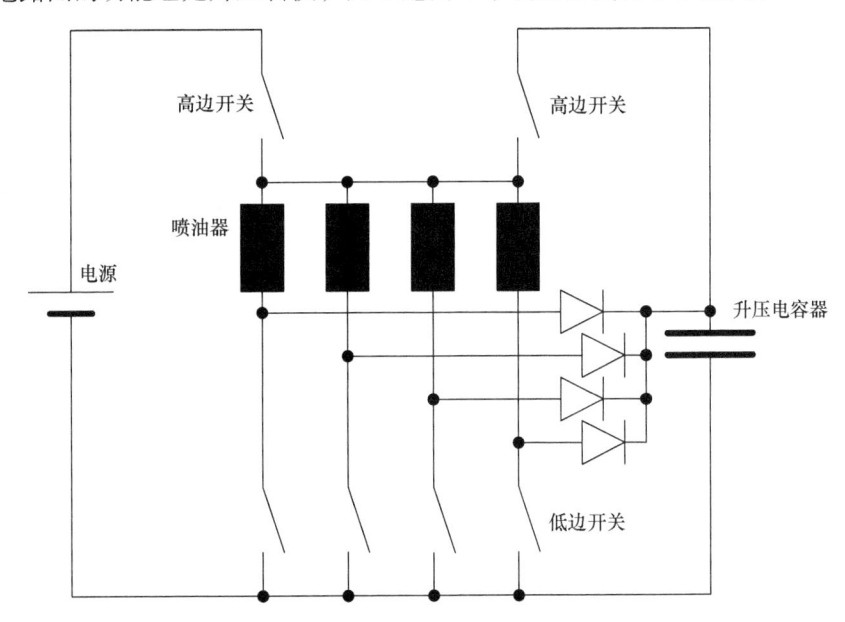

图5.9 共轨式喷油器系统电磁阀喷油器的控制电路原理图

2. 压电式喷油器

当对喷油精度要求特别高时，需要用到一种新型的喷油器：压电式喷油器。压电式喷油器中的执行部件为压电陶瓷，在施加电压时，压电陶瓷可以伸缩大概几十微米。压电陶瓷的功能和电磁阀喷油器中电磁线圈的功能类似,都通过开启针阀实现喷油。压电材料的响应时间要比电磁线圈短得多,这是压电式喷油器的一个主要优点。另外,压电式喷油器的体积也更小。但是,压电式喷油器的价格相对较高,当工作电压超出200V时,其使用寿命还没有公开的测试结果。

制造商正在努力开发不再需要内部伺服液压装置的直动式喷油器,例如,来自Continental/Vitesco的"PCR-NG"注射器。其中,压电冲程通过传动比为1:2的杠杆机构传递到针上。除了设计更为简单之外,还有一个优点是可以直接通过0~200V之间的压电元件两端的电压得到针头升程,这使得注塑过程更容易成型。

从电子学的角度看,压电式喷油器并不像线圈,而更像一个电容器,当开启喷油的时候充电,当闭合的时候放电。关于压电材料执行器的控制简介参见[Gnad05]。

图5.10所示为压电式喷油器控制原理图。充电时,上方的晶体管闭合,下方的晶体管断开;放电时,下方的晶体管闭合,上方的晶体管断开。原则上,利用两个晶体管组成的推挽输出级便可以实现充电和放电,博世公司和电装公司都采用此类设计。

忽略串联电感。上方的晶体管闭合时,立刻有大电流对电容充电,电流值仅仅受晶体管的本征电阻值以及导线的电阻值所限制。充电电流值会逐渐降低,直到达到电容器的充电饱和电压为止,如图5.11所示。充电过程中会产生

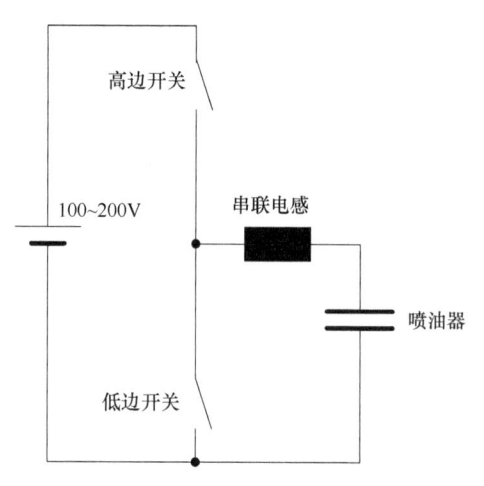

图5.10 压电式喷油器控制原理图

损耗,一方面是由于晶体管本身有大概几十毫欧的电阻值,另一方面,接通和断开晶体管并不是无限快,所以会产生开关损耗。

有些厂家,例如大陆集团,把喷油器和电感线圈串联。这种设计,一方面,限制了开关电流的强度,另一方面,电感和电容一起组成振荡电路。充电时,上方的晶体管闭合,半个振荡周期后,电路中的电流为零,上方的晶体管断开,如图5.12所示。相应地,下方的晶体管在电流为零时闭合,利用半个振荡周期放电。这类电路实现了在无电流的时刻开关晶体管,所以,不但避免了高的开关损耗,而且也避免了大电流通断时产生的电磁信号干扰。喷油器不一定必须用单个半波充电;如果需要,也可以采用一连串的半波脉冲。

另一种控制压电喷油器的方法为,利用小功率器件产生充放电脉冲,然后利用功率放大器将其放大到需要的幅度。这种方法在实验室中常用,但在汽车中并未得到应用。

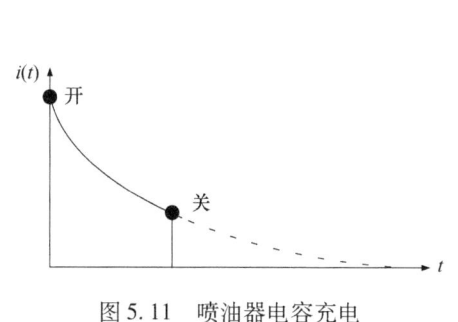

图 5.11　喷油器电容充电
电流曲线以及开关时刻

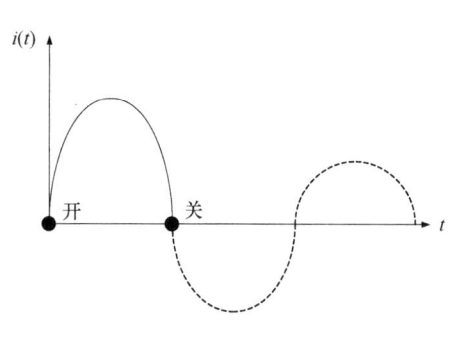

图 5.12　喷油器电容充电谐振
电流曲线以及开关时刻

5.2.6　共轨压强控制

在两次喷射之间，喷油量可以通过共轨压强来控制。从原则上来讲，应该采用尽可能高的共轨压强，因为这可以使燃油更充分地燃烧，从而减少废气中微粒的数量。但是，如果一直使用最大压强的话（约 3000bar），发动机会产生非常大的噪声，在急速时，这种噪声是令人难以忍受的。另外，在如此高的压强下，较短的喷射脉冲中，喷油量很难精确控制。总而言之，共轨压强应该根据汽车行驶状态而变化，而喷射时间应该根据所需要的喷油量以及共轨压强来进行计算。

最初的共轨系统中有一个高压泵，并没有节流功能，只是根据发动机的实际转速向轨道中喷油。即使在发动机转速很小时，这种泵根据设计也可以提供充足的燃油量用于加速，所以轨道内的燃油几乎一直为过量的，从而，轨道的压力越来越高，直到泄压阀开启。为了使压强达到期望值，需要使用压力调节阀让过量的燃油经过回流管线流回油箱。这种方法的一个缺点为，高压泵会消耗掉并不必要的能量；另外一个缺点为，耗费掉的能量转化为热能，使得回流的燃油温度升高，可能会导致塑料材料的油箱变形。

所以，非常重要的一点是，实际中发动机需要多少油，就喷射多少。在图 5.5 中的系统装备了高压泵前置节流阀。当解决一些液压系统问题之后（气穴现象⊖、冷却、泵润滑），这种系统才可以代替使用共轨压力调节阀的系统。在低输送率下，这种系统会导致油轨压力和泵的驱动转矩波动。在实践中，这些影响并没有被证实是有破坏性的。

老式的共轨压力调节阀系统也有两个优点。第一，当驾驶员不再踩踏加速踏板时，共轨压强要比前置节流阀系统降低得快。驾驶共轨喷油系统的汽车时，可以注

⊖　气穴现象是指液压系统在负压情况下会产生气泡，气泡聚集时有可能会导致压强降低，从而加速硬件磨损。

意到，当加速之后抬起加速踏板，几秒过后再踩下加速踏板，这时发动机会发出咯咯声，就是压强降低太慢的原因。第二，在一些特殊情况下，例如在冰冻的天气冷起动时，燃油的升温会有助于汽车的正常运行。

为了利用前置节流阀系统和共轨压力调节阀系统的优点，常常把这两类系统集成在一起。根据汽车行驶的状态，轨道压强可以通过其中之一调节。随着技术的发展，也不必须在这两个控制单元之间一直转换，而是使两个系统平行运作。但是，对这两个工作原理完全不同的系统实现统一控制，需要很高的要求。

没有压力控制阀的系统在油轨上有一个泄压阀，其中油轨压力会在弹簧压力的作用下打开活塞。如果超过允许的油轨压力，阀活塞会释放从油轨到油箱的回流，以立即减少危险的超压。在带有压力控制阀的系统中，此安全功能集成在压力控制阀中。过去曾经尝试过使用旁通阀来开关高压泵的方案，然而，在实际中并未得到广泛应用。

对压力调节的一个前提条件为，在轨道中使用压力传感器。共轨压力传感器是微系统在传感器领域的一个应用。常用的传感器为压阻式传感器，当压强变化时会导致电阻值的变化。传感器含有一个金属薄膜，在压强变换时，薄膜会发生形变。在薄膜上面通过蒸镀或者黏合的4个贴片电阻中，2个被压缩，2个被拉伸。这4个贴片电阻组成一个惠斯通电桥，在对角电路上会形成一个大概正比于压强的电压。新型的传感器中还包括电子分析模块，用于将测量值转化为电桥的电压，并且校准温度对压强的影响［Reif12］。

5.3 发动机转速控制

发动机转速和汽车当前的行驶速度以及变速器的档位有关。转速变化取决于喷油量（驾驶员意愿）和负载（取决于汽车质量以及坡度等）。在大多数情况下，都没有必要对发动机转速进行控制，因为汽车的惯性已经决定了，挂上档的发动机，转速不会发生突然变化。

一个特殊情况为发动机空转。当发动机没有挂档时，发动机和车轮之间并没有动力输送，即使驾驶员不踩加速踏板，发动机也需要匀速、尽量安静地运转。此时对发动机的控制通过怠速控制器来实现，如今这已经以软件的形式集成为发动机控制单元的一项功能。

怠速控制器有一个目标转速值。当怠速过高时，油耗加大、噪声变大、排放有害气体增多（在德国，汽车怠速也是废气排放检测的一个项目）。当怠速过低时，不利于汽车起步，而且发电机很有可能不能提供足够的电压。典型的怠速值为750r/min。在某些特定的情况下，发动机电控单元要分配一个高的怠速值，例如，当电池需要立刻充电时、汽车在低温的环境中冷起动时或者驱动大的设备，如液压升降机时等情况。

对于怠速的控制通过对比实际转速和目标转速来实现。PID 控制器尽快调整喷油量,以便快速而平稳地把实际转速调整为目标转速。

另外一个特殊情况为,汽车在挂档时行驶,驾驶员没有踩踏加速踏板。这时不再是怠速的情况,但怠速控制器也会选择合适的转速值并执行。在汽车不踩加速踏板上坡时,不同的汽车会有不同的表现。一些汽车可以安静地上坡,但一些车则开始颠簸甚至熄火。汽车的表现完全取决于对怠速控制器的设计,和其功率没有直接的关系。

电控单元的另外一项任务是,当达到发动机最大允许转速或者汽车最大行驶速度时,减少喷油量,从而避免超过设计速度而产生危险。

和发动机转速控制类似,汽车行驶速度也可以进行控制。汽车速度控制或者车距控制等功能,将会在关于汽车电子应用的章节中讲到。

5.4 进排气控制系统

内燃机工作的前提是必须有足够的氧气。进气不足时,燃料不能充分燃烧,不仅会产生有害产物,而且发动机也不能以最优的功率运作。汽油发动机的进气系统需要尽量精确地提供和燃油所匹配的进气量,而柴油发动机最小进气量也必须要使得燃油得以充分燃烧。对于柴油发动机来说,进气量过高并不是问题,柴油发动机在大多数情况下是在进气过量的情况下工作的。只有在特殊时刻需要非常大的燃油喷射量时,进气才相对不足,这时柴油汽车会排放黑烟。

在某些特定的情况下,进气不足反而有利于发动机的运作。柴油发动机燃烧过程中,喷油温度(1000～2000℃之间)比汽油发动机高。在此温度下,空气中的氮气会和氧气发生反应,形成氮氧化合物⊖,其主要成分为一氧化氮(NO)和二氧化氮(NO_2)[MeScSO04]。对很大一部分柴油机来说,氮氧化合物的含量已经超出了标准值⊖。这个问题的一种解决方案是,使一部分废气回流到发动机气缸中。这个技术称为排气再循环系统(Abgasrückführung,AGR 或者 Exhause Gas Recirculation,EGR)。

如图 5.13 所示,进气时,发动机除了纳入环境中的新鲜空气以外,一部分空气还流经涡轮增压器进入发动机,此过程称为增压。如今市面上从小型轿车到大型轮船上,几乎所有的柴油发动机都配有增压设备。在涡轮增压器后方可以通过阀门控制排气再循环的开通和关闭。节流阀用于辅助排气再循环。在此过程中,传感器也起到重要的作用。

⊖ 这种氮氧化合物称为热致氮氧化物。在相对低的温度下,氮氧化物也有其他的产生机制,但其数量很小,只占总量的10%以下。

⊖ 2009 年 9 月起,欧洲采用欧Ⅵ排放标准。

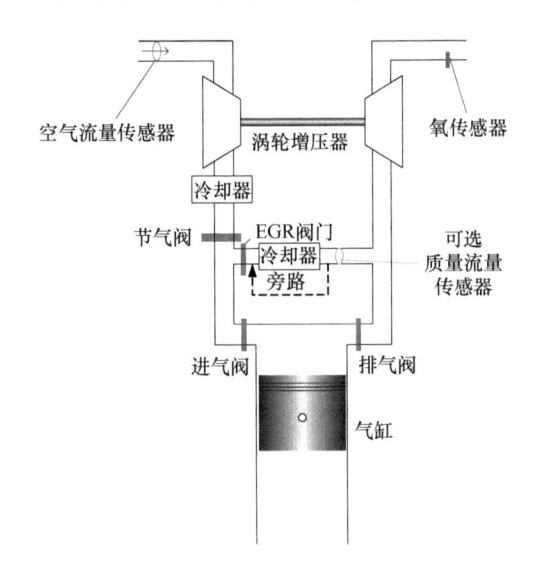

图 5.13 新型柴油发动机的进排气控制系统以及相关的传感器和执行器（EGR：排气再循环）

5.4.1 排气再循环系统

正如前所述，排气再循环系统的功能为，用一部分贫氧的废气来代替富氧的新鲜空气进入发动机气缸，从而降低燃烧过程中氮氧化物的浓度。由于废气的主要成分为水蒸气和二氧化碳，所以它的比热比新鲜空气要高，这也起到了降低喷油温度的功能。

图 5.14 所示为不同气体的定压摩尔热容随温度的变化。对一种特定的气体来说，其比热值在一定压强（定压比热）或者体积（定容比热）下是一定的。由于柴油发动机一般简化为定压过程，所以此处曲线为定压摩尔热容值。在实际中，柴油机燃烧时，刚开始是一个定容升压的过程，随后气体体积逐渐增大，转变为定压变化 [BasSch17]。所以，采用定压比热值，其实是稍微过高估计了气体的真实比热值的。但此处是合理近似。

氮气（N_2）在新鲜空气和废气中都存在，但废气中的氧气（O_2）含量比新鲜空气中低很多，甚至接近于完全耗尽。废气中含量较高的为二氧化碳（CO_2）和水蒸气（H_2O）。废气的另外一个重要特征就是比热值很高，而且随着温度的升高而增大。此外，废气的密度随温度的升高而降低，在 600K 时，密度相当于 300K 时的一半。所以单位质量气体的比热，高温废气比低温废气还要低。所以，进行再循环的废气的一半要先冷却。冷却通过对流的热交换器或者通过水冷来实现。

通过调节排气再循环的流量，可以实现对燃烧过程的控制。一方面降低了氮氧化物的排放量，但另一方面也降低了发动机的功率。同时，由于燃烧温度的降低，燃烧过程中会形成更多的炭黑微粒。法规要求实现有利的妥协。解决这种目标冲突

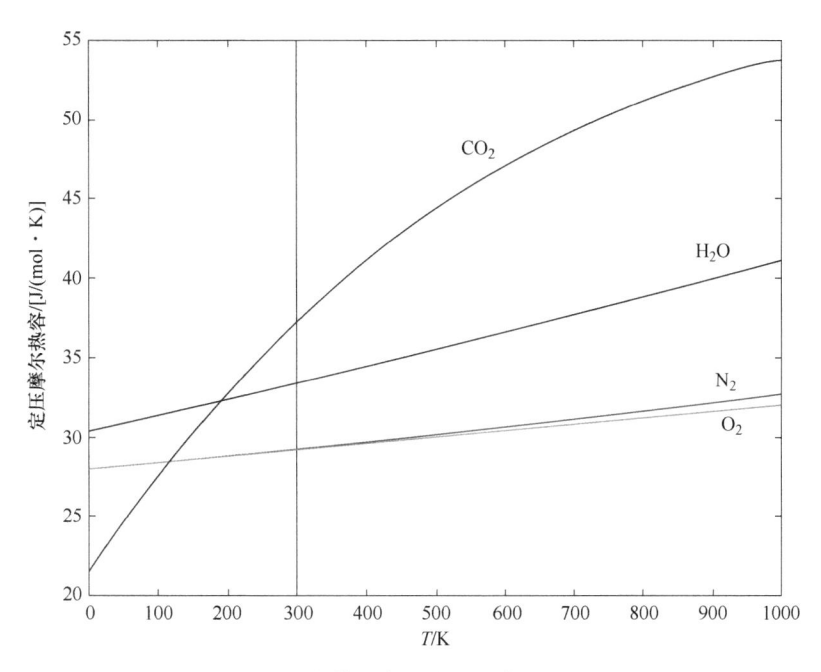

图5.14 不同气体的定压摩尔热容随温度的变化

很困难，以至于一些制造商使用非法方法（详见第5.6节）。

柴油发动机的燃烧温度并不能直接控制，对温度的控制需要通过调节排气再循环的流量来实现。在轿车柴油发动机中，排气循环大概占50%，也就是说，气缸中的燃气有一半为废气，另外一半为新鲜空气。当排气循环流量偏离最优值时，氮氧化物的含量会急剧上升，或者发动机效率降低，同时由于炭黑颗粒增多，容易出现涡轮机焦化。所以，排气循环必须要精确控制，不仅要对新车，对于使用多年的老车，仍然要可以精确地调整废气循环量。为了达到这个目的，系统设计工程师需要拥有很多经验，在不同的工作状态下，利用不同的参数作为调整变量。大量的基准测试也是必不可少的。图5.15所示为排气再循环控制系统的基本原理。

图5.15中的气体流量传感器并不直接测量排气循环量。由于发动机气缸体积已知，在进排气系统没有漏气的情况下，总体积减去所测量的新鲜空气的流量，便是需要的排气循环量。在此，传感器测量的为空气的质量，而已知量为发动机气缸体积，所以体积要转化为质量才能进行计算。电控单元通过压力传感器和附加的温度传感器来计算气体的密度，从而得出气体的质量。

当汽车加速时，新鲜空气的流量是快速变化的，而基于流量的换算则变得更加复杂。上述的线性计算方法不再适用。此时，需要用到一个气体流量传感器，直接测量废气的流量。和新鲜空气传感器相比，这个传感器在技术上有很高的要求，需要在极端的条件下工作（高温、炭黑微粒、废气中腐蚀性成分），所以许多汽车生产厂家都会由于成本原因不予采用。

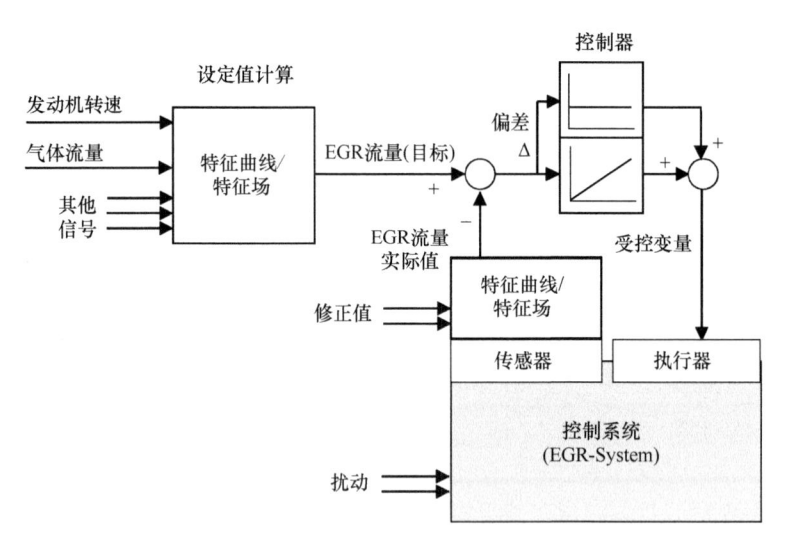

图 5.15 排气再循环控制系统的基本原理

减少废气比例误差的另一种方法是，通过对气体流量以及热力学状态变量的仿真计算，来确定排气循环优化的比例。通过仿真来实现系统的控制，称为基于模型的控制。可以想象，在研发过程中，仿真计算都是通过强大的计算机或者并行运算阵列来实现，所以，对于排气循环控制的仿真，模型必须要非常简单，尽管如此，电控单元的运算能力也要非常强。虽然如今基于模型的控制还很少见，但由于微处理器运算能力的提升，这种方法在未来会取得更快的发展。特别是在排气再循环中，更严格的 NO_x 限制可能会在未来导致基于模型的解决方案与在排气再循环中使用额外传感器的方案之间的竞争。

如图 5.13 和图 5.16 所示，排气循环位于涡轮增压器和发动机之间的高压区域，也称为高压排气再循环系统。这个名称有些误导，因为在排气再循环的同时增压，是不能实现的，而且增压压力会使排气循环减弱。排气循环管道流经发动机内部，或者集成在发动机模块中。低压排气循环，也就是排气循环位于涡轮增加器之前的系统，如今还很少见。

1. 传感器

在简单的排气再循环系统中，只装备有图 5.13 所示的空气流量传感器（Luftmassenmesser，LMM），又称 MAM（Mass Airflow Meter）。这个传感器不直接测量废气回流量，而是测量吸入的新鲜空气量。最早的空气流量传感器使用阀门，当有气流通过时，阀门开启。阀门开启的角度可以转换为可以测量的电压信号。这种力学传感器逐渐被热丝传感器所取代，如今已经发展成热薄膜传感器。热薄膜空气流量传感器的结构和原理如图 5.17 所示。

在传感器中央是加热区，两侧各有一个温度传感器（M_1 和 M_2）。当加热区没有空气流动时，加热区的温度是对称的，两侧的传感器测量的温度值相同。当空

图 5.16　发动机排气再循环系统示例，执行器由右下方的低压电气转换器进行控制

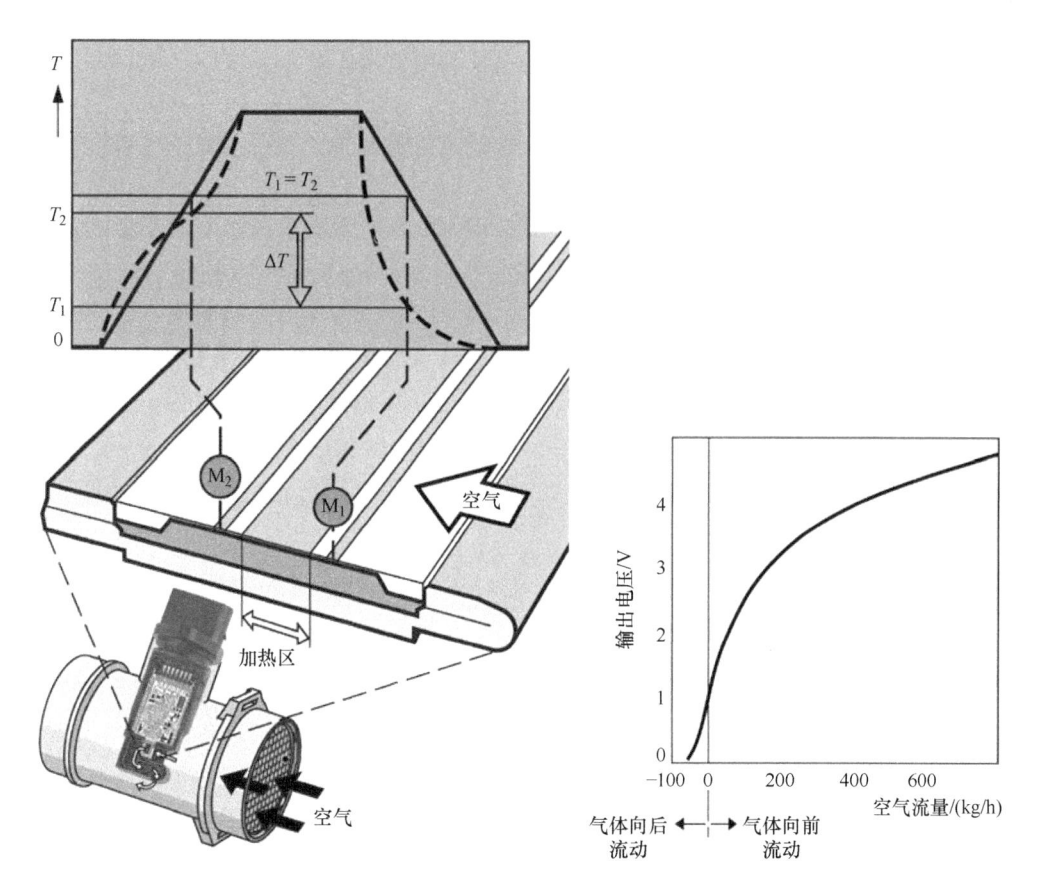

图 5.17　热薄膜空气流量传感器的结构和原理（图片来源：博世公司）

气流经加热区时，前一个温度传感器首先被冷却，由于空气在流动的过程中被加热，后一个温度传感器被冷却的程度比前一个稍微降低。前后两个传感器测量的温度差用来计算空气的流量和方向。传感器中集成了数据处理运算电路。流经传感器

的空气中含有灰尘颗粒以及挥发的发动机油,尽管如此,传感器必须要保证在汽车生命周期内都可以精确运作,不然有可能会损坏发动机。当测量值出现偏差时,发动机电控单元会自动对其进行校准;当传感器损坏时,会发出更换警报。

其他所需的信息由氧传感器(Oxygen Sensor 或 λ Sensor)来测量。氧传感器最初为汽油发动机设计,如今也越来越多地应用在柴油汽车上。氧传感器可以测量废气中剩余的氧气含量,其功能将在废气处理的章节(5.5 节)详细讨论。

2. 执行器

在排气再循环系统中,至少使用一个阀门作为执行器。这个阀门通常和节气阀相关联使用。当排气再循环阀门开启时,新鲜空气的节气阀会相应关小,以便使新鲜空气的进气量降低。

排气再循环阀门通常由电机控制,并且由电位计来记录当前位置信息。所以阀门一般采用盘形阀或者旋转滑阀来实现。在精确度要求不高的系统中,也可以采用电磁阀门或者液压阀门来控制排气循环的闭合。

节气阀通常由电机驱动,也通过电位计记录当前位置。某些情况下也采用气动的节气阀。

通常的气动执行器用高压来驱动,而车用气动执行器则是通过制动系统的真空泵产生的低压来驱动。位于低压管道中的电气转换器,如图 5.16 所示,可以通过电控单元的电信号控制,输出一个介于真空泵压强和大气压强之间的压强值。

在控制系统出现故障的时候(例如导线断路、气动系统管道漏气等),默认的设置为节气阀开启,而排气再循环阀门关闭。此时发动机仍然可以正常运作,但氮氧化物排放量则会超标。

5.4.2 内燃机增压装置

活塞在进气行程中,在标准大气压强下可以吸入发动机的空气量,由气缸的体积决定。通过增大空气的压力,可以提高吸入气缸的空气量,从而可以使燃油更充分地燃烧,产生的炭黑颗粒也会更少。此外,空气量提高时,可以在一次做功循环中燃烧更多的燃油,提供更强的推动力。将气压提升 1 倍所产生的效果和将气缸容量提升 1 倍是相同的,这个结论的公式推理参见[BasSch17]。通常,可以把进气压力提升到大气压强的 2.5 倍。当在高原行驶时,低气压可以通过涡轮增压装置来进行补偿。

内燃机增压装置有很多种,例如,在进气管道利用共振原理、使用螺旋式增压器或者气波增压器[Tschöke17]。在此只介绍最常见的方案,即借助废气涡轮增压器进行增压涡轮增压器剖面图如图 5.18 所示。一些大马力的发动机还使用两个或更多的涡轮增压器。

如图 5.13 所示,涡轮增压器由通过涡轮驱动的叶轮组成。废气排放时,一部分能量用于推动涡轮旋转。和由发动机驱动的压缩机相比,废气涡轮增压器的优点

图 5.18　涡轮增压器剖面图［WikiT］（左侧是由废气驱动的涡轮机，
右侧是用于供应空气的压缩机）

是可以更有效地利用废气的能量；其缺点表现在汽车低速运行时，废气的能量过小，不足以带动增压器达到额定的压强值。这个低速范围一般称为涡轮滞后区，驾驶员可以感受得到。从这一点讲，装备涡轮增压器并不意味着在任何情况下都可以完全取代使用大气缸。

发动机电子控制单元的一个功能为，控制增压压强，避免压强过高引起部件损坏。控制软件一般采用积分微分运算逻辑，控制实际值接近目标值。由于增压压强对驾驶方法以及油耗有很大影响，所以电控单元会根据车辆行驶状态，自动调整增压压强的目标值。

1. 传感器

为控制增压压强值，位于涡轮增压器后方采用一个压力传感器，其原理与共轨压力传感器类似，都是基于微机电工艺来制作的。由于涡轮增压的压强值比共轨压强值低 3 个数量级，所以此处的传感器薄膜基于低成本的硅材料。

气缸进气的过程取决于吸入空气的压强以及温度等状态变量，增压控制模块需要利用温度传感器以及大气压强传感器采集的信号进行计算和调节。

2. 执行器

老式的涡轮增压器只通过一个阀门（排气门）控制废气到涡轮的开合，来调节压强。当排气门开启时，涡轮增压器失效；当排气门闭合时，涡轮增压器运作。老式的汽车并没有电子控制系统，而只是简单通过虹吸管开启排气门，从而避免压强过高损坏发动机或者涡轮增压器。有一点需要注意，排气门虽然可以迅速开合，但涡轮从静止状态达到高速旋转的状态，却需要几秒钟的时间。缩短这一时间间隔的一个方法是，在涡轮增压器中，通过电动气动转换器调节虹吸管持久性地保持低压。这时，虹吸管并不是直接和涡轮压力相关，而是工作在另外一个压强范围。

较新的涡轮增压器使用直接电动驱动，而不是以前的电动气动系统。当排气门打开时，废气中包含的能量不再被充分利用，但废气背压和活塞推出废气时要做的功减少了；因此，是否在超压极限前打开排气门取决于运行情况，在电动驱动的情况下，可以根据与压力无关的特性图独立决定。就控制技术而言，排气门的激活与废气流在充电器和旁路之间的分配之间几乎不稳定的非线性是导致控制困难的关键。

新式增压器的涡轮采用无级调节导流叶片变换驱动的方式，如图 5.19 所示。这种技术称为可调涡轮几何截面（Variable Turbine Geometry，VTG）或可调喷嘴几何截面（Variable Nozzle Geometry，VNG）。在低转速时，涡轮通过导流叶片来缩小涡流截面积，从而加快流动速度。这种设计并不再需要使用单独的排气门。除此之外，还有一些涡轮设计采用可调滑阀的原理。

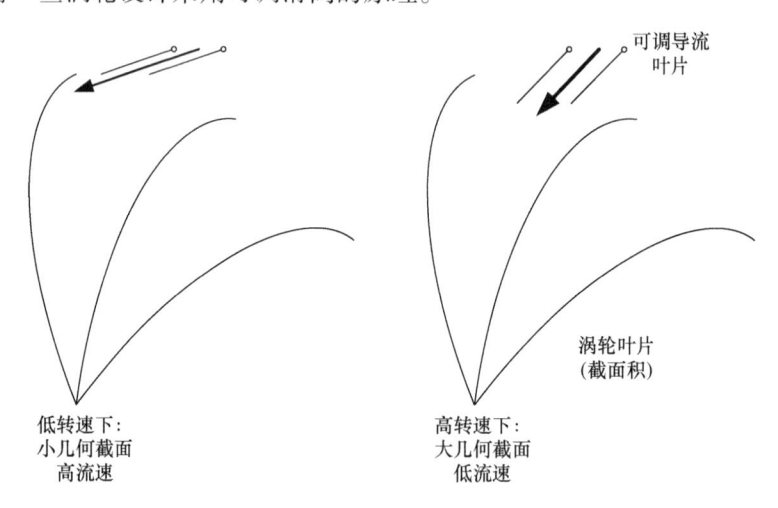

图 5.19 可调涡轮几何截面原理图

增压压强上限也是通过排气门或者 VTG 增压器的导流叶片来调节。

5.5 废气处理

通过调节发动机参数可以降低氮氧化物排放，但是，如果使用排气再循环或者推迟喷油时刻等方法，都会使柴油发动机的废气中的微粒数量提高。使微粒数量降低的方法又会使氮氧化物排放增多。总体来讲，降低废气排放有 4 种方案（图 5.20）：

1）在氮氧化物和微粒排放之间寻找最佳值。
2）发动机针对氮氧化物排放进行优化，并对产生的微粒进行过滤。
3）发动机针对微粒数量进行优化，并对氮氧化物进行过滤。

4）在寻求类似1）的折中方案时，废气后处理额外减少 NO_x 排放和微粒排放。

此外，还有一种方式为，利用微粒中的碳元素来还原氮氧化物，从而使二者的数量同时降低。这种方式称为可持续再生捕获（Continuous Regeneration Trap, CRT），但是这种方法仅限于碳元素和氮氧化物在一定比例时才有作用。

上述第一点，在氮氧化物和微粒排放之间寻找最佳值的办法，已经在许多汽车中达到了极限。排放标准欧V的实施，使得汽车厂家不得不转向其他两项措施。一般来说，在乘用车中，发动机针对氮氧化物进行优化，并加装微粒过滤器；在商用车和货车中，发动机针对微粒进行优化，并加装氮氧化物过滤器。

微粒过滤和氮氧化物过滤通常在车辆中结合使用，以达到欧VI排放标准。因此，放弃单方面优化电机应用的概念并进行折中应用（图 5.20 中的4）是有意义的。当使用多个子系统进行排气后处理时，需要将最高工作温度的子系统安装在靠近发动机的位置。特别是在氮氧化物过滤器的上游安装了微粒过滤器，在一个外壳甚至一个过滤器中结合了微粒过滤和氮氧化物过滤的过滤器越来越受欢迎。还应该考虑排气涡轮从排气中提取热量以进行增压。下面所述的系统都可以和氧化催化器相连，从而达到较高的工作温度。然而，由于体积原因，废气处理装置需要装载在汽车底盘下方，行驶过程中会由于空气对流而冷却。所以，靠近发动机的部位还需要安装两个氧化催化器，用来在发动机起动的时候催化一氧化碳、微粒或者碳氢化物的氧化（靠近发动机的部位可以快速达到工作温度，同时又可避免空气对流而降温），如图 5.21 所示。由于底盘下方的催化转换器加热效果差，所以催化效率较低。要达到最终效果，两个氧化催化器之间的微调非常重要。也可以通过燃料喷嘴为第二个氧化催化器提供用于加热的额外燃料。但该措施复杂，必须同时监测温度，以防止氧化催化器因过热而损坏，因此这不是标准解决方案。

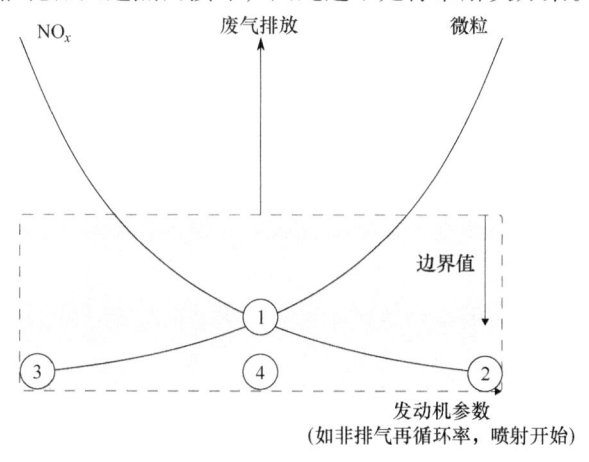

图 5.20　降低废气排放的 4 种方案

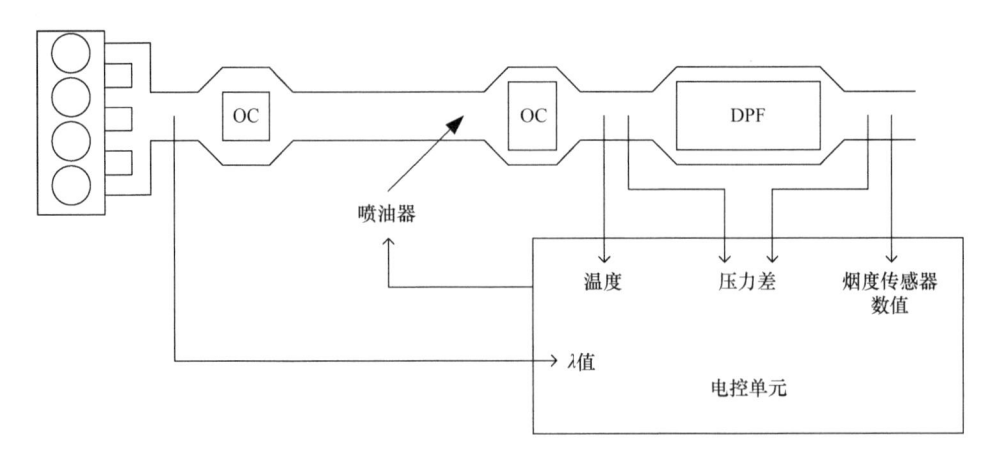

图 5.21 微粒过滤器控制原理图（其中 OC 代表氧化催化器（Oxidation Catalysator），DPF 代表微粒过滤器，还包含温度、压力差、烟度传感器数值以及在排气行程的附加燃油喷射值等参数）

5.5.1 微粒过滤器

柴油发动机的微粒过滤器是由大孔陶瓷反应体和支撑的金属壳体所组成的。废气流经陶瓷反应体时，微粒会沉积在孔状结构中，从而从废气中被过滤掉。此外，有一些微粒过滤器也采用金属材料。

汽车废气中的炭黑通过过滤器去除掉之后，电子系统需要在过滤器堵塞之前，对过滤器进行清洁。有了导航数据，再生的开始可以在未来进一步优化［GraTWZ16］。应避免不必要的频繁再生，因为轻负载意味着明显小于孔径的颗粒更好地黏附在现有的沉积物上，并且再生期间的温度峰值和温度变化会对材料造成压力。

1. 过滤器状态识别

过滤器的状态识别通过测量废气的压强差来实现。微粒过滤器之前和之后分别装有一个压力传感器，这两个传感器组成了一个压差传感器。当微粒过滤器未堵塞时，废气排放不会受阻，两个压力传感器的信号非常接近。当微粒过滤器被堵塞时，废气阻力逐渐增大，两个传感器的信号差也增大。这时，电控单元通过测量废气排放量和压强差来决定是否对过滤器实施再生清洁。

废气排放量并不需要独立的传感器，因为发动机电控单元已经测量了吸入的空气量，也算出了喷射的燃油量，所以说，理论的废气排放量也可以通过计算得出。排气再循环或者燃油喷射量的实际值和理论值之间的误差，可以导致实际废气排放量和理论量之间有所误差。这时可以借助一个通过测量废气中氧气含量来计算空气燃油比例的传感器来进行测量，也就是氧传感器。当然，氧传感器并不仅仅有这项功能，而且可以实现其他多种功能，例如排气再循环控制、识别意外燃烧（例如机油）或者发动机爆燃等。

由于汽车工业的成本压力，微粒过滤器两侧的两个压力传感器常常被省略。电控单元并不测量实际的压强差，而是通过汽车行驶情况来模拟和推算微粒过滤器的状态。这在一定程度上会导致准确度降低，但同时也降低了成本。即使在使用传感器测量时，这样的模拟计算也可以帮助判断测量值的合理性。

通过模型计算或压差测量不能可靠地检测到缺陷。过滤器后面的烟尘传感器（第 5.5.3 节）很有帮助，因为它还可以实现更精确的负载检测。

2. 过滤器再生

对微粒过滤器再生是指将沉积的微粒在 550℃ 以上的温度中燃烧掉。但柴油废气的温度还达不到这个温度。如今比较普遍的解决方案为，通过电力加热器或者通过喷嘴来实现燃烧。这个方法的缺点是成本相对较高；优点是不需要借助发动机控制电路就可以实现，所以容易安装。

另外一种解决方案为添加柴油燃烧催化剂，把微粒的燃烧温度降低到通常的排气温度。催化剂存储在单独的容器中，使用的时候和燃油进行混合。例如，Peugeot 的 FAP 系统中，微粒燃烧温度可以降低至 450℃，在汽车正常运行中便经常可以达到。汽车每行驶 10 万 km，需要 1L 含铈元素的催化剂"Eolys"。铈对环境的影响尚不明确，但由于用量很少，所以一般认为无危害。另一种添加剂是有机金属化合物二茂铁，它对环境有害。

除了添加燃油催化剂以外，过滤器本身也可以含有一些催化性质的化学元素，例如铑、钯或者铂（Catalyzed Diesel Particulate Filter，CDPF）。这甚至可以将微粒燃烧温度降低至 250℃。

成本更低的解决方案是，通过发动机电控单元来提升废气温度，从而实现再生。废气温度（不是燃烧室中的平均温度，也不是峰值温度）随着燃烧后期延迟喷射而增加。后期喷射可以是延迟的主喷射或附加的后喷射。此时发动机不应该进行增压，必要时甚至应节流进气。仅在短途使用时很难保证充分的再生能力。

一种往往更实用的方法为，在过滤器前，距离过滤器尽可能近的地方安装一个催化转换器，通过推迟燃油喷射时刻的方法，废气中含有未完全燃烧的燃油可以进入催化转换器继续燃烧。燃烧过程中所释放的热量可以提高过滤器内的温度。对重型商务车，也可以使用博世的系统（Bosch Departronic），该系统在喷射泵前的燃油输送系统的低压下喷射燃油，以便在排气道中的氧化催化转换器前进行再生。所有使用额外燃料进行再生的系统都会略微增加燃料消耗，并且如果它们发生故障也会增加污染物排放。

5.5.2 氮氧化物过滤器

废气中的氮氧化物可以通过将最初与氧结合的氮化学还原为无害的分子氮（N_2）来抑制。这需要吸收氧气的还原剂，即在过程中自身被氧化。当然，还原剂的氧化不应产生新的污染物。如果还原剂通过几乎完全氧化而变得无害，则它本身可能以前是污染物。这需要精确的剂量。

下面介绍了3种使用不同还原剂的废气后处理解决方案：

1）以烟灰为还原剂的可持续再生捕获器（CRT）。

2）以燃料或一氧化碳为还原剂的存储催化转化器。

3）使用氨作为还原剂的选择性催化还原（SCR）。

1. 可持续再生捕获器（CRT）

使用CRT，燃烧过程中产生的烟灰可用作还原剂，因此CRT既可以作为颗粒过滤器，也可以作为氮氧化物过滤器，发生反应如下：

$$2C + 2NO_2 \rightarrow N_2 + 2CO_2 \tag{5.2}$$

为了获得最佳效果，必须以这样的方式控制发动机，即使上述反应方程在较长的运行期间保持满足。由于对乘用车很难进行这种控制，特别是在短途交通中，不是所有的氮氧化物都与烟尘接触而反应不完全，所以CRT只在个别情况下使用。

CRT反应也可以在普通颗粒物过滤器中进行，但需要通过在过滤器外壳中上游输入特殊的氧化催化剂来支持，除了所需的操作温度外，需要使氮氧化物尽可能完全氧化成二氧化氮。它还被用于乘用车的改装微粒过滤器，不需要对电子装置进行任何干预。由于乘用车很少达到CRT的最佳反应条件，因此不能可靠地防止过滤器的堵塞，这就是为什么许多这类过滤器有一个侧流，一旦发生过滤器堵塞，未经过滤的废气可以从中通过。

2. 存储催化转换器

在商用车领域，如果对发动机进行调整，使其几乎不产生烟尘而产生氮氧化物，那么就可以实现高效率和低油耗，从而为运输商家带来成本优势。长期以来，更有效的永久性化学还原氮氧化物（SCR）被认为对小型发动机来说过于昂贵。为乘用车开发的一个简单的暂时存储氮氧化物的催化器（存储催化转换器），如图5.22所示，被广泛用于发动机容量不超过2L的符合欧Ⅵ标准的汽车，也被称为NO_x Trap或Lean-NO_x-Trap（LNT）。其优点是与SCR相比，工作温度较低。这种催化剂在非负载状态下由碳酸钡（$BaCO_3$）（也可以是氧化钡或其他碱金属或碱土金属的化合物）组成，在150~500℃之间，在有催化作用的金属支持下，以硝酸钡$[Ba(NO_3)_2]$的形式化学结合二氧化氮。经过大约10min的行驶，几乎没有任何$BaCO_3$留下，存储催化剂不能再吸收任何氮氧化物，可以用氮氧化物传感器检测。然后必须通过富集混合物几秒钟来将其再生。如果由于晚期喷射，废气足够热，存储的氮氧化物就会再次释放，$Ba(NO_3)_2$就会转化回$BaCO_3$。仅仅是这种反应最初并没有带来任何好处，因为只有先前存储的氮氧化物在短时间内再次释放。

重要的是，在再生过程中，混合物非常丰富，以至于废气中含有大量的一氧化碳（CO）和其他还原性物质。在这种情况下，一氧化碳导致氮氧化物在释放到环境中之前最终还原为氮气。由于废气中的有毒CO除了转换氮氧化物外是不可取的，控制单元必须检测到它已被清除，并迅速恢复正常运行。可以借助λ探针进

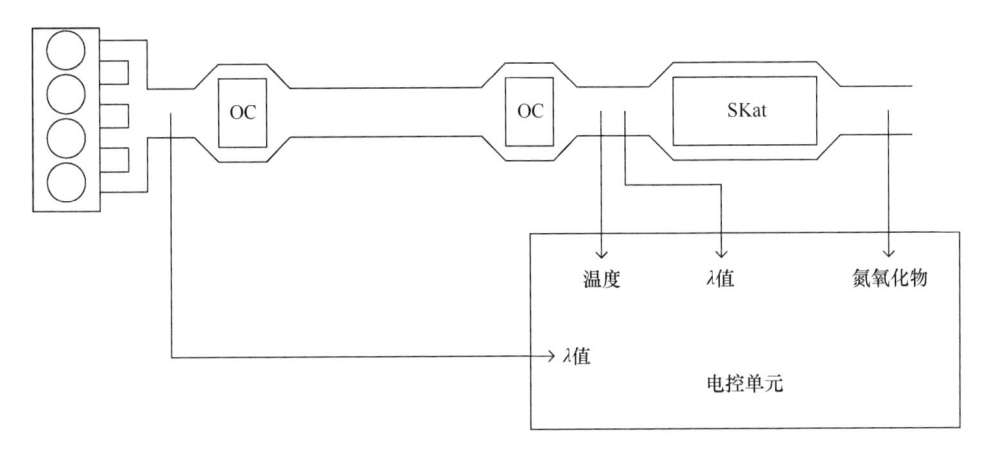

图 5.22 带有两个氧化催化器（OC）的存储催化转换器（SKat）

行检测，也可以通过模型计算进行检测。

但是，氧化硫也会与催化剂材料碳酸钡结合。因此，也需要在较长的间隔时间内进行脱硫，这需要在非常高的废气温度（约 650℃）下使用晚期喷射的富余混合气进行。由于对温度的安全系数很小会不可逆地破坏存储催化剂，可以在催化剂中增加一个温度传感器进行温控脱硫 ［DE19731624A1］。也可以通过上游加热的硫磺捕集器进行保护 ［DE19855089A1］。在脱硫过程中，必须避免由产生的硫化氢引起的气味滋扰，其气味为臭鸡蛋味，例如在下游安装硫化氢催化转换器。

3. 选择性催化还原

在货车和越来越多的乘用车中，氮氧化物通过选择性催化还原（Selective Catalytic Reduction，SCR）被还原。几十年来，该过程已在大型工厂（发电厂）中得到验证。除了软件更新之外，目前关于在排放技术方面升级旧柴油车辆的公开讨论有利于 SCR 改造，因为这也可以显著减少许多旧柴油发动机的氮氧化物排放。SCR 可以与颗粒过滤器组合在一个组件中（通常称为 SCR on Filter、SCRoF 或 SCR on PDF、SPDF），但这种组合式催化转换器仍然处于研究之中，并不普及。

使用 SCR 时，32.5% 尿素 ［ISO 22241］ 的水溶液（在加油站以 VDA 品牌 AdBlue 出售，在某些国家或地区也称为 AUS32 或 DEF）被吹入废弃通道。该解决方案无毒且价格低廉，但在 -11℃ 时会冻结，所以控制电子设备可能必须打开水箱、泵和软管的加热装置。虽然加热线常见的是盘绕加热丝，但 PTC 加热器更适用于加热水箱和泵；这些是由具有正温度系数的陶瓷制成的自调节加热元件。

例如，可以通过一个超声波换能器从下面向液体中发射超声波来测量填充液位，在液体表面反射的超声波的通过时间可以在下面用相同的或另一个换能器确定。为了测量温度，一个热导体可以被集成到水箱底部的测量模块中。另一个选择是用电化学方法测量尿素溶液的成分或用超声波测定其密度，以便在尿素含量过低时停止注射并发出警告。当货车有意添加水而不是尿素时，通常出现这种情况。

在选择性催化还原之前和部分仍在选择性催化还原中的尿素（$H_2N\text{-}CONH_2$）与水（H_2O）反应，形成二氧化碳（CO_2）和氨（NH_3）。该反应可以由水解催化剂支持，由于成本原因，该催化剂通常不使用。水解的中间产物是有毒的异氰酸（HNCO），它会聚合，然后堵塞喷嘴或影响喷嘴处的流动条件。在排气温度低于180℃时可能形成不良沉积物的其他可能反应产物，例如缩二脲（$NH_2\text{-}O\text{-}NH\text{-}O\text{-}NH_2$）及各种环状氮化合物。虽然通过设计措施防止了异氰酸的聚合，但控制单元可以通过在低排气温度下关闭SCR来防止后者物质的形成（无论如何，所需的SCR反应仅在稍高的温度下开始）；但是，关闭温度若高于规定温度是非法的（参见5.6节）。

氨是一种强大的还原剂，可将催化转化器中的有害氮氧化物还原为无害的氮（N_2）。由于这种减少可以通过17种不同的反应进行［Kolar90］，难以定量估计离析物和产物，因此难以精确计算尿素消耗量。4个主要反应为

$$4NO + 4NH_3 + O_2 \rightarrow 4N_2 + 6H_2O（标准 SCR 反应） \tag{5.3}$$

$$6NO + 4NH_3 \rightarrow 5N_2 + 6H_2O \tag{5.4}$$

$$6NO_2 + 8NH_3 \rightarrow 7N_2 + 12H_2O \tag{5.5}$$

$$2NO_2 + 4NH_3 + O_2 \rightarrow 3N_2 + 6H_2O \tag{5.6}$$

作为化学反应器，这种催化剂必须是电子控制的。如果注入的尿素溶液过少，则过滤器的电势仍未得到利用，如果注入过多，则氨残留。反应在约高于200℃的温度下进行。在1000℃以上的温度下，柴油废气中很少达到这一点，转化率会下降，因为氨随后会被还原。然而，根据所使用的材料，催化转化器在较低温度下可能已经损坏。该过程由温度传感器和一个传感器监控，该传感器测量过滤器后面废气中的氮氧化物含量，可能还包括氨含量。

如果温度太低而无法实现最佳转换，则额外的存储催化转化器可以存储氮氧化物，或者靠近发动机的第二个SCR催化转化器可以提供支持（大众的"TwinDosing"）。一家大型供应商还为48V车辆电气系统提供电加热SCR催化转换器。

如果温度过高，可以通过延长供应管线将废气送入过滤器，该管线充当废气冷却器。要在直接排气管路和长排气管路之间切换，需要一个废气阻尼器作为附加执行器。

SCR排气后处理系统通常仍包含自己的控制单元，如图5.23所示，通过CAN总线连接发动机控制单元，较新的发动机控制单元可以接管此任务，不再需要单独的控制单元；因此，以前将控制系统与泵一起集成到输送模块中的做法正日益被放弃。如果使用商用车中已经存在的压缩空气，泵罐则省略。博世以Denoxtronic的名义销售该系统。博世估计，富氮氧化物操作可节省5%的燃油。Continental/Vitesco也提供了类似的系统。

尽管通过严格的控制，氨的残留物逸出可由氧化催化剂形式的截止过滤器消除，但仍会再次产生氮氧化物。与货车相比，汽车的另一个问题是可用空间有限。

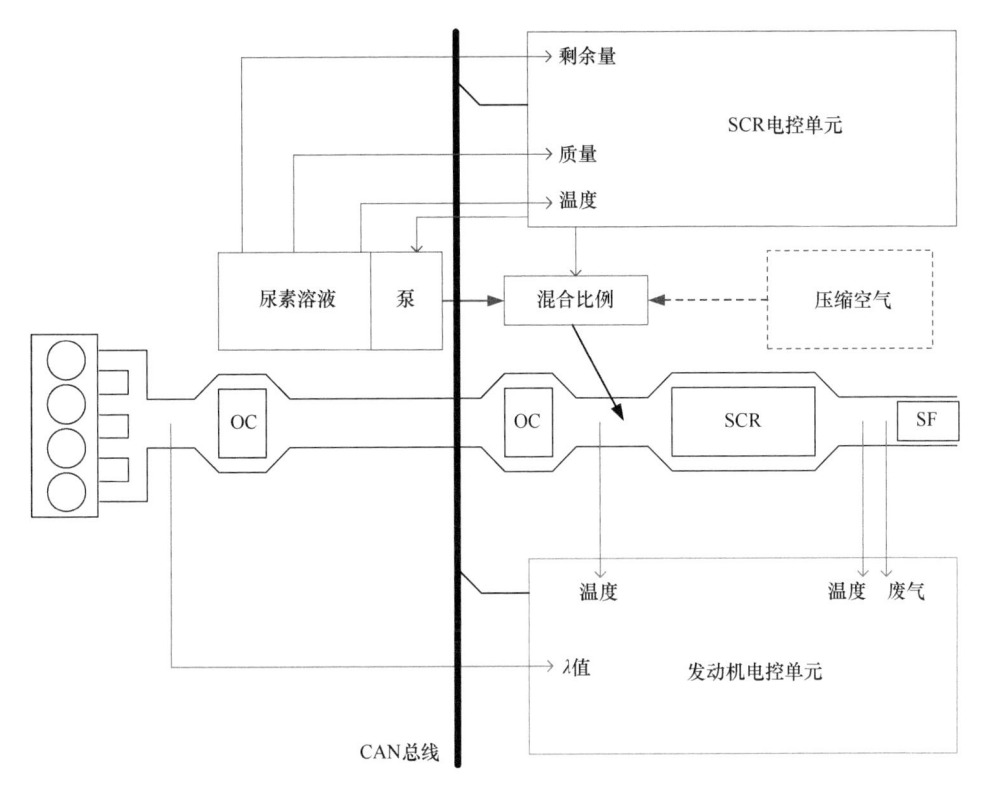

图5.23 带有尿素溶液喷射、氧化催化器（OC）和氨气过滤器（SF）的选择性催化还原系统
（两个电控单元通过CAN总线进行通信，实际中传感器的顺序可能和图中不同）

因此，正在研究尿素喷射的替代方案，例如从小型压力罐中引入气态氨或从盐中释放氨。一个有趣的选择是氨基甲酸铵（$H_2N\text{-}CO\text{-}ONH_4$）在与水接触时释放氨 [Mayer05]。一种不允许的方法是在实际驾驶中使用比在废气测试循环中更少的尿素（5.6节）。

5.5.3 废气传感器

1. 氧传感器

空燃比 λ 表示实际空气质量与燃料完全燃烧所需的理论空气质量之比。常用的氧传感器经常被误解，因为传感器并不直接测量 λ，而只是测量废气中的氧浓度从而得到 λ [Borgeest20]。

氧传感器是一个电化学单元，在高温下，离子可以在陶瓷材料中自由移动，可以视为固体电解质。常用的陶瓷材料为二氧化锆（ZrO_2），在350℃时导通氧离子，最优的工作温度为600℃左右。汽车刚起动时，尾气温度不能达到如此高温，所以一般需要装备电加热装置。在陶瓷薄膜的一侧是废气气流，另一侧则是氧气含量为21%的参照气体（可以用空气作参照）。当废气中氧气含量低时，负氧离子从富氧的一侧向贫氧的一侧扩散，沿着陶瓷薄膜形成阳离子浓度梯度，这使得废气一侧可以形成 0.8~1V 的电势差。此电势差可以通过铂电极测量和分析。当废气中仍然含有氧气时，只有很微弱的氧离子扩散，电势差在 100mV 之下。在 $\lambda = 1$ 附近，电势差会产生跳跃现象，这时很难对电势差进行精确测量。所以氧传感器只是区分贫氧和富氧的废气（即使富氧的废气，含氧量也比空气低）。这对于汽油发动机的空燃比的两点控制已经足够，但要想实现更复杂的功能还需要更精确的测量值。

而宽频氧传感器的研发，实现了这一功能。为了更好地区分，传统的、测量阶梯信号的氧传感器称为两点式氧传感器或者跳跃式氧传感器。

图 5.24 所示为宽频氧传感器简化原理图，右侧为一个传统的两点式氧传感器，左侧为附加的二氧化锆薄膜，但这层薄膜不作为传感器，而是作为氧离子泵材料。这层氧离子泵由电控单元通过电流控制，可以泵入或者泵出氧离子。

当测量室中为贫氧废气时，右侧的氧传感器检测出 $\lambda < 1$。电控单元会产生电流，泵入氧离子，并使 $\lambda = 1$。此时需要的电流量对应废气中的氧含量。

扩散势垒的作用是避免左侧电流突然增大。当测量室中的废气富氧时（$\lambda > 1$），电控单元的电流会泵出氧离子，并使 $\lambda = 1$。通过流经左侧离子泵并逐渐改变的电流，可以计算出空气中氧气的含量。当然，左侧的离子泵需要精确的电流控制，而不是像两点式氧传感器一样，只需要简单地处理测量数据。

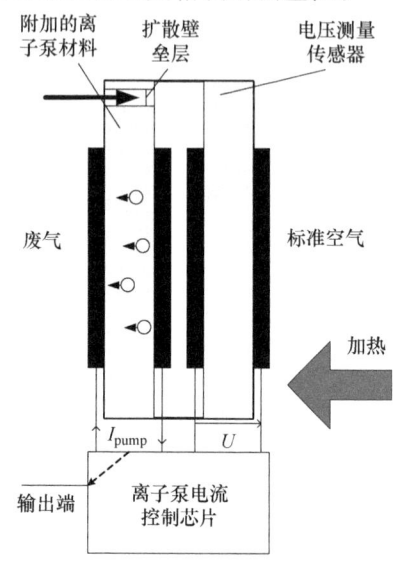

图 5.24 宽频氧传感器简化原理图

对宽频氧传感器的调节、数据处理和监控可以通过集成电路芯片来实现，例如 CJ125 ［Bosch06-125］。

除了跳变探针和以其为基础的宽带探针外，还有由废气流中的加热二氧化钛电阻器组成的电阻探针。由于这里没有参考空气，这些探针可以做得更小。

2. 氮氧化物（NO_x）传感器

氮氧化物传感器不仅仅应用于选择性催化还原，也用于柴油发动机的存储催化转换器和直喷的汽油发动机之中。光化学反应的光学评估以确定 NO_x 含量是一种非常精确的方法 ［Borgeest20］，例如用于测试台架，但对于车辆的标准安装而言过于昂贵。车辆中使用的一种基于 λ 探针的方法，工作原理为在测量区将氮氧化物通过催化分解，使用宽频氧传感器测量产生的氧气量，来推算氮氧化物的含量 ［Hertzb01］。在氮氧化物分解之前所存在的氧离子需要通过氧离子泵进行泵出，如

图 5.25 所示，或者测量其含量。

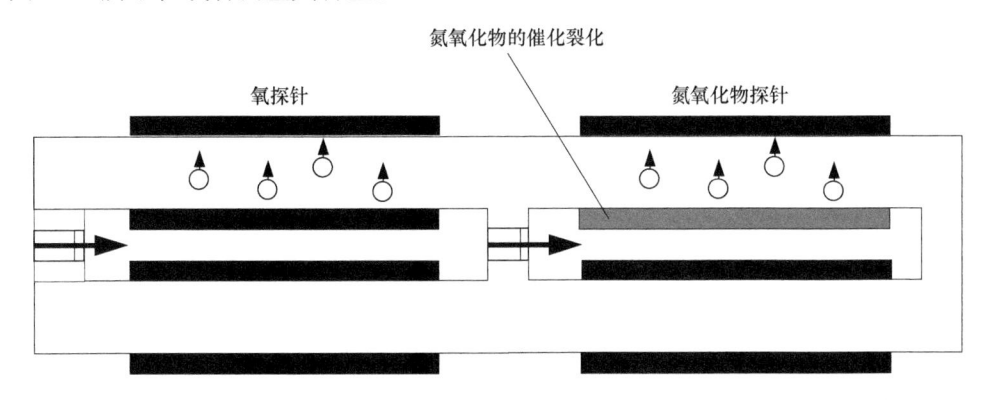

图 5.25　NO_x 传感器由两个泵探针构成，左侧探针去除废气中的氧气，也可用来测量氧气含量，在右侧探针中，氮氧化物被催化还原，并测量释放的氧气

一共存在 6 种可能的氮氧化物（N_2O、NO、N_2O_3、NO_2、N_2O_4、N_2O_5），由于氮元素和氧元素之间的比例复杂，通过测量分解后的氧气含量来推算氮氧化物含量的方法看起来不可行。但是在刚产生的废气中，氮氧化物几乎 100% 以一氧化氮（NO）的形式存在，流经催化转换器之后，几乎 100% 地转换为二氧化氮（NO_2）。所以这大大降低了复杂度，并且可以推算氮氧化物的含量。

对环境有影响的是一氧化二氮（N_2O，也称为笑气）和二氧化氮（NO_2）。一氧化二氮只有非常微量的存在，但却是温室气体的一种。在空气中氮氧化物主要以二氧化氮的形式存在，废气中所含有的一氧化氮在正常环境条件下，也会逐渐氧化为二氧化氮。

目前开发 NO_x 传感器面临的挑战是小浓度的精确测量和延长使用寿命。

3. 烟度传感器

通过测量过滤器后面的烟尘，可以更精确地监控烟尘过滤器，弥补包括压差传感器和负载模型无法检测到的缺陷。

用于废气检测仪的不透明度测量［Bosch19］需要很长的光学测量距离，很难集成到车辆中。过滤器变黑的光学测量在发动机测试台架上很普遍，但由于用于运输过滤带的机械部件，不适合车辆集成。称重过滤器上的烟灰沉积物更不适合车辆操作。光声测量［Borgeest20］或冷凝粒子计数器［Stieß07］等高精度测试台方法对于车辆集成来说过于昂贵。

为了在排气系统中集成紧凑的传感器，静电传感器仍然是一个合适的解决方案，在这种传感器中，粒子以高电压（如 1.5kV）充电，然后测量在沉淀过程中流向相反电荷电极的电流（静电沉淀器原理）［Hauser04］。另一种方法是评估击穿电压对烟尘含量的依赖性［DE102007021758A1］。例如，博世公司提供了一种传感器，该传感器使用陶瓷基板上的梳状铂金电极测量累积的烟尘层的导电性。尚未在电极之间产生连续涂层的少量烟尘不能以这种方式进行检测，但它们也不需要微粒过滤器的再生。烟尘传感器被加热以防止永久性的烟尘沉积。

5.6 排放丑闻

排放丑闻［Borgeest17］已从技术、法律和政治的角度得到了处理，［Frigessi17］提供了更深入的法律方面的研究，这里给出与控制器主题相关的概述。

2015年，公众通过媒体获悉，汽车制造商操纵了尾气值的确定，以便将不符合法定限值的车辆投放市场。

过去，一个标准化的测试循环（NEDC）是在测试台上运行的，测量该循环期间的废气并与法定限值进行比较。这个循环回避了关键的排放情况，例如现实的加速和高速工况，还包括高比例的静止状态。

排放丑闻的核心不是使用不现实的周期，而是许多汽车制造商在发动机控制单元或变速器控制单元的软件中实现了一些功能，可以将这种测试周期与真实的道路驾驶区分开来。让他们生产的车辆仅仅在检测时能达到排放要求。例如，如果在底盘测功机上只有驱动轮转动，而没有其他车轮转动，则停用ABS。然而，改变发动机控制单元的行为，使发动机在测试台上以不同的参数运行，从而事实上在道路交通中使用与型号实验不同的参数（"循环跳动"），这种行为是非法的。在测试台上，排气再循环和废气后处理的调节方式符合法规限制；在交通中，这些设备则被关闭或减少使用。例如，排气再循环在实践中几乎没有使用，只是为了获得型号认证而必须存在，可以更便宜地生产。测试台和道路之间的区别是通过评估驾驶曲线、环境条件（一些车辆在17℃以下减少废气净化措施，因为NEDC规定的最低温度是20℃），或者在最简单的情况下，通过一个计时器在测试周期结束后关闭测试台模式。发动机管理中经常出现非法干预（"关闭功能"），例如在测试台上和道路交通中，不同的排气再循环率或不同的SCR操作策略。

尽管使用了保护机制，但黑客还是能够拆解控制单元的软件，而非政府组织则在相对于测试周期发生变化的条件下用移动测量设备进行废气测量，从而发现了这些行为。

在许多现有车辆中，该问题已通过更新软件合法解决，从该软件中删除了已知的非法关闭功能。一些车辆的问题在于，在取消关闭功能后，排气再循环的使用寿命并未设计为在交通中定期使用。有些车辆还需要硬件升级。

对于新注册的汽车，作为全球统一轻型车辆测试程序（Worldwide Harmonized Light Vehicles Test Procedure，WLTP）的一部分，2017年在欧洲引入了更现实的测试周期。这是几年前制定的标准，但它的引入一再推迟。这在美国没有必要，因为那里已经进行了更实际的测试。欧盟新引入了带有废气测量的附加公路旅行实际驾驶排放（Real Driving Emissions，RDE），这使得识别废气检测变得更加困难。行业能够通过"合规系数"来推动，因此，新注册的车辆在道路上行驶时不必遵守法定的限制值，而是遵守限制值乘以这个系数。

5.7 热能管理

热能管理的目的是在汽车起动时，发动机要尽快达到其最优工作温度90℃左右，并维持在此温度。传统的解决方案是使用机械驱动的水泵以及恒温器来进行温度控制。在冷起动时，恒温器会调整冷却水[⊖]，不经过空气热交换器（冷却器）循环，而只是在小范围内循环以便尽快升温。

这个方案虽然广泛使用，从耗能的角度讲却并非最佳方法，因为当汽车高速行驶时，机械水泵的效率最高，但此时风速会自然冷却循环水，不需要水泵来进行冷却。改善的方法是使用电驱动水泵，然而电机的能耗过大，至今未能广泛应用。电动水泵的另外一个优点是，当发动机熄火时仍然可以工作，例如，当冷却水的量不足时，电动水泵可以防止发动机过热，从而使驾驶员有时间来补充冷却水。

上面提到的冷却水的工作温度为90℃，并不是一个确定值，而是有一定的上下浮动余地。在不同的压强和化学成分下，冷却水的沸点一般在110~120℃。电动控制的水泵有利于缩减安全温度浮动，提高发动机的效率。在未来，发动机的工作温度很有可能在110℃甚至以上。

过去有的发动机不需要水冷，而是通过对流来散热（热气密度低而上升）。出于类似的想法，当发动机的负载不大时，可以将水泵暂时停止，只是通过空气的对流来实现冷却［EifBuck09］。

在空气热交换器后方有一个带叶片的鼓风机，当空气流动不够强时，鼓风机可以帮助对流。鼓风机由发动机电控单元根据冷却水的温度来调节。在某些情况下，关闭发动机、拔出点火钥匙之后，鼓风机仍然要运作。这时，电控单元需要由独立的电源来供电。对于大型发动机，电动鼓风机所需要的功率对于汽车电气网络来说过高，需要通过黏液耦合器力学驱动鼓风机，在未来或许通过形状记忆合金（第14章）耦合器驱动。如果在建筑机械用车上已经具有液压系统，也可以考虑用液压发动机来驱动鼓风机。

为了快速达到工作温度，当今的高效率柴油发动机一般使用电加热器对冷却水循环系统或者进气行程加热。如今更多使用PTC加热器来代替传统的热电丝。PTC加热器是自控制的陶瓷加热部件。当达到目标温度后，陶瓷材料的电阻突然增大，电流随之减少。发动机的热能管理一般由发动机电控单元来执行，或者通过单独的、和发动机电控单元通信的电动单元来实现。

⊖ 通常人们把汽车的制冷剂称为冷却水。虽然制冷剂中会添加其他成分，水的含量可能低于50%。本书中也根据大多数读者的习惯，将制冷剂称为冷却水。

更广义地讲，尽管预热塞一般由独立的电控单元进行控制，但也属于热能管理的一部分。预热塞嵌入燃烧室，对于有预燃室的发动机，预热塞起到加热预燃室壁的作用，在几秒之内表面温度可达 1000℃。这在冷起动时，可以加速燃油的气化。随着预热塞技术的发展，柴油发动机的预热点火时间也变得非常短。预热塞所需要的电流高达 30A（每个预热塞）。在同一个时刻，电池需要向起动机提供很大的电流，其他大功率耗电部件，例如后除霜器，也并行工作，都需要电池输送电流。新式的点火装置中，预热塞不是通过继电器控制，而是当达到工作温度时，通过电控单元降低电压和电流消耗。在发动机起动之后，预热塞仍然可以处于工作状态，用来协助怠速时燃油的充分燃烧，以便使废气排放值达标。这时，仪表板上的预热塞工作指示灯显示为黄色。为了不分散驾驶员的注意力，指示灯不是每次都会亮，而只是在需要驾驶员等待时才会变亮。点火控制将在第 8 章作为流程控制的实例再次提到。

预热塞除了加热这个主要功能之外，也可以集成其他的功能。由于它们本身便处于燃烧室之内，所以可以作为燃烧室传感器的理想载体。已经有一些新式的燃烧室压力传感器被集成在预热塞中，例如 Beru 公司和博世公司的产品［DE102006041124B4］。

参 考 文 献

[BasSch17]　　　R. van Basshuysen, F. Schafer (Hrsg.): „*Handbuch Verbrennungsmotor*", Springer Vieweg, Wiesbaden, 8. Auflage, 2017, ISBN 978-3-658-10901-1

[Borgeest20]　　K. Borgeest mit einem Beitrag von G. Wegener: „*Messtechnik und Prüfstände für Verbrennungsmotoren: Messungen am Motor, Abgasanalytik, Prüfstände und Medienversorgung*", Springer, Wiesbaden, 2. Aufl., 2020, ISBN 978-3-658-29105-1

[Borgeest17]　　K. Borgeest: „*Manipulation von Abgaswerten: Technische, gesundheitliche, rechtliche und politische Hintergründe des Abgasskandals*", Springer, Wiesbaden, 2017, ISBN 978-3-6581-7180-3

[Bosch06-125]　　Robert Bosch GmbH: „*Lambda Probe Interface IC – CJ125*", Reutlingen, 2006, kostenlose PDF-Datei www.bosch-semiconductors.de (06.09.2018)

[Bosch19]　　　Robert Bosch GmbH: „*KraftfahrtechnischesTaschenbuch*", 29. Auflage, Springer-Vieweg, 2019, ISBN 978-3-658-23583-3

[DE102006041124B4]　H. Houben, M. Haussner, F. Pechhold, B. Last, A. Marto: „*Glühkerze mit eingebautem Drucksensor*", Patent DE102006041124B4, 26.06.2008

[DE102007021758A1]　M. Katsuta, D. Komatsu, T. Kondo, N. Nadanami, H. Yokoi: „*Russsensor*", Offenlegungsschrift, Anmeldung 09.05.2007 durch NGK Spark Plug Co., Offenlegung 20.12.2007

[DE102009002892A1]　M. Kurz: „*Druckausgeglichenes Steuerventil für einen Kraftstoffinjektor*", Offenlegungsschrift, Anmeldung 07.05.2009 durch Robert Bosch GmbH, Offenlegung 11.11.2010

[DE19731624A1]　E. Pott: „*Verfahren und Vorrichtung zur Überwachung der De-Sulfatierung bei NOx-Speicherkatalysatoren*", Offenlegungsschrift, Anmeldung 23.07.1997 durch Volkswagen AG, Offenlegung 28.01.1999

[DE19855089A1]　E. Pott, J. Gloger, R. Bosse: „*Schwefelfalle und De-Sulfatierung eines Abgasreinigungssystems einer Brennkraftmaschine*", Offenlegungsschrift, Anmeldung 23.11.1998 durch Volkswagen AG, Offenlegung 31.05.2000

[EifBuck09]	G. Eifler, Th. Buck: „*Die Thermosiphonkühlung – CO2-Minderung im Fahrbetrieb*", MTZ – Motortechnische Zeitschrift 06/2009, S. 440–448
[EU19-631]	Europäische Union: „*Verordnung (EU) Nr. 2019/631 des Europäischen Parlaments und des Rates vom 17. April 2019 zur Festsetzung von CO2-Emissionsnormen für neue Personenkraftwagen und für neue leichte Nutzfahrzeuge und zur Aufhebung der Verordnungen (EG) Nr. 443/2009 und (EU) Nr. 510/2011*"
[Frigessi17]	Marco Frigessi di Rattalma: „*The Dieselgate, A Legal Perspective*", Springer, 2017, ISBN 978-3-319-48322-1
[Gnad05]	G. Gnad: „*Ansteuerkonzept für piezoelektrische Aktoren*", Dissertation, Otto-von-Guericke-Universität Magdeburg, 2005
[GraTWZ16]	T. Grahle, M. Tonne, A. Wiedersberg, Th. Zsebedits: „*Regeneration des Partikelfilters mithilfe von Navigationsdaten*", MTZ – Motortechnische Zeitschrift, Januar 2016, Band 77, Ausgabe 1, S. 16–23
[Hauser04]	G. Hauser: „*Rußsensor für die on-board-Diagnose und als Präzisionsmessgerät*", 2004
[Hertzb01]	A. Hertzberg: „*Betriebsstrategien für einen Ottomotor mit Direkteinspritzung und NOx-Speicher-Katalysator*", Dissertation, Universität Karlsruhe, 2001
[ISO...]	→ siehe Normenverzeichnis
[KEQSFK12]	E. Kallenbach, R. Eick, P. Quendt, T. Ströhla, K. Feindt, M. Kallenbach: „*Elektromagnete*", Teubner, Wiesbaden, 4. Auflage, 2012, ISBN 978-3834809681
[Kolar90]	J. Kolar: „*Stickstoffoxide und Luftreinhaltung*", Springer, Berlin, Heidelberg, 1990, 978-3540509356
[Leohnard10]	Rolf Leonhard, J. Warga, Th. Pauer, M. Rückle, M. Schnell: „*Magnetventil-Common-Rail-Injektor mit 1800 bar*", Motortechnische Zeitschrift 02/2010, S. 86–91
[Mayer05]	Th. Mayer: „*Feststoff-SCR-System auf Basis von Ammoniumcarbamat*", Dissertation, Universität Kaiserslautern, 2005
[MeScSO04]	G. P. Merker, Chr. Schwarz, G. Stiesch, F. Otto: „*Verbrennungsmotoren, Simulation der Verbrennung und Schadstoffbildung*", Teubner, Wiesbaden, 3. Auflage, 2004, ISBN 978-3835100800
[PGSMASKN10]	O. Predelli, R. Gratzke, A. Sommer, R. Marohn, F. Atzler, H. Schüle, O. Kastner, N. Nozeran: „*Kontinuierliche Einspritzverlaufsformung in Pkw-Dieselmotoren – Potenziale, Grenzen und Realisierungschancen*", 31. Internationales Wiener Motorensymposium 2010
[Reif12]	Robert Bosch GmbH (Hrsg. K. Reif): „*Dieselmotor-Management*", 5. Auflage, Springer-Vieweg, 2012, ISBN 978-3834817150
[Stieß07]	M. Stieß: „*Mechanische Verfahrenstechnik – Partikeltechnologie 1: Beschreibung und Erzeugung von dispersen Stoffen*", Springer, 3. Auflage, 2007, ISBN 978-3540325512
[Tschöke17]	H. Tschöke, K.Mollenhauer, R. Maier (Hrsg.): „*Handbuch Dieselmotoren*", ISBN 978-3658076962, Springer, 2017
[VDI-N06]	K. Spilok: „*Noch kleiner, noch gemeiner?*", Artikel in den VDI-Nachrichten vom 18. August 2006
[WikiT]	Wikimedia Commons, Datei „*Turbocharger.jpg*" von Benutzer „pud" am 28.04.2005, gemeinfrei, http://commons.wikimedia.org/wiki/File:Turbocharger.jpg (06.09.2018)

第6章 总线系统

6.1 设备功能的划分

汽车电子部件实现了种类繁多的功能，例如发动机控制以及变速器控制，而这些功能又由更底层的功能模块所组成。这种将一个功能分为多个子功能的方法称为功能的划分。不同的任务需要由研发人员分配给不同的汽车电控单元来实现。将功能分配到物理硬件的方法称为映射（Mapping）或者划分（Partition）。

最直接的方法是，将繁多的汽车电子系统集成到一个或者几个功能强大的电控单元中。因为汽车电控单元中所占成本比例最大的一部分为壳体、接插口和电路板，所以高度的集成可以缩减成本。图6.1所示为将4个重要功能集成到一个中央控制单元（车辆控制单元，VCU）中。有一些研究项目就遵循了这种方法，例如RACE［Sommer13］。

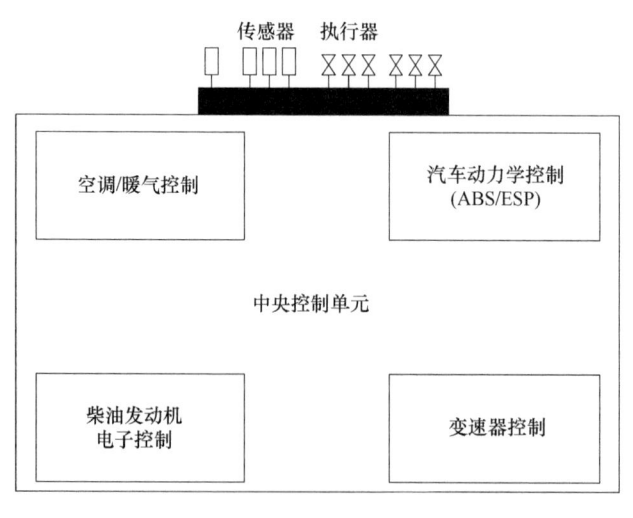

图6.1 将4个重要功能集成到一个中央控制单元中

然而，这种解决办法却有着至关重要的缺点。市面上的汽车，配置各有不同，有时候这种不同体现在细节上，例如在车门上安装附加的车灯，打开车门的时候会亮。如果只装备一个中央控制单元的话，这个控制单元将需要考虑所有的功能和种类。当改变其中的一个功能时，需要更换整块控制单元。从整车厂的角度出发，更倾向的一个采购方式是，车门的供货商提供的车门中，已经集成了匹配此车门的电控单元。

更重要的一个考虑因素为，把不同功能的电控单元在物理上区分开，这样可以降低互相干扰的风险，比如确保舒适性功能不会对发动机控制的功能产生干扰。图 6.2 所示为将 4 个重要功能集成到 4 个分离电控单元。

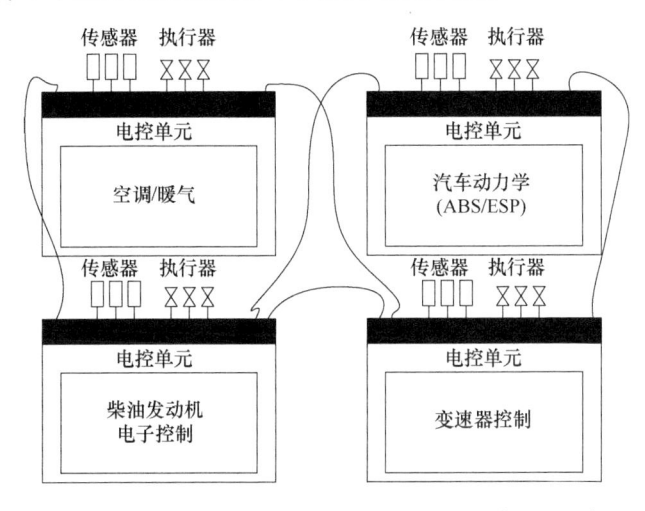

图 6.2 将 4 个重要功能集成到 4 个分离电控单元的示意图

以往汽车电子研发的经验表明，在汽车动力总成中，尽管不同的电控单元之间（发动机、变速器控制等）存在大量的信息交换，但未来的发展趋势是将电控单元的功能进一步增强，而不是增多电控单元的数量。导致这个趋势的原因是，汽车动力总成的控制需要用到特定的传感器，而传感器的供货商只有少数的几家。

在舒适性电子方向，趋势却正好相反。单个电子控制单元的功能并没有变得更强，但电控单元的数量以及集成度则越来越高，功能也随之越来越复杂。这是因为一些小的部件来自于很多不同的供货商。

目前，ECU 最大的技术更新可以在辅助驾驶系统中体现。然而，每个辅助系统使用一个电控单元的方法并不能最佳地满足辅助系统合作所产生的可能性。在这一领域，在一个强大的 ECU 上加强功能的集中化是有意义的。如果这种方法能够成功，那么它也可以用于车辆的其他领域。出于安全考虑，在组合不同功能时，必须防止所有与安全有关的功能以任何方式受到另一个功能的影响。为此，将来有可能在一个控制单元上使用几台虚拟机（Virtual Machine，类似于一台 PC，上面有几个操作系统可以并行工作）。

在之前，分布式的功能通过模拟线路互联，每一个信号分配一条线路。由于抗干扰性以及灵活性差,这种方式在如今已经不再采用。当今汽车的信息交换量也足以使导线束过粗和过重。图 6.3 所示为 4 个电控单元通信矩阵中的一部分内容。

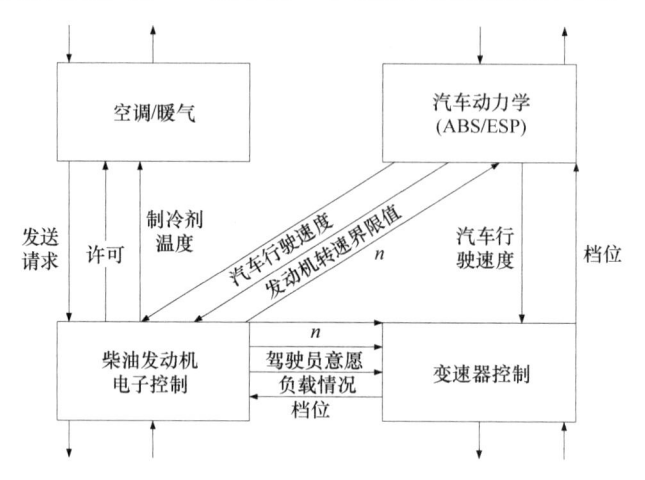

图 6.3 4 个电控单元通信矩阵中的一部分内容

6.2 组成局域网的汽车电子部件

多个终端通过同一线路交换信息时,称为总线系统。当信息以二进制数据进行数字传输时,称为数据总线系统。汽车中不存在模拟总线系统。如果将图 6.3 中的通信需求通过数据总线来实现,连线结构如图 6.4 所示。

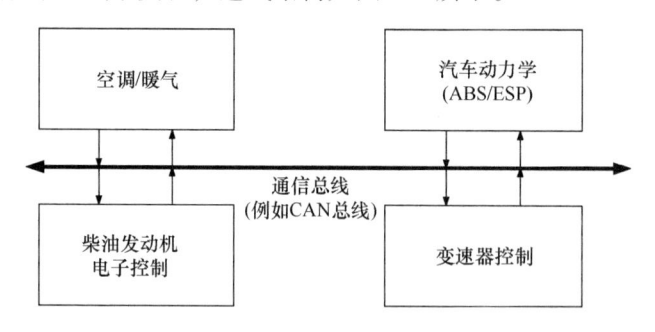

图 6.4 通过数据总线进行通信的 4 个电控单元连线结构

办公室的计算机中,多个设备也是通过数据总线相互连接的。公司内部的多台计算机通过内容网络相互连接,这样的网络称为局域网(Local Area Network,LAN)。

汽车内部设备的联网,却很少使用局域网这个概念(尽管通用汽车使用了GM-LAN 局域网)。但原理却是和计算机、打印机是一样的,汽车中的电控单元通过总线系统来进行通信。

汽车总线有非常高的可靠性要求,但又需要把成本保持在一个合理的范围内。

汽车总线的使用率总体来说不是很高，但未来有增高的趋势。

在上述背景下，人们从 20 世纪 80 年代开始研发汽车总线。在同一时间曾经出现了很多不同的、应用于特定汽车品牌的总线系统，例如 ABUS（大众汽车）、CAN（博世、奔驰）、J1850（福特、通用汽车）［J1850］、K-Bus（宝马）、SCP（福特）、VAN（雷诺、标致）等，其中很多系统只是昙花一现，未能得到普及。其中，CAN 总线最为成功，成为如今绝大多数汽车品牌的标准。在下一节我们将重点讨论 CAN 总线。

总线系统需要从很多方面来进行描述，例如线路传输的数据格式、数据的发送方式等。国际标准组织制定了相应的建议，将通信系统的总线系统总共分为 7 层［ISO 7498-1］。这个建议也称为开放式系统互联（Open Systems Interconnection，OSI）。在产品研发过程中，可以将 7 层结构作为对照清单来使用，把从底层的电压信号到高层的应用程序都进行分类，检查每一层所需要的功能。此外，分层结构还有助于实现通信协议的模块化。

汽车数据总线只是来实现设备之间的数据传输和交换，不需要在交换机的层面上进行传输，所以对于车载通信来说，3 层的模型已经足够。最底层是定义信号传输的物理层（Physical Layer）。中间层为定义了数据传输结构以及传输介质的访问权限的数据链路层（Link Layer）。最上层为应用层（Application Layer），是电控单元控制软件和总线的接口。根据［ISO 7498-1］，在数据链路层和应用层之间还存在 4 层结构（网络层、传输层、会话层、表现层），对于汽车数据总线则并没有必要应用这 4 层结构。图 6.5 所示为 ISO-OSI 总线模型的 7 层结构。完整的 7 层通信模型请参照［TanWet12］。

图 6.5 所示的模型中也标明了各分层的子层。最低的子层为介质相关接口（Medium Dependent Interface，MDI），此层定义了总线接插口的规格等。物理层接口技术（Physical Medium Attachment，PMA）定义总线节点用于提供发送和接收信息的电路结构。物理信号层（Physical Signaling，PLS）规定一个数据位何时被置位或者清零，并且为了识别干扰，在发送模式下检查所发送的和接收到的信号是否相同。

数据链路层分为两个子层。媒介访问控制子层（Medium Access Control，MAC）决定了哪一个节点在某个时刻可以占用总线、数据信息和传输协议所规定的参照信息的数据格式等。逻辑链路控制子层（Logic Link Control，LLC）来保证特定的节点可以接收到特定的传输信息。可以把总线的节点视为邮筒，对邮筒的清空、邮件的分类以及当邮筒过满溢出时发送警报（并将报告反映回发送端）都是逻辑链路控制子层的任务。这两段中的术语将在下一节以 CAN 总线为例进行更详细的解释。

错误的检测会影响到所有层。错误可能发生在物理层和数据链路层，但对检测到的错误的反应主要由数据链路层负责。

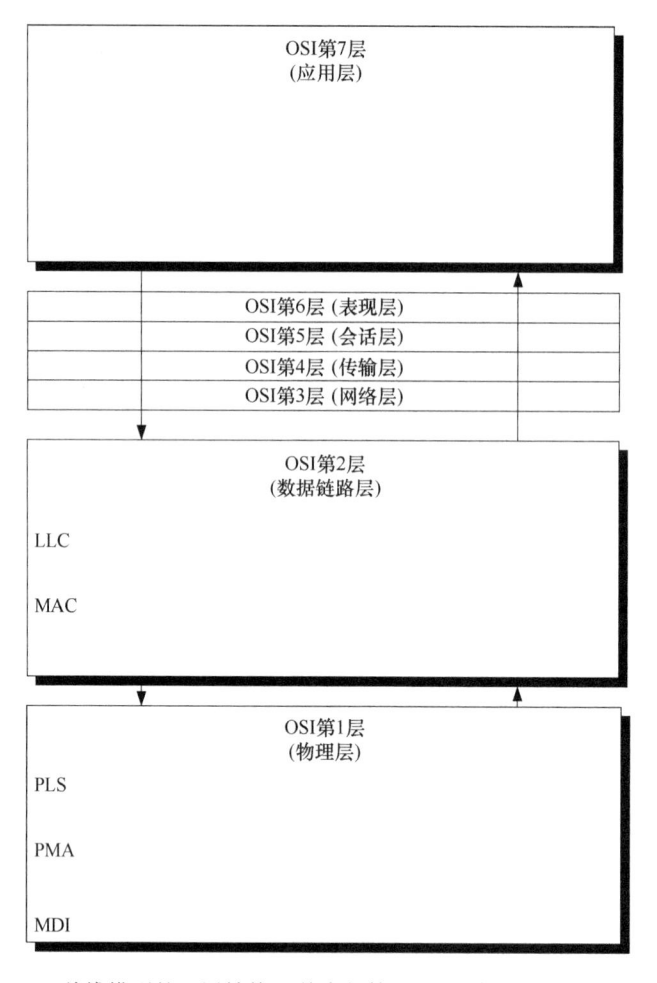

```
┌─────────────────────────────┐
│                             │
│       OSI第7层              │
│       (应用层)              │
│                             │
│                             │
└─────────────────────────────┘
┌─────────────────────────────┐
│   OSI第6层 (表现层)          │
│   OSI第5层 (会话层)          │
│   OSI第4层 (传输层)          │
│   OSI第3层 (网络层)          │
└─────────────────────────────┘
┌─────────────────────────────┐
│       OSI第2层              │
│       (数据链路层)          │
│ LLC                         │
│ MAC                         │
└─────────────────────────────┘
┌─────────────────────────────┐
│       OSI第1层              │
│       (物理层)              │
│ PLS                         │
│ PMA                         │
│ MDI                         │
└─────────────────────────────┘
```

图 6.5 ISO-OSI 总线模型的 7 层结构（其中的第 3~6 层在汽车总线系统中应用较少）

6.3 CAN 总线

CAN 总线是第一个绝大多数生产商普遍采用的总线系统。它是由博世公司（Robert Bosch GmbH, Stuttgart）所开发的［Bosch91］，后来由国际标准组织进行了标准化。［ISO 11898-1］规定了数据链路层，［ISO 11898-2］和［ISO 11898-3］规定了物理层的两种不同的实现方法。美国所开发的"Single Wire CAN"［J2411］具有不同架构的物理层。第四种物理层"Low Power CAN"正在商讨中，将来会作为 ISO 11898-5 标准化，然后作为 ISO 11898-2 的一部分。6.4.2 节中解释了一种不同于普通 CAN 的协议，称为 TTCAN。除了一些例子（见第 6.3.3 节），应用层是没有被标准化的，而是由汽车制造商定义的，其对每个模型的定义可能都不同。

[ISO 11992]描述的用于拖车和拖车车头之间通信的总线，也是基于CAN的。

图6.6所示为CAN总线的分层结构示意图，其中提到CAN协议由两个电子芯片和控制软件来实现。收发器（Transceiver，是Transmitter/Receiver的合成词）由8位半导体芯片控制，实现物理层电信号的耦合。数据链路层以及物理层的一部分通过CAN控制器来实现。CAN控制器可以设计成独立的控制芯片，但在大部分情况下，它都集成在一个微控制器中。这些设备接收和发送CAN总线信息。

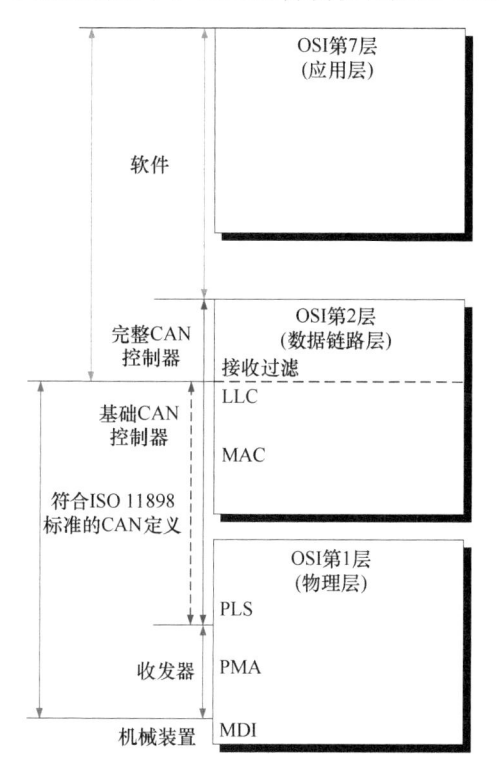

图6.6 CAN总线的分层结构示意图［基本的CAN控制器（见第6.3.2节）如今已不再常见］

由电子元件来实现OSI模型的方法如图6.7所示，其中阐明了两个芯片的相互作用传送的信息内容由应用层的软件来进行分析。当今的硬件驱动由类似于计算机驱动软件的电控单元操作系统来完成，这在很大程度上减轻了应用软件的负担。

6.3.1 CAN总线的物理层

1. 电压水平和抗干扰性

以合理的成本达到好的抗干扰性是总线系统非常重要的目标。屏蔽电缆成本太高，重量也太重，所以一般使用双绞线作为成本和抗干扰性的折中方案。但并不是一股作为信号线，一股作为地线，而是双股线都用作信号线。图6.8所示为CAN总线收发器（已简化）中电子信号的控制和处理。

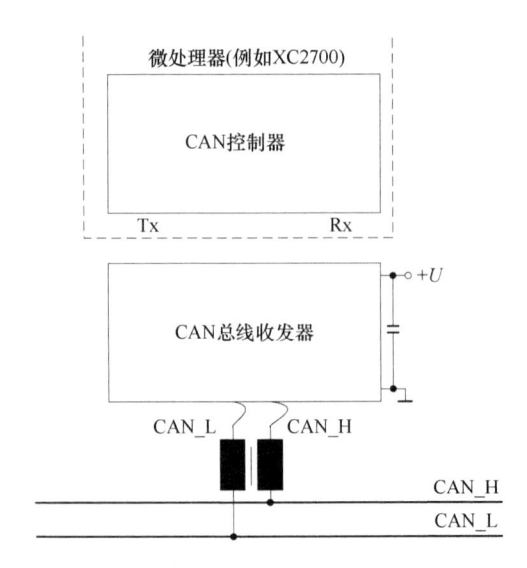

图 6.7　由电子元件来实现 OSI 模型的方法

注：CAN 控制器产生含有有效内容的信息，通过 Tx 导线发送至收发器。当总线中有信息传递时，收发器会通过 Rx 导线向总线控制器发送信息。CAN 控制器可以是独立的芯片，也可以作为某个微控制器的一部分。图中 CAN_H 和 CAN_L 代表 "CAN high" 和 "CAN low"，是物理层的一部分。

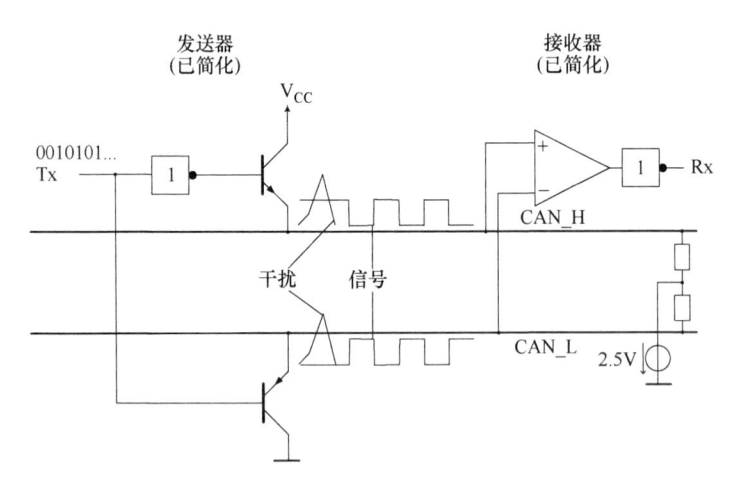

图 6.8　CAN 总线收发器（已简化）中电子信号的控制和处理

注：左侧为发送器，右侧为接收器模块，最右侧为 2.5V 缺省电压发生电路（集成在许多高速 CAN 收发器中）。

当传输逻辑信号 1 时，控制器设置收发器的 Tx 输入端为 5V（举例）的电压。下方的 PNP 晶体管处于截止状态，上方的 NPN 晶体管得到反转输入信号，也处于截止状态。总线的两条导线的电压的缺省值都为 2.5V，所以 CAN_H 和 CAN_L 的电压差为 0。发送电路除了用图 6.8 所示的 NPN 或者 PNP 晶体管之外，也可以利用场效应管（FET）来实现。

当控制器设置收发器的 Tx 输入端为 0V 时，两条导线传输逻辑信号 0。此时，CAN_H 电压升高，CAN_L 电压降低。图 6.8 所示为理想状态，CAN_H 为 5V，CAN_L 为 0V。实际中，[ISO 11898-2] 所规定的收发器，要利用外加电阻来降低电压差，一般 CAN_H 为 3.5V，CAN_L 为 1.5V。

实际上，双导线上 2.5V 的缺省电压是通过高的负载电阻（10～100kΩ）连通到总线的两条导线上，这样晶体管导通时，总线电压会相应变化。很多收发器都集成了产生缺省电压的功能，但在特别大的干扰信号源存在的情况下，缺省电压最好由外部部件产生。

图 6.8 右侧标明了总线如何处理来自内部或者外部发送源的信号。首先，接收器比较 CAN_H 和 CAN_L 的电压。当信号为 1 时，两条导线的电压都是 2.5V，电压差为 0。随后的反相器产生信号 1。当信号为 0 时，两条导线电压差为 2V。当电压差大于特定的阈值时（例如 1V），将被识别为逻辑 1，通过反相器将产生信号 0。

这种传送方法的优点是抗干扰性强。对于双绞线来说，来自外部的干扰信号对双股线所产生的影响是相同的。由于传递的信号是电压差，所以来自外部的干扰脉冲不会影响到最终的结果。干扰信号对双股线产生不同的干扰、从而使电压差也变化的情况非常罕见，一旦发生，上述的电压差传输原理对这种干扰不能识别和保护。

电控单元中一般设计有共模电感，如图 6.7 所示，也称为差分电感，位于电磁屏蔽的壳体和 CAN 电缆交界处。它类似于一个变压器，包含两个绕组和一个共同的铁氧体磁芯，但是两个绕组不分为初级和次级线圈，双绞线中的电流分别直接流经其中之一。这种结构使差模电流产生的磁场相互抵消，而共模电流的磁场相互叠加，以致共模信号（干扰信号）有很高的电感，而差模信号则几乎没有电感。这样的设计使差分电感对干扰信号有很强的阻尼，而对信号本身则几乎没有影响。

[ISO 11898-3] 规定的低速 CAN 总线的工作原理类似，但是电压值不同。缺省电压为 CAN_L 为 5V，CAN_H 为 0V；传输信号电压 CAN_L 为 1.4V，CAN_H 为 3.6V。当双绞线之一损坏时，传输中止。这时候总线会退出对称传输模式，而是由仅剩的单股线相对于地线为参照进行信号传输。

低速 CAN 收发器可以进入待机状态，在这种状态下，发送功能被关闭，但接收部分保持准备状态，以便通过总线上的通信或激活一个引脚来实现唤醒。最近，高速 CAN 总线也增加了相似的功能并已进行了标准化 [ISO 11898-5]。为了节能，部分联网，即目前没有执行功能的控制设备，减少其能源消耗，正变得越来越重要。这需要对个别总线参与者进行选择性唤醒，这在补充标准 [ISO 11898-6] 中有所规定。同时，标准的第 5 和第 6 部分已被再次删除，因为它们的基本内容已经被纳入了第 2 部分。

2. 特性阻抗和其连接方法

和其他类型的总线一样，CAN 总线两端也需要对其阻抗进行短接。阻抗是导线的典型特征变量，它量化所传输的信号对应电阻的虚部，以及导线中电流的大小。阻抗不同于铜导线的电阻（R'）。电阻值一般要小很多。而特征阻抗 Z 取决于单位长度的电感 L' 和单位长度的电容 C'。单位长度的电阻值对阻抗的影响一般很小。所有这些量取决于导线的形状、材料（铜）以及导线介质（绝缘塑料、空气等）的介电常数。具体细节由于篇幅所限不便讲述，感兴趣的读者请参考 [Unger96] 以及第 12 版之后的 [TieSch19]。在此只是说明，特性阻抗是导线的特型变量。

当导线不和其特性阻抗相连接时，导线的两端会对信号产生反射。两种极端的错误情况为将导线两端开路或者短接。短路只有在错接时才会出现，但是如果线路末端有一个控制单元，其收发器的输入电阻很高（这很常见），则开路情况就可能发生。这时信号会发生反射，信号会顺着线路回来，与在那里运行的其他信号重叠。在最坏的情况下，总线上的其他控制单元会收到一个未定义的数据状态，而总线上的通信可能会中断。

综上，总线每端都连接有 120Ω 的电阻，大至对应双绞线的特性阻抗。为了专门分流干扰电流，通常将两个 60Ω 的电阻串联起来，两个电阻之间的节点通过一个几纳法的电容连接到大地。当导线长度很短时，CAN 总线可以不接这两个电阻，这就是为什么从电缆线束分支出来的短支线没有短接（或在某些情况下用明显大于 120Ω 的电阻短接）。这里所说的"短"，是指导线长度比所传输的信号波长要短得多。信号的波长反比于频率，频率越低，所允许的导线长度越长。所以，在满足设计功能的情况下，总线系统应该用尽量低的工作频率。

在实际中，CAN 总线的特性阻抗根据走线的设置不同而不同，但连接电阻的效果肯定比不连接要好。这两个电阻并非直接连接在导线束中，而是需要集成到总线两端的电控单元中。一些收发器中已经集成了接入电阻，通过导线搭桥或者软件控制可以对电阻值进行调节。当在实验室中调试 CAN 总线遇到问题时，经常是由于忘记了连接特性阻抗。

与高速 CAN 的终端相比，低速 CAN 的通常做法是在每个节点上提供针对接地和电源电压的电阻。制造商建议网络的总终端电阻（所有单独终端的并联）在 100Ω 及以上。因此，最佳终端电阻随着网络中并联的节点数量而增加。

前面所讲的内容属于图 6.6 中的物理层接口技术（PMA）子层。

3. 电控单元的接入

下面要介绍的内容属于图 6.6 中的介质相关接口（MDI）子层。

汽车中，CAN 的接插口非常罕见。CAN 也应用在其他领域，例如工业机械自动化控制。由于这些系统是由来自不同制造商的组件组成的模块化结构，并且经常被修改，所以 CAN 总线的接插口也已经标准化，和计算机串口一样 [CiA102]，使用 9 引脚的 Sub-D 插接器。尽管这种接口在汽车中并不采用，但对于实验室来说，还是常常需要用到的，因为很多实验室器材都有这种广泛使用的接口，如网卡或者适配器。图 6.9 所示为 CAN 总线的实验室插口（非车用），有一些引脚未使用或者连接电源或接地。这种接口在汽车中并不适用，因为在振动中会产生松动，也不防潮。其实在量产的汽车中并没有 CAN 总线插接器，因为 CAN 总线并不是单独走线，而是和其他很多导线一起，作为导线束的一部分来设计的。

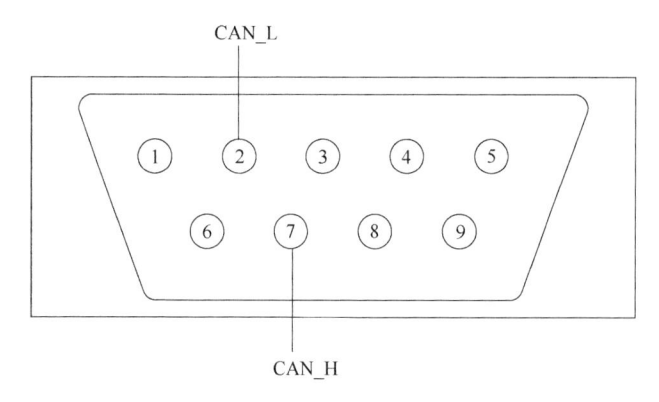

图 6.9　CAN 总线的实验室插口（非车用）

注：除了图中标出的接线外，还可以选择性地对其他引脚进行连接（通常第 9 引脚接正电压，第 3 引脚和第 6 引脚接地）。图中为插头端，插槽端采用对称的方式

由 CAN 导线集成在导线束中，CAN 的接口也是大的导线束接口的一部分。和其他导线不同，CAN 总线不是仅仅连接两个节点，而是连接多个电控单元。图 6.4 中所示的总线结构通过总线连接多个节点来实现。由于导线束的节点成本较高，实际应用中多采用成本较低的解决办法，如采用图 6.10 所示的星形连接的 CAN 总线（无源星形网络）的方法。与之相对的是有源星形网络，也就是每个节点处的电控单元都通过自己的收发器⊖来控制。这在之后的章节中将提到。

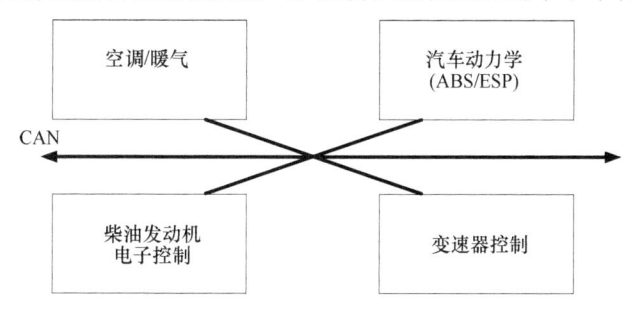

图 6.10　星形连接的 CAN 总线（无源星形网络）

无源星形网络通常位于仪表板附近，有时会采用多个星形网络进行连接，例如奥迪 A6 和 A8 中都采用这种结构。输入输出端汇集在仪表板的两侧，通过共同的插口与外界电路相连。奥迪 C5 不采用星形结构，连接时需要打开导线束，成本相

⊖　计算机连接中通常称这个设备为 Hub。

对较高。两个相距最远的电控单元也设计无源星形网络接口。

如今汽车中经常采用不止一条 CAN 总线。不同的总线之间可以采用不同的通信速率。如图 6.11 所示，总线之间可以通过有源星形网络节点进行互联，称为网关（Gateway）。当系统的复杂度不高时（比如车中只有 5 个电控单元），不需要通过网关连接。当系统复杂度高时（大于 50 个电控单元），网关便非常必要了。网关可以集成为一个中央控制单元的一项功能，但当复杂度很高时，最好采用单一任务的专用独立电控单元作为网关控制器。

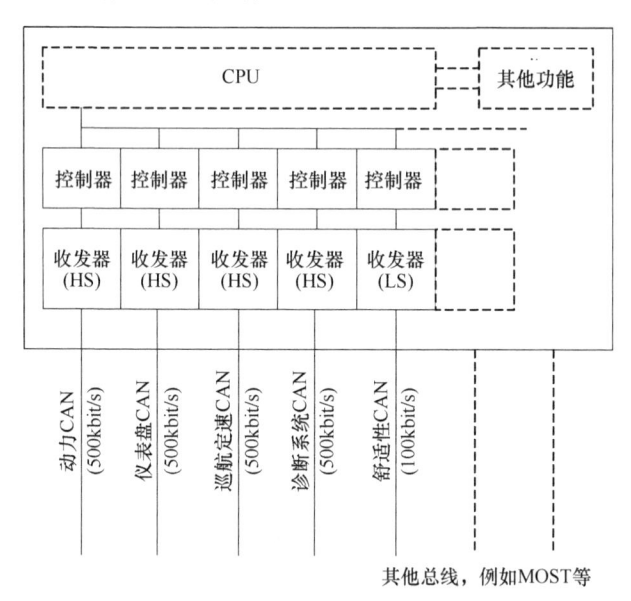

图 6.11 高档车的网关（有源星形网络）[其中包含 4 个遵守 ISO 11898-2 的高速收发器（High Speed Transceiver）和 1 个遵守 ISO 11898-3 的低速收发器（Low Speed Transceiver），用于舒适性总线微控制器（CPU）负责对信息进行处理并且可以向其他总线传输]

4. 时序和同步

本节内容属于图 6.6 中的物理信号层（PLS）。当有多个节点通过总线通信时，必须保证每个节点的频率相同，否则会出现错误。例如，接收器的频率为发送器频率的两倍时，发送 1 位信号，会被接收器看成 2 个独立的信号来接收。频率记录在 CAN 控制器的寄存器中，通过控制软件基于控制时钟的基准频率，对可编程分频器进行调节来实现。

当设备需要基于不同的数据传输速度传输数据时，需要将这个设备和不同的总线进行连接。另外，相互之间的通信也可以利用网关来实现。网关可以把接收到的信息存储在内存中，然后以不同的数据传输速度向其他的总线发送。

CAN 总线的最大数据传输速度为 1Mbit/s，CAN FD 和 CAN XL（参见 6.3.4 节）甚至更高。在汽车中常用的传输速度为 500kbit/s，舒适度相关的应用为

125kbit/s。下面我们将介绍，导线的长度对传输速度也有影响。

除了频率之外，信号的相位也是数据传输的一个重要参数。由于每个电控单元都通过自己的时钟晶振来产生时钟信号，所以每个节点的数据并不是在同一个精确的时刻开始的。即使所有的节点都设置为同一额定传输频率，也会有一定的误差。这和石英手表相似，一组手表设置为同一个时刻，但几周或者几个月之后，又会有快慢的区别。CAN 总线的功能之一，就是调整晶振之间的误差值，使之在误差限度之内，这样可以避免使用精确度很高的晶振，致使设备成本上升。

另外一个导致相位差的原因是节点之间导线的长度，如果长度过长，电控单元之间信号的延迟便不能忽略不计。信号传输速度的近似值为 2×10^8 m/s，也就是光速 c 的 2/3。经验证明，这个近似比较符合实际。

精确计算信号的传输速度 v 需要用到输运理论计算，公式如下［Unger96］：

$$v=\frac{c}{\sqrt{\mu_r\varepsilon_r}} \tag{6.1}$$

在实际中运用这个公式的难点在于，除了在汽车中很少用到的同轴电缆之外，对其他导线来讲，导体和周围空间的相对磁导率 μ_r 和相对介电常数 ε_r 并非常数（很多情况下甚至未知）。除了空气的介电常数（=1）和导线绝缘包覆材料的高介电常数以外，导线附近如果存在磁性材料时，会导致 $\mu_r>1$。上面提到的近似值是基于 $\mu_r=1$ 以及 $\varepsilon_r=2.25$ 来计算的（导线绝缘包覆材料的典型值）。

如果一个完整的数据帧到达接收器的运行时间延迟了，例如延迟几百纳秒，这并不重要。然而，我们在后面将了解三种情况，在总线上的几个控制单元在信息中相互影响，即在总线分配期间的情况、在确认正确收到的信息期间的情况和在信息中报告错误期间的情况。

为了在存在相位差的情况下仍然可靠地进行数据传输，接收器需要对数据进行同步。它首先要识别相位误差的大小，然后根据实际误差加快或减慢接收速度。由于数据采样频率由晶振决定，集成的分频器也只是成倍改变频率，不能连续地进行改变，所以需要通过其他方法来实现相位的调整。当接收器发现接收速度太快时，会自动生成等待时间；当接收速度太慢时，它会跳过一部分数据。

图 6.12 所示为一位数据的分段结构，用于进行同步。根据总线控制器、采样率以及数据传输速度的不同，一位数据分成几个相同时间间隔的时间份额。时间份额的数量和长短 T_q 在电控单元的研发过程中就已经定义。在数据传播段，应该尽量平衡发送器和接收器的时间差。在相位段 1 和 2 之间进行采样，读取数据的有效值。设置两个相位段是为采样作缓冲，以便补偿或者缩短物理时间延迟。

总线控制器中集成了跳变沿（CAN_L 线中的低电压）识别电路。跳变位于 SyncSEG 位中，意味着一位新数据传输的开始。当跳变沿推迟时，意味着接收器过快（也可能是发送器比额定传输速度慢），需要延长相位段 1 的时间来等待信号。

当跳变沿太快时，意味着接收器有延迟，需要缩短相位段 2 来同步采样点。相

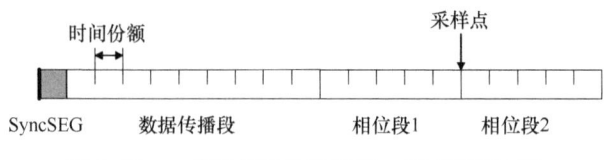

图 6.12 一位数据的分段结构,用于进行同步

位段 2 除了平衡晶振误差的作用,在这个时间内,CAN 控制器还对采集到的数据进行内部处理,为下一次数据采集做准备,所需的时间即信号处理时间(Information Processing Time,IPT)。

每个数据段需要的时间值,需要在计划汽车总线网络之前就计算好(实验室调试过程中经常省略这项工作),将这些数据写在总线控制器的寄存器中。每次同步时的同步跳转幅度(Synchronization Jump Width,SJW),也就是需要缩短或者延长的时间份额的数量,也需要进行计算。关于 CAN 总线同步的详细介绍请参考[HarBas99]。

(1)可允许的晶振误差范围

如上所述,即使使用成本不高、不是非常精确的晶振时,CAN 总线的同步机制仍然允许可以准确地进行数据传输。在这里估算在不同的寄存器设置状态下可允许的晶振误差范围 df,后面还用实例进行计算示例。

为了保障准确同步,现在考虑最极端情况。前面已经提到,同步是在"显性电平"(Dominant)之后的跳变沿之后,通过增长或者缩短两个相位段来实现的。最极端的情况是,跳变沿之后有连续 5 位"显性"位(占有位),以及 5 位"隐性"位(空闲位)。这时在两个跳变沿之间有 10 位数据,在此期间可以进行再同步。通常情况下,不允许有更长的间距,因为 CAN 控制器会发送"停止"位,产生跳变沿。只有在两种情况下存在例外,允许两个可以同步的跳变沿之间的数据多于 10 位,一是在发送中止阶段(在此阶段不需要同步),二是在纠错阶段(下面会提及)。

计算可允许的晶振误差范围时,双方进行通信的设备的误差都要考虑,在最糟的情况下,一方的晶振过快,而一方过慢,所以误差范围一般应该认为是 $2df$。

传递 10 位数据用时 T_{bit},此时仍然可以进行同步的前提是

$$10T_{bit} \times 2df \leq T_{SJW} \tag{6.2}$$

式中,T_{SJW} 为同步跳转幅度,等于 T_q。式(6.2)也可以写为

$$df \leq \frac{T_{SJW}}{2 \times 10 T_{bit}} \tag{6.3}$$

后面我们会提到,对于误差处理,另外一个需要遵守的条件为

$$df \leq \frac{\min(T_{Phase\_Seg1}, T_{Phase\_Seg2})}{2 \times (13 T_{bit} - T_{Phase\_Seg2})} \tag{6.4}$$

上述两个条件都需要满足。

(2) 同步计算方法实例

在此用实例说明同步过程的计算方法，即微控制器 167 ［Infineon03］的集成 CAN 控制器，电控单元网络实例如图 6.13 所示。该控制器基于 CAN 控制器 Intel 82527 ［Intel96］，因此与当今许多其他的 CAN 控制器相似，它们也是由 Intel 82527 衍生出来的。图 6.14 所示为微控制器 167 的数位定时寄存器结构，第 15 位必须始终为 0，现在通过计算设置其他数位。

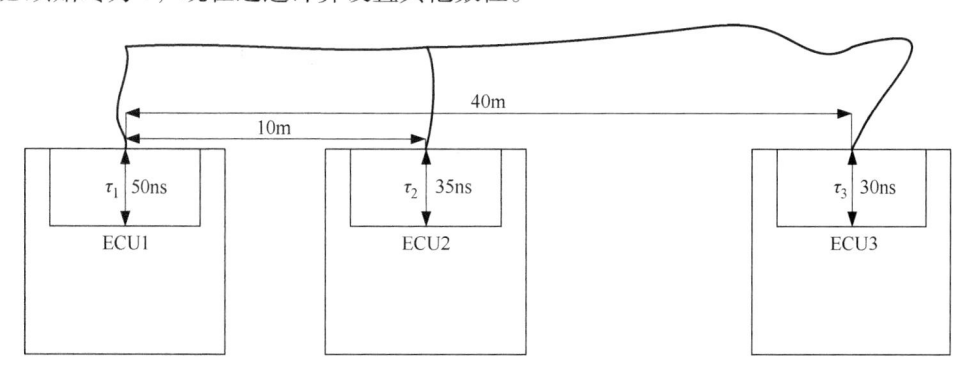

图 6.13 电控单元网络实例（例子中计算 ECU1 中数位定时寄存器的设置）

图 6.14 微控制器 167 的数位定时寄存器结构 ［Infineon03］

TSEG1—数据传播段 + 相位段 1　TSEG2—相位段 2（包含内部信息处理时间）
SJW—同步跳转幅度（Synchronization Jump Width）　BRP—波特率预分频器（Baud Rate Prescaler）

1）考虑因素。为了确定 ECU1 的设置，需要检查哪个控制单元距离 ECU1 的传输距离最远。传输时间可以分为电控单元内的传输时间 τ_i（主要是收发器）和线路传输时间。电控单元内的传输时间一般可以通过数据手册查到，而线路传输时间则需要计算得出。数据在电控单元 i 的延迟 t_i 等于导线长度除以传输速度 v。假设传输速度为光速的 2/3，也就是 2×10^8 m/s，单方向的传输时间为

ECU1⇒ECU2：$\Delta T_{12} = \tau_1 + \tau_2 + l_2/v$
$$= 50\text{ns} + 35\text{ns} + 10\text{m}/(2 \times 10^8 \text{m/s})$$
$$= 50\text{ns} + 35\text{ns} + 50\text{ns}$$
$$= 135\text{ns}$$

ECU1⇒ECU3：$\Delta T_{13} = \tau_1 + \tau_3 + l_3/v$
$$= 50\text{ns} + 30\text{ns} + 40\text{m}/(2 \times 10^8 \text{m/s})$$
$$= 50\text{ns} + 30\text{ns} + 200\text{ns}$$
$$= 280\text{ns}$$

所以，ECU1 向 ECU3 的传输时间最长，在设计时需要进行考虑。

应用中还给出了如下的要求：晶振频率 $f=20\text{MHz}$；数据传输速度 $r=1\text{Mbit/s}$；距离最远电控单元的导线长度 $l=40\text{m}$；在本身电控单元内部产生的延迟 $\tau_1=50\text{ns}$；在距离最远的电控单元内部产生的延迟 $\tau_3=30\text{ns}$。

到现在为止，我们都是考虑单方向传输。接收器在收到信息之后会做出相应的响应，例如仲裁机制发出响应，如其他节点显性位、应答位或者错误帧等，这些信息会回到发送原始信息的电控单元。在此我们假设两个方向的收发器的响应时间都相同（在实际中需要查看数据手册）。双向传输时间为 $\Delta T_{\text{ges}}=2\Delta T_{13}=560\text{ns}$。

2）设置波特率预分频器。分频器的设置方法请参照控制器的数据手册。本节所讲的控制器中，时间份额 $T_q=2(\text{BRP}+1)/f$，并且写入了已知的参数值 $T_q=2(\text{BRP}+1)\times 50\text{ns}$。例如

BRP = 000000 $\Rightarrow T_q$ = 100ns，

BRP = 000001 $\Rightarrow T_q$ = 200ns，

BRP = 000010 $\Rightarrow T_q$ = 300ns，……

当时间份额短且数量多时，传输速度可以达到最大限度，所以选择 T_q = 100ns。当数据传输速度为 1Mbit/s 时，1Bit 数据传输需要 $1\mu\text{s}$，其中包含 10 个时间份额（T_q），对数据位进行分段，如图 6.12 所示。

其中，SyncSEG 位正好是 $1T_q$。所以，当 T_q 太短，以至于这个时间份额不足以产生跳变沿 2 时，就需要通过设置增加时间份额的长度。这种情况可能在总线有大电容负载（低通滤波）或者矩形信号有干扰信号时发生。有些收发器则为了避免电磁干扰，故意采用慢的、平滑的跳变沿。

3）计算 TSEG1 和 TSEG2。文献［Bosch91］中有如下的规定：

Regel 1:,, SYNC_SEG is 1TIME QUANTUM long."

Regel 2:,, PROP _ SEG is programmable to be 1，2，…，8 TIME QUANTA long."

Regel 3:,, PHASE _ SEG1 is programmable to be 1，2，…，8 TIME QUANTA long."

Regel 4:,, PHASE_SEG2 is the maximum of PHASE_SEG1 and the INFORMATION

PROCESSING TIME"

Regel 5:,, The INFORMATION PROCESSING TIME is less than or equal to 2 TIME QUANTA long."

其中 1，2，…，8 是指从 1 到 8 的奇数或者偶数。

很多 CAN 控制器把数据传播段和相位段 1 集成到一起，在微处理器 167 中，

这个集成的数据段称为 TSEG1。对此段的设置包括对数据传播段和相位段 1 的计算，以及这两个值的叠加。

在 1) 中我们计算得出，从电控单元 1 到另外电控单元双向传输时间为 560ns。其中，至少需要 6 个时间份额，共 100ns。这 6 个时间份额加上 SYNC_SEG，10 个时间份额中的 7 个已经被占用，只有 3 个时间份额可以分配给两个相位段来同步晶振误差。

根据数据手册，接收器接收到信息之后，自身的信息处理时间为 2 个时间份额，所以规定 3 和 4 中指出：PHASE_SEG1 = $1T_q$；PHASE_SEG2 = $2T_q$。

所以寄存器设定如下：

TSEG1 = PROP_SEG + PHASE_SEG1 = $7T_q$

TSEG2 = PHASE_SEG2 = $2T_q$

4) 设置同步跳转幅度。在 [Bosch91] 规定，跳转幅度应介于 $1T_q$ 和 $4T_q$ 之间，但是不能比最短的相位段 [PHASE_SEG1] 长。所以选择 SJW = 1。

5) 检查晶振误差。将参数代入式（6.3）和式（6.4）中得到

$$df \leqslant \frac{T_{SJW}}{20T_{bit}} = \frac{100\text{ns}}{20000\text{ns}} = 0.5\%$$

$$df \leqslant \frac{\min(T_{\text{Phase\_Seg1}}, T_{\text{Phase\_Seg2}})}{2 \cdot (13T_{bit} - T_{\text{Phase\_Seg2}})} = \frac{100\text{ns}}{2(13000 - 200)\text{ns}} = 0.39\%$$

6) 对位定时寄存器（Bit Timing Register, BTR）编程。从上述各步计算出 TSEG1、TSEG2、SJW 和 BRP 的数值，代入图 6.14 中的数据结构：

Bit 15：0

Bit 14，13，12：TSEG2 = 2，在微控制器 167 中，二进制数据减一位：010 - 1 = 001

Bit 11，10，9，8：TSEG1 = 7，在微控制器 167 中，二进制数据减一位：0111 - 1 = 0110

Bit 7，6：SJW = 1，在微控制器 167 中，二进制数据减一位：01 - 1 = 00

Bit 5，4，3，2，1，0：BRP = 000000

BTR = 0 | 001 | 0110 | 00 | 000000 = $1600_{\text{hexadezimal}}$ ◀

在上面的例子中，并没有对 TSEG1 和 TSEG2 设置自由度，而是选取了唯一的固定值。当提前预知晶振的误差时，也可以采用设置自由度的解决方案。在高速 CAN（High Speed CAN）总线中，典型的设置是采用一个长的数据传播段，而相位段则几乎不能更改长度。

6.3.2 CAN 总线的数据链路层

如图 6.6 所示，数据链路层又分为两个子层：媒体访问控制（MAC）和逻辑链路控制（LLC）。MAC 子层对 CAN 的访问进行监控管理，LLC 子层定义接收器的应答机制。同时，LLC 子层也实现多种出错处理任务，具体内容我们将在后面说明。

1. 媒体访问控制

CAN 总线共有 4 种传输帧类型：数据帧、远程帧、错误帧和过载帧。

其中，数据帧用来传输应用数据，在一个理想的、无干扰的网络中，只采用数据帧便可以实现数据传输。远程帧和数据帧的结构非常相似，不同之处在于远程帧中不含有数据，而是含有远程请求位。在实际应用中很少单独发送远程帧，通常是当电控单元发送数据时，在规定的时间间隔上主动发送远程帧。

另外两种比较少见的帧类型为错误帧和过载帧。当一个节点（发送器或者接收器）识别出一个错误，它会将错误作为警告发送给其他节点。这时，错误帧使用在发送普通数据时不使用的数位次序来取代正在发送的数据。节点会发送过载帧，用来通知其他节点进行等待。过载帧的结构和错误帧类似，但只能在两条信息之间的间歇发送（反应过载帧，Reactive Overload Frame）。设备繁忙时也可以主动发送过载帧，比如需要处理接收到的信息而不能接收新的数据时（请求过载帧，Requested Overload Frame）。和其他许多 CAN 总线的功能一样，请求过载帧很少会被用到。

图 6.15 所示为 CAN 总线的数据包结构。当总线中没有通信时，保持休眠电压，对应图 6.8 中的逻辑 1（对左侧的发送电路和右侧的接收电路都有效）。

11位识别位的数据格式

| SOF | Identifier | RTR | IDE | r0 |

29位识别位的数据格式

| SOF | Identifier | SRR | IDE | Identifier | RTR | r1 | r0 |

剩余数据结构

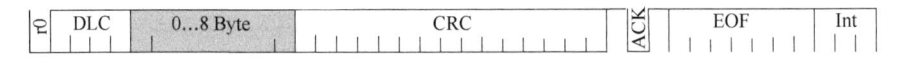

| r0 | DLC | 0…8 Byte | CRC | ACK | EOF | Int |

图 6.15　CAN 总线的数据包结构

由于多个电控单元通过逻辑"或"连接，所以当其中的一个晶体管导通时，就可以引起电压变化，在 CAN_L 中形成逻辑 0。这个逻辑 0 代表传输数据包的开始，称为帧起始位（Start of Frame，SOF）。

如果把 CAN 的数据帧类比为电子邮件的话，其中的识别位（Identifier）相当于电子邮件的主题，在 CAN2.0A 协议中，识别位为 11 位数据，在 CAN2.0B 协议中扩展至 29 位，但也兼容 11 位格式。

在数据帧中不包含发送器或者接收器的信息。每个节点匿名发送数据帧，但必须保证不同的节点发送的数据中含有不同的识别位。在搭建一个 CAN 网络之前，需要设计表格来预先规定由哪个特定的电控单元发射的数据中,含有哪些识别位。只通过分析数据不能确定数据帧来自于哪一个节点,而是需要与分类表格相结合才能确定。对于接收器则没有规定,所有的节点都可以接收到总线中的信息,接收器通过分析识别位来判断,所接收到的信息是否和自己相关,这就是图6.6中提到的接收过滤。

如果它是隐性的,则下面的远程传输请求(RTR)位标志着一个请求帧。在29位格式的识别位中,RTR位被后置,这样最初的RTR位变得没有实际意义,被称为替代远程请求位(Substitute Remote Request,SRR)。一个隐性的标识符扩展(IDE)位用于宣布一个扩展的标识符。29位识别位标记为隐性的IDE位(Identifier Extension)。r0和r1为其他应用所保留,最初没有任何意义,直到引入CAN FD和CAN XL(6.3.4节)。

因为识别位之后的数据字节的长度可以从0到8位,所以需要提前进行定义。数据长度编码(Data Length Code,DLC)为1000时,表示数据为8位,更多位数的数据是禁止使用的。最多允许数据长度为8位基于两方面考虑,一方面,越长的数据受到干扰的概率越大;另一方面,较短的数据较为灵活,有利于设置传输的优先级。

为了检测可能的传输错误,CAN数据中含有一个校验码。这种广泛使用的确保数据块安全的程序识别称为循环冗余校验(Cyclic Redundancy Check,CRC),偶尔也称为循环冗余校验码(Cyclic Redundancy Code)[TanWet12]。帧从SOF开始直到数据字节结束的所有编码(去除停止位),对二进制字节1100 0101 1001 1001做除法运算,余数为15位的二进制码就是校验码。乍看起来,这种利用长二进制码进行校验的方法非常复杂,而且容易出错。但是实际上,利用CAN控制器中的数字移位寄存器却可以简洁且可靠地实现。接收器也会用接收到的数据帧(去除停止位)从SOF到发射器发射的剩余部分,再次按照相同的位序列划分做除法,当可以整除时(也就是余数为0时),代表信号可能(但不完全确定)正确传输了。如果不能整除,则一定有传输错误。校验和总是隐性位,称为CRC界定符,它给每个接收者足够的时间来进行第二次除法验证。

当一个节点接收完成一条信息时,它会将应答位(ACK Bit)设置为显性电平来确认接收成功。发送器可以通过确认信息得知,至少有一个节点成功接收信息。但发送器却无法确认是否所有的相关节点都接收到了这条信息。ACK位后面有一个隐性的ACK分界符。

数据帧的最后由7位隐性的帧结束位(End of Frame,EOF)和最少3位隐性的中间位(Interframe Space,IFS)以及下一个帧来界定。

理想情况下,发送器和接收器的工作频率相同,但实际中,二者之间存在细微的误差。所以需要阻止误差随着时间而增大,在某个时刻一位数据会被采样两次或者被跳过的情况。接收器采用跳变沿作为同步标识,使自己和发送器保持同步。由于CAN总线采用不归零信号(Non Return to Zero,意思是在整个位的持续时间内,电压不变,而不必在某一点上跳到零),在传输长的数据序列时,总线中保持同一电压,一段时间之后可能会导致接收器不能够识别数据的起始时刻。为了避免这种情况,在 5 位相同电压的数据位之后,插入一位相反位,这种方法称为位填充(Bit Stuffing)。接收器只是利用这位停止位进行同步,不会将其作为信息内容接收。例如,一条信息的识别位为 7C1,没有位填充时的 12 位二进制数据为 0111 1100 0001,当有位填充时为 0111 1**1**000 00**1**01。

停止位在 SOF 和 CRC 之间的位中引入,在帧的其他部分不引入停止位。错误帧和过载帧中也不采用停止位。由于引入停止位,实际的数据包长度比图 6.15 所示的数据包要长。因为停止位的数量取决于信息的内容,所以在不确定信息内容时,无法事先确定帧的准确长度。

很多其他的总线系统采用主从(Master-Slave)概念,其中,一个 Master 电控单元有发送数据的优先级,其他的 Slave 电控单元只有在被请求时才允许发送数据。而 CAN 总线中的所有设备都有相同的优先级。因此,最初有意识地接受几个参与者同时向总线传输(载波侦听多路访问,CSMA)。为了避免所有的节点同时发送数据,需要采用仲裁机制(Arbitration)。前提条件是,所有的电控单元都认可这个机制。图 6.16 所示为 CAN 总线的仲裁机制:刚一开始 3 个节点都要发送数据,但经过仲裁后,最终只有 1 个节点允许进行发送。

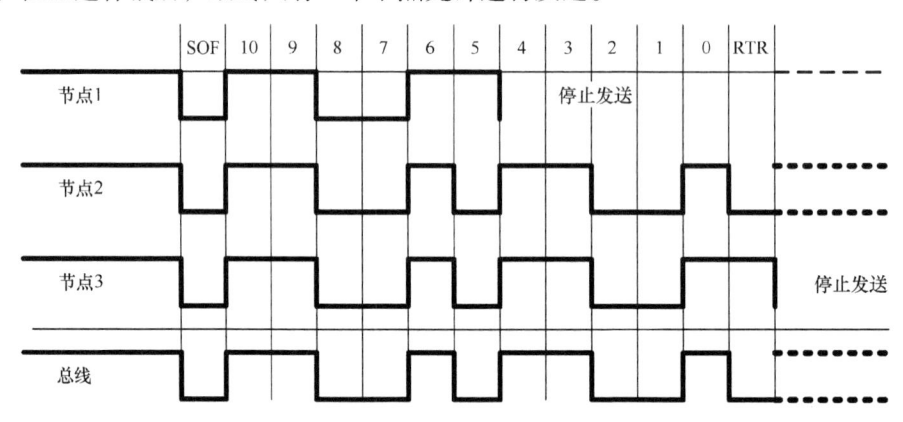

图 6.16　CAN 总线的仲裁机制(图中为 CAN_L 导线。低电平代表占有位,也用来决定最终总线的电平,参见图 6.8)

3 个节点同时发送数据,当所有的节点都不发送显性位时,总线中保持空闲。当 1 个或者多个节点发送显性位时,总线被占用。发送节点把总线电平和自己所发送的信号相对比。如图 6.16 所示,3 个节点从 SOF 直到第 6 位都在发送相同的信息,节点发送的信号和总线信号相同。到第 5 位时,节点 1 发送隐性位,其他两个节点发送显性位,这时总线保持为显性电平。节点 1 识别出自己发送的信号和总线信号不同,也就是仲裁已经做出判断,不再允许自己发送信号。这时它会停止发送,而只作为接收器。节点 3 在发送 RTR 位时同样被仲裁为停止发送。最晚在发送 RTR 位时，只应该允许一个节点发送，不然就意味着两条信息的识别位相同，这种情况是不允许的。在只有一个节点发送时，节点发送的信号和总线信号如果再出现不同，则被视为错误。万一有两个节点都通过了仲裁机制时，但只要它们发送的信息不完全相同，这个错误就会被识别出来。

由于发送权的仲裁是通过识别位进行分配的，所以，在分配识别位时需要考虑的是，重要的信息中含有高优先级的识别位。这种分配方式的一个后果是，只有全部为显性位的识别位可以确定分配到总线资源，而包含其他识别位的信息则有不同的概率，分配不到总线资源。在仲裁机制中，低优先级的信息在规定的等待时间之后，会再次经历仲裁，这次仍有可能仲裁失败。所以，CAN 总线不适合与安全性相关的应用，因为安全性信息不允许被其他类型的信息占有发送权。在仲裁中会判断 RTR 位，当一个数据包已经等待发送时，就不需要再进行仲裁了。

当信息仲裁失败时，一些控制器可以实时改变数据的识别位，这样可以提高信息的优先级，以便更早发送成功。这种动态运算不能通过 CAN 控制器实现，而是需要占用电控单元的运算时间。通过动态分配的编程，可以实现特定信息的成功发送。但是很多经验表明，即使在静态分配识别位时，都常常出现错误，当进行动态分配时，出错概率会随着算法的复杂度而大幅提高。

2. 逻辑链路控制子层

前面已经提到接收过滤，也就是按重要性对接收到的信息进行选择。这可以通过 CAN 控制器来进行（完整 CAN 控制器，Full CAN Controller），也可以通过电控单元和相应的软件来实现（基本 CAN 控制器，Basic CAN Controller）。由于使用基本 CAN 控制器时，接收过滤会周期性地占用电控单元的资源，所以从这方面考虑，汽车中一般采用完整 CAN 控制器。

CAN 总线的出错处理也是这一子层的一个主要任务，将在下面详细讲述。

3. 出错处理

出错处理有很多种情况，所以比较复杂。这些例外都具有特定的目的。完整版本的控制源文档可以参考 [Bosch91]。[Etschb09] 中对其中的细节做了解释。在此限于篇幅，我们只介绍基础知识。

电磁干扰、电压不稳、接触问题或者电子元件故障等都会导致所传输的信息出错。这时，一个或者几个接收器所收到的信息中，有一位或者几位数据和发送器最初所发送的信息不同。这些出错位经常连续，但在一些情况下也有可能不连续。

相对于其他总线类型，CAN 总线有高的可靠性，出错处理功能也很全面和强大。当有一个节点出错时，所有的节点都会马上收到警告。当只有一个节点由于传输过程中的误差而出错，为了使出错的节点不占用整个总线，CAN 总线会将出错节点接收到的数据串行删除。

（1）出错识别

共有以下 5 类错误信息可以被识别：

1）位错误：发送器把所发送的数据和总线传输数据相比较，如果有不同，发送器会发送出错信号。

2）格式错误：隐性位的 CRC 界定符、隐性位的 ACK 界定符或者帧末尾的隐性位被检测为显性位。

3）CRC 错误：接收到帧的二进制商在 CRC 界定符之前有余数。

4）位填充错误：连续 6 位相同位。

5）确认信息错误：没有任何一个接收器通过 ACK 位确认接收成功一条信息。

一般来说，所有的节点，包括对所传送的数据内容不感兴趣的节点，都可以识别数据中的错误。但位错误和确认信息错误只能通过发送器来识别。

确认信息错误识别有一个局限性，也就是说，发送器不能识别是否所有的接收器都接收到了信息，因为只要有一个接收器发送了显性位，发送器便完成了识别。在没有出错的情况下，所有的节点都会发送显性位，这使得 CAN_L 的电平低于平时的显性位，这可以通过示波器来检测。一个想法为，对电平进行模拟处理，从而用来估计发送显性位的接收器的数量。但这样处理的准确度较低。

通过计算得出，经过上述的出错检测机制，仍然存在不能被识别的错误的概率为 4.7×10^{-14} [UnMaKa90]，这等同于每两千年会出现一个不能被识别的误差 [Etschb09]。

（2）错误帧显示错误信息

当一个节点识别出错误时，它会对其他节点发送错误帧作为警告。发送器在传输数据帧的过程中如果识别出位错误，它会立即停止发送，同时发送出图 6.17 所示的错误帧。接收器也会用同样方式中止正常的接收（例外：当出现 CRC 错误时，会等到接收 ACK 之后才发送错误帧）。错误帧由 6 个显性位组成，因为这 6 位中没有进行位填充，其他的节点会识别出错误帧，随后也发送 6 位显性位（有例外情况）。错误帧的末尾为 8 位隐性位。

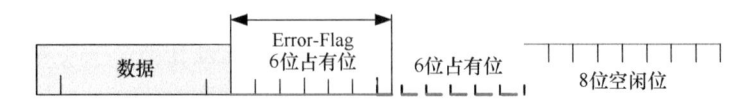

图 6.17　数据出错时的错误帧（6 位连续的占有位标志错误帧的开始）

对 12 位显性位以及随后的隐性位的接收必须在晶振的误差范围之内进行，在此期间并不进行同步，而是需要等到再次显性位的跳变沿时才进行（参见 6.3.1 节）。两次同步之间的时间为 13 位传输时间减去 $T_{\text{Phase\_Seg2}}$。再次同步需要在 $T_{\text{Phase\_Seg1}}$ 和 $T_{\text{Phase\_Seg2}}$ 定义的时间段内发生。假设晶振误差为 df，则

$$2df \leqslant \frac{\min(T_{\text{Phase\_Seg1}}, T_{\text{Phase\_Seg2}})}{13T_{\text{bit}} - T_{\text{Phase\_Seg2}}} \tag{6.5}$$

式（6.5）和式（6.4）相同。

(3) 出错后的处理

为了避免由于局部出错某一个节点持续发送错误帧而占用总线资源，当出错率过高时，此节点会分两步从总线分离。

为了确定出错率，每个节点的 CAN 控制器都有一个发送错误计数器（Transmission Error Counter，TEC）和一个接收器错误计数器（Receive Error Counter，REC）。计数器并不只是累加，当成功发送信息时，也可以递减。错误数累加时，根据出错性质的不同，权重分为 1~8 级。在没有特殊规定的情况下，遵循以下规则：

1) 无错误接收到信息：REC 递减 1 位。

2) 有错误接收到信息：REC 递增 1 位。

3) 第一次有错误接收到信息：REC 递增 8 位。

4) 无错误发送信息：TEC 递减 1 位。

5) 有错误发送信息：TEC 递增 8 位。

有些控制器允许用户当从计数寄存器中读取数据，还有一些在计数器接近一定数额时，会产生一位或多位报警位。出错节点和总线系统逐步分离的过程则通过 CAN 控制器独立完成，并不需要程序员对电控单元原件做相应的设计。

每一个节点可以根据其 TEC 和 REC 计数器进入三种状态，如图 6.18 所示。正常状态称为"Error Active"。当出错计数器超过额定值时，节点状态变为"Error Passive"，它现在只允许发送错误帧和隐性位。这时它本身发送的信息显示为出错，但已经不能读取来自于其他节点的信息。在仲裁时也有特殊规则，当出错计数器继续增加时，这个节点将被强制终止发送信息（"Bus Off"），此时只能通过重启系统来回到正常状态。根据微控制器的情况，这可以是整个微控制器的硬件复位；也可以是控制单元的硬件复位；或者在大多数情况下，是 CAN 控制器的部分软件复位。

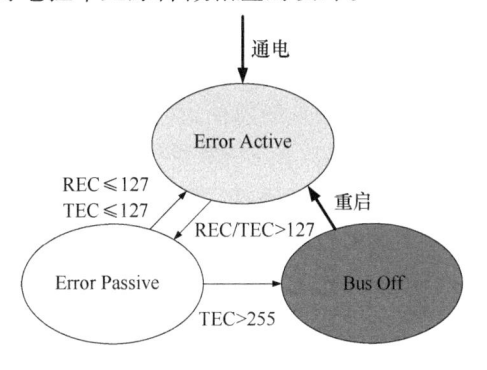

图 6.18 CAN 总线节点在出错时的状态转换图

6.3.3 上层协议层示例

1. J1939

标准 CAN 总线只定义了最底层的两层，对于轿车来说，第 7 层应用层由车厂自己定义。但对于商用车来说，CAN 总线的应用层也有相应的标准 [J1939-71]，尤其对于自诊断系统来说 [J1939-73]。J1939 包含最下两层的定义，这和 CAN2.0B 相同。其不同之处在于 J1939 定义了第 3 和第 4 层，也就是网络层

[J1939-31]和传输层[J1939-21]。J1939取代了过时的J1708标准，该标准目前还没有以CAN为基础。

上层协议层的一个问题是与下层协议层进行数据传输的兼容性。J1939为了解决这个问题，使用29位的识别位。最前面的3位规定了8种优先级，剩余的26位识别位则用于协议信息的传输，此外还用于在发送器和接收器之间进行功能转换。由于普通的CAN控制器在应用中并不会对重新分类有所响应，相同优先级的数据会进入仲裁机制，虽然这并不是非常有效，但也并无坏处。只有电控单元的软件才可以使用这些加长的识别位。新型全自动的"Full CAN"过滤在此并不能发挥效用。

应用层包含制造商统一的信息表，在产量少、类型多的商用车领域，车厂不必独立地对所有信息格式做出规定，这样可以节省大量研发成本。

农业机械上使用的"ISOBUS"[ISO 11783]基于J1939的。它使拖拉机控制单元，特别是中央拖拉机控制单元和操作终端与机具的控制装置之间能够进行通信。

2. 传输协议

大众集团旗下的品牌也为诊断功能采用了专用的传输协议（第4层）。在接收到诊断要求时会连续发送多条长于8个字节的信息，信息都具有相同的识别位，这便是传输协议（Transport Protocol 2.0）。接收到来自测试仪的诊断需求时，系统同时会发送多个相关的数据包，而不再需要逐一对答，提高了系统的效率。其他的协议信息集成在CAN总线数据区。详细的介绍请参见[ZimSch14]。

通过引入这种协议，可以在一定的范围（例如诊断功能）达到标准化，但由于大众集团的协议版本过多而出现了兼容性问题。现在，一个类似的基于CAN的协议已经标准化了[ISO 15765]。

3. 博世 MCNet

博世公司的移动通信网络（Mobile Communication Network，MCNet）是多媒体应用基于CAN总线两个底层的传输协议的一个例子。虽然这个协议没有得到广泛应用，但作为例子，显示了在两个底层之上搭建复杂的传输协议的方法，从应用软件的角度重新定义了CAN而不违反兼容性。

MCNet并不传输视频和音频数据，而是交换命令和信息。MCNet定义了"传输层"（Transfer Layer），相当于ISO标准中所规定的第3层和第4层，如图6.19所示；"适配层"（Adaption Layer），相当于第5～7层。在节点上运行的软件有机会将信息和地址发向适配层。和发送不同邮递类似（例如平信、挂号信等），适配层可以选择将信息用不同类型发送，例如有多个字节的"长数据服务"，或者"加速数据服务"（Expedited Data Services）和"广播数据服务"（Broadcast Data Services）。一般情况下，CAN所发送的识别位并不需要接收节点的地址，但当需要接收节点地址时，需要MCNet的第3～7层将这些要求翻译为CAN的帧才能实现传输[Bosch96]。

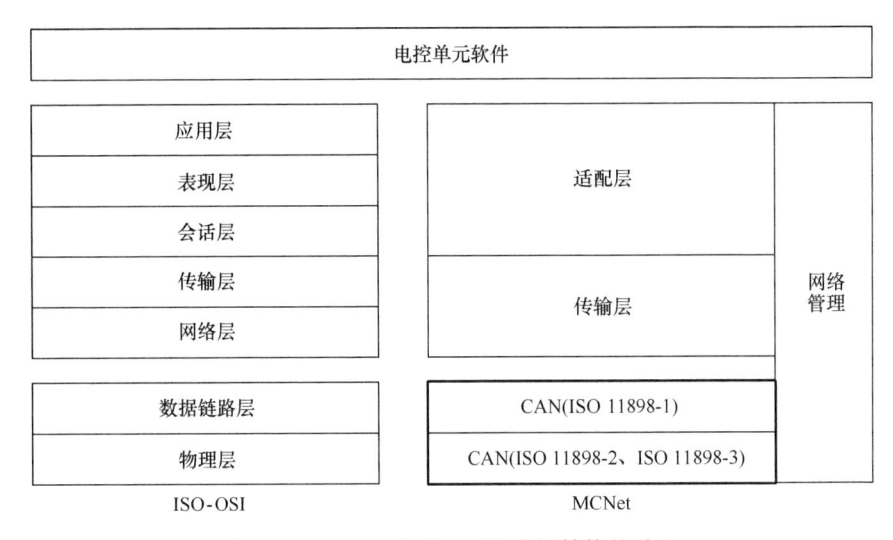

图 6.19　MCNet 和 ISO-OSI 分层结构的对比

4. CANopen

在最初就提到，除了少数例外，CAN 的应用层并没有被标准化。同样使用 CAN 总线的工业自动化技术在这方面领先于汽车工业。有一些基于 CAN 总线的现场总线，也为自身定义了应用层。最著名的代表是欧洲的 CANopen 和美洲及亚洲的 DeviceNet。这些协议定义了一些特殊的应用配置文件，在少数特殊情况下，带有特殊应用配置文件的 CANopen 也可以被用于车辆。比如有用于货车车身的 CANopen 配置文件［CiA413］，以及用于市政车辆的［CiA422］文件。如果已量产车辆由其制造商或专业服务提供商改装为专用车辆（警车、救护车、出租车等），则缺乏标准化的应用层就会被证明是集成其他车辆功能（如蓝灯或出租车计价器）的障碍。因此，标准［CiA447］为此类车辆引入了应用层。

6.3.4　CAN FD 和 CAN XL

经典的 CAN 总线允许高达 1Mbit/s 的数据传输速度。在许多 CAN 应用中，这个数据传输速度是足够的，但在个别情况下仍然希望能够超过 1Mbit/s。这种应用可以是在工厂或服务中对联网的 ECU 进行编程，实现数据传输速度与 ECU 网络正常运行时不同。然而，在许多情况下，它只是希望能够用廉价的硬件（与 FlexRay 等总线相比）和相对容易配置的协议，来实现尽可能高的数据传输速度。

早在 1999 年，就有人提议在数据帧的中间范围内对 CAN 总线进行超频，因为在这个范围内，与仲裁和结束时（确认）相比，只有一个参与者进行传输，因此在 6.3.1 节中讨论的一些限制在中间帧范围内并不关键［Cena99］。在 CAN FD 的命名下，其中"FD"代表灵活的数据传输速度，博世在 2012 年指定了一个类似于 1999 年提案的解决方案［Bosch12FD］，该方案自 2014 年起被一些硬件制造商支持，2015 年被纳入 ISO 11898-1 标准的第 2 版，2016 年被纳入数据传输速度为 2Mbit/s 和 5Mbit/s 的高速 CAN 标准的第 2 版 ISO 11898-2。

原则上，不会让 CAN 和 CAN FD 控制单元在一条总线上共存，因为 CAN 控制单元不能正确处理 CAN FD 报文，从而将其报告为故障（但是，CAN FD 控制单元可以处理经典的 CAN 报文）。例如，为了在工厂对已安装的控制单元进行高于 1Mbit/s 的数据传输速度编程，所有非 CAN FD 功能的控制单元都会暂时脱离总线（与经典 CAN 收发器兼容的收发器会识别 FD 报文，并暂时脱离总线），而完全 CAN FD 功能的控制单元在仲裁阶段和 CRC 分界符之间被切换到更高的数据传输速度，因此可以传输超过（通常每帧最多）8 个数据字节的数据（建议最多 64 数据字节）。之后，CAN FD 节点被切换回正常的数据传输速度，然后可以再次与非 CAN FD 能力的节点通信。

图 6.20 所示为 CAN FD 通信的详细工作情况。一个隐性标记位，即扩展数据长度（EDL）位，在较新的文件中称为 FDF（FD 为格式指示器），在 CAN 帧的 r0 位之前被设置，与正常的 8 字节相比，它表示一个扩展的数据包（对于 11 位标识符，这是一个额外插入的位，对于 29 位标识符，r1 位表示此数据包）。数据帧的长度由 DLC 字段（数据长度代码）决定，与正常的 CAN 一样；由于 DLC 的 4 位最多可以编码 15 个，但现在最多可以编码 64 个字节，DLC 不再直接表示已经可能的 8 个字节以上的数据字节数，而是编码 8、12、16、20、24、32、48 或 64 字节中的一个级别。在 r0 位后面还有一个标记位，即比特率开关（BRS）位，它决定除了可能延长数据包外，是否应该提高传输速度。如果它被递归设置，增加传输的数据速度最终在该位后面开始。然后 CRC 分界符切换回正常的数据速率。此外，CAN FD 提供了一个错误状态指示器位（ESI），一个节点可以用它来指示它是"主动错误"还是"被动错误"，如图 6.18 所示。在发送错误帧之前，比特率被降低

图 6.20 CAN FD 通信的详细工作情况（与经典的 CAN 总线相比，CAN FD 的数据框架中新的位是 BRS、ESI、FDF 和 RRS。其余的位和位域，见 6.3.2 节）

到初始速度。由于帧的数据量增加，CRC 也从 15 位扩展到 17 位（最多 16 个数据字节）或 21 位（用于 17~64 个数据字节）。

事实证明，通过 CAN 总线以如此高的数据传输速度传输在物理上是困难的。改进总线的硬件规格可以提供一个补救措施，但这与 CAN FD 的最初目标相矛盾；因此，人们宁愿尝试在收发器中集成额外的电路来改善信号质量，用信号改进能力（SIC）表示。

在 CAN FD 之后，继续向更高的数据传输速度发展。正在准备的是由博世推出的名为 CAN XL 的变体，其数据字段为 1~2048 字节，数据传输速度高达 10Mbit/s，其规范仍是初步的 [CiA610-1，CiA610-3，CiA611-1]。在大数据领域对以太网数据包进行"隧道化"处理的能力，应该能够整合到已经通过以太网传输大量数据的车辆网络中。CAN XL 与 CAN FD 兼容，也能理解传统 CAN 帧，但 XL 帧不能被传统 CAN 节点处理。CAN XL 物理层的一个特点是，与传统的 CAN 相比，在数据传输速度增加的阶段，电压波动较小。

在普通 CAN 和 CAN FD 中未使用的主导位 r0，通过隐性传输（与隐性的 FDF 位一起）发出 CAN XL 帧的信号，现在应称为 XLF。在以正常数据传输速度传输的部分和以提高数据传输速度传输的部分之间，计划有几个位用于定义比特率和缓冲，并进行格式监测。另一个字段表示传输的数据类型（如 CAN/Ethernet）。CRC 将分为两部分，总共更长，在传输用户数据之前已经进行了第一次检查，已经很高的错误检测概率现在比 FlexRay 或以太网还要高。

6.4 其他的总线系统

6.4.1 LIN 总线

CAN 总线不仅可靠性高，成本也低。如果想进一步降低总线的成本，可以只采用一根导线进行信号传输，另一条则利用汽车车身作为地线使用。在美国的一种单线系统是基于 CAN 总线的物理层，并对其进行了重新定义 [J2411]。从 1999 年开始，在欧洲出现了 LIN 总线，只通过一根导线，实现了非常低的成本，然而，可靠性却要比 CAN 差。2003 年，引入了规范 LIN2.0，按照规定需要使用新的特性，但却使得成本上升。随着最后一个规范 2.2A [LIN10] 的出台，LIN 联盟停止了工作，从那以后由 [ISO 17987] 进行标准化。

LIN 使用用于诊断功能而引入的 K 总线。据推测，它由于与早期根据 [ISO 9141] 定义的 K 总线的物理相似性，所以采用这种命名。电控单元组成小型局域网时，在传输速度不是很高的情况下，可以应用 LIN 总线。

图 6.21 所示为 LIN 总线收发器中电信号的触发和处理（已简化）。通过上拉电阻，可以保持 LIN 总线内为电源电压。假设每个节点的上拉电阻为 1kΩ，超过

16个节点时，总线电压会和电源电压产生过度耦合。在实际中，一个局域网中不会超过 16 个节点。所以，只有主节点的上拉电阻为 1kΩ，其他子节点的上拉电阻则大得多。图中的二极管用来在电控单元断电时切断总线和电源之间的联通。

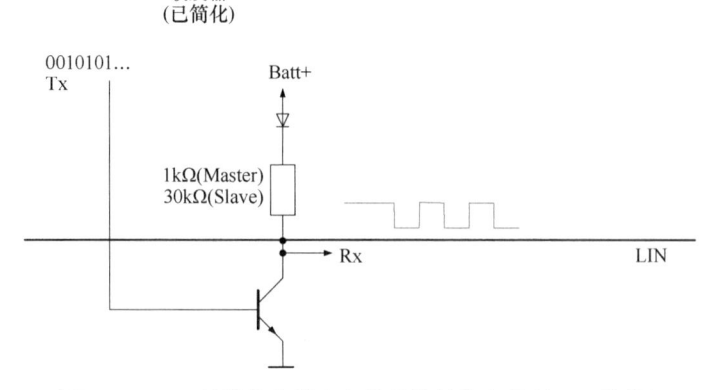

图 6.21　LIN 总线收发器中电信号的触发和处理（已简化）

为了发送消息，一个晶体管将总线的电压接地。成本最低的实现方式为，省略收发器，而是将电路直接连接到微控制器的引脚上。图 6.21 中的 Rx 信号并不直接通过总线，而是通过施密特触发器来进行触发，因此会产生一定的滞后。这就是一个完整的收发器模块。和 CAN_L 相同，低电压为显性位，高电压为隐性位。最大数据传输速度为 20kbit/s，通常使用的值为 2400bit/s、9600bit/s 和 19200bit/s。

和 CAN 总线不同，LIN 总线采用主从通信方式（Master-Slave）。每一个 LIN 的报文都由主节点发送问讯报文，从节点收到后要立刻响应。与 CAN 类似，每种类型的请求都由一个特定的 ID 来识别。在示波器上，主节点的请求和从节点的响应作为一个共同的帧可见，如图 6.22 所示。

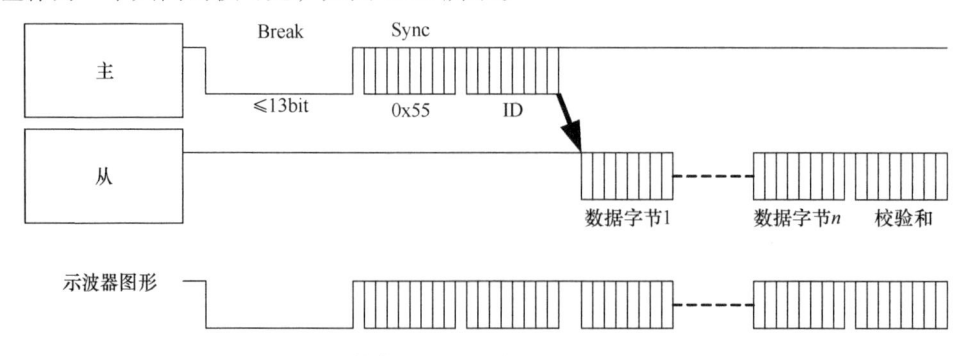

图 6.22　主节点发送通信信息，位于特定地址（ID）的从节点进行应答，示波器的图像显示了总线中的问讯和应答信息

在较早的 LIN 版本中，主节点根据开发者先前定义的表格循环地发送所有请求（无条件帧）。从 2.0 版本开始，也可以发送只有在主节点检测到需求时才会发送

的数据包（零星帧）。此外，主节点也可以进行查询，而不同的从节点也可以向主节点报告事件（事件触发帧）。

正常传输的 ID 可以在 0～59 之间。ID 60（十六进制 3C）用于特殊命令，例如，序列 6000 使从机进入空闲状态。ID 61（十六进制 3D）置于休眠模式。ID 62 和 ID 63（十六进制 3E 和 3F）保留给将来使用。

当主控单元发送数据包时，它首先发送主帧，然后立即转变为从机的角色，以便在同一消息中容纳从属帧中的数据。

当在实验室中使用计算机作为 LIN 节点时，比较难实现的是 13 位长度的暂停信号。虽然 LIN 协议和计算机 RS232C 的串口协议兼容，但是 RS232C 却不能产生 13 位的信号。实现这个长暂停的方法是，设置串口暂时使用比较慢的传输速度。除了 LIN，其他的总线系统都不能直接和计算机相连，而需要借助外加的总线控制器。

和 CAN 相比，LIN 的一个特点是，不仅硬件和软件有相应的规范，就连开发网络所用的辅助资源也标准化了。因此，有一种标准化的描述语言为 NCL（Node Capability Language），用于在描述文件 NCF（Node Capability File）中指定一个 LIN 节点。完整总线的描述是在另一个文件 LDF（LIN Description File）中用同样的语法完成的，该文件可以由各个 NCF 组成；反之，NCF 也可以从 LDF 中导出。根据这些语言可以生成节点的 C 语言软件控制代码。

即使集成了收发器，由于 LIN 只采用了一条导线，所以总线本身的成本还是要相对低一些。

除了 LIN 总线的原版定义文档之外，推荐读者参考［GrzvdW05］对 LIN 总线进行更深的了解。

目前一项关于如何在没有自己的线路的情况下通过 ECU 的直流电源传输 LIN 协议［ISO17987-8］的规范正在准备中。作为可能的 LIN 继任者，时钟扩展外设接口（CXPI）被认为具有类似的电气规格，但协议更灵活。

6.4.2 时间触发的总线系统

CAN 总线通过优先级分配总线资源，以便使重要的信息优先获得总线资源。但是，这种方法并不能保证资源的实时分配，当同时发送两个高优先级的报文时，优先级相对低一些的报文需要等待，直到优先级最高的报文发送成功，才能进行发送。和安全性相关的系统，例如电子制动系统，需要在规定的时间之内分配到总线，但常常得不到满足。这和第 8 章中将要讲的实时操作系统类似，需要在规定的时间之内完成任务。

时间触发的总线系统（Byteflight、TTCAN、TTP、FlexRay）可以满足这样的要求。总线中划分了一定的时间周期，在固定的周期中，特定的消息总会分配到一定的时间切片，其原理如图 6.23 所示。这样，在没有错误的前提下，一条信息最迟也会在一个周期中被成功发送。这种方法的缺点为，即使节点没有发送信息的需求，总线资源也会按照周期进行分配。当信息数量很大时，需要预留很多的时间切片，会导致周期过长。只有增加传输速度，才能缩短周期的长度。由于并不是所有的信息都必须在一个周期内发送，所以可以在一些时间段中交换发送信息，例如图6.23中的信息B和信息D。另外，在一个周期之内，也可以采取一部分数据用固定的时间切片发送，而另一部分数据按照优先级进行动态分配。

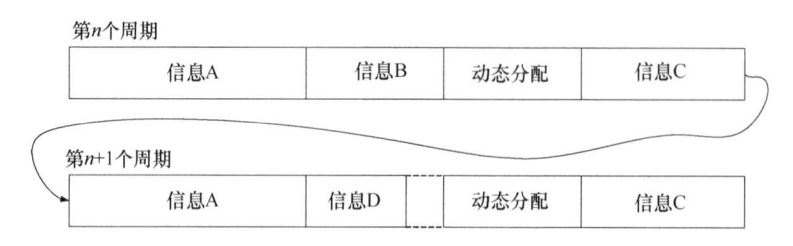

图6.23 时间触发的总线系统的原理

1. Byteflight

宝马作为第一个使用电子信号来传输安全性相关信号的公司，和一些半导体厂家合作开发了第一个时间触发的总线系统，称为Byteflight，作为CAN总线安全功能方面的补充。Byteflight用光纤作为物理层的传输媒质，数据传输速度为10Mbit/s。

2. TTCAN

博世公司没有参与Byteflight的开发，而是尝试用相似的办法对CAN总线做进一步开发，称为TTCAN（Time Triggered CAN）。CAN总线的瓶颈为：时间段的分配需要的前提是所有的节点的时钟必须相同。CAN总线的同步方法不再能满足TTCAN的要求，所以TTCAN出现了两个版本。第一个版本不要求相同的时钟，优点是可以兼容过去的CAN。第二个版本采用共同的系统时钟，是真正意义上的时间触发的系统，但不兼容过去的CAN版本。TTCAN的规范参见［ISO 11898-4］。

3. TTP

位于维也纳的公司TTTech开发出的时间触发总线（TTP/C和TTP/A）［TTP-TUW］，尽管有很高的传输速度（高达26Mbit/s），但没有应用在汽车工业中，而是应用在空客A380飞机中。

4. FlexRay

宝马和奔驰公司联合飞利浦和摩托罗拉一起开发了Byteflight的下一代产品，在概念上继承Byteflight，但要通过改变传输媒质来降低成本。这个产品称为FlexRay，已经在过去的几年中逐渐成为时间触发总线的标准，在汽车工业中应用也越来越广泛。如今博世公司和TTTech在开发自己系统的同时，也兼容了FlexRay。FlexRay被认为已经完全开发完毕，联盟已经解散，带有该规范的主页已经关闭。它可以在［ISO 17458］中查阅。

FlexRay 的物理层还是采用传统的铜导线和差分传输的方式（但规范中允许使用光学媒质作为替代），传输速度为 10Mbit/s。FlexRay 的一个特点为，允许两条总线平行铺设，可以选择作为系统冗余或者倍增速度到 20Mbit/s。FlexRay 在物理结构上很灵活（正如其名），可以以线形或者星形结构相连接。

一个通信循环由一个静态段（固定的时间切片）、一个可选的动态段（按优先级控制）、一个可选的总线内部的符号窗口和一个隐性段（Network Idel Time, NIT）所组成，FlexRay 总线的时间切片如图 6.24 所示。时间切片又由宏拍（Macrotick）所组成。宏拍是来自于每个节点时钟脉冲的微拍（Microtick）的整数倍。每一个宏拍中含有微拍的数量通过时钟对比来确定。和 CAN 总线不同，FlexRay 对信息本身不进行同步，而只是更新其比例。和 CAN 相比，Flexray 对内部晶振的精度有更高的要求。

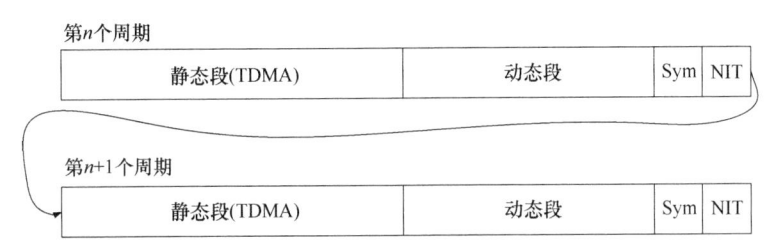

图 6.24　FlexRay 总线的时间切片

注：TDMA（Time Division Multiple Access）为时分多路访问，NIT 为隐性段，Sym 为可选的内部符号段。

图 6.25 所示为 FlexRay 的静态段结构。静态段分为固定的时间切片，每个时间切片中正好容纳一条信息。两条导线可以采用单线模式在一个时间切片内冗余发送一条报文，或者采用双线模式发送不同的信息。每一个时间切片都由固定数量的宏拍组成，总线中每一个节点都采用同样的分配方式，但每一个节点中的晶振都或多或少有误差。内部晶振通过微拍来描述。对每一个节点来说，一个宏拍中含有的微拍数量是不同的，具体数量需要通过周期性的时钟来调整。

在动态段中，信息的长度不固定，每条信息需要分配到一个或者几个时间切片中，如图 6.26 所示。在这里，信息的长度是不固定的，但它们必须适合一个或多个迷你槽。

FlexRay 的数据帧和 CAN 总线类似，但是有两点不同：首先，CRC 校验在数据传输之前进行而不是在其之后；其次，每一帧含有应用数据的数量可以高达 254 字节（CAN 总线最多 8 个字节）。

时间校正包含两个核心要素，一个是静止阶段 NIT 的偏移校正，其工作原理与 CAN 类似，还有一个是通过调整宏刻度与微刻度的比例来进行速度校正。然而，在此之前，每个参与者必须确定自己的时钟是否与其他节点的时间一致。由于静态

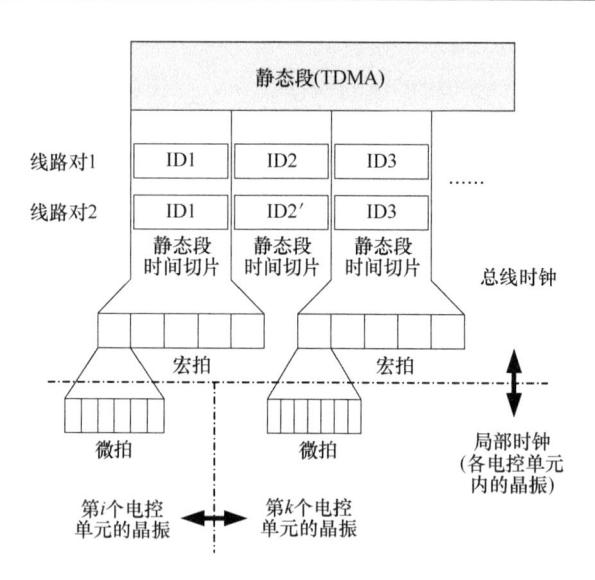

图 6.25　FlexRay 的静态段结构（在这个例子中，不同的信息 ID2 和 ID2′ 传输在两个线对的第二个静态槽，但它们带有相同的标识符）

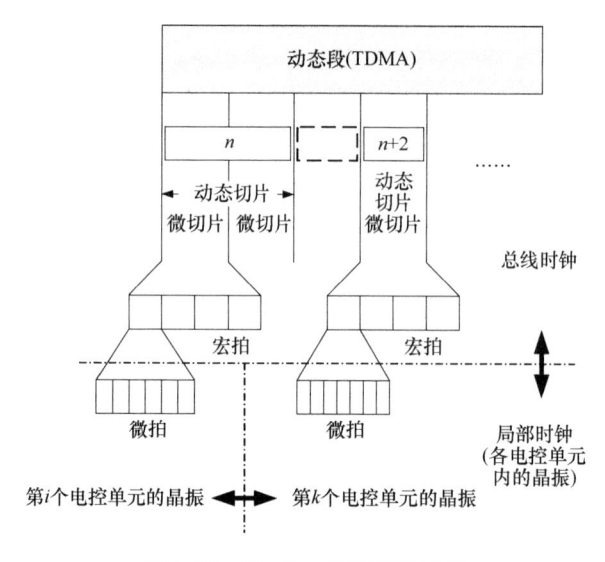

图 6.26　FlexRay 的动态段结构

段的消息是在规定的时间内传输的，一个节点将另一个节点传来的消息的实际时间与它的目标时间进行比较，从而得到每个其他总线参与者的时间偏差。通过测量两个周期内两个连续静态段的时间，除了确定与其他节点的时间差，还可以确定相对的时钟速度。

每一个节点都通过总线监控器对静态段进行监控。当某一个节点违反规则时，总线监控器会关闭收发器。然而虽然有规定，但实际上并没有使用总线监控器。

6.4.3 乘员保护系统总线

例如碰撞传感器、安全气囊、安全带收紧器等乘员保护系统，都至少有一个电控单元，而且它们之间要进行信息交换。这其中最重要的信息就是当碰撞发生时，电控单元要对安全气囊传达引爆的信息。不管是信息丢失，还是发生没有必要的引爆，都会对人员安全造成威胁。在这些乘员保护系统之间采用的总线系统往往不会引起人们的注意，但事实上却非常重要。这种和安全性相关的总线传递的数据量很少，但必须具有很高的可靠性和抗干扰性。

关键的是传感器（例如 PAS3 和 PAS4，PAS 全称为 Peripheral Acceleration Sensor，即外围加速度传感器）和安全气囊电控单元之间的总线，引爆安全气囊需要通过特殊导线来进行。出于抗干扰性方面的考虑，信号通过双股线传输。

1. PSI5

PAS 系统已经进一步发展为 PSI5（外围传感器接口），它允许传输更长的字长，可以达到 24 位，数据传输速度高达 189kbit/s。它是由奥托立夫、博世、大陆、飞思卡尔和 TRW 在"PSI5 组织"中联合标准化的［PSI5］。作为传感器总线，有一些应用领域超出了约束系统的领域［Bock11，Baehren12］。这里的物理基础也是两线制的线路。通信是由控制单元通过电压信号控制的，从传感器到控制单元的数据通过曼彻斯特编码的电流信号进行传输。传感器通过总线提供电压。

PSI5 中采用异步传输，每条总线中只连接一个传感器（在这种配置下称其为总线有点言过其实）。

同步操作也是可能的，在这种情况下，几个传感器根据要求，按照预定的顺序一个接一个地将信号发送到总线上（由于传感器与总线的平行连接，所以称为 PSI5-P）。总线位于控制单元中，因此传感器通过独立的两线制线路与控制单元相连。

为了减少相关系统的布线工作，汽车厂商提出了一种可行的方案，将总线铺设在控制单元之外，但连接点在传感器节点内，因此总线通过所有节点进行（PSI5-U 表示"通用"）。

作为进一步的变体，可以使用链式传感器（"菊花链"，PSI5-D）。

一个数据包由两个停止位、8~24 个数据位和 1 个奇偶校验位或 1 个用于安全的三位数校验位（CRC）组成。

2. Safe by Wire Plus

乘客保护系统开发商还为整个系统开发了包括执行器的专有总线，如博世和 Temic（现在为大陆集团）的 BOTE，以及西门子、TRW 和飞利浦（现在为 NXP）的其他系统。同时，这些制造商已经在"Safe by Wire Plus"联盟中联合起来。该联盟的一个联合产品是 ASRB 2.0（汽车安全约束总线）［ISO 22896］。

这种带有集成电源的双线总线最突出的特点是它的冗余设计，两个子总线并行运行。对于逻辑 0，11V 的静态电压在半个位时间内降至 6V，对于逻辑 1，半个位时间内降至 3V。安全气囊的点火指令是由一个较高的电压水平发出的。有一个主要的问题是，静电放电不能引起点火。NXP 不仅提供了主站和从站设备，而且还通过 AU6102 提供了带 ASRB 接口的直接触发点火器的设备，其最大的数据传输速度是 160kbit/s。有两种类型的信息，用于传感器询问的 S 帧和用于诊断或触发的 D 帧。在每一种情况下，主站开始通信，从站将其数据附加到帧的末端，与 LIN 总线类似。

6.4.4 简单的传感器总线

以前提出的许多用于约束系统的总线是简单的传感器总线，也可用于其他应用，特别是 PSI5 有望征服约束系统以外的应用。现在这些都得到了来自 SENT 接口的竞争。另一个与 PSI5 有些相似的简单传感器总线的例子是分布式传感器接口（DSI3）[DSI3]，到目前为止还没有发现什么用途。

主要在通用汽车公司的推动下开发，并在 [J2716] 中标准化的单边尼布尔传输（SENT）接口的目标是将数字数据从传感器直接传输到 ECU，从而使成本比 LIN 总线更低。

除了电源线（5V）和地线外，SENT 还使用一条指定为 SENT 的信号线，通过它按照简单的协议以 30kbit/s 的传输速度传输。一个 4 位的二进制值（1 个 nibble）用一个脉冲传输，其宽度代表 0～15 之间的数值。与传统的脉冲宽度调制相比，每个单独的脉冲总是精确地编码一个值，而不考虑脉冲间隙。

6.4.5 多媒体应用总线

汽车尤其是豪华车中，半导体芯片的数量和种类都增长很快，现在往往需要合适的总线系统传递音频数据，甚至压缩视频数据。这些数据的可靠性要求不如 FlexRay 高，但却需要很高的数据传输速度，以下为几个数量级举例：

1）音频（压缩）：高达 500kbit/s。
2）音频（非压缩）：高达 4Mbit/s。
3）视频（压缩）：高达 12Mbit/s。
4）视频（非压缩）：高达 50Mbit/s。
5）视频（高清）：高达 400Mbit/s。

数据的延迟却并不是特别重要，例如进行视频传输时，有 50ms 的延迟是无关紧要的。但是需要注意的是，数据的延迟需要在传输过程中保持稳定，否则图像会卡顿，声音会不流畅。

能满足非压缩视频传输速度要求的，在欧洲是已经广泛使用的 MOST 总线，在亚洲则是 IDB 1394。初期奔驰公司的 D2B（Digital Databus，DDB）系统已经不再被采用了，但这个系统的很多特点被融入 MOST 中。德尔福的 MML（Mobile Multimedia Link）尽管传输速度高达 100Mbit/s，但未能广泛应用到市场上。用于个人计算机和家庭娱乐电子产品的 HDMI（高清多媒体接口）标准最近也被整合到汽车上，并对插接器进行了修改。

除了总线，高带宽的点对点连接也偶尔被用于多媒体领域，它以更简单的协议进行管理，如专有的 GigaSTaR 系统［inova01］。

1. MOST

MOST（Media Oriented System Transport）［MOST07］最初使用光纤传输，传输速度达到 25Mbit/s（MOST25），但光纤在弯曲度大时容易损坏。后来光纤被电导线代替，传输速度也达到了 50Mbit/s（MOST50）。2007 年推出的 MOST150 再次采用了光纤，而且可以搭建车载局域网。

光纤 MOST 的形式为环形回路，每一个电控单元都有一个光学输入（集成逻辑功能的光电二极管）和一个光学输出口（集成驱动 IC 的红色发光二极管）。环形回路不是闭合的，而是由一个电控单元的输出到相邻电控单元的输入之间的光纤段所组成，如图 6.27 所示。输入和输出通过同一个插接口来进行。

图 6.27 光学环形回路

一个设备，即定时主站，决定了系统的时钟。为了便于从信号中获取时钟，MOST 以曼彻斯特码传输信号，该码在每个位的中间都有一个边沿。在 MOST 的许多应用中，每秒传输 44100 个数据帧，这相当于音频 CD 的采样频率 44100Hz。MOST 总线数据为循环的数据块，每一个数据块由 16 个数据帧组成。每一帧中含有 15 个 4 位字节块，称为四分体。除了几位格式信息位之外，每一帧中还含有一个同步数据块，例如用来传输稳定的视频图像，以及一个异步数据块，用来传输一次性的大数据量（例如从 DVD 上向导航系统中读取地图信息）。两个数据块之间的界限，也就是边界描述符（Boundary Descriptor）可以根据需要进行移动，如图 6.28 所示。

每个设备都具有一定的功能，预设成相应的目录组，例如集成了放大器的调频器，其功能为"调频器"和"放大器"，除此，每一个 MOST 设备都具有网络管理功能。目录组由生产商根据设备的属性来制定。在此可以看出，面向对象的编程方法对网络结构也产生了影响。

对于制造商限制所有者访问的媒体，MOST 提供在娱乐电子产品中被广泛使用的复制保护系统 DTCP（即数字传输内容保护）和 HDCP。

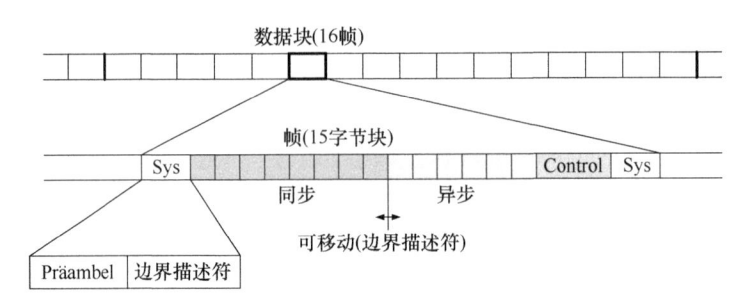

图 6.28 MOST 总线的帧结构

2. IDB 1394

IDB 1394 来自于串行总线［IEEE 1394］。IDB 代表工业协会"IDB Forum"，这个协会推动了 IDB 1394 总线在汽车行业的应用。总线既可采用光纤，又可采用导线来搭建。此外，总线设计了用户接口（Consumer Convenience Port，CCP），兼容日常的 IEEE 1394 接口，以方便用户使用外接设备，比如 MP3 播放器等。

6.4.6 以太网

以太网是办公室或家庭环境中计算机互联网的现有标准，近年来也在工业上广泛应用，部分取代了 Profibus 等经典工业现场总线。类似的发展是否即将在车辆中出现？从技术上讲，这是可能的，但汽车行业传统上不愿意采用并非源自其自身部门的技术，特别是由于已经有许多用于不同汽车应用的总线系统。

根据图 6.5 所示的层结构，以太网涵盖了两个底层（物理层和数据链路层）。与典型的汽车总线系统及其精简的协议相比，它与网络层、传输层以及所有的更高层（会话、表现和应用层）结合使用。互联网协议（IP）几乎总是作为网络层使用，传输控制协议（TCP）作为传输层被使用。这种组合被称为 TCP/IP。与 TCP 类似的也有用于车辆的协议，即用户数据报协议（UDP）。

新型以太网与许多汽车总线以及早期的以太网变体的另一个区别是，它没有使用 CSMA 程序进行访问，即有意识地接收与解决冲突的策略有关的访问冲突。相反，它的连接通常是无冲突的切换。

从目前的发展来看，带有协议栈的以太网最受关注，因为它也被用于固定数据网络，最初被用作诊断测试仪（互联网协议诊断，DoIP）［ISO 13400］的连接，并在多媒体应用中使用音频视频传输协议（AVTP，根据［IEEE 1722］）。由于排放相关设备的诊断受法律管制（OBD，参见第 8.4 节），而且不希望对受管制的排放诊断和不受管制的诊断采用不同的标准，因此如何立法仍有待观察。对于较新的货车的 OBD（WWH-OBD，参见第 8.4 节），除了 CAN 总线，DoIP 已经被允许应用；对于非法规相关的诊断，决定权在制造商。原则上，无线局域网技术（WLAN）也可应用于诊断，但必须消除误用的可能性。以太网相关协议的另一个应用，是根据［ISO 15118］与电动汽车充电站的通信。然而，为了缩短车辆和充电站之间的线路，这里没有使用以太网布线；相反，数据被调制到充电电流的线路上。在这种 IP 通过电力线的特殊情况下，联网程序一般被称为可编程逻辑控制器（Programmable Logic Controller，PLC）。

以太网可用于不同的数据传输速度通信，最高可达 10Gbit/s。根据 AEC Q100［AEC］，满足汽车可靠性要求的以太网组件，目前已经可以使用 100~1000Mbit/s 的数据传输速度。

对于 DoIP，使用的是 100Base-TX（每个数据方向一对双绞线，传输速度为 100Mbit/s）。

对于其他应用，一个名为 BroadR-Reach（以一个有贡献的制造商命名）的汽车以太网硬件，也被称为 OABR（开放联盟 BroadR-Reach），正在逐渐建立。它基于一条传输速度为 100Mbit/s 的双向双绞线［opensig］。BroadR-Reach 在物理层上使用三电平脉冲振幅调制（PAM3）。以太网的优势体现在预期的成本低，最重要的是可能达到的预期数据传输速度很高。IEEE［IEEE 802.3bw］定义了一个与 OABR 几乎相同的标准，其名称为 100Base-T1，可以通过线路［IEEE 802.3bu］补充电力。这一命名是基于以太网非汽车物理层的通常命名，其中数字 100 代表传输速度（单位为 Mbit/s），字母 T 代表传输介质为"双绞线"。具有相同数据传输速度的常见非车载变体是 100Base-Tx（也是双绞线）和 100Base-Fx（光纤）。

供应商正在为 1000Mbit/s 的数据传输速度做准备，相应的标准 1000Base-T1 也来自于 IEEE［802.3bp］。

对于 DoIP 和多媒体以外的应用，可扩展的面向服务的中间件（Scalable Service-Oriented Middleware over IP，SOME/IP）正在建立。以 CAN 为例，控制设备为总线上的所有接收器提供数据，而以太网的寻址数据则很常见。这意味着，有必要组织哪个接收方提供哪些信息，以及何时提供。这些任务是由 SOME/IP 完成的。

6.4.7 无线网络

无线网络（似乎不符合总线这个主题）在多媒体中得到了应用。一个例子为免提通话系统，通过 2.4GHz 以上的无线电频率和蓝牙设备［BltSIG］进行连接。

直到今天，无线网络的应用仍然很有限，因为无线信号会产生干扰，在一些应用中要注意窃听等安全性问题；一些顾客也会考虑到电磁波对健康的影响，尽管设备的发射功率远远低于手机。

6.5 实践方法

下面以图 6.3 中的通信为例，以 CAN 总线为基础讲述如何开发一条总线系统，其他的总线系统会略有不同，但基本方法类似。

一般来说，整车厂设计整套系统并制定规范，而零部件供货商则负责电控单元的研发，并且提供满足规范的通信接口。供货商并不关注总线上节点之间具体如何通信。CAN 总线整个通信结构的描述（K 矩阵，K-Matrix）并没有标准格式。对于时间触发的协议，例如 FlexRay，计划和分配时间切片占用很大一部分工作量。

接下来，对 CAN 信息所交换的变量进行总结。浮点数一般采用 2Byte，当要求不同时，也允许采用 1Byte。当每个 CAN 信息含有 8Byte 时，可以传输 4 个浮点变量。我们假设图 6.3 中的所有信号都为 2Byte，只有档位、发送请求和许可是 1Byte。虽然发送请求和许可可以用 1 个数据位便可以描述，但 CAN 只允许最少使用 1Byte 来传输信息。对应图 6.3 的 K 矩阵表 6.1。

表 6.1 对应图 6.3 的 K 矩阵

帧名称	来源	帧标识（ID）/信号	长度/Byte	数值	分辨率
Frame_v_EDC	柴油发动机电子控制	ID = 100	—	—	每 5ms
		n	2	0~10000r/min	
		驾驶员意愿	2	0~100%	
		制冷剂温度	2	−40~140℃	
		负载	2	0~100%	
Frame_v_Getriebe	变速器控制	ID = 200	—	—	每 5ms
		档位	1	0~5	
Frame_v_FDynReg	汽车动力学	ID = 300	—	—	每 5ms
		汽车行驶速度	2	−50~250km/h	
		发动机转速最低值	2	同 n	
		发动机转速最高值	2	同 n	
Klima_Anfrage	空调/暖气	ID = 901	—	—	起动电磁离合器之前
		许可	1	Bit 0 = 1 Bit 1~7 = 0	
Klima_Freigabe	柴油发动机电子控制	ID = 900	—	—	发送请求之后或者发动机电控单元断电时
		许可	1	Bit 0 = 1 Bit 1~7 = 0	

对于其他总线系统（例如 LIN），系统格式的描述已经标准化了。标准化的表述有利于零部件供货商和整车厂之间的合作。ASAM 推出了独立于总线系统的标准化格式 FIBEX（Field Bus Exchange Format），并且在 FlexRay 中已经得到了应用。

制作样品和测试需要逐步进行。在开发周期最开始，供货商并不能得到一辆整车，而是需要首先在实验室中对电控单元通过总线连接。除了自己开发的产品，零部件供货商一般并不能获取其他电控单元，这也增加了调试和其他电控单元通信接口的难度。

为了解决这个问题，通常在硬件搭建之前，先通过仿真的方法（图6.29中的第Ⅰ阶段）来进行测试。整车厂想要尽快得知，整个系统是否可行，以便尽早识别一些问题，例如多次显性的标识位、错误的优先级或者过载现象。仿真不能只模拟电控单元产生和发送信号，当信号的发送过程也取决于外部条件时，往往需要将外部条件也纳入智能仿真之中。电控单元通过传感器检测的信号，会传送给另外一个电控单元触发执行器，执行器所触发的物理信号强度，可能和传感器信号相比有数量级的区别。当电控单元之间的通信很重要时，设备之间要进行互联。零部件供货商所进行的仿真，往往只局限于测试所提供的电控单元在总线中的功能，而不足以详细地对电控单元之间的接口和通信进行仿真。

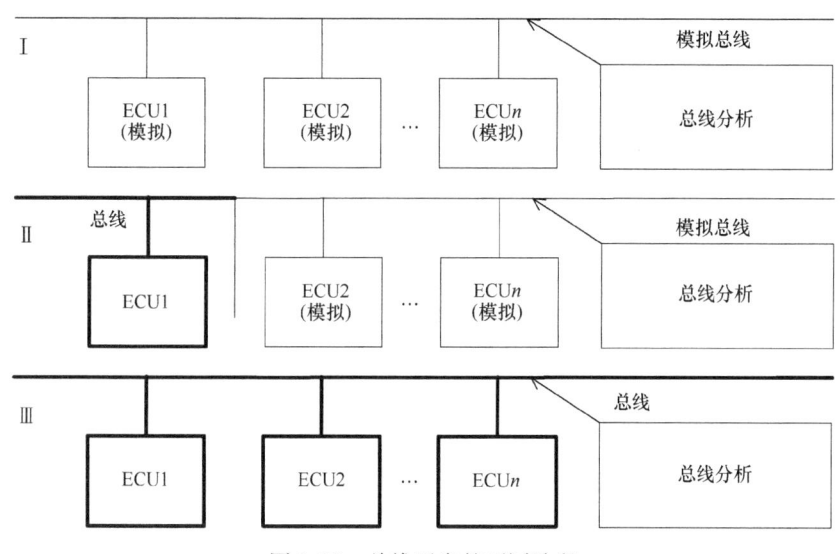

图6.29　总线开发的不同阶段

当一些电控单元已经有了可供测试的样品时，这些样品可以逐渐取代相应仿真模块（第Ⅱ阶段）。剩下的总线部分仍然需要依赖仿真。

直到第Ⅲ阶段，一般都是在量产之前，总线系统才会完成。这时，仿真工具的作用只剩下数据采集和分析，在少数情况下也可以发出特定的测试指令。通过对比数据库和描述文件，数据信息可以对照K矩阵而生成，内容可以用明文发送。表6.2列举了德国的一些开发工具供应商（按字母排序）。由于大多数仿真工具都不能对整条总线进行模拟，仿真服务所用的方法以及针对的对象也有很大的不同。

表6.2　德国的一些开发工具供应商（按字母排序）

公司名称	网址	总线（限于汽车应用）
agostec GmbH & Co. KG, Melle/Osnabrück	www.agostec.de	CAN, LIN
Condalo GmbH, Lichtenau	www.condalo.de	CAN, MOST
GÖPEL electronic GmbH, Jena	www.goepel.com	CAN, LIN, MOST

(续)

公司名称	网址	总线（限于汽车应用）
Ixxat Automation GmbH，Weingarten	www.ixxat.de	CAN，LIN，FlexRay……
PEAK-System Technik GmbH	www.peak-system.com	CAN
Softing AG，Haar	www.softing.com	CAN，LIN，FlexRay，MOST……
Vektor-Informatik，Stuttgart	www.vektorinformatik.de	CAN，LIN，FlexRay，MOST……

注：省略号表示产品也支持其他的协议。

参 考 文 献

[AEC] Automotive Electronics Council: Homepage unter http://www.aecouncil.com (16.10.2020)

[ATZ06] E. Markus, H. Randoll, M. Knauer: „Aktuelle Entwicklungen bei Motorsteuerungen", ATZ elektronik 1/2006, S. 8–15

[Baehren12] Thomas Baehren, Udo Schulz, Christian Ohl, Juergen Moessinger, Dirk Daecke, Juergen Bonfert, Carsten Scholten, Benjamin Glas, Andreas Kneer: „PSI5 in Powertrain", SAE Int. J. Passeng. Cars – Electron. Electr. Syst., Band 5, 2012, S. 501–512

[BltSIG] Homepage der Bluetooth Special Interest Group, https://www.bluetooth.com (06.09.2018)

[Bock11] J. Bock: „Weiterentwicklung des PSI5 Sensorbus für Applikationen im Bereich Powertrain und Chassis", 31. Fachtagung Elektronik im Kraftfahrzeug, Essen, 8.–9. November 2011

[Bosch91] Robert Bosch GmbH: „CAN Specification", Version 2.0, Stuttgart, 1991

[Bosch96] Robert Bosch GmbH, Unternehmensbereich Blaupunkt: „Mobile Communication Architecture MCNet Layer Definitions, Services and Protocols", Version 1.0, August 1996

[Bosch12FD] Robert Bosch GmbH: „CAN with Flexible Data-Rate, Specification", Version 1.0, 17.04.2012

[Cena99] G. Cena, A. Valenzano: „Overclocking of controller area networks", IEEE Electronics Letters, Band 35, Nr. 22, 1999, S. 1923–1925

[CiA…] → siehe Normenverzeichnis

[DSI3] Homepage DSI-Konsortium http://www.dsiconsortium.org (06.09.2018)

[Etschb09] K. Etschberger: „Controller-Area-Network. Grundlagen, Protokolle, Bausteine, Anwendungen", Hanser, München, 3. Auflage, Oktober 2009, ISBN 978-3446217768

[GrzvdW05] A. Grzemba, H.-C. von der Wense: „LIN-Bus: Systeme, Protokolle, Tests von LIN-Systemen, Tools, Hardware, Applikationen", Franzis, München, Januar 2005, ISBN 978-3-772-34009-3

[HarBas99] Florian Hartwich, Armin Bassemir: „The Configuration of the CAN Bit Timing", 6th International CAN Conference, Torino, Italien, November 1999

[IEEE…] → siehe Normenverzeichnis

[Infineon03] Infineon AG: „C167CR Derivatives, User's Manual", V3.2, Mai 2003

[Intel96] Intel Corporation: „82527 Serial Communications Controller Architectural Overview", Januar 1996, Intel-Publikation 272410-003

[inova01] inova Semiconductors: „Application Note, Parallel Interface", 2001

[ISO…] → siehe Normenverzeichnis

[J…] → siehe Normenverzeichnis

[LIN10] Lin Consortium: „LIN Specification Package", Revision 2.2 A, Dezember 2010

[MOST]	Homepage MOST Cooperation, http://www.mostcooperation.com (16.10.2020)
[opensig]	OPEN Alliance SIG, http://www.opensig.org (16.10.2020)
[PSI5]	PSI5 Organization: „*PSI5 Technical Specification*", Version 2.3, Februar 2018, kostenlos verfügbar unter http://psi5.org (16.10.2020)
[Sommer13]	S. Sommer et al.: „*RACE: A Centralized Platform Computer Based Architecture for Automotive Applications*", 2013 IEEE International Electric Vehicle Conference, IEEE, 2013
[TanWet12]	A.S. Tanenbaum, D. J. Wetherall: „*Computernetzwerke*", Pearson Studium, 5. Auflage, 2012, ISBN 978-3868941371
[TieSch19]	U. Tietze, Ch. Schenk, E. Gamm: „*Halbleiter-Schaltungstechnik*", Springer, 16. Auflage, 2019, ISBN 978-3-662-48553-8
[TTPTUW]	TU Wien, https://ti.tuwien.ac.at/cps (16.10.2020)
[Unger96]	H.-G. Unger: „*Elektromagnetische Wellen auf Leitungen*", Hüthig, Heidelberg, 4. Auflage, 1996
[UnMaKa90]	J. Unruh, H. J. Mathony, K. H. Kaiser: „*Error Detection Analysis of Automotive Communication Protocols*", SAE International Congress, Detroit, 1990
[ZimSch14]	W. Zimmermann, R. Schmidgal: „*Bussysteme in der Fahrzeugtechnik, Protokolle und Standards*", Springer Vieweg, Wiesbaden, 5. Auflage, 2014, ISBN 978-3-658-02418-5

第7章 硬　　件

7.1 电控单元结构

　　针对不同的应用，电控单元的种类繁多，但基本的原理和构造却大同小异。电控单元的基本原理图如图 7.1 所示，虽然不同的电控单元在功能上有很大的不同，但每种电控单元都有一个中央运算单元。在 20 世纪 70 年代的电控单元中，复杂的功能都只能由模拟电路开关来实现，这种情况在如今已过时。电控单元的作用是将传感器检测到的信号进行处理，并根据合适系统的情况，例如通过控制算法控制执行器的运行。为了达到这样的目的，针对前端传感器以及后端执行器的接口电路，都应该被优化，集成在电控单元内部。出于经济考虑，不同的传感器和执行器也要求达到统一的标准（模块化原则），但是，总有特殊的传感器和执行器，需要专用的配套控制电路。在前面的章节里我们已经提到，电控单元中也存在连接其他电控单元或者外部设备的通信接口，例如 CAN 总线收发器。这些接口会经常在设备研究和开发的过程或者售后服务中用到。另外，每一个电控单元都有内部基础架构，比如电源供给或者数字时钟脉冲等。下面我们将详细介绍这些功能模块。

　　图 7.1 所示的原理图描述了电控单元的基本原理，图 7.2 所示为柴油发动机电控单元内部结构示例。

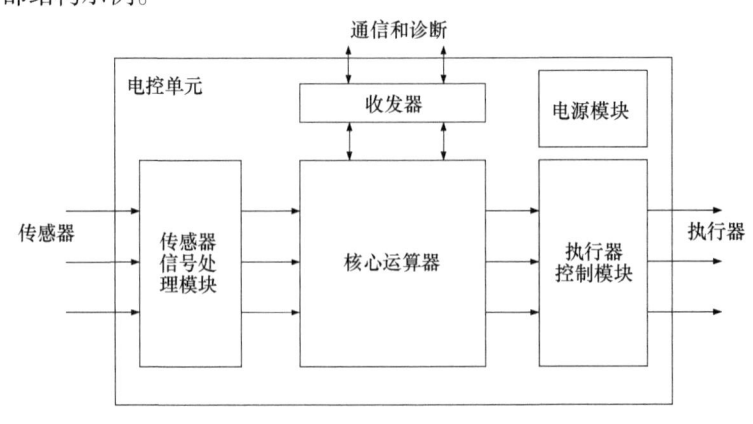

图 7.1　电控单元的基本原理图

图 7.2　柴油发动机电控单元内部结构示例

7.1.1　核心运算器

尽管电控单元的核心运算器和个人计算机的核心运算器很多相似之处,但两者仍然有很大的区别。图7.3所示为基本计算机核心运算器的示意图,包括电源模块(U)、晶振(f代表时钟振荡器)和监控模块。无论在汽车电子还是在个人计算机中,电源模块和振荡器都是核心运算器中不可缺少的部分。一个明显的区别在于监控模块,特别是在与安全性有关的汽车电子电控单元中,监控尤其重要。当出现死机的情况,核心运算器要能够自动执行重新启动,或者自动启动其他措施,例如关闭相关的系统模块等。

另外,与任何其他计算机一样,核心运算器也具有中央处理器、存储器以及连接二者进行数据交换的总线。如果要求不高,地址总线和数据总线可以组合成一条总线,交替传输地址和数据。用于选择内存模块的芯片选择(Chip Select,CS)线路可以补充地址总线。和个人计算机中的通用中央处理器(CPU)不同,电子控制单元中的嵌入式系统（Embedded Systems）使用专用的中央处理器，通常称为微控制器（Micro Controller）。

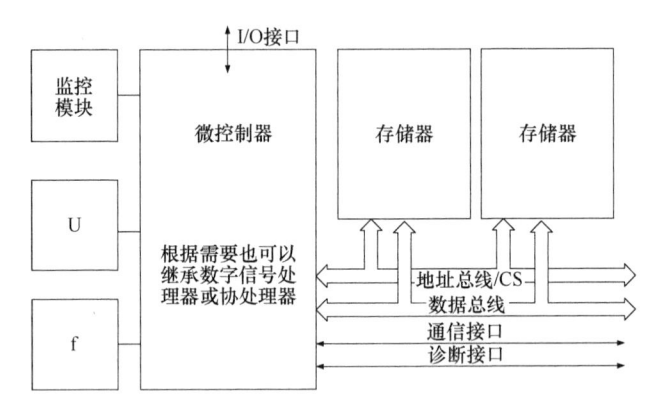

图 7.3 基本计算机核心运算器示意图
I/O—输入/输出　CS—芯片选择　U—电源　f—时钟振荡器

在嵌入式系统中，计算机不再指独立的台式计算机，而是控制设备的一部分，任务是实现测量与控制，以及对整个系统的监控。在大部分情况下，这个部分对用户来说是不可见的。例如，洗衣机的控制部分就是一个典型的嵌入式系统，每一个车用的电子控制单元，也同样是嵌入式系统。存储器模块使用随机存储器（RAM）和 Flash-EEPROM，如有需要，也可以加装一块通过串行总线和微处理器相连的 EEPROM。采用不同类型存储器的原因，将在第 8 章再详细论述。

1. 微控制器

微控制器不具有台式计算机中通用处理器的多种功能（例如处理多媒体的功能），它具有的是实现控制和调节的基本功能，例如，集成模/数转换器和脉冲宽度调制输出，32 位微控制器及其外设示意图如图 7.4 所示。微控制器可以通过外部的或者内部集成的数字信号处理器（Digital Signal Processor，DSP）来进一步完善，以便更适合数字信号的处理和优化。和通用处理器一样，微控制器也通常缩写为 CPU（Central Processing Unit）。几个典型的车用微控制器见表 7.1。对微控制器的效率和价格的判断标准，是数据总线的带宽，也就是说，微控制器可以并行传输数据的位数。在一些情况下，控制器的内部总线比外部总线的带宽要大。现代的控制器可以拥有多个内部总线。内部总线的带宽也代表了在执行一次运算的过程中，可以被并行处理的数据的位数。

另外，微控制器的效率也取决于执行一个指令所需要的时钟脉冲数目。除了一些复杂的命令（如除法），现今的控制器都可以在每个时钟脉冲完成一条指令。微控制器的运算速度和时钟脉冲的频率成正比。许多微控制器中含有多个内核，通常情况下，每个运算器都会制定专用的运算任务。虽然微处理器的性能通常以每秒浮点运算次数（Floating Point Operations per Second，FLOPS）或每秒处理的百万级的

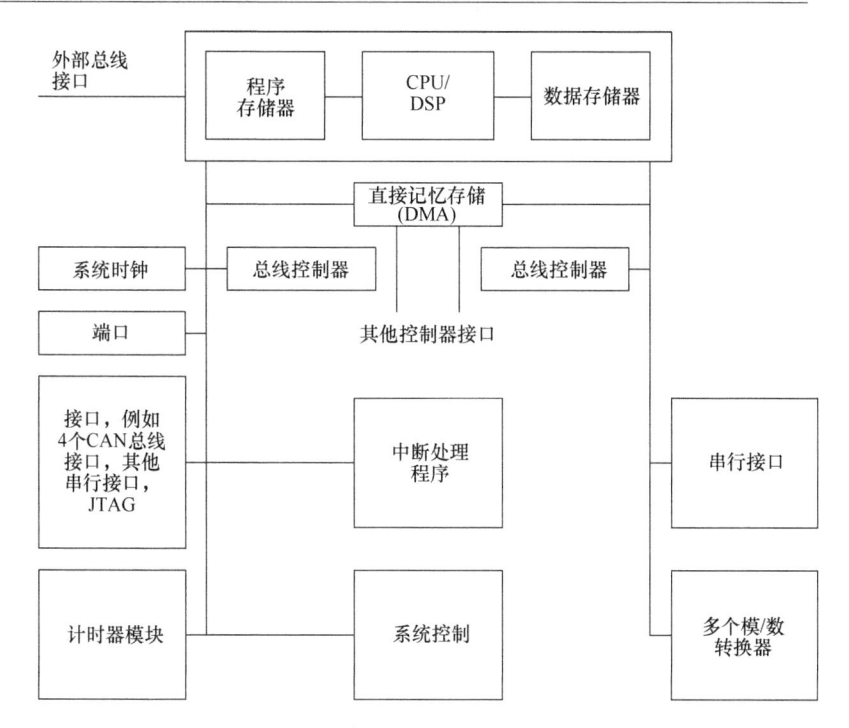

图 7.4　32 位微控制器及其外设示意图

CPU—中央处理器　DMA—直接内存访问　DSP—数字信号处理器

JTAG—用于测试和其他目的接口（参见第 8.5 节）

机器语言指令数（Million Instructions per Second，MIPS）来衡量和比较，但不能将其直接用于比较微控制器的性能。这是因为许多核心任务是由微控制器自己的硬件执行的，消除了 PC 操作系统的相当高的基本负载，此外，许多微控制器不能进行浮点运算。与 PC 处理器类似，现在使用的控制器除了 CPU，还包含多个基本硬件组件。这些多核可以冗余地用于快速并行处理或用于安全要求较高的情况。

表 7.1　几个典型的车用微控制器

总线带宽	型号	生产商	网址
8 位	8051，例如 C515C，P8XC591	不同的生产商	—
16 位	XC2200（车身/舒适性） XC2300（主动安全和被动安全） XC2700（传动系统）	Infineon，慕尼黑	www.infineon.com
32 位	PowerPC，例如： MPC 555（"Black Oak"） MPC 563（"Silver Oak"） MPC 565（"Green Oak"） "Qorivva" – Serie	NXP（曾经是 Freescale），汉堡、慕尼黑	www.nxp.com

（续）

总线带宽	型号	生产商	网址
32位	"Traveo"、"Traveo II"	Infineon（曾经是Cypress），朗根	www.infineon.com
	TriCore，例如 TC 1765（第一代，"Audo1"） TC 1796（第二代，"Audo NextGeneration"） TC 1797（第三代，"Audo Future"） TC 1724，1798（第四代，"Audo Max"） TC 2xx（多核控制器"Aurix"，在一个芯片上包含多达六个 TriCore） TC3xx（"Aurix"，第二代）	Infineon，慕尼黑	www.infineon.com
	SPC5	ST Microelec-tronics，阿施海姆	www.st.com

2. 存储器

存储器大体可以分为两类，一类是易失性存储器，也就是断电之后存储内容会丢失，另一类是非易失性存储器，也就是在长时间断电之后存储的内容也不会丢失。在一些恶劣的环境中，即使非易失性存储器也有可能在一定的时间之后丢失其所存储的内容，所以对于生命周期特别长的产品来说，非易失性存储器并不代表永久有效。

易失性存储器称为随机存取存储器（Random Access Memory，RAM）。其中，一类RAM称为静态RAM（Static RAM，SRAM），其所存储的信息通过数字触发器（Flipflops）一直保存到断电；另一类称为动态RAM（Dynamic RAM，DRAM），将信息存储在微电容器中，从而可以达到很大的数据集成密度。但由于这些微电容器的容量很小，没有专用的触发器，所以这些存储的内容，必须以毫秒级别的频率刷新，具有刷新功能的集成电路，称为刷新控制器（Refresh Controller），这也是DRAM的一大缺点。其他的存储器类型正在研发中，至今还未投入实际使用。由于DRAM实现了很高的集成密度，所以计算机技术中才用了这种技术的一种特殊形式：同步DRAM（Synchronous DRAM，SDRAM）或者它的升级产品DDR-SDRAM（Double Data Rate）、DDR2-SDRAM以及DDR3-SDRAM。由于在微控制器中，往往几千字节（kB）的易失性存储器就可以满足需要，不需要太高的集成密度，而且SRAM在不同温度下的稳定性要好过DRAM，所以和计算机技术恰恰相反，在车用的控制单元中，SRAM的应用很广泛。微控制器中也更倾向于集成专用的存储器，这样就不再需要通过外接存储器，即可实现存储功能。

控制程序和特征曲线都存储在非易失性存储器中。在个人计算机中，程序是从硬盘读取到内存（RAM）中的。不同于计算机，车用电控单元中不使用硬盘，但若使用固态硬盘，则与半导体存储器几乎没有差别。磁性硬盘存储也属于非易失性存储器的一种。但通常情况下，非易失性存储器的概念主要指的是半导体。其不仅可以持久存储控制程序和数据，而且也支持程序的运行。非易失性存储器通过专用的电路设计来实现。接电源的线代表逻辑1，接地的线代表逻辑0。这种存储模块叫作只读存储器（Read Only Memory，ROM）或者掩膜存储器（Mask ROM，MROM）。掩膜是指生产工艺，在工艺流程中的每一步，芯片都要涂上一层光刻胶，然后在模板的遮掩下曝光，这样被曝光或者未被曝光的结构就会在下一步中被化学腐蚀。当没有生产缺陷时，MROM可以永久性地存储内容。MROM可以作为独立的模块生产，也可以集成在微控制器内。由于MROM所存储的内容是在芯片设计的过程中就确定的，供货商或者汽车生产厂家不能对MROM进行改动，所以，MROM生产前期的一次性投资很大，根据不同的工艺技术可能高达几百万欧元，所以只有在产量很大的时候才可以收回投资。另外的一个缺点是，在产品开发的过程中，研发人员不能人为修改存储器的内容，所以不合适其他功能的开发。

不是在生产过程中写入内容，而是在使用前可以进行程序写入的非易失性存储器，称为可编程ROM（Programmable ROM，PROM）。在编程的过程中，半导体芯片的微观结构根据存储内容会产生一定的损伤，通过这种过程形成存储。但这种过程是不可逆的，只能进行单次写入（One Time Programmable，OTP）。

对一个非易失性存储器的内容进行删除以及重新写入，无论在研发过程中，还是在售后服务中都很重要。这样的PROM称为可擦除PROM（Erasable PROM，EPROM）。写入程序的时候不再通过不可逆的结构永久改变的方法，而是通过施加编程电压来控制浮栅晶体管［Floyd14］的闭合状态，在断开编程电压后，晶体管也会保持其状态。在紫外线照射的情况下，晶体管会断开，所以EPROM芯片上采用可以透过紫外线的石英玻璃，来删除存储器的数据。需要注意的是，来自于环境中的X射线也可能意外删除数据。

由于用紫外线来抹除数据比较耗时，作为替代产品出现了电子可擦除PROM，称为EEPROM（Electrically Erasable PROM）。EEPROM通过自身的电路进行编程(In System Programming，ISP或In Circuit Programming，ICP），不再需要专用的外置设备。由于在读写时不再需要插接口，也不需要从线路板上拆焊，因此EEPROM在汽车领域中应用广泛。由于成本因素，小容量（几kB）的EEPROM常常通过串行总线进行连接，所以也常称为串行EEPROM。能在短时间内进行读写的EEPROM称为闪存（Flash EEPROM）。EEPROM以及闪存也会被X射线意外删除，随着使用时间延长，存储器会发生老化，有失忆现象。由于汽车中应用环境的恶劣，存储器的实际使用时间常常会超出供货商所保障的生命周期。EEPROM只能被擦写一定的次数，所以并不能像RAM一样多次擦写使用。

在汽车电控单元中，经常使用闪存（独立或者集成在控制器之内）来存储软件和特性曲线的数据。在过去，闪存的容量一般为256kB。如今在功能复杂的主动安全或者动力总成电控单元中，容量通常需要达到几个MB。在需要保存一些变化数据时（例如出错存储器），还需要另外增设一块容量为1kB的串行EEPROM。

3. 运算单元的电源供给

和很多其他模块一样，核心运算器并不能由车身网络电压直接供电，而是需要5V、3.3V甚至更小的驱动电压，所以需要对车身网络电压进行变压才能使用。电控单元中不同的模块都需要使用变压器获取低电压，所以一般通过一个中央变压器来对所有的模块进行供电。

微控制器以及数字信号处理器的功率消耗可以通过一定的算法进行估算。对数字信号处理器来说，几乎市面上所有新型的芯片硬件结构都是基于CMOS工艺，其功率随着时钟频率而升高，每个时钟周期结束时进行一次电流发射，而在周期之间，功率的损耗可以忽略不计。详细的功率损耗表可以参见供货商所提供的说明书。

由于进行电流发射时所产生的脉冲会对其他模块产生干扰，所以应该对数字信号处理器和模拟信号电路分别供电。另外，微处理器正电极和负电极两端之间应该添加隔离电容，防止干扰。隔离电容本身的电感值要低（例如采用陶瓷SMT贴片电容），而且距离处理器的电路要尽量短，不然内部电感以及导线的电感会形成串联谐振电路，电容则起不到相应的作用［KAFSCD05，KAFSXC06］。使用多层电路板时（要考虑到成本因素），可以尽量使用两个相邻的导电层作为正负极为微处理器供电。这两个导电层和其间的绝缘体本身就组成了一个抗干扰性很强的平板电容。一般情况下，变压器和通信接口集成在系统基础芯片（System Basis Chips，SBC）中。

即使是在某个时间点无法在车辆中执行有意义功能的控制单元也会保持打开状态，从而消耗不可忽略的能量。目前正在探讨引入各种措施，以减少这些损失。其中一项措施被称为"功耗管理"，是指将ECU不必要的部分（如电源驱动器）关闭，而保持其他部分（如计算机内核）的活动状态。更进一步的措施是"虚假联网"，指控制单元除了通信接口外均被关闭，但仍完全参与总线通信。还有一种是"局部网络"（参见第6章），此时总线通信几乎停止，但收发机或SBC仍然可以识别具有特定位模式的消息，这些位模式是在局部网络中定义的，以便再次唤醒参与者。

4. 时钟振荡器

每一个处理器都由周期性的时钟信号触发。每一个时钟周期都会触发CPU来处理一条指令或者指令的一部分。时钟脉冲越快，处理器在单位时间内所能执行的指令就越多。当今微处理器的时钟频率一般在几百兆赫兹。但功率损耗和电磁辐射会随着时钟频率及其倍频的提高而增加［Borgeest18］。车用电控单元中所用的时钟频率为一般为几十兆赫兹，一般不使用对流散热设备（例如风扇）。

除了频率之外，时钟脉冲的精度也是一个重要的指标。高精确度的时钟脉冲可以使多个通过总线进行通信的电控单元的时钟都大致相同，以便进行精确地控制。

时钟脉冲一般通过晶振来产生，相应的电路（皮尔斯振荡器电路）［TieSch19］大多已经集成在芯片中，只有两个电容器以及石英晶振本身不能集成，而需要以分立元件的形式焊接在电路板上。当对精确度要求不高时，也可以省略成本较高的晶振，而采取成本较低的振荡器电路来产生脉冲，例如图7.8所示的电路。

5. 监控电路

使用计算机时经常遇到程序没有响应的情况，有时甚至死机。这时需要按住重启键，进行重启。但在汽车电子系统中，这种方法是不可用的。

汽车电子中需要对所采用的控制器进行监控，硬件或者软件运行出错时，监控电路需要做出相关的反应。

在最简单的情况下，监控可以通过看门狗完成。这是一个集成在控制器中的模块或功能块，它等待以特定的间隔接收特定的信号。带有内置看门狗的控制器通常有一个机器语言命令，用于从软件内部传递该信号。如果看门狗没有收到预期的信号，它会将其解释为控制器中的错误。对于复杂的 ECU，ASIC 或第二个控制器充当监控模块。通常在这种情况下实施的监控方案看起来像是监控模块定期向控制器发送来自预定义选择的一系列数据。每个数据序列包括另一个数据序列作为答案。控制器和监控模块都有一个允许的问答对应表。控制器根据提出的问题必须在特定的时间窗口内给出正确答案。最简单的监控方法为看门狗（Watchdog）。这是一个集成在控制器中的模块或功能块，方法是在一定的时间周期内，需要接收到特定的信号。集成了看门狗的控制器有自己的机器语言指令，用于从软件内部传递该信号。当看门狗没有收到特定的信号时，它便会报错。在复杂的电控单元中，需要用到特定的 ASIC 或者第二个控制器作为监控模块。这种情况下，监控模块向控制器周期性发送请求信号，控制器接收到之后，要回复应答信号。每次监控周期由这样的请求-应答信号对所组成。控制器需要在一定的时间之内回复正确的应答信号。当应答信号缺少、错误或者过早、过迟时，监控模块便会报错。

出错时，所做出最简单的反应为重启。复杂的电控单元中的监控模块，可以根据出错的类型做出不同的反应，例如中断燃油喷射、关闭或者重启控制器等。

一些电控单元的控制器也会确认监控模块是否正确运行，例如故意发送出错信息来检查监控模块能否做出正确的响应。

6. 内部总线

一些功能简单的电控单元的特点是，同一组导线可以交替作为地址总线和数据总线使用（多路总线，Multiplex Bus）。当要求高时，这两种总线需要用独立的导线分别来实现。一些控制器可以通过寄存器来设置以两条独立的总线或者一条多路总线的模式来工作。和连接不同电控单元的外部总线不同，内部总线系统都是并行总线（参见第 6 章）。

7. 可编程逻辑器件、专用集成电路和专用标准产品

并非所有的功能都需要通过微处理器以及其软件来实现——尽管这是一个最直接的解决方法，但其他的解决方法有时会更加有效。例如当所做的运算复杂度不高，但是需要处理大量的格式相同的数据时，微控制器的高时钟频率会产生大功耗，这时所产生的热量很难及时从电控单元内部耗散。而一个数字电路模块则可以在很小功耗的情况下来做数据处理。当对运算时间要求高时，通过电路硬件往往比软件方法更加高效。

微控制器的一个替代方案为数字电路。在数字电路中，运算通过硬件来实现。提到数字电路，人们往往想到需要通过很多门电路、触发器等标准元件来实现复杂的运算。但这种电路只是在老旧的仪器或者个人设计时才会用到。

对于专业的应用，有两个可以节省资源的备选方案，一个是采用可编程逻辑器件（Programmable Logic Devices，PLD），另一个是对于特定的功能设计出的复杂集成电路，称为专用集成电路（Application Specific Integrated Circuit，ASIC）。由于可编程逻辑器件也会由于内部损耗而产生热量，所以在使用之前，需要对电路的功率损耗进行校对，以便和控制器的功耗做比较。

可编程逻辑器件并不像微控制器一样通过软件来运算，而是内部连接方式可以由用户定制的数字电路。定制的过程可以是可逆的或者不可逆的。对可编程逻辑器件的"编程"，并不是编写软件程序，而是设计集成电路的布线方案。由于不是所有的集成芯片都可以手动布线，可编程逻辑器件内部的所有接线已经存在，只需要和外部电路相连。和编程类似，可编程逻辑器件采用和内存类似的技术（[TieSch19]解释了可编程逻辑器件和内存类似的寻址方式）。其和内存另一个类似的地方在于，数字电路往往不总以电路图的形式来进行描述，而更倾向于文本的方式。数字电路设计语言（VHSIC Hardware Description Language，VHDL）[IEC61691-1] 和 Verilog [IEC61691-4] 和高级的编程语言类似，所以可编程逻辑器件的开发也类似于微控制器的开发过程 [GesMah07]。在数字电路中，交换网络总是可以通过一个或门和不同的与门相连接的输入来实现 [Floyd14]。最简单的可编程控制器（图 7.5）就基于这个基本原理。

用户可以从输入线路的矩阵和与门输入端之间定义连接，如图 7.5 中的黑色方块所示。这种不可逆的可编程逻辑器件称为可编程阵列逻辑器件（Programmable Array Logic，PAL）。相似的可逆器件称为通用阵列逻辑器件（Generic Array Logic，GAL），内部连接类似于 EEPROM 的连接方式。由于通用阵列逻辑器件不能满足在汽车使用条件下长的生命周期的可靠性，GAL 只允许在实验室研发过程中使用，制造过程中必须由可编程阵列逻辑器件所代替。

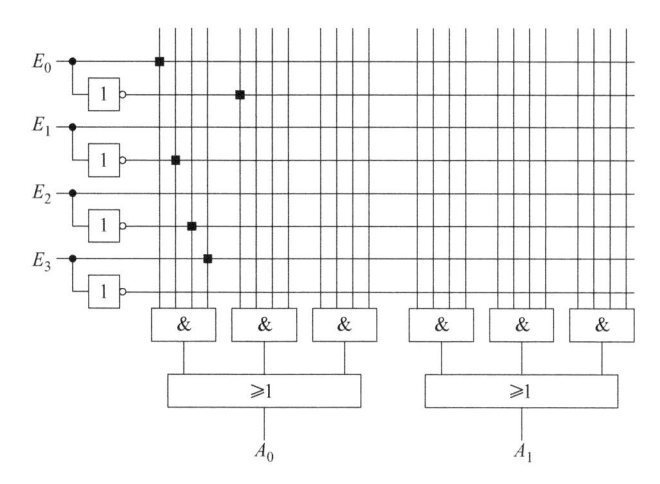

图 7.5 最简单的可编程控制器
E—输入　A—输出

如果将图 7.5 所示电路的输出端用通用触发器所代替，这样就不仅实现了组合逻辑（输出变量只取决于输入变量大小），而且也实现了顺序逻辑（输出变量取决于输入变量以及自身值），尤其是将输出变量反馈到输入变量时。很多电路内部已经集成了和输入端相结合的输出反馈。

除了图 7.5 所示的电路，一些模块的与门和输出门之间存在可编程矩阵，这种结构也称为可编程逻辑阵列器件（Programmable Logic Array，PLA）。前面所讲的可编程逻辑器件由于结构简单，称为简化 PLD（Simple PLD，SPLD）。

对 SPLD 进行编程时，需要将所有的逻辑公式以及含有触发器模块的状态转换记录在一个文件中，用到特定的软件从文件生成电路连接图，通过计算机传输至外置编程器，来对 SPLD 进行写入。一些新型的模块已经集成了内部编程器。

将多个 SPLD 集成在一个芯片上称为复杂 PLD（Complex PLD，CPLD）。其中以现场可编程逻辑门阵列（Field Programmable Gate Array，FPGA）最为灵活。某生产商也将其称为逻辑单元阵列（Logic Cell Array，LCA）。FPGA 类似于含有大量逻辑单元且可以由用户定制互相连接的 CPLD。对于开发人员来说，FPGA 提供了几百万个门电路以及数万个触发器，并且可以通过电路图，或者 Verilog、VHDL 描述语言，或者高效的汇编语言来对其进行编程。一些生产商将 FPGA 中集成特殊模块，例如微处理器核心（这让我们又通过软件进行顺序控制）、信号处理器、通信接口甚至一些模拟电路模块，包括如功率驱动器、放大器或者滤波器等。

使用 FPGA 时，其配置经常是先从 EEPROM 存储器中读取，开启相应模块时，配置信息再被读取至 RAM 中。如今，一些生产商也开始提供可以满足汽车使用的带有非易失性存储器的模块，可编程逻辑控制器的供应商示例见表 7.2。

表7.2 可编程逻辑控制器的供应商示例

供应商	网址	产品类型
Actel Corporation，von Microsemi ü-bernommen，Aliso Viejo (CA)，München	www.microsemi.com	FPGA（有些产品也集成了模拟模块）
Altera Corporation，San Jose (CA)，von Intel übernommen	www.altera.com	CPLD，FPGA
Atmel Corporation，von Microchip übernommen，Chandler (AZ)，Ismaning	www.microchip.com	SPLD，CPLD，FPGA
Cypress Semiconductor Corporation，von Infineon übernommen，San Jose (CA)，Zorneding	www.cypress.com	SPLD，CPLD，FPGA
Lattice Semiconductor Corporation，Hillsboro (OR)，Hallbergmoos	www.latticesemi.com	SPLD，CPLD，FPGA
Quicklogic Corporation，Sunnyvale (CA)，Chertsey	www.quicklogic.com	FPGA
Vantis	之前曾是 AMD 的 PLD 部门，后来被 Lattice 公司收购	
Xilinx Inc.，San Jose (CA)，München	www.xilinx.com	CPLD，FPGA

在大规模量产时，电路一般基于可编程逻辑器件研发，然后作为集成电路量产。这样的集成电路称为专用集成电路（Application Specific Integrated Circuit，ASIC）。在一般情况下，汽车零配件商将 ASIC 委托给专业的半导体公司进行开发和生产。只有在数量大的情况下，进行 ASIC 生产的投资回报率才高。一些大的零配件供货商自己开发甚至自己生产 ASIC。选择 ASIC 供货商时，首先考虑的标准是成本，但同时也要考虑其生产工艺是否已经达到汽车工业的质量要求。

当某种集成电路不针对某个具体应用进行市场化时，这种产品称为专用标准产品（Application Specific Standard Product，ASSP）。

7.1.2 传感器

装有传感器的电控单元同时也集成了测量的功能。传感器将不同的物理量转化为电信号，但这些采集的信号必须经过处理之后，才可以转化为可以操控的物理量。信号需要消除干扰，转化为处理器可以处理的二进制数字信号。由于测量变量和传感器信号通常是非线性关系，处理器需要记录传感器的测量特性，从而由测量值推测原始物理变量的大小。具体的步骤根据传感器的种类而不同，但普遍采用的流程却大同小异。总体流程的一部分步骤在传感器本身的封装壳体内完成，剩下的部分由电控单元来完成。[GevGrü06] 中对车用传感器进行了详细的论述，本书的第 10 章也将介绍某些传感器的应用，所以本节只用少量篇幅大体地介绍传感器的类型。传感器的工作原理参见［Hoffmn15］，在［Schaum92］中从更深入的物理层面上讲解了传感器工作的原理。表 7.3 展示了一些车用传感器示例。

表 7.3　车用传感器示例

示例	数字传感器 （只有两个状态）	模拟传感器 （可测量连续变化量）
电阻型传感器	开关	温度传感器、气体传感器、电子加速踏板传感器
电容型传感器	—	湿度传感器
电感型传感器	—	转速传感器
有外接电源和电压输出的传感器	带有霍尔元件的转速传感器	压力传感器、宽频氧传感器、所有集成了信号处理功能的传感器、微机电型传感器
主动传感器	—	氧传感器

1. 温度传感器

温度传感器用于测量冷却水、发动机油、变速器油、进气以及车内空气的温度。通常见到的温度传感器是随温度改变而产生一定电压值的热电偶。但由于热电偶对干扰很敏感，并且发生短路故障时诊断困难，因为即使是意外的接触也会产生热电压，很难与热电偶的预期信号区分开来。此外，热电偶与铜导体不可避免的连接也会起到热电偶的作用，因此必须以复杂的方式补偿这个不必要的热电压，所以在汽车中很少使用热电偶。热敏电阻分为两类：电阻随温度升高的称为正温度系数（Positive Temperature Coefficient，PTC）热敏电阻；电阻随温度升高而降低的称为负温度系数（Negative Temperature Coefficient，NTC）热敏电阻。固体导体的电阻率 ρ 为

$$\rho = \frac{1}{qn\mu} \tag{7.1}$$

式中，q 为元电荷；n 为单位体积内的自由载流子数（载流子浓度）；μ 为载流子的迁移率。

温度升高时，电荷载流子越来越多地从它们的键中释放出来，载流子浓度升高，n 变大。但在晶体材料中，晶格振动变大时，会导致载流子的迁移率减少。固体材料中存在这两种相反的机制，当载流子浓度增大占支配地位时（大部分半导体材料）为负温度系数热敏电阻，当载流子迁移率占支配地位时（金属以及一些半导体材料）为正温度系数热敏电阻。在掺杂硅等半导体材料中，在高于 -40℃ 的温度下，从计量学的角度来看，几乎所有不适合晶体结构的电荷载流子都已经位于导带的缺陷处（杂质耗尽），因此当温度升高时，迁移率的降低对电阻的影响远大于额外电荷载流子的释放。因此，硅传感器具有正温度系数。

如果它们的精度不够，还可以使用由铂制成的更昂贵的 PTC 热敏电阻（通常称为电阻温度计），它使用所有金属的正温度系数。铂 PTC 热敏电阻的一个优势

是，在废气中进行测量时，根据其构型不同，耐高温性能可以高达800℃。以Pt100制造的PTC热敏电阻在0℃时的标称电阻为100Ω。此外，铂PTC热敏电阻还提供200Ω、1kΩ或更高的额定电阻值。

出于成本因素，汽车中主要采用半导体负温度系数热敏电阻材料（参见7.1.3节中的举例）。这些由颗粒状烧结金属氧化物组成，并使用比金属或半导体单晶更复杂的传导机制。

还有一种陶瓷PTC热敏电阻，由于特性曲线不稳定，其只能用于开关，而不能用于测量，因此仅在该功能尚未由电机控制接管的情况下用于风扇控制单元。

2. 磁场传感器

磁场传感器很少单独用于车辆，但它们是非接触式位移或角度传感器的一部分。它们也用于速度传感器（参见第5章）。随着传动系统的电气化以及传感器技术的进步，传感器也逐渐应用于车辆，用于借助周围的磁场测量通过导体的电流（这种长期以来在其他领域被视为普遍应用的测量原理，由于其成本和尺寸问题而难以在车辆中应用，并且电磁干扰也是一个重要问题）。

线圈、霍尔元件或磁阻传感器可以用作磁场传感器的传感器元件。曾经用作磁传感器的场板如今已不再适用。

线圈通过感应电压对磁通密度的变化做出反应。其缺点之一是当磁场变化微弱时，感应电压很低，在磁场强度恒定的特殊情况下，感应电压为0。另一个缺点是其需要一定的安装空间。但它的优点是温度变化对它的影响不大。

掺杂半导体板中电荷载流子的磁偏转产生与磁通密度成比例的电压（霍尔效应[一]），因此也可以测量恒定磁场。它通常与电路集成在一个集成电路中（恒流源供电，高阻抗放大器，必要时将信号转换为数字脉冲）。

磁阻传感器根据磁通密度改变欧姆电阻，使其也适用于静电场。磁阻传感器具有两种物理效应，即各向异性磁阻效应（AMR）或越来越多使用的、更强的"巨磁阻效应"（GMR）。有关磁场传感器原理的更详细介绍，请参见［Schiessle16］。

线圈通常用作电机转速或车轮转速的传感器，霍尔元件也被越来越多地使用。而在其他应用中，霍尔元件或磁阻传感器占主导地位。

3. 机械传感器

位移和角度传感器用来测量电动机械的位置。电子加速踏板和转向角传感器也都属于角度传感器。这种传感器一般用电位计来实现，通过改变滑动触点位置而改变电阻，实现输出端电压随外部位置变化。但因为机械接触会产生磨损，所以如今更多地采用由磁铁和磁场传感器组成的无接触传感器，距离传感器利用光学或者声学（超声波）信号，可以无接触地测量汽车和前车的距离（参见第12.3.1节）。

虽然车距控制系统（第12.3.1节）需要测量汽车之间的相对速度，但汽车中

[一] 物理学家埃伯温·赫伯特·霍尔（1855—1938）。

并不使用独立的传感器测量绝对的行驶速度,而是通过车轮转数来进行间接计算。汽车之间的相对速度的测量是通过上面提到的距离传感器来实现的。

在第5章中已经提到,转速传感器用来测量发动机转速。轮速传感器也是使用相同的原理。由于光学传感器对于污染很敏感,所以汽车中只限于使用磁性传感器。

加速度传感器在动态行驶系统(第12.3节)、乘员保护系统(第12.4节)以及汽车防盗系统(第12.9节)中都有广泛应用。在动态行驶系统和汽车防盗系统中所使用的倾角仪,通过对地球重力加速度分量的测量来推算倾斜角,倾角仪也是加速度传感器的一种。当力 F 作用到质量为 m 的物体上,加速度 a 可以写为

$$F = ma \tag{7.2}$$

F 可以通过弹簧偏离中心的位移来算出。老式的加速度传感器中还有电动机械部件,当前的传感器则都是使用 MEMS 工艺制造的,并且通过附加的芯片来实现数据处理[Mesche06]。从更广泛的意义来讲,发动机爆振传感器也属于加速度传感器的一种(参见12.2.1节)。它本身利用压电效应,当发动机由于振动而产生作用力时,传感器内会产生电压信号。

单纯的力学传感器很少在汽车中用到,但加速度传感器和压力传感器中常常要用到对力学量的测量。力学传感器的一个例子为博世公司的"iBolt",它通过测量座椅的压力,从而反馈给安全气囊电控单元座位上是否有人的信息。工业上经常用的力学传感器采用固定在塑料基体上的导体,其电阻值会随着应变而变化,但这种传感器对于汽车应用来说成本太高,而且不易安装。压电陶瓷可以很好地测量作用力的变化,但却不适合静态作用力的测量。

压力传感器用来测量气压(外界气压、涡轮气压、轮胎气压、微粒过滤器的压差等)、气压的变化(侧门中的碰撞传感器)以及液体压强(直喷油压、制动液压等)。未来能直接测量发动机燃烧室的压强的传感器也将会有快速的发展。压力传感器可以测量包括从大气压强大约 1bar 到共轨系统(参见第5章)中超过 3000bar 的非常广的测量范围。传感器一般采用硅膜或者金属膜,薄膜的一侧接触被测量的压强,另一侧则为已知的参考值。对于压差传感器,薄膜两面的压强都是未知值。由于薄膜两侧的压强不同,薄膜形变时,压印或者蒸镀在薄膜上的压电结构的电阻值会产生变化。压电结构一般采用惠斯通电桥的连接方式,利用电压输入,输出的信号经过处理,便可计算出压强值。信号处理电路一般集成在传感器内部。

发动机进气管中使用流量传感器测量空气质量(参见第5章)。除了这里介绍的方法外,还有一些传感器,其中加热的铂丝构成惠斯通电桥的一部分,其对角电压被放大,从而重新调整加热电流(热线风速计[Borgeest20])。在较传统的车辆中,有传感器可以测量风道中襟翼的运动。此外,还有许多其他可能的流量测量方法。

4. 光学传感器

光学传感器可以一维地测量亮度，提供二维图像（摄像头），也可以通过光子混频器（PMD）为每个像素分配距离，从而提供三维图像信息［XuRHBR］。

一维光学传感器主要包括光敏电阻和光电二极管。通常用于车辆内部依赖于亮度的视觉效果照明系统、自动风窗玻璃和刮水器。与光源结合使用时，它们可以用作光栅，但由于车辆中存在污染的风险，光栅主要采用磁传感器而不是光学传感器的方式（例如轮速或电机转速的测量）。

车辆中光学传感器的一个应用是光缆，类似于光栅，光缆的一侧由光源供电，另一侧有一个光传感器。该系统是封闭的，因此对污染不敏感。如果在保险杠中安装了这样的光纤，则保险杠因事故引起的变形会导致光纤传输特性的变化。通过这种方式，可以检测到行人碰撞并启动行人保护系统（参见第12章）。

激光扫描仪是更先进的光学传感器。与雷达类似，它可以扫描车辆的周围环境，并通过测量光的传播时间（Time of Flight, TOF）来确定到反射面的距离。由于它们与雷达的工作原理相似，所以也被称为激光雷达（Light Detection and Ranging）。

旋转式激光雷达可以扫描很宽的范围（远超过100°，也受车辆几何形状的限制）。然而，这种扫描只发生在一维内；三维扫描仪的原型已经被提出，但尚未投入使用。它将应用于使用环境实时建图的驾驶员辅助系统或未来的自动驾驶系统。

5. 化学传感器

湿度传感器用于控制车内湿度值，避免湿度过高有水蒸气沉积在风窗玻璃上。传感器使用含有多孔电解质的电容，电容值随着湿度的增加而升高。

长期以来，针对气体传感器有很多的研发项目，但直到最近，气体传感器才大规模应用到汽车领域。最主要的应用是尾气再处理（参见5.5节）以及车内空气清洁控制（测量CO_2含量以及前车的CO排放量等）。氧传感器（或λ传感器）是专用的气体传感器（参见5.5.3节）。气体传感器从原理上分为两类，一类为通过测量气体改变电压的电位传感器（例如氧传感器），另一类为电压固定、电阻会随着测量气体而改变的非电位传感器（例如CO传感器）。在更广泛的意义上，对气体离子响应的场效应管也属于气体传感器的一种。还有一些其他的测量原理，在汽车领域没有应用，例如，通过电容的变化测量气体浓度或者利用接触某些气体会改变频率的石英晶体作为传感器媒质等。

7.1.3 传感器信号处理

1. 开关传感器

一些需要驾驶员操作的开关，在某些意义上也属于传感器。某些开关传感器不需要人手动操作，而是通过物理量的变化来控制其通断，例如发动机油压。从电子硬件开发人员的角度来看，通过人工手动操作和通过物理量变化来控制的开关传感器的原理都是类似的。

开关传感器一般位于电源供给（车身电气网络）和电控单元之间。最简单的电路是将电控单元的电源和控制器的电源直接连接。但这种连接方式有如下问题：

1）某些微控制器不能直接和车身电气网络电压相连，否则会产生损坏。

2）开关断开时，输入端的电压不确定。

3）干扰信号可以直接作用到输入端上。

为了保护控制器，一般在开关传感器上串联电阻。为了保证开关断开时，控制器的电压输入端不悬空，一般添加对地的下拉电阻。也有的开关传感器使用对电源线的上拉电阻。如果需要时，可以添加低通滤波器来消除干扰信号。

2. 电阻式传感器

电阻式传感器是传感器中最大的一类，传感器的电阻值随着测量的物理量的变化而改变。

一个简单的例子为温度传感器。车用温度传感器中使用成本较低的电热丝，其电阻随着温度的升高呈指数关系降低，如图 7.6 所示。

电阻并不是一个可以直接测量的物理量，而是需要在电阻的两端施加电压，对其电流进行测量。测量电流需要用到标准电阻，另外，施加的电压要足够高，这样在高电阻值的情况下，仍然可以产生足够大的电流值。经过分压器之后，传感器的电压随着温度的升高而降低。测得的电压信号可以由电控单元进行分析和处理，如图 7.7 所示。

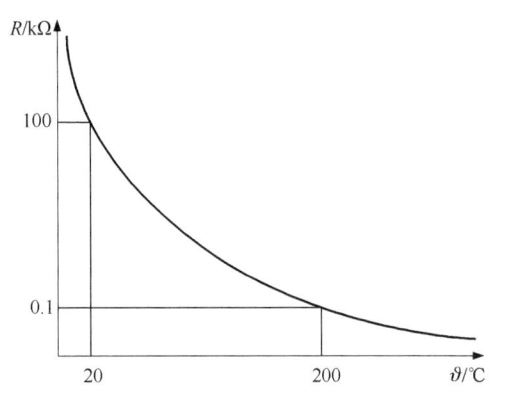

图 7.6　热敏电阻的特性曲线示意图

在这个例子中，电控单元经过串联的电阻 R_S 向传感器提供电源供给，大多数情况下，电源是强度为 5V 的电压。也可以通过电池来给传感器供电，但由于电池电压比较容易受到干扰，而导致测量电压 U_{sensor} 不准确，所以这种连接方法很少使用。

当电源电压同时给多个传感器供电时，有可能会产生电压波动，从而导致测量数据误差过大。通过采用比率测量而非绝对电压测量的方法，可以解决这个问题。这时，测量的值为传感器电压相对于电源电压的比率。在

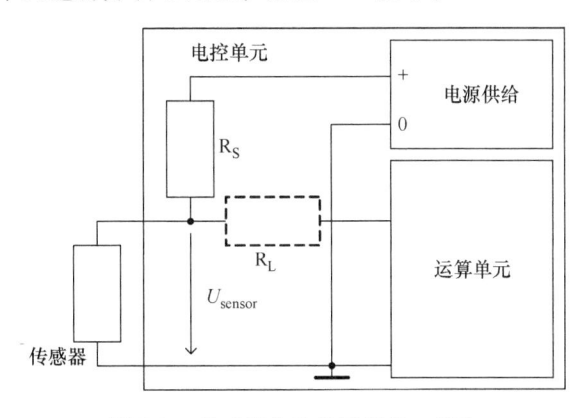

图 7.7　传感器作为分压器的一部分

实际中，电控单元需要对测量的比率进行处理，得出温度值。

测量电路中需要用到滤波器来消除干扰。在考虑成本因素的情况下，一般采用在信号线和地线之间连接电容的方式来实现。

除此之外，如图 7.7 所示，还经常添加串联电阻 R_L。R_L 同时有多种功能，例如将微控制器输入电感从分压电路中去耦、保护控制器的电压输入端以及和控制器的输入电容组成低通滤波器。

此外，还可以和传感器电阻并联一个电阻，用于使电压分压器更加精确。

3. 电容式和电感式传感器

从原理上，电抗的测量可以采用和电阻测量相似的办法，只是其电源需要是交流电压，测量电路为交流电桥。在实际中，一般采用更简单和更可靠的方法，那就是将电抗作为振荡器的一部分，通过测量振荡器的频率来计算电抗值。振荡器产生的方形波可以直接和微控制器的数字输入端相连。

两种成本低于 1 欧元的可用于电容式传感器信号测量的振荡器电路，如图 7.8 所示。

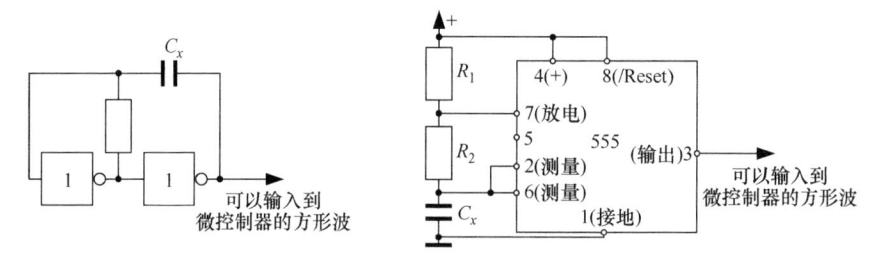

图 7.8　两种成本低于 1 欧元的可用于电容式传感器信号测量的振荡器电路［TieSch19］

4. 主动式传感器

主动式传感器的结构一般比较简单，因为其自身就可以提供电压信号。在某些情况下，需要对其电压信号进行处理，例如在电压过高时使用分压器，在电压过小时使用放大器。

5. 模/数转换器

在电控单元输入端的模拟电压首先需要转换为数字信号，才能通过软件进行处理。转换通过模/数转换器（Analog Digital Converter，ADC）来实现。ADC 有时候作为独立的模块使用，但通常由于成本原因集成在微控制器中。

例如，ADC 将从 0 到 5V 的连续模拟电压信号转化为一定数量的不连续的分量。每一个分量都对应一个二进制数。分量划分越精密，就越接近原始的模拟数值，也就是说精度越高。例如，$n=3$bit 的 ADC，能够分为 $N=2^n=8$ 个二进制数，也就是说电压信号可以由二进制数 000（十进制 0）到 111（十进制 7）来代表。电压值的二进制表示方法如图 7.9 所示，通过假想的 3bit 的模/数转换器解释其工作原理。说是"假想"是因为市面上 ADC 的精度值一般为 8～16bit。

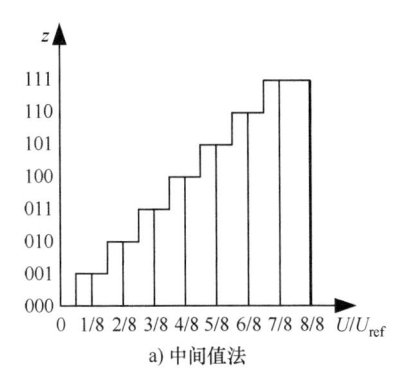

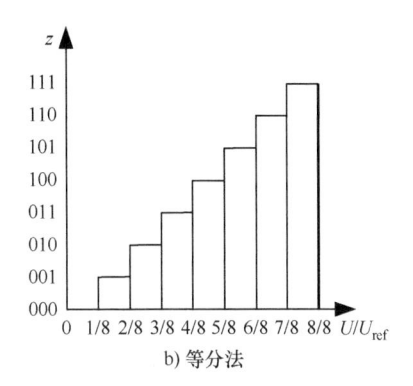

图 7.9　电压值的二进制表示方法

转换器的参考电压可以为内部或者外部电压 U_{ref}。它并不测量输入电压的绝对值[⊖]，而是测量其与 U_{ref} 的比率。如图 7.9 所示，有两种方式可以将测量的比率数字化。

图 7.9a 为非对称图。这种数字化方法将比率 8 等分，数据在等分点之间产生跳变，例如在 2/8 和 3/8 之间。在 2.5/8 这个点时，数据有可能为 010（2）或者 011（3），在 2.4/8 时为 010，在 2.6/8 时为 011。这种方法的缺点为，从 6.5/8 到 8/8 之间很宽的范围都划分给 111（7）。

一些 ADC 采用图 7.9b 所示的方法，例如，010（2）表示电压大于 U_{ref} 的 2/8。

当输入端最小电压为 0V 时，转换器采用单极参考电压。当最小电压不为 0V 时，需要同时采用最高（U_{ref+}）和最低电压（U_{ref-}）作参考电压，称为双极参考电压。当电压为 5V 时，10 位精度的 ADC 将其数字化为 1024 等份，每一份的宽度为 4.883mV。当在输入端施加最小电压时（接地或者 U_{ref-}），转换数值为 0；当施加最高电压时（U_{ref+}），转换数值为 1023。

模/数转换时，不止电压值数字化，时间轴也要数字化（采样）。通常采用固定频率的采样率，例如每隔 10ms 采样一次。除了等距采样以外，也可以按照需求进行单独采样。

在模/数转换开始之后，根据转换器的类型，都需要一定的时间来完成转换，并把数据输送至运算器。对于集成了模/数转换器的控制器，通常以发送状态位（Flag）或者采用中断的方式来表示转换结束。下面介绍比较普遍使用的 ADC 的性质和设置，更详细的介绍请参见［TieSch19］。

逐次逼近算法也称为称重法。采用这种算法的转换器最为流行，通常集成在为控制器中。这种算法采用逐次逼近寄存器（Successive Approximation Register，SAR）产生的数字量来和采样的模拟电压做比较。当数字量比模拟量小时，SAR 会

⊖ 测量时只能得出相对电压，但在很多测量任务中，这一点似乎并不明显。测量时一个重要的任务就是确定参考电压值。

产生下一个数字量，重复比较。比较过程中需要用到比较器和模/数转换器。

ΔΣ 转换器，也称为三角积分调制器，在音响技术中也称为 1 位转换器。其原理为首先对信号的大小做一个粗略的估计，然后测量估计值和测量值之间的误差，将误差进行积分。当误差过大时，转换器发生溢出。和其他类型的转换器不同，ΔΣ 转换器不产生二进制数，而是产生一系列由 1 和 0 所组成的数据流，数据流中 1 和 0 的比例类似于对模拟信号进行脉冲宽度调制。1 和 0 的比例需要在后置的数据过滤器中转换为二进制数。

并行转换器，也称为闪速模/数转换器，只需通过一步便可完成转换，是所有模/数转换器中速度最快的。它的采样率可以高达 1GHz。一系列电阻将参考电压分为 $2n-1$ 个比较值，每个比较值都通过比较器和采样电压做比较。比较信号通过数字逻辑电路冻结，直到下一次比较开始，并且将比较信号转换为二进制数值。但成本高是其最大的缺点，因为并行转换器中需要用到 2^n 个微调电阻和 2^{n-1} 个比较器。至今为止，并行转换器在汽车电子中还没有应用。

双斜率积分转换器由于需要在固定的时间间隔内对模拟信号进行积分，所以是速度最慢的一种转换器，但是其精度可以达到很高，并且抗干扰能力强，适合对转换速度要求不高但对精度要求很高的应用。双斜率积分转换器比逐次逼近转换器成本要高，但比并行转换器成本低。

将模拟信号转换为数字信号的前提是，输入的模拟信号必须在一定的时间内保持固定。慢速信号（例如温度传感器信号）一般可以满足这个要求，但对于快速变化的信号（例如加速度传感器信号），就需要将信号在转换过程中进行保持。这需要信号的采样和保持模块，在转换过程中把输入信号进行"冻结"。对于集成转换器，采样和保持模块一般也已经集成在微控制器中，对于独立的转换器，市面上可以购买到采样和保持模块的半导体集成芯片。

经常需要将多个模拟信号进行数字化转换，但从成本角度，不可能为每一个模拟量配备一个模/数转换器，所以经常将多个信号通过多路复用器（Multiplexer）和同一个转换器相连。

6. 集成芯片的传感器

从最简单的不具备数据处理能力的传感器到可以直接向电控单元提供数字信号的"智能传感器"如图 7.10 所示，并非上述的所有传感器模块都需要占用电控单元的资源。图 7.10a 所示为最简单的传感器，所采集的信号后期处理完全在电控单元中来进行。因为集中的信号处理可以节省成本，所以这种方式在汽车电子中应用非常广泛。这种方式当然也有缺点，原始的传感器信号需要经过相当长的导线才可以到达电控单元，在信号传导的过程中有可能受到干扰。采用这种连接方式的包括温度传感器或者位置和角度传感器等。

如图 7.10b 所示，在传感器端使用电子元件对模拟信号进行预处理，然后再将信号传导至电控单元。压力传感器就是采用这种方式，利用四个压电传感器组成一

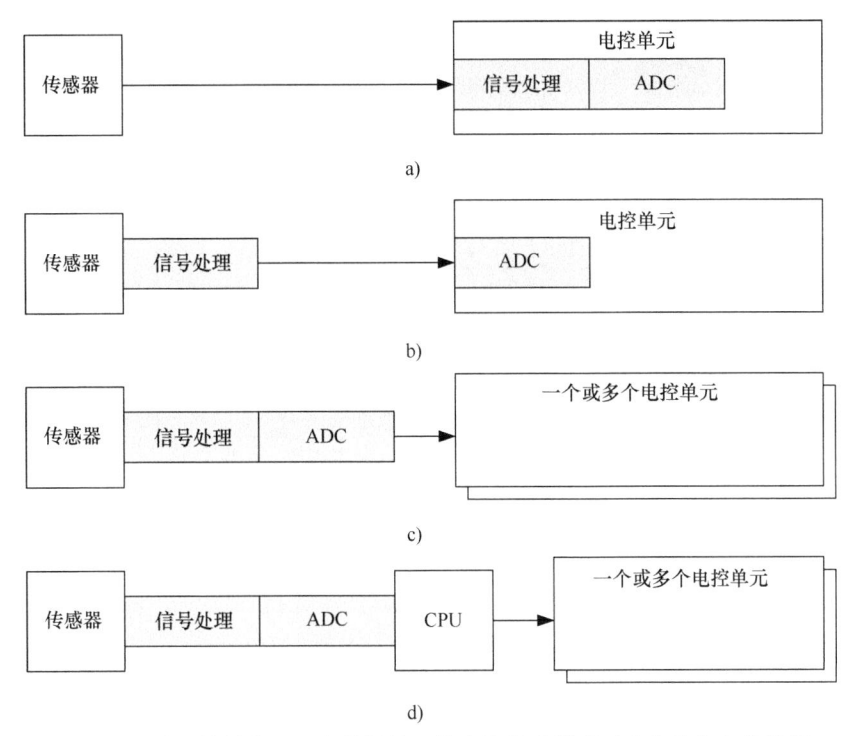

图 7.10 从最简单的不具备数据处理能力的传感器到可以直接向电控单元
提供数字信号的"智能传感器"

个惠斯通电桥,此外还集成电源模块、温度补偿模块以及信号线性化模块。

经过预处理之后的传感器的模拟电压信号,可以以其他方式进行传输,例如脉宽调制信号。经过脉宽调制之后,可以对多路传感器信号同时进行传输,例如第一路信号传输占空比,第二路信号传输经过频率调制的测量信号,第三路信号传输振幅调制的测量信号等。

经过预处理的模拟信号,可以在进行传输之前进行数字化(图 7.10c),也可以到达电控单元之后,由电控单元对其进行数字化(图 7.10d)。将信号数字化之后,多个传感器的信号可以同时进行传输,并且可以附加信息,例如错误状态信息等。图 7.11 和图 7.12 显示了具有内部信号处理和数字化功能的传感器示例。

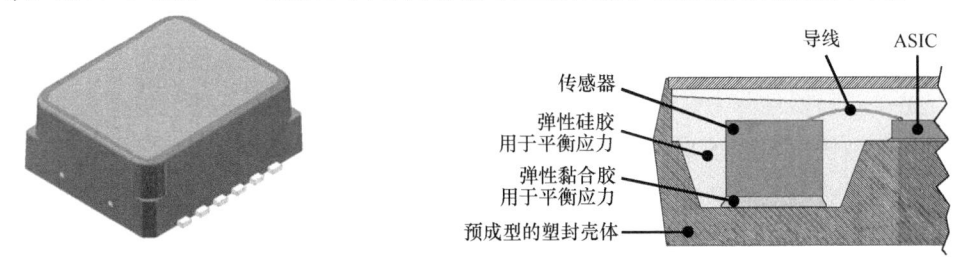

图 7.11 集成了 ASIC 芯片的加速度传感器(图片来源:VTI Technologies Oy)

图 7.12 集成了信号处理电路的力学加速度传感器示例（图片来源：VTI Technologies Oy）

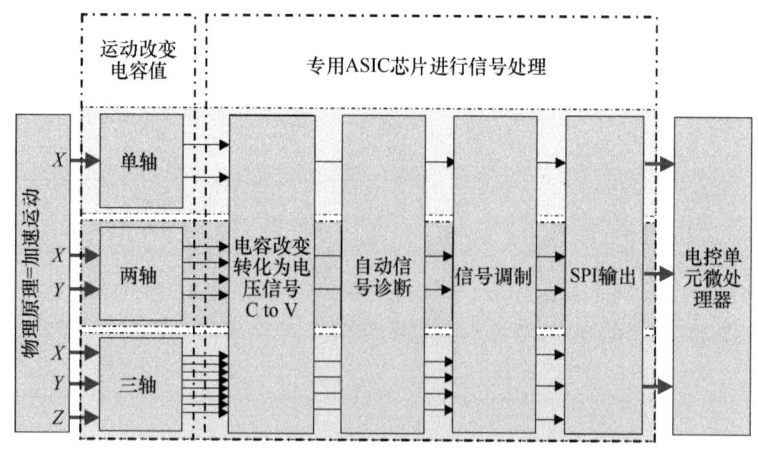

第 6 章中已经提到，汽车中优先采用数据总线进行传输。如果模/数转换器后面的传感器仍然有一个简单的控制器，可以与这样的总线通信，则该传感器信号可以提供给所有总线参与者。为此，有一些简单的控制器几乎仅用于将数字化传感器信号直接传输至各种类型的总线系统上。这些控制器称为 SLIO（串行连接 I/O）。如果仍然使用控制器，则几乎没有任何额外的成本来实现具有适当性能的其他功能。这种智能传感器可以大量生产，因此将功能集成在还包含控制器内核的 ASIC 中通常是有意义的。这样的控制器称为串行连接输入/输出（Serial Linked I/O，SLIO），为数据信号传递到总线提供接口。有些传感器本身也集成 SLIO 控制器，这样可以避免加装独立的 SLIO，不会使成本上升。这样集成了总线通信接口的传感器称为智能传感器，已经大规模量产，传感器本身就已经集成了具有控制器的 ASIC 芯片。

7.1.4 执行器控制

执行器是汽车中任务执行的最终单元。从工作原理上，执行器分为电子执行器、液压执行器以及气动执行器等。也有少数专用执行器基于其他的原理。

电子执行器又分为数字执行器和模拟执行器两种。数字执行器只有开和关两种状态，模拟执行器可以根据电压或电流值的大小做出不同的响应。

另一个分类标准是根据执行器的电子特性。汽车中的多数执行器通过电阻、电感或者二者的结合来控制。另外也有电容型执行器。表 7.4 所列为车用电子执行器类型。值得一提的是，电机属于电感型执行器的一种。

表7.4 车用电子执行器类型

类型	数字（开或关）	模拟（连续输出）
电容型执行器	报警蜂鸣器	压电喷油器
电阻型执行器	车外照明 光检测器 冷却水预加热器 爆炸装置点火器（安全气囊、安全带预紧器等）	车内暖气 车内照明
电感型执行器	三通阀	电磁阀喷油器 电磁排气再循环阀门 节流阀 电气阀门 电磁比例阀 磁流变体减振器
电机	起动机 刮水器 座椅调整系统 发动机进气装置	车内气体循环 电子助力转向
其他类型执行器	火花塞	

注：电感型执行器也具有一定的电阻，反之亦然。另外需要注意的一点是，很多"智能"执行器本身已经集成了专用控制电路，电控单元只负责传输控制命令，而不直接操控执行器。

微控制器发出的指令信号，需要由功率半导体进行放大，才能用来操控数字执行器。只有少数数字执行器（例如发光二极管）可以直接和微控制器的输出端相连。

对模拟执行器操控时，也是需要微控制器首先发出的数字指令信号，经过数/模转换，然后通过功率半导体放大，才能用来进行操控。汽车中的制动系统、发动机以及一些特殊应用（例如清洁车、叉车）等都采用液压执行器。液压执行器并不直接属于汽车电子部件，但多数是由电磁阀来进行控制的。电磁阀属于表7.4中提到的电感型执行器。第12章中我们会介绍一些具体例子。

气动执行器的特点为执行迅速。传输力的介质大多为压缩空气。由于液压制动系统不容易应用于挂车（导管连接、泄漏等问题），所以载重货车中大多使用气动制动系统。

由于制动助力器中使用低气压，所以汽车中气动执行器都是低压抽空式的。之前的低压通过发动机的进气行程来产生，如今一般都是用独立的真空泵。20世纪90年代发动机的排气再循环和节气门曾经采用气动执行器来进行控制（见第5章），如今大多采用电磁阀门来代替。随着电子技术的发展，气动执行器将逐渐被电子执行器所取代。

1. 数/模转换

根据微控制器输出的数字信号格式的不同，需要采用不同的数字信号到模拟信号的转换方法。第一种方法是，微控制器通过一个引脚输出矩形信号，通过矩形信号的占空比来做调制。第二种方法是，微控制器将数字信号并行输出，每一个引脚代表二进制数值的一位。第三种方法为，将二进制数值通过一个引脚串行输出。

第一种方法称为脉宽调制（Pulse Width Modulation，PWM）。一个信号周期被等分成255个相同的时间份额。例如，要表示一个数字127时，一个信号周期中的127个份额为逻辑1，剩余的128个份额为逻辑0。信号的占空比是 $T = 127/255$，约等于1/2。表示数字0时，信号周期中的所有份额都为0（$T = 0$）。表示数字255时，信号周期中的所有份额都为1（$T = 1$）。当要表示大于255的数时，信号周期要分成多于255个份额。

通用的微控制器通常有多个脉宽调制输出口。控制程序在寄存器（一般为8bit，有时为16bit）中写入二进制数，然后通过上面描述的占空比决定其数值。当脉宽调制输出口不足时，可以巧妙地利用计时器输出端口进行编程，也可以产生脉宽调制信号。这种应用的一个例子为微控制器C167系列［Infineon03］。

脉宽调制信号通过通用的串行导线进行传输，其优越性在于转换为模拟信号的步骤非常简单。脉宽调制信号的时间平均值为

$$U = T\hat{U} \tag{7.3}$$

由式（7.3）可知，U 也就是占空比 T 和最高电压值 $\hat{U}$ 的乘积。通过这个简单的运算便可以计算出对应的模拟信号值。在电路中，平均值可以通过在微控制器输出端集成简单的RC低通滤波器来实现。由于微控制器本身就有一定的输出电阻，所以只需要一个电容就可以实现数/模转换，成本非常低，体积也很小。需要注意的一点是，低通滤波器的截止频率需要低于脉宽调制信号的频率，但也不能太低，否则可能导致占空比的变化响应迟钝。当执行器本身有延迟时（例如电磁阀门的电感或者力学部件的延迟），平均值的计算更加简单。在这种情况下，执行器可以通过一个功率晶体管直接连接在脉宽调制信号上，不需要为模/数转换添加任何其他部件。这种连接方式在汽车技术中应用广泛。

第二种方法为并行输出二进制数据。在这种情况下，需要使用复杂的数/模转换模块来产生模拟电压。由于成本因素，这种方法在汽车工业中很少使用。电路的连接方法参见［TieSch19］。

第三种方法，也就是由控制器串行输出信号的方法，并没有合适的转换器。串行传输的方法对于总线系统来说很方便，但对于数/模转换，需要首先将信号做并行输出，才可以进行。

2. 功率半导体

汽车电子中功率半导体主要用于操控各种执行器，例如加热电阻、电磁执行器

或者小型的电机。早期使用的继电器逐渐被功率半导体所取代。功率半导体需要具备如下特性：小的损耗功率、高可靠性、低成本以及快的开关速度。功率半导体在开通和闭合的状态下并没有大的功率损耗，损耗主要发生在开关瞬间，频繁转换开关状态会造成很大的功率损耗。功率半导体分为晶闸管和晶体管两类。

（1）晶闸管

晶闸管通过小的门极电流来开启，开启之后的晶闸管在门极电流变为 0 时依然可以保持导通状态。当主回路电压（或者电流）减小并且接近于 0 时，晶闸管关断。某些类型的晶闸管（可关断晶闸管，GTO-Thyristor）可以通过施加反向的门极电流来关断。晶闸管的一个优点为开通状态下电阻值非常小，只有几毫欧，所以其导通功耗很小。缺点为成本相对较高，开关速度比较慢［Heumann96］。出于这个原因，绝大多数汽车电子中，包括混合动力汽车的变流器，都首选晶体管。少数汽车的火花塞中采用晶闸管，但是这只是极个别的情况。

（2）晶体管

功率晶体管又分为双极型晶体管（Bipolar Transistor）、场效应晶体管（MOSFET）以及结合两种技术的绝缘栅双极型晶体管（Insulated Gate Bipolar Transistor，IGBT）。双极型晶体管在导通状态的电阻非常低，MOSFET 以电压信号而非电流信号操控执行器，所以开关时间很短。在过去的几年中，随着技术的发展，MOSFET 的导通电阻 R_{on} 也在逐渐降低，MOSFET 有逐步取代双极型晶体管的趋势。IGBT 综合了双极型晶体管和 MOSFET 的技术优点，但是由于成本过高，除混合动力汽车整流器等少数设备，在汽车中没有得到广泛应用。车用晶体管在其芯片或者其封装壳体中，一般会集成附加功能，例如过载保护、自诊断以及操控信号的预处理等。人们通常会认为，将所有的电路集成在同一个芯片中会有成本低的优势，但是在制造过程中经常需要用到不同的半导体工艺。所以在某些情况下，将不同的芯片用不同的工艺生产，然后再封装到同一壳体中的方式成本反而较低。通常，多个功率半导体器件智能集成在一起，组成一个共同的功率半导体集成电路。

新的半导体材料为功率晶体管（如转换器）进一步扩展了高性能应用。混合动力驱动部件中，部分晶体管采用碳化硅代替硅材料，实现更小的损耗电压，可以用于更高的温度。同时，在当前的技术条件下，碳化硅材料还不成熟，例如，MOSFET 的门极氧化物容易老化［SinPec08］。碳化硅二极管和碳化硅场效应晶体管已经可以以合适的价格商用，但双极碳化硅晶体管和碳化硅 IGBT 的技术仍相对较新。碳化硅场效应晶体管的特性可以节省 IGBT 的资金投入［KhaDus12］。现在氮化镓（GaN）也被用于射频。

3. 控制电路

最常用的控制电路是将负载和地线相连接的低边开关（Low Side Switch），以及将负载和电源相连接的高边开关（High Side Switch）。某些应用中也采用二者相结合的方式进行连接。

低边开关通过晶体管共发射极电路连接方式来实现负载和集电极相连；在 N 型 FET 中为共源极电路接法，待切换的负载和漏极相连。为了使 N 型 FET 的一个导电沟道传导负电荷载流子（电子），晶体管需要正电压驱动。逻辑电平 FET 可以直接由微控制器的输出端驱动。

图 7.13a 所示为高边开关，作为漏极开路开关（Open Drain Switch），其中晶体管的漏极和电控单元相连。图 7.13b 所示为低边开关。

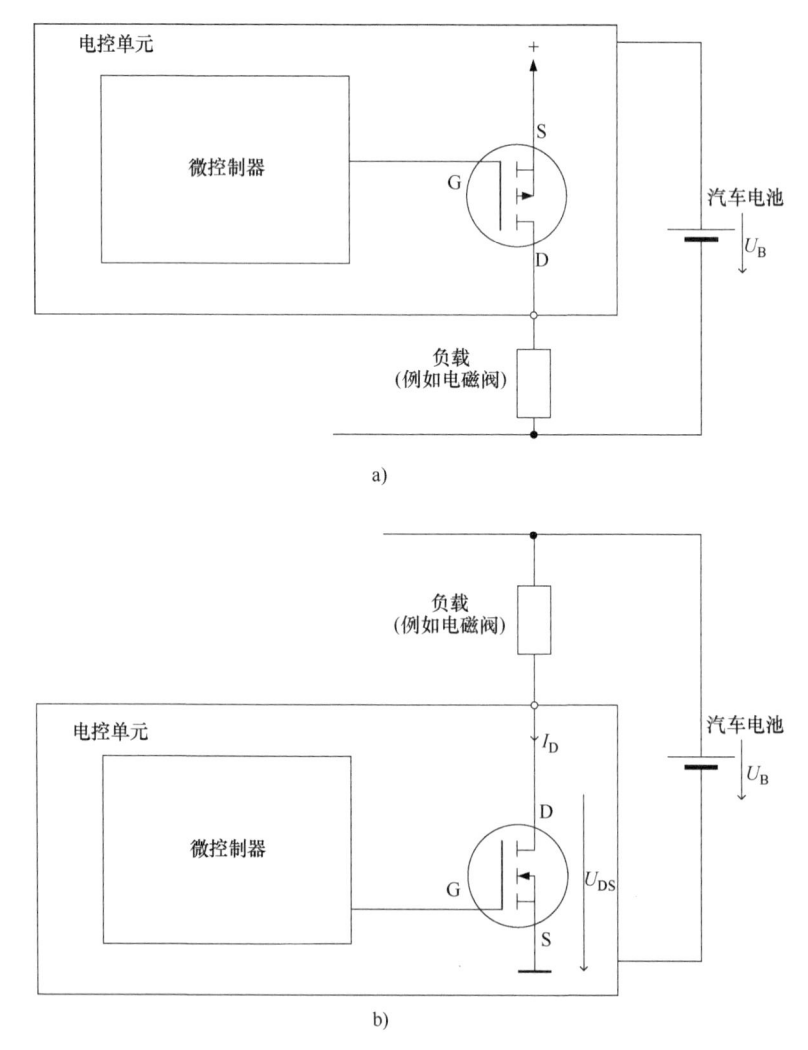

图 7.13　P 型 MOSFET 开漏电路作为高边开关（a），N 型 MOSFET 开漏电路作为低边开关（b）

当 N 型 FET 作为高边开关使用时，栅极电压要高于源极电压。这就需要电控单元将电压通过开关转换器或者电荷泵来升压（为此目的设计的集成电路如图 7.14 所示），对高边开关功率半导体器件来说，通常晶体管本身集成电荷泵

[Fraisse10]。除了通常的 N 型 MOSFET 之外，还可以使用 P 型 MOSFET，连接方式如图 7.13 所示，但需要使用负电压来操控。相同规格的 P 型 MOSFET 成本要比 N 型 MOSFET 高，而且可供选择的种类不多。总体上来说，低边开关的成本较低，但负载需要和汽车蓄电池相连，而高边开关只需要将负载接地（车身）即可，连接相对简单。

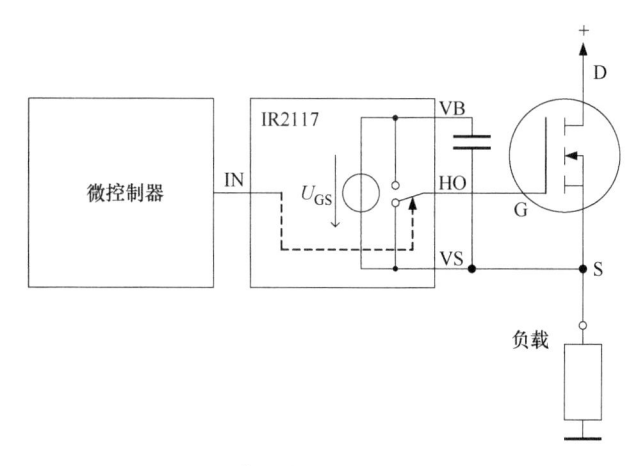

图 7.14　N 型 MOSFET 作为高边开关应用及其控制芯片 [IR07]

注：芯片给外接电容充电，当栅源电压为 U_{GS} 时，晶体管导通；当栅源电压为 0 时，晶体管断开。

高边和低边开关组合的一个示例是，通过包含低边晶体管和高边晶体管的特殊 IC 来驱动安全气囊点火器。出于安全原因，两个晶体管都必须接通。此外，可以通过测量电流监控点火器的状态 [Bosch15]。

将低边开关和高边开关相结合的连接方式称为半桥电路（Half Bridge），如图 7.15 所示。当上部晶体管闭合时，中间点的电压为正极电压；当下部晶体管闭合时，中间点的电压为负极电压。当两个晶体管都断开时，中间点的电压处于未定义的状态，最终取决于负载电路连接方式。两个晶体管不允许同时闭合。半桥电路的应用为第 4 章提到的三相电机控制，以及第 5 章提到的压电喷油器控制等。图 7.16 所示为可控电流方向的全桥电路（Full Bridge）。全桥电路不仅可以控制负载的通断，而且可以控制流经负载的电流方向，例如可以用来控制电机的旋转。

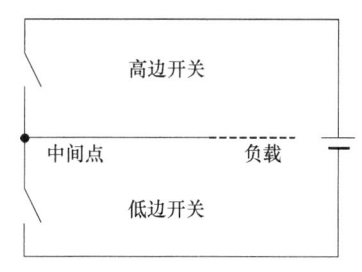

图 7.15　半桥电路

另一个全桥电路应用的例子为控制安全气囊引爆的专用 IC，其中既含有低边开关，也含有高边开关。出于安全性考虑，两个开关都需要开通才能引爆气囊。引爆器状态可以通过电桥电流值进行检测。

在共轨喷射系统中，四个气缸的电磁喷油器都通过低边开关来进行控制，两个并联的高边开关用来控制电流以及选择电流源（第5章）。如果使用压电式喷油器，控制电路更为复杂，一般需要用到升压转换器，喷油器的电容也组成变压器的一部分（谐振变压器）。

图7.17和图7.18所示为未经过低通滤波的脉宽调制信号在执行器中所产生的电压和电流时序图。如前所述，由于执行器的热学或力学延迟，执行时刻并不绝对等同于采样频率（当电压信号通过低通滤波平滑处理过之后，执行器的效用也不总是正比于施加的电压信号）。

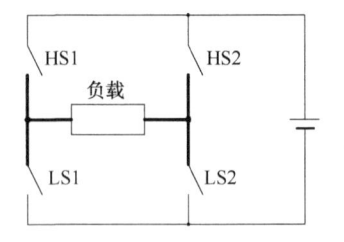

图7.16 可控电流方向的全桥电路
注：当高边开关HS1和低边开关LS2闭合时，电流方向从左向右；当HS2和LS1闭合时，电流方向从右向左。

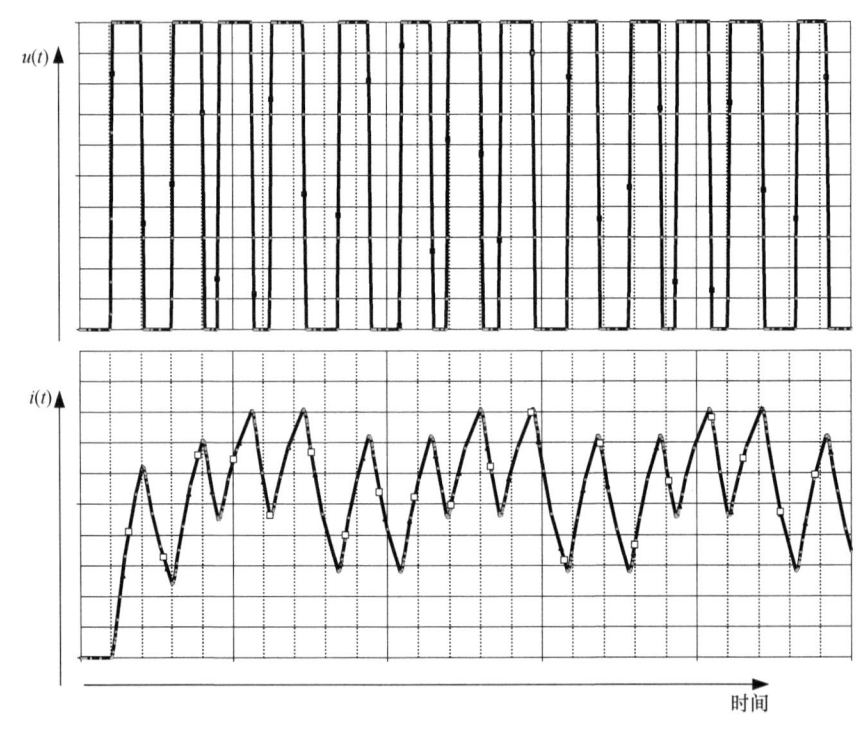

图7.17 对电感型/电容型执行器施加脉宽调制控制信号时的电压和电流时序图

电压信号在0V和最大电压之间跳跃。低边开关并不提供理想的在0V和最大电压值之间跳跃的矩形波信号源，而是在0V和"断开"状态之间跳跃。漏极开路则通过负载和电路的最大电压相连接。所以无论是低边开关还是高边开关，都可以用来产生图7.17所示的脉宽调制电压曲线。但是，当负载为电容时，由于电容不能导通电流，所以漏极开路并不能和电源电压相连接。当电容负载没有并联的电阻

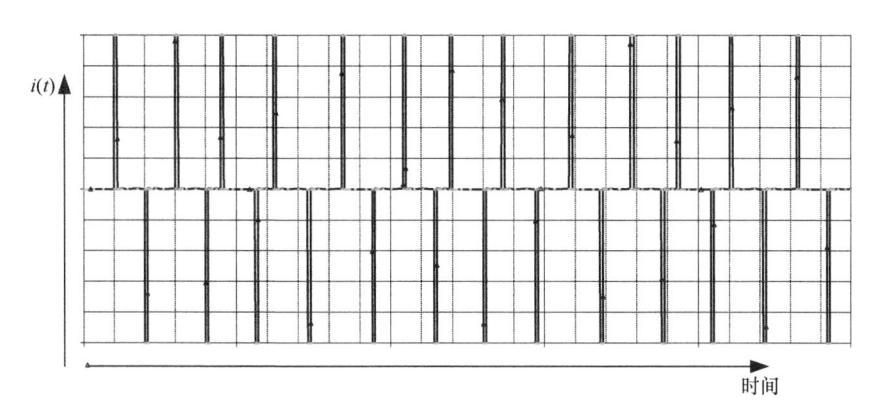

图 7.18　对电容型负载施加脉宽调制控制信号时的电流时序图

时，就不能只使用低边开关来操控，而是需要半桥电路。这种情况的一个例子为第 5 章中讲到的压电式喷油器。电容型负载的另一个问题为其针状的电流脉冲对晶体管有很高的要求，同时也有可能产生干扰信号的电磁辐射。

对电感型负载进行控制时，负载一般要和一个续流二极管并联，过载电流通过续流二极管泄流，当没有续流二极管时，开关电源所产生的高感应电压有可能对电路产生损坏。功率半导体中一般集成了齐纳二极管（稳压二极管），所以可以省略外加单独的续流二极管。

汽车中经常用到电流控制型的输出端。一个实例是使用电磁阀控制固定的流量。施加一定的控制电流时，电磁阀对应一定的流量值，这样的对应关系组成电流-流量特性曲线，用于对电磁阀的校准。图 5.5 所示的电磁阀就是一个实例。电控单元需要一定的空气流量时，便会对电磁阀施加一定的电流值。这个过程通过脉宽调制信号来实现。因为在不同的温度下，需要用到不同的控制电流来提供相同的空气流量，所以只通过脉宽调制信号的占空比并不能精确确定需要施加的电流值。在这种情况下需要对实际施加的控制电流进行实时调节（闭环控制），以使流量达到额定值。

这种情况下，需要对图 7.13 所示的电路进行修改，在漏极端添加电流测试电路。图 7.19 所示电路是修改过的低边开关的一个示例。漏极电阻（Shunt）非常小，通常介于 1mΩ 和 1Ω 之间，电阻两端的电压通过差分放大器进行测量，从而计算出电流值。

4. 后级放大器监控

汽车电子中经常需要用到集成了故障排除功能的晶体管。可能出现的故障可以分为：

1）负载损坏。

2）输出端和电源短路。

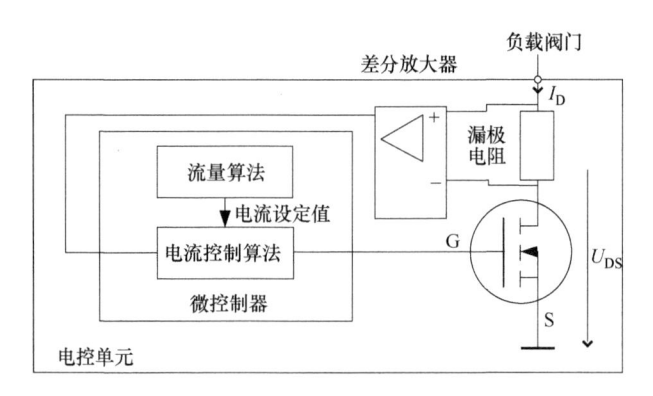

图 7.19 含有 N 型 MOSFET 的开漏电路作为低边开关及其电流控制

3) 输出端对地短路。
4) 过热。

以图 7.13 中的低边开关为例，当没有故障，晶体管出于未导通状态时，电阻两端应该没有电压降，蓄电池电压直接连接在漏极。当电阻的接触有问题出现断路时，漏极对地有高电阻。在晶体管导通时，漏极和地相连，在无故障时漏极有电流，在有故障时没有电流。其他低边开关可能出现的故障见表 7.5。

表 7.5 低边开关可能出现的故障（感叹号表示出错状态和正常状态有区别）

晶体管状态	无故障状态	负载损坏	短路 +	地线短路
晶体管导通	$U_{DS} = 0$ $I_D > 0$	$U_{DS} = 0$ $I_D = 0$！	$U_{DS} = U_B$！ $I_D \gg 0$（！）	$U_{DS} = 0$ $I_D = 0$！
晶体管断开	$U_{DS} = U_B$ $I_D = 0$	U_{DS} 未定义（！） $I_D = 0$	$U_{DS} = U_B$ $I_D = 0$	$U_{DS} = 0$！ $I_D = 0$

首先，未导通的晶体管的漏极不能用来进行误差检测，因为无论是在正常工作状态，还是在出错状态的电压都为 0。当晶体管导通时，通过测量电流大小可以计算电压降。通过测量正常电流和短路电流的区别，可以检测短路电流的大小。

当将漏极和源极之间的电压作为检测出错的标准时，导通的晶体管显示为正电压，断开的晶体管则显示为接地。为了避免晶体管断开时漏极电压的不确定值，可以在漏极和地之间连接一个大阻值的电阻。电阻值足够大时，对正常导通状态的晶体管不会产生影响。[Krüger14] 建议如果使用晶体管代替大电阻，则可以完全避免静态导通电流。

无论是通过检测电压值还是检测电流值，都可以识别断开晶体管的出错状态。

在实际中，通过检测漏极电流的诊断方式成本较高，电感式转换器或者霍尔效应传感器并未得到实际应用，所以只能通过一个漏极电阻来测量电压，但同时带来的负面作用是，晶体管的导通电阻以及功率损耗会增大。另一种选择是，通过与功率晶体管并联的内部晶体管镜像电流,在不干扰外部电路的情况下测量镜像电流。

所以,普遍采用的方式是监测电压值。通过设置并联电阻可以测量所有的出错情况,但负载故障以及接地故障只能在晶体管断开时进行检测,对电源的短路只能在晶体管导通时进行检测。由于车用的功率晶体管普遍采用脉宽调制信号进行驱动,所以在断开和导通状态之间交替转换是正常的。0:100%的占空比是不允许的,而是需要采用有足够长的信号边界的占空比,例如5%:95%,以便对可能存在的错误进行持续监控。前提条件为,执行器5%为关闭状态,95%为开通状态,否则也有可能产生错误。

高边晶体管也采用相似的表格和监控方法。

由于短路或者输出端施加过高的电压而产生的过热的情况,可以通过在晶体芯片上集成温度传感器来监测。

如上所述,上面提到的四种故障类型都可以进行监测。已经有许多车用功率输出端集成了状态输出的数字微控制器,用来精确地报告故障信息。

7.1.5 变压器

变压器,也称为开关电源,用于电控单元中将车身网络电压升高(升压器)或者降低(降压器)。

单纯为了变压,并不一定需要使用开关型变压器,而是可以使用成本较低的线性变压器。但是线性变压器的转换效率一般在50%以下,在车用电控单元中,会由于能量的损耗而温度过热。车身网络电压越高,这个缺点越明显。开关电源可以实现高达90%的效率(理论上甚至更高),但价格更高(成本限制了实践中的效率),并可能会导致电磁兼容性(EMC)问题。取决于频率,开关电源的时钟还会产生嗡嗡声或口哨声。变压器的原理简单,但实际生产中,不同的供货商都有不同的电路设计,用于优化其产品。经典的变压器参见[Kilgen92],[Schlie15]中对新型变压器做了概述。

下面介绍升压变压器的工作原理。如图7.20所示,线圈右侧的三相开关接地时,线圈L和车身网络电压U_{in}并联,线圈电流升高,引发线圈的感应磁场。线圈通过三相开关和输出连接时,电流减小,线圈的感应磁场减弱。电流对电容C进行充电,电容器两端的电压升高。这是一个开关周期。实际中使用功率晶体管来代替三相开关,晶体管可以将右侧电路接地。在线圈和电容之间增加二极管,可以在晶体管断开状态继续传输电流(也可以使用第二个开关晶体管代替),当线圈在下一个周期接地时,二极管断开防止电容放电。电容只有通过驱动负载时才进行放电,例如驱动喷油器时。

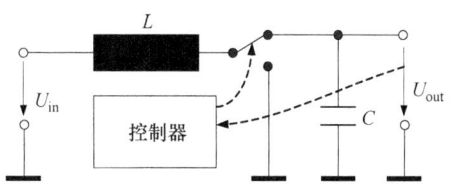

图7.20 升压变压器的工作原理

线圈的输入电流相对稳定,而右侧电路电流变化迅速。快速变化的电流会产生电磁干扰信号,所以右侧电路要尽量短,防止变压器外部的控制器和电路的其他部分受到干扰。

当线圈的电流不为零时,输出电压为

$$U_{out} = U_{in}\frac{T}{T_{out}} = = U_{in}\frac{1}{1-v_T} \tag{7.4}$$

式中,T 为一个开关周期;T_{out} 为线圈和地之间的晶体管断开的时间;v_T 为占空比,也就是开通时间占一个开关周期的比例。由于线路中没有使用不精确的元件,所以开关电源可以达到很高的精确度。式(7.4)对于晶体管开或者关的状态都是成立的。假设导通状态的电流增加量等于断开状态的电流减少量,式(7.4)在导通状态和断开状态完全等同。

控制器通过控制晶体管的导通时间(或者开关周期长短)来控制输出电压值的大小。汽车电子部件中一般不采用普通的通用集成电路,而是采用专用芯片(ASIC)来作为控制器。

理论上输出电压可以无限高,但在式(7.4)中可以看出,当占空比接近于1时,输出电压值很高,从而变得不再可以精确控制。开关晶体管也并非理想开关,本身也有信号延迟,开关转换并非在无限短的时间内完成。一般来说,14V 车身网络电压最高可以实现 100V 的升压,第 5 章中介绍过应用实例。根据经验,在实际的项目开发中,实现这个原理看似简单的变压器并不总是一件容易的任务,而是需要在电控单元的开发时间表中详细进行规划。

当使用开关电源电路转换的电压不够高时(例如控制压电式喷油器的电压脉冲需要大概 200V),需要用到成本更高的解决方案,例如电子变压器或者谐振变压器等 [Schlie15]。

当开关电源需要输出的电流很小时,电容会一直被充电直到超出额定值。在这种情况下,需要在非连续操作模式下工作,电路更加复杂,输出电压的精确度也会受到影响。在输出电流为 I_{out} 时,输出电压为

$$U_{out} = U_{in}^2 \frac{v_T^2 T}{2L\, I_{out}} + U_{in} \tag{7.5}$$

图 7.21 所示为降压变压器的工作原理。当开关向上接通时,线圈电流增加,向下接通时,线圈电流减小。由于输入电流的变化,需要采取措施防止电磁干扰。

根据 [Schlie15],连续模式的输出电压为

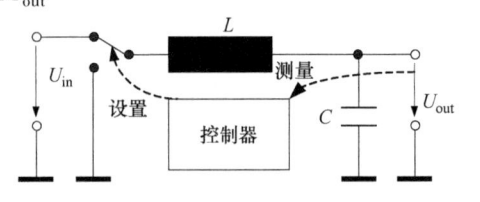

图 7.21 降压变压器的工作原理

$$U_{out} = v_T U_{in} \tag{7.6}$$

非连续模式的输出电压为

$$U_{\text{out}} = \frac{U_{\text{in}}^2 v_T^2 T}{2LI_{\text{out}} + U_{\text{in}} v_T^2 T} \tag{7.7}$$

开关转换器的电磁兼容性需要特别考虑。电压和电流的切换速度很快,并且可以在远高于开关频率的频率下激发共振。除了有开关频率、谐波或更高谐振频率的辐射场的危险,具有相同频率的干扰也可能通过输入和输出进行传播。谐振频率和辐射强度都受到电路板设计的显著影响,此外,滤波器可以帮助抑制传导干扰[MainOrug10,KPBLSC12]。

上面提到的开关电源利用存储在线圈中的电磁能。此外,开关转换器,即前面提到的电荷泵,不采用线圈,而是利用电容工作。电荷泵的成本低,主要用于集成电路内部的变压,但只限于小功率应用。

7.2 电磁兼容性

2002 年 7 月的某一天,德国阿沙芬堡的很多位居民都经历了不愉快的事件:很多汽车在起动时都出了故障[ME02]。原因是前一夜的暴风雨,导致很多计算机、车库自动门、收音机以及汽车都出现了故障。汽车并未受到直接电击,但是闪电产生的强烈的电磁场损坏了车内的电子部件。一位拥有昂贵跑车的居民,在鸣笛时安全气囊意外引爆(口头转述)。这些故障都是由电磁兼容性的设计缺陷所引发的。

在最初汽车中引入电子节气门技术时,曾经发生过汽车经过无线电信号发射设备时,自主加速的事件(口头转述)。

另一件关于电磁干扰的古怪事件是,一辆汽车在某些商店外停车之后,便不能再起动。最终的原因为,电子防盗锁止系统被商店的收款系统干扰(口头转述)。对于驾驶员来说,有时将车辆再向前推几米就足够了,但很容易想象,制造商对于这种故障的排除一定是非常困难的。上述几个都是汽车电子系统被电磁场、纯电场或者纯磁场所干扰的例子。

为了避免电磁干扰的发生而研发的技术,称为电磁兼容性(Electromagnetic Compatibility,EMC)。对其准确的定义参见[DIN57870]:

电磁兼容性是指电子系统在电磁环境中可以保持功能而不受外界电磁环境干扰的能力。

7.2.1 干扰源和潜在敏感装置

当电磁干扰产生时,都存在至少一个干扰源(产生干扰信号的设备或系统)和至少一个潜在敏感装置(受到干扰甚至损坏的设备或者系统)。在干扰源和潜在敏感装置之间至少存在一个传输干扰信号的耦合通道,如图 7.22 所示。在实际中,不同的干扰机制可以并行发生,例如设备 A 可以对设备 B 产生干扰,设备 B 同时又干扰设备 A。在复杂系统中，一个作为干扰源的设备，经常同时也是受干扰的潜在敏感装置。电磁干扰并不只是存在于设备和设备之间，设备的一部分也会对另一部分产生干扰，甚至一个集成电路芯片的不同模块之间也会产生电磁干扰。

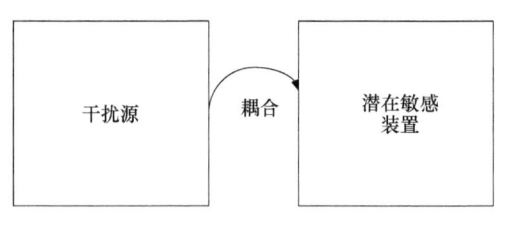

图 7.22 设备之间的电磁干扰

与民用汽车相关的典型干扰源为点火系统、电磁执行器、大功率的音响功放、移动电话系统、强无线电发射器、雷达设备以及雷电。军用汽车的研发，还要考虑到核爆炸产生的电磁波和有意施加的电磁干扰（Intentional Electromagnetic Interference，IEMI）。在设备内部典型的干扰源为含有功率半导体或者继电器的电路模块，或者时钟脉冲电路模块。

在开发过程中，研发人员应该特别注意含有高电流或者高频率的电路模块（包括突然切换过程），因为这些模块为潜在的干扰源。当出现电磁干扰问题之后，干扰源往往需要使用非常敏感的设备和非常耗时的方法，才能被检测出来。潜在敏感装置通常为电控单元、传感器、收音机、电子防盗锁止系统，以及乘员体内植入的电子设备（例如心脏起搏器等）。

在一些情况下，电磁波可能会影响乘员的身体健康。电磁波对人体的具体影响还有待研究。现在证实的情况为，当电磁波的强度非常高时，会导致人体内尤其是血液流通比较慢的器官升温（原理类似于微波炉加热）。但这种强度的电磁波在汽车中并不会出现。

7.2.2 干扰耦合机制

干扰源和潜在敏感装置的干扰耦合机制大体可以分为两类，一类是通过场耦合，另一类是通过导线耦合。多个耦合机制经常并行或者先后出现。当电控单元产生干扰电流时，电流首先通过导线流出电控单元，这个过程中，导线还会作为发射天线产生电磁场，而附近的其他导线则作为接收天线，干扰信号产生的干扰电压和电流会影响其他的设备。

1. 场耦合

场耦合又可以分为三类：电场耦合、磁场耦合以及电磁场耦合。

（1）电容型耦合（电场耦合）

电容型耦合是指两个导体之间的电压 U_C 会产生电场 E。当电压改变时，电场也随之改变，变化的电场会导致在两个导体之间产生无功电流 I_C。如图 7.23 所示，当上方的导线电压变化时，会导致电控单元的电流发生变化。无功电流的强度为

$$I_C = C \frac{dU_C}{dt} \tag{7.8}$$

汽车中一个典型的电容型耦合的例子为压电式喷油器的阀门控制电路，电路的电压快速在 0~200V 之间变化，会导致临近的导线产生无功电流。两个导线之间的每米长度电容一般为几皮法到几十皮法。假设电压变化的速率为 2kV/ms，导线之间的电容为 50pF，可以得出无功电流约为 0.1mA。电容型耦合也经常发生在印刷电路板的不同导电层之间。

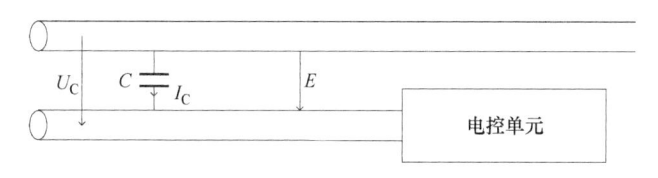

图 7.23　电容型耦合

（2）电感型耦合（磁场耦合）

电感型耦合是指电流 I_1 产生磁场 H。当磁场变化时，会在其他的导体中引发感应电压 U_2。如图 7.24 所示，上方的导线中的电流在电控单元的输入端引发的感应电压为

$$U_2 = -L_{12}\frac{dI_1}{dt} \tag{7.9}$$

式中，L_{12} 为导体 1 和 2 之间的互感（通常用 M 表示）。实际上，互感比电容更难计算，因为是在闭合导体回路之间定义的，因此整个导线 2 相关电路都包含在计算中。

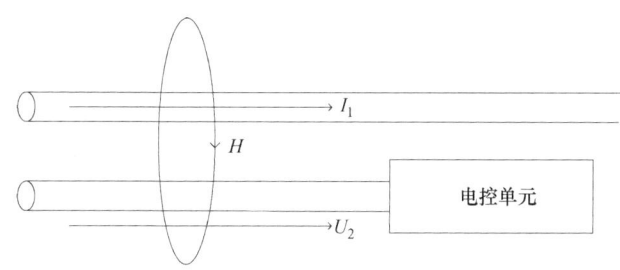

图 7.24　电感型耦合

假如图 7.24 中上方的导线用来传递为电磁阀的脉宽调制控制信号，而下方的导线传递发动机转速测试的脉冲信号，上方导线脉冲信号所产生的感应电场很可能会干扰到发动机转速值的测量。在实际中，转速信号对于干扰尤其敏感，因为低转速时信号幅值很小，容易被干扰信号叠加。

（3）电磁场耦合

图 7.25 中标识了电磁波传递的路径。图中的手机为干扰源，发射的干扰信号以电磁波的形式向周围扩散。电磁波由变化的电场和变化的磁场组成，其中每个场都由横向分量（垂直于传播方向）和纵向分量（平行于传播方向）组成。

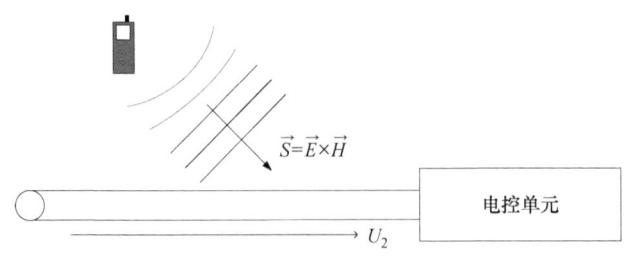

图 7.25　电磁场耦合

当距离干扰源（远场）的距离足够大时，球形的电磁波可以近似于平面波，纵向分量已经衰减为 0。平面波的电场矢量和磁场矢量互相垂直，并且都垂直于电磁波的传播方向。这样的电磁波也称为横向电磁波（简谐波）。图 7.25 中箭头方向表示电磁波的传播方向，描述电磁波的坡印亭矢量 $\vec{S}$ 为电场强度 $\vec{E}$ 和磁场强度 $\vec{H}$ 的矢量积，该矢量的方向就是电磁波传播的方向，坡印亭矢量的模代表电磁能的能流密度，单位为 W/m^2。本书不对波传播进行详细描述，[Simonyi56] 中给出了相关的理论描述，为了清晰地描述，我们参考了关于 EMC 或高频技术的大量文献。

电磁波在传播的过程中遇到导体，会引发干扰电压（图 7.25 中 U_2，连接到电控单元的输入端）。在电子设备本身没有电磁屏蔽时，电磁波也可以直接对设备部件产生干扰。

2. 通过导线耦合

干扰源并不只通过场耦合，也可以通过导线进行耦合，如图 7.26 所示。图中左侧为任何性质的干扰源，例如当干扰源为耦合的电磁波时，干扰通过场耦合和导线耦合同时进行。干扰源也可以是另外一个设备由于故障通过导线发送干扰信号。干扰源也可以是在通电、断电或者电流变化时产生的作用于负载上变化的电压信号。后者的情况，也就是同一线路上的多个负载同时受到干扰，称为阻抗耦合或者电极耦合。图 7.27 所示为阻抗耦合示意图。音响功放和另外一个电控单元通过同一条导线接地（汽车车身）。当音响功放使用 10A 的交流电 $i_1(t)$，导线中很小的阻抗便会导致导线中产生相当大的交流电压。这会使电控单元的供电电压随着音响功放而产生周期性变化，在最差的情况下甚至重启。在实际应用中，一般采用大电容作为供电电压的缓冲。阻抗耦合可以由电阻、电感、电容或者混合型模块引起。在实际应用中，两个设备通过共享供电电压或者接地导线而引起的阻抗耦合屡见不鲜。所以，一是要注意导线需要足够粗（小阻抗），二是必要的时候，可以采用两条平行的地线，分别连至接地点。

3. 静电放电

读者可能在干燥寒冷的冬天已经多次经历过，当接触金属门把手或者别的金属部件时，手指会有不危险但很明显的静电放电现象。当同样身带静电的人接触电子部件或者模块时，静电放电很有可能对其产生损坏。当两种不同的材料摩擦时

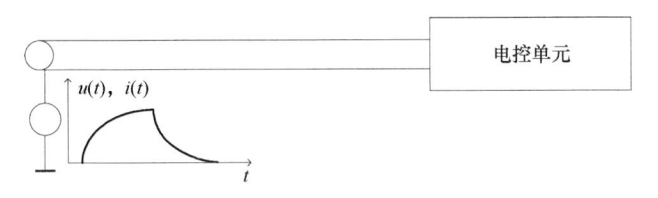

图 7.26 通过导线的干扰耦合

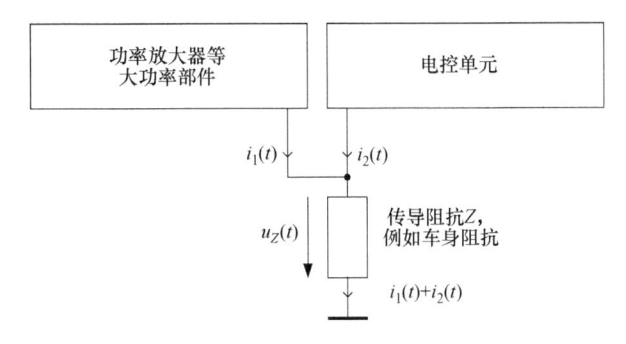

图 7.27 阻抗耦合示意图

（例如鞋底和地板）会产生静电，这时电荷从一种材料运动至另一种材料，两种材料之间会有电压。静电电压高达 25kV 甚至更高。在汽车中，乘员接触座椅罩或者地毯，都有可能产生静电。除了人，其他的东西，例如工具也可以产生静电。当带静电的物体接触时，数安培的电流会引起放电（Electrostatic Discharge，ESD），如图 7.28 所示。电流产生于接触（接触放电）或接触之前的火花（空气放电）。尽管静电的瞬间功率很高，但由于整个过程只有 10ns，所以对人体没有影响。但有时静电放电可以引发易燃气体的燃烧。当用手接触电子设备或者开放式的接线槽时，有可能会由于放电而造成设备的损坏。所以汽车中采用的电子部件都需要通过静电放电测试。在静电放电期间，由于高电流，强磁场会在短时间内出现，这反过来也会引起干扰［Frei99］。

7.2.3 电磁兼容性法规

由于电子部件在汽车中相对集中，电磁兼容性经常会引起一些问题。而也正是由于长期以来进行的广泛标准化，以及大量的开发经验，我们如今才能如此确定地掌握它。同时，电磁兼容性的检测手段也得到了进一步发展，对于每个部件电磁兼容性的测试都有详细的规定。但是，标准中通常不会限制使用哪些措施来遵守这些指令，每个厂家可以根据不同的产品自主进行设计。欧洲于 1970 年出台的 70/156/EWG［EU70-156］以及 1972 年出台的 72/245/EWG［EU72-245］，对车辆无线电干扰制定了统一的资格标准，从而使欧洲内部市场的贸易更加便利。这些规定在 1995 年进行了更新［EU95-54］。在 2004 年颁布的汽车电磁干扰法规 2004/104/

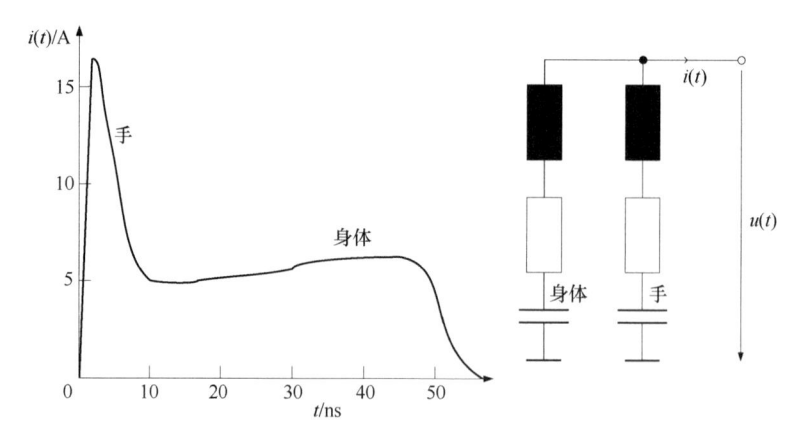

图 7.28　左图为静电放电随时间的变化，右图为等效电路图。电容可以忽略不计。手的电容值和电阻值都很小，身体的电容值和电感值都很大（典型值为 250pF，2kΩ）。

EG［EU04-104］中对电磁干扰进行了一次重大修订（不仅指无线电干扰抑制），该指令用相关技术要求取代了以前指令的所有附件。之后又进行了修正［EU05-83］，以及两次专门针对雷达设备 24GHz 和 79GHz 频率的修正 2005/49/EG 和 2006/28/EG［EU05-49，EU06-28］，其中 2006/28/EG 废除了一年前才引入的 79GHz 附近频率范围的规定，以使其更适用于 24GHz。2005/49/EC 被指令 2005/83/EC 取代。自 2009 年 1 月起，指令 2004/104/EG 和 2005/83/EG 对测量技术的约束力生效。行业要求对改装部件进行简化，从而产生了指令 2009/19/EC［EU09-19］。联邦汽车运输管理局对车辆或电子组件（EUB）的型号批准需要经过受到认定的测试实验室提供符合标准的证明。根据欧盟规定的型号认证有带有小写字母"e"的矩形标志标识，因此称为"e 型认证"。

与欧盟规定平行的还有欧洲经委会的规定，这些规定由欧盟成员国合法通过。德国通过［StVZO］根据本程序对其他国家的型号认证进行普遍认可。其中 ECE［R10］涉及电磁兼容性，该规定在很大程度上与欧盟的规定一致，其已经实施很长时间。但是，R10 规范在形式上与欧盟的规定不同，并且其增加了对插电式混合动力汽车可能的电源连接的考量。由于根据 ECE 规定进行的型号认证有大写字母"E"的圆形徽标标记，因此也称为"E 型认证"。指令 2009/661/EC［EU09-661］将欧盟的型号认证完全从上述欧盟规定更改为 ECE 认证，由于内容相似，并且在技术上几乎没有变化，法规 2019/2144［EU19-2144］即指 R10 规范的新版本。

对于特定的产品，除了要符合汽车电磁兼容性法规之外，还需要通过其他的欧盟规章或者某个国家的规章，例如通信规章。因此，即便是在产品开发的前期阶段，也需要注意了解产品的法律要求。

在过去，法规一般由每个国家独立制定。如今除了少数几个例外，法规基本已经国际化。表 7.6 所示为与机动车相关的电磁兼容性的国际法规及内容，这些法规

第7章 硬　　件

在很大程度上与旧的德国国家标准一致。德国标准 DIN 40839-4 的部分内容已包含在 ISO 11451 和 ISO 11452 标准中。ISO 技术报告对现场传感器的校准［ISO 10305］进行了补充。将不同的国家标准转换成国际标准的过程被称为协调。由于每个国家都有自己的标准，因此旧的国家标准与国际标准在各个专业领域的一致性并不都像本领域那样容易做到。适用于美国市场的 SAE 标准［J1113］与此处列出的国际标准内容相似。出于这个原因，SAE 撤回了 J1113 的某些部分，而在其他部分 J1113 明确引用了相似的 ISO 标准。

表 7.6　与机动车相关的电磁兼容性的国际法规及内容（BCI 为大电流注入；TWC 为管状波耦合器）

法规	内容	修订年份
DIN EN 55012 ［DIN 55012］	替代 CISPR 12 和 VDE 0879-1，远程干扰	2009（德国 2010）
DIN EN 55025 ［DIN 55025］	替代 CISPR 25 和 VDE 0879-2，自我干扰	2016/2017（德国 2018）
［ISO 7637-1］	替代 DIN 40839，传导干扰：概述	2015
［ISO 7637-2］	替代 DIN 40840，传导干扰：供电线	2011
［ISO 7637-3］	替代 DIN 40841，传导干扰：信号线	2016
［ISO 7637-4］	高压电缆	2020
［ISO 7637-5］	脉冲发生器补充技术报告	2016
［ISO 10605］	静电放电（ESD）	2008（2010 修正，2014 补充）
［ISO 11451-1］	汽车辐射：概述	2015
［ISO 11451-2］	汽车辐射：车外干扰	2015
［ISO 11451-3］	汽车辐射：车内发射器	2015
［ISO 11451-4］	汽车辐射：BCI	2013
［ISO 11451-5］	汽车辐射：电磁混响室	起草中
［ISO 11452-1］	零部件辐射：概述	2015
［ISO 11452-2］	零部件辐射：吸声室	2019
［ISO 11452-3］	零部件辐射：透射电镜电池	2016
［ISO 11452-4］	零部件辐射：BCI，TWC	2020
［ISO 11452-5］	零部件辐射：带状导体	2002
［ISO 11452-6］	零部件辐射：平行天线阵列	已废止
［ISO 11452-7］	零部件辐射：直接馈电	2003，2013 补充
［ISO 11452-8］	零部件抗干扰性：磁场	2015
［ISO 11452-9］	零部件抗干扰性：便携式发射器	2012
［ISO 11452-10］	零部件抗干扰性：线路音频	2009
［ISO 11452-11］	零部件辐射：模式涡流室	2010
［ISO 16750-2］	类似于 ISO 7637（使用术语的定义出自［ISO 16750-1］）	2012

还有一些标准与安全相关。例如，第 10 章中引入的用于硬件开发的 ISO 26262 功能安全标准，指的是 EMC 标准 ISO 7637-2、ISO 7637-3、ISO 10605、ISO 11452-2、ISO 11452-4 和 ISO 16750-2［Borgeest18］。而 IEC 61508（通用功能安全标准）是指另一个非车辆专用的电磁兼容标准 IEC 61000-1-2［Nelson12］。未列出的通用电磁兼容标准 IEC 61000-6-1 和 IEC 61000-6-3 则与连接到公共电网的车辆相关。IEC 61851 中，电动汽车相关标准［IEC 61851-21-1，-2］就以这些标准为基础。

所有的电磁兼容标准都有一个共同点，即对新组件进行测试。也就是说，例如老化或极端操作条件对电磁兼容的影响则尚未得到研究［Borgeest15］。除这些标准，还有制造厂商的工厂标准及车辆制造商的通用标准 LV 124［LV124］（适用于 12V 蓄电池电压）、LV 148（适用于 48V 蓄电池电压）。这在个别情况下也可能会影响公共标准的实施。在已知标准不是法律要求的情况下，工厂标准可能会包含测量过程中的偏差。

1. 辐射

（1）有关干扰发射的法规

对电磁兼容性最早作出规定的法规是 VDE 0879，当时汽车中的电子部件还很少，电磁兼容性这个概念还没有被正式提出，当时只是讲"无线电干扰"。典型的无线电干扰的例子为车载的收音机或者房屋中的电视机容易被汽车的点火系统干扰。VDE 0879 并不只针对汽车，对其他设备比如游艇等也作出了规定。VDE 0879 随后更名为 DIN VDE 0879，后来改称为 DIN 57879。其中的前两部分内容均被纳入欧洲法规 EN 55012 和 EN 55025。在德国，这两个法规称为 DIN EN…。VDE 0879-3（测量技术）如今已被撤销。

DIN EN 55012（CISPR 12）规定了汽车、游艇或者其他内燃机驱动的设备对设备外界所允许发射的电磁辐射的最大值（车外干扰）。干扰源主要是汽油发动机的点火系统以及柴油发动机的喷油系统。对于电磁辐射的测试方法在这个法规中也有详细的规定（频率从 150kHz 到 1GHz 的天线和测量设备）。

DIN EN 55025（CISPR 25）中规定了汽车中潜在敏感装置的性能指标（车内干扰），同样对测试方法进行了规定（频率从 150kHz 到 1GHz 的天线和测量设备）。CISPR 是一个由 IEC（国际电工委员会）支持的标准化组织，从 1934 年开始便参与制定电磁兼容性相关的法规。其中的 D 组负责电磁兼容性的制定。表 7.6 中的 CISPR 12 和 CISPR 25 也是国际通行的法规，其在内容上和欧盟法规大体相似。ISO 7637-2 主要涉及供电线路耦合故障及对其的简单测试。测试对象通过网络模拟连接到车辆电池，并使用示波器测量测试对象电源连接处的电压曲线。为确保可重复性，在导电平面上方进行布线。

欧盟规定至少要对从 30MHz 到 1GHz 频率范围的干扰信号进行测量［EU04-104，EU05-83］。此外，也经常推荐对该范围外的干扰信号进行测量。

(2) 关于抗干扰性的法规

对于抗干扰性的检测，汽车生产厂家可以自己决定将所有的零部件根据 ISO 11452 进行检测，或者根据 ISO 11451 对整车的电磁兼容性进行检测［EU04-104］。以往的经验表明，零部件和整车的测试都非常有必要。测试中一般使用高于最低规定值的 200V/m 的场强。欧盟规定，整车需要在时速 50km 的状态下在频率范围 20MHz～2GHz（以前为 1GHz）之间进行测试。这包括从 20MHz 到 800MHz 的调幅信号和从 800MHz 到 2000MHz 的脉冲调制信号，以模拟手机发出的信号。

ISO 11451-3 中的测量以类似的方式进行，但此处的干扰源是车辆中频率在 1.8MHz～18GHz 之间的发射器，带有室内或室外天线，例如手机、政府无线电或非专业无线电。根据应用情况，该标准留出了很大的操作空间。在其他测试中，从几米外照射车辆的外部实验室天线被替换为车辆上的原始天线或类似天线（或设备，例如手机）。如果发射器是模拟的，信号发生器可能在外部，这种情况下，应测量馈入的功率并调整天线。不应使用预定义的信号，而应使用尽可能真实的信号进行测量。但电磁兼容性规范 R10 并未提及第 ISO 11451-3 的部分。根据 ISO 11451-4，车辆不受磁场影响，但电磁干扰可能会在车内导线中引发干扰电流。电流转换器是一个反向操作的电流钳位器，即一个变压器，其二次绕组代表要施加电流的线路。另一个正常工作的电流钳用于测量外加干扰电流。这一过程被称为大电流注入（BCI），既经济又节省空间。R10 规范允许 BCI 仅对长度超过 12m、宽度超过 2.60m 或高于 4m 的车辆进行整车测试。ISO 11451-5（模式涡流室 [KosBov91]）提出了一种新方法，但尚未生效。

法规规定，对汽车零部件的抗干扰测试应该在频率范围 20MHz～2GHz 之间进行，这其中包含 20MHz～800MHz 的振幅调制信号以及 800MHz～2GHz 的脉宽调制信号。

根据现行法规，部件测试的频率范围为 20MHz～2GHz，调制类型与车辆测试相同。考虑到如今的通信和雷达系统在千兆赫兹范围内，立法机构只要求测试高达 2GHz 的频率可能会让人感到意外，制造商实际上也会在此频率范围之外进行测试。

在表 7.6 中我们可以看出，抗干扰性测试有多种方法可供选择。根据 ［EU04-104］的附件Ⅶ，这些方法可以在电波暗室、TEM 室、BCI、使用定向耦合器（TWC）的 BCI 变体和带状线之间自由选择，也可以根据不同的频率组合不同的测试方法，以便把法规规定的整个频率范围都涵盖。对于表 7.6 中部分条目还没有强制性的规定。零部件可以通过电流注入或者电波暗室的方法进行测试。ISO 11452-3 所规定的 TEM 室和 ISO 11452-5 所规定的带状线，都是将待测物置于两条导线中间。后边介绍电磁兼容性检测方法的章节中将对这两种方式做更详细的介绍。［EU05-83］中还介绍了一种不同于法规的带状线测试法，目前已被 R10 规范采用。

ISO 11452-6 于 2002 年失效。在这一部分中曾经规定了称为电场发生器的平行天线阵列，该法规在废止之前其实也很少使用。ISO 11452-7 将干扰电流通过电容和匹配电路直接耦合，但这种耦合方式已经不能满足欧盟/电磁兼容性法规的要求。

ISO 11452-8 至 ISO 11452-11 目前还不是法规要求，所以还没有成为标准的电磁干扰测试程序中的一部分。

2. 通过导线传导的干扰信号

一般认为，通过导线传导的干扰信号只局限于零部件，和整车没有直接关系。但当整车配备电气连接时（例如电动汽车通过接入电网充电），干扰信号对整车的影响则不能忽略。与之前的欧盟指令相比，R10 规范还参考了非汽车专用电磁兼容性标准［IEC 61000-3-2、-3-3、-3-11、-3-12、-4-4、-4-5、-6-2、-6-3］（并非在所有情况下适用于最新版本）。

（1）ISO 7637-2（供电线路）

DIN 40839-1 和 DIN 40839-2 关注于车辆电气系统对于导线干扰的抗干扰性，并规定了 6 种常见的对车身电气网络的干扰模式不允许影响汽车的功能。现行的 ISO 7637-2 就以此为基础。其规范部分描述了带有测试脉冲的测试设置，附录则描述了在车辆中使用这些脉冲模拟的场景。干扰模式可以利用商业化的干扰脉冲发生器产生，试样连接到该干扰脉冲发生器进行测试。由于受测系统一般处于带电工作的状态，测试仪要确保干扰脉冲加载到受测系统上，同时对系统电源或者电池不产生影响。一些制造商（通用、丰田、日产）也有额外的要求，需要使用特殊的干扰发生器。该标准就各个测试脉冲的重复频率给出了建议。ISO/TR 7637-5（TR 为技术报告）提供了有关脉冲发生器的构造和操作的信息，与 ISO 7637 的其他部分不同，其并没有标准化。如图 7.29 所示，测试脉冲 1 用来模拟和电容并联的电控单元和电源断开的过程，电感在这个过程中容易产生高的电压脉冲。根据楞次定律，电压脉冲和电源电压反向。持续时间 t_d 为 2ms（标称 24V 电路为 1ms），从 $0.1U_{min}$ 到 $0.9U_{min}$ 的最大上升时间为 1μs（3μs），取决于检测的严格程度，对于标称 12V 电路，电压 U_{min} 介于 -75 ~ -150V；对于标称 24V 电路，电压 U_{min} 介于 -300 ~ -600V。

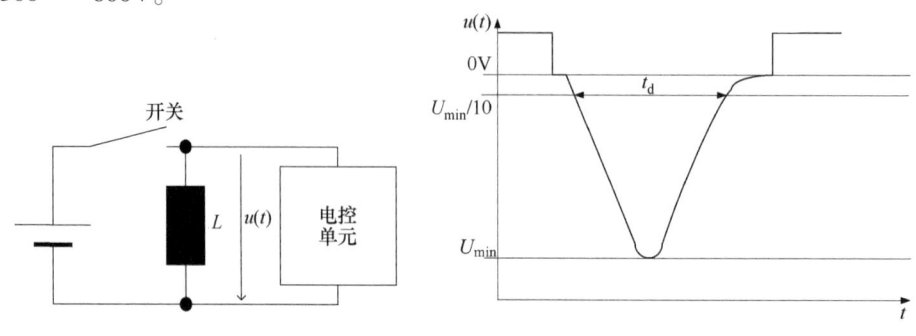

图 7.29　通过测试脉冲 1 来模拟感应电压脉冲峰值

ISO 7637 第一版中的测试脉冲 2 已被两个测试脉冲 2a 和 2b 取代。测试脉冲 2a 模拟关断与控制单元并联的负载。在公共线束中感应出电压脉冲，如图 7.30 所示。根据标准，最大电压 U_{max} 介于 37~112V 之间，持续时间 t_d 为 50μs。

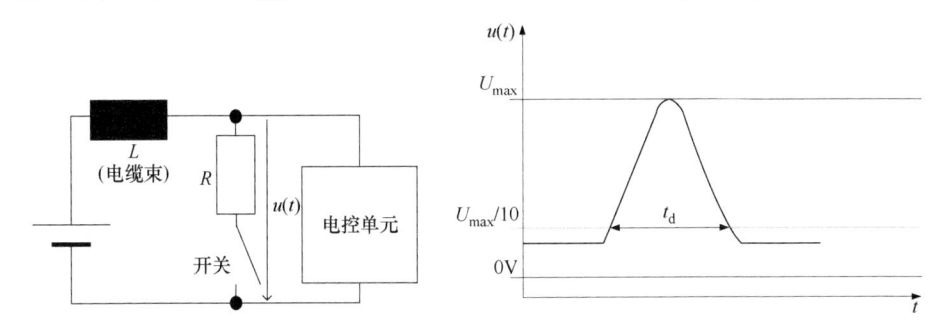

图 7.30　通过测试脉冲 2a 来模拟断电后靠惯性运转的电机

测试脉冲 2b 取代了旧标准中的测试脉冲 2，在旧标准中，与负载并联关闭的电机由于其惯性矩继续旋转。通过测试脉冲 2b 模拟关闭并联直流电机（图 7.31），如风扇。电压骤降与电机绕组电感有关，而不是图 7.31 中的线圈电感 L；实际上，产生负电压也是可能的。一旦这种后效应在测试脉冲中显示为停机后的后续脉冲，发动机就会继续转动并充当发电机。与之前的标准不同，电压不能高于电源电压（特别地，电动机不会产生任何高于之前施加的电压的反电压），电压图相应地显得平坦。持续时间 t_d 为 0.2~2s，明显长于 1ms 的电压骤降时间 t_6。测试脉冲 3 用来模拟由于突然的通电断电在电子部件中引起的干扰脉冲。开关一般通过金属部件的力学接触来实现，所以开关的过程并不是理想的通电断电。通电时，在金属部件开始接触到牢固接触之间的一小段时间内，可能会由于中断而产生干扰脉冲。开口通常更简单，但这里也可能发生弹跳，或者在磁场强度足够高的情况下，形成类似的、不均匀的间歇弧［Mills69］。断电时一般比通电要简单，但也可能产生干扰脉冲。干扰脉冲导致的不连续的电流一般为高频的矩形波信号。由于在汽车部件中存在寄生电感和寄生电容，通电设备在运行过程中，也不是只产生理想的矩形波信号，而是伴随尖形的失真信号，如图 7.32 所示。图 7.32 所示的电压尖形失真信号是由快速变化的 dU/dt 引起的。见式（7.8），失真信号的存在会使电缆和电缆树中的其他电缆产生强电容耦合。即便是没有失真信号，矩形波的跳变沿也会产生强的电容耦合。根据式（7.8）中的推导，矩形波的稳定部分不会产生耦合，所以，矩形波的上跳变沿和下跳变沿会在其他电缆中引发针形信号。测试脉冲 3 用来模拟这种针形信号。在电磁兼容性检测中，针形信号称为突发干扰。图 7.33 所示为 ISO 7637 所规定的突发干扰，干扰可以由电容型耦合钳所产生。左侧为正脉冲（测试脉冲 3b），右侧为负脉冲（测试脉冲 3a）。一个连续的脉冲序列持续 10ms。脉冲在 12V 车身网络电压时范围为 -220~150V，在 24V 车身网络电压范围为

-300~300V。由于脉冲很短（上升5ns，下降150ns），尽管幅值很高，但脉冲携带的能量非常小，一般不会有破坏作用。但由于其跳变沿很陡，潜在的危害是可以和其他电路产生电容型耦合。

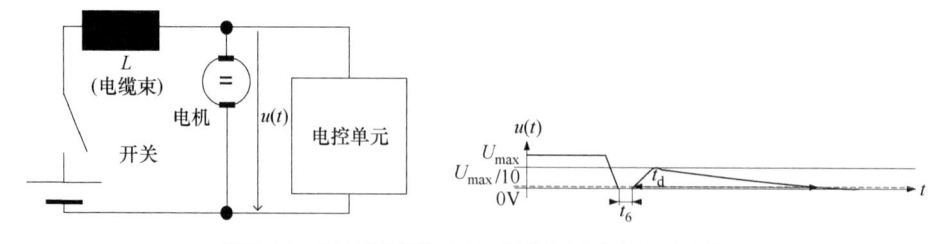

图 7.31　通过测试脉冲 2b 模拟关闭并联直流电机

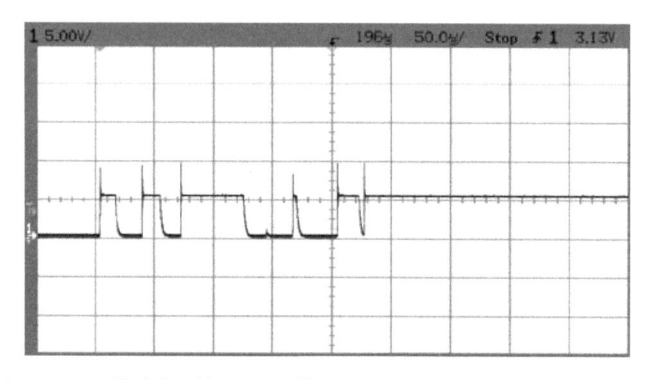

图 7.32　开关冲击引起的电压梯度（图片来自维基百科［WikiP］）

（2）ISO 16750-2（供电线路）

以下两个测试脉冲最初也包含在 ISO 7637-2［ISO 7637-2］中，但由于 ISO 16750 定义了类似的场景，因此它们在 ISO 7637 中被删除，如今仅能在 ISO 16750-2［ISO 16750-2］中找到。这定义了旨在确保控制单元在不利环境条件（气候、振动）下也能正常工作的测试，此外还定义了电气环境条件。

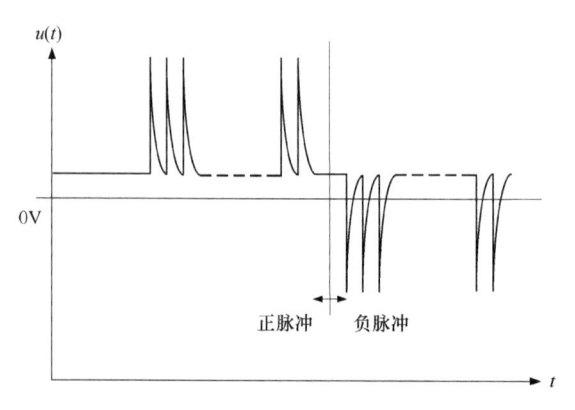

图 7.33　ISO 7637 所规定的突发干扰

ISO 7637 中的测试脉冲 4 模拟了起动时引发的车身电气网络的电压降低，如图 7.34所示。首先电压迅速降至初始值的一半。在实际中，电压甚至会降到更低，甚至会导致一些电控单元进行重启。接着电压停留在大概这个值，直到发电机可以提供目标电压位置为止。虽然根据 ISO 7637 的旧测试脉冲在开始时没有模拟电压波动性，但现行的 ISO 16750 则符合此种情况。

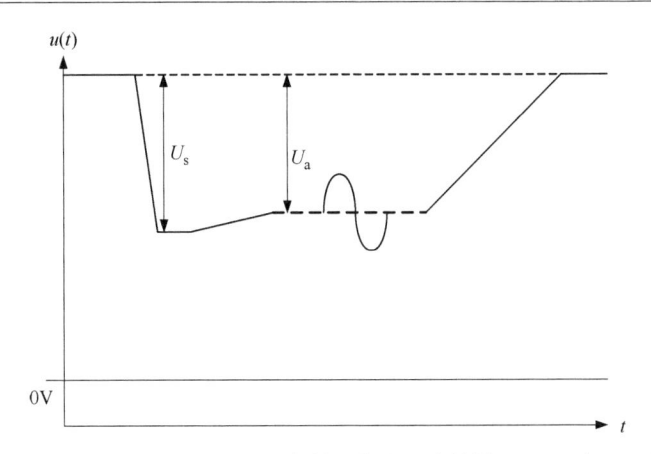

图7.34 起动时引发的车身电气网络的电压降低。快速下降持续15ms（在24V网络中为50ms），持续大概10s。U_s 达 -9V（在24V网络中达 -18V），U_a 达 -7V（在24V网络中达 -14V）

除了这种与起动相关的骤降之外，ISO 16750-2 还提供了复位测试，其具有在 0.1s 内降低到电源电压一半以下的短电压骤降，以及在数秒内降低至 0V 的阶梯式电压骤降两种模式。在后续测试中，控制单元的故障是可以预料的。这里应该观察在哪个电压下发生复位以及复位是否正常运行，即控制单元是否在恢复电压后迅速恢复其功能。

ISO 7637 中的测试脉冲 5（目前同样包含于 ISO 16750）模拟发电机的负载降低时产生的负载突降脉冲（Load Dump Impuls），如图 7.35 所示。例如，当正在充电的电池突然故障时，会产生这种现象。发电机电压在短时间升高直到达到其开路电压，然后控制器会减少励磁电流（见第 3 章）。由于整个过程需要持续几百毫秒，在这期间车身网络电压过高，会有一定的风险。在峰值电压 101V、持续时间 400ms（12V 网络）或峰值电压 202V、持续时间 350ms（24V 网络）的情况下进行测试。该测试有一个变体 B，具有上限负载突降脉冲（例如，由于整流二极管的中心电压限制）。ISO 16750-2 长期以来一直都包含确保扩展电源在 6～16V（12V 网络）或 10～32V（24V 网络）之间的电压范围内连续运行的测试。类似的测试模拟了电池充放电循环（0.5V/min 左右）引起的电源电压的缓慢波动，在重新进入规定的电源电压范围后，测试对象必须能够不受限制地再次发挥作用。在电压偏移测试（Offset）的情况下，如果控制单元上有多个接地连接（例如电源地和一个或多个信号地），则在类似车辆的操作中连续测量相对于其他参考装置的 1V 电压。相同的程序用于几个正电源连接。其他测试适用于高达 25kHz 的叠加交流电压、极性反转、一条或多条电源线中断超过 10s（中断期间的故障是允许的，但测试对象必须在之后立即恢复工作）、输入短路和输出（即不在电源上，与本标准中的其他测试不同）和感应过电压。

该标准的一个特别重要的方面是规定了控制单元在临时过电压的跨接起动

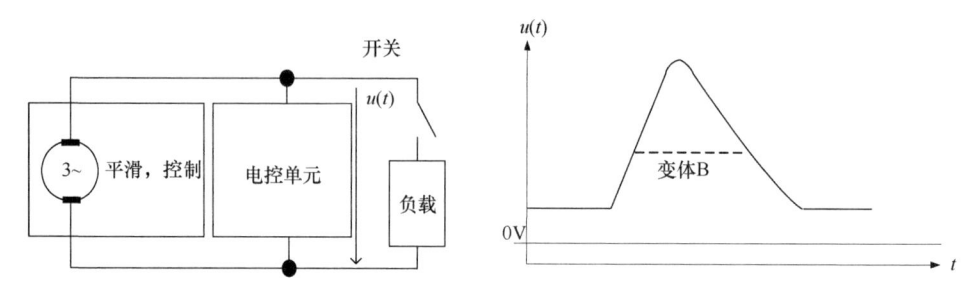

图 7.35　负载突降脉冲时的过电压

（Jump Start）期间的稳定性。此测试称为过电压测试。

（3）ISO 7637-3（信号线）

信号线上的干扰通常通过电容或电感耦合。根据［ISO 7637-3］标准，可以通过试验模拟该机制。该标准规定了三种方法：通过电容耦合钳耦合（稍后将说明）、通过电容选择性耦合以及通过电感耦合钳耦合。根据 ISO 7637-2 的脉冲 3，两种极性的突发脉冲与同一个发生器耦合。此外，根据 ISO 7637-2 的脉冲 2a，两种极性的慢瞬变都是耦合的。

（4）ISO 7637-4（60～1500V 之间的电源线）

逆变器在此电压范围内使用。其在千赫兹范围内的矩形干扰、电抗引起的兆赫兹范围内的振动以及低频正弦振荡均受 ISO TS 7637-4［ISO7637-4］的约束。

（5）AGN/E 01/2000

AGN（标准化工作组）是由一些德国的整车厂和零部件供应商组成的机构，其目标是针对 42V 的车身网络电压向 ISO 提供标准化草案。第一部分为基础部分，第二部分定义了和现存的 12V 和 24V 车身网络电压截然不同的测试序列，只有起动电压失效采用了相同的方法。如果 ISO 接收了此草案，从长远的角度看，也表示有可能会对现存的 12V/24V 规范进行一定的修正。

3. 静电放电

ISO 10605 对零部件或整车静电放电的测试方法进行了规范。测试中使用静电放电枪（ESD Pistol），其金属尖可以模拟携带静电的手指或者工具。静电放电并不是只有在接触时才会发生，当两个物体距离足够近时，也可能发生火花放电现象。ISO 10605 对这两种情况都进行了规定。对汽车电子部件进行测试的电压最高达 25kV（接触时为 15kV）。从理论上来讲，更高的电压也可以实现，但由于其成本过高，只有少数制造商要求。

7.2.4　确保电磁兼容性的措施

在复杂的汽车中，确保电磁兼容性的措施可以独立写完一本书［Borgeest18］。在本书中限于篇幅，只简单介绍和实际应用相关的几个建议。电磁兼容性一般分为系统级、设备级、电路板级以及芯片级来分别考虑。

系统级的电磁兼容性是指电控单元、传感器、执行器以及周围环境可以无干扰运作。系统也就是指汽车整体。系统的典型特征为：

1）由一到两块电池供电的孤岛电网。
2）由不同供货商提供的种类繁多的设备的组合。
3）在未知、变化的外部环境中运作。
4）逐步增加的车内干扰源。

由于汽车电控单元通常只含有一块电路板、一个或者几个插接件和一个壳体，所以在此，设备级和电路板级是类似的概念。汽车电子设备的电磁兼容性的特征为：

1）多个到其他设备、传感器和执行器的接口电路。
2）高的成本压力。
3）由于和安全性相关，所以某些设备需要有很高的可靠性。

汽车对芯片级的电磁兼容性并没有特殊的要求。

1. 电源和接地

和其他固定网络（例如建筑物或者居民供电电路）不同，在汽车的孤岛电路中并没有真正的"接地"，而只是连接到一个共同点：和电池负极相连接的汽车车身。

为了避免阻抗耦合，两个电路模块要尽量少地共享导线。从电磁干扰的角度出发，最佳连接方式为所有的用电器都直接和电池相连接（中性点接地，Star Point Grounding），这样唯一的共享电阻只有电池的内部电阻。但这种连接方式会极大地提高车身走线成本，在实际中要寻找更佳的折中方案。当共享导线时，需要仔细检查哪个用电器可能会被干扰、哪个用电器可能由于其敏感物理特性需要采用抗干扰的手段。通过使用横截面积大的导线可以有效减小阻抗。一个常见的现象是，两个导体接口（特别是车身部件）的接触电阻会随着金属生锈而逐渐升高。由于车身不仅连接许多用电器，而且还像天线一样接收很多来自汽车其他部分的干扰源的信号，所以即使车身的电阻非常小，在使用车身接地时，也需要进行非常严格的计算。

2. 设备的电磁屏蔽

对设备进行电磁屏蔽的目的是避免外界的电磁场、电场或者磁场干扰设备的正常运作。对这个方向更深入的讲解参见［Wolfsp08］（偏实践）或者［Kaden59］（偏理论）。

确定如何对设备进行电磁屏蔽的第一步是分析环境中可能存在的干扰场类型，以及对哪种干扰场进行屏蔽。一般干扰场可以分为电场、磁场和电磁场这三类。这三种场的形成原因和传播方式都不同，所以响应的电磁屏蔽手段也不相同。慢速变化的电场可以产生伴生的弱电磁场，但还是主要作为电场来处理。同样，慢速变化的磁场会产生弱电场，但主要作为纯磁场来处理。

实际中往往对电场和磁场的界限不是太明确，没有明确的界定值，低于某个频率变化的电场可以作为纯电场，高于此频率就需要考虑其感应磁场。同样，区分磁场和电磁场也并没有明确的界限。

其中，一个判断标准是看在近场或者远场是否存在辐射源。到辐射源距离比波长小时，称为近场；当距离辐射源比波长大很多时，称为远场。一般来说，根据辐射源的类型，近场大多可以作为纯电场或者纯磁场对待，而远场则无论是哪种辐射源，一般都是混合电磁场。

（1）例1

汽车附近有50Hz的强电导线，其波长λ为

$$\lambda = \frac{c}{f} \tag{7.10}$$

式中，c 为光速，$c = 3 \times 10^8 \text{m/s}$；$f$ 为频率。这种情况下，波长为6000km！所以50Hz的导线辐射，都可以作为近场来处理。由于电流会形成磁场，所以近场为磁场，也就是说，需要对设备做磁场屏蔽。

（2）例2

发送频率为900MHz的手机，其波长为33cm。当距离手机超过1m时，可以作为远场处理；距离手机为几厘米时，需要作为近场处理。当距离约为波长长度时，在这个范围近场逐渐转变为远场，所以要对近场和远场都做电磁屏蔽。手机的近场是电场还是磁场，取决于天线的类型。当然也可以通过测量来进行检测。

电场是由电荷的积累产生的。电场线的起点为正电荷，终止于负电荷。电磁屏蔽就是需要避免设备由于感应电荷的积累而形成负极。在静电场中，感应电荷一般不会形成干扰。但当电场变化时，感应电荷运动会形成电流，见式（7.8）。

在图7.36右侧，有电磁屏蔽时，电子元件中不会形成感应电荷，也就不会形成感应电流。屏蔽材料的厚度并没有要求，薄的导电膜、蒸镀金属薄膜或者多孔金属丝网等都可以形成电磁屏蔽。重要的一点是，屏蔽材料需要和固定电势相连接（一般为接地）。

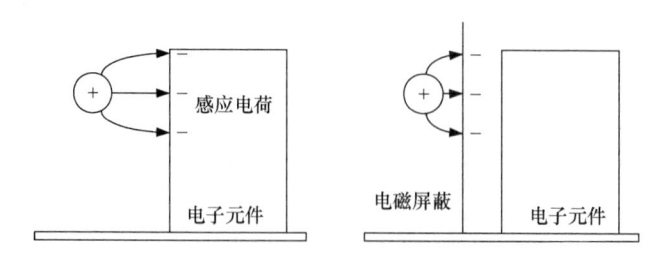

图7.36　电子元件的电磁屏蔽

从理论上来讲，将电子元件置于封闭的高介电常数 ε 的电解质中（例如陶瓷），可以对静电场进行屏蔽。但实际中并不需要这么做。

磁场可以通过具有高磁导率 μ 的材料来进行屏蔽，例如镍铁合金（μ_r 约为 50000）或者成本更低的铁。在选择铁磁性材料时应注意，μ_r 在高场强下会降低。由于磁场在汽车中一般不会引起干扰，所以汽车中很少采用磁场屏蔽。

对于电磁场的屏蔽主要借助两个物理原理：反射或者吸收。电磁波的一部分在空气和另一种具有不同波阻抗的屏蔽的界面上会产生反射。特性波阻抗，即电场强度与磁场强度之比，在空气远场为恒定值 337Ω，而金属的特性波阻抗远低于此值。屏蔽材料的厚度对反射没有影响。吸收是指没有被反射的电磁波会在屏蔽材料内部转化为热能。吸收随着屏蔽材料的厚度非线性上升。一般吸收电磁波转换成热能的数值非常有限，并不会带来明显的温度变化，所以不需要专门的导热措施，也不需要进行测量。当金属并不密封而是有开口时（例如接线插接件），电磁屏蔽的效率会明显降低。不密封的电磁屏蔽还有可能会产生电磁波的谐振，使壳体中的场强甚至高于外界的场强。

3. 双绞线、电磁屏蔽以及走线

导线和设备本身都需要进行电磁屏蔽。进行电磁屏蔽还需要考虑成本以及重量这两个因素，所以在实际中，很多导线并不进行屏蔽，一些设备也只是采用塑料壳体而非金属壳体进行封装。对导线进行屏蔽时，一般采用金属丝网裹覆，金属丝网至少有一端接地，最好的情况是两端都接地。两端都接地时，需要注意屏蔽丝网和外部相连的两个接地点不要有大的环路面积。另外一种效率稍低但更加简单的解决方案是在导线束中增加地线。

效率和成本最优的电磁屏蔽折中方案是，将输入电流和输出电流的导线采用双绞线的方式进行连接。这会对抗输入或输出的磁场，因为磁场的感应效应在两个相邻波之间是相反的，因此，两次相邻波之间发射的磁场基本上被抵消。印刷电路板中不能使用双绞线，这时要将输入电流和输出电流的线路设计得尽量靠近，例如，在多层电路板中尽量使输入和输出线立体重叠，这样可以最大限度地减小导体之间的面积。

4. 信号传输

一条导线的干扰信号，也常常对附近的导线起到振幅相同、相位类似的干扰。受干扰的导线相对于地线有明显的干扰信号，但测量时，导线之间却往往不能测量出明显的干扰电压。这种干扰称为共模干扰（Common Mode），6.3.1 节提到的 CAN 总线的差分信号传输的方式就是为了避免共模干扰信号。

数字信号传输需要利用逻辑协议来进行校验，例如加和校验。使用的校验方法要尽量准确识别传输中产生的错误位。通常的数据总线例如 CAN 总线，已经集成了类似的校验机制，用户不必再对其进行定义。

为了达到尽量高的信噪比（SNR），信号的幅值要足够高。尤其对于传感器这类只能测量很弱的信号的设备，需要在内部集成放大模块才能进行传输。

5. 滤波和过电压保护

在空间和成本允许的情况下，经过导线束传递的信号在到达设备之前首先需要经过滤波，消除干扰部分。滤波要尽量只允许有效信号通过，对其他频率的信号进行截止。最常用的滤波电路为低通滤波器，由一个电阻和一个电容组成。如果利用导线的阻抗，则可以省略外加电阻。电容只能使用贴片式的，而且电容在电路板中的导线要尽量宽，尽量短，不然导线电感会和电容组成串联谐振电路，传输高频信号时会产生干扰。

高能量干扰脉冲（例如负载突降或静电放电）需要考虑其电压强度，一般使用加装齐纳二极管或者可调电阻的方法。火花间隙的方法并不适用于汽车。

7.2.5 电磁兼容性模拟

一方面，大多数电磁兼容性问题都不需要精确的解析模型，另一方面，只有在产品研发后期，才有可能对电磁干扰信号进行实际测量。这时，如果需要进行改进，所需要的成本要远远高于研发前期成本。因此，理想的解决办法是，在产品开发的前期对电磁兼容性进行计算机模拟。由于研发项目往往有来自很多方面的压力，这个很重要的工作常常被忽略。

系统中每个部件都有可能是潜在干扰源，也有可能是潜在敏感装置。将所有的干扰源和潜在敏感装置进行组合，可以得出一个相互作用矩阵。将矩阵中的每一个组合都进行计算、模拟或者测量的成本非常高。通常的做法是，在矩阵中根据经验进行筛选，选择可能性最高的组合进行下一步的模拟。

模拟主要针对潜在敏感装置在场产生、传播和耦合时的反应。理想的情况是将电磁兼容性模拟集成到电路模拟中，但经验表明，这并不是轻而易举的。有可能并不是对从场的产生直到耦合的整个过程进行模拟，而只是将其中的一部分做简化进行集成。

对电磁场的计算，需要在时间点 t 和位置 (x,y,z) 的电场矢量 $\boldsymbol{E}(x,y,z)$ 和磁场矢量 $\boldsymbol{H}(x,y,z)$ 进行计算。计算基于麦克斯韦方程组：

$$\text{rot}\boldsymbol{E}(t,x,y,z) = -\mu\frac{\partial \boldsymbol{H}(t,x,y,z)}{\partial t} \qquad (7.11)$$

$$\text{rot}\boldsymbol{H}(t,x,y,z) = S(t,x,y,z) + \varepsilon\frac{\partial \boldsymbol{E}(t,x,y,z)}{\partial t} \qquad (7.12)$$

$$\text{div}\varepsilon\boldsymbol{E}(t,x,y,z) = \rho(t,x,y,z) \qquad (7.13)$$

$$\text{div}\mu\boldsymbol{H}(t,x,y,z) = 0 \qquad (7.14)$$

式中，S 为导体中的电流密度；ρ 为空间分布的电荷密度；ε 和 μ 分别为电场常数和磁场常数。微分形式的方程组也可以写为等效的积分形式。式（7.11）为电磁感应定律，式（7.12）为扩展的磁通量方程，式（7.13）表明电荷产生电场，式（7.14）表明磁场不同于电场，并没有像电荷一样的"磁荷"[Simonyi56，Leucht07]。

麦克斯韦方程组只有在几种简化情况下有解析解，所以一般进行模拟的时候，都是取数值解。进行计算机模拟的用户并不直接求解麦克斯韦方程组，而是借助已有的软件包求解。

可以通过不同的算法进行模拟，但每种算法都有其优缺点，对算法的选择往往基于经验。[CVEL]中比较全面地列举了不同的算法类型。[Kost08]对比较重要的算法进行了详细的介绍。由于各具不同的优势，两种（或理论上更多）解决方案算法的组合（混合方式）使用也可能是有用的。

很多算法都有对应的开放或者商用软件包[CVEL]，多数软件包都由预处理模块（以文本或者图像的形式描述问题）、计算模块（求解算法）和后期处理模块（生成图像型或者图标型的数值解）所组成。

当选择不同的软件包时，首先要考虑有合适算法的计算模块。预处理模块中存储需要进行模拟的设备的几何信息。由于多数场都无限大，一般对重要的区域进行界定。进行界定时，还需要定义边界条件，例如通常使用"吸收边界条件"（Absorbing Boundary Conditions）。接下来要对连续场进行离散化处理，空间采样点一般通过虚拟的三维网格定义。网格越精细，模拟结果的空间分辨率越高，但计算时间也就越长。一般对于没有变化的区域进行低分辨率计算，而对变化比较快的区域或者特别重要的区域进行高分辨率计算。在定义了几何信息、边界条件和网格之后，便可以开始进行模拟。模拟结果将会由后期处理模块显示。

7.2.6　电磁兼容性检测和测量方法

在7.2.2节中我们已经提到了不同的耦合机制。测试技术应在实验室模拟这些耦合。通过对耦合的干扰信号的检测，可以获知目标系统是否正常运作、是否受干扰或者是否被损坏。对干扰信号的定量的分析一般是没有必要的。对干扰信号的测量则正好相反，它是指对目标系统所发射的干扰信号进行测量。更进一步说，干扰信号的测量需要对耦合干扰进行量化的分析，有时甚至需要通过控制电路实现对干扰信号的精确控制。

1. 场干扰的仿真和测量

对7.2.2节中讲到的电容型耦合干扰的仿真通过使用电容型耦合钳来实现（虽然称为耦合钳，但其构造和电流钳完全不同）。耦合钳是指可以打开的、长约1m的导电管道。导线位于管道中，但并不与管道相连通。导线和管道之间有大概0.1nF的电容。管道中存在快速变化的电压时，例如ISO 7637中所规定的突发脉冲，会在导线中引发无功电流。这种结构模仿实际中导线束的相邻导线之间所产生的电容型耦合。对耦合钳进行简化，也可以使用单个电容器作用在导线的一个点上，来进行单点耦合。

仿真电容型耦合的另外一种办法是将目标系统置于大的电容器之内。这个大的电容器不采用平板电容器，而是将两条导线组成线圈，所以也可以用来产生磁场。

但随着 ISO 11452-6 的撤销，这种测试方法已经不常使用。

还有一种测试办法，是将目标系统置于杆状天线或者偶极天线的近场范围之内。对高频信号来说，目标系统很难置于近场范围之内；对低频信号来说，杆状天线长度至少要等于半波长（在导电平面上反射时为四分之一波长）。

测量辐射时所使用的设备和进行耦合时大体相似。例如，通过电容型耦合钳去耦的干扰信号一般通过频谱分析仪进行分析，单次测量值也可以通过示波器来显示。

电感型耦合和去耦一般通过电感型耦合钳进行。电感型耦合钳类似于通常在电流测试时使用的电流钳。电感型耦合钳的特点是其带宽很宽，负载能力也很高。经常使用的电感型耦合钳的测试测量方法是前面介绍的电流注入（BCI）方法。

另外一种方法类似于前面提到的大电容法：使用比目标系统更大的电感线圈。

类似于电容型耦合，可以将目标系统置于环状天线（磁场天线）的近场范围。在测量交流磁场或者电磁场时经常使用这种方法。

对电磁场（远场）进行耦合或者测量场辐射时，目标系统（汽车或者子系统）置于天线的远场中。一般在众多天线类型中要选择频谱比较宽的天线，这样可以避免在一系列测试任务中频繁地更换天线。

天线和目标系统之间的电磁波只应该通过直接路径传播，通过墙体反射的电磁波会对原始波产生干涉现象，从而导致电磁场不精确。进行开阔试验场测试（Open Area Test Site，OATS）可以避免电磁波通过墙或者天花板反射。但 OATS 的缺点是，测量可能受到天气和外界信号干扰，以及具有新车型未经授权被曝光的风险。OATS 不能避免来自地面的反射，潮湿的室外地面甚至比室内地面反射更强。一个解决方案是采用电波暗室，其墙体能几乎完全吸收电磁波，不会产生反射。为了保证真实性，电波暗室的地板一般不采用吸收材料。测试行驶状态的汽车时，电波暗室中还可以装备滚动测试平台和尾气吸收系统。

反射室和电波暗室相反，是指带有反射墙的电磁屏蔽的腔室。由于反射叠加，反射室中的场强是不确定的。通过旋转天线或旋转腔室中的大型反射器来馈送磁场，反射室中每一个点所受到的辐射都是变化的，这样的场只能通过统计的方法进行描述。利用反射室进行电磁兼容性测试，优点是每个方向受到的辐射都相同，通过取平均值的方法更加精确。但是这种回声实验室（Reverberation Chambers）理论十分复杂［KosBov91］，在汽车领域还没有取得实际应用。当不是针对整车，而是针对小部件进行测试时，使用特定强度的平面波比进行电波暗室测试的成本更低。这时一般借助横向电磁波室（TEM Cells）（图 7.37a），也称为 Crawford Cells ［Crawford74］，或者带状线（Striplines）测试。横向电磁波室是基于同轴电缆的扩展（一般采用方形截面和圆盘形的导体），一般在导体和外部屏蔽之间有足够的空间放置目标系统。目标系统一般放置于导体和地板之间。为了避免电磁波在电磁波室的两端发生反射，两端又逐渐变细，成为普通的同轴电缆，电缆一般连接 50Ω 左右的波阻抗。

当打开横向电磁波室且只保留上面的部分时,就形成带状线(图 7.37b)。带状线也像 TEM 室一样连接波阻抗。当测量并不需要外接波阻抗时,带状线则演变为没有规范化的 GTEM 室。这相当于变短的、具有吸收墙的 TEM 室。靠近上壁的不对称隔板增加了隔板下试样的体积。

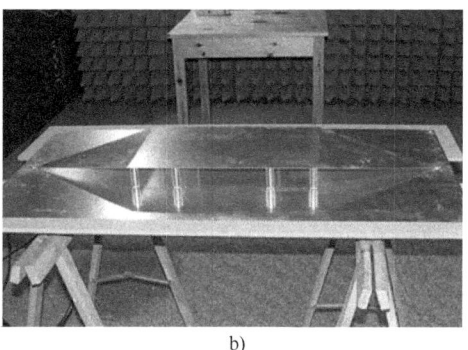

图 7.37 a 图为横向电磁波室,b 图为带状线测试

2. 导线干扰的仿真和测量

导线干扰的仿真是将干扰脉冲直接加载到设备的输入和输出端或其他连接。从前使用电容器放电来产生干扰脉冲,如今一般使用数字信号发生器产生干扰脉冲,之后通过宽频放大器达到一定的功率。测试供电电缆的干扰信号时,干扰脉冲发生器同时也要提供供电电压。

测试目标设备所产生的干扰信号时,可以使用示波器来显示。在供电电源和测试目标之间存在线路阻抗稳定网络(Line Impedance Stabilization Network, LISN)。

导线干扰的一个特例是静电放电。静电放电稳定性可以通过静电喷枪进行测试,如图 7.38 所示。芯片引脚测试在接触放电时一般使用 15kV,火花放电时一般使用 25kV。设备静电放电脉冲和其他类型的干扰脉冲类似,通过电容器放电来产生。

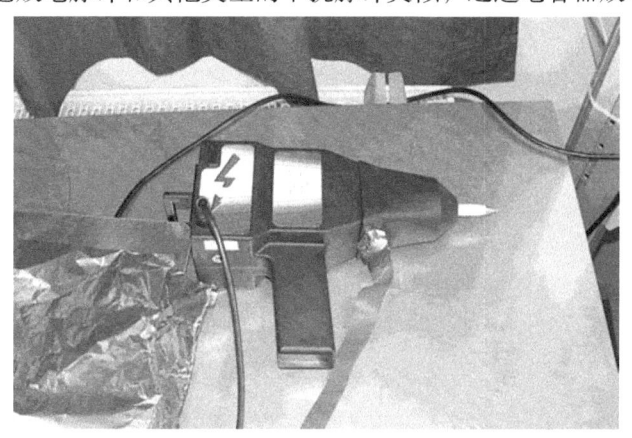

图 7.38 带静电喷枪的静电测量站

7.3 力学要求

车辆行驶时的振动和摇晃也会作用到电子部件上。动力总成系统会产生强烈的振动，会传递至位于发动机或者变速器附近的控制单元。除了控制单元本身，插接件也有可能受到力学振动的影响而变松甚至脱离。另外，电控单元有一定的力学坚固性对生产过程或者售后服务也很重要，当电控单元产生碰撞或者不小心掉在地下，也不至于立刻损坏。

与电磁兼容性一样，电控单元要进行抗冲击性测试以及振动实验。[ISO 16750-3] 定义了测试的方法，见表7.7，[IEC 60068-2] 规定了进行测试的细节。下面的内容适用于轿车电控单元，对载重货车的要求也有相似的格式。对于电动和混合动力系统（无电池）的补充标准是 [ISO 19453-3]。一些汽车制造商还在其通用标准 [LV124] 中定义了进一步的要求，例如落石实验。

表7.7　[ISO 16750-3] 中规定的乘用车中3个选定安装位置的抗振性要求。可以看出，振动中加速度比重力加速度（$g = 9.81 \text{m/s}^2$）大很多倍

安装位置		车内/发动机舱	变速器	发动机
随机振动（有效值）		27.8m/s^2，至1000Hz	96.6m/s^2，至2000Hz	181m/s^2，至2000Hz
正弦振动（最大值）	小于5个气缸	—	60m/s^2，至440Hz	200m/s^2，至440Hz
	大于等于6个气缸	—	60m/s^2，至440Hz	150m/s^2，至440Hz
持续时间/h		8	22	22
振动量级		E	U	A

振动实验和冲击实验都在振动台上来进行，除此之外还要进行1m落差的自由落体实验。

振动台一方面产生随机振动模拟在真实道路上行驶，另一方面也可以输入正弦激励产生振动。上面提到的规范文档不仅说明了对于不同的安装位置需要采用不同的测试振幅和频率，而且对不同安装位置还规定了特征曲线，例如特定的频率对应特定的振幅。文档中定义了发动机、发动机附近（例如变速器）、进气装置、车身以及轮胎等不同的安装位置。

纯正弦振动模仿发动机转动时，由于活塞的交替运动而产生的周期性振动。实际中，活塞并不做严格的正弦振动，所以会伴随着发动机转速的变化而产生更高阶的力和力矩。[Bosch19] 中以表格形式总结了不同的气缸设计所产生的一阶和二阶力和力矩。更详细的解释和推导参见 [BasSch17]。正弦振动测试一般由低频开始，逐渐升高至最大频率。

除了接线槽和固定螺钉，自身质量大的原件（线圈、大体积的电解电容）对

振动测试比较敏感。当必须使用这些原件时，要尽量将这些原件置于波节，避免将其置于波腹的位置。除了电磁兼容性和散热性，电路板设计时也要考虑力学性能。

7.4 热学要求

在汽车上，寒冷的冬夜或者炎热的夏天会产生极端的温差。[ISO 16750-4]就车辆中各个安装位置的预期温度范围给出了建议。它建议将安装在车辆内部（发动机舱除外）的电子设备设计为工作温度下限为-40℃，上限为70~100℃（D级至H级）。行业惯例的上限通常设为80℃（E级）或85℃（F级），在实践中通常不会进一步区分标准中推荐的上限。发动机舱的温度更高，一般认为最高可达105°C（H级）。直接位于发动机的部件的温差为-40~125℃（K级）。在变速器中安装电子设备时的要求更高。规范还规定，高温稳定性需要高于工作温度（F级为105℃，H级为125℃，K级为130℃）。同时需要注意的是，不仅不同位置的环境温度对电子部件有影响，集成电路本身也有一定的功率损耗转化为热能。标准[ISO 19453-4]还对电动或混合动力传动系统的组件进行了补充。

总成或车辆的耐气候性在气候柜、气候室、空调实验台或极端气候条件地区（例如瑞典北部，如图7.39所示）的实验跑道上进行测试。除了气候测试外，还允许进行驾驶性能测试。

图7.39 位于瑞典阿杰洛格（Arjeplog）的冬季测试跑道（图片来源：博世公司）

电子部件的温度并不是恒定的，而是有很大的波动。[IEC 60068-2]针对上面提到的环境温度变化和不利气候条件规定了附加实验。计算的温度或者快速温度变化会影响部件或者系统的功能，有时甚至可能造成不可逆转的破坏。电子部件的特征值和误差区间一般只对某个温度区间有效。超出规定的温度区间，电子部件的特性有可能改变。例如，温度变化可能导致电控单元的传感器测试信号偏移，从而导致控制系统出错。数字电路也可能出错，例如数字位反转等。有些读者可能已经注意到，当环境温度高、通风差时，计算机死机的次数更加频繁。

在更高的温度下，半导体器件有可能会损坏。根据不同的生产商，半导体允许的截止层温度一般在 125~200℃ 之间。尽管环境温度低于 125℃，但当散热不好时，器件温度会快速上升至此区间。当温度高于 183℃ 时，焊锡会变软甚至融化，在有外加振动的情况下，器件可能会自行从电路板上拆焊。

高温下，电控单元中的有机材料（如塑料部件）会加速老化，塑料中的软化剂蒸发会导致材料的脆化。当温度过高时，一些材料［如聚氯乙烯（PVC）］会释放腐蚀性气体，例如氯化氢。

温度循环会导致材料的热胀冷缩。当具有不同热膨胀系数的材料相互连接时，接触面会产生应力，最终可能导致在材料的接触面或者材料内部出现裂缝。

图 7.40 所示为电控单元中热量的产生和传导。左侧的微控制器对温度很敏感。主要的发热源为右侧的功率半导体，但当微控制器也具有一定的功率时，也可能产生相当一部分热量。进行散热主要有 3 个机制：辐射、热传导和对流。

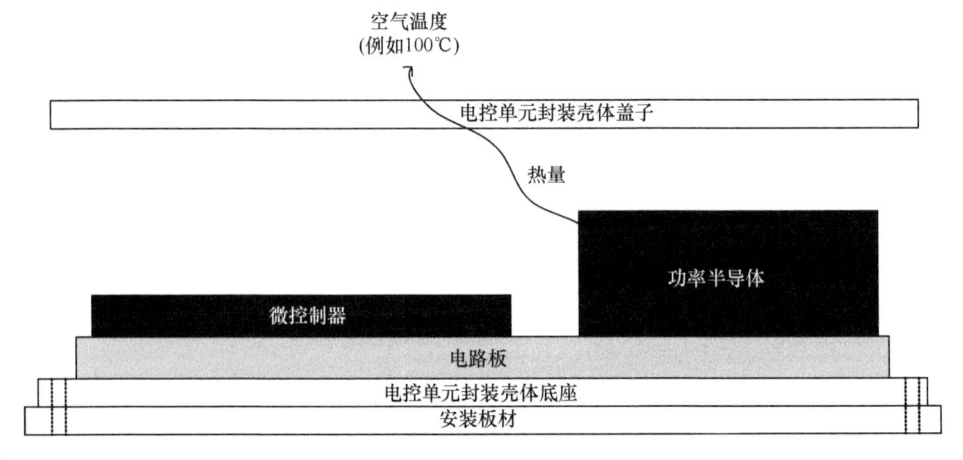

图 7.40　电控单元中热量的产生和传导

热量通过红外波长电磁波的形式辐射。辐射性能最好的表面为不产生反射的黑色表面，这也是降温片经常为黑色的原因。但是汽车电子部件通过辐射所释放的热量非常少，对设备的温度影响很微小，所以电控单元的金属壳体往往不再涂成黑色。根据 Stefan-Boltzmann 定律，热流为

$$\dot{Q} = e\sigma A(T^4 - T_{amb}^4) \tag{7.15}$$

式中，e 为黑体辐射系数，代表辐射体和黑体的相似程度，如果为绝对黑体，则 $e = 1$；σ 为 Stefan-Boltzmann 常数，$\sigma = 10^{-8} W/(m^2 \cdot K^4)$；$A$ 为辐射体表面面积；T 为辐射体的绝对温度；T_{amb} 为环境温度。一个黑体表面单位时间内辐射出的总能量和黑体本身的热力学温度的四次方成正比。辐射时，热流总是双向的，也就是说

一方面从黑体到环境，另一方面从环境到黑体。式（7.15）给出的是热流差。

热传导一般通过电子或者离子运动来传导热量，气体导热是通过原子或者分子的运动进行的。金属的高导热性是由于体内存在大量的可以自由运动的电子。在实际中，导电性强的材料一般也具有良好的导热性。和电流时电子的同向运动不同，热传导时运动是杂乱无章的［Mesch10］。热流可以写为

$$\dot{Q} = \frac{\lambda}{d} A \Delta T \tag{7.16}$$

式中，λ 为导热率（热阻率 ρ 的倒数）；d 为材料的厚度；A 为表面积。表7.8 中列举了一些材料在 20℃和 1013hPa（1hPa = 100Pa）下的导热率。一般来说，固体的导热率比液体或者气体高。金属中，银和铜的导热率最高，其电导率也是最高的。FR4 是环氧树脂和玻璃纤维的混合物，普遍用作印刷电路板的基体材料，但其导热率很差。

表7.8 一些材料在 20℃和 1013hPa 下的导热率 ［Bosch19］

材料	导热率/W/(K·m)
银	429
铜	401
铝	237
铁	80（纯铁）
钢	14 ~ 58（合金比纯铁导热性差）
陶瓷	20（96%的 Al_2O_3）
陶瓷	1 ~ 3（LTCC）
塑料	0.2 ~ 0.7
FR4	0.25（印刷电路板）
水	0.6
空气	0.026

散热的第三个机制为对流，也就是通过气体和液体的流动来进行散热。对流分为两类：自然对流是指由于温度差异而导致的对流，例如热空气上升，冷空气下降；强制对流是指有外力驱动（通过泵或者风扇）的流动现象。

对流通量可以写为

$$\dot{Q} = \alpha A \Delta T \tag{7.17}$$

这个公式看似简单，但是传热系数 α 的精确计算却很困难。A 取决于很多因素，例如传热表面的几何形状、材料类型、流体的状态变量以及流动类型（层流或者涡流）等。实际应用时，计算 α 需要用到很多近似，或者只是粗略估计传热的最差情况。热传播的过程可以用傅里叶方程进行解析描述 ［PolKop09］，傅里叶方程为二阶偏微分方程。在实际计算中更常用到的是热等效电路方法（Beuke 模型

[Beuken36]），也就是把"热电路"当作电路来对待，温度等效为电压，热流等效为电流。计算中还需要考虑是否达到热力学平衡状态，以及是否考虑热传播过程的时间变量。

一旦达到热力学平衡状态，温度不再发生改变。类似于直流电路，计算热学量时只需要考虑热流、热阻以及稳定的温差。电学和热学变量之间的类比见表7.9。

表7.9 电学和热学变量之间的类比

电学变量	热学变量
电压 U	温度差 ΔT
电流 I	对流通量 $\dot{Q}$
电阻 R	热阻 R_{th}
电容 C	热容 C_{th}

类似于欧姆定律，根据热传导公式［式（7.16）］或者对流公式［式（7.17）］，对每一个热阻都可以写为

$$\Delta T = R_{th} \dot{Q} \tag{7.18}$$

由于式（7.15）的非线性特性，热辐射正比于温度的四次方，其热阻不能利用欧姆定律来计算。

代入式（7.16）和式（7.17），热阻可以写为

热传导：

$$R_{th} = \frac{d}{\lambda A} = \frac{\rho d}{A} \tag{7.19}$$

热对流：

$$R_{th} = \frac{1}{\alpha A} \tag{7.20}$$

如图7.40所示，热传导主要是向下通过电路板和封装壳体来进行，上方的空气导热性非常差。功率半导体通过其封装辐射的热量也只是非常小的一部分。在封闭的壳体中，对流基本可以忽略不计。通过上述近似，热等效电路如图7.41所示。由于对流和辐射所传导的热量非常少，也就是说对应的热阻非常高，图中虚线部分基本可以省略。

例如，如果要计算功率半导体的温度，可将环境温度（假设作为车身一部分的安装板处于环境温度下）与图7.41中两个热阻两端的温度差相加即可。

通过两个热阻的"热流"是由功率半导体产生的热量，也就是功率半导体的功耗 P。图7.40和图7.41所示功率半导体的温度为

$$\begin{aligned} T &= (R_{th,\text{Leiterplatte}} + R_{th,\text{Gehäuseboden}})P + T_{amb} \\ &= \frac{P}{A}\left(\frac{d_{\text{Leiterplatte}}}{\lambda_{\text{Leiterplatte}}} + \frac{d_{\text{Gehäuseboden}}}{\lambda_{\text{Gehäuseboden}}}\right) + T_{amb} \end{aligned} \tag{7.21}$$

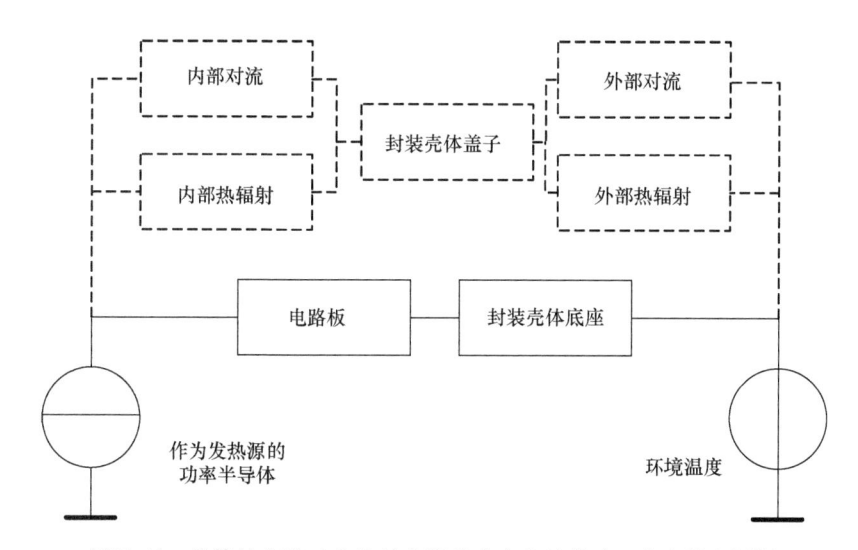

图 7.41 热等效电路（左边的电源代表产生的热流，右边的电压源
代表环境温度。所有传热均由电阻表示）

当代入表 7.8 中的导热率的数值时［电路板为 0.5W/(m·K)，铝制壳体为 237W/(m·K)］，可以看到当电路板和铝制壳体的厚度相似时，甚至可以省略铝制壳体的热阻。电路板为整个系统散热的主要瓶颈。

有时需要考虑热传播过程中的时间变量，这时需要考虑材料的热容值。上述热平衡状态的热等效电路方法不再适用，温度计算一般需要通过计算机模拟来完成。

7.5 化学要求和密封性

不同安装位置的电控单元，有可能需要暴露在化学腐蚀的环境中，对于在发动机舱中的电控单元尤其如此。电控单元可能会因为接触到污水或者含盐水、燃油或者发动机油、清洗剂或者灰尘而失效。这些化学污染物可能会随着时间扩散渗透至电控单元内，当清洗时，有时候还需要在电控单元内部用到高压。

相对于发动机舱，驾驶室或者行李舱的要求要低很多，但也要考虑灰尘、各种清洗剂以及湿度的影响（例如敞篷车、潮湿的行李、冷凝水或者冷却水漏水等原因）。具体的要求参见［ISO 16750-5］中的规范，相关的测试参见［IEC 60068-2］。［ISO 19453-5］对于电动和混合动力系统部件进行了相应补充。［LV124］是多家汽车制造商的通用标准，除此，还规定了相关要求和测试。

对电控单元最好的保护方式为充足的密封性。密封主要有两个目的，一个是防止直接接触，另一个是防止流体浸入。密封性分为不同的 IP 级别［DIN 60529，DIN 40050-9］。IP 级别通过两位数来描述，第一位是指接触密封级别，第二位是指流体密封级别。

根据［DIN 60529］中规定的密封性等级（表7.10），密封程度由IP等级的分配来表示（以前的标准［DIN 40050-9］不再适用，现行标准是［ISO 20653］）。

表7.10　［DIN 40050-9］中规定的密封性等级

a）外界物质防护/接触防护	
0	无防护
1	阻止直径>50mm的颗粒进入
2	阻止直径>12.5mm的颗粒进入
3	阻止直径>2.5mm的颗粒进入
4	阻止直径>1mm的颗粒进入
5	防尘
6	绝对防尘
b）防潮性	
0	无防护
1	防护垂直降落的水滴
2	防护偏离垂直角度不大于15°倾角降落的水滴
3	防护偏离垂直角度不大于60°倾角降落的水滴
4	防护任意方向降落的水滴
5	防护任意方向喷射的水柱
6	浸没防潮
7	定义压强和时间长度的落水防潮
8	定义压强和时间长度的浸没防潮
9K	高压清洗防潮（在以前的DIN 40050-9中）

密封的电控单元，当冷却时温度变低，内部压力小于外界压力，有可能会更容易吸收外界水分来达到压力平衡。自动调节压力的密封系统成本过高，一般采用成本低的解决方案，即在内部和外部之间进行压力补偿，例如通过可形变的密封膜来达到压力平衡。一些电控单元的封装壳体上装有硬币大小的黑色塑料膜，膜下即为压力平衡元素。虽然电控单元壳体的作用是为内部电子部件提供充分的保护，但整车厂往往还会对零部件供应商提出其他的要求，例如壳体外部也要防止腐蚀。虽然大多数时候壳体外部的腐蚀不会影响部件的运行，但是发生腐蚀的部件看起来会给客户产生负面的印象，所以需要采取措施进行防止。常见的一种腐蚀性材料为盐雾，在冬季雪天道路撒盐时或者在海边行驶时经常会遇到。防盐雾腐蚀的检测性方法参见［ASTMB117, ISO 9227］。

塑料封装壳体有时也会被燃油或者机油腐蚀。例如仪表板等直接接触阳光照射的塑料桥材料，模拟光照测试在［VDA 75202］中有所规定。

7.6 环境保护要求

在电控单元的开发阶段就应该注意，当生命周期结束时，对其进行报废处理或者焚烧不应该对环境带来危害。这可以通过材料回收或避免使用有害环境的材料来保证。

欧盟修订了 RoHS 法规（"有害物质限制"［EU02-95，EU11-65］，分别于 2015 年和 2020 年修订）和 WEEE 法规（"废弃电气和电子设备"［EU02 96，EU12-19］），并据此要求依法对环境保护采取相关措施。法规针对整修、军用以及个人搭建的非商用设备等情况都有例外规定。汽车工业暂时不受这些法规的约束，但是一些汽车生产商和零部件供货商已经在多年前就采用了类似甚至更加严格的标准㊀。欧洲旧的汽车标准［EU00-53］以及相关的德国旧车法规［AltfahrzeugV］也基本上和 RoHS 保持一致，只是还附加规定了诸多例外情况。其中许多例外许可在欧盟委员会后来的决定中受到限制，其中的一些在本书出版时已经过期。含有例外许可的有害材料的设备必须明确标明（除了一些例外）。

电子部件中最常见的危害材料为铅。铅可以在体内长期聚集，最终可能导致人体中毒。铅元素并不只应用于铅蓄电池中，直到几年前，绝大多数的集成芯片中都含有铅，电子焊锡中含有 60% 的锡、38% 的铅和 2% 的铜。含铅焊锡的优点是其熔点为 183℃。无铅焊锡为锡、银和铜合金，逐渐取代了含铅焊锡。由于无铅焊锡的熔点在 217℃ 以上，焊接工艺也必须进行相应的调整。RoHS 全面禁止铅元素，而旧的汽车法规则允许继续使用铅蓄电池。

汞也是对神经系统有害的元素，现在允许在气体灯管和显示屏中使用，但必须要进行标明。用作连接材料和厚膜黏合剂的原料镉和用作防腐蚀材料的六价铬都会引发癌症。RoHS 也规定限制防火添加剂多溴联苯（Polybrominated Biphenyls，PBB）和多溴联苯醚（Polybrominated Biphenyl Ether，PBDE），但旧的汽车法规则允许继续使用。

做电子设备开发的时候需要注意，某些电子元件中也可能含有有害物质。目前很多供货商提供符合 RoHS 规定的元件，根据如今的或者未来将要出台的法规，本书建议只使用符合标准的元件。

WEEE 规定了电子设备报废处理方式。车辆以及内部电子部件的报废请参照欧盟旧的汽车标准或者德国旧的汽车法规。在个别情况下，也会用到 REACH 法规（化学品的注册、评估、授权和限制）［EU06-1907］，该法规规定了将化学品投放市场的文件义务。特别是，该法规要求对新化学品进行有害影响测试。

㊀ 2000 年，作者就遇到一家日本汽车制造商要求控制单元中污染物数量。现在，这种要求和标准更加普遍。

7.7 声学要求

车辆由于力学部件的运作以及行驶过程中的振动等会产生很大的噪声，而电子部件则看起来很"安静"。但实际上并非如此。不光一些电子执行器（例如燃油喷嘴）会产生噪声，就连电控单元内部元件也可能成为噪声源。驾驶室中的电控单元更需要无噪声运作。

平时大家所听到的计算机噪声主要来自硬盘和风扇，这些在汽车电子中并不存在。除了出错时的报错噪声之外，电子系统也会由于磁致伸缩或者电致伸缩，也就是电磁铁在磁场或者介电材料在电场中所产生的体积变化而发出噪声。

一些读者可能已经比较熟悉线圈变压器由于磁致伸缩所产生的高频噪声。在汽车中并没有50Hz的变压器，但变压器（第7.1.5节）中的扼流圈和转换器或者由脉宽调制信号所控制的电磁执行器都需要进行噪声检测。

当电压波动大时，电容器中可能会发生电致伸缩效应。一个典型的例子为发动机控制单元的升压电容器（见第5章），在喷油瞬间有可能会发出嗒嗒声。

温度差、作用力都有可能使电子部件发出噪声。另外，当电路板发生共振时，也会产生一定的噪声。

7.8 封装和连接技术

和很多电子应用一样，在汽车电子中，集成电路一般焊接在由玻璃纤维和环氧树脂所组成的复合材料FR4电路板上。电路板一般为多层，例如六或者八层。并不是每层中都会进行布线，一些电路层除了少数穿孔之外完全是金属，一方面利用大面积金属减小地线和电源线的电阻和电感，另一方面对其他的层提供电磁屏蔽。

过去，元件使用插入式组装技术（Through-Hole-Technology，THT）焊接在电路板上。如今更多使用表面贴装技术（Surface Mounted Devices，SMD）来进行封装。表面贴装元件的组装成本更低、体积更小，而且有更小的寄生电容。由于元件质量小，因此振动测试也更加容易通过。但对于一些特殊的元件，例如大电容或者线圈仍然需要使用插入式组装。表面贴装技术可以简称为SMT（Surface Mount Technology）。

一些特殊的电控单元中，例如变速器控制单元，需要使用陶瓷电路板来代替普通的印刷电路板，以便取得更好的导热性。从力学性能上讲，在没有太强的弯曲形变时，陶瓷电路板比普通印刷电路板的力学性能更优越。

陶瓷电路板分为两类，在1000℃以下进行烧结的称为低温共烧陶瓷（Low Temperature Cofired Ceramic，LTCC），在1000℃以上进行烧结的称为高温共烧陶瓷（High Temperature Cofired Ceramic，HTCC）。LTCC的导热性不如HTCC，但由于其烧结温度低，可以使用导电性好的银、金或者铜，而HTCC只能使用熔点更高的金属，例如钼或者钨。所以汽车应用中更多使用 LTCC。由于陶瓷电路板的热膨胀系数和硅芯片相似，所以可以直接进行裸芯片组装，省略了芯片的封装步骤。芯片通过细焊线和外界进行导电联通。"共烧"是指多层的陶瓷电路板的生产工艺。首先，每一层都单独进行处理，例如钻孔以及孔内金属化、筛网印刷导电浆和电阻浆等。其次，多层电陶瓷堆叠在一起，通过高温烧结在一起。陶瓷电路板的另外一个优点在于电阻可以通过印刷集成在板内。大的汽车零配件供货商会独自进行陶瓷电路板的设计和生产，而小的供货商则更倾向于采购。图 7.42 所示为基于陶瓷基体的发动机电控单元。

图 7.42　基于陶瓷基体的发动机电控单元。中间部位未封装的硅晶体（bare die）是微控制器，下部是功率半导体芯片（图片来源：博世公司）

直接键合铜（DBC）用作功率特别高的半导体模块（如电驱动）的衬底。这是一块由高导热陶瓷制成的板，如氧化铝，两面涂有铜岛。半导体芯片直接焊接或烧结在铜上，与相邻铜岛的连接或外部连接则通过键合线实现。缺点是键合导线的电流负载能力及其电感有限，因此相关替代品也在开发中［NeBöCoDo14］。

除了 FR4 电路板和陶瓷电路板，还有一些特殊的应用采用柔性的导电材料，例如座椅坐垫传感器，采用集成了铜导线的柔性塑料材料。比较常用的柔性塑料为聚酰亚胺，市面上常见的品牌为杜邦公司的 Kapton。除了其优越的力学性能，聚酰亚胺的高温性能也很优越，可以长时间在高于 200℃ 的温度下使用，超出了 FR4 电路板的使用温度。但其缺点是其耐火性不高。

传导特别大的电流时（例如中控电子部件），传统印刷电路板无法产生合适的导体横截面，也可以使用厚铜印刷电路板（铜涂层最高可达 400μm，而通常情况下仅为 35μm 或 75μm）或冲压金属网格，它可以被塑料绝缘分隔成若干层。

参 考 文 献

[AltfahrzeugV]	Bundesrepublik Deutschland: „*Verordnung über die Überlassung, Rücknahme und umweltverträgliche Entsorgung von Altfahrzeugen*" vom 4. Juli 1997, neu gefasst durch Bek. v. 21.06.2002 (BGBl I S. 2214); zuletzt geändert Artikel 118 der Verordnung vom 19. Juni 2020 (BGBl. I S. 1328)
[ASTMB117]	American Society for Testing of Materials: „*Standard Practice for Operating Salt Spray (Fog) Apparatus*", ASTM B117, 2016
[BasSch17]	R. van Basshuysen, F. Schafer (Hrsg.): „*Handbuch Verbrennungsmotor*", Springer Vieweg, Wiesbaden, 8. Auflage, 2017, ISBN 978-3-658-10901-1
[Beuken36]	D. L. Beuken: „*Wärmeverluste bei periodisch betriebenen Öfen*", Dissertation Universität Freiburg, 1936
[Borgeest15]	K. Borgeest: „*Tested once, forever right*", Joint IEEE International Symposium on Electromagnetic Compatibility and EMC Europe, Dresden, 16.–22. August 2015
[Borgeest20]	K. Borgeest mit einem Beitrag von G. Wegener: „*Messtechnik und Prüfstände für Verbrennungsmotoren: Messungen am Motor, Abgasanalytik, Prüfstände und Medienversorgung*", Springer, Wiesbaden, 2. Aufl., 2020, ISBN 978-3-658-29105-1
[Borgeest18]	K. Borgeest: „*EMC and Functional Safety of Automotive Electronics*", The Institution of Engineering and Technology, Stevenage, 2018, ISBN 978-1-78561-408-8
[Bosch15]	Robert Bosch GmbH, Datenblatt für Airbag-ICs CG902-904, 2015
[Bosch19]	Robert Bosch GmbH: „*KraftfahrtechnischesTaschenbuch*", 29. Auflage, Springer-Vieweg, 2019, ISBN 978-3-658-23583-3
[Crawford74]	M. L. Crawford: „*Generation of Standard Electromagnetic Fields Using TEM Transmission Cells*", IEEE Transactions on EMC, Band 16, Nr. 4, November 1974, S. 189–195
[CVEL]	Clemson University, Vehicular Electronics Laboratory, https://cecas.clemson.edu/cvel/modeling (17.10.2020)
[DIN...]	→ siehe Normenverzeichnis
[EU70-156]	Europäische Wirtschaftsgemeinschaft: „*Richtlinie 70/156/EWG des Rates vom 6. Februar 1970 zur Angleichung der Rechtsvorschriften der Mitgliedstaaten über die Betriebserlaubnis für Kraftfahrzeuge und Kraftfahrzeuganhänger*"
[EU72-245]	Europäische Wirtschaftsgemeinschaft: „*Richtlinie 72/245/EWG des Rates vom 20. Juni 1972 zur Angleichung der Rechtsvorschriften der Mitgliedstaaten über die Funkentstörung von Kraftfahrzeugmotoren mit Fremdzündung*"
[EU95-54]	Europäische Union: „*Richtlinie der Kommission vom 31. Oktober 1995 zur Anpassung der Richtlinie 72/245/EWG des Rates zur Angleichung der Rechtsvorschriften der Mitgliedstaaten über die Funkentstörung von Kraftfahrzeugmotoren mit Fremdzündung an den technischen Fortschritt und zur Änderung der Richtlinie 70/156/EWG des Rates zur Angleichung der Rechtsvorschriften der Mitgliedstaaten über die Betriebserlaubnis von Kraftfahrzeugen und Kraftfahrzeuganhängern*", 95/54/EG
[EU00-53]	Europäische Union: „*Richtlinie des Europäischen Parlaments und des Rates vom 18. September 2000 über Altfahrzeuge*", 2000/53/EG
[EU02-95]	Europaische Union: „*Richtlinie 2002/95/EG des Europaischen Parlaments und des Rates vom 27. Januar 2003 zur Beschrankung der Verwendung bestimmter gefahrlicher Stoffe in Elektro- und Elektronikgeräten*" (RoHS-Richtlinie), ersetzt durch die RoHS2-Richtlinie von 2011

[EU02-96]	Europäische Union: *„Richtlinie 2002/96/EG des Europäischen Parlaments und des Rates vom 27. Januar 2003 über Elektro- und Elektronik-Altgeräte"*, (WEEE-Richtlinie), ersetzt durch die WEEE2-Richtlinie von 2012
[EU04-104]	Europäische Union: *„Richtlinie 2004/104/EG der Kommission vom 14. Oktober 2004 zur Anpassung der Richtlinie 72/245/EWG des Rates über die Funkentstörung (elektromagnetische Verträglichkeit) von Kraftfahrzeugen an den technischen Fortschritt und zur Änderung der Richtlinie 70/156/EWG des Rates zur Angleichung der Rechtsvorschriften der Mitgliedstaaten über die Betriebserlaubnis von Kraftfahrzeugen und Kraftfahrzeuganhängern"* (Kfz-EMV-Richtlinie)
[EU05-49]	Europäische Union: *„Richtlinie 2005/49/EG der Kommission vom 25. Juli 2005 zur Änderung der Richtlinie 72/245/EWG des Rates über die Funkentstörung (elektromagnetische Verträglichkeit) von Kraftfahrzeugen und der Richtlinie 70/156/EWG des Rates zur Angleichung der Rechtsvorschriften der Mitgliedstaaten über die Betriebserlaubnis für Kraftfahrzeuge und Kraftfahrzeuganhänger zwecks Anpassung an den technischen Fortschritt"*
[EU05-83]	Europäische Union: *„Richtlinie 2005/83/EG der Kommission vom 23. November 2005 zur Änderung der Anhänge I, VI, VII, VIII, IX und X der Richtlinie 72/245/EWG des Rates über die Funkentstörung (elektromagnetische Verträglichkeit) von Kraftfahrzeugen zwecks ihrer Anpassung an den technischen Fortschritt"* (Kfz-EMV-Richtlinie)
[EU06-28]	Europäische Union: *„Richtlinie 2006/28/EG der Kommission vom 6. März 2006 zur Änderung der Richtlinie 72/245/EWG des Rates über die Funkentstörung (elektromagnetische Verträglichkeit) von Kraftfahrzeugen und der Richtlinie 70/156/EWG des Rates zur Angleichung der Rechtsvorschriften der Mitgliedstaaten über die Betriebserlaubnis für Kraftfahrzeuge und Kraftfahrzeuganhänger zwecks Anpassung an den technischen Fortschritt"*
[EU06-1907]	Europäische Union: *„Verordnung (EG) Nr. 1907/2006 des Europäischen Parlaments und des Rates vom 18. Dezember 2006 zur Registrierung, Bewertung, Zulassung und Beschränkung chemischer Stoffe (REACH), zur Schaffung einer Europäischen Agentur für chemische Stoffe, zur Änderung der Richtlinie 1999/45/EG und zur Aufhebung der Verordnung (EWG) Nr. 793/93 des Rates, der Verordnung (EG) Nr. 1488/94 der Kommission, der Richtlinie 76/769/EWG des Rates sowie der Richtlinien 91/155/EWG, 93/67/EWG, 93/105/EG und 2000/21/EG der Kommission"* (kurz: REACH)
[EU09-19]	Europäische Union: *„Richtlinie 2009/19/EG der Kommission vom 12. März 2009 zur Änderung der Richtlinie 72/245/EWG des Rates über die Funkentstörung (elektromagnetische Verträglichkeit) von Kraftfahrzeugen zwecks Anpassung an den technischen Fortschritt"*
[EU09-661]	Europaische Union: *„Verordnung (EG) Nr. 661/2009 des Europäischen Parlaments und des Rates vom 13. Juli 2009 über die Typgenehmigung von Kraftfahrzeugen, Kraftfahrzeuganhängern und von Systemen, Bauteilen und selbstständigen technischen Einheiten für diese Fahrzeuge hinsichtlich ihrer allgemeinen Sicherheit"*
[EU11-65]	Europäische Union: *„Richtlinie 2011/65/EG des Europäischen Parlaments und des Rates vom 8. Juni 2011 zur Beschränkung der Verwendung bestimmter gefährlicher Stoffe in Elektro- und Elektronikgeräten"*, überarbeitet durch Richtlinien 2015/863/EU und 2017/2102/EU, ersetzt die RoHS1-Richtlinie von 2002
[EU12-19]	Europäische Union: *„Richtlinie 2012/19/EG des Europaischen Parlaments und des Rates vom 4. Juli 2012 uber Elektro- und Elektronik-Altgerate"*, ersetzt die WEEE1-Richtlinie von 2002

[EU19-2144]	Europaische Union: „*Verordnung (EU) Nr. 2019/2144 des Europaischen Parlaments und des Rates vom 27. November 2019 über die Typgenehmigung von Kraftfahrzeugen und Kraftfahrzeuganhängern sowie von Systemen, Bauteilen und selbstständigen technischen Einheiten für diese Fahrzeuge im Hinblick auf ihre allgemeine Sicherheit und den Schutz der Fahrzeuginsassen und von ungeschützten Verkehrsteilnehmern, zur Änderung der Verordnung (EU) 2018/858 des Europäischen Parlaments und des Rates und zur Aufhebung der Verordnungen (EG) Nr. 78/2009, (EG) Nr. 79/2009 und (EG) Nr. 661/2009 des Europäischen Parlaments und des Rates sowie der Verordnungen (EG) Nr. 631/2009, (EU) Nr. 406/2010, (EU) Nr. 672/2010, (EU) Nr. 1003/2010, (EU) Nr. 1005/2010, (EU) Nr. 1008/2010, (EU) Nr. 1009/2010, (EU) Nr. 19/2011, (EU) Nr. 109/2011, (EU) Nr. 458/2011, (EU) Nr. 65/2012, (EU) Nr. 130/2012, (EU) Nr. 347/2012, (EU) Nr. 351/2012, (EU) Nr. 1230/2012 und (EU) 2015/166 der Kommission"*
[Floyd14]	Th. L. Floyd: „*Digital Fundamentals*", Prentice Hall, 2014, ISBN 978-0132737968
[Fraisse10]	Stephane Fraissé: „*Smart High-Side Switches*", Application Note, Infineon, Rev. 1.0, 15.12.2010
[Frei99]	S. Frei: „*Elektrostatische Entladungen (ESD) und ihre Störwirkung auf elektronische Systeme*", Dissertation TU-Berlin, Shaker-Verlag, 1999, ISBN 978-3-826561962
[GesMah07]	Ralf Gessler, Thomas Mahr: „*Hardware-Software-Codesign*", Vieweg, 2007, ISBN 978-3-834-80048-0
[GevGrü06]	H.-J. Gevatter, U. Grünhaupt (Hrsg.): „*Handbuch der Mess- und Automatisierungstechnik im Automobil*", Springer, 2. Auflage, 2006, ISBN 978-3-540-21205-8
[Heumann96]	Klemens Heumann: „*Grundlagen der Leistungselektronik*", Teubner, 6. Auflage, 1996, ISBN 978-3519061106
[Hoffmn15]	J. Hoffmann: „*Taschenbuch der Messtechnik*", Fachbuchverlag Leipzig, 7. Auflage 2015, ISBN 978-3446442719
[IEC...]	→ siehe Normenverzeichnis
[Infineon03]	Infineon AG: „*C167CR Derivatives, User's Manual*", V3.2, Mai 2003
[IR07]	Infineon (vormals International Rectifier): „*IR2117(S)/IR2118(S) & (PbF) Single Channel Driver*", Data Sheet No. PD60146 Rev O, 2007
[ISO...]	→ siehe Normenverzeichnis
[J...]	→ siehe Normenverzeichnis
[Kaden59]	H. Kaden: „*Wirbelströme und Schirmung in der Nachrichtentechnik*", 2. Auflage, Springer, Berlin, 1959 (Nachdruck 2006)
[KAFSCD05]	J. Knighten, B. Archambeault, J. Fan, G. Selli, S. Connor, J. Drewniak: „*PDN Design Strategies: I. Ceramic SMT Decoupling Capacitors—What Values Should I Choose?*", IEEE EMC Society Newsletter 207, Herbst 2005
[KAFSXC06]	J. Knighten, B. Archambeault, J. Fan, G. Selli, L. Xue, S. Connor, J. Drewniak: „*PDN Design Strategies: II. Ceramic SMT Decoupling Capacitors—Does Location Matter?*", IEEE EMC Society Newsletter 208, Winter 2006
[KAFSXD06]	J. Knighten, B. Archambeault, J. Fan, G. Selli, L. Xue, S. Connor, J. Drewniak: „*PDN Design Strategies: III. Planes and Materials—Are They Important Factors in Power Bus Design?*", IEEE EMC Society Newsletter 210, Sommer 2006
[KhaDus12]	A. Khaligh, S. Dusmez: „*Comprehensive Topological Analysis of Conductive and Inductive Charging Solutions for Plug-In Electric Vehicles*", IEEE Transactions on Vehicular Technology, Band 61, Nr. 8, Oktober 2012, S. 3475–3489
[Kilgen92]	O. Kilgenstein: „*Schaltnetzteile in der Praxis*", Vogel-Verlag, Würzburg, 1992,

	ISBN 3-8023-1436-0
[KosBov91]	J. G. Kostas, B. Boverie: „*Statistical Model for a Mode-Stirred Chamber*", IEEE Transactions on EMC, Band 33, Nr. 4, November 1991, S. 366–370
[Kost08]	Arnulf Kost: „*Numerische Methoden in der Berechnung elektromagnetischer Felder*", Springer, 2008, ISBN 978-3540550051
[KPBLSC12]	K. Kam, D. Pommerenke, A. Bhargava, C.-W. Lam, R. Steinfeld, F. Centola: „*Analysis and Mitigation Techniques for Broadband EMI from Synchronous Buck Converter*", IEEE Electromagnetic Compatibility Magazine, Band 1, Nr. 3, 2012, S. 28–38
[Krüger14]	M. Krüger: „*Grundlagen der Kraftfahrzeugelektronik: Schaltungstechnik*", Hanser, München, 2014, ISBN 978-3446442054
[Leucht07]	Pascal Leuchtmann: „*Einführung in die elektromagnetische Feldtheorie*", Pearson Studium, 2007, ISBN 978-3-8273-7302-1
[LV124]	Mercedes-Benz, BMW, Audi, Daimler, Porsche, Volkswagen: „*Elektrische und elektronische Komponenten in Kraftfahrzeugen bis 3,5t-Allgemeine Anforderungen, Prüfbedingungen und Prüfungen, Teil 1: Elektrische Anforderungen*", 2014, nicht frei zugänglich
[MainOrug10]	K. Mainali, R. Oruganti: „*Conducted EMI Mitigation Techniques for Switch Mode Power Converters. A Survey*", IEEE Transactions on Power Electronics, Band 25, Nr. 9, September 2010, S. 2344–2356
[ME02]	P. Freudenberger: „*Blitzschlag legt im Stadtteil Nilkheim Fernseher, Computer, Radiogeräte, Garagentore und Autos lahm*", Artikel im Main-Echo, Ausgabe vom 22.06.2002
[Mesch10]	D. Meschede, Chr. Gerthsen: „*Gerthsen Physik*", 24. Auflage, Springer, 2010, ISBN 978-3642128936
[Mesche06]	Ulrich Mescheder: „*Mikrosystemtechnik, Konzepte und Anwendungen*", 2. Aufl., Teubner, Wiesbaden, 2006, ISBN 978-3519162568
[Mills69]	Gordon W. Mills: „*The Mechanisms of the Showering Arc*", IEEE Transactions on Parts, Materials and Packaging, 1969, Band 5, Nr. 1, S. 47–55, https://doi.org/10.1109/TPMP.1969.1136059
[NeBöCoDo14]	Christop Neeb, Lars Böttcher, Marcus Conrad, Rik W. De Doncker: „*Innovative and Reliable Power Modules*", IEEE Industrial Electronics Magazine, Band 8, Ausgabe 3, September 2014, S. 6–16, https://doi.org/10.1109/MIE.2014.2304313
[Nelson12]	J. J. Nelson, W. Taylor, R. Kado: „*Impact on EMC for Electrical Powertrains with Respect to Functional Safety: ISO 26262*", in Compliance, Mai 2012
[PolKop09]	W. Polifke, J. Kopitz: „*Wärmeübertragung*", Pearson Studium, Januar 2009, ISBN 978-3827373496
[R10]	Wirtschaftskommission der Vereinten Nationen für Europa (UN/ECE): „*Einheitliche Bedingungen für die Genehmigung der Fahrzeuge hinsichtlich der elektromagnetischen Verträglichkeit*", letzte Änderung 15.10.2019
[Schaum92]	Hanno Schaumburg: „*Werkstoffe und Bauelemente der Elektrotechnik, Bd. 3, Sensoren*", Teubner, 1992, ISBN 978-3519061250
[Schiessle16]	Edmund Schiessle: „*Industriesensorik*", Vogel, Würzburg, 2. Auflage, 2016, ISBN 978-3-8343-3341-4
[Schlie15]	U. Schlienz: „*Schaltnetzteile und ihre Peripherie. Dimensionierung, Einsatz, EMV*", Vieweg, Wiesbaden, 6. Auflage, 2015, ISBN 978-3658107086
[Simonyi56]	K. Simonyi, H. Theil: „*Theoretische Elektrotechnik*", Deutscher Verlag der Wissenschaften, 1956, ISBN B0000BNZ04
[SinPec08]	R. Singh, M. Precht: „*Commercial Impact of Silicon Carbide*", IEEE Industrial Electronics Magazine, Band 2, Nr. 3, September 2008, S. 19–31

[StVZO]	Bundesrepublik Deutschland: „*Straßenverkehrs-Zulassungs-Ordnung*" vom 26. April 2012 (BGBl. I S. 679), zuletzt geändert durch Artikel 1 der Verordnung vom 26. November 2019 (BGBl. I S. 2015)
[TieSch19]	U. Tietze, Ch. Schenk, E. Gamm: „*Halbleiter-Schaltungstechnik*", Springer, 16. Auflage, 2019, ISBN 978-3662485538
[WikiP]	Wikimedia Commons, Datei „*Tastenprellen01.png*" von Benutzer „Arctanx" am 28.10.2005, gemeinfrei http://commons.wikimedia.org/wiki/File:Tastenprellen01.png (06.09.2018)
[Wolfsp08]	Hans A. Wolfsperger: „*Elektromagnetische Schirmung: Theorie und Praxisbeispiele*", Springer, Berlin, 1. Aufl., 2008, ISBN 978-3540769125
[XuRHBR]	Z. Xu, R. Schwarte, H. Heinol, B. Buxbaum, T. Ringbeck: „*Smart pixel—photonic mixer device (PMD)*", http://www.pmdtec.com (17.10.2020)

第 8 章 软 件

大部分读者对日常应用的计算机软件比较熟悉，本章将要介绍的电控单元软件和计算机软件有很大的不同，其主要区别见表 8.1。接下来，我们从读者相对熟悉的计算机软件出发，进而去讲解电控单元软件。软件的主要功能为物理量的测量和控制、监测和诊断，以及第 7 章中提到的设备之间的通信。

表 8.1 计算机软件和电控单元软件的主要区别

计算机软件	电控单元软件
任务完成的时间不确定	任务完成的时间必须明确（实时性）
设备的外部接口较少	外部接口多，需要对外部信号做出实时响应
同时执行多个任务	任务以循环的方式重复执行
可以通过键盘和显示器进行输入输出	除非利用专用工具，否则没有直接的输出
软件出错会让用户满意度下降	软件出错有可能导致生命危险

除了主要的典型汽车电控单元外，多媒体设备在车辆中的应用日益广泛。相比于传统的汽车电控单元，车载多媒体设备与计算机或智能手机更为相似。此外，未来的中央电控单元可能会与计算机有更多的相似之处。大众公司在自己的操作系统设计中正在向这个方向发展。

8.1 电控单元软件架构

简单的微控制器应用软件可以不依赖于操作系统而单独运行。这些软件一般是无限循环的形式，例如循环测量传感器的测量数据、进行数据处理以及根据测量结果对执行器进行控制。这种情况下，应用软件直接对硬件进行控制，读取测量数据或者根据内部时钟执行定时性的任务。

当软件的复杂度增高时，对硬件直接编程的方式就会变得不再适用。程序人员在实现某种应用时，不能够专注于软件算法，而是必须要分散注意力，考虑对基础的硬件编程。另外，像在特定的时间启动特定的程序等一些基本功能，对于不同的硬件来说——无论是发动机电控单元还是电子稳定程序（ESP）电控单元——都是相同的。所以一些独立于硬件的重复性的任务要依靠一个共同的软件层中来实现，这个软件层就是操作系统。

基于操作系统运行的应用软件,不再直接和硬件交互,而是通过操作系统的呼叫或者中断来完成任务。只有在完成一些实时任务时,应用程序才直接和硬件交互。但随着性能的提升,这种直接交互越来越少见。未来的趋势是尽量避免应用软件和硬件的直接交互。如今的个人计算机的硬件控制也是完全通过操作系统来进行的,这就是一些老的依赖硬件运行的游戏不能兼容如今的操作系统的原因。在一些研发实验室中,经常可以看到一些计算机中仍在运行旧的操作系统,这是因为老式的操作系统还提供应用程序和硬件之间的直接交互的可能性,便于某些程序的调试。

除了软件,电控单元中需要用到不同的参数类型,例如,"当前的冷却水温"这一类参数为变量,而"最高许可水温"这一类参数为常量。

电控单元需要严格将常量和软件进行分离。程序人员可以在软件程序中用代码 #define TEMP_COOL_MAX 110⊖ 来定义冷却水的最高许可温度为110℃,但随后如果整车厂确定的最高温度实际上是115℃时,需要对软件进行修改。将常量和软件分离的一个优势在于,零部件供货商可以对其软件进行加密,而整车厂可以有足够的自由度来针对其车型设定参数以及进行调试。参数设定的过程称为标定(Calibration)。在汽车行业中,这种数据集的开发过程,在德语中被称为"Applikation",或参考英语的表达方法,将其称为"标定"(德语 Kalibrieung 或英语 Calibration)。由于在德语的使用中,"Kalibrierung"一词有非常多的含义,为了防止混淆,因此本书使用"Applikation"一词(在中文中统称标定)。由此,如图8.1所示,我们基于硬件定义了三个层次,即实时操作系统、软件和数据。

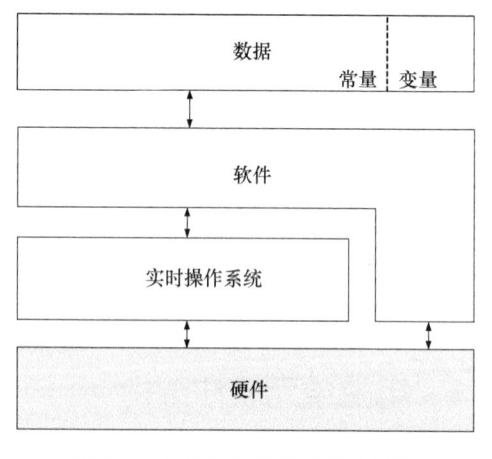

图8.1 电控单元软件的基本架构

将来,某些控制单元可能会由几个相同或不同的操作系统并行驱动,就像我们可以在计算机或服务器上运行虚拟机一样。虽然在计算机上,虚拟机通常作为另一个操作系统(主机)下的应用程序运行(例如在 Windows 系统上虚拟机运行 Linux 系统或反过来),但是在服务器上,操作系统是并行的,它们由管理器协调,达到多个操作系统对公共硬件访问的目的。对于电控单元而言,可以考虑第二种模

⊖ C语言语法中,本句用来定义 TEMP_COOL_MAX 的值为110°,C语言中常常使用相似的句型来定义常量。

型，因为在有限的程度，它可以安全分离不同的功能，并且电控单元的管理器已有应用。

图 8.2 所示为电控单元软件和硬件结构示意图。除此以外，微控制器的 ROM 中也存储了一些专用程序。防止私自改变设置（Chip Tuning）的各种方法和软件也都存储在 ROM 中。ROM 中还集成了引导加载程序，用于设置硬件出场后是否允许软件以及允许何种软件加载到硬件之上。这种测试虽然不直接和微控制器相关，但当硬件重新启动时，微控制器的自检也可以扩展到此类测试。

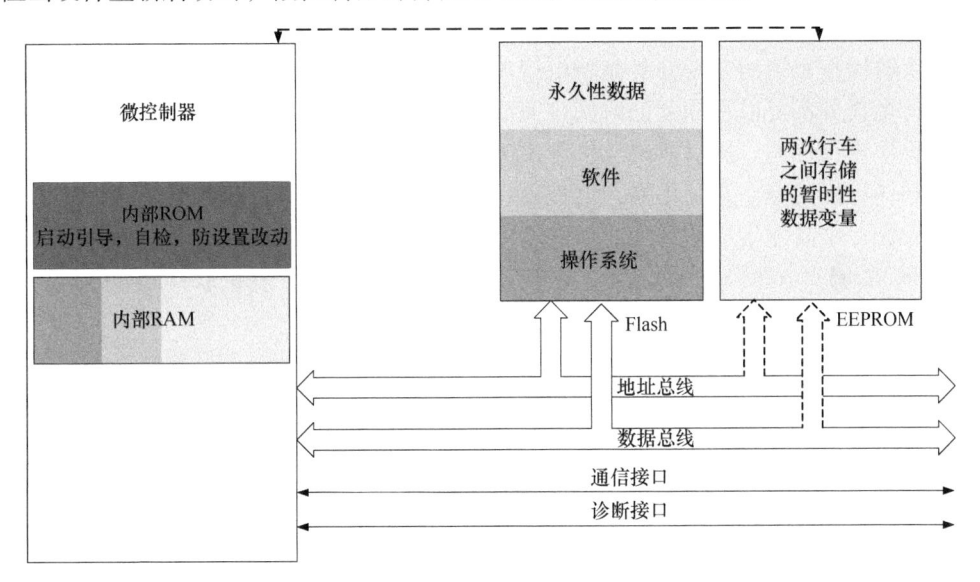

图 8.2　电控单元软件和硬件结构示意图。内部 RAM 可以通过加装外部存储器的方法进行扩展

操作系统和软件都写入闪存中。由于闪存（Flash Memory）的速度比内存（RAM）要慢，因此对速度要求很高的软件和操作系统，在某些设备上，即使在重置以后，仍然会被复制进内存中。永久性的数据存储在闪存中的独立区域。

常量也存储在闪存中，变量则存储在控制器的内存中。

另外，还有一些特殊数据，虽然是变量，但在发动机起动几次的过程中要进行存储。例如，当汽车熄火时，整车自检数据会在下次汽车起动时进行分析；由于防盗锁止系统需要利用变化的编码，这些编码在熄火之后也要进行存储；一些出错信息，甚至需要存储到下次去修理厂做汽车保养的时候才能被维修人员用专用的设备读出。类似的存储一般使用 EEPROM，出于空间以及成本的考虑，EEPROM 一般采用串行接口和微控制器进行通信。EEPROM 也可以利用闪存的一部分进行仿真实现。

如今，越来越多的汽车配备多媒体功能，以及需要与其他车辆和基础设施进行通信，这就涉及那些并非汽车行业的其他技术平台公司。在这一领域，带有 UNIX 相关操作系统（QNX、Linux、Android）的计算机或类似智能手机的计算机将越来越多地安装到汽车上。如今，AGL（Automotive Grade Linux）正变得越来越重要。但是本章只涉及典型的汽车电控单元，对于计算机或智能手机及其操作系统的功能，应参考相关文献。

8.2 实时操作系统

8.2.1 实时操作系统的任务

实时操作系统的主要任务是将电控单元的计算资源采用一定的规则进行分配，以便每个任务都可以在固定的时间内完成。除此以外，实时操作系统还将硬件通过驱动程序进行控制、提供应用软件开发的接口，以及检测软件运行出错状态等。

和计算机的操作系统不同，电控单元的实时操作系统和软件紧密结合，实际上可以看作一个高度集成的程序。但随着近年来 AUTOSAR（AUTomotive Open System ARchitecture）[Autosar] 的发展，电控单元应用软件也和计算机软件一样，出现了逐渐独立于操作系统的趋势。

由于电控单元只有有限的硬件资源，所以其操作系统相对于计算机操作系统来说也非常精简，一般只占有几千字节的存储资源，运行起来速度也比计算机操作系统快很多。

1. 计算时间的分配

计算机操作系统同样也会分配计算时间。当计算机只有一个微控制器时，虽然可以并行运行多个程序，但总体的运算速度会下降。从外部看起来，这像是并行运算，其实是将每个程序划分为多个小运算单元，然后由控制器对运算单元进行串行处理。对 A 程序的一个运算单元处理完毕后，开始对 B 程序的一个运算单元做处理。在实际中，并不是所有的程序都分配到相同的时间，而是优先级较高的程序优先得到控制器的运算资源。

计算机在同时运行多个程序时，某些任务有可能产生延迟。但汽车应用是不允许这样的延迟的。一个车用的实时操作系统必须要严格遵守"固定时间内完成固定的任务"的原则，保证时间的准确性。

这也正是实时（Real Time）的定义。实时操作系统有固定的延迟时间，但并不一定追求快的运算速度。有时候也讲软实时（Soft Real Time）的概念，也就是说特定的任务几乎可以在一定的时间内完成，但这种情况并不是百分之百。

实时操作系统中进行时间分配的部分称为调度器（Scheduler），被分配的运算程序称为任务（Task）。

根据任务进行运算时间分配的标准有多种，例如根据优先级、根据等待时间或者进行轮循调度（Round Robin）等。很多时候还采用多种标准的组合。

汽车领域比较常用的分配标准为静态调度，在软件开发的过程中就已经确定了任务执行的时间顺序。这种调度方法的前提是将应用程序和操作系统集成为统一的软件整体。

由于当前流行的操作系统多是根据优先级来进行任务的分配，严格的实时性，只能通过每件任务都必须在规定的时间之内完成来实现。

图 8.3 所示为时间触发的调度器，其实时分配的问题和图 6.23 中总线系统的传输时间问题相似。当一项复杂的功能需要由多个电控单元配合完成时，每一个电控单元的操作系统之间都需要进行通信，以保证任务可以协同运作。所以，未来的时间触发总线系统和时间触发操作系统将会高度兼容。

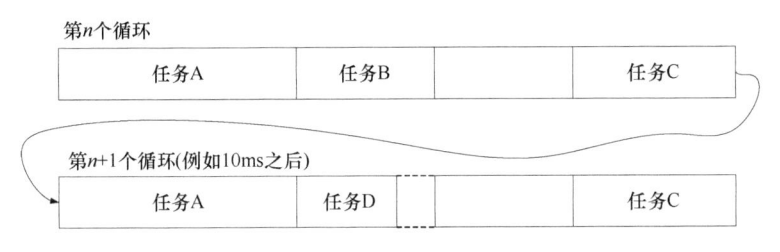

图 8.3　时间触发的调度器

对实时操作系统进行时间调度的一个重要原理是中断（Interrupt）。中断时，正在运行的任务 A 暂时终止运行，而更紧急的任务 B 获取计算资源（控制器对紧急与否的判断一般根据优先级来决定），当 B 运行结束后，重新分配计算资源给任务 A。中断可以通过软件、微控制器的内部硬件或者某些输入输出端口的信号进行触发。在更广泛的意义上来讲，微控制器的重启也是中断的一种形式。通过调度器可以进行规律性的中断，通过一些信号值，例如来自传感器的某些警告值也可以进行突发性的中断。一般来说，硬件中断的优先级要高于软件中断（也高于调度器中断）。硬件中断发生时，操作系统会根据预先定义的表格来决定中断程序做何种响应，中断跳转的地址（称为中断矢量）可以通过表格进行查找。一些优先级非常高的中断的跳转地址是预先进行定义的，操作系统不能对其进行改变。

2. 硬件抽象

应用软件开发人员可以直接利用微控制器输出引脚的脉宽调制信号来控制一个阀门的流量，如图 7.18 所示。如果此输出端所连接的是一个由电流来控制的执行器，开发人员还需要首先利用软件读取模/数转换器的电流值，然后根据电流值的大小来改变输出引脚信号的占空比。

最佳的情况是，阀门的驱动程序中可以包含所有的硬件驱动程序，开发人员只需要定义所需的电流值即可。很久以来，计算机操作系统中就已经包含硬件的驱动程序，应用软件的开发人员不必在硬件层面进行定义（例如，游戏开发人员不必去关注显卡怎样将每一个像素显示在屏幕上）。在汽车电子领域，这种类似的硬件抽象并没有普及，新式的设备在输出端产生脉宽控制信号和在输入端进行电流测量时，还是需要通过两个独立的驱动程序来完成。

硬件抽象也可以使多个进程同时对硬件进行操控变得更简单。在这种情况下，操作系统需要通过资源分配来避免进程之间的冲突。

3. 编程接口

应用程序开发人员在对操作系统的信息进行读取或者写入时，需要编程接口。例如在前面所提到的例子中，输入电流控制器的额定电流。操作系统对应用程序的接口称为应用程序接口（Application Programming Interface，API）。

通常，应用程序接口分为两类。最简洁的方式是，操作系统将所有的指令以应用程序的语言总结为数据库。例如，电流控制器在 C 语言中可以通过下面的命令将电流设置为 2500mA：

ValveSetpointCurrent（Ventil3，2500）；

另外一种方式为，将特定的参数写入寄存器中，当软件中断时，微控制器会根据参数值跳转执行规定的操作系统命令。

尤其常用的程序接口为通信接口，可以通过一条操作系统指令（第 6 章），来实现外部数据总线系统的信息传输。

4. 软件监控

正如第 7 章中提到的，和安全性相关的系统，需要通过加装外部硬件对微控制器和软件的正常运行进行监控。但操作系统也提供了一定的监控功能，例如，当存储局部变量的存储器将要发生溢出时，操作系统可以对其识别，并且提前分配其他的存储地址。另外，操作系统的一个重要作用是记录出错信息，以便在开发调试阶段可以做出相关优化。

8.2.2 OSEK/VDX

OSEK/VDX 是德国汽车工业协会（Offene Systeme und deren Schnittstellen für die Elektronik im Kraftfahrzeug，OSEK）于 1993 年以及法国汽车工业协会（Vehicle Distributed executive，VDX）于 1988 年针对不同的生产商对实时操作系统做出的统一规定。近年来，OSEK/VDX 逐渐成为所有汽车电控单元的标准化操作系统，2006 年标准化为 6 个部分 [ISO 17356]。OSEK 是大陆集团（Continental AG）的一个商标，但很多其他供应商也提供基于这个标准的类似的操作系统。由于此标准对一些细节未进行定义，不同的供应商对这些细节采取了不同的解决方案。

从广义上讲，OSEK/VDX 并不只是一个标准化的操作系统（Operation System，OS），也规范了网络管理组件（Network Management，NM）和通信接口（COM）。这些组件也可以单独使用，标准只是对操作系统的框架进行了定义，而在框架之内每个供应商都有足够的自由度采用自己的解决方案。图 8.4 所示为具有 OSEK/VDX 操作系统的电控单元软件架构。

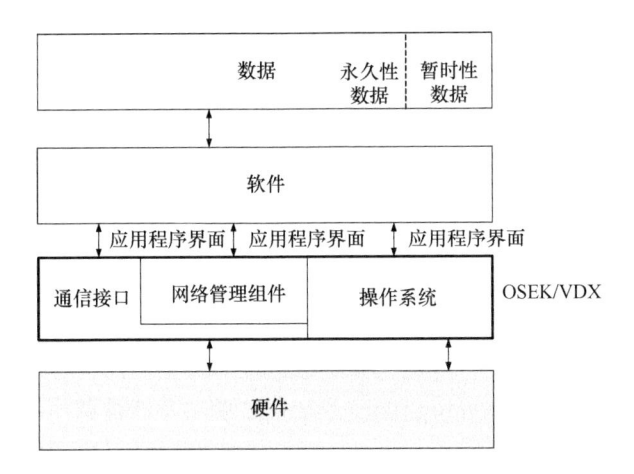

图 8.4　具有 OSEK/VDX 操作系统的电控单元软件架构

1. OSEK OS/OSTime

这个操作系统的核心是基于任务模式的，仍然按照传统的优先级方式来分配任务。另外，基于时间触发的操作系统的版本称为 OSTime［OSEKTT］，如图 8.3 所示。

基于优先级的操作系统识别两类任务，即基本任务（Basic Task）和扩展任务（Extended Task），任务模型如图 8.5 所示。由于扩展任务并不一定必要，所以一些 OSEK 系统只识别基本任务。OSEK 系统逐渐往小型化、灵活化的方向发展，其中的调度器也要尽可能简化。例如，在图 8.5 中，特意省略了一些状态转换过程。

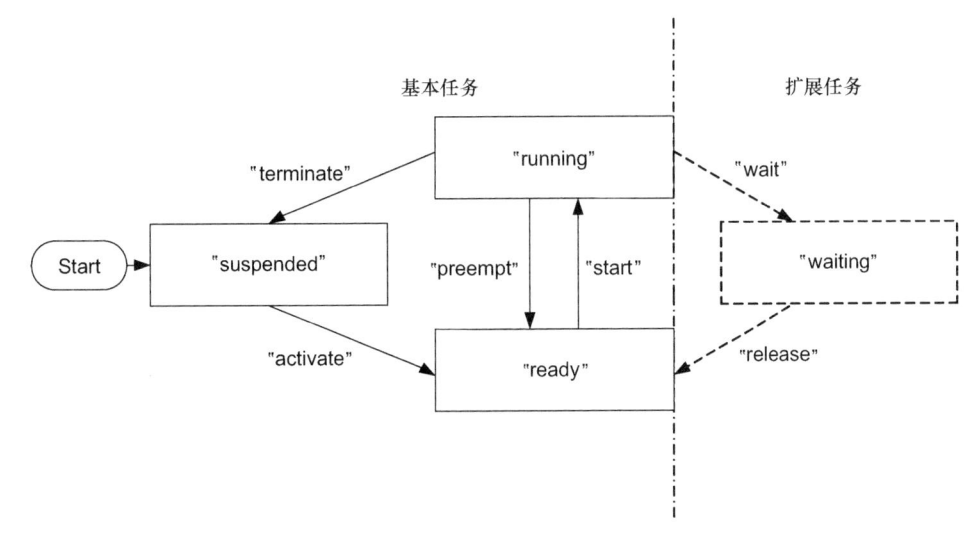

图 8.5　OSEK/VDX 的任务模型

电控单元在通电之后，所有的任务不分优先级，都处于暂停状态（suspended）。

调度器的优先级在所有的任务之上，它会对中断最先做出响应。

当一个任务向操作系统"请求"运行时，有可能由于其他任务也在"请求"，或者有其他任务正在运行而不能马上得到许可。这时任务本身的状态是"ready"，也就是说等待调度器的指令。在没有更高优先级的任务时，微控制器一旦有了空余的计算资源，调度器马上会分配给等待中的任务。这时任务的状态为"running"，也就是说正在被执行。当运行结束后，任务会自动停止。在任务正在执行的过程中，如果突然有优先级更高的任务请求运行，当前任务会暂时被取代"preempt"，直到优先级更高的任务运行结束，再恢复运行。

软件开发人员可以指定特定的任务不会被优先级更高的任务所取代。在这种情况下，优先级高的任务必须等待当前任务结束之后，才能被调用。这会使优先级高的任务的等待时间变得不可掌控。另外，操作系统完成任务取代的本身也需要一定的执行时间，用于将被取代的任务的信息进行存储（例如寄存器内容、堆栈指针等），以便以后调用。

除了等待优先级更高的任务，任务本身在运行时也会发生等待，例如等待某个传感器的测量信号，才能继续运行。这种情况下，任务会请求操作系统将其状态设置为等待（waiting）。基本任务不具备这种功能。

当更高优先级任务运行时需要用到低优先级任务所占用的资源，而低优先级任务不能释放这些资源时，便会出现错误。OSEK 系统解决这种冲突的方法是，使低优先级任务获得高优先级（Priority Ceiling），以便它可以短暂地运行用于释放所占用的资源。

OSEK 操作系统按照规格可以分为 4 种适应性类型：BCC1、BCC2、ECC1 和 ECC2。以 B 开头的类型只支持基本任务，而 ECC1 和 ECC2 也支持扩展任务［OSEKOS］。

2. OSEK COM

OSEK 系统的通信模块（Communication，COM），更确切地说，是通信模块的核心交换层（Interaction Layer），负责通过信息传递来完成任务之间的通信。通过网络层（Network Layers）和数据链路层（Data Link Layers）可以实现不同电控单元之间任务的通信，所以不同电控单元之间通信的总线系统的通信协议对于应用程序开发人员来说是透明的。OSEK/VDX 只是对网络层和数据链路层进行了粗略的规定，而没有规定细节。OSEK 系统的通信模块可以分为 4 个适应性类型：CCCA、CCCB、CCC0 和 CCC1。其中 CCC1 实现了全部标准，CCC0 和 CCC1 也支持外部通信［OSEKCO］。

只有通信在时间触发模式进行时，采用时间触发的操作系统（OSTime）才有意义。这时，需要使用模块 FTCom 取代模块 CPM。目前，FTCom 还主要是为 FlexRay 总线系统定制的，但原则上也可以兼容其他的时间触发系统［OSEKFT］。

3. OSEK NM

网络管理（Network Management，NM）通过 Alive Message 扩展了 OSEK 识别总

线上连接的其他设备的功能。同样，可以通过总线对设备进行电源管理（Power Management），例如，可以通过网络管理实现对电控单元从休眠状态的唤醒。

但是网络管理的原理和计算机自动识别插入的 USB 设备是不同的，电控单元通过网络管理只能识别预先存储在管理表格中的设备，而管理表格在开发过程中就已经确定了。

网络管理针对未在网络中注册过的设备定义了另外一种非直接的监控，也就是将总线上的信息分配到发送设备。前提条件是，在开发过程中就已经确定了未注册设备的信息类型，因为很多总线系统（如 CAN）在信息发送时都不包含发送地址。

逻辑环中定义了设备的顺序，但是信息总是从一个设备传输到下一个设备（或者从最后一个传递到第一个）。和一个真正的环不同，电控单元是基于总线结构的无源星形结构连接的（见第 6 章），所以逻辑环内的顺序并不取决于走线方式。OSEK/VDX 并不需要其他的总线系统，而是根据［ISO 11898］采用 CAN 总线。理论上也可以采用其他的总线类型，但实际中只有 CAN 总线提供了兼容 OSEK/VDX 的附加协议层。

网络管理没有按照适应性类型进行分类，而是给出了基础部分和可选部分的表单［OSEKNM］。

4. 其他特性

操作系统和应用程序都需要和可执行的文件相关联，文件中使用 OIL（OSEK Implementation Language）记录配置文件。配置文件中，一方面包含零部件供货商的电控单元硬件信息，另一方面记录整车厂的软件信息。OIL 描述语言在生成应用程序源代码的时候建立，可以在软件的开发环境中对其进行检索［OSEKOI］。

OSEK 应用程序开发可以通过 ORTI（OSEK Run Time Interface）进行，开发人员可以通过 ORTI 开发界面对内部信息（例如任务运行状态灯）进行操控［OSEKOR］。

8.2.3 AUTOSAR

AUTOSAR 是整车厂为了避免操作系统和应用软件相互依存的现象所发起的项目。目前的情况是，当整车厂向一个零配件供货商采购电控单元时，必须也向此供货商采购操作系统和应用程序。但实际上对整车厂有利的情况却是，电控单元的硬件和应用软件从不同的供货商采购，然后在汽车装配时对其进行集成。这样不仅可以降低采购成本，而且可以将一些独立定制的软件功能进行保密，增强其竞争力。在个人计算机领域，硬件、操作系统和软件很早以前就开始进行分开采购，用户可以根据自己的需求进行组装和集成。将电控单元的软件和硬件进行分别采购，就是实施 AUTOSAR 项目的目标。AUTOSAR 希望为整车厂而非用户实现这目标［Autosar］。

但项目实施的过程则是充满了技术性和政策性的问题。将来自不同供货商的软件完全无故障地集成在一起，是非常困难的。计算机也是一样有软件不兼容的问题，计算机可以允许偶尔"死机"，但和安全性相关的电控单元则不允许发生不兼容的情况。同时，AUTOSAR 也不符合零部件供货商的利益，特别是一些小的供货商已经开始抱怨由于 AUTOSAR 的出现而加剧的竞争压力。然而，到目前为止，AUTOSAR 的商业模式仅略有改善。

AUTOSAR 的第一个系列应用之一是大陆集团 EMS3 系列的发动机控制。电控单元满足 AUTOSAR 要求的程度由三个等级（Implementation Conformance Classes，ICC）表示，其中 ICC3 表示电控单元完全实现 AUTOSAR 的要求。现在，经典 AUTOSAR 已修订至 R19-11 版本，但旧的版本仍未被淘汰。

2017 年，除了针对具有微控制器和实时要求的传统电控单元的经典 AUTOSAR（Classical AUTOSAR），还发布了针对具有类似个人计算机硬件且无实时要求的未来电控单元的新自适应 AUTOSAR（Adaptive AUTOSAR），且此后仍不断发布自适应 AUTOSAR 的新版本。自适应 AUTOSAR 不仅可以作为开发环境的一部分，还可以在虚拟机上的串行应用程序中集成类似 UNIX 的操作系统，并且未来更有可能集成 Linux、QNX 和 Android 系统。当与其他电控单元通信时，自适应 AUTOSAR 还提供了集成的其他可能性，例如通过 WLAN 或不同的以太网标准。不同于在经典 AUTOSAR 中常用的 C 语言，在自适应 AUTOSAR 中，我们通常使用面向对象编程语言 C++。自适应 AUTOSAR 由于无须满足实时条件，因此调度比经典 AUTOSAR 更灵活。尽管自适应 AUTOSAR 与经典 AUTOSAR 之间存在很大的差异，但是为了使其更好地相互配合，在 AUTOSAR 函数下将会去定义两者的公共 AUTOSAR 参数。

表 8.2 所列为 AUTOSAR 组件、系统和开发工具的制造商，制造商通常还提供用于配置的开发环境，在某些情况下还提供一些附加组件。

表 8.2　AUTOSAR 组件、系统和开发工具的制造商

制造商	网站	产品
Arc Core，Göteborg（被 Vector 收购）	www.arccore.com	Arctic Core（开源）
Elektrobit Automotive GmbH，Erlangen	www.elektrobit.com	EB tresos
ETAS GmbH，Stuttgart	www.etas.com/de	RTA – …
KPIT，Pune（Indien），München	www.kpit.com	K-SAR
SYSGO AG，Klein-Winternheim	www.sysgo.com	PikeOS（可能添加 AUTOSAR）
Vector Informatik GmbH，Stuttgart	www.vector.com	MICROSAR

1. 架构

图 8.6 所示为基于 AUTOSAR 的电控单元软件架构。接口在运行环境（Run Time Environment，RTE）中实现。运行环境是一个统一的软件层，运行于不同的电控单元之上，这样可以实现将软件任意分配到不同的电控单元运算资源之上。不同电控单元中的两个不同的软件组件和同一个电控单元中的两个不同的软件组件通

过运行环境进行分配的方式是相同的。所以，运行环境对于软件组件来说，也称为虚拟功能总线（Virtual Functional Bus，VFB）。图 8.7 所示为软件组件之间的两种形式的通信。第一种情况，一个软件上的发射器可以通过虚拟功能总线向另一个软件上的接收器发送数据。第二种情况，不直接发送数据，而是通过提供的接口调用另一个组件中的函数。我们将调用的组件称为客户机，执行的组件称为服务器。

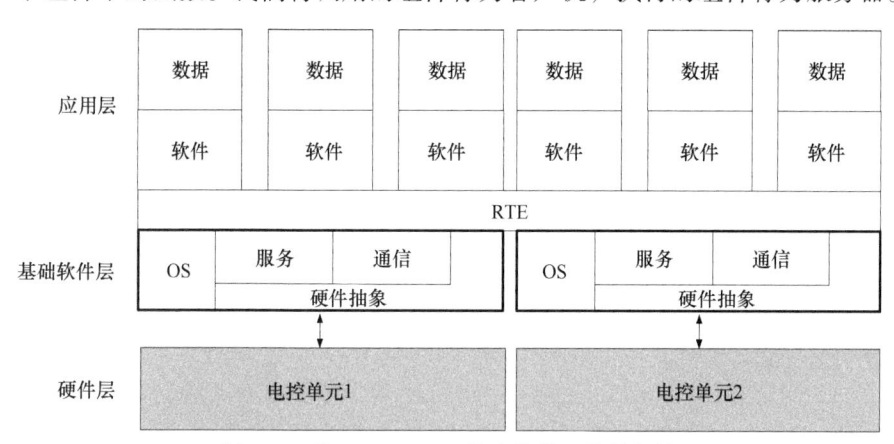

图 8.6　基于 AUTOSAR 的电控单元软件架构

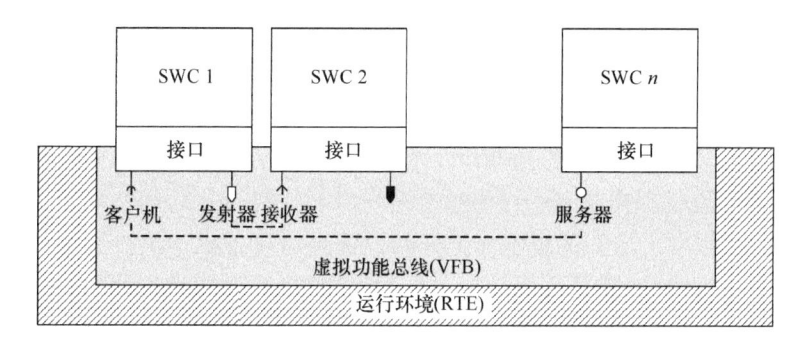

图 8.7　软件组件之间的两种形式的通信

在运行环境之下的底层结构由实时操作系统以及通信组件组成，这在前面的 OSEK/VDX 中已经介绍过。AUTOSAR 并不是和底层结构竞争或者取而代之，而是以底层结构为基础，在其上做进一步开发。AUTOSAR 将这种结构称为基本软件结构（BSW）。合适的基础软件还可以将具有不同安全要求的软件组件组合在一起，直到 ASIL D（第 10.1 节）为止，而不会产生冲突。

硬件抽象对 OSEK/VDX 并不是特别重要。它包括控制器抽象（虚拟机）和外围设备的通用驱动程序。在这方面，AUTOSAR 采用了 HIS（Hersteller Initiative Software）联盟所制定的标准驱动程序的规范［HIS］。

AUTOSAR 将电控单元内部硬件抽象为多个层，如图 8.8 所示。最底层为微控制器以及其内部设备（例如计时器等），这一层称为控制器抽象层（Controller Abstraction Layer，CAL）或微控制器抽象层（Microcontroller Abstraction Layer，MCAL）。这一层的软件组件一般由微控制器生产商提供。再上一层为电控单元的计算核心层，其软件一般来自第三方供应商。再上一层为整体的电控单元硬件层，其软件一般由电控单元生产商或者由第三方供应商来提供。

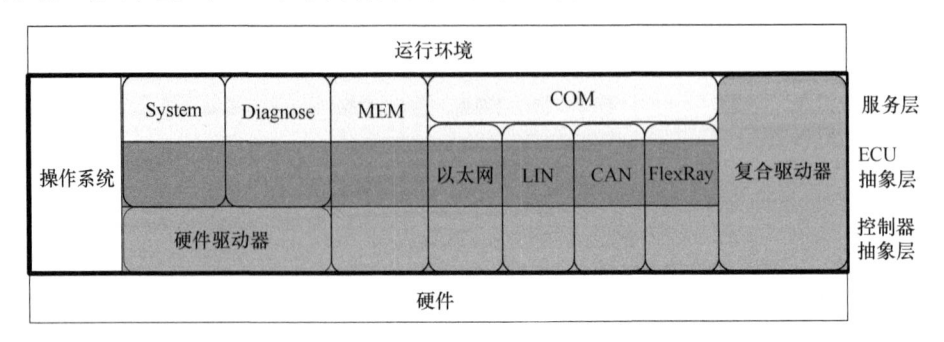

图 8.8　AUTOSAR 基本软件的结构

总之，可以将 AUTOSAR 看成一个运行环境（RTE）之上的、功能强大的应用程序界面（API）。零部件供应商也逐渐采用这种模式。复杂的驱动程序是通过绕过这三个层来定义的，因此它们不是模块化的，而是通过省去层之间的接口来实现的。它们还适用于集成尚未完全适应 AUTOSAR 的旧驱动程序软件。

图 8.8 所示的结构的一个例子是对 LIN 模块进行控制（另见第 6.4.1 节）。在通信模块 COM 下方的服务层中，包含 LinSM 状态管理器和 LinNM 网络管理器，状态管理器独立于硬件执行 LIN 控制电子控制单元的功能（因此在从机中处于未激活状态），而网络管理器确定总线何时应在响应和待机模式之间切换。电控单元抽象层包含 LinIf 接口，从 LIN 版本 2.1 开始，该接口在主机中执行许多任务，例如在总线上执行 LinSM 安排的主机功能（如发送主机帧）、切换主线的运行计划、发送由更高层发起的非循环帧、通知高层响应主请求、将开关命令从 LinNM 转换到总线、错误处理和诊断消息等。控制器抽象层 CAL 包含驱动程序 LinTrcv，但它无法控制单个模块的特殊功能。除了这些软件组件之间的接口，还有与其他组件的接口，例如与诊断的接口。读者通过这个例子可以认知到，在 LIN 通信期间，控制器中所发生的任务将会完全分离，但是，与此同时，尽管其支持软件工具，堆栈及其许多接口的配置也会大大增加工作时间。每个单独组件的完整文档包括两位数或三位数的页数。除总线特定细节，其他总线系统的相应结构具有类似的结构。

图 8.8 中的"System"区域是 BSW 功能的基础。它通常包括：
1）负责引导和关闭的电控单元管理器（EcuM）。
2）通信管理（Comm）。
3）加密服务管理（CSM）。
4）支持开发错误跟踪器过程中的故障排除（DET）。

5）同步时基管理器（StbM），对通信尤其重要。

6）看门狗管理器（WdgM）和看门狗接口（WdgIf），用于监控 SWC 或 BSW 组件，以检测过期错误，并与 CAL 中的看门狗驱动程序一起，通过重置 ECU 防止永久性计算机崩溃。

OSEK/VDX 核心操作系统由第三方开发。因此，它工作的优先级受控、时间受控的任务必须由具有相应优先级的常规警报触发，AUTOSAR 为此提供了工具。任务在执行时，其时间是被监控的，因此操作系统的配置方式可以类似于定时系统，尽管它具有优先级控制。访问硬件驱动程序的系统服务（监控、引导或关闭电控单元）和诊断功能不会成为操作系统的核心。AUTOSAR-OS 的功能不同，由 4 个可伸缩性类（SC）表示。内存访问不再直接来自软件（即通过地址信息），而是通过复杂的 MEM 驱动程序，该驱动程序管理所有软件组件的内存，并以牺牲运行时间为代价实现安全、无冲突的访问。COM 是从所使用的总线系统中抽象出来的通信驱动程序，它与各个总线系统（这里是以太网、CAN、LIN 和 FlexRay）的硬件相关驱动程序一起工作。

2. 开发过程

AUTOSAR 的使用也会改变电控单元软件的创建过程，如图 8.9 所示。这些组件仍按惯例用 C 语言编程，因此可重用性非常高。许多原型工具，比如 Simulink，现在都支持 AUTOSAR 组件的生成。系统的描述文件（指电控单元集成到通过总线与其他电控单元联网的系统中）、电控单元的硬件资源和软件组件（SWC）以 XML

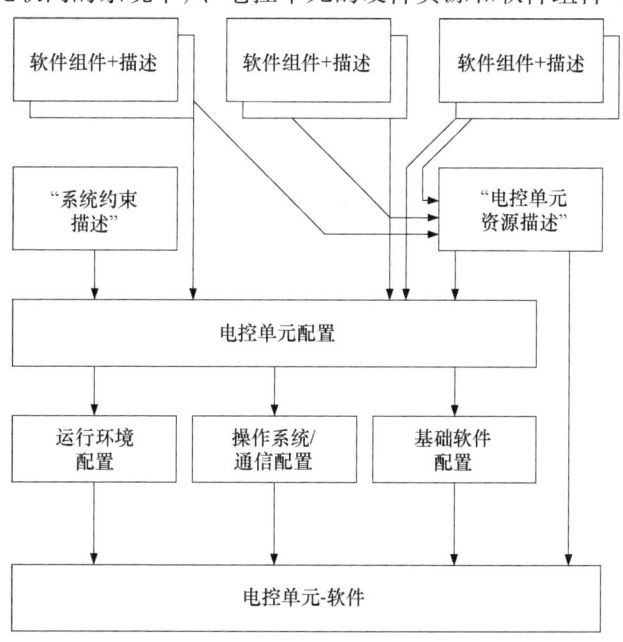

图 8.9　AUTOSAR 下软件开发的程序和文件

格式生成和进一步处理。然后，通过 RTE 的配置进行集成，其中还包括 SWC、操作系统、通信和基本软件的连接。尽管这项工作的很大一部分包括配置和连接完成的软件，但这一步所需的时间仍然相当长，尤其是因为仔细的集成还应该包括密集的测试。最后，创建了一个电控单元软件，其中包含所有必要的 AUTOSAR 组件和应用程序组件。

8.3 软件的控制和调节功能

汽车软件的主要功能是控制和调节功能。另外，软件还支持诊断功能，以及第 6 章提到的电控单元之间的通信功能。

8.3.1 控制功能

日常生活中常见的控制功能为顺序控制，例如洗衣机的逐步执行程序、交通灯控制等。另外一个例子就是给定一个数值，电控单元通过控制执行器来达到这个数值。这种情况属于调节功能，也就是说调节实际值为设定值，并且对偏差做修正。从严格意义上讲，调节功能要和控制功能区分对待。纯粹的控制功能是指开环控制（Open Loop Control），也就是无反馈调节地输出设定值，而调节则是指闭环控制（Closed Loop Control）。我们在下一节中会以简单的控制器为例，介绍两者之间的不同。本节中只介绍顺序控制。

当选择洗衣机的一个预设程序时，顺序控制系统会确保每一个步骤都按时间、按顺序运行，一般为预洗→洗涤剂洗→冲洗→甩干这几步。交通灯控制也是采用顺序控制的原理（街道 1 通行→停止→街道 2 通行→停止……），但具体细节要更加复杂一些，例如，街道 1 通行时绿灯亮，同时街道 2 要显示红灯亮。另外，除了定时控制，还需要加入另外一些交互功能，例如电磁感应交通灯、交通堵塞自动识别系统等。

车用电控单元中采用了多种多样的顺序控制系统，但大多数并不像洗衣机控制或者交通灯控制这么显而易见。例如在第 5.7 节提到的柴油发动机预热功能，以及第 6 章提到的 CAN 总线出错分类功能等，都属于顺序控制。

实际中，柴油发动机预热有 10 个状态，我们简化为 4 个状态。在发动机起动前，预热塞要先通电流，仪表板中指示灯亮。然后驾驶员可以起动发动机。发动机起动后，预热塞要继续加热，直到发动机达到工作温度，但仪表板中指示灯应该熄灭。当发动机达到工作温度后，预热塞应该转为断电状态。当发动机运转时，温度出现突然下降的情况，为了使废气值达标，预热塞要转入"间歇加热"的状态。

图 8.10 所示为预热塞控制时序图，以状态机（State Machine）的形式描述了这个过程。在最原始的顺序控制中，都是由一个状态（图中方框所示）经过特定的时间后，转入另外一个状态。在微电子技术出现之前，控制都是由机电开关控制

装置实现的。如图 8.10 所示，状态机增加了从一个状态到另外一个状态的过渡条件（图中箭头）。过渡条件可以是一定的时间，或者如图 8.10 所示，温度变化或者发动机点火也可以作为过渡条件。最重要的是，每一次状态过渡时，需要对必要的过渡条件进行详细定义。另外，每个状态除了名字，还要定义在这个状态需要发生的事件（例如指示灯亮）。

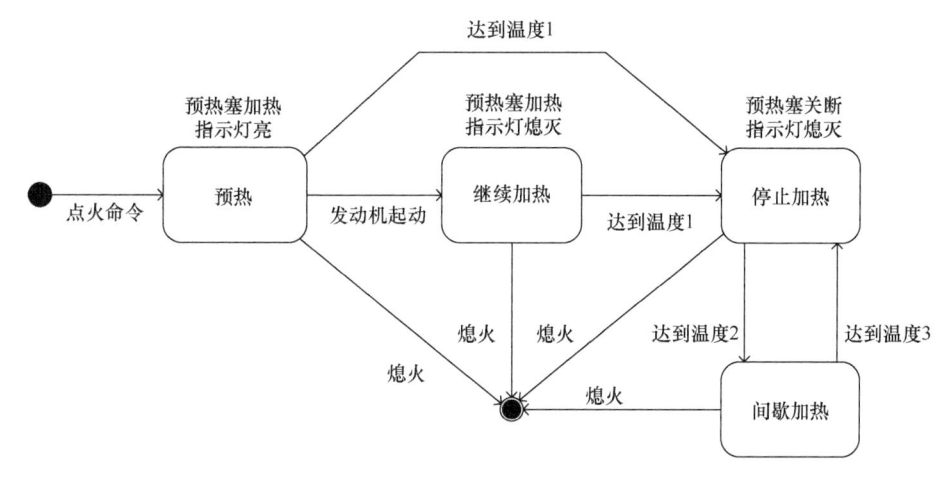

图 8.10　预热塞控制时序图（简化版）

每一个状态机都有一个开始状态（图 8.10 中黑点）和一个终止状态（图 8.10 中下方环形点）。

状态机的原理很简单，但是其软件实现，特别是后续的修改则常常很费力。原因在于，在实践中，软件的结构、代码经常会共享使用，有时甚至会和其他的电控单元做交互，复杂程度远远超过本例。常见的一种情况是，开发最初只是一个简单的 if 结构，但随着功能越来越复杂，逐渐发展成状态机。

状态机是软件频繁出错的地方。错误常常是因为忽略了一些可能出现的状态。一个典型的例子为发动机熄火的情况。发动机可以通过点火装置再次起动，否则会一直保持停止状态。上面的例子中，过渡状态"关闭"并不只是关闭发动机，也需要通过由软件识别的发动机熄火来引发。当忽略这一点时，重新起动汽车，状态机会保持熄火前的状态，而不是完全重新起动。[Eißenl12] 给出了一个如何对状态机进行编程的示例。

8.3.2　PI 控制器和 PID 控制器

图 5.15 中举例说明了排气循环控制的控制原理，这个原理也适用于其他车用控制器。这里说的控制器，是具有调节功能的控制器。

调节功能是指将受控物理量调整达到并保持在目标值。当目标值变化时，控制器要尽快将物理量调整到新的目标值。

例如巡航定速控制器，驾驶员通过按键，将汽车行驶的当前速度设定为目标速度。一些巡航定速系统可以通过转向盘上的按键，调节设定的目标速度值。当目标速度值变化时，汽车应该尽快达到此设定速度，但整个过程中不能出现颠簸（超出设定值）的情况。当设定行驶速度为恒定值时，上坡或者下坡时，也要维持在恒定的速度。这时斜坡是一个干扰量，需要由控制器进行调节。但是再好的控制器也不可能超出物理极限：当斜坡特别陡时，发动机没有足够的转矩来牵引汽车爬坡，即使通过控制器的调节也不能够保持设定的速度。

巡航系统做速度调整时，速度变化的快慢要取决于驾驶舒适度，所以巡航定速控制器的设计不仅要考虑技术限制，还要考虑驾驶舒适度。但还有一些其他类型的控制器，最理想的状态是跳跃函数。但实际中，也要在调整速度和信号振荡之间取最优方案。

图 8.11 所示为控制器在软件和硬件中的集成方式。受控系统是需要电控单元进行调节的系统，对于巡航定速系统来说，受控系统为汽车本身以及其所处的环境（例如道路的坡度等）。第 5 章提到的排气再循环系统的受控系统为一部分进气系统和排气再循环通道。有时，废气流量并不能直接进行测量，控制系统需要通过测量其他物理量（如新鲜空气）的流量，来计算受控量的大小。

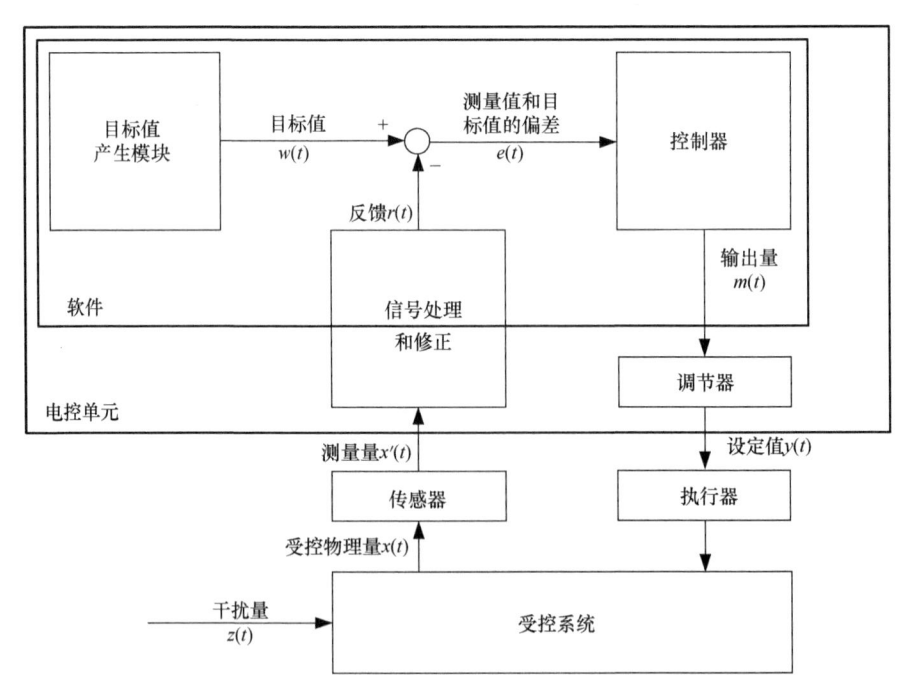

图 8.11 控制器在软件和硬件中的集成方式

信号处理/校正的模块包含传感器信号处理电路，有时也包含将测量得到的传感器电压转化为原始物理量大小的软件，当测量量不直接是控制量时，也需要通过软件将测量量转化为控制量。另外一种方法为将测量量定义为控制量,整个闭环控制则可以基于测量量运行。

控制偏差,也就是目标值减去测量值的结果,可以通过在软件中做简单的减法得出(早期没有微控制器的电控单元需要相应的硬件电路,并且至少含有一个运算放大器)。

在最简单的情况下,控制量只是一个常数。巡航定速系统中,虽然速度作为控制量,是一个常数,但是还要根据驾驶舒适度的要求控制加速度和加速时间。排气再循环系统的控制量更加复杂,因为排气再循环流量取决于汽车的行驶状态,所以首先需要根据几个传感器信号对汽车当前行驶状态做出识别,然后根据特性曲线和特性场决定排气再循环流量。有时一些控制量甚至取决于驾驶员的偏好(例如运动型、舒适性或者节油型),所以这时候可以根据不同的驾驶员自动做出调整。

控制软件的核心部分在于控制器本身。控制器的任务是根据测量值和目标值之间的偏差,来决定如何操纵执行器来平衡这个偏差。本书由于篇幅所限,不能详细论述控制理论的细节,在此只是简略讲解一下大多数车用控制器的工作原理。

车用控制器大多为比例-积分-微分(Proportional-Integral-Differential,PID)控制器,如图8.12所示,它是由比例模块、积分模块和微分模块并联组成的。

其中,最简单的为比例模块,其电路为放大电路(当放大系数小于1时,为衰减电路)。模块的输出值为

$$m_P(t) = K_P e(t) \tag{8.1}$$

通过微控制器,比例模块可以通过将控制偏差和比例常数 K_P 相乘得到。

积分模块可以通过硬件积分电路来实现[TieSch19]。积分输出值 m_I 为

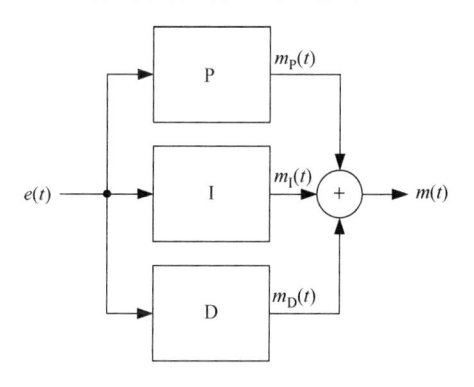

图8.12 比例-积分-微分控制器(PID Controller)

$$m_I(t) = K_I \int_0^t e(t) \, d\tau \tag{8.2}$$

式中,K_I 为积分常数。

数值积分的算法有很多种。需要注意的是,$e(t)$ 并非连续函数,而是来自传感器的、具有一定时间间隔的数字信号,软件每隔一段时间会调用此控制算法。$e(t)$ 通过一系列取样值来近似。一个简单而常用的算法为矩形法,即将规则偏差的最后一个值乘以每次调用的采样间隔。由于取样率为恒定值,可以将每次测量的控制偏差对 y_i 进行累加。取样率可以通过添加一个取样率系数而得到。当在另外的任务中,控制算法采用另外的取样率时,要对取样率系数做相应调整。通过这种方法,理论上积分部分可以通过一行快速计算的C语言代码来实现:

mI + = KI * e;

微分模块可以通过硬件微分电路来实现 [TieSch19]。微分输出值 m_D 为

$$m_D(t) = K_D \frac{de(t)}{dt} \tag{8.3}$$

式中，K_D 为微分常数。

采样控制时，微分通过计算变化率来得出：

$$m_D(t) = K'_D \frac{e(t) - e(t - \Delta t)}{\Delta t} \tag{8.4}$$

对应的 C 语言代码为

mD = KD * (e – e_alt);
e_alt = e;

其中，e_alt 是指上一次的控制偏差值。运行代码时，新测量的偏差值 e 被代入 e_alt 中。对时间差的除法通过引入系数来实现，以便节省代码运行时间。这个简单的算法的一个缺点为，在 t 时刻的微分结果，其实是 t – Δt/2 时刻的平均值的微分。

当数值变化快时，微分模块可能变化非常大，以至于受控对象产生振荡。出于稳定性考虑，微分模块常常被省略，所以车用控制器大多为 PI 控制器。

在实际控制器中，一般对积分模块使用积分时间常数 $T_N = K_P/K_I$、对微分模块使用微分常数 $T_V = K_D/K_P$ 来代替式（8.2）和式（8.3）中的 K_I 和 K_D。

在前面所讲的内容中，所有变量都作为时间的函数。控制技术中，还经常采用频率作为变量 [LutWen12]。频率空间的前提条件是，所有的控制器和受控系统中所有的传输元件都是线性元件。但汽车中很多受控元件是非线性的，只有在变量的变化值无限小时，才能将非线性系统近似为线性系统来处理。

前面所提到的 PID 控制器都是线性的。但在实际应用中，经常会对比例、积分、微分模块做调整，将常数系数复杂化为输入变量的函数。常用的方法是将输入变量分为高、中、低三组，然后把控制器的参数针对这三组变量做相应调整。当输入变量的范围超出某一组时，控制器便不再是线性的。

8.3.3 基于模型的控制器

基于模型的控制器的原理是对受控对象进行实时仿真。控制模型通常（但不必须）基于 50 年前 Kálmán⊖ 所提出的状态空间（State Space）的概念，限于篇幅，下面只对状态空间进行简短的介绍，更深入的细节请参见 [LutWen12] 和 [Tewari02]。状态空间的适用范围很广，但由于其控制算法比 PID 控制器要复杂很多，所以要求高速计算资源的支持。如今一些高性能的汽车电控单元已经可以提供功能强大的计算能力，所以状态空间算法也逐渐取得了一些应用。

⊖ Rudolf Kálmán，数学家，1930 年 5 月 19 日生于布达佩斯。

当对受控对象输入一个信号时，也可以从受控对象中测量到输出信号。当重复输入相同的信号时，也应该获得相同的输出信号。但实际中，一个系统对于相同的输入信号却并不一定总是给出相同的输出信号。这就像一个人在不同的日期、不同的心情可以对一件事情做出不同的反应一样，一些系统也可能做出不同的响应。但对系统来讲，不是根据"心情"，而是根据这个系统的状态。

每一个状态变量都是系统内部的物理量，它取决于系统的经历，也就是说有记忆效应。系统的状态则是一个包含所有状态变量的矢量。图 8.13 中的结构便是这样一个系统。可以把这个系统想象为正在借助汽车动力学电控单元转弯行驶的汽车，也可以想象为一台运作中的发动机，或者汽车的整个动力总成系统。

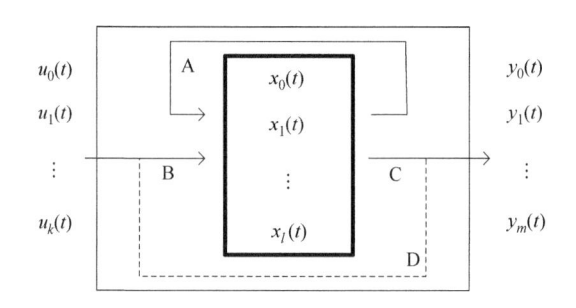

图 8.13 具有内部状态变量 $x_i(t)$、输入变量 $u_i(t)$ 和输出变量 $y_i(t)$ 的系统

一些简单系统的内部状态受外部干扰的影响（箭头 B），而系统的输出信号又取决于系统内部事件（箭头 C）。当内部状态可以从外部进行观测，也就是 $y_i = x_i$ 时，C 就会相应简化。

内部状态变量几乎总是相互影响，如图 8.13 的箭头 A 所示。有些状态变量可以由其他状态变量导出，也就是说箭头 A 包含状态变量之间的推导关系。

图 8.13 中的虚线（D）代表输出量直接取决于输入量的情况。

并不是所有的系统都明确定义了所有的输出端口。尤其是在开环系统中，状态变量和输出变量之间、输入变量和状态变量之间的区别并不是很明确，有时候甚至是随机性的。对于电控单元非常重要的一点是，对其输入变量 u_i 要通过执行器进行控制，从而使内部状态变量按照一定的方式来运行，或者通过测量输出变量 y_i 来观察相应的内部变量。在闭环控制中，电控单元两种办法都采用。

由于状态空间在动态行驶控制单元或者动力总成控制单元的应用极其复杂，远远超出了本书的讨论范围，在此只是举一个简单的例子。如图 8.14 所示，图中的伺服电机要通过主轴将质量为 m 的阀门打开，而阀门在静止状态是通过弹簧固定的。弹簧的弹性系数为 c，阻尼系数为 d。

如果要打开阀门，执行器需要施加的力要克服阀门本身的惯性、弹性力以及阻尼力，可以写为

$$F = m\ddot{s} + d\dot{s} + cs \qquad (8.5)$$

力 F 为唯一的输入变量 u。位移 s 也是唯一可以观测的输出变量 y。内部状态变量为位移 s 和速度 $\dot{s}$。在这个例子中，内部状态变量 s 也是可以观测到的输出变量，这种情况非常常见。

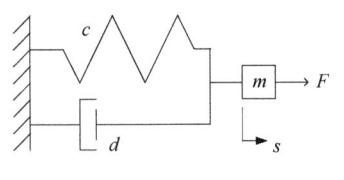

图 8.14 状态空间的一个简单例子

此时我们引入两个状态变量 x_1 和 x_2：

$$\begin{aligned} x_1 &= s \\ x_2 &= \dot{s}(=\dot{x}_1) \end{aligned} \qquad (8.6)$$

将其代入式（8.5）中，可以由一个二阶微分方程得到两个一阶微分方程（采用图 8.13 中的符号）：

$$\begin{aligned} \dot{x}_1 &= x_2 \\ m\dot{x}_2 &= -cx_1 - dx_2 + u \end{aligned} \qquad (8.7)$$

这个微分方程组可以写为矩阵和矢量形式：

$$\begin{bmatrix} \dot{x}_1 \\ \dot{x}_2 \end{bmatrix} = \begin{bmatrix} 0 & 1 \\ -\dfrac{c}{m} & -\dfrac{d}{m} \end{bmatrix} \begin{bmatrix} x_1 \\ x_2 \end{bmatrix} + \begin{bmatrix} 0 \\ \dfrac{1}{m} \end{bmatrix} u \qquad (8.8)$$

另外，还需要引入输出变量 y 和两个输入变量 x_1 和 x_2 之间的关系，也就是 $y = x_1$，可以写为

$$y = \begin{bmatrix} 1 & 0 \end{bmatrix} \begin{bmatrix} x_1 \\ x_2 \end{bmatrix} \qquad (8.9)$$

式 8.8 和式（8.9）完全从状态空间中描述了示例系统。一般来说，这样的系统可以用输入变量 u 和输出变量 y 来描述：

$$\begin{aligned} \dot{\underline{x}} &= \mathbf{A}\underline{x} + \mathbf{b}u \\ y &= \underline{c}^T \underline{x} + du \end{aligned} \qquad (8.10)$$

式中，$\mathbf{A}$ 为包含动态参数的系统矩阵；$\mathbf{b}$ 描述了输入变量和状态变量之间的关系，所以称为输入矢量或者控制矢量；$\underline{c}^T$ 描述了如何通过输出变量来观测状态变量，所以称为输出矢量或者观察矢量，上标 T 表示此矢量为转置矢量（行矢量而非列矢量）；d 表示输出变量直接取决于输入变量，称为通道系数。

如图 8.15 所示，当一个系统有多个输入和输出变量时，控制矢量、观察矢量和通道系数要写为矩阵的形式：

$$\begin{aligned} \dot{\underline{x}} &= \mathbf{A}\underline{x} + \mathbf{B}\underline{u} \\ \underline{y} &= \mathbf{C}\underline{x} + \mathbf{D}\underline{u} \end{aligned} \qquad (8.11)$$

上述状态空间以及将物理量抽象化的办法，可以在研发过程中实现对一些用普通控制器无法实现的复杂结构的控制。

状态空间的一个优势在于，可以将一系列解决方案和算法同时用于一个问题，

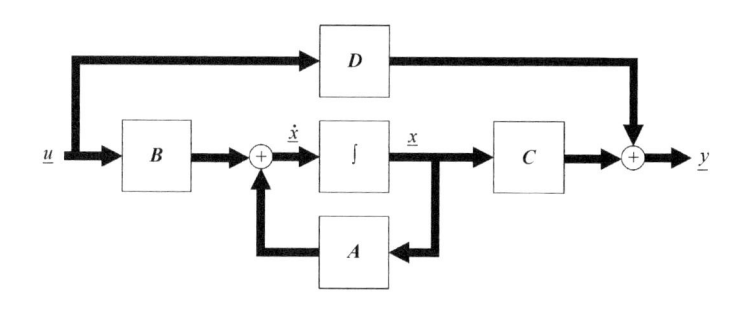

图 8.15　微分方程组的图像显示方法 [式 (8.11)]

降低了对每个案例都要设计算法的复杂性。可以使用一些不依赖于具体物理背景的软件库以及多种仿真程序，例如 MATLAB/Simulink [MatWS] 等，对系统做深入的研究。

下面举一个具体例子。在上述阀门-弹簧系统中，$m_1 = 1 \text{kg}$，$c_1 = 1 \text{N/m}$，$d_1 = 1 \text{N} \cdot \text{s/m}$。在 MATLAB 中可以用以下代码来定义系统矩阵 A，控制矢量 b，观察矢量 c 和通道系数 D：

```
m1 = 1
c1 = 1
d1 = 1
A = [0 1; -c1/m1 -d1/m1]
b = [0;1]
c = [1 0]
D = 0
ZRaum = ss(A,b,c,D)
```

最后一行通过 MATLAB 的 ss 函数定义了状态空间，在这里用 ZRaum 来代表。现在可以调用其他已有的函数对状态空间直接进行运算和操作。图 8.16 所示为两个简单的系统，每一个系统都可以用函数来模拟对于除了 Standarddarstellungen 外的信号反应。

1. 状态控制器

将系统在状态空间进行描述的结构称为状态控制器。状态控制器通过一个矩阵 R 作为状态向量反馈至输入端，如图 8.17 所示。这样的扩展系统也可以作为状态空间来描述，但是和原始系统的系统矩阵不同，反馈状态方程可以写为

$$\dot{x} = Ax + B(u - Rx) \tag{8.12}$$

通过简单的变换，式 (8.12) 可以写为如下形式：

$$\dot{x} = (A - BR)x + Bu \tag{8.13}$$

改写之后，可以定义一个新的系统矩阵 $A^* = A - BR$。通过对比新矩阵和原始

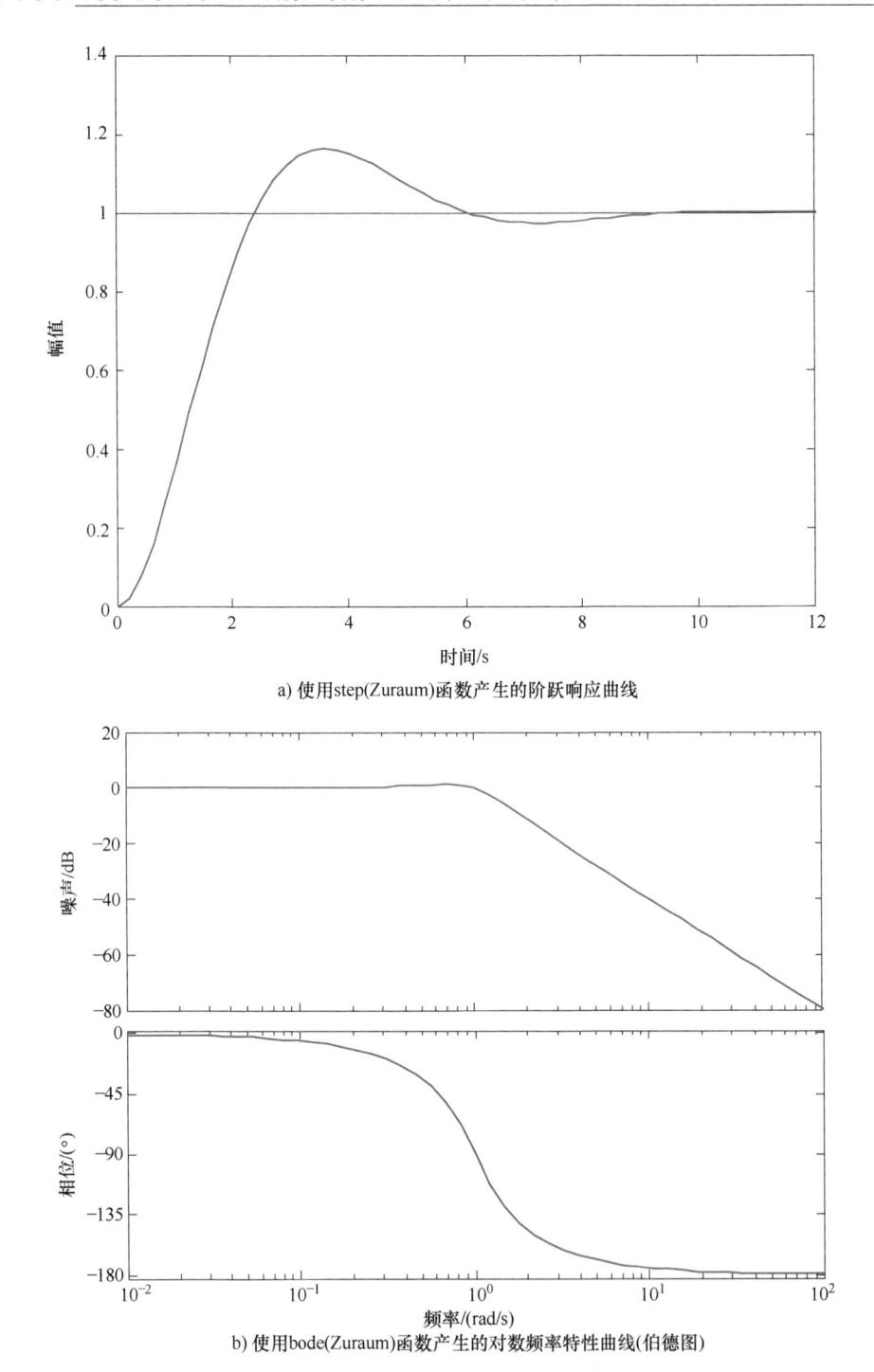

a) 使用step(Zuraum)函数产生的阶跃响应曲线

b) 使用bode(Zuraum)函数产生的对数频率特性曲线(伯德图)

图 8.16　两个简单的系统

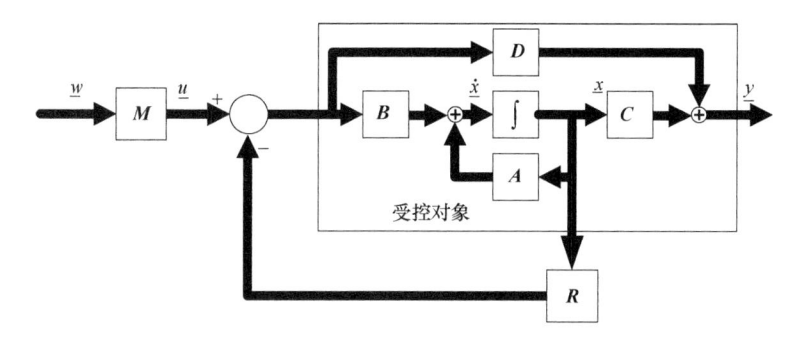

图 8.17 状态控制器

矩阵的区别,可以计算出反馈矩阵。

当时间 $t \to \infty$ (无穷大)时,系统的输出矢量 $\underline{y}$ 应该已经达到了目标值 $\underline{w}$。状态变量在状态空间中不应该再有变化,式(8.13)可以写为

$$0 = (\boldsymbol{A} - \boldsymbol{BR})\underline{x} + \boldsymbol{B}\underline{u} \tag{8.14}$$

从中可以得出状态变量的最终状态为

$$\underline{x} = -(\boldsymbol{A} - \boldsymbol{BR})^{-1}\boldsymbol{B}\underline{u} \tag{8.15}$$

所求的输出矢量 $\underline{y}$ 可以写为

$$\underline{y} = -\boldsymbol{C}(\boldsymbol{A} - \boldsymbol{BR})^{-1}\boldsymbol{B}\underline{u} \tag{8.16}$$

将 $\underline{y}$ 用目标值 $\underline{w}$ 进行代替, $\underline{u}$ 可以写为

$$\underline{u} = -[\boldsymbol{C}(\boldsymbol{A} - \boldsymbol{BR})^{-1}\boldsymbol{B}]^{-1}\underline{w} \tag{8.17}$$

所以此处的前置过滤器 $\boldsymbol{M}$ 可以写为:

$$\boldsymbol{M} = -[\boldsymbol{C}(\boldsymbol{A} - \boldsymbol{BR})^{-1}\boldsymbol{B}]^{-1} \tag{8.18}$$

在汽车行业,长期以来比较倾向于基于经验来设定控制器的常数,这时不需要考虑本节的内容。

2. 状态观测器(State Observer)

当控制器的产量很大时,人们往往希望省略传感器,在某些情况下,一些状态变量也不能进行直接测量。在这些情况下,可以采用一个实时仿真状态空间来对真实的系统进行"观测"。仿真系统采用和真实系统相同的输入变量,通过仿真计算来获取有用的参数。由于仿真模型并非完美,随着时间的增加,仿真值和实际值之间的差别也会越来越大。为了避免发生这种情况,需要对真实的输出值和仿真输出值进行对比。当仿真模型和实际情况相符合时,相同的输入值应该给出相同的输出值。当仿真模型内部状态和实际系统不符合时,输出值应该也会有所差别。

一方面,当仿真输出和实际输出有很大差别时,可以实现诊断功能,来判断实际系统是否出现了故障。另一方面,当输出的差别比较小时,可以对仿真模型进行修改,以便使仿真输出能够更好地符合实际输出。修改模型时,输出差别通过矩阵 $\boldsymbol{L}$ 添加到状态变量上。尽管这种方法已经被广泛采用,但定义矩阵的系数并非易事。这种在对一个系统进行仿真的同时还对状态变量进行预测的结构，称为状态观测器，如图 8.18 所示。

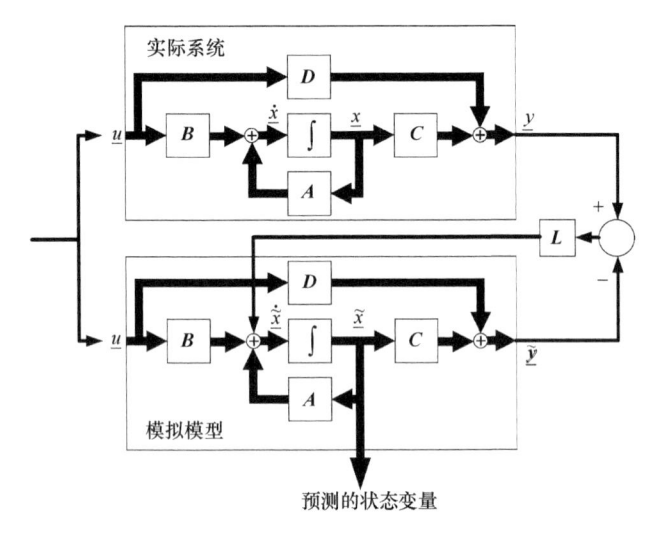

图 8.18 状态观测器

3. 状态预测器（State Predictor）

当实际系统的输入信号值有延迟（或观测器本身信号有延迟）时，平行的模拟模型的输出结果会快于实际系统，也就是说，仿真输出的状态变量是一段时间之后实际系统才会输出的。这种可以提前预测实际输出的状态变量的观测器，也称为状态预测器。为了使双方在同一个时刻的输出差别相符合，仿真输出也要对其输出值做出相应的延迟。需要注意的是，当实际系统受到不可预知的干扰时，状态预测期也不再具备预测的功能。

8.4 软件的自诊断功能

诊断功能是指电控单元自动识别硬件或者软件的故障，并且提醒驾驶员将车送到修理厂进行检查。当一个错误发生时，电控单元应该继续完成其他的任务，避免对人员或者汽车造成伤害。例如，当驾驶员没有踩加速踏板，但电子加速踏板却由于故障而发出"加速踏板踩到底"的命令，这时电控单元需要对这个故障进行识别，并且防止汽车加速，同时通知驾驶员尽快将汽车进行检测处理。一个通常的办法为，保持发动机以固定的低转速运转，以便于汽车可以继续行驶到下一个修理厂，但是继续舒适地驾驶已然不可能（跛行模式，Limp Home）。一些故障也可以通过在仪表板上显示指示灯的方式对驾驶员发出警告。当检测人员用诊断仪和汽车连接时，诊断仪应该可以读取汽车的状态，例如"发动机控制故障：加速踏板电路地线中断"等信息，检测人员获取这个诊断信息后，便可以进行相应处理。一种法律规定的重要的车载自诊断系统（On Board Diagnose，OBD）为尾气处理系统，可以识别尾气处理的故障以及存储相应信息。

另外，诊断功能的发展也越来越完善，例如，可以使用诊断仪随时读取一些测量值，如发动机的转速。

电控单元通常也可以通过诊断仪来进行设置，例如可以对仪表板的显示语言进行设置等。这种功能将在下面的章节介绍通过诊断接口进行编程的时候详细讲述。

下面我们详细介绍几种诊断功能，同时也列举各种相关的基本法律法规。读者请不要对不同法规之间的重叠感到惊讶。国际标准组织（ISO）和汽车工程师协会（SAE）的一些规范往往有相同的内容。

8.4.1 故障的识别和处理

对发生的故障进行识别，电控单元故障诊断原理图如图 8.19 所示。可以通过电控单元识别的典型故障为：传感器和执行器的电子故障（例如短路或者开路）、超出控制量程的数据、电控单元之间错误的通信数据、电压不稳、电控单元内部故障以及汽车在后台自检识别出的错误等。

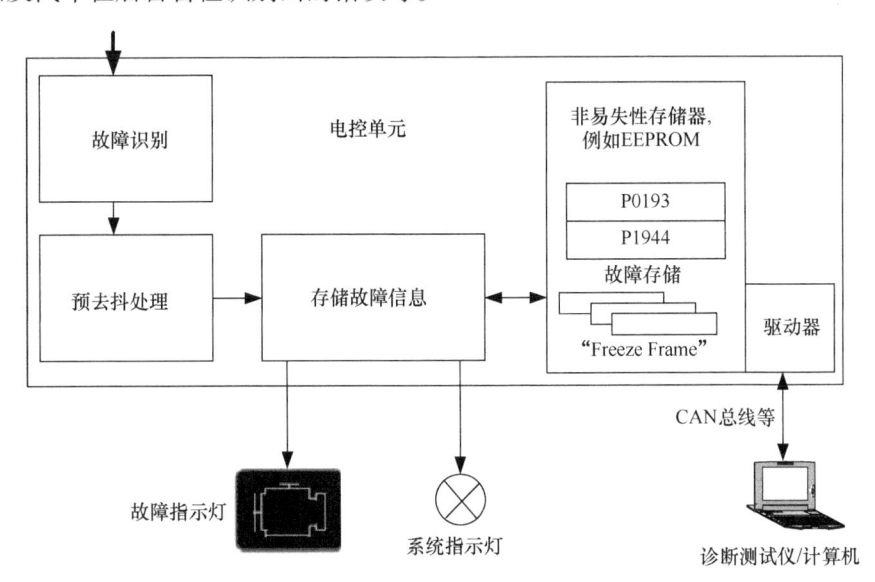

图 8.19　电控单元故障诊断原理图

如图 8.20 所示，当导线损坏或者插接件故障导致踏板传感器和电控单元之间的地线发生断路的时候，会出现电子故障。踏板传感器的原理类似于电位计，一般情况下，可以向电控单元输入 0~5V 的电压，电控单元会根据此电压来调整发动机喷油量。当踏板传感器的地线发生断路时，电压不再受控制，而是一直保持供电电压为 5V 的恒定值。针对这种情况，如果没有相应的诊断措施，可能会导致汽车不受控制地全速加速，后果不堪设想。

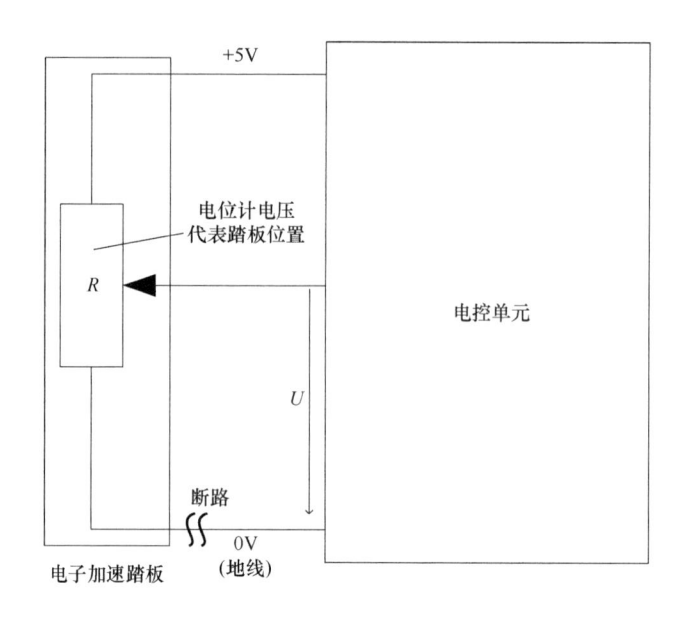

图8.20　电子故障示例：图中地线断路，加速踏板传感器的测量电压 U 增加为5V。这时电控单元不应该认为驾驶员全速前进，而是应该识别出发生了故障

如何识别此类故障呢？一个方法是调整电位计，将其输出电压留出一个边界值，例如限制到 0.5~4.5V 之间。当输出电压超出此范围时，便意味着发生了故障。这种方法不仅适用于踏板传感器，也适用于绝大多数其他种类的传感器。

另外一种方法是增加冗余度，如图 8.21 所示，但由于成本因素，这种方法并不适用于所有的传感器。例如上面说的电子加速踏板传感器，可以安装两个采用不同走线的电位计，并且将其信号进行合理性检查。当由于成本因素不能采用双传感器时，

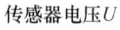

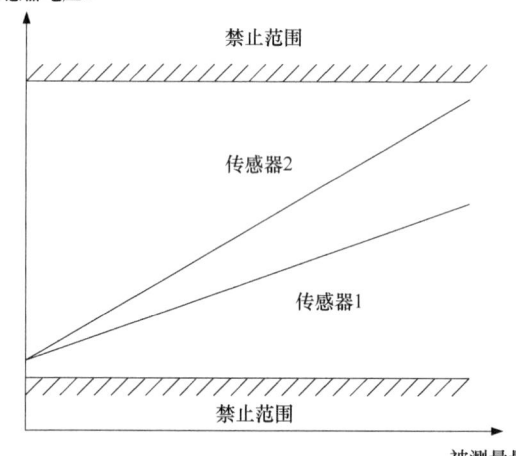

图8.21　双冗余度传感器特性曲线示意图（当一个或者两个传感器的测量信号位于禁止范围时，系统会识别出发生了故障）

也可以由电控单元对单传感器信号进行初步的合理性检查，例如和内置特征数据做比较，然后推断数据是否真实。

8.4.2 故障信号的去抖动和自愈

一方面，诊断系统应该准确地识别故障，另一方面要尽量避免产生"伪警告"。例如，当电路中只是由于干扰信号短暂地出现超出规定范围的电压值时，诊断系统不能发送警告，否则要将车送去做没有必要的维修检测。

去抖动功能（Debouncing）是指，当故障信号出现时，诊断系统不是马上做出响应，而是首先等待，判断故障信号是否经常发生或者是否持续一个长的时间段。因此，去抖动分为两种机制：依赖于时间或依赖于事件。根据错误类型的不同，去抖动的机制也不尽相同。针对不同的故障，是否去抖动或去抖动的持续时间以及频率不尽相同。经过去抖动处理确定是故障信号之后，再实施下一步措施。当然，上面讲到的加速踏板传感器的例子中，如果出现故障信号，要尽可能快地进行处理，但在其他不是很紧急的情况下，不应该马上给驾驶员警告，而是应该确定故障之后再发出警告，以免频繁分散驾驶员的注意力。

当单次识别故障后，在很长的一段时间之内故障再也没有发生过，这时可以自行消除故障记录。例如某次检测到车身网络电压过低，当之后再也不发生时，可以将故障消除。这个过程称为故障的"自愈"（Curing）。对于自愈的判断取决于故障类型以及电控单元的类型。复杂的电控单元可能出现上百种大大小小的故障，如果每一次都去车厂做检修，成本将会非常高。上面提到的"自愈"过程更多的是考虑到，过早或者过多地检测到故障，或者过迟自愈会让用户怀疑汽车质量不可靠，但是过迟地检测故障或者过早地自愈又可能导致汽车部件损坏、环境污染，甚至威胁到驾驶安全。

8.4.3 故障存储管理

故障存储管理是指如何对某个特定的故障做出反应。当故障信号经过上面提到的预去抖动处理之后，再单独进行去抖动，然后再做出反应。

在加速踏板传感器的例子中，最佳的反应应该是这样的，驾驶员受到警告，由于故障而发生的无意的加速已经得到避免，同时，他仍然可以驾驶汽车到最近的维修厂，也就是启动所谓的跛行功能，驾驶员会识别出汽车已经不能加速，只能以固定的速度前行，但是驾驶员可以切换到更高的档位，以保障有足够的动力行驶到维修厂。驾驶员会注意到，此时发动机以恒定的转速转动，另外仪表板上也会显示警示灯。

系统对故障的反应可以通过软件进行定义，例如通过预设定的故障和反应表格，并且可以根据需要对表格做出相应的调整。将软件所有可能的反应进行确定的分类，可以降低在两辆车之间进行数据复制时发生错误的可能性。当所有的车型都采用相同的程序时，程序代码的成熟度会快速提高。与之相对，当某些车型采用特有的代码时，可以在设计软件时有更大的自由度。在AUTOSAR控制单元中（参见

第8.2.3节），基本软件中同时配置诊断事件管理器（DEM）与功能抑制管理器（FIM），以便及时对故障做出反应。

故障信息在汽车断电之后应该继续存储，所以一般存储在电控单元的串行 EEPROM 中，或者存储在闪存存储器中。

除故障信息，电控单元也会存储附加信息，例如故障发生的时间、续驶里程数，或者故障时的各项参数等。这样有利于随后找出故障发生的原因。对于发动机电控单元的尾气处理故障，法律规定在出现相关错误时必须对其做出相应记录（车载诊断系统，OBD）。对于需要快速做出响应、随后再进行存储记录的故障，其故障记录并不一定可靠，因为做出记录的时候汽车的运行参数已经发生了改变，并不能代表出故障时刻的典型设置。

8.4.4 电控单元和测试仪之间的通信

可以通过外接诊断仪来读取电控单元存储器中的故障信息。诊断仪可以分为多种，如图 8.22 所示大型诊断仪体积庞大、功能复杂，可以进行废气检测（德国的 AU-Tester）、外接示波器、万用表、对点火装置进行设置等；简单的诊断仪体积小，可以手持。过去的诊断仪一般只有少数几个按键和一个小的液晶显示屏，有些只能识别十六进制命令码，而随着技术的发展，如今诊断仪一般都有相对较大的显示屏和方便的操作界面，有些产品甚至装配触摸面板，类似于笔记本计算机。同时，用户还可以在家用计算机上安装相关软件，然后通过 CAN/USB 通信接口对电控单元进行操作。软件的成本对普通汽车用户来说都是可以接受的。另外，用户也可以购买各种硬件接口方案［OBD2］。接口方案提供给组织或个人。近年来，计算器大小的手持设备也重返市场，通过电子贸易分销，这与之前的手持设备价格低于 100 欧元形成了鲜明对比。现在，私人用户是主要的目标群体。

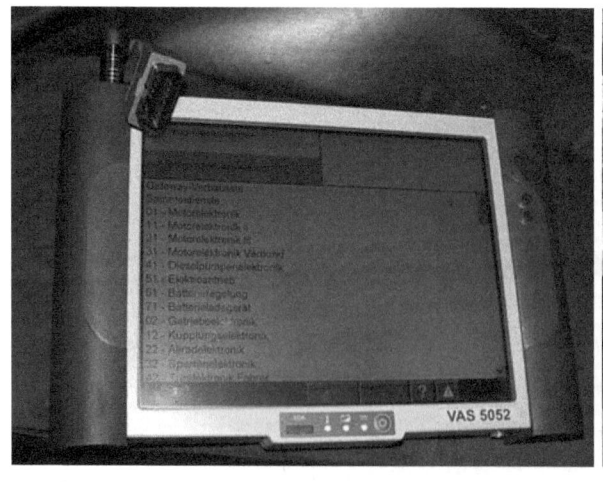

图 8.22 诊断仪，左图为手持式设备，右图为集成了废气检测功能的测试台

为了在诊断应用中不局限于只能使用特定制造商的测试设备，发布了标准［ISO 22900-1］，其中，基于自动化和测量系统标准化协会（Association for Standardization of Automation and Measuring Systems, ASAM）的标准对诊断计算机模块化车辆通信接口（MVCI）进行了描述。［ISO 22900-2］中描述了 MVCI 和车载诊断接口之间的软件接口，以及用于访问车辆通信接口的标准化编程接口 D-PDU API。某些功能（如诊断数据的管理）可以集成到服务器和 MVCI 之间的软件中间层，在这种情况下，服务器软件和中间层之间会创建另一个软件接口［ISO 22900-3］。

如今的车辆必须通过图 8.23 所示的标准化接口连接诊断仪（摩托车或农用内燃机车例外）。在插头的设计上，两个接地触点的长度都会增加 1.9mm，因此，当插头插入时，两个接地触点会首先连接，当插头拔出时，两个接地触点会最后分开。在引入这种插接器之前，常用的插接器为圆形插接器。以前接口位于发动机舱，如今大多置于驾驶室内靠近驾驶员的地方，例如发动机舱盖开关附近、中央控制面板、烟灰缸下或者驻车制动器之下等。目前最新的是端口 3、11、12 和 13，其通过 5V 和 16V 以太网间的直流电压控制，并通过以太网和端口 8 通信。在端口 8 上的直流电压低于 2V 的情况下，禁用以太网可以节省电源并提高 EMC。

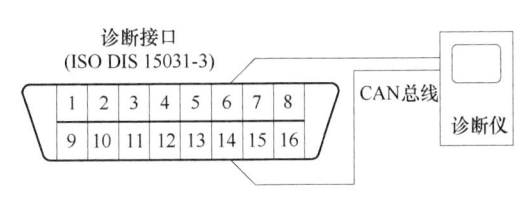

图 8.23　诊断仪的标准化接口

注：一些 2001 年前生产的汽车已经具备这种接口，但是内部连线方式却不同，如果不采用转接口的话，有可能会产生损害。

J1850 为过时的美式通信总线标准，在欧洲没有应用［ZimSch14］。在 20 世纪的大部分时间内，K-Line 一直都是诊断仪的标准接口。［ISO 9141］中规定了另外一个接口 L-Line 作为连接应答地址信号的接口，随后的通信内容还主要是通过 K-Line 来进行。应答地址也通过 K-Line 进行传递，这时 L-Line 便可以忽略。一些车型中仍然采用 L-Line 作为第二条 K-Line，不同的诊断仪会采用其中的一条进行通信。

K-Line 的物理结构类似于 LIN 总线，是一条单一的导线，在不进行传输时导线电压为电源电压，传输开始时，传输双方都通过晶体管将电压置为 0V。传输速度一般为 10400bit/s，速度比现在的总线系统（如 CAN）要慢。

后来，K-Line 逐渐被 CAN 所取代。图 8.24 所示为各种测试通信系统和协议的总览。左侧为 K-Line 或者 CAN 总线。我们可以用以太网作为物理层和 TCP/IP 作为传输和交换层（DoIP，通过 IP 进行诊断）取代 CAN 作为诊断接口［ISO13400］。通信协议除了 OBD 规范，还有 Key Word Protocal 2000（KWP2000）和新制定的统一诊断服务（UDS, Unified Diagnosis Service）等。

KWP2000 是基于 K-Line 的通信协议，采用［ISO 9141］和［ISO 15031］中所规范的物理层［ISO 14230-1］、安全层［ISO 14230-2］、应用层［ISO 14230-3］以及尾气处理专用测试功能［ISO 14230-4］。在第 6 章中，我们已经对每一层的意

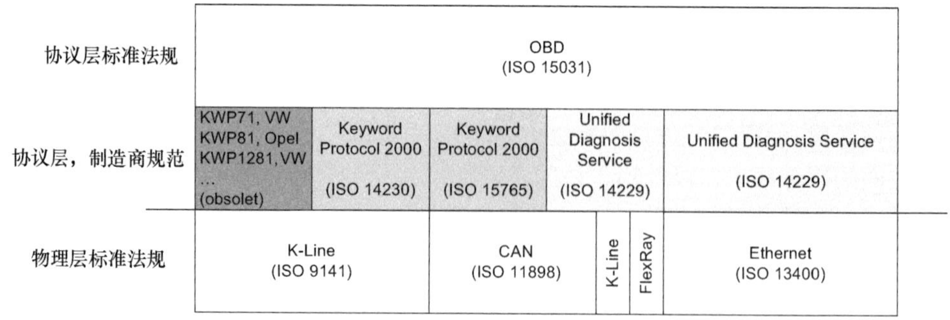

协议层标准法规	OBD (ISO 15031)					
协议层，制造商规范	KWP71, VW KWP81, Opel KWP1281, VW … (obsolet)	Keyword Protocol 2000 (ISO 14230)	Keyword Protocol 2000 (ISO 15765)	Unified Diagnosis Service (ISO 14229)		Unified Diagnosis Service (ISO 14229)
物理层标准法规	K-Line (ISO 9141)		CAN (ISO 11898)	K-Line	FlexRay	Ethernet (ISO 13400)

图8.24 各种测试通信系统和协议的总览，下侧为物理层标准法规，上侧为协议层标准法规，美国标准 J1979 和 ISO 15031 几乎相同

义进行了阐述。

诊断仪和电控单元进行通信时，诊断仪首先发送目标电控单元的地址，通过具体地址定位一个设备，称为硬件寻址。除了硬件寻址，也可以进行功能寻址。例如，地址 33（十六进制）在所有品牌的汽车中，都代表尾气处理相关的诊断系统。由于诊断仪并不确定目标电控单元的通信速度，所以在正常情况下，地址的传输都首先采用每秒 5byte 的慢速（也有例外情况，如果首先可以确定电控单元的通信速度，也可以从一开始就利用这个速度传输）。目标电控单元的应答为 55（十六进制）。一个十六进制值为 55（01010101 二进制）的字节是一个方波信号，当诊断仪接收到之后，可以识别电控单元的数据传输速度。随后目标电控单元发送两个包含其名称的关键词以便诊断仪的 KWP2000 系统识别。诊断仪将第二个关键词的每一位进行反转，然后发送给电控单元进行校验。

当校验成功时，数据传输才开始在应用层进行。此时尤其重要的是遵循通信协议所规定的最小和最大的时间间隔。在传输过程中发生错误时，通信中止，并且至少等待 300ms 之后再进行新的传输。

旧规范 KWP71 中数据传输的格式为 7 位数据位和 1 位奇偶校验位，而 KWP2000 中则采用 8 位数据位和 1 位整个传输数据包的加和校验位，数据包的长度可以高达 255byte。数据包中包含两位十六进制数定义了服务标识位（Service Identifier，SID）（表 8.3）、定义了对特定物理量进行测量的参数标识位（Parameter Identifier，PID）以及内容数据位。当数据请求成功时，电控单元应答时以 SID $+40_{16}$ 开始。

表8.3 推荐使用的规范化服务标识位（SID）[WalRei11]，表中未包含不符合规范的标识位

SID（十六进制）	服务	注释
00-0F	OBD 请求	表 8.5
10-3E	UDS 请求	表 8.4
40-4F	OBD 应答	（请求 $+40_{16}$）
50-7E	UDS 应答（接收）	（请求 $+40_{16}$）

(续)

SID（十六进制）	服务	注释
7F	UDS 应答（拒绝）	—
83-87	UDS 请求	表 8.4
A0-BE	诊断请求	自由选择
C3-C7	UDS 应答（接收）	（请求 + 40_{16}）
E0-FE	诊断应答	（请求 + 40_{16}）

随着 CAN 总线的广泛应用（Diagnosisover CAN oder Diagnostic Communication over CAN，DoCAN），KWP2000 也逐渐采用了 CAN 架构（物理层 [ISO 11898-2，3] 和数据链路层 [ISO 11898-1]）。美国法律规定 CAN 总线作为标准的诊断总线。[ISO 15765-1，-2，-4] 中规定了 KWP2000 和 CAN 的区别，但主要还是局限于底层的通信层，而没有对应用层进行规定。在 ISO 15765-2 中，新定义了底层和应用层之间的传输协议，也就是 ISO-TP。ISO-TP 在需要传输的数据多于 CAN 的数据帧时生效，并且将数据分为多个连续的数据帧进行传输 [ZimSch14]。

更新的统一诊断服务（UDS）将不同生产商的诊断服务进行了集成 [ISO 14229-1，-2]，[ISO 14229] 中规定的 UDS 及一些 SID 见表 8.4。UDS 集成了所有已经进行了规范的诊断服务，例如 [ISO 15031]。UDS 在 CAN [ISO 14229-3] 和 FlexRay [ISO 14229-4] 实现后，又增加了以太网 [ISO 14229-5] 和旧的 K-Line [ISO 14229-6]。可选地，LIN 从设备也可以配备 UDS 协议的软件，因此通过 CAN 连接到诊断仪的 LIN 主设备可以包含相关的 UDS 消息 [ISO 14229-7]。LIN 后续 CXPI 的扩展可能是 [ISO 14229-8]。

表 8.4 [ISO 14229] 中规定的 UDS 及一些 SID，在 D 列有标注的是在连接一开始的"默认进程"中就可用的服务

SID（十六进制）	服务	集合	D	注释
10	DiagnosticSessionControl		×	将默认进程转化为不同的模式
11	ECUReset		×	重启电控单元
(20)	stopDiagnosticSession		—	从不同模式回到默认进程
27	SecurityAccess		—	安全访问
28	CommunicationControl		—	通信控制
3E	TesterPresent	通信管理	×	保证长暂停后连接依然可用
(81)	startCommunication		×	替代同步的可选项
(82)	stopCommunication		×	停止通信
83	AccessTimingParameter		—	诊断仪读取电控单元时间
84	SecuredDataTransmission		—	传输按照 [ISO 15764] 加密
85	ControlDTCSetting		—	故障存储控制
86	ResponseOnEvent		×	电控单元对特定的时间响应
87	LinkControl		—	连接控制

(续)

SID （十六进制）	服务	集合	D	注释
22	ReadDataByIdentifier	传输	×	通过 PID 读取数据
23	ReadMemoryByAddress		×	通过地址读取数据
24	ReadScalingDataByIdentifier		×	通过 PID 读取刻度
2A	ReadDataByPeriodicIdentifier		—	请求电控单元发送数据
2C	DynamicallyDefineDataIdentifier		×	定义暂时识别位
2E	WriteDataByIdentifier		×	通过 PID 将数据写入电控单元
3D	WriteMemoryByAddress		×	通过地址将数据写入电控单元
14	ClearDiagnosticInformation	故障存储	×	删除存储的故障信息
19	ReadDTCInformation		×	读取存储的故障信息
2F	InputOutputControlByIdentifier	输入输出	—	输入输出控制
31	RoutineControl	函数调用	×	调用电控单元函数
(32)	StopRoutineControl		×	终止服务
34	RequestDownload	存储器	—	从电控单元存储区向诊断仪发送数据
35	RequestUpload		—	从诊断仪存储区向电控单元发送数据
36	TransferData		—	数据传输
37	RequestTransferExit		—	数据传输终止

2006 年 4 月 1 日起，在德国新放行的新车，在主检查时（HauptUntersuchung，HU，通常也称为 TÜV）都要读取安全相关的电控单元的内存数据。当其中有故障记录且对乘员安全或者道路交通安全有潜在的威胁时，可能会被禁止继续上路，或者需要额外缴纳一定的税费。

8.4.5 车载诊断系统

诊断系统的一个重要功能，即车载诊断系统（On-Board-Diagnosis，OBD）由欧盟通过法律进行了规定，有时也称为 EOBD（European OBD）。具体参见相关法规［EU98-69］的附件Ⅺ。

1987 年，美国加利福尼亚州（简称加州）环境署（Californian Air Resources Board，CARB）规定，1988 年起在加州上路的新车对排放的尾气都必须集成自检测功能。其他一些联邦州也相继采取了这一规定。1996 年出台了第二阶段的规定 OBD Ⅱ，也称为 CARB Ⅱ。

欧盟在 2001 年针对汽油发动机轿车、2004 年针对柴油发动机轿车、2007 年针对货车颁发了类似于 OBD Ⅱ 的 EOBD 法规㊀。2007 年发布的法规也包含对载重货车的规定。日本也颁布了相似的 JOBD 法规。

近年来，CARB 正在制定 OBD 的第三版。第三版主要是针对在很多情况下，一些汽车虽然废气排放不达标，但只要还能够正常驾驶，车主便会继续使用而不去及时进行维修。加州正在讨论将废气排放超标数据自动无线发送到环境署的中央数据采集器，然后强制采取改善措施。在欧洲还没有类似的系统。在美国，对 OBD 功能有统一的测试［J1699-3］。

OBD 的法律要求首先针对商用车进行了协调，随后针对全球乘用车进行了协调（WWH-OBD）。主要的创新首先是将错误分为几个严重级别 A、B1、B2 和 C，其中 A 表示最严重的错误，并将其集成到 UDS 中。在 WWH-OBD 中，除 CAN 总线外，车辆和诊断仪之间还可以通过以太网进行通信。

德国废弃了每两年一次的废气检测制度（Abgasuntersuchung，AU），而是将其整合为汽车主检查（HU）的一部分。在汽车主检查（HU）时，会读取 OBD 的故障存储器。同时，在车辆运行期间，当汽车可以通过车载诊断系统自动检测废气状态时，可以免除在 HU 中做废气检查。自 2018 年以来，对这类车辆的废气进行了再次的检验。

欧盟法规［EU98-69］以及其衍生的法规如［EU07-715，EU12-459，EU14-136］和其中参考的 ISO 规范［ISO 15031-3，-4，-5，-6，-7］中并没有具体规定废气相关的故障类型，而是规定了废气的标准值，当排放超标时就显示故障信息。标准值在法规的附件 XI 第 3 章中以表格的形式进行了规定，标准值并不完全等同于汽车放行时进行测量的达到欧 Ⅵ 排放标准的数值。汽车的生产商需要自己决定标准值的界限。尤其在亚洲，标准值有很大的浮动，排放达标是汽车获取批准的前提。所以亚洲的生产商为了达标需要做更加全面的监控，而欧洲的生产商则更倾向于保持产品的成本更具有竞争力。所以，EOBD 的实施也在无意中有助于增强德国的汽车产品的竞争力。

下面介绍 EOBD 的技术标准，其原理和前面所提到的到检修厂检测的原理类似，很多检测功能都基于加州的 OBD 标准，只是不需要汽车再设置多种诊断接口。

EOBD 的基本性质由［ISO 15031-1］所定义并由［ISO 15031-2］所补充。规范中规定，当废气排放超过临界值时，故障信息被记录，同时通过故障指示灯（Malfunction Indicator Lamp，MIL）警告驾驶员。一些故障只有在特定的驾驶状态时才可以进行校验，所以只有等这些故障通过校验之后，才会发出警告。所以 OBD 所记录的并不仅是故障本身，而是会把故障是否已经经过校验等信息也记录下来。这种信息称为准备就绪代码（Readiness Code）。

［ISO 15031-3］规定了上面提到的 16 引脚的诊断插接件以及其接线方式（K-

㊀ 有些人说 EOBD 和 OBD Ⅱ 相同。二者之间有很多相似，但也有不同之处。

Line 和 CAN 总线）。

［ISO 15031-4］对 EOBD 诊断仪（也称为 Scantool 或者 Generic Scantool）进行了定义。诊断仪可以是一个只针对 EOBD 诊断的独立的设备，也可以作为附加 EOBD 功能的通用诊断仪的一部分。使用相同的接口可以使诊断仪的多种功能互相兼容。

［ISO 15031-5］规定了诊断功能最少应该包含的服务的种类。表 8.5 所列为 OBD2 和 EOBD 中所规定的诊断服务［也称为模式（Modes）］。例如，当用户希望通过 EOBD 诊断仪测试发动机转速时，可以选择模式 1，然后进入菜单选择需要测量的物理量。

表 8.5　OBD2 和 EOBD 中所规定的诊断服务（这个表格是表 8.3 第一行的详细内容）

SID	功能
01	读取废气排放相关数据
02	读取 Freeze Frame
03	读取故障信息
04	删除存储的故障信息
05	测试氧传感器
06	读取测试结果
07	读取暂时的故障信息
08	执行器测试
09	静态识别码，例如汽车的 VID 码
(0A)	OBD2 的新功能：显示诊断仪不能删除的故障信息

欧盟法规规定了模式 01 最少要显示的数值类型，其他的数值可以根据需要进行定制。按规定，需要显示的数值量为通过空气流量计算出的发动机负载（Calculated Load Value，CLV）、发动机转速以及冷却水温度。另外，法规也规定了其他的数值，但只有在电控单元提供支持的情况下才需要进行显示。对系统进行 EOBD 一致性检测时，并不能对没有记录的物理量进行检测，在这一点上，欧盟法规并没有做出相应的规定。

很多情况下，需要澄清故障发生时的相关参数条件，所以至少需要一个冻结帧（Freeze Frame）来记录故障发生时刻的各项参数。这几项参数上面已经提到，例如发动机负载、转速、冷却水温度以及其他数据等。

选择模式 03 时，可以从存储器中读取故障状态。每一个故障信息都对应一个代码，称为故障码（Diagnostic Trouble Codes，DTC）。这些代码最初由 SAE 定义［J2012］，随后由［ISO 15031-6］所采用，［ISO 15031-6］和［J2012］中规定的故障码结构图 8.25 所示。故障码的格式采取统一的标准，这样除了 EOBD 之外，每个生产商还可以基于这些故障码提供相应的诊断服务。对 EOBD 来说，最主要的故障是关于发动机和废气排放设备的，这些和变速器一起组成汽车的动力总成

(Powertrain)。由于动力总成的故障码都是以 P 开头的，所以也称为 P 代码（P-Codes）。例如，代码 P0237 是增压压力传感器的地线断路导致产生高压信号而产生的故障码，其中，P 代表动力总成，0 为标准代码，2 代表进气系统和喷油系统这两个子系统。本节开头提到的电子加速踏板传感器的接地故障的例子，并不和废气相关，故障代码由生产商制定，一般为 P1XX、P2XX 或 P3XX。XX 代表两位数字，可以由生产厂家自主定义。另外，U 代表网络故障代码，这是由于以 11 开头的代码在很长一段时间内没有得到应用（Unused）。

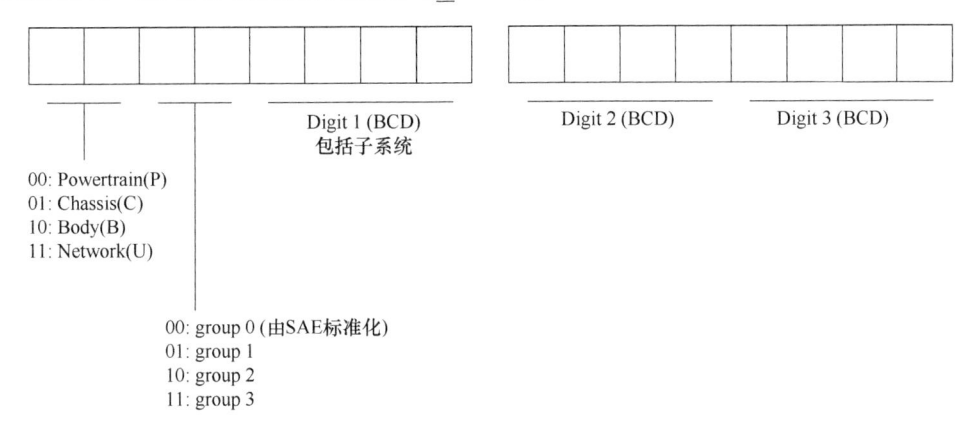

```
┌─┬─┐  ┌─┬─┬─┬─┬─┐     ┌─┬─┬─┬─┐     ┌─┬─┬─┬─┐
└┬┘ └┬┘└──────┬──────┘     └────┬────┘     └────┬────┘
 │    │       Digit 1 (BCD)       Digit 2 (BCD)     Digit 3 (BCD)
 │    │       包括子系统
 │    │
 │    00: Powertrain(P)
 │    01: Chassis(C)
 │    10: Body(B)
 │    11: Network(U)
 │
 00: group 0 (由SAE标准化)
 01: group 1
 10: group 2
 11: group 3
```

图 8.25　［ISO 15031-6］和［J2012］中规定的故障码结构

当故障排除后，可以选择模式 04，这时可以将故障代码以及冻结帧等附加信息从存储器中删除。同时，准备就绪代码（Readiness Code）也会进行重置，也就是说，故障代码删除后，废气相关的系统相当于还没有经过测试。

模式 05 中的氧传感器测试只针对汽油发动机，虽然有一部分柴油发动机也装备了氧传感器，但并没有进行相关测试。另外，必须要对变化的进气量进行测量。当出现偏差时，控制系统要尽快进行识别，通过调整喷油量将 λ 值调整为 1。当 λ 值长时间不为 1 时，表示氧传感器故障或者控制电路中其他部件发生了故障。

汽车中很多传感器只有在特定的运行状态下才可以进行测试。例如共轨系统的轨道压力传感器，需要在发动机停转之后，检测压强是否发生变化以及其变化量和变化率。这种测试可以通过选择模式 06 进行，测试值存储至电控单元中。

为了在检查故障时，不必等待故障完全消除，在模式 07 下，可以读取暂时的、未经过去抖动处理的故障。

对执行器的功能进行检测时，最佳的方式是将其和诊断仪直接进行连接，由诊断仪发送控制信号。例如，当对一个由于积炭而卡住的排气再循环阀门进行诊断时，可以通过噪声判断阀门是否移动，更精确的方法是通过诊断仪读取阀门的位置，然后判断阀门运动的情况。这个功能集成在模式 08（执行器检测）中。

模式 09 对出厂设置的固定参数进行检测，例如车辆识别码（Vehicle Identification Number，VIN）或者电控单元中软件的版本等。

只有避免错误操作汽车时，OBD 才有意义。错误操作包括忽略已被识别的故障，也包括通过私自改变电控单元的参数设置（Chiptuning）或者修改控制软件的办法来提升发动机性能等。[ISO 15031-5] 对如何避免错误操作进行了规范。

8.4.6 通过诊断接口进行编程

本节的标题包含的内容很广，但共同点是指并不是只和电控单元进行交互通信，而是可以通过接口改变电控单元软件的内容。在更广的意义上讲，重新编写软件并将其写入电控单元的过程也属于本节内容。程序的写入通过诊断硬件接口（K-Line、CAN 或将来的以太网）来实现。对于已经出厂的汽车，通过诊断接口进行编程主要是指对某些程序参数做出相应的改变。

最常见的一种情况是当汽车售往另外一个国家时，常常需要对其电子部件的参数做调整，以便适应目的国家的法规。当然在一些其他情况下，例如汽车空调设备坏掉之后，车主不想对其进行维修，可以通过设置电控单元设置空调禁用。一些车灯控制单元可以选择在持续模式下（在许多国家法规）或者人工开关模式下进行工作。有一些车厂在更换电控单元时，需要先对新的电控单元写入特定的代码，才能使其正常运作。

KWP2000 中的这项服务一般由十六进制的服务标识符（Service Identifier，SID）$3B_{16}$（"WriteDataByLocalIdentifier"）来唤醒。当有局部标识符（Local Identifier，LID）从发动机控制单元的四种模式中选择模式 0 时，例如这个 LID 的数值为 42_{16}，诊断仪发送给电控单元的数据流为 3B 42 00。LID 补充 SID，并且具体指定操作细节，然后传输被选择的模式。当编程成功结束时，电控单元发送 7B 42 作为确认码。

8.4.7 ODX

如今，不同品牌汽车的诊断功能大多仍然不兼容。零部件供应商需要针对不同的汽车品牌提供相应的软件，这大大增加了研发工作量。对于售后服务来说，也要针对不同的汽车品牌提供不同的诊断仪。但一些整车厂认为诊断功能的不兼容性是一个优势，这样可以保证其品牌售后店相对于其他成本更低的自由维修站的优势。自动化和测量系统标准化协会（Association for Standardization of Automation and Measuring Systems，ASAM）所倡导的开放式诊断数据交换（Open Diagnostic Data Exchange，ODX），就是尝试将不同的诊断功能进行统一化和标准化。

ODX 的核心文件采用统一的描述语言定义诊断功能（硬件以及软件），其前身为 ASAM 的 MCD2 标准，这个标准在多年以前已经在测量数据、应用程序数据以及诊断数据中得到了广泛应用。最值得注意的是，ODX 采用了在互联网应用中流行的 XML[○]语言（Extensible Markup Language）并尝试将其他类型的数据转化为 XML。除了描述诊断数据，ODX 还描述通信参数、汽车特征数据、闪存数据以及由多个电控单元组成的网络应用数据等。ODX 数据采用分层结构，具有好的机器可读性。2008 年，［ISO 22901-1］中对 ODX 进行了标准化。新增内容包括 2011 年排气相关数据的 ODX 描述［ISO 22901-2］和故障症状交换描述（FXD）［ISO 22901-3］。

8.4.8 OTX

诊断的主要任务是在诊断仪上显示电控单元数据，接下来将阐述诊断仪可以做更多的工作。诊断仪可以调用电控单元的功能，也可以更改电控单元中的数据。故障通常可以通过一系列有意义的诊断步骤来发现。例如，诊断仪可以启动执行器测试，然后读取与该测试相关的测量值。

售后人员需要统筹检测相关故障的合理步骤。然而，由于售后员工面临着日益复杂的汽车电子产品，而且品牌、车型甚至车辆的设备变型之间的差异也越来越大，因此他们越来越难以鉴别出故障的类型。诊断售后人员通过为售后人员提供指导性故障排除（经验丰富的服务人员并不认为这是积极的），甚至自动化诊断序列，为售后人员提供便利。

正如 ODX 是诊断数据的统一描述格式，开放测试序列交换（OTX）应该是自动化过程的统一描述格式。OTX 在 ISO 13209 中标准化。在图 8.26 中，ODX 通过 ASAM MCD3-D 接口实现自动化。［ISO 13209-1］介绍了术语并展示了应用示例，［ISO 13209-2］中描述了基本功能（OTX 核心），以及［ISO 13209-3］中描述了诊断软件接口和其他附加功能（OTX 扩展）。

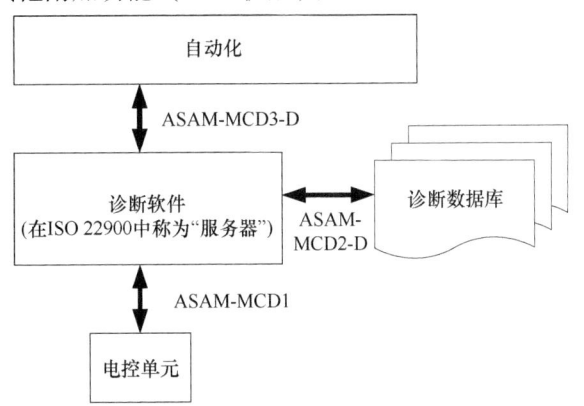

图 8.26 ASAM 标准化诊断接口，包括 MCD 测量、校准和诊断，实施可能性：MVCI 根据 ISO 22900-2（第 8.4.4 节）实施 ASAM-MCD1，ODX 根据 ISO 22901（第 8.4.7 节）实施 ASAM-MCD2-D，MVCI 根据 ISO 22900-3（第 8.4.4 节）实施 ASAM-MCD3-D，OTX 根据 ISO 13209 实现自动化（第 8.4.8 节）

○ 之前是采用 SGML（Standard Generalized Markup Language），ODX2.0 版之后转用 XML。

一个 ODX 文件在 XML 中定义了一个过程。一个过程包含一个声明部分和一个流程，而流程又由多个动作组成。

无论是在服务中还是在生产内部诊断中执行，XML 程序之前都有处理器的有效性、预检查条件。与程序中有声明部分和带有命令的可执行部分的编程语言相比，这一点显而易见。OTX 甚至包含面向对象语言的特性，因此数据可以用不同的方式封装。另一个例子是 signatures，它是未定义的函数，运行时系统根据有效性为其分配合适的实现算法；这降低了代码的复杂性，定义了何时执行哪个代码。对于手动创建文档来说，OTX 语法相当麻烦，它更适合在图形编辑器的帮助下生成工具支持的文档。作为执行的运行时系统，建议使用符合 ISO 22900（见第 8.4.4 节）的诊断仪软件。

8.5 应用软件开发

8.5.1 设计和建模

程序开发的未来方向是由编程工具自动生成代码。其中由不同的编程工具对电控单元的信号流程图进行模型化。一方面，信号流程图有记录的功能，另一方面，也可以在研发之初基于流程图对系统以及电控单元进行模拟。Simulink 可以通过价值约 15000 欧元的附加软件（例如 Real-Time Workshop ［MatWR］ 以及 TargetLink ［dSPACE］），基于仿真模型针对某几种微控制器自动生成 C 语言代码。ASCET 也已经集成了这项功能。这种方法统称为快速控制原型（Rapid Control Prototyping，RCP）。

一些开发工具的厂家提供自动生成高度成熟的代码的解决方案，在这种情况下已经超出了原型化（Prototyping）的概念，而被称为基于模型的程序开发（Model based Software Development）。这种开发方式的缺点在于代码效率不高、自动生成代码的可读性差以及代码对于开发工具的依赖性等。虽然自动代码已经可以可靠运行，但在汽车工业的安全性相关的应用中，还是对新技术很谨慎。所以尽管绝大多数的整车厂和零部件供应商都活跃在此领域中积累相关的经验，但真正利用此技术进行量产的项目几乎没有。

虽然理想状态下，所有的模型都可以转化为仿真程序，但这是不可行的。因为在转换的过程中，工作人员不仅要完成很大的工作量，并且其存在出错的风险。再者，并非每个仿真程序都适合任何仿真问题。对不同领域同时使用不同的模拟程序称为协同模拟。

除了汽车行业外，许多行业也对仿真软件平台有着很大的需求。因此，许多的仿真集成平台被开发出来。汽车行业希望对这类平台有一个统一的标准。因此，2010 年，FMI（Function Mockup Interface）应运而生。模型及其相关求解器被组合成功能实体模型单元（FMU）并一起参与仿真。FMU 包含一个 XML 文件（扩展名为.FMU），其中包含对问题的描述以及作为库（在 Windows. dll 上）的解算器的可执行代码。此外，还有一个用于模型交换的 FMI 变量，在该变量中，FMU 仅包含描述，解算器仍集成在相关仿真程序中。

8.5.2　程序开发

应用软件模块和操作系统共同生成（编译、连接、内存分配等）一个可以运行的程序。从电控单元的角度来看，只有一个程序在运行，既包含操作系统，也包含应用软件。

C 语言是通用的编程语言，对于时间要求较高的组件有时也用汇编语言进行编程。现代的面向对象的编程语言（如 C++、Java）并没有在电控单元编程中取得应用。理论上来讲，优秀的 C++ 编译器也可以产生和 C 编译器类似的代码，但是面向对象的语言代码种类繁多，所生成的可执行文件比用 C 代码生成的同样功能的可执行文件所需要的执行时间要长，而且需要更多的内存。针对提高面向对象编程语言效率而开发的语言 EC++（Embedded C++），是 C++1998 年版本的一个子集，但并未得到广泛应用［ec2plus02］。随着电子控制单元的结构更新（另请参见第 8.2.3 节）和编译器的改进，C++ 在未来几年内可能会在车辆的某些应用程序中得到更广泛的应用。

由于 C 语言仍然类似于机器语言，所以其代码效率很高。由于 C 语言使用范围很广，所以有很多经验丰富的 C 语言程序人员，这和只在军事和航空航天领域应用的 Ada 语言相比是个优势。但 C 语言的缺点是指针使用不当时，可能会造成质量风险。指针使用不当可能导致潜在的风险，甚至可能覆盖掉其他程序的数值，影响软件运行。这种错误在测试过程中可能仍不能被发现。所以和安全性相关领域的应用要仔细考虑是否采用 C 语言。这也是为什么在某些领域 Ada 仍然是首选语言。

对程序代码的主要要求是可靠性和可重复应用性。除了编程人员，没有人可以识别的、可能存在潜在错误的代码在安全性相关的应用中一定要予以避免。编程时，还要对代码进行清晰的注释，以增强易读性。出于这个原因，多数公司都制定了编码规则，每个程序员都必须遵守。

MISRA 制定了汽车工业统一的编程规范［MISRA94］。其中针对 C 语言所制定的规范已经在行业内得到了广泛采纳。2013 年，以 MISRA C:2012 的名义发布了一个同样涉及 C99 构造的版本［MISRA12］。很多编译器都支持"MISRA-C"，根据 MISRA 的规定提供可选择的更严格的语法检查。除此之外，还有更为复杂的准则（Directives），例如可以通过审查进行检查。虽然 C++ 在电子控制开发中仍然应用不多，但也定义了相应的 MISRA-C++［MISRA08］，除此之外，AUTOSAR 还为 C++14 发布了编程语言准则［Autosar17］。从 C++17 开始，MISRA 和 AUTOSAR

希望共同制定准则，但C++20已经被定义。

下面通过一个例子说明遵循MISRA规定的优点。a和b是两个布尔变量。假设b的值应该赋予a，然后需要根据a的值做出随后的判断。这两个步骤在C语言中可以由很简单的代码来实现：

```
if (a=b) {...
```

首先执行的是括号内的赋值，然后根据变量a的值来执行if命令。如果a的值不等于0，则执行if后面的代码，如果a等于0，则跳过随后的代码。但是，上面的代码却很容易和下面的代码相混淆：

```
if (a==b) {...
```

这个代码的意义不同，此处使用比较运算符==进行检查，首先对比a和b的值是否相同，如果相同，执行if后的代码，如果不同，则跳过随后的代码。具有MISRA选项的编译器会对上面的例子报错，如果要实现上述的功能，应该将代码分为两行来写：

```
a=b;        /* 赋值*/
if (a) {    /* 进行判断*/
```

反复调用相同或者类似的程序组件时，需要对相关组件进行管理。这称为软件配置管理（Software Configuration Management，SCM）。通过配置管理将不同的模块进行集中管理如图8.27所示，对这个概念进行了解释。

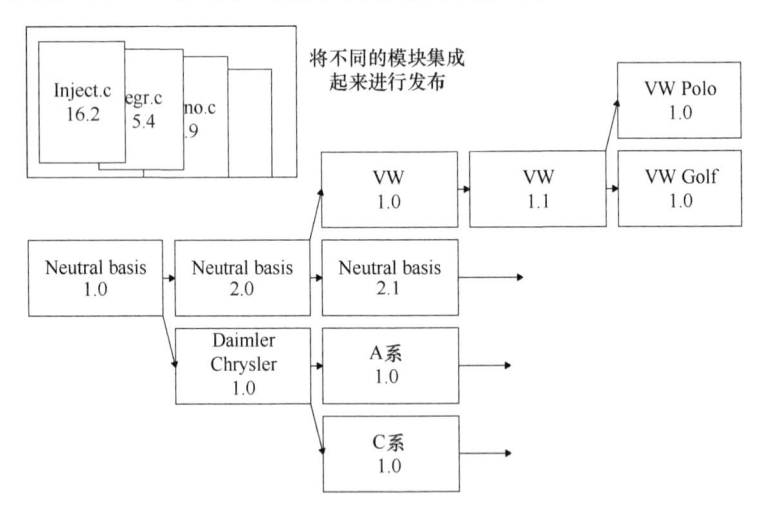

图8.27 通过配置管理将不同的模块进行集中管理

电控单元的软件的升级主要是由于所包含的某些组件进行了改进，所以产生了不同的软件版本（Version），每个版本都有一个修订号⊖。例如，某个发动机控制单元的软件中包含第16.2版燃油喷射控制组件，以及第5.4版的排气再循环组件

⊖ "版本"和"发布"这两个概念常常会被混淆。在本书中采用CVS工具常用的用法。

等。配置管理就是将所有的组件集成到一起进行发布（Release）。所发布的整体软件中包含每个组件的不同版本，发布的软件可以在随后升级到新的版本。

随着研发工作的进展，无论是整体的软件发布，还是其中所包含的组件都会出现不同的版本。协调不同版本的组件也属于配置管理的范畴。

另外，不同的程序开发人员还可以通过配置管理对同一个源程序进行开发和维护。

进行配置管理可以采用免费的或者商用的开发工具。免费工具有功能强大但操作复杂 CVS［CVS08］、结构简单的 RCS［RCS15］以及最新的"Subversion"［Tigris］和"git"［git］。在过去，编程更看重的是单个文件的版本化。在 CVS 中可以定义整个项目的其他版本。在现代编程中，整个项目的版本化是最为重要的，文件的子版本间接由项目版本间的差异获得。最初，带有版本化文件的归档文件只存在本地，后来，其存储在所有项目员工都可以访问的服务器上。git 追求的是一种不同的、非常安全的归档概念，它可以冗余地分布在多台计算机上。

8.5.3　旁路技术

在电控单元开发的过程中，并不需要将所有的功能都放在电控单元的处理器上运行，而是需要将一些新的功能先在一个独立的代理服务器上运行和调试，以便随时进行修改。代理服务器需要具有快的运算速度，可以实时运行相应的程序。最常用的情况是采取和电控单元的硬件相仿的计算机进行模拟，对体积没有固定的要求，既可以像电控单元一样紧凑，又可以体积更大一些，拥有更多的兼容接口，代理系统的搭建（外部旁路）如图 8.28 所示。旁路功能的另一种较小的构造是目标旁路（On-Target Bypass）或内部旁路（Interner Bypass），其并非在外部计算机中，而是在电控单元本身空闲的内存区。

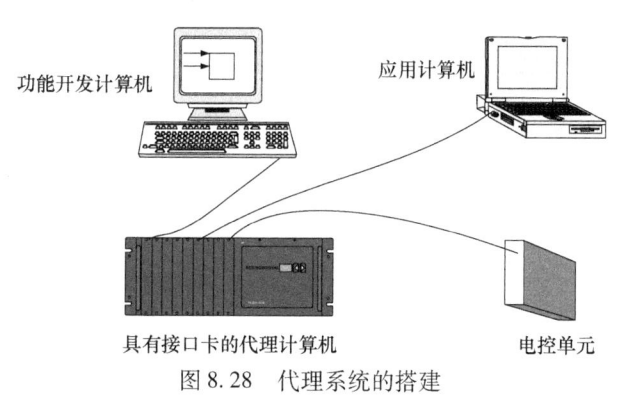

图 8.28　代理系统的搭建

功能首先在装有 RCP 系统（参见 8.5.1 节）的计算机上进行设计，然后传输至代理服务器仿真运行。这种方式比每次进行软件修改之后再写入电控单元的闪存的方法节省很多时间。

另外，电控单元的软件需要提供对代理服务器的支持，也就是说在代理服务器和电控单元之间需要有互相兼容的接口，用来维持在电控单元上运行的功能和移植到代理服务器上运行的功能之间的通信，也就是指移植的功能的自由切换。和软件内部的接口不同，移植的功能和电控单元之间存在物理性的接口，而且双方的软件需要实时运行。这里所采用的接口将在下一节中介绍。

在实际中，不同的开发工具之间经常会不兼容，这也导致成本升高。由于通常还要设计自由切换功能，所以对于某些功能进行小型的修改时，使用代理服务器技术甚至比直接将功能集成到电控单元软件中进行调试更耗时耗力。所以实际中，代理服务器技术并未得到广泛采用。正在开发的新的旁路解决方案，不再需要更改源代码，而是在选择应用程序变量作为接口后，自动修改包含可执行目标代码的十六进制文件（参见 Flash 编程）。

很长一段时间以来，AUTOSAR 中的旁路应用都很困难，但现在有许多方法可以使用 AUTOSAR-RTE 插入旁路。

8.5.4 数据和应用程序

电控单元中，数据和应用程序在不同的存储器区域中进行保存。通常情况下，零部件供应商将临时数据保存在闪存中，对软件进行写保护，然后将电控单元提供给整车厂。整车厂对数据根据具体车型进行优化，在量产前将优化过的数据发送给零部件供应商，由其对闪存进行写入。

在原始设计、实验室、测量台、试车场以及道路行驶时对数据参数的优化和设计称为标定。复杂的电控单元需要进行标定的参数数量可以高达上万个。电控单元的复杂性和灵活性在过去几年内发展非常迅速。一大部分数据参数可以借鉴别的项目，一些参数需要通过经验或者理论计算推导得出，还有很多参数需要针对具体对象进行优化。数据参数记录每一辆汽车的特点，并且直接影响汽车的运行。

下面通过第 5 章介绍的共轨轨道压力传感器的信号处理的例子，来说明为什么需要大量数据参数。传感器数据处理的设定值举例如图 8.29 所示。这个例子也说明，并不是所有的数据参数都用直接影响汽车的驾驶行为，而是大多数数据都用于控制运作的细节。

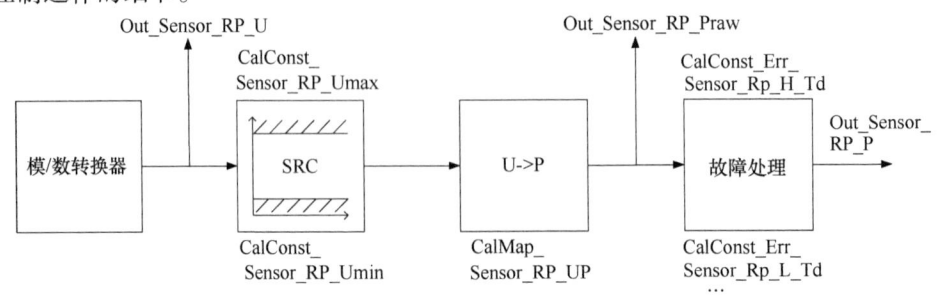

图 8.29 传感器数据处理的设定值举例

可以进行设置的数据包含二进制常数（例如开启或者关闭某个软件功能）、数值常数（图 8.29 中 CalConst……等）、特征曲线（图 8.29 中 CalMap……等）和特征场（也就是多维特征曲线）。在存在多个输入变量的时候，通常每两个输入变量组合为一个特征场。甚至当多个变量之间可以通过公式进行解析推导的时候，也常常出于灵活性和计算资源（和存储负载）方面的考虑采用特征曲线而不是采用公式。当输入变量非常多时，更倾向于采用多项式或者神经网络模型结构[NeBäKaBe08]。

除输入变量之外，图 8.29 中也标明了输出值（Out……）。输出的数值可以在软件的其他模块中进行分析或者用来检验软件运行的情况。

模/数转换器将压力传感器所产生的电压转换为数字信号，对应的软件变量为 Out_Sensor_RP_U。多数传感器只使用整体电压范围的一部分作为有效信号，当信号超出有效范围时看作故障。对有效信号范围进行检测（Signal Range Check, SRC）的前提条件是，在软件中对有效电压范围进行定义，图 8.29 中最低有效电压为 CalConst_RP_Umin，最高有效电压为 CalConst_RP_Umax。最终测量值并非传感器的电压值，而是所测得的压力值，所以电控单元中需要记录特征曲线 CalMap_Sensor_RP_UP。故障时，所测量压力的原始数据 Out_Sensor_RP_Praw 会被错误信息所覆盖。此处只是列举了两个可设置的常数，定义了两种故障情况（过高或过低）的时间长度，保证在这个时间范围内可以通过 SRC 进行检测，从而保证电控单元可以实施相应的措施。相应的措施是指对故障信息进行存储（见 8.4 节），同时用临时值代替无效的错误值。软件中的共轨压力对应的变量为 Out_Sensor_RP_P，但在故障的情况下，变量被临时值所取代。在故障处理时可以设置是否将最近测量的有效值作为临时值，还是使用软件中预置的临时值，以及读取临时值的速度等。可以想象，仅仅故障识别以及后续处理，就需要用到比例子中多得多的变量。

现在的问题是，应用这些数据参数需要一个什么样的过程？首先，需要一个可以对输入变量进行调整以及可以进行变量输出（上例中以 Out 开头的变量）的软件。对输入变量的调整可以在设计的过程中进行，然后将变量值复制到电控单元中。但对一些变量进行调整时，必须立刻通过实验测量可能产生的影响，也就是说，当在试车时，应用程序开发人员对发动机控制的输入参数进行调整时，可以马上通过记录、测量的输出值、通过主观感觉进行评估。对输入参数的调整和对输出值的测量可以通过同一个软件进行。图 8.30 所示为一款常用应用软件的用户界面。

图 8.31 所示为通过 ASAM 标准接口进行应用，解释了软件和电控单元应用原理。ASAM-MCD1-MC 定义了物理接口及其通信协议，ASAM-MCD2-MC 定义了"参数数据库"，包含电控单元中所有可供应用软件调用的内部数据。当今的应用软件不仅可以手动操作，还可以通过 ASAM-MCD3-MC 接口遥控操作。对于自动运行的应用程序来说，在程序运行过程中可以自动对应用数据进行优化非常有必要。优化软件将数据传递给应用程序，应用程序将数据继续传递给电控单元，测量结果

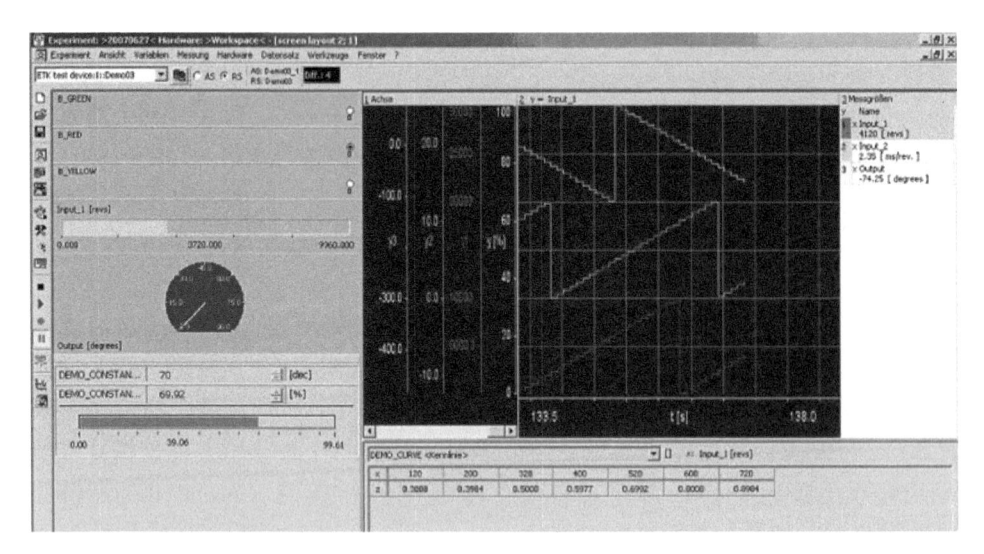

图 8.30　一款常用应用软件的用户界面（INCA，ETAS GmbH）

经过应用程序传递到优化软件，然后决定是否继续进行优化，直到测量量达到最优值为止。

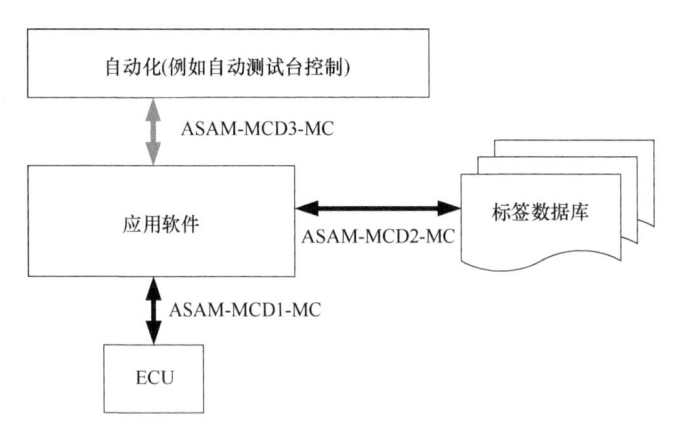

图 8.31　通过 ASAM 标准接口进行应用

注：MCD：Measurement，Calibration，Diagnosis，即测量、校准、诊断。

目前正在努力通过进一步标准化促进应用程序之间数据的交换。之前在 Excel 表格中并行维护的元数据，即每个值的处理状态，也将被存储。标准化的内容有 CDF（Calibration Data Format）文件格式［ASAM CDF］及其前身 PaCo（Parameter Content）。

1. Design of Experiments（DoE）

可以想象，随着可变参数的增多，实验的数量会指数上升。例如对加速度进行优化时，有 50 个对结果产生影响的参数，如果每个参数取 3 个数值进行实验的话，需要进行的实验次数为 3^{50} 个——一个不现实的数字。

统计实验设计（Design of Experiments，DoE）是指设计实验采用尽量少的参数进行优化。特别对于相对来说成本比较高的实验台时间来说，DoE 尤其重要。DoE 的基本原理是指通过在几个实验中改变不同的参数，来获取尽可能多的信息，达到实验的目的。优化实验设计，不仅可以节省成本，而且可以通过对结果的统计分析推导出单个参数的变化对实验结果的影响，以及实验参数之间的相互影响关系［Klein11］。

可以用软件来设计 DoE，并且根据计划自动进行实验。进行计算机仿真实验时，大多数仿真软件都提供附加的 DoE 软件包；在实验台进行实验时，可以利用实验台的自动控制软件进行计划。

2. 物理应用程序接口

物理接口分为两种。在经典的并行应用程序中，闪存嵌在电子控制单元中，可以由一个来自制造商的适配器（也称为仿真器探针，简称 ETK）替换。它通常包含两个内存组，一个内存组带有闪存，另一个内存组带有可在两侧访问的 RAM（双端口 RAM）。用于应用程序的计算机上的软件可以在两个内存组之间切换。如果闪存处于激活状态，则控制单元的行为与串行控制单元类似，即此时汽车以稳定的数据集移动。对于应用程序而言，将会切换到 RAM，从控制器的角度来看，RAM 完全或部分显示在闪存的地址范围内。另一个 RAM 端口通过串行接口连接到计算机，以便在操作过程中读取和更改数据。此外，还可以在应用期间在闪存和 RAM 之间切换，以进行比较，并行应用程序图 8.32 所示。

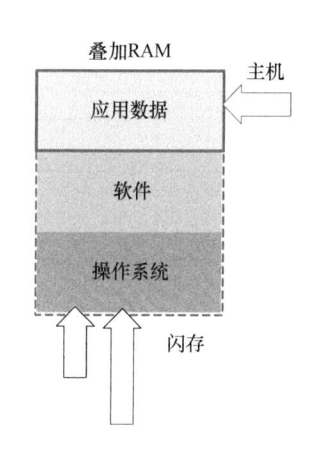

图 8.32 并行应用程序

3. 应用程序协议

旧的应用程序协议基于诊断用的 K-Line——但是现在这种协议已经很少使用。下面介绍随着 ASAM-MCD1-MC 的应用所采取的新的 CAN 校准协议（CAN Calibration Protocol，CCP）以及由其扩展的扩展校准协议（Extended Calibration Protocol，XCP）。

（1）CCP

CCP［ASAM99］最初是为了校准 CAN 总线以及传输数据而开发的。这个协议只针对双层结构的 CAN（物理层和数据链路层，见第 6 章）。

CCP 采用主从方式进行传输。和前面介绍的每个节点都可以发送数据的 CAN 总线不同，CCP 只允许应用计算机作为主控设备发送数据，而其他的电控单元只能在主控设备请求的情况下才允许发送。主控设备发送的数据称为命令接收对象

(Command Receive Objects，CRO)，从属设备应答数据称为数据传输对象 (Data Transmission Objects，DTO)。除了发送单独的 DTO，从属设备也会发送经过一次请求而周期性的应答信号，称为数据采集数据传输对象 (Data Acquisition DTO，DAQ-DTO)。

第 6 章介绍的 CAN 总线的数据帧允许每条 CAN 信息含有 8byte。在 CAN 格式上的附加协议需要对格式进行补充。由于多于 8byte 的信息会被视为传输故障，所以要和 CAN 兼容必须保持其数据格式。解决办法是，占用几个 8byte 数据用来传输协议信息，剩余的数据字节传输有效信息。这种解决方案会使数据传输速度下降，但是实际中仍然可以接受。图 8.33 所示为将 CCP 信息嵌入 CAN 数据格式的原理。另外，还有一种方法类似于诊断协议 J1939，使用标识位来传递协议信息，但是 CCP 并未采用这种方法。

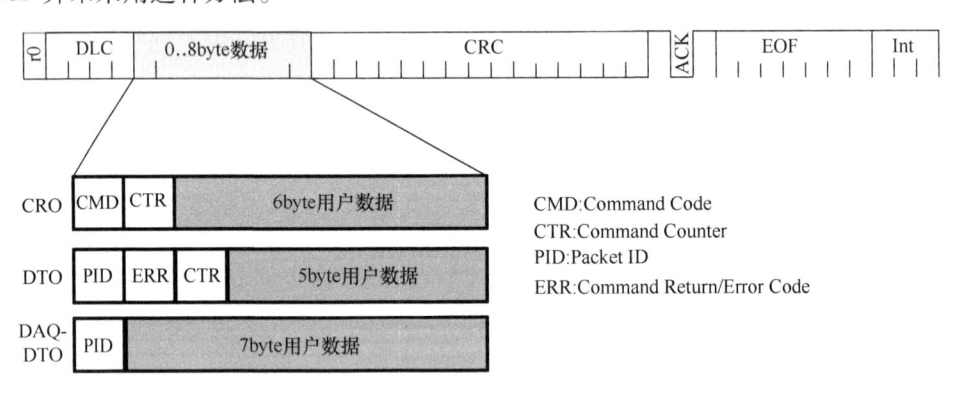

图 8.33　将 CCP 信息嵌入 CAN 数据格式的原理

(2) XCP

CCP 依赖于 CAN 总线的物理层和数据链路层。由于电控单元中拥有越来越多的其他通信接口，所以有必要开发一种不仅仅适用于 CAN (XCP on CAN)[ASAM17C]，还可以适用于其他新型接口的协议 (见 8.5.4 节)。

另外，XCP 在 CCP 的基础上也做了一些修改。XCP 中的 CTO (Command Transfer Object) 分为 5 种类型，1 种是从主控设备到电控单元的 CMD，4 种是从电控单元到测试设备 [应答 (RES)、故障 (ERR)、事件 (EV)、服务器请求 (Serv)]。传输数据包时，根据传输方向，DTO 分为两种类型：DAQ 和 STIM。XCP 的信息类型图 8.34 所示。

4. 参数数据库

和诊断功能类似，应用软件所用到的数据需要集中进行存储，以便通过运算将其转化为用户可识别的物理量。另外，存储器地址需要按照电控单元定义的易读的变量名称进行分类，例如前面举的例子 Out_Sensor_RP_P。ASAM-MCD2-MC 标准规定了变量的命名规则，功能上相当于诊断功能的 ODX 数据库。根据这个标准，

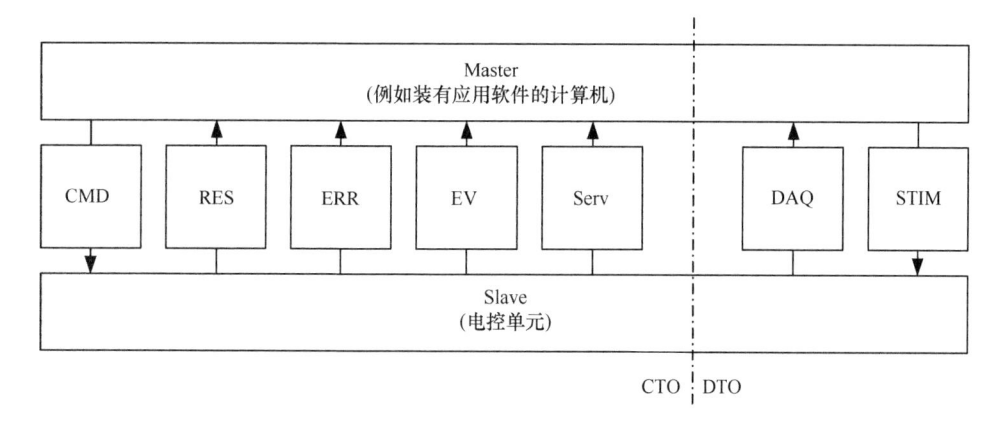

图 8.34　XCP 的信息类型

不同的汽车厂家的产品都可以采用统一的应用格式。虽然如今一些应用还采用不同的格式，但从长期来看，诊断和应用会采用统一的格式。

数据库一般采用简单的 ASCII 格式存储在应用计算机中，由零部件供应商将其和电控单元软件一起提供给汽车厂家。由于数据库一般采用"A2L"作为文件扩展名，所以常常称为 A2L 文件。在某些软件开发环境中，可以在生成软件的时候自动生成这个文件。

8.5.5　软件测试

进行软件测试的目的是发现错误，找到的错误越多或者所发现的错误越难以解决，则测试越成功。严格的测试需要的时间和程序编写需要的时间大体相同。但在实际情况中，测试往往不需要这么长时间。因为测试时如果并不能发现错误而只是用来确定一下软件的质量达标这个事实，那么由于测试造成的成本升高并没有价值。

测试应该在项目开始的初期就应该开始进行，否则等到项目结束时，往往没有时间来修正错误。测试太晚时，也往往导致忽略小错误的存在，但当错误必须进行纠正时，由于时间匆忙，有可能会导致其他错误的出现。这种行为会让客户留下负面的印象。

进行测试时，需要从全新的角度来剖析软件和设计测试程序。所以软件设计者本人一般不适合再进行软件的测试，因为本人很难发现软件的一些隐藏错误。只有当设计软件和设计测试程序之间的时间间隔比较长，软件设计者本人可以从另外一个角度看待自己的软件时，才能设计出有效的测试程序。

当通过第三方测试人员进行测试时，需要注意，不要由于发现错误便对软件设计者的工作能力产生怀疑，而是应该集中精力修正错误。从组织结构上，可以让软件设计者自己进行测试，或者完全委托一个独立的机构进行测试。这个独立测试机构要有很多测试经验，并且完全独立于项目之外，用这样的方式保证测试的质量。但实际中，独立测试机构往往不能满足项目时间计划的要求。

测试可以分为四类：

1）模块测试（Unit Test）。
2）集成测试（Integration Test）。
3）系统测试（System Test）。
4）验收测试（Acceptance Test）。

除了对运行的软件进行测试，还可以将软件编码打印出来，由其他的工作人员来检查（Code-Inspektionen/Walk-Throughs）。这种方式称为静态测试（Static Test）。

当经过测试的产品需要进行修改时，所有的测试需要再进行回归测试（Regression Test）。即使只进行"小修改"时，也要重新完成所有的测试步骤。（实际项目中，却经常由于各种原因不遵守这个规则）。

当需要反复进行相同的测试时（例如回归测试），可以设计测试自动进行。在电控单元测试中经常进行硬件在环（Hardware in the Loop）测试。这一点将在稍后进行介绍。

对软件进行有效测试是一个很广的概念，在此只针对汽车的电控单元测试的特点做简单的介绍。有兴趣的读者请参照［Ligges09］和［Thallr02］。

1. 模块测试

模块是软件的一部分，软件由多个模块组成。在对软件整体测试之前，需要对模块进行测试，保证所有模块都是无错误的。对电控单元模块的测试比计算机软件测试要困难，因为电控单元并没有显示屏（少数例外除外）。测试必须使用原装的控制器，其接口也应该和之后量产时一样。一般情况下，模块测试一般在开发样机系统上进行。

模块测试一般为白箱测试（Whitebox Test），也就是说，测试人员了解模块源代码，并且测试要尽量涵盖所有的代码。对代码的涵盖并不是一件容易的事情，并不意味着将每一行命令都执行一遍就可以了。达到对代码的涵盖，需要对所有代码分支以及循环结构进行组合测试，测试的规模会急剧扩大。这时需要在测试涵盖范围和测试成本之间取最优的折中方案。在设计测试方案前，需要对最需要进行测试、错误最容易出现的位置进行考虑。一般来说，状态机、循环的起始和终止条件和比较运算（＞/≥和＜/≤）等最容易出现错误。

由于很难监测电控单元中微控制器的行为，所以常常借助一切其他的方式来获取微控制器的状态。最简单的方式为通过在电控单元中附加软件（称为监视器软件），以及通过串行接口和计算机的软件界面相连接，随时可以向测试人员显示程序的执行情况或者当前变量值。这种方式的缺点是，由于微控制器需要和计算机进行通信，其运算速度会下降很多。优点在于这种测试方案的成本很低，测试的实施过程简单。

当使用运算速度很快的软件对微控制器进行仿真时，微控制器可以保证其实时特性。这种实时仿真器是通过适配器而不是电控单元中的控制器插入的设备，如图 8.35 所示。实时仿真时，电控单元通过转接插接件和一台高性能的计算机仿真器相连，一方面，仿真器通过转接口仿真电控单元的微控制器，另一方面，仿真器还和开发人员通过计算机进行交互。这样的仿真器售价一般在 10000 欧元以上。但是熟悉仿真器的操作一般需要对测试人员进行一定的培训。仿真器不仅仅局限用于模块测试，但一般只用于代码层的测试。

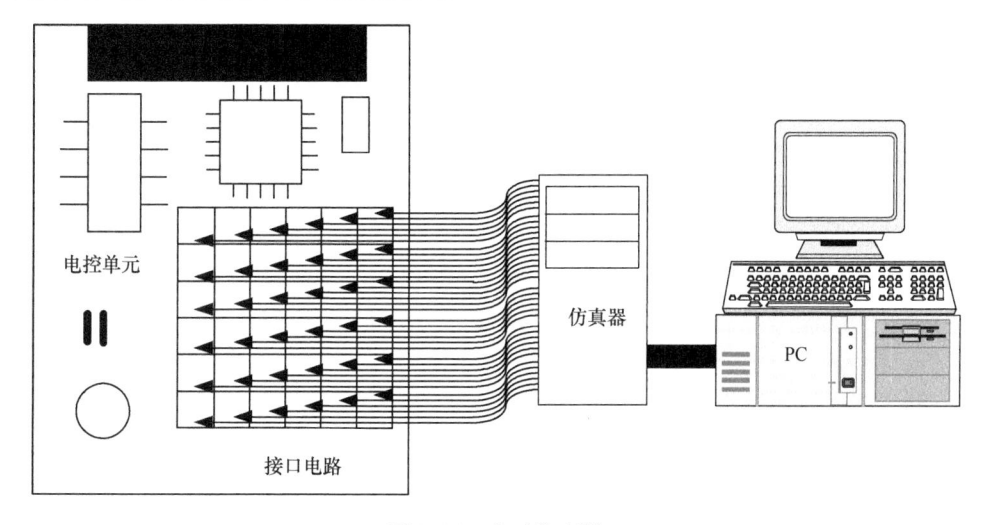

图 8.35　实时仿真器

新一代的微控制器为寻错测试提供片上调试系统（On Chip Debug System，OCDS），通过串行接口的引脚（一般为 5 个），可以直接通过插接件和电控单元相连，这使得仿真器进一步简化。

测试模块运行时，一般还需要其他模块的支持。当其他模块还没有完成时，需要协助程序来为被测试的模块提供所需的数据。这样的协助程序称为测试驱动（Test Driver）程序。当其他模块完成时，也可以用作测试驱动程序。模块测试大多由程序开发者完成。

2. 集成测试

当所有的模块工作无误时，需要将它们组合成完整的软件。集成可以通过一步步的迭代完成，也就是说，将测试驱动程序逐渐通过真正的模块来代替，直到完成整个软件。除了这种迭代式集成（Incremental Integration）的方法，还可以将所有经过测试的模块一次性集成起来。

集成测试是用来测试运行于多个模块之上的功能。同时也可以测试模块之间的接口。

经验表明，集成过程中经常出现很多问题。最常见的也是最容易被发现的错误是两个模块之间的接口，例如当接口的定义不明确时，两个模块会出现不同的解释，这时通信便会出错。

更难以捉摸的错误是，例如不同的模块数据之间发生了存储器地址冲突。当指针使用错误时会出现这种情况。当一个模块干扰到另一个模块的存储地址时，干扰模块并不会报错，出错的反而是被干扰模块。这也使得纠错的过程很困难。

集成测试一部分为白箱测试，一部分则像下面要介绍的系统测试一样，只是测试功能而不关注内在内容。集成测试对于所有参与软件研发的人员来讲都非常重要。

3. 系统测试

系统测试是指测试软件是否按照设计规范运作。不同于前面所讲的模块测试和集成测试，系统测试不再集中在编码层面，而主要是指设计缺陷。系统测试为黑箱测试（Blackbox Test），诊断仪不再对具体的代码进行检测，而是将待测软件看作一个黑箱，在一定的输入参数下，检测其输出参数。由于软件一般有记忆效应，对于同样的输入参数有可能会有不同的响应，所以并不能只是简单根据输入输出表格判断软件的功能是否完善。

系统测试又可细分为许多不同类型、不同目的的子测试。

最主要的子测试类型为功能测试（Function Test），主要用来按照设计规范测试软件是否可以成功完成预期的功能。测试中经常要参考的重要部分为软件的注释文档，当注释文档是根据设计规范生成时，功能测试的过程也可以看作对注释文档的测试和评估。

另外，还需要进行不同的稳健性测试（Robustness Test），主要对资源例如内存占用情况和计算时间进行校验。通行的实时操作系统提供对资源占用情况的测试数据，并且可以在运行过程中通过程序接口读取这些数据。在资源完全被占用的极端情况下，已经不能保障软件的正常运行。这种极端情况也应该作为一种模式来进行测试。

复原测试（Recovery Test）是指检验电控单元经过干扰或者死机停止运行后，能否复原到正常状态。在最好的情况下，驾驶员不会注意到电控单元发现故障之后自动重置到正常状态；在最差的情况下，电控单元经过故障便不能再正常工作。

基准点测试（Benchmarks）是指将电控单元的运算能力（如运行特定的算法所需要的时间）和其他的程序或者电控单元进行对比。一般来说，运算能力并不定义绝对值，而是检测与其他程序的相对值。

设置测试或者兼容性测试是检验电控单元在不同的外设条件下（例如汽车的其他设置）的运行情况。

可操作性测试（Usability Test）检测软件的用户可操作性。这主要涉及和驾驶员、乘客或者检修人员有接口的电控单元（例如多媒体显示屏）。由于这种测试和主观性评价相关，所以不能只由开发工程师来进行测试，而是需要对广大的潜在用户群做相关调查，才具有代表性。

安全性测试（Safety Test）是指电控单元是否防止非法更改设置参数。对于安全性相关的软件或者电控单元来说（例如发动机防盗锁止系统），安全性测试是功能测试的一部分。

持续运行测试（Duration Test）主要针对硬件，但也针对软件。持续性测试是指将装载待测软件的电控单元集成到测试用车内，然后尽可能多地驾驶车辆参与日常的交通运行中，不断经历各种路况。对于那些在软件设计和测试中没有想到的情况，可以在此进行测试。

系统测试的前提是待测电控单元需要处于运行状态，也就是说集成到运行的汽车中。但是实际中，由于测试不成熟的电控单元有可能具有危险性，往往不能进行车载测试。

所以车载环境一般在实验室中进行模拟，也就是说对和待测电控单元有直接或者间接联系的部分进行模拟。随着汽车部件互联程度的提高，对车载环境进行模拟也越来越复杂。在很多情况下，不能只对某一个电控单元进行测试，而是要对多个电控单元组成的网络进行测试。这时，需要对汽车的很多子系统都进行模拟。在某些情况下，在真正的汽车可用之前，就需要对汽车的整个电子电气系统进行测试。

电控单元通过插接件作为和汽车运行环境的接口，在实验室中也要为电控单元选择以后要在汽车中应用的插接件类型。

当把电控单元看作控制器系统时，需要将车内所有的控制环在实验室中进行仿真。但通常情况下，控制环并非是一个闭环控制回路，而是需要在不同的控制回路之间，和道路、驾驶员都进行交互。此外，并非所有的控制回路都是基于简单的PID或者低通原理，有些具有很强的非线性性质。

对汽车做实时仿真需要用到性能很高的计算机，以及由线性和非线性的模块所组成的数据库。通过调用不同的模块可以对复杂的系统（如发动机或者是出现侧滑的汽车）进行模拟。

电控单元通过操纵电子的输出口和执行器以及接收传感器和输入口的信号来对回路进行控制。除了对系统进行仿真，也要对电控单元操纵执行器的信号进行数据化，并且集成在仿真模型中，这时仿真模型便可以基于物理量进行运算，例如共轨轨道压力等。同时，还要将这个物理量转化为电压信号，施加在电控单元的控制器的输入端，才可以和实际情况一样，对压力进行计算。为了使电控单元中的控制器对这些参数做出正确的响应，模拟车辆不仅必须提供物理参数，还必须为控制单元提供电压，这个电压和压力传感器上的电压信号一致。为了避免电控单元由于没有外接执行器而报错，需要汽车仿真系统对电控单元的输出端外接仿真电路，从而对真正的执行器进行模拟。仿真电路可以通过负载（电容或者电阻来模拟一个电磁阀）组成，当然也可以直接连接真正的执行器来实现。

在图 8.36 中，模拟计算机和用于操作和显示的计算机是两个不同的设备。强大的模拟计算机是包含多个处理器（即 PowerPC）或处理器核心的并行计算机，同时使用 FPGA。当要求不高时，一台功能强大的计算机既可以用作模拟计算机，也可以用作操作计算机，然后控制单元的接口转接卡通常被封装在一个紧凑的 19in（1in＝0.0254m）外壳中。

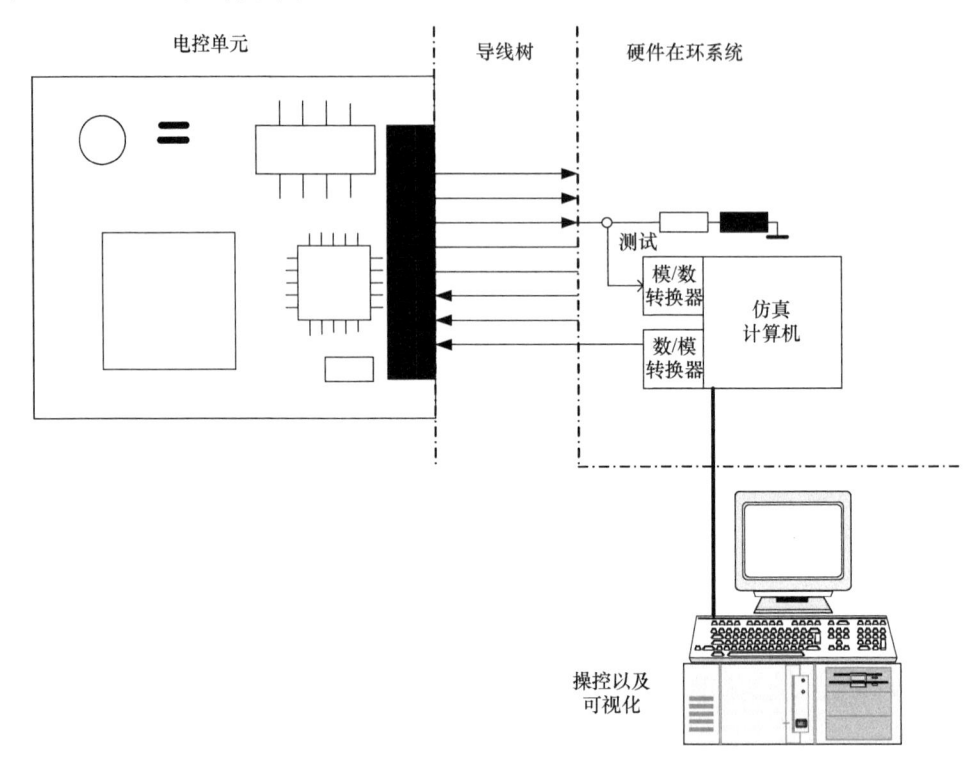

图 8.36　硬件在环（HiL）系统

在开发汽车行驶稳定性系统时，例如测试和开发电子稳定程序（ESP）控制单元时，对于硬件在环（HiL）系统的要求最高。这时 HiL 系统是 19in 的、集成了供电、并行运算资源和接口转接卡的壳体。汽车行驶稳定性不仅对仿真有很大的要求，对结果的显示也一样。优质的行驶稳定性 HiL 系统可以通过转向盘和制动踏板、加速踏板等进行人机交互，并且将仿真结果通过图像直观地显示出来。

HiL 系统并不局限于汽车技术，而是适用于所有的嵌入式系统。当今汽车行业和航空航天行业中对 HiL 系统的应用最多。

HiL 系统的合理使用不仅限于系统测试，更重要的是，HiL 系统可以在开发的早期阶段支持电控单元的开发，因为单个功能可以在非常早期的阶段进行实际测试。与其他使用功能模型或纯软件的早期仿真相比，早期使用 HiL 系统的优势在于，电控单元的硬件、操作系统和接口在初始阶段就包含在仿真中。

第8章 软　件

对多个电控单元组成的网络进行测试时，需要将多个 HiL 仿真器进行结合。例如，当对发动机控制和变速器控制同时进行测试时，可以将发动机控制和一个 HiL 仿真器相连接，变速器控制和另外一个 HiL 仿真器相连接。这两个电控单元和之后在汽车内相连接的方式相同。发动机和变速器之间的相互作用可以通过两个 HiL 仿真器之间的数据交换来实现，如图 8.37 所示。根据［IEEE 1588］，两个模拟器所需的同步也可以通过该连接完成。

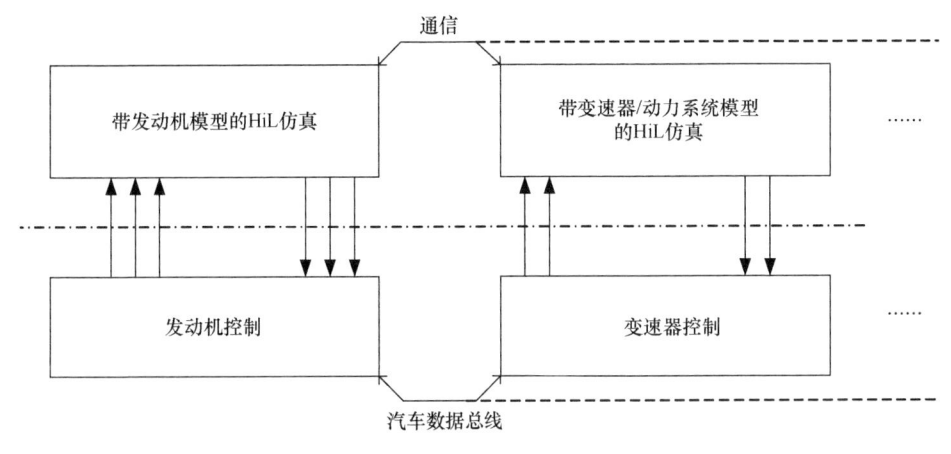

图 8.37　HiL 连接

HiL 系统非常适合进行自动化测试，也就是说，将所有的测试方案汇总成 HiL 系统可以自动执行的文档编码，HiL 系统根据编码对电控单元的输入端和通信接口依次施加模拟信号和数字信号，然后将电控单元的输出信号和通信信号采集并和文档中设计的目标值进行比较。不同的电控单元生产商需要的 HiL 系统文档编码采用不同的程序语言，这使得每次更换电控单元的生产商时，都必须首先对仿真系统以及生成文档编码等投入大量的前期工作。在其他一些领域，已经对编码语言实行了标准化，例如 TTCN-3 语言［TTCN-3］，但在汽车领域还未得到普及。仿真模型也由特定的制造商获取，ASAM 的 XiL 标准［ASAM XiL］对其进行了标准化的规范。

可用的硬件在环系统见表 8.6。装备一个 HiL 系统的成本一般在几十万欧元以上，另外一些仿真模型的许可也需要投入上万欧元购买。由于 HiL 系统的高复杂性，即使受过专业训练的开发人员也不一定可以完全掌握系统的使用方法。所以大多数情况下，需要一个专业工程师来全职维护和调整二到五个 HiL 系统。

表 8.6　可用的硬件在环系统

供应商	网址	产品
Assystem Germany GmbH，München	www.assystem-germany.com	Messina
dSPACE GmbH，Paderborn	www.assystem-germany.com	dSPACE Simulator
ETAS GmbH，Stuttgart	www.etas.de	LabCar

241

(续)

供应商	网址	产品
Hochschule Aschaffenburg, Zentrum für Kfz-Elektronik und Verbrennungsmotoren	www.h-ab.de	开发中
MBtech Group GmbH & Co. KGaA, Sindelfingen	www.mbtech-group.com	PROVEtech:μHiL
MicroNova AG, Vierkirchen	www.novacarts.de	Novacarts
National Instruments Corporation, Austin (TX), USA	www.ni.com	多种产品
Vector Informatik GmbH, Stuttgart	www.vector.com	VT System

4. 验收测试

验收测试由客户或者供应商与客户一起来进行，用来验证各项要求是否达标。测试方法类似于系统测试。客户在测试结束后，还有可能对产品提出一些新的改进性要求。这时，要从技术层面和经济层面仔细核算，来决定是否可以按照要求进行修改。

验收测试是验收过程（见第11.5.3节）的一个组成部分。客户一般不会投入很多的资金和精力来搭建验收测试平台，而是需要依靠供应商做系统测试的测试平台来进行，前提是客户对这个平台有足够的信任。

另外，还有一种特殊情况下的验收测试，也就是研发过程中比较不希望发生的"管理层试驾"（Management Drive），也就是说，某位汽车厂的高管需要在某新车型的研发过程中进行试驾。虽然无论是客户还是零部件供应商都清楚此时产品还不成熟，但如果在试驾过程中某个产品出现功能性故障，还是会对供应商的名誉产生影响。

8.5.6 闪存程序写入

如何将编译好的软件和数据保存在电控单元中？在过去，我们采用在电控单元中安装ROM的形式。如今，将软件存储在闪存中。闪存在最初安装时是未编程的，它仅在电控单元生产、车辆生产或后续服务时，从外部通过电控单元插头进行编程。但在这个简单的答案背后，包含非常复杂的流程，并且对技术和组织性都有很高的要求。

闪存的存储需要借助计算机或者其他工具。电控单元和计算机之间进行数据通信是通过电控单元已有的接口，例如CAN总线、LIN总线或者老式设备中的K-Line。简单的串行接口LIN或者K-Line大多通过电平变换之后和计算机的串行接口相连接，而CAN总线则通过PC扩展卡或者通过USB接口和计算机相连。

为了实现数据通过计算机串口进行传输，需要首先将数据转换为可打印的符号格式。这种中间数据格式可以通过计算机端微控制器的软件开发环境来实现。数据传输到电控单元端后，会被转化回原始格式，然后再进行存储。

常见的中间数据格式为 Intel Hex 文件格式［Intel88］，每个字节通过两个十六进制数字组成。这种十六进制的文件将源文件划分为行，每一行由冒号起始，然后是大写的本行字节数量、记录数据的起始地址、记录类型（数据类型代码为 00）、一组十六进制的数据字节以及校验域。详细的描述请参阅［Intel88］。

另外一种格式为同样是十六进制的 S 格式。S 格式也将被传输的文件分为不同的行，每一行用大写的 S 作为起始，然后是大写的本行字节数量、记录数据的起始地址、一组十六进制的数据字节以及校验域。这种格式有不同的变体，有兴趣的读者请参阅［Motorola92］。

表 8.4 中列出了通常的诊断服务，其中绝大部分都由电控单元软件所提供。其中，一小部分服务除了用作诊断功能，也用作通过诊断接口对闪存的编程。但对于新的、还没有进行编程的电控单元来说，提供这些服务的软件还未安装。所以一般在 ROM 中的引导启动程序中内置了精简版的诊断协议。

在车厂中需要支持对闪存的编程，而出厂后应该防止未经授权对软件进行改动。未经授权的闪存编程可以通过 Seed&Key 方法来防止（第 9 章）。同时还必须防止意外的闪存编程。例如，当由于软件在闪存编程时出现的缺陷而导致程序运行失败时，需要将前面成功写入的部分同样删除，然后将整个电控单元重新编程。这个过程很慢。所以，进行闪存编程时，不存储在 ROM 中，而是首先将软件存储到 RAM 中。当对闪存编程完成后，通过重启，RAM 中的内容被删除，而应用软件同时已经被写入闪存中。

这种不将软件直接写入闪存中的方法，也避免了万一程序出现错误时整个电控单元报废的风险，尤其对于已经安装在汽车中的电控单元，如果要更换硬件是非常耗时耗力的。首先写入 RAM 的方法，即使出错也至少可以通过重启来重新进行编程。另外，作为附加的安全措施，可以定义只有在控制器的特定的引脚上外加某个特定的信号时，才允许进行编程。需要保证所选的特定信号必须在平时驾驶时不会出现。

另外一个很重要的问题是，由谁进行程序的写入，是由零部件供应商完成对电控单元程序写入之后提供给整车厂，还是由整车厂将原始的电控单元安装到汽车中之后再进行写入呢？

通常选择上面的第一种情况，也就是说，零部件供应商对程序进行写入。这对于零部件供应商来说，独特的验证算法有良好的保密性，不会对外公开，对于整车厂来说也避免了由于程序写入时出现故障而导致流水线中断的问题。在充满电磁干扰的整车生产车间中，程序写入的传输速度需要降至 9600bit/s，这么低的写入率对汽车流水线来说是提高产率非常大的一个瓶颈。

然而，也有一种看法认为，应该首先完成硬件安装，然后再进行闪存写入。这会使物流更加清晰和容易操作。每一部汽车根据配置的不同，需要对相同硬件的电控单元写入不同的软件。如果由零部件供应商对电控单元进行程序写入，整车厂必须订购种类繁多的发动机控制单元，从而造成成本上升，而且有混淆的风险。而将硬件安装之后再进行编程，就可以避免类似的许多问题。

另外一个解决方案是，将写入的软件中内置多个不同的变体。这样在生产线上不必将整体软件进行写入，而是只需要通过数据接口将目标软件变体的选择命令写入EEPROM中即可。这种方法比写入整体软件的速度要快很多。

随着技术的发展，一个趋势是当汽车做周期性（比如每两年一次）的保养维护时，在售后服务站对闪存写入升级版的软件，用以消除旧的软件故障。当然这也增加了未授权修改软件的风险。美国环保署EPA规定，在美国，所有2004年之后出厂的车的车主必须可以以合理的价钱购买到软件，而且可以自行对排放相关的电控单元控制软件进行更新，以便使更新软件之后的汽车更加环保。软件更新可以由家用计算机通过规范接口［J2534］对电控单元进行写入。所以，汽车制造商更应该采取有关措施，保证只允许写入经过认证的软件。

参 考 文 献

[ASAM…]	→ siehe Normenverzeichnis
[Autosar]	https://www.autosar.org (18.10.2020)
[Autosar17]	AUTOSAR: „*Guidelines for the use of the C++14 language in critical and safety-related systems*", 2017
[CARB05]	California Air Resources Board (CARB): „*Title 13, California Code Regulations, Section 1968.2, Malfunction and Diagnostic System Requirements for 2004 and Subsequent Model-Year Passenger Cars, Light-Duty Trucks, and Medium-Duty Vehicles and Engines (OBD II)*", Entwurf der Überarbeitung vom 3. November 2005, kostenlos verfügbar unter https://www.arb.ca.gov (18.10.2020)
[CVS08]	J. Berliner, D. Zuhn, J. Polk e. a.: „*Concurrent Versions Systems*" (CVS), Release 1-11-23, 2008, offizielle Homepage http://www.nongnu.org/cvs (18.10.2020)
[dSPACE]	dSPACE: „*TargetLink*", Version 5.0, 2020
[ec2plus02]	Homepage des EC++-Gremiums, 2002, http://www.caravan.net/ec2plus (18.10.2020)
[Eißenl12]	Thomas Eißenlöffel: „*Embedded-Software entwickeln*", dpunkt.verlag, Heidelberg, 2012, ISBN 978-3-89864-727-4
[ETAS]	ETAS GmbH: Software „*ASCET*", Version 7.4.0, Stuttgart, 2018
[EU98-69]	Europäische Union: „*Richtlinie des Europäischen Parlaments und des Rates vom 13. Oktober 1998 über Maßnahmen gegen die Verunreinigung der Luft durch Emissionen von Kraftfahrzeugen und zu Änderung der Richtlinie 70/220/EWG des Rates*", 98/69/EG (EOBD-Richtlinie)
[EU07-715]	Europäische Union: „*Verordnung (EG) Nr. 715/2007 des Europäischen Parlaments und des Rates vom 20. Juni 2007 über die Typgenehmigung von Kraftfahrzeugen hinsichtlich der Emissionen von leichten Personenkraftwagen und Nutzfahrzeugen (Euro 5 und Euro 6) und über den Zugang zu Reparatur- und Wartungsinformationen für Fahrzeuge*"
[EU14-136]	Europäische Union: „*Verordnung (EU) Nr. 136/2014 der Kommission vom 11. Februar 2014 zur Änderung der Richtlinie 2007/46/EG des Europäischen Parlaments und des Rates und der Verordnung (EG) Nr. 692/2008 der Kommission hinsichtlich der Emissionen von leichten Personenkraftwagen und Nutzfahrzeugen (Euro 5 und Euro 6) sowie der Verordnung (EU) Nr. 582/2011 hinsichtlich

	der Emissionen von schweren Nutzfahrzeugen (Euro VI)"
[EU11-582]	Europäische Union: „*Verordnung (EU) Nr. 582/2011 der Kommission vom 25. Mai 2011 zur Durchführung und Änderung der Verordnung (EG) Nr. 595/2009 des Europäischen Parlaments und des Rates hinsichtlich der Emissionen von schweren Nutzfahrzeugen (Euro VI) und zur Änderung der Anhänge I und III der Richtlinie 2007/46/EG des Europäischen Parlaments und des Rates"*
[EU12-459]	Europäische Union: „*Verordnung (EU) Nr. 459/2012 der Kommission vom 29. Mai 2012 zur Änderung der Verordnung (EG) Nr. 715/2007 des Europäischen Parlaments und des Rates und der Verordnung (EG) Nr. 692/2008 der Kommission hinsichtlich der Emissionen von leichten Personenkraftwagen und Nutzfahrzeugen (Euro 6)"*
[Freescal04]	Freescale Semiconductor, Inc.: „SPI Block Guide V04.01", Juli 2004, Download kostenlos unter http://www.nxp.com (18.10.2020)
[git]	https://git-scm.com (18.10.2020)
[HIS]	Herstellerinitiative Software, https://www.autosar.org (18.10.2020)
[IEC...]	→ siehe Normenverzeichnis
[IEEE...]	→ siehe Normenverzeichnis
[Intel88]	Intel: „*Hexadecimal Object File Format Specification"*, Revision A, Juni 1988
[ISO...]	→ siehe Normenverzeichnis
[J...]	→ siehe Normenverzeichnis
[Klein11]	B.Klein: „*Versuchsplanung–DoE. Einführung in die Taguchi/Shainin-Methodik"*, Oldenbourg, München, 2011, ISBN 978-3486706840
[Ligges09]	Peter Liggesmeyer: „*Software-Qualität"*, Spektrum, 2. Auflage, 2009, ISBN 3-8274-1118-1
[LutWen12]	H. Lutz, W. Wendt: „*Taschenbuch der Regelungstechnik"*, Verlag Harri Deutsch, 7. Auflage, 2012, ISBN 978-3817118953
[MatWR]	MathWorks Inc.: „*Simulink Coder"* (vormals Realtime Workshop), South Natick, USA, 2020
[MatWS]	MathWorks Inc.: „*Simulink"*, Version 10.2, South Natick, USA, 2020
[MISRA94]	The Motor Industry Software Reliability Association: „*Development Guidelines for Vehicle Based Software"*, ISBN 0-952-41560-7, November 1994
[MISRA12]	The Motor Industry Software Reliability Association: „*Guidelines for the Use of the C Language in Critical Systems"*, ISBN 978-1-906400-10-1 (Buch), ISBN 978-1-906400-11-8 (PDF), März 2013
[MISRA08]	The Motor Industry Software Reliability Association: „*Guidelines for the Use of the C++ Language in Critical Systems"*, ISBN 978-906400-03-3 (Buch), ISBN 978-906400-04-0 (PDF), Juni 2008
[Motorola92]	Motorola: „*MOTOROLA M68000 FAMILY, Programmer's Reference Manual"*, Revision 1, 1992
[MSC]	MSC Software Corporation: „*Easy5"*, Release 2015, Santa Ana
[NeBäKaBe08]	Oliver Nelles, O. Bänfer, J. Kainz, J. Beer: „*Lokale Modellnetze, Die zukünftige Modellierungsmethode für Steuergeräte?"*, ATZelektronik 06/2008
[OBD2]	http://www.obd-2.de (06.09.2018)
[OSEKCO]	OSEK/VDX: „*Communication"*, Spezifikation Version 3.0.3, 20.07.2004
[OSEKFT]	OSEK/VDX: „*Fault Tolerant Communication"*, Spezifikation Version 1.0, 24.07.2001
[OSEKNM]	OSEK/VDX: „*Network Management"*, Spezifikation Version 2.5.3, 26.07.2004
[OSEKOI]	OSEK/VDX: „*System Generation, OIL: OSEK Implementation Language"*, Spezifikation Version 2.5, 01.07.2004
[OSEKOR]	OSEK/VDX: „*OSEK Run Time Interface (ORTI)"*, Teile A und B, Spezifikation

	Version 2.2, 14/25.11.2005
[OSEKOS]	OSEK/VDX: „*Operating System*", Spezifikation Version 2.2.3, 17.02.2005
[OSEKTT]	OSEK/VDX: „*Time-Triggered Operating System*", Spezifikation Version 1.0, 24.07.2001
[RCS15]	W. Tichy e. a.: „*Revision Control System*" (RCS), Release 5.9.4, 2015, offizielle Homepage: http://www.cs.purdue.edu/homes/trinkle/RCS (06.09.2018)
[Stollon11]	N. Stollon: „*On-Chip Instrumentation*", Springer, 2011, ISBN 978-1441975621
[Tewari02]	A. Tewari: „*Modern Control Design with MATLAB and SIMULINK*", J. Wiley & Sons, Chichester, 1. Auflage, 2002, ISBN 978-0471496793
[Thallr02]	Georg E. Thaller: „*Software-Test*", Heise, 2002, ISBN 978-3882291988
[TieSch19]	U. Tietze, Ch. Schenk, E. Gamm: „Halbleiter-Schaltungstechnik", Springer, 16. Auflage, 2019, ISBN 978-3-662-48553-8
[Tigris]	Tigris-Homepage, http://subversion.apache.org (06.09.2018)
[TTCN-3]	TTCN-3-Homepage, http://www.ttcn-3.org (06.09.2018)
[WalRei11]	H. Wallentowitz, K. Reif: „*Handbuch Kraftfahrzeugelektronik. Grundlagen, Komponenten, Systeme, Anwendungen*", Vieweg, Wiesbaden, 2. Auflage, 2011, ISBN 978-3834807007
[ZimSch14]	W. Zimmermann, R. Schmidgal: „*Bussysteme in der Fahrzeugtechnik, Protokolle und Standards*", Springer Vieweg, Wiesbaden, 5. Auflage, 2014, ISBN 978-3-658-02418-5

第9章 信息安全（信息保护）

长期以来，汽车电子产品中，只有部分数据的安全性得到保障。即使有些数据的安全性需要得到保障，但是鉴于确保信息安全的措施往往需要一定的算力，这超出了电控单元所能提供的能力，所以只能放弃其安全性。但是，随着车辆中越来越多的应用对信息安全提高了要求，并且微控制器的算力增加且成本在可接受的范围内，这样的情况正有所改善。

随着生产网络化程度的提高，在计算机世界中，对数据的攻击通常是通过互联网发起的，攻击者往往对系统没有所有权。但是嵌入式系统的"黑客"往往是合法或非法地拥有了系统，这使得它入侵数据更为方便。除了技术问题，还有一个问题值得讨论，即如果破解数据的是用户本人/系统的合法拥有者，那么该怎样界定用户是在使用还是侵犯数据？由此产生了一个法律问题，即限制用户获取数据的措施是否构成对用户财产的非法侵占？正如防盗锁止器，它的作用恰恰是保护财产，因此对于这样的问题想要一概而论是不可能的，但在每个案例中，需要保护的法律利益必须相互权衡。

尽管汽车软件开发严格区分软件和数据，但实际上，信息安全一词还包括对电控系统中软件的保护。在这种情况下，"保护"意味着包括软件在内的数据不被未经授权的人读取或修改。这一定义听起来微不足道，但它导致了一个问题，即通常没有明确定义谁被授权，谁未被授权，这个问题又变为了法律问题。

信息安全问题确实不是一个纯粹的技术问题，而是一个法律问题。在许多法律问题上仍然没有立法或既定的判例法，因此这在一定程度上是一个政治问题。当相同的法律问题在不同国家（可能在欧盟内部市场等共同市场内）得到不同的回答时，制造商会遇到一个根本性的问题。在个人数据保护方面，欧洲必须遵守《通用数据保护条例》[EU16-679]，并辅以关于官方访问的指令[EU16-680]。[R116]统一规定了机动车辆防盗保护技术。

信息安全的重点是进行防盗保护。任何合法持有车钥匙的人，都有权打开车辆并起动发动机。虽然从技术上很难验证钥匙是否被合法地拥有，但是至少在没有车钥匙的情况下，可以通过车锁和防盗装置防止车辆被打开和使用。这是一个典型的身份验证的问题，也就是说，对于拥有钥匙的人而言，钥匙必须要能够证明它属于这辆车，从而获得车辆的授权。这就涉及代码的传输和处理。而相对应的数据保护措施，就是未经授权无法读取代码或无法使用已读的代码。这还要求在没有原始密钥时，有效代码的目标导入应更加困难或被阻止。

除了为车辆提供防盗保护外，还可以保护电控单元，防止其未经授权就被更换或者被盗窃。特别注意，必须防止发动机的电控单元被更换为没有防盗功能的零件。这可以通过一个不易拆卸的坚固支架（例如，使用可拆卸螺钉）以机械方式完成，也可以通过电子方式完成。无钥匙进入系统（Passive Keyless Entry，PKE）或者无钥匙起动系统（Keyless Go）大大增加了汽车被盗的风险。有了这些舒适性功能，用户在打开/起动车辆时，只需要随身携带他的钥匙，而不需要拿出来。而盗车贼可以轻易制造发射器/接收器来扩展车辆和钥匙间的通信范围，以至于钥匙还放在公寓里，或者车主带着钥匙出现在了盗车设备生效的范围内，车辆就可以被盗取了。

在车辆被售出之前，里程（Odometer，Distance Counter）经常被非法调整（§22b［StVG］）（通常被错误地称为"speedometer manipulation"），通过这样的欺诈（§263［StGB］）手段来提高车辆的售价。在包括德国在内的许多国家，有很多厂商提供这样的非法服务，此外，它们还售卖这样的设备（拥有这些设备已经是可以处罚的），这也使更多厂商甚至是外行能够提供这样的非法服务。根据新的欧盟法规［EU17-1151］，车辆必须先满足"干预安全"（Intervention Safety），这款车型才可以通过认证。

对于货车而言，如今使用行车记录仪（Tachograph）来监控驾驶员是否遵守法定的驾驶和休息时间。虽然过去机械式行车记录仪常常容易被篡改，但2006年5月起新注册的车辆必须进行强制安装电子式行车记录仪，它的篡改更为困难。

在一些国家，选择使用数据记录器来降低保险费率。这些记录器记录驾驶风格，如有必要，还记录路线，其中较旧的数据定期被当前数据覆盖。连现代的安全气囊控制单元也会在一定程度上减少数据记录。这些数据以匿名的形式记录，其不但有助于澄清事故后的责任判定，而且有助于事故分析，以降低未来事故的发生率。同时，那些选择通过数据记录来降低保险费率的车主可能会更加谨慎地驾驶，从而减少事故的发生。尽管有这些优势，但个人数据应该受到保护，以防止第三方未经授权访问。从最广泛的意义上讲，这也适用于其他电控单元中的数据，因此即使是发动机控制器在发生故障时存储带有当前数据的冻结帧，也应在最小限度上得出有关驾驶员或其驾驶风格的结论。个人数据保护的法律基础是《联邦数据保护法》［BDSG］以及《欧洲通用数据保护条例》。

更改存储在发动机电控单元中的数据（调谐，Tuning），可以提高发动机的性能，变速器电控单元也一样。为了在材料缺陷范围内不免费修理由调谐所造成的损坏、避免因早期故障而造成品牌口碑下跌、售卖在软件和数据方面与同一系列较便宜车型有本质区别的且性能更好更贵的发动机、在一些市场上（尤其在美国）避免因改装车辆造成财产损失甚至人身伤害而提出进一步的责任索赔，制造商应防止调谐发生,或至少能够追溯证明这种情况。此外,防止调谐也符合公众的利益,尤其可以避免排放的增加。因此,根据法规［EU17-1151］,附件Ⅺ规定了禁止修改排放相关的数据。

对于定期更新的电控单元软件,在未经授权的情况下,软件不得进行更新,尤其是通过无线电(Funk)进行更新的软件。

多媒体数据通过 MOST 总线进行数字传输。美国电影业试图阻止数字多媒体总线的引入,因为 DVD 的拥有者可能会通过该总线来复刻 DVD(在许多国家这是允许私人使用的)。因此,这类数据在 MOST 会通过数字传输内容保护(Digital Transmission Content Protection, DTCP)加密。

如今,车辆越来越多地与周围环境进行通信。这种通信可能包括用户引入车辆但不属于车辆的设备,例如通过数据线或蓝牙与车辆通信的智能手机。然而,与汽车通信的设备主要包括其他车辆(V2V)或未来的基础设施,如交通信号灯(V2I)。这些通信在几个方面对信息安全构成了挑战。现在不仅要保护存储的数据,还要保护无线传输的数据。此外,必须对数据进行身份验证,以确保数据实际上来自与交通有关的车辆或基础设施,而不是来自干扰者甚至罪犯。另一个问题是,这种网络为黑客提供了一个访问车辆电子设备的网关。例如,在迄今为止最引人注目的案例中,有一辆汽车被黑客远程控制［Wired15］。

在租赁的车辆中也有大量的数据被处理和存储。电动汽车的使用数据也很有趣,尤其是与租赁电池有关的数据。在租赁电池中,甚至可以远程控制其停止运转。［VDI- N17］概述了不同制造商商用电动汽车的数据处理。近年来,制造商将收集、使用或销售个人数据也当作一种商业模式。

在第 10 章中,我们将讨论功能安全(Functional Safety)。这不应与信息安全(Data Security)混淆,但德语中将两者都统称为安全性。功能安全旨在保护环境免受技术系统的影响,而信息安全是保护系统免受环境影响的一个重要部分。

9.1 开发过程中的信息安全

有一种常见的错误的理念是先开发产品,然后保护需要特殊安全性的系统。这会导致额外的工作量和产品的不安全。

然而,如果试图从一开始就将功能安全性和信息安全性集成到开发过程中,它们又有许多相似之处。［J3061］是一个综合考虑信息安全的开发标准,除了基本信息,它还根据［ISO 26262］提出了一个与功能安全过程密切一致的过程。根据 ISO 26262,系统必须满足安全要求,因为在数据处理过程中,对数据的非法入侵可能危及用户的生命安全。此外,J3061 标准应该应用于驱动、制动和转向和一些其他系统中。在这些系统中,软件和数据,尤其是个人数据(个人识别信息,Personally Identifiable Information),出于各种原因都应受到保护。

249

J3061 中的术语与 ISO 26262 中相似。这两个标准基于以下行动链（使用原始术语）：

ISO 26262	Fault→Error→Failure	→Hazard
J3061	Attack	→Threat

我们所用的方法与功能安全类似。常用的有故障树分析（Fault Tree Analyses, FTA，见 10.4.2 节），但系统漏洞是通过攻击树分析（Attack Tree Analysis）来进行调研的。虽然根据 ISO 26262，中心环节是创建危害分析和风险评估（HARA），但其与威胁分析和风险评估（TARA）更为对应。最初开发用于识别数据中心漏洞的类似程序是威胁、漏洞和实施风险分析（Threat, Vulnerabilities and Implementation Risks Analysis，TVRA）。类似于 ISO 26262，其首先定义了安全目标，然后才创建功能安全的概念，而后从中推导出对于软件和硬件的技术要求，J3061 在此基础上进行信息安全。在实施后，其安全性的验证过程也与功能安全类似。

与功能安全相比，更难的是对信息安全中的恶意事件进行优先级排序。通常我们可以根据严重性、概率和可检测性对功能安全进行分类，但这与信息安全不太相符，因为很难为黑客攻击分配概率，安全漏洞的可检测性也更难评估。与故障相反，软件中的安全漏洞不是随机事件。替换标准可以是已知漏洞（不是具体攻击）的可利用性、分布、可识别性和影响。

ISO 21434 [ISO 21434] 标准将追求与 J3061 类似的目标，该标准将于 2020 年底发布。由于 SAE 也发布了 J3061，因此 J3061 可以被 ISO 标准取代。

[ISO 15408] 是评估信息安全性的另一个标准，也称为通用标准，但它仅在有限的范围内适用于车载电子设备。

9.2 加密

一旦将数据进行加密后，未经授权想要访问通过总线或无线网传输的数据以及存储在电控单元中的数据将变得十分困难，甚至实际上是不可能的。实际上不可能的意思是，在没有密钥的情况下，解密所需要的工作量太大，远超其所获得的收益。当然解密所需的工作量并不是固定不变的，现今被认为是安全的加密，也许在科技发展数十年后可以被轻松破解。

加密直接使得读取数据变得更为困难，而间接也使得覆盖数据变得困难。加密时，数据集被唯一地映射到不能直接使用的数据集，而解密时，该数据集被清晰地映射回原始数据集，如图 9.1 所示。对数据的加密和解密需要用到密钥和算法（算法就相当于一把锁），密钥需要有保密性，而算法不需要保密。加密和解密被称为 Kryptology，Kryptography 只涉及加密而不涉及解密，但它通常被视为 Kryptology 的同义词。

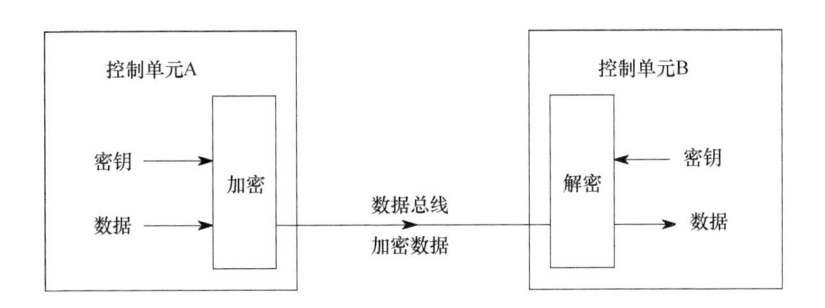

图 9.1 加密数据传输

由于许多密码算法对于微控制器来说计算量很大，因此较新的控制器通常提供一个加密模块，也称为安全模块或硬件安全模块（HSM）。该加密模块要么是用于密码任务的协处理器，要么是额外的硬件，此外，它通常还包含其他功能，如随机数生成器或密钥的安全存储。

对密钥进行保密是一个很实际的问题。如果两个控制单元都是在同一个工厂中生产，并以加密的形式通信，那么就不存在问题，因为两个电控单元都是在工厂内部进行编程，不需要再从工厂移交密钥（除非两个电控单元是可编不可读的形式）。一旦通信范围超出车内通信，例如在 Car2X 应用程序中，那么在通信前，密钥会在保护环境之外进行交换。有一种解决方案是在传输加密的信息之前，先传输未加密的密钥，但这并不比直接传输未加密的信息要安全。在加密密钥与解密密钥不相同的情况下，使用非对称算法也是一种解决方案。如果电控单元 B 希望从电控单元 A 接收加密数据，非对称方法的优点是，只有解密密钥必须保密，而加密密钥可以公布。因此，B 可以事先将其公钥公开发送给 A 或其他电控单元，但只有拥有其解密密钥的 B 才能读取使用公钥生成的消息。在车辆中，非对称加密的一个明显缺点是算力的增加。对称加密和非对称加密、算力和安全性之间的折中，是使用有条件的对称加密，即在对称加密中，只有必需的必要传输是非对称加密的。

博世以即插即用安全（Plug-and-Secure，PnS）的名义开发了一种密钥交换系统，通过从两名参与者发送的随机数字，在 CAN 总线上生成信号序列。监听用户（Abhörender Teilnehmer）可以看到信号序列是如何重叠的，但不能看到叠加的信号序列是如何从两个部分序列中创建的。然而，由于两个参与者知道他们发送的随机数，他们可以通过与结果信号进行比较来重构对应的随机数。这意味着两个参与者都有一个共同的密语（Secret），双方都可以从该密语中获得用于接下来通信的相同加密（Encryption）。

如今，仅按字符顺序排列的加密方法已毫无意义。目前所有的方法都是用其他字符（Substitution Ship）替换单个字符（Current Ciphers）或成组替换（Substitution Ship），这个方法通常与排列组合结合使用。原始加密算法是将要加密的数据以按位异或链接到密钥（Exclusive-or-Linking）。如今普遍应用的更高级的对称算法有数据加密标准（Data Encryption Standard，DES）及其进一步发展的高级加密标准（Advanced Encryption Standard，AES）。在非对称算法中，目前应用的有 RSA（以 Rivest，Shamir，Adleman 的名字命名）和 ECC（Elliptic Curve Cryptography）。

在通信级别上，目前有现成的加密解决方案可以插入协议栈，如图 9.2 所示，因此开发工作主要是集成和测试。自 4.2 版本以来，AUTOSAR 在更高的协议层上提供了一个名为安全车载通信（Secure Onboard Communication，SecOC）的解决方案。在使用以太网时，带有传输层安全（Transport Layer Security，TLS）的传输层数据加密是十分重要的。在 TLS 的内部通常使用 RSA 方法，该方法的特点是计算量大，但是十分安全。对于微控制器，除 RSA，可以考虑使用具有先前交换密钥的对称方法（TLS-PSK）。在网络层上，可以使用 Internet 协议安全性（Internet Protocol Security，IPsec）进行加密。最后，媒体访问控制安全（Medium Access Control Security，MACsec）在数据链路层可用。

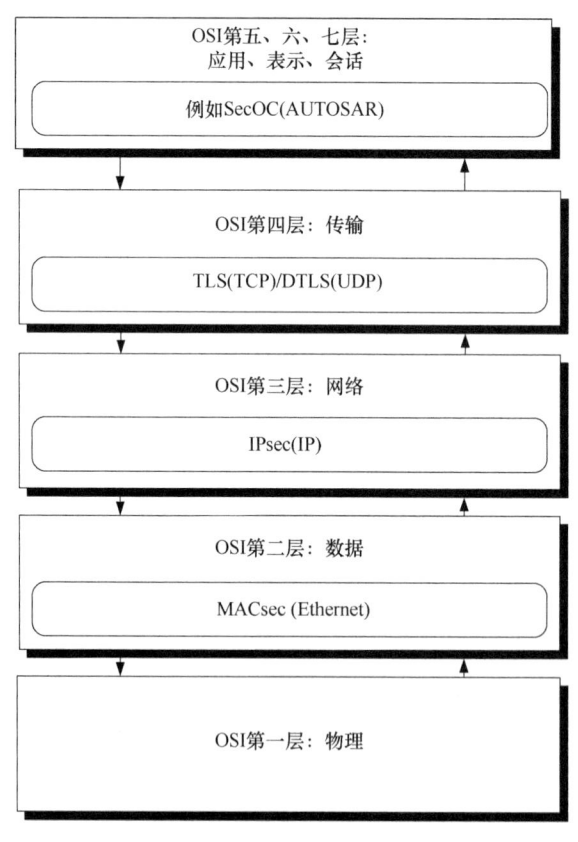

OSI第五、六、七层：
应用、表示、会话
例如SecOC(AUTOSAR)

OSI第四层：传输
TLS(TCP)/DTLS(UDP)

OSI第三层：网络
IPsec(IP)

OSI第二层：数据
MACsec (Ethernet)

OSI第一层：物理

图 9.2　多个级别的协议保护
注：DTLS 为数据传输层安全。

9.3 身份认证

"合法访问"（Lawful Access）或"合法用户"（Lawful User）等术语已经被多次提及。合法性的认证，尤其是通过技术手段，被称为身份认证，亦有少数人称之为德式身份认证。意思相同但表达不同的术语还有 Authentisierung 和 Authentikation。有时，使用权证明（Nachweis der Nutzungsberechtigung）和系统的权力和发布认证（Bestätigung der Berechtigung und der Freigabe des Systems）在概念上会有所区别，在这种情况下，使用权证明和发布认证将会被称为身份认证。

举一个许多读者都知道的一个非自动身份认证的例子，就是使用密码登录计算机。将输入的密码与硬盘上或多或少加密的密码进行比较，如果两个密码都匹配（或从两个密码派生的两个代码，如下一节所述），则允许访问计算机。由于同一个密码被反复使用，因此可以对其进行监视而获取密码（未通过解密安全存储的密码和使用合适的软件输入的密码）。所以用户需要偶尔更改密码。如果密码被截获的概率特别高（通常是在通过数据网络传输的情况下），或者由于误用而造成的损坏程度很高，那么仅仅偶尔更改密码仍然很不安全，因此在线银行中的身份认证是通过更改一次性密码（此处称为交易号）进行的。在车辆中，身份认证的一个典型问题是对电控单元的闪存进行编程。虽然在工厂或售后服务中，是可以对闪存进行编程的，但是与此同时，未经授权的编程应该被禁止（例如调谐）。对于需要编程的电控单元，编程器必须将自己识别为已授权的。除了仅用于编程的访问，身份认证还可以扩展到软件本身。软件本身必须证明它适合控制单元，这样就不会混淆。虽然在工厂中，这种扩展认证已经很普遍了，但在服务中仍然很困难。可信计算工作组（Trusted Computing Group）是一个由信息技术公司组成的国际协会，汽车制造商与丰田（Toyota）共同参与其中。其在几年前提出了一个平台［TCG14］，其中还包括密钥交换，但目前制造商更多地依赖于自己的解决方案。

其他示例包括访问车辆、起动发动机或在未来无线网络中注册车辆（第12.10节）。

图 9.3 所示使用 Flash 编程的示例来展示如何执行身份认证。这也被称为挑战应答（Challenge & Response）认证，是许多领域都用到的标准程序。在该程序中，挑战是不断变化的，否则一次性拦截的响应将受到影响。在程序的最开始，客户端会发出认证请求，若服务器查询其为非法服务器，则不做进一步处理。一些设备将所有闪存尝试记录在一个特别保护的内存区域中。这一原理不仅适用于闪存编程，也适用于其他领域。

对于合法的服务器，挑战应答认证的实现原理是：认证服务器内部产生一个随机数（Seed），作为挑战发送给用户，客户机上的伪随机数生成器（Pseudo-Random Generator）将根据挑战的随机数生成第二个随机数，即应答（Response），该应答被视为两个通信设备的公共密钥（Key）。因此，两个设备的伪随机数生成器

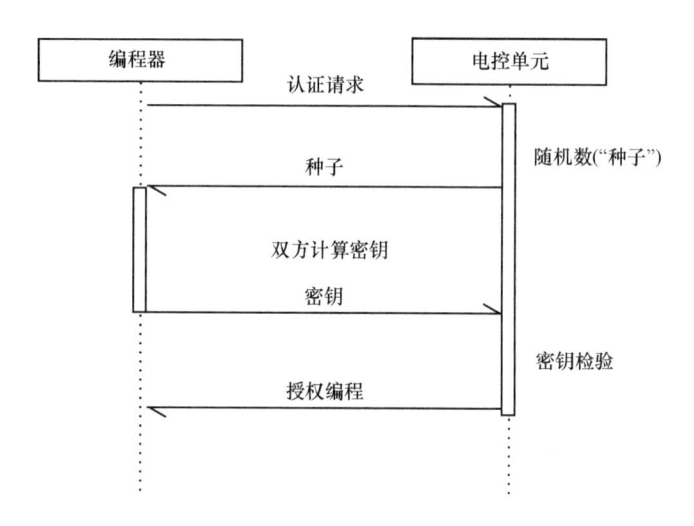

图 9.3 种子-密钥认证，控制单元首先确定随机数，两个设备如何根据随机数计算密钥是保密的，身份认证前，电控单元检查编程器是否已根据随机数计算出正确的钥匙

需要从同一个随机数（Seed）生成相同的密钥。因此，以这种方式实现的挑战应答又被称为Seed&Key。由于伪随机数生成器这一术语非常宽泛，从最广泛的意义上讲，能够从另一个数字秘密派生出另一个数字，都可以被视为伪随机生成器，因此在汽车行业中，种子-密钥（Seed&Key）和挑战应答（Challenge & Response）这两个术语通常是同义词。

9.4 验证

如果数据因攻击或技术故障而发生改变，那么在某些情况下，这一点必须是可证的。为了检测由故障引起的信息变化，通常使用类似CRC（第5章）的奇偶校验位（Parity Bits）或总和校验位（Checksums）的方法。对数据进行故意篡改是没办法检测的，因为这些测试标准可以和数据一起被篡改。一种方法是非对称密钥签名（Asymmetric Key Signing），其中信息用私钥加密，任何人都可以用相关的公钥读取该信息。非对称密钥用于签名的应用（只有一个人可以用私钥签名，任何人都可以用公钥读取）与第9.2节中的应用相反，在第9.2节中，任何人都可以用公钥加密，只有一个人可以用私钥读取。

检测传输错误或内存错误的另一个更有效的方案是额外传输哈希码（Hash Codes）。这些函数将数据映射到一个缩短的字符串，因此使用非对称密钥对哈希码进行签名就足够了。随着哈希码的缩短，不同字符串映射到同一代码的概率增加（因此，在集合论术语中，这个数字是满射的）。但是这一般不是问题，因为错误的消息一般不会和正确的消息映射到相同的哈希码上。因此，并非所有已知的形成哈希码的算法都可以用于保护可能被操纵的信息。使用给定的哈希码（即正确消息的哈希码）进行伪造的算法更难达到不可能的程度，这些算法使用加密方法，称为加密哈希算法，用它们生成的代码称为加密哈希码。加密哈希码和生成算法的常见代表是 MD5（Message Digest 5［Rivest92］，现在被认为是不安全的）和 SHA3（Secure Hash Algorithm 3［Bertoni11］）。

哈希码也经常用于存储密码，这样可以避免以明文形式存储密码。输入数值时，根据同一程序会产生一个代码，输入正确密码时，该生成的代码必须与存储的哈希码相同。几乎不可能从派生码得出密码。

检测未遂未授权访问（入侵检测）的软件不仅可以支持信息的完整性，还可以支持整个车辆网络的完整性，例如，通过与通常模式不同的总线通信。目前，入侵检测很难抵御实时的攻击，但它可以帮助识别和消除操作中的漏洞。

9.5 特殊攻击

理论上，任何密码都可以破解，在最坏的情况下，只需尝试所有可能的字符串作为密钥（暴力攻击，Brute Force Attack）。然而，随着密钥的长度越长，破解所需要的计算时间和算力也会增加，以至于不可能破解。因此，可以假设，一个今天被认为是安全的密钥，在 20 年后，也许可以凭借计算机算力轻松破解。我们称之为"密码老化"（Cryptological Aging）。

除了上述的老化，目前被认为安全的算法也会有变得不安全的时候。特别是，人们担心量子计算机有一天（没人知道什么时候）能够在很短的时间内计算出两个素数的乘积（因式分解问题）。如果这个数字理论问题得到解决，那么使用 RSA 算法进行的非常常见且绝对安全的加密将会变得一文不值。为此所需的算法，即 Shor 算法[⊖]，目前已有相关理论，但只能在量子计算机上进行有意义的计算。不过，虽然目前对量子计算机的研究已经进行了几十年，但至今还没有实际可用的量子计算机。一方面，这种状态将继续持续几十年，今天的加密技术将保持相对安全，另一方面，当使用量子计算机后，我们也将启用新的加密方法。

目前，智能手机等许多消费品的制造商可以轻松逃避长期安全责任，因此立法者的任务是（不仅）确保车辆在很长一段时间内都能获得安全更新。

目前，在车辆中，病毒、特洛伊木马和蠕虫（Viruses, Trojans and Worms）的使用仍不常见，但在未来必然会在像计算机内一样增加。技术上复杂，但经常成功的破解密码的方式是侧信道攻击（Side Channel Attacks），在解密过程中记录和评估控制器的功耗或电磁发射的最小差异。

⊖ Peter Shor，数学家，信息学家，1959 年 8 月 14 日生于纽约。

9.5.1 恶意软件

病毒、特洛伊木马和蠕虫是计算机世界中已知的恶意软件，但长期以来与电控单元开发无关。恶意程序可以根据两个标准进行分类，即它们是如何进入计算机的，以及它们在计算机上产生的有害影响。

根据传播路径的不同，我们区分了病毒、特洛伊木马和蠕虫。病毒通过移动数据载体（如软盘和U盘）传播，除了恶意代码，它还必须包含一个使其倍增的代码，即通过识别移动数据载体的存在并尽可能在不被注意的情况下将自身复制到该载体上。在车辆中，我们尤其要留意可以插入USB的多媒体设备。蠕虫在网络上传播。随着应用层协议的标准化和基于IP的协议的广泛使用，这越来越有利于蠕虫的传播。在概念上区分病毒和蠕虫是困难的，因为一方面，语言的使用并不统一，另一方面，混合或替代的传播方式也是可能的。特洛伊木马由用户自己安装，但用户并不知道它的有害影响，或其意外启动了可执行文件。通常，用户不可能在电控单元上安装软件，但是车辆制造商或电控单元供应商可能会收到具有恶意功能的软件组件。特洛伊木马也可以通过硬件引入，例如通过微控制器的ROM代码。

这些恶意软件的破坏性大小取决于攻击者的利益大小。通常情况下，这些恶意软件的目标是未经授权去窃听或修改数据。通过这种方式，可以通过访问处理该数据的终端设备中未加密或解密的数据来破解通信的加密。攻击者还可能会通过恶意软件让车辆无法正常行驶，以勒索用户（勒索软件）。在这种情况下，攻击者以过高的价格向用户出售激活码来恢复系统的功能（至少表面上是这样）。此外，恶意软件还可能干预制动或转向系统，故意造成事故。

9.5.2 边信道攻击/侧信道攻击

如果在一个设备或集成电路中进行加密操作，通过特定的接口，我们不仅可以操纵输入信号，也可以读取输出信号，更进一步，我们可以使其可视化和可评估化，从而破解密钥。

让我们考虑一个常见的用CMOS技术制造的微控制器。CMOS门在其输出端包含一对互补晶体管（NMO和PMO），这取决于输出在逻辑上设置为"高"或"低"，两个晶体管中的一个将各自锁定，因此功率放大器对上没有显著的电流从正极流向接地。如果在时钟信号期间门的逻辑状态发生变化，则两个晶体管都会在短时间内导通，从而在正极和接地之间短暂形成一条低阻抗路径，每个时钟出现的电流峰值是CMOS器件的典型特征。事实上，每个时钟的这些电流峰值略有不同，因为并非所有门输出在每个时钟脉冲下都以相同的方式切换；哪个门切换到哪个逻辑级别取决于设备当前正在执行的操作。侧信道攻击准确评估这些功耗的微小波动，以便得出有关密码操作的结论。从计量学的角度来看，这种攻击非常容易实施，只需在电源线中安装一个用于测量电流的电阻器和一个示波器。电磁辐射也可以针对侧信道攻击进行评估，但从计量学角度来看更为复杂。为了能够从这些测量中得出结论，加密算法是在各种不同的输入下进行的（无论是通过有针对性地输入待编码的数据和比较密钥，还是纯粹被动地在正常操作中观察），每次都会记录供应流量。最后，试图用统计方法将大量的测量值（如超过一百万的测量值）与输入值联系起来，这非常耗时，而且已经对算法设定了某些基本假设。

如果攻击者可以有选择地导入输入信号进行尝试，那么侧信道攻击就有望成功，而不是只能被动观察，因此，加大物理访问难度会使侧信道攻击更加困难。使用虚拟晶体管对减小电流峰值的差异几乎没有现实意义，因为它显著增加了功耗。对成熟的 CMOS 技术的偏离也可能以牺牲功耗或工作速度为代价，或造成相当大的额外成本。然而，在软件中存在使侧信道攻击更加困难的可能性，因此应尽量减少条件性指令，且一个循环的运行次数不应取决于所处理的数据。

9.6　测试

首先，与任何其他软件一样，安全软件也要接受功能测试，在测试中检查软件的行为是否符合规定或有偏差。这里的程序与其他软件没有区别，因此请参阅第 8 章。ECU 不仅要单独测试，而且在早期阶段还集成到硬件在环境或真实车辆环境中进行测试。

然后是模糊测试（Fuzzing Test），它也越来越多地用于其他软件，但更多是用于安全功能测试。在模糊测试中，待测试系统并未加载预期的输入信号，而是加载了正常操作中没有的输入信号。这方面的测试案例通常是随机生成的。通常会检测到在简单、逻辑的测试用例定义中找不到的错误。

最后，进行渗透测试（Penetration Test）。在进行渗透测试时，测试人员将自己置于攻击者的角色中，并尝试识别和利用弱点，以非法的方式来侵入操纵系统，例如，他尝试使用安全机制阻止调整驱动路线的仪表盘来做到这一点。虽然一些行业喜欢委托有经验的黑客进行渗透测试，并奖励其发现了安全漏洞，但这种程序在汽车行业并不常见。

从最广泛的意义上讲，入侵检测中的攻击检测也可以归因于测试，但只有在产品交付后才能开发安全更新。

参 考 文 献

[BDSG]　　　Bundesrepublik Deutschland: „*Bundesdatenschutzgesetz*", vom 30. Juni 2017 (BGBl. I S. 2097); zuletzt geändert durch Art. 12 des Gesetzes vom 20. November 2019 (BGBl. I S. 1626)

[Bertoni11]　Guido Bertoni, Joan Daemen, Michaël Peeters, Gilles Van Assche: „*The Keccak sponge function family*", 2011, https://keccak.team/keccak_specs_summary.html (06.09.2018)

[EU16-679]	Europäische Union: „*Verordnung (EU) 2016/679 des Europäischen Parlaments und des Rates vom 27. April 2016 zum Schutz natürlicher Personen bei der Verarbeitung personenbezogener Daten, zum freien Datenverkehr und zur Aufhebung der Richtlinie 95/46/EG (Datenschutz-Grundverordnung)*"
[EU16-680]	Europäische Union: „*Richtlinie (EU) 2016/680 des Europäischen Parlaments und des Rates vom 27. April 2016 zum Schutz natürlicher Personen bei der Verarbeitung personenbezogener Daten durch die zuständigen Behörden zum Zwecke der Verhütung, Ermittlung, Aufdeckung oder Verfolgung von Straftaten oder der Strafvollstreckung sowie zum freien Datenverkehr und zur Aufhebung des Rahmenbeschlusses 2008/977/JI des Rates*"
[EU17-1151]	Europäische Union: „*Verordnung (EU) 2017/1151 der Kommission vom 1. Juni 2017 zur Ergänzung der Verordnung (EG) Nr. 715/2007 des Europäischen Parlaments und des Rates über die Typgenehmigung von Kraftfahrzeugen hinsichtlich der Emissionen von leichten Personenkraftwagen und Nutzfahrzeugen (Euro 5 und Euro 6) und über den Zugang zu Fahrzeugreparatur- und -wartungsinformationen, zur Änderung der Richtlinie 2007/46/EG des Europäischen Parlaments und des Rates, der Verordnung (EG) Nr. 692/2008 der Kommission sowie der Verordnung (EU) Nr. 1230/2012 der Kommission und zur Aufhebung der Verordnung (EG) Nr. 692/2008 der Kommission*"
[ISO...]	→ siehe Normenverzeichnis
[J...]	→ siehe Normenverzeichnis
[R116]	Wirtschaftskommission der Vereinten Nationen für Europa (UN/ECE): „*Regulation No 116 of the Economic Commission for Europe of the United Nations (UN/ECE)—Uniform technical prescriptions concerning the protection of motor vehicles against unauthorized use*", Rev. 2 (2015) + Korrekturen und 7 Nachbesserungen (2015–2020)
[Rivest92]	Ronald L. Rivest: „*The MD5 Message-Digest Algorithm*", https://www.ietf.org/rfc/rfc1321.txt (18.10.2020)
[StGB]	Deutsches Reich, Bundesrepublik Deutschland: „*Strafgesetzbuch*" vom 15.05.1871 (RGBl 1871, 127), neu gefasst durch Bek. v. 13.11.1998 (BGBl I 3322); zuletzt geändert durch Art. 1 des Gesetzes vom 09.10.2020 (BGBl. I S. 2075)
[StVG]	Deutsches Reich, Bundesrepublik Deutschland: „*Straßenverkehrsgesetz*" vom 03.05.1909 (RGBl 1909, 437), neu gefasst durch Bek. v. 05.03.2003 (BGBl I 1458); zuletzt geändert durch Art. 1 des Gesetzes vom 10.07.2020 (BGBl. I S. 1653)
[TCG14]	Trusted Computing Group: „*Trusted Platform Module 2.0*", 2014, https://trustedcomputinggroup.org/resource/tpm-library-specification/ (18.10.2020)
[VDI-N17]	„*Elektromobile: Was geschieht mit den Daten?*", Tabelle in den VDI-Nachrichten vom 23. Juni 2017
[Wired15]	Wired, „*Hackers Remotely Kill a Jeep on the Highway With Me in It*", https://www.wired.com/2015/07/hackers-remotely-kill-jeep-highway (18.10.2020)

第10章 安全性和可靠性

汽车系统故障会使客户的满意度下降，有时汽车不能起动，虽然没有安全性问题，但所带来的后果却是非常严重的。又比如和安全性相关的一些系统，例如发生故障的电子部件意外让汽车加速时，如果驾驶员的反应不够快的话，很可能会引起一场事故。这种电子系统称为线控系统 [X-by-Wire，例如线控转向（Steer-by-Wire）或线控制动（Brake-by-Wire）]，如今已经在汽车上取得了应用。

德国曾经发生过一次事故，1987年7月7日，一辆装有电子变速器控制系统的油罐车在下坡的过程中制动失灵。驾驶员想把变速器挂到低档，以便用发动机的惯性来减速。但是变速器电控单元却发现，汽车行驶的速度和所选的档位不匹配，不允许驾驶员换低档。这时汽车的速度越来越快，最后撞上了一座建筑物，油罐破裂，汽油溢出，引发爆炸和火灾，不仅小镇的中心遭到了破坏，而且导致多人伤亡。这次事故的图片参见 [Herborn]。

电子系统的开发人员需要在一开始就了解所开发的系统的风险，并且尽量避免其发生。如果由于售出的产品而导致人员伤亡，需要厂家根据产品责任法 [ProdHaftG] 进行赔偿。在美国，产品的赔偿数额非常巨大，所以对于售往美国的产品，尤其要避免风险。如果是由于某个开发人员的疏忽而产生严重后果，这个开发人员可能要承担法律责任 [StGB]。除了法律法规，从人性和道德的角度来讲，也需要注意所出售的产品不能因为开发或生产过程中的粗心大意而威胁其他人的人身安全。

安全性和可靠性是不同的概念，在某些情况下甚至互相对立，但是一辆合格的汽车却必须两者兼具。例如，当汽车的线控制动系统的电控单元识别出故障时，这时候如果自动关闭此系统，可以使汽车达到安全的状态，但是由于汽车不能再继续行驶，驾驶员会认为汽车的可靠性差；如果忽略识别出的故障之后，不采取任何措施而继续行驶，这时汽车虽然可靠，但是安全性却没有保障，虽然多数情况下不会出现严重的事故，但偶尔也可能导致人员伤亡。还有一些解决方案处于这两种情况之间，例如允许汽车继续行驶，但是只允许其以限定速度离开高速公路，或者启用备用的机械系统（但电子部件就是为了取代机械部件应运而生的，所以未来的汽车中可能不再具有备用的力学系统了）。

所以，项目开展的过程中，开发工程师需要做全面的评估，本章的内容也包含评估的方法。另外，开发人员也要熟悉系统失效方面的知识。单独的某个系统有特定的失效原理，一些法律法规也对失效率作出了具体规定。本书由于篇幅的原因，不对可靠性理论和概率运算等方面做详细的讨论，感兴趣的读者请参考［Birolini17］和［Hnatek03］。

用来降低汽车本身或者其他系统的风险的方法，称为功能安全（Functional Safety）。对于电力、电子以及可编程安全相关的系统的功能安全要求请参见［IEC 61508］。长期以来人们都坚信，安全性相关的系统不能通过电子系统或者软件来控制，但如今这个想法已经不再适用，电子产品正基于［IEC 61508］的规范被越来越广泛地使用。现在一些安全性相关的系统只有基于电子部件和软件才能够实现。

10.1　ISO 26262 标准

IEC 61508 的一个重要组成部分是将安全功能分为四个安全完整性等级（Safety Integrity Levels，SIL），其中 SIL 4 代表最高的安全性要求[○]，主要适用于核电站以及大型化学装置等。汽车中的系统一般采用 SIL 3 等级，一些不特别重要的应用的分级更低。选择 SIL 等级时，并不是风险越小越好，而是需要在安全性和成本之间达到最优点。这个标准对开发工具也提出了严格的要求，例如某个重要的软件功能不能由于编译器的出错而受到影响。高的 SIL 等级也对开发流程提出了一定的要求，对应于第 11 章中提到的 CMM（I）和 SPICE。IEC 61508 标准的开发者明确关注了功能安全，尽管其并未确切规定适用于哪些工业设施。因此，在该标准应用于包括汽车在内的、面向最终消费者的批量产品时，需要一些补充解释。

因此，乘用车采用基于 IEC 61508 扩展的 ISO 26262 标准；农林机械和土方机械适用于 ISO 25119 标准；摩托车适用于 ISO 19695 标准。2018 年发布的 ISO 26262 修订版同时考虑了乘用车、商用车和摩托车。这为汽车行业定义了四种不同的 SIL（ASIL A ~ ASIL D），但并不是和 IEC 61508 的四个等级一一对应的。最低的要求等级 SIL 1 直接对应于 ASIL A。由于 IEC 61508 很难区分 SIL 2 和 SIL 3，这会带来相当大的后果（成本），因此还定义了中间等级 C。根据不同的标准，SIL 2 和 SIL 3 两个等级映射到 ASIL B、ASIL C、ASIL D 三个等级。SIL 4 在汽车工业中没有应用，所以也没有与之相对应的 ASIL 等级。根据 ISO 26262 确定的安全完整性等级见表 10.1，显示了如何根据每种情况下最严重故障的发生概率、严重性以及可控性来确定组件的相应 ASIL 级别。

　　○　在这之前存在和 SIL 相似的德国法规 DIN V 19251，但如今已经废止不用。

表 10.1 根据 ISO 26262 确定的安全完整性等级（QM 表示非安全相关性；D 为最高等级）

严重性	发生概率	可控性		
		C1	C2	C3
S1	E1	QM	QM	QM
	E2	QM	QM	QM
	E3	QM	QM	A
	E4	QM	A	B
S2	E1	QM	QM	QM
	E2	QM	QM	A
	E3	QM	A	B
	E4	A	B	C
S3	E1	QM	QM	A
	E2	QM	A	B
	E3	A	B	C
	E4	B	C	D

10.2 电子系统的失效

失效率 λ 代表汽车零部件或者整车出现故障的频率。如果将失效率定义为在一个设备的生命周期内失效的次数，那么这个设备正好是在生命周期最后失效（不进行维修的话只失效一次），所以失效率正好是生命周期的倒数。讨论一组设备的失效率时，可以通过统计的方法取平均值。

实际中设备的失效并非是按照生命周期均匀分布的。在时间 ΔT 中，假设有 n 个设备失效，n 是时间 T 的函数。通常，技术元件或系统的失效率与时间的关系为浴盆曲线（Bathtube Curve），如图 10.1 所示。一些自然界中的其他现象也遵从浴盆曲线，例如人类的死亡率。但浴盆曲线并不适用于软件领域。

在生产时就带有缺陷的系统，大多数会在法律规定的保质期或者在供货商的保修期之内失效。很多早期失效的产品由供货商进行过滤，以便避免这些产品出售到客户手中（零公里失效）。过滤所采用的办法一般是给新生产的产品施加一定的受力，加速早期失效的产生。商品出售给客户之后的失效，称为现场失效（Field Failure）。汽车行业中，可以接受的零公里失效值为百万分之十五（15ppm），第一年的现场失效率为百万分之五十（50ppm）[WalRei11]。

在早期失效之后，系统会在一个相对较长的时间内保持低的失效率。超过产品的设计寿命之后，由于老化和磨损，失效率会缓慢增加。生产商可以通过采取高质量的元件或者新型的材料（也意味着成本升高）来推迟老化失效的发生。老化失

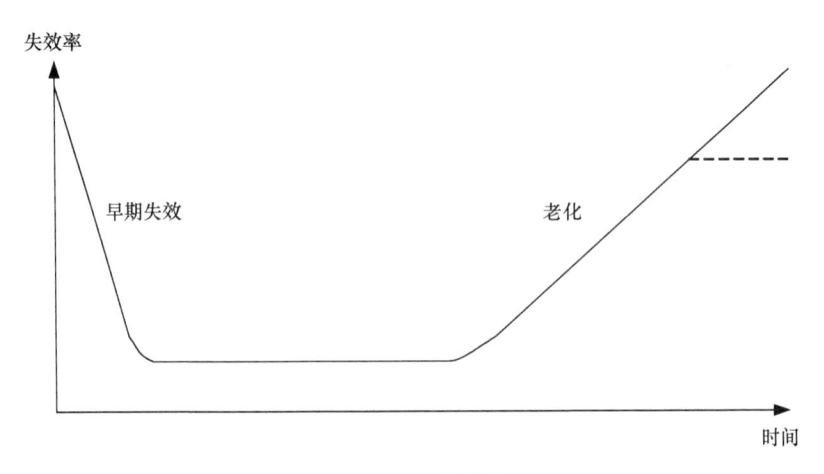

图 10.1 浴盆曲线

效率并不总是随着时间线性增加的，而是经常在达到一定的时间之后（图 10.1 中虚线）保持在相对恒定的数值。

一辆汽车中同时有多个子系统，每个系统中又包含多种元件，总的失效率可以写为每个元件失效率之和，为

$$\lambda_{\text{ges}} = \sum_{i=1}^{n} \lambda_i \tag{10.1}$$

式（10.1）有两个前提条件：

1）每一个元件的失效率λ_i必须是非常小的值。当λ_i增大时，多个元件同时失效的概率也增大，如果一个电控单元中的两个电容同时失效，也只能计算为一次失效，而不是两次。但根据式（10.1），应该按照两次失效计算。所以随着λ_i增大，式（10.1）过高地估计了失效率。在实际中，虽然一辆汽车的元件很多，但式（10.1）仍然是适用的，因为一方面，每一个元件的失效率都足够低，很少有同时失效的现象发生，另一方面，过高估计失效率也使得设计得更加安全。

2）式（10.1）只适用于没有冗余度的系统。

除了随着时间变化的失效率，还可以用其他的标准来判断可靠性。经常采用的是失效之间的平均失效间隔时间（Mean Time between Failures，MTBF）。虽然复杂的失效特性不能一个数值来表示，但由于其简洁性，经常用来快速比较不同产品的可靠性。一个不能修理的元件只能失效一次，所以不能采用 MTBF，而是采用从投入使用到失效之间的平均寿命，称为平均失效时间（Mean Time to Failure，MTTF）。

从安全性方面考虑，可以将失效分为安全性相关和非安全性相关两种。这样可以将总失效率分解为安全性相关的失效率和非安全性相关的失效率之和。对于安全性相关的失效，又可以分解为可掌控失效（一旦发生失效，仍然可以掌控当前状态）和不可掌控失效。非安全性相关的失效和可掌控的安全性相关失效一起称为

安全失效部分（Safe Failure Fraction，SFF）。

对于年代久远的汽车，人们常常会有疑问，安全气囊的电控单元中易于老化的电解电容是否还能正常工作？有可能做汽车检修的时候，车主需要对某些老化的电控单元进行更新，这些更新常常价格不菲。

在设计和生产电控单元的时候，就必须接受一个事实，那就是其中所含的元件会随着时间老化［Borgeest15］。开发人员的一个任务是在选择这些元件的时候，要将老化作为评判标准，尽可能地避免使用易于老化的元件。除了单个组件的孤立故障，还必须考虑与电路其余部分的连接故障，例如由于组件和电路载体之间的热膨胀系数不同引起的故障。同时，在设计时要尽可能考虑元件老化的因素，尽量降低其影响。另外的一条原则是，尽量避免汽车由于某一个电控单元老化而不能继续行驶的情况，当然，这一条要求并不总能满足，例如当发动机控制单元或者变速器控制单元完全故障时，汽车就不能再行驶。

一般来说，传感器的老化比电控单元中的有源或者无源元件更严重，当传感器老化时，往往会导致控制环不能精确运行，甚至会发生故障。

应当注意的是，在制定产品的规格计划书时，要考虑老化这个自然现象。即使在汽车正常运作的温度下，零部件也会自然老化［IEC61709］。当温度超过设计标准时，会急剧加速产品的老化。老化的产品虽然在大多数情况下不会马上失效，但其特性曲线会产生偏差。当偏差量过高时，就会导致失效。

元件的失效率通常用失效时间（Failures in Time，FIT）作为单位。1FIT 相当于每十亿小时（10^9 h）失效一次。虽然没有一个电子设备能运行这么长的时间，但如果将这段时间除以交付的控制元件数量，制造商便能得到有问题的故障数量。在进行元件选择时可以参考表 10.2。［HRD5］提供了有关失效率更详细的信息。［IEC 61709］可以帮助确定失效率，包括印刷电路板的失效率。

表 10.2 中的失效率基于不同的失效判断标准，其中的数据可能会有 5 倍的误差，但不同组件之间的比率仍然具有相似的数量级。

表 10.2　电子元件典型失效率举例，摘选自［Birolini17］

元件	失效率（单位为 FIT）［IEC 61709］
金属膜电阻，1/4W，100kΩ	1
金属陶瓷电位计	6
陶瓷电容 100nF	1
薄膜电容 1μF	1
钽电解质电容 100μF	2
硅二极管	2
小信号晶体管	3，…，4
半导体集成电路	10，…，40（随着复杂度而升高）

根据［MIL217］，分立和集成半导体的失效率随功率增加而增加，例如，功率晶体管的失效率高于小信号晶体管，而集成稳压器的失效率高于具有相似数量晶体管的小信号集成电路。大型存储器组件和强大的处理器/控制器则有着最高的集成电路失效率。假设把集成电路中超过一百万个晶体管用分立元件搭建，根据式（10.1），所有分立元件的总失效率会高达几百万FIT。所以，虽然集成电路的失效率比其他元件要高，但仍然比由大量分立元件所组成的电路系统低很多个数量级。

1. 无源元件的老化

电控单元中的薄膜电阻的老化并不严重。但需要注意高阻值的电阻由于内部材料的扩散，电阻值会随着时间而升高，高温还会加快变化的速度。所以，要尽可能地及时散热，避免高温，而且避免使用特别高阻值（兆欧级别）的电阻。

特别容易老化的元件是铝电解电容器，例如电容器作为能量存储装置用于安全气囊电控单元中。电容中含有液体的电解质，随着时间会变干。根据文献报道，温度每升高7℃［Reisch07］到10℃［Parler04］，电容器的寿命就会缩短一半。工作温度取决于环境温度和自发热。在极低的温度下，电解液会冻结，但即使在中等低温下，电解液的电阻也会增加。同时，附着在铝箔上的氧化物电解质也会逐渐分解。因此，应该尽量避免使用铝电解电容器。如果不能避免，就应该尽可能对它进行散热，降低温度，并且避免高电流，尤其是叠加的交流电流分量（纹波）。汽车电子设备中很常用的一种电容器为钽电解电容，但它的电阻值会随着时间而降低，由此产生的功率损耗有热量积累，会导致起火甚至爆炸。尤其是一些质量低劣的伪造电容器，存在更大的安全隐患，使用的时候需要注意分辨。

小容量的陶瓷电容器的老化基本可以忽略不计，大容量的陶瓷电容器随着使用时间增加，电容容量有一定的衰减。

薄膜电容器在质量符合要求、使用条件没有问题的情况下，基本上不会发生老化。

电容线圈虽然有很多其他的缺点（质量大、体积大、成本高），但只要在允许的条件下使用，基本不会老化。线圈中绝缘导线的涂层会发生老化，高温会加速老化的发生，对线圈来说，除了环境温度，自身发热也会导致温度升高。图10.2所示为由于过热而损坏的点火线圈。力学振动以及温度冲击也会导致线圈的力学损坏，所以应该尽量避免。由于大的线圈自身质量很大，所以可能在

图10.2 由于过热而损坏的点火线圈

振动时损坏电路板。

2. 有源元件的老化

高度集成的半导体集成电路的老化机理是内部的电子迁移现象，其主要发生在具有内部铝导体的高度集成的半导体元件中，但在铜导体中也有发生。当微小结构的电流密度高时，电子运动会导致离子也随之运动[一]，随着时间的变化会发生材料的扩散。通常来说，基于铝导线的集成电路比基于铜导线的集成电路的电子迁移率要高，在进行生产时，需要对电子迁移的速度进行测量，同时，电子迁移率也随着温度升高而增高［Black69］。开发电控单元时，很难只以铜或者铝导线为标准来选择半导体集成电路。从理论上来讲，将集成度控制到一个比较低的程度，可以避免产生微小结构发生电子迁移，但是在实际中却很难实现，因为可能需要多个低集成度的芯片才能取代一片高集成度的芯片，一方面会急剧增加集成电路的生产成本，另一方面失效率也会由于芯片的数量增多而升高。所以，在高集成度的芯片中，更倾向于采用铜导线来取代铝导线，因为材料优势足以弥补精细结构的劣势。此外，集成半导体中由于热膨胀系数不同而存在的导体中的永久机械应力也会形成类似于电迁移引起的间隙。集成半导体中的导电结构不仅会受到电迁移的损坏，还会受到腐蚀的损坏。铝结构在存在水分和污染的情况下特别脆弱。

对于封装在塑料壳体中的半导体，如果密封性不好，水分有可能扩散进入壳体，当芯片的温度升高到超过100℃时，水分变为水蒸气的过程体积急剧增大，有可能会使塑料壳脱离半导体（称为爆米花效应，Popcorn Effect）。水分还有可能会干扰集成电路的功能，或者导致芯片内部材料腐蚀，所以如今的半导体的最上层大多外加氮化硅作为内部功能材料的保护层。在航空航天工业中，一般使用陶瓷半导体封装或者密封金属封装，但对于汽车工业来说，这种封装成本过高而不能采用。几年前，一家著名的数码相机生产商，将半导体的陶瓷封装转换为低成本的塑料封装之后，曾经出现了大规模的产品质量问题。

在某些环境下，连接半导体集成电路和封装壳体外部引脚的超细金属导线也有可能失效。

基于金属氧化物工艺（MOS）的半导体，还有可能发生栅极氧化物的隧道效应。栅极上所施加的电压越高、温度越高，电子越容易进入绝缘的栅氧层，在此处聚集并形成一个负电压［PaGhKi95］。此外，与栅极电压无关，高能电荷载流子（"热载流子"）可以进入栅极氧化物并保留在那里。除了电介质中电荷载流子的积累，高场强还会导致电介质击穿并形成导电通道。除了当超过允许的击穿场强时发生的"正常"击穿，例如，由于过电压突然发生，在较低的场强下也会逐渐出现介电击穿（时间相关电介质击穿，TDDB），这会威胁到薄绝缘层［Hu99］。

热应力会导致功率半导体损坏。除了键合线的溶解，半导体从其后部接触的部

一 如今公认的原因是电子运动和离子产生碰撞，导致离子的运动。

分分离也是一个问题。对于 MOS 功率晶体管，它由芯片上的各种并联晶体管结构组成，这意味着，只有一部分晶体管在长期承担着全部功率，直到由于局部过载发生故障［IaAbBu14］。举例来说，即使在功率晶体管内部，栅极氧化物的热膨胀系数也不同于半导体的热膨胀系数。由于改变荷载会加速失效，因此需要根据［LV324］进行荷载改变实验。

［JEP122C］通过定量模型计算和详细参考资料，概述了半导体元件的老化和失效机制。其中许多模型基于 Eyring⊖ 的工作，他将气体的反应动力学迁移到了固体。

3. 机电元件的老化

典型的机电元件是开关或者按钮。电磁继电器也属于机电元件的范畴，但是如今大多被无接触性的半导体继电器（晶体管以及晶闸管）所代替。在多次开关时，力学磨损会导致元件失效（例如点火开关等），尤其是进行接触的部分。在导通低电流的两个金属的接触部分，主要问题为腐蚀。接触点之间有可能形成一层氧化物，从而增大接触电阻。有时氧化物和金属之间会形成一个半导体壁垒，其原理类似于具有非线性的电压电流特性曲线的二极管。

导通高电流时，在开关的瞬间会产生电弧放电现象，电弧虽然会移除氧化物，但也会将金属逐渐消耗掉。慢慢地开关一个质量不佳的电灯开关时，也能看或者听到这种现象。特别是在弹跳触点和电容负载的情况下，由于在开关瞬间产生的峰值电流，还存在粘连风险。

接触点的氧化问题可以通过采用惰性的金属材料或者防潮措施来避免。对于车辆来说，绝对的防潮是不可能的，因为汽车内部始终有一定湿度的空气或者冷凝水。但冷凝水由于不含有盐分，所以基本上不会加速金属的腐蚀。

同样，电弧放电和粘连也可以通过选用合适的接触材料来避免。

铜易于氧化，所以不适合用作接触材料。银也易于氧化，而且受电弧放电影响大，也不适用。所以这两个导电性最好的材料都不能用作接触材料，惰性金属例如金或者其他的合金材料应用比较广。由于惰性金属价格昂贵，只能采用镀膜的方式用来减少用量。另外，一些元件中还采用金属陶瓷复合材料作为接触材料。

一种可逆故障是继电器触点冻结。这种危险在接触力低、负载电流低、线圈温度高的情况下最大，尽管温度为负，但线圈温度高会释放绕组绝缘层中的水分。

插接件也属于机电元件。插接件中的金属接触面也有可能被氧化，但由于接触面处于高的力学压力之下，氧化并不像开关元件一样严重。当插接件接触面之间的力学压力不够高时，接触点处于不良接触的状态，接触电阻增高甚至造成断路。高的接触电阻不仅会妨碍系统的正常运行，而且由于自身发热还有可能损坏插接件。高电流插接件甚至还会融化附近的塑料部件，甚至导致起火。插接件一般不能在通

⊖ Henry Eyring，化学家，1901 年出生于墨西哥。

电的状态下插拔。

电路板也会老化。尤其是在潮湿条件下，它能通过金属离子的传输形成不良的导电结构，并在温度变化期间导致故障。

4. 传感器的老化

汽车中装备有很多不同种类的传感器，传感器的平均寿命一般要比汽车的设计寿命要长。如果传感器失效，将对汽车的正常运行产生很大的影响。下面列举一些重要的传感器种类。

测量发动机进气量的空气流量传感器对于汽车来说至关重要，如图5.13和图5.17所示。对于汽油发动机来说，需要对燃油喷射量和进气量进行精确的计算，不然会导致功率损耗或者废气排放不达标。对柴油发动机来说，这个空气流量传感器会影响汽车功率和废气排放值，同时也是排气再循环系统的一个重要部件。传感器虽然位于空气过滤器之后，但仍然容易受到污染，特别是受到来自于发动机的油气以及燃烧废气中烟尘的影响。传感器在高温下工作，可以将污染物燃烧掉，但有些污染物会烧结吸附在传感器上。以往的经验表明，传感器在几年之后常常会出现退化的现象，这虽然在驾驶中经常注意不到，但废气值变化过大，以至于根据一定的废气标准进行诊断时会判断为短时间失效。这一点我们在第8章介绍车载诊断系统时已经讨论过。

用作加速踏板电位计的传感器，是一个安全性相关的传感器，它将驾驶员的意愿转化为电信号输送到发动机电控单元中。在第8章曾经提到这个例子，如果传感器的地线发生断路时，滑片上的电压是恒定的5V供电电压。如果没有其他的保险措施，发动机电控单元会将这个电压理解为全速加速。防止此类故障的一种方法是增加冗余度（例如利用两个特性曲线不同的电位计）。当滑片多次在电位计的电阻丝线圈上滑动之后，一方面电阻体会产生磨损，另一方面，磨损产生的颗粒有可能在摩擦痕迹的两端聚集，从而改变加速踏板的角度和电压之间线性关系。用可导电高分子或者陶瓷金属复合材料（Cermet）代替炭黑作电阻体时，可以有效减少颗粒的产生，但成本也相应增高。利用磁铁和磁性传感器组成的非接触性电位计可以完全避免磨损颗粒的产生，但其成本也很高。

对很多气体传感器来说，目标气体之外的其他气体不仅会影响测量精度，而且还有可能导致传感器的损坏。当传感器没有损坏而只是不再精确时，可以通过控制算法进行校准。

5. 执行器的老化

大多数执行器都是电磁类执行器（电磁阀、电机、电磁或压电喷油器）。其中电磁线圈和其他应用的电磁线圈的老化原理一样，而可移动的力学部件则会产生磨损。以前，插入燃烧室的喷油器部分有可能因为烧结而不精确运作，现在有一些制造商已经完全解决了这个问题。压电喷油器采用的压电陶瓷材料是吸湿性的，长时间和水蒸气接触有可能导致失效，但到目前为止还没有足够的数据证明其现场失效率具体有多高。而排气再循环调整器则尤其经常受到故障的影响。

10.3 软件的失效

软件和硬件的失效原理不同（当然，软件由于存储的硬件媒质失效而失效，应该归为硬件失效的范畴）。软件尽管更新换代很快，却并不具有像磨损一样的老化过程。软件的失效完全归因于供应商的疏忽和错误。如果不考虑软件的存储媒质的话，软件的开发和生产都属于同一个过程。软件的失效不遵从浴盆曲线，而是有一个固定的失效率。修正了软件缺陷后，软件的失效率会相应降低。

10.4 安全性和可靠性的分析方法

只有分辨潜在的风险，才能相应地制定规避风险的方法。本节介绍其中几种广泛使用的方法，其中很多都是从航空航天领域移植到汽车工业中的。最重要的方法是失效模式与影响分析（Failure Mode Effect Analysis，FMEA）。

10.4.1 FMEA

一个产品应该在开发阶段就识别出潜在的故障，而不应该等到测试阶段才进行识别。在开发阶段识别出来潜在故障后，要对其进行评估，评估的标准可以是故障发生的可能性、发生故障的后果以及能否及时识别等。对可能导致严重后果的故障，开发人员需要考虑更改设计、添加监控措施或者其他的一些针对性的方法。对这个过程提供支持的工具称为失效模式与影响分析，在考虑故障的临界问题时候，也被称为失效模式影响和危害性分析（Failure Mode Effect and Criticality Analysis，FMECA）。汽车工业中几乎每个开发项目都采用FMEA作为分析工具。第一步是将所有可能出现的失效模式一一列举出来。对复杂系统来说，把所有可能的失效模式列举出来几乎不可能。但是必须尽可能多地列举，尤其是有可能产生严重影响的失效。在实际中，这个"列举失效模式"的活动可以通过由一个有经验的人主持的小组会议的形式来进行。

下一步是需要定义所有的失效原因和影响。失效原因还有更上一级的原因，影响还会产生新的影响。如图10.3所示，失效原因可以通过树形图来表示，并且以某个失效为根。由于影响也具有树状结构，所以在失效左右两侧都可以利用树形图来描述。FMEA中经常使用这个树形图。例如，图10.3中的影响2也可以作为失效，同时把图中所标的失效作为其原因。不同的开发人员对同一个系统制定FMEA时，所得出的结果往往是不相同的。所以一般提倡将系统中所有的功能列举出来，然后将功能故障作为失效看待。

当完成上述双树状模型后，其内容要写为表格的形式，如图10.4（有时

第 10 章　安全性和可靠性

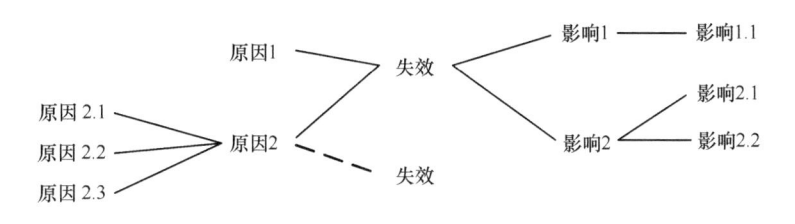

```
                              影响1 ——— 影响1.1
              原因1     失效
                              影响2.1
原因2.1                         ——— 
原因2.2      原因2              影响2
原因2.3              — — 失效   影响2.2
```

图 10.3　原因、失效和影响的关联

FMEA 直接写为表格）所示。有些软件工具既支持双树状模型，又支持表格形式，而且可以在两者之间快速切换，此类工具还可通过复制功能，对类似组件重复使用已执行的 FMEA，大大提高了创建 FMEA 的效率。在德国，汽车工业界最常用的 FMEA 工具是 IQ-FMEA［Apis］，但是使用其他的表格工具也可以创建 FMEA。

图 10.4　FMEA 中摘选的一部分

当列举出所有的失效原因和影响之后，需要对每一个失效的紧要性做出定性的评估。需要进行评估的参数分别是发生的可能性（P）、影响的严重性（S）以及对失效识别的难易程度（D），每一个评估等级为从 1（最低）到 10（最高）。较新的参数名称则是：A 表示发生的可能性；B 表示后果的严重性；E 表示对失效识别的难易程度。在大型公司中，基于以往的经验，一般可以给出可能性的指导值，但更多的时候，数值的评估是基于粗略的估算。下一节我们将介绍的故障树分析方法（FTA），也可以作为估算的一种办法。评估时应该尽量客观，但主观性的因素常常不能完全避免。

同样，严重性评估也会受到主观因素的影响。严重性等级为 1 的失效不会引起驾驶员的注意，严重性等级为 10 的失效则代表可能导致人员伤亡（例如汽车无故自动加速等），汽车起火的严重性等级为9或者10。对于失效识别的难易程度（D）的评估是非常难的。完全没有任何预兆就出现的失效等级为10。可以及时通过监视手段或者通过视觉或者听觉感知的失效，等级则会较低。

每个失效的可能性、严重性以及对失效识别的难易程度可以通过相乘的方法得出相应的风险系数（Risk Priority Number，RPN）：

$$RPN = P \times S \times D \tag{10.2}$$

这个风险系数基本代表了失效的总危险程度。出于成本因素，可以容忍风险系数小的失效，但对风险系数大的失效则必须要制定规避对策。通常，当 RPN 高于一定值时（典型值为250或者300），风险系数高，必须制定解决方案。对于严重性等级为10的失效，无论 RPN 为多少，都需要采取有效策略规避风险。所采取的策略需要指定负责人和执行日期，并记录在 FMEA 中。实践经验标明，人们在项目中常常由于保证项目进度、避免附加任务等，倾向于低估潜在的风险，评估的 RPN 值低于实际数字。供应商需要向客户提供 FMEA 时，还有可能出于种种原因隐藏某些真实情况，避免带给客户负面的影响，这当然也不利于客户进行风险评估。

一种较新的 FMEA 方法，是将 RPN 替换为三个行动优先级（AP），矩阵将三个级别分别单独分配给发生的可能性（P）、影响的严重性（S）以及失效识别的难易程度（D）三个参数的组合。

由于同一个失效有多个不同的原因和多个不同的影响，在做评估时也可能得出不同的风险系数。一个简单的原则是，风险系数的计算采用可能性等级最高的原因和严重性等级最高的影响。但是通常的做法是将每一组特定的原因-失效-影响组合在一起考虑。汽车电子中，对由传感器、执行器和电控单元以及被控设备所组成的系统，常常需要进行系统 FMEA（System FMEA）。除此以外，还有在生产过程中为了识别各项错误操作而进行的流程 FMEA（Process FMEA），以及对力学结构分析进行的结构 FMEA（Construction FMEA）等。汽车行业中与产品相关的 FMEA 统称为设计 FMEA（DFMEA）。

为了直观和深入地了解 FMEA 解决问题的模糊性以及过程的多样性，建议读者选取日常工作中的一个简单问题，并尝试以此为分析对象做一个 FMEA 实例。

和 FMEA 有一定类似的另外一种方法为危险与可操作性分析（HAZard and OPerability Study，HAZOP），这种方法并不针对某个特定的失效进行定性分析，而是尝试对所有的失效寻找解决方案。虽然 HAZOP 并不像 FMEA 一样在汽车工业中有明确的规定，但偶尔也会被用于解决某些问题。

FMEA 的一个有用扩展是故障模式、影响和诊断覆盖率分析（FMEDA），其中单独考虑了诊断错误的概率。它假设对于每一个可能的错误，其错误率（即每单位时间发现错误的频率）是已知的。这个难点可能是迄今为止 FMEDA 传播率较低的原因。如果已知这些错误率，则可以计算安全故障分数以及诊断覆盖率（DC），即所有错误中可诊断错误的百分比。

10.4.2 故障树分析

前一节所讲的 FMEA 中，所利用的树形结构更有利于寻找失效原因。如图 10.3 左侧所示，此树形图就相当于一个简单的故障树分析（Fault Tree Analysis，FTA）。其中，[DIN25424-1, 2] 中对故障树分析方法中的某些步骤进行了标准化规定。

当尝试列举出故障树时，会发现失效有多种原因。故障树的"树叶"也就是最深层、最初级的原因，也就是说这些原因不再由其他原因所形成。

在很多情况下，很多潜在原因中，如果只有一个发生，就足以导致整个系统失效。例如在制动系统中，如果制动踏板损坏，即使其他的部件都良好，也会导致整个制动系统失效。在这种情况下，影响（制动失效）和原因（制动踏板损坏）之间的逻辑关系是或。

但当一辆汽车同时有两个制动系统时，其中的一个失效，并不会导致整车制动失效。这种情况下，影响（整车制动失效）和其原因（制动系统1和制动系统2失效）之间的逻辑关系是与。我们还会在讨论冗余度的概念时具体讨论这一点。

如图 10.5 所示，故障树可以对系统做定性的分析，用来分辨因果之间的关系（例如作为 FMEA 的补充）；也可以用来做定量分析，定量计算某个事件发生的概率。

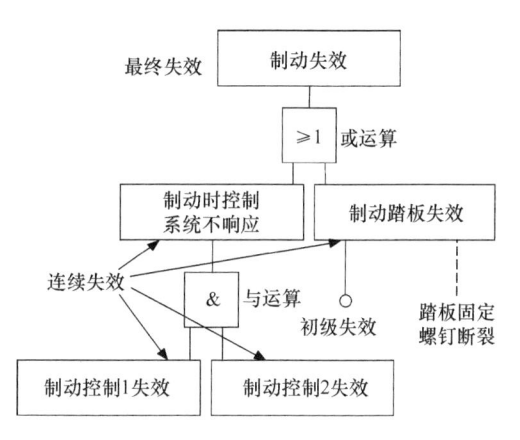

图 10.5 故障树中摘选的一部分

计算逻辑或的事件发生的概率是所有单个原因概率之和。这样计算的前提是，多个原因不同时发生，也称为不相容事件。错误 a、b 和 c 的逻辑或关系和逻辑与关系如图 10.6 所示，可以写为

$$p(c) = p(a) + p(b) \quad (10.3)$$

当同时有两个原因导致同一个事件失效，这时由于错误只出现一次，也应该将两个原因只计算一次。这时，事件发生的概率是所有原因的概率之和，但应该减去两个原因同时发生的概率。应该写为

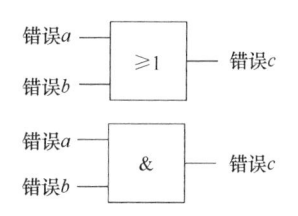

图 10.6 错误 a、b 和 c 的逻辑或关系（上方）和逻辑与关系（下方），事件发生的概率分别是 $p(a)$、$p(b)$ 和 $p(c)$

$$p(c) = p(a) + p(b) - p(a \wedge b) \quad (10.4)$$

计算逻辑与的事件发生的概率是所有原因概率的乘积，也是以多个原因不同时

发生为前提。可以写为

$$p(c) = p(a) \cdot p(b) \tag{10.5}$$

当不同的原因之间有相互依存关系时（例如一个部件失效后，会增大第二个部件的负担），需要写为条件概率：

$$p(c) = p(a) \cdot p(b|a) \tag{10.6}$$

式中，$p(b|a)$为条件概率，表示事件 a 发生后，事件 b 发生的概率。

故障树的原理基于简单的逻辑关系，其中比较关键的是确定每一个初级原因所发生的概率，在需要使用条件概率的时候尤其如此。即便供应商对于每一个部件都给出可靠性数据，也由于测试和运行条件的不同，大多数情况下不能直接采用这些数据。

10.4.3 事件序列分析

[DIN25419]对事件序列分析（Event Tree Analysis，ETA）有标准化规定，主要用于分析失效的影响，特别用于监视系统或者安全系统没有按照预设计划响应的情况。事件序列分析所针对的对象是某个特定的失效状况。严重的失效可以通过保护系统来避免。保护系统通常为多级系统，根据系统状态的不同，得出的最终影响和其严重性也不同。图10.7所示为事件序列分析举例，其为一个特例，因为其不仅包含安全性系统的响应，也包含驾驶员的反应。

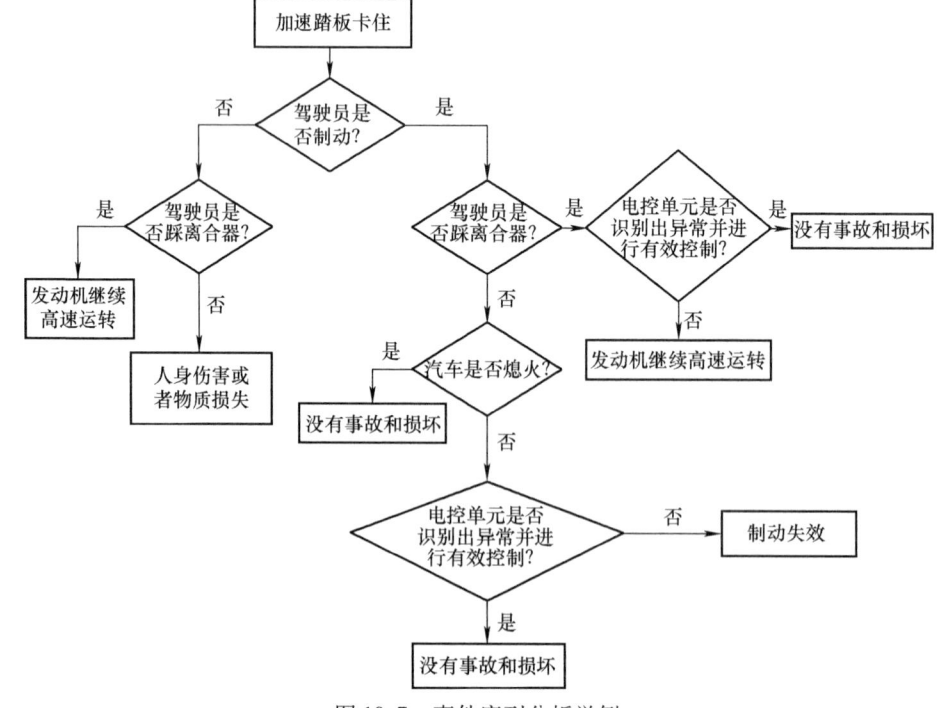

图10.7 事件序列分析举例

事件序列分析也可以量化进行，但总的来说，很难对每一个分支发生的概率都做具体运算并得出确切的数值。

10.5 改进措施

10.5.1 元件的品质验证

汽车电子中所采用的元件需要满足很多要求。例如，当需要一个100Ω的电阻时，并不是只需要一个电阻值达到100Ω，并且误差和热膨胀系数满足要求即可，电阻还需要在整个生命周期内达到所要求的失效率。通过多种测试来验证元件的品质是否满足要求，称为品质验证（Qualification）。

每个厂家对品质验证都有自己的标准，但同时也出现了行业统一的标准。汽车电子协会（Automotive Electronics Council，AEC）的会员主要来自汽车电子部件的供应商和制造商，统一颁布了电子元件品质验证的标准测试方法。其中最主要的是3个文件：Q100适用于集成半导体元件；Q101适用于分立半导体元件；Q200适用于无源元件。测试的方法涵盖了高温和热冲击测试、运行和储藏时的湿度测试、寿命测试、外观测试、尺寸测试、接点受力测试、振动和冲击测试、溶剂测试、焊炉测试、静电测试和阻燃性测试等。其中，有些测试和第7章中介绍的对整体电控单元进行的测试相似。所有的电子元件能够通过测试是电控单元能通过测试的前提。

当供货商对某种已经通过品质验证的元件做修改时，需要通知直接客户，有时还需要通知最终客户。通常情况下需要对修改过的元件重新进行品质验证。虽然一些小的修改表面上看起来并不会带来任何质量风险，但仍然需要完成这个过程。

列举一个作者亲自经历过的事件：某个供应商没有征求客户的许可便改变了所供应的电容封装壳体的颜色。客户（整车厂）发现了电容封装颜色的改变，和供应商发起多次讨论，制定了多项措施用来规避改动所带来的风险。在很多人看起来，封装颜色的改变并不会带来任何质量风险，整车厂的这种反应过激。但事实是，整车厂已经有相关的经历：另外一种颜色的塑料材料意味着材料本身的化学组成有了一定的改变，有一次在高的运行温度下，新的塑料材料中的某种化学物质发生了分解，分解的产物腐蚀了电路板以及一些电阻。

从开发人员的角度，也应该注意在设计阶段，不能随机选取市场上的产品，而是应该首先从公司内部已经通过品质验证的产品列表（Qualified Parts List 或 Qualified Product Listing，QPL）中进行选择。这样做，不仅能保证所选用的产品具有满足要求的质量和可靠性，而且还可以通过大量采购少数几种元件来达到降低成本的目的。通过限制元件的种类，还可以降低电控单元生产过程中的物流成本。如果必须采用在QPL之外的元件时，虽然在一些公司中可以进行所谓的特例放行，但从原则上来讲，必须先对这个元件做全面的品质验证（这个过程所需时间长、成本高)。

10.5.2 监控和诊断

及时识别故障可以避免危险情况的发生。在第8章中已经详细通过电子加速踏板的例子讲述了这种策略。当一个元件完全失效时，进行检测相对比较容易；但对于一个仍然运行但超出了设定范围的元件，进行检测的难度就加大了。

汽车和系统的安全性中，也包含对任何失效发生时的响应，例如将失效记录在存储器中，也可以是点亮指示灯发出警告或者强制关闭系统等。对于危险性高的失效，虽然系统已经不能正常运作，但还需要做出临时响应，将汽车从危险状态成功转变为安全状态（安全失效，Fail Safe）。通常，将系统强制关闭就能达到安全状态，但并不一定适用于所有的系统。对于汽车来说，关闭发动机能够达到安全状态，但对于单发动机直升机来说，即使冒着发动机过热受损的风险，保持发动机的继续运行才是安全状态。

10.5.3 复杂度和冗余度

汽车电子产品中，零部件越多，失效率也就越大，失效率的计算遵从式（10.1）。每多添加一个元件时，也就意味着增加了整体系统失效的风险。出于可靠性方面的考虑（当然也考虑成本因素），要尽量少地使用电子元件。当然，有些时候原则之间会出现冲突，例如为了防止电流变化过快，一般会给电容型负载并联一个续流二极管，或者为了防止电压过高，在系统的输入端添加齐纳二极管来稳压。但是这种添加元件的做法同时也增加了失效率。当然，在这两个例子中，添加二极管元件给整个系统带来的益处要远远超过所增加的失效的风险，但是在某些情况下并不总是这么显而易见，而是需要进行复杂的推算才能得出结论。介绍式（10.1）时，我们已经提到，公式在系统有冗余度时不成立。冗余度是航空航天工业中很重要的一个概念，用来提高航空电子部件的可靠性。但在汽车工业中，出于成本因素，经常需要避免采用冗余配置。在飞机中，和安全相关的处理器通常有3个，当其中的一个失效之后，另外两个仍然可以备用。这显然和式（10.1）不符合，因为根据公式，如果有3个处理器的话，失效率应该是平常的3倍。冗余配置的目的是在某个元件或功能失效时，还会有备份继续运作，从而避免整个系统失效。

图10.8所示的例子是第7章中提到的低边开关，我们来看在电路层面上是如何使用冗余配置的。假设电路所控制的执行器是安全性相关的。当其中的一个功率晶体管失效断路时，还可以用另外一个来驱动。但电路中的冗余也可能会产生负面影响。例如晶体管失效时，不仅有可能断路，还有可能短路，也就是说在集电极和发射极之间发生击穿现象。对于这个失效模式，采取冗余（两个晶体管）时，式（10.1）又适用了。所以，冗余只针对断路的失效模式，而不针对短路的失效模

式。综合考虑：采用 FMEA 做评估，如果功率晶体管的断路失效模式风险很高，短路的风险相对较低时，可以进行冗余配置。如果不是这样，冗余的风险则大于益处。下面只考虑一个系统的可靠性可以通过冗余（双重配置）变得更高。首先要回答的一个问题，那就是双重配置比单一配置的系统的失效率低多少？很多人认为失效率应该降低一半，但事实不是如此。请再参照式（10.5）。事件 a 是 a 子系统的失效，事件 b 是 b 子系统的一次失效，c 是总系统的失效。假设 a 子系统和 b 子系统有相同的失效率，可以得出

$$p(c) = p^2(a) = p^2(b) \tag{10.7}$$

假设在极端的情况下，失效率 $p(a) = p(b) = 0.9$，那么通过冗余配置，失效率只是从 0.9 变为 0.81 而已。当我们考虑真实的情况，也就是 $p(a) = p(b) = 10^{-6}$，这时失效率则会产生很大的变化，从 10^{-6} 变为 10^{-12}。

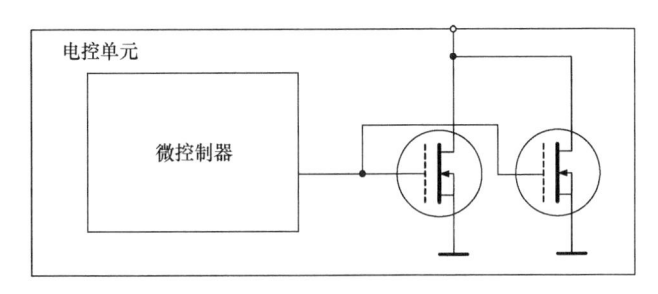

图 10.8 输出端晶体管的冗余设置

上面的计算中采用了简化，也就是说默认子系统 a 和 b 的运作互不相关，其失效也互不相关。但这种随机过程只是一个假想的模型，用来简化计算的过程。事实上，元件或者系统的失效并不是随机的，而是遵循复杂的物理过程，在运算系统中，甚至一些特定的运算会导致失效。如果通过将组件或系统加倍来产生冗余，则可以预期的是，两个子系统将有着相似的物理过程甚至相同的算法。这使得两个子系统很可能很快失效，甚至同时失效。这一因素在式（10.5）和式（10.7）中都没有考虑。但是在式（10.6）中我们曾经提到过，当两个系统并不是完全独立的关系时，需要使用条件概率来进行计算，但是条件概率的计算，本身就非常复杂。从总的方向来说，冗余系统和原系统的相似性越高，其条件概率也越高，也就是说其失效率也就越高。在一些情况下，两个运算器系统，会因为运行同样一个带有错误的软件而同时失效。这时，条件概率约等于 1（不完全为 1 是因为即使在软件系统中也存在一部分硬件失效的可能）。这时，冗余配置基本上是不起任何作用的。解决这个问题的一个办法是尽可能采用和原系统不同设计的冗余配置。这个概念称为多样性冗余（Diverse Redundancy）。对于基于软件的系统，为了避免上面提到的失效风险，多样性冗余要求尽量采用具有不同操作系统的运算系统（电控单元）以及不同的软件（但功能相同）来实现。和双晶体管的例子一样，冗余系统故障

后的状态可以在物理层面确定。另外一种情况是，当两个电控单元得到的结果不同时应该如何响应？常用的一个方法是三重多样性冗余，也就是说采用 3 个电控单元来互相监控。当其中一个电控单元的结果和另外两个不同时，这个电控单元被认为出错。在航空航天中这个办法使用很频繁，称为多重冗余。在汽车的安全性相关的系统中，例如线控转向或者线控制动系统（见第 12 章），多重冗余的概念也很重要。但是面临的最大问题是其成本，因为和飞机不同，汽车属于大批量生产的民用产品，对价格非常敏感。

在 EEPROM 中存储重要的数据时，也经常采用多重冗余的办法，也就是说将数据同时存储在 3 个不同的存储器中，用来避免 EEPROM 的高失效率的风险。

参 考 文 献

[AEC]	Automotive Electronics Council: Homepage unter http://www.aecouncil.com (19.10.2020)
[Apis]	Apis Informationstechnologien GmbH, Wörth/Donau, Homepage unter https://www.apis.de (19.10.2020)
[Birolini17]	Alessandro Birolini: „*Reliability Engineering.Theory and Practice*", Springer, Berlin, Heidelberg, 8. Aufl., 2017, ISBN 978-3662571897
[Black69]	J. R. Black: „*Electromigration—A Brief Survey and some Recent Results*", IEEE Transactions on Electronic Devices, April 1969, S. 338–347
[Borgeest15]	K. Borgeest: „*Tested once, forever right*", Joint IEEE International Symposium on Electromagnetic Compatibility and EMC Europe, Dresden, 16.–22. August 2015
[DIN...]	→ siehe Normenverzeichnis
[Herborn]	Internet-Seiten über das LKW-Unglück von Herborn am 7. Juli 1987 der Freiwilligen Feuerwehr Herborn, https://www.feuerwehr-herborn.de/einsaetze/besondere-einsaetze/tanklastzugunfall-1987 (19.10.2020)
[Hnatek03]	E. R. Hnatek: „*Practical Reliability of Electronic Equipment*", Marcel Dekker, Inc., New York, 2003
[HRD5]	British Telecom: „*Handbook of Reliability Data for Components used in Telecommunication Systems*" (HRD5), 1994
[Hu99]	C. Hu, Q. Lu: „*A Unified Gate Oxide Reliability Model*", Reliability Physics Symposium Proceedings, 1999
[IaAbBu14]	F. Ianuzzo, C. Abbate, G. Busatto: „*Instabilities in Silicon Power Devices*", IEEE Industrial Electronics Magazine, Band 8, Nr. 3, September 2014, S. 28–39
[IEC...]	→ siehe Normenverzeichnis
[ISO...]	→ siehe Normenverzeichnis
[JEP122C]	JEDEC: „*Failure Mechanisms and Models for Silicon Semiconductor Devices*", Arlington (VA), 2006, war kostenlos verfügbar unter http://www.jedec.org/standards-documents
[LV324]	„*Qualifikation von Leistungselektronikmodulen für den Einsatz in Komponenten von Kraftfahrzeugen*", Werksnormen BMW GS 95035, VW 82324 und andere
[MIL217]	US Department of Defence: „*Military Handbook, Reliability Predeiction of Electronic Equipment*", MIL-HDBK-217F, 1991
[PaGhKi95]	G. Panakakis, G. Ghibaudo, R. Kies: „*Temperature dependence of the Fowler-Nordheim current in metal-oxide-degenerate structures*", Journal of Applied Physics,

	Vol. 78, Nr. 4, S. 2635–2641, 1995
[Parler04]	S. G. Parler: „*Deriving Life Multipliers for Aluminum Electrolytic Capacitors*", IEEE Power Electronics Society Newsletter, Vol. 16, Nr. 1, S. 11–12, 2004
[ProdHaftG]	Bundesrepublik Deutschland: „*Gesetz über die Haftung für fehlerhafte Produkte (Produkthaftungsgesetz)*", vom 15.12.89 (BGBl I 89,2198), zuletzt geändert durch Art. 1 des Gesetzes vom 9. Oktober 2020 (BGBl. I S. 2075)
[Reisch07]	M. Reisch: „*Elektronische Bauelemente*", Springer, Berlin, 2007, ISBN 978-3-540-34014-0
[StGB]	Deutsches Reich, Bundesrepublik Deutschland: „*Strafgesetzbuch*" vom 15.05.1871 (RGBl 1871, 127), neu gefasst durch Bek. v. 13.11.1998 (BGBl I 3322); zuletzt geändert durch Art. 1 des Gesetzes vom 9. Oktober 2020 (BGBl. I S. 2075)
[WalRei11]	H. Wallentowitz, K. Reif: „*Handbuch Kraftfahrzeugelektronik. Grundlagen, Komponenten, Systeme, Anwendungen*", Vieweg, Wiesbaden, 2. Auflage, 2011, ISBN 978-3834807007

第 11 章　项目管理、流程和产品

11.1　汽车行业的特点

不同行业的项目有不同的特点，其中有代表性的是生产链和研发的深度。整车厂，通常也称为原始设备制造商（Original Equipment Manufacturer，OEM），只生产汽车的一部分，汽车研发和生产产业链的绝大多数是零部件供应商。整车厂只局限于进行外观设计、市场、整车组装以及发动机的研发和一部分生产——即使是这些工作，在一些情况下也会委托给第三方去做。例如，麦格纳斯太尔（Magna-Steyr）在奥地利格拉茨，维美德在芬兰新考蓬基（Uusikaupunki）以及 Karmann（今天大众汽车奥斯纳布吕克有限公司的主要部分）在德国的奥斯纳布吕克都受或者曾经受其他汽车品牌的委托进行生产。在 1997—2003 年之间，维美德甚至在相同的生产线上同时生产保时捷和萨博。汽车的外观设计一般也委托第三方设计室来做，例如大众 Golf Ⅰ是由意大利设计师 Giorgio Giugiaro 完成的 [VW]。发动机在大多数情况下还是由整车厂进行研发和生产，但有时也采购第三方厂家生产的发动机，甚至向竞争对手采购发动机（例如宝马曾采用丰田柴油发动机）。整车厂的核心竞争力在于其市场能力。

零部件供应商又有自己的下一级供应商。整车厂的直接供应商称为一级供应商（Tier 1 Supplier），往下又有二级供应商、三级供应商等。在机械部件领域，供应商的这种等级结构非常明显。

在电子部件领域，一般由整车厂来定义电子系统以及其接口，而真正的研发和生产则由一级供应商来进行，其下的二级供应商负责提供电子元件（无源元件完全进行采购，有源元件一部分进行采购，一些大的供应商自己进行一部分功率半导体和集成芯片的研发和生产，例如博世公司），在某些情况下，一部分软件开发也会进行外包。但无论在哪一个级别的供应商都面临大的成本压力，而且需要通过严格的质量标准。

汽车工业正面临的成本压力尤其大。可以进行一个简单的计算，假如一辆车可以节省 1 欧分的成本，那么生产 10 万辆相同车型的车辆便可以节省 10 万欧元。这种在手机领域和小型电器领域显著的量化效应，同样适用于汽车工业。

图 11.1 所示为汽车车型研发的时间周期。新车型研发大概需要 4 年，在 1970 年时还大概需要 8 年，这个阶段相比于以前大大缩短了。当整车厂需要赶在竞争对手之前迅速地推出一个车型时，研发周期还可以被压缩得更短，但往往会以牺牲质量为代价。

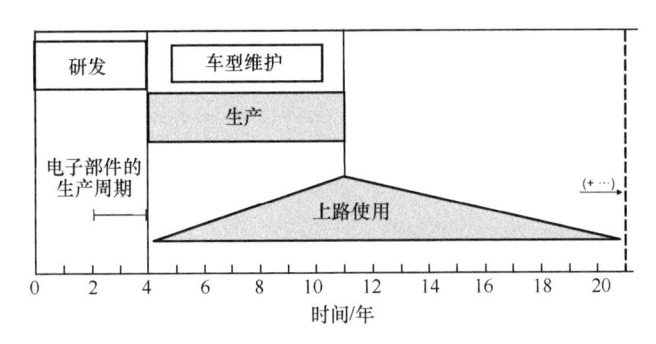

图 11.1　汽车车型研发的时间周期（根据［Lohr89］进行修改）

今天，汽车几十年来地位尊崇的日子已经一去不复返了。在一个车型量产开始（Start of Production，SOP）之后，在欧洲大概保持生产 8 年，而亚洲的车型更新快，一个车型的生命周期相对较短。货车的生命周期要长得多。一个车型在批量生产的同时，也要进行车型维护，也就是指纠正量产过程中发现的缺陷。尤其是软件，在量产之后也会继续保持更新。近期，欧洲的整车厂还倾向于在生产周期一半左右推出一定程度的改款（Facelift），并在一定程度上缩短了车型产品迭代的时间间隔。然而，汽车生命周期与其他行业相比，相对时间较长，最极端的例子是某些型号的手机销售时间低于一年。

汽车电子领域的一个挑战是复杂的电子部件如半导体微控制器的生产周期相对很短。有时，在研发初期决定采用的芯片在汽车进行量产之前就停产了。这并不是说芯片完全消失，而是由同名的后续版本的产品所代替。例如，微控制器 C167CR-LM［Infineon03］已经投放市场差不多 20 年，在此期间进行了几次换代，产品的规格也经过了相当多的修改。电子部件进行改动后，即使是针对性地进行改善，也需要对其适用性重新进行测试。尤其是当一个电子元件完全停产，并且用其他的元件来代替时，需要在更大的范围进行测试，有时候测试的投入甚至可以和新开发项目的投入相当。

在汽车的某个型号停产后，汽车仍然会被使用相当长的一段时间。据 2020 年 1 月份的统计，德国的车辆平均年龄为 9.6 年［KBA］，也就是说，汽车停产 9 年后，大部分车辆仍然会正常行驶。所以用户在多年以后还是会购买零部件。通常整车厂会要求零部件供应商在整车停产 10 年或者 15 年甚至更长的时间内，仍然生产零部件。当整车生产时间为 8 年时，零部件的生产时间有可能长达 23 年，而且需要有很高的灵活性，当有备用件的订单时，即使是小批量，也需要进行生产。即使这样，当今的车辆也已经不大可能在几十年之后作为老爷车来进行使用。

整车厂和零部件供应商的合作关系是等级森严的，这种情况在亚洲尤其明显。如果说欧洲的零部件供应商仍然有可能对整车厂进行批评的话，在日本和韩国则是完全不可能的。整车厂比较倾向于寻找国内的或者至少是一个文化圈（例如欧洲）的零部件供应商。如今，零部件供应商也大都通过在其他国家设立子公司等方式进行全球化销售。

为了减少对某个特定供货商的依赖，也为了在成本协商中取得有利位置，整车厂一般都会为一种零部件寻找至少两个不同的供货商（2nd Source）。

11.2　电子系统开发的步骤

电子系统的研发一般在整车开发过程的后期进行。最初进行的是整车概念和设计。发动机的设计也在较早的阶段进行。电子部件一般在整车开发的最后两到三年时进行。实际中，电控单元往往并不是从零开始进行开发，而是针对整车厂的要求在已有产品的基础上进行调整。由于设计要求的多样化，调整也经常需要在有限的时间内完成。图 11.2 所示为某新车型电控单元从基础研发到成熟产品的开发步骤。

第一步是基础性研究，目的是发明可以改善产品性能的新型技术和概念，从而保证在和对手的竞争中处于有利地位。另外的一个目的是注册专利。专利不仅可以保护自行开发的技术，而且可以有效地阻止竞争对手开展相似的项目。基础性研究在某种程度上也可以转变为

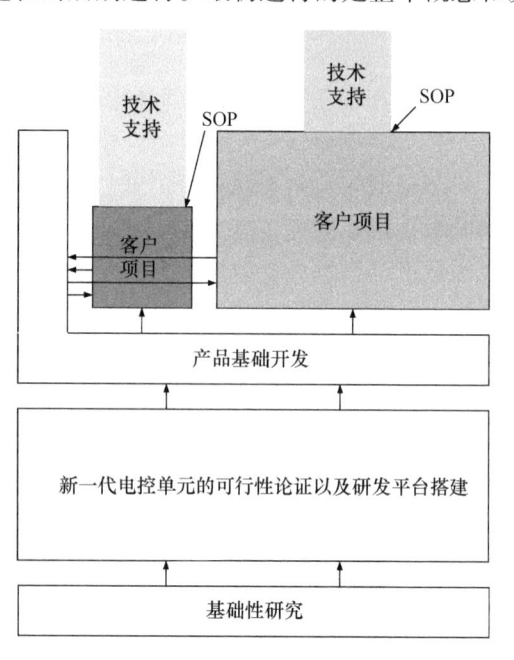

图 11.2　某新车型电控单元从基础研发到成熟产品的开发步骤，每一步都由不同的部门来负责

研发，但并不同于产品开发，基础性开发项目的主要目的是通过少数几个样品来展示新型技术的可行性。基础性研究常常由企业的研发部门和高校合作进行。不重视基础性研究，后果在短期内往往不明显，但从长远来看，却容易导致贻误技术进步，从而使得老式的产品失去市场竞争力。对于企业的管理层来说，一方面要为基础性研究提供良好的氛围，另一方面还要注意，所研究的内容不要超出了公司的实际需要。

第二步为新一代产品的可行性论证以及研发平台搭建。这一个研发步骤之后应该出现一个可运作的产品，例如一个电控单元。当然，产品并不一定成熟到可以进行量产的程度，也不需针对不同的汽车类型做调整，但其功能中需要包含特定的技术方案，例如某种运算器架构或者封装壳体概念等，并且可以作为之后量产的样板进行测试和改进。

当概念原型确定之后，就可以为之后的量产进行产品开发了。开发工作最初并不局限于哪一个特定的客户，所以这一个阶段称为产品基础开发。当然，在有投放市场的时间压力时，这个阶段也可以针对某个客户的某个特定车型进行。这时客户（一般为整车厂）需要对新的产品开发提供开发费用，而且在一段时间之后，竞争对手也可以从零部件供应商手中购买此产品。

基于基础开发的产品，可以针对不同客户和车型进行特定的产品研发，由于经验是从客户获取的，因此与客户继续小范围的基础开发可能是有意义的。

在研发项目中，会根据客户的要求对某个车型进行开发，例如为某个车型开发特定的 ESP 电控单元。客户项目的开发几乎每天都在与客户接触中进行。在量产开始之后，项目由研发部门转移到生产部门来负责。

这种多级研发的结构和流水线类似：在一个车型进行量产时，又开始下一个换代产品的开发。同时，更新的产品正处于基础的设计阶段，而概念和平台部门的人员已经开始着手规划全新的下一代技术。这个模式中重要的一点是，在客户项目中积攒的经验要通过知识管理的方法来反馈到其他技术部门。在基础开发阶段如果出现了错误而未被发现，可能会在之后的客户项目中造成巨大的损失。例如，当平台开发阶段选择使用非常复杂的控制器架构，而在随后的客户项目中发现这个结构不可以和其他的模块兼容，再回过头来进行修改会导致不得不投入大量的费用。这类似于，当开发人员在某件产品的研发过程中选用了一种难于加工的材料时，会直接导致后续的生产工艺成本升高。

11.3 项目和流程

在日常生活和工作中，人们经常提到项目（Project）这个概念，大多数人也对项目有一个基本的了解。但是为了有效地执行项目，首先需要对这个概念进行更详细的定义。Project 这个词源自于拉丁文中的"proiacere"，原意是体育项目中的"预先投掷"。对于每一个 Project 来说，都需要设定清晰的目标，才可以计划性、针对性地工作以便最终达到目标。当目标达成时，标志着项目的结束。对于整车厂来说，项目的目标是设计生产新的车型或者对原有车型进行改进；对于零部件供应商来说，目标则是新型的安全气囊系统或者某新车型的电控单元等。整车厂的项目往往包含供应商的项目，而供应商项目又可以进一步分解成更小的子项目，由更底层的供应商或者各个项目组来承担。例如，安全气囊系统就可以分解为电控单元研发和气囊引爆装置研发两大部分。

明确地定义在何时完成什么样的目标，标志着项目的开始。几乎所有项目还都会涉及第三个因素，那就是成本。通常，项目并不是由某个工作人员提出的，而是通过客户的委托来启动。客户并不一定是另外一个公司，也可以由公司的管理层通过市场调查来决定，委托给同一个公司的某部门来具体负责某个项目。这时，公司的管理层相当于内部客户。

项目未能成功实施，常常是由于目标定义不明确，或者是由于客户和项目负责人之间观点不同。所以，在项目开始之初，就必须清晰地定义项目的目标，各方要对目标达成一致的理解，并且有明确、详尽的记录。对项目目标的清楚、完善的记录称为设计任务书（Specification）。

在实际中，设计任务书很少一开始就是绝对清晰和完善的。制作完善的设计任务书需要很大的工作量，在项目开始之初，往往没有足够的人力和物力来投入到设计任务书的制作上。而且，项目伊始，客户通常只能提出一些大体的要求，随着项目的进展，尤其是当初级样品设计成功时，客户才能够把要求具体化。

即使有好的设计任务书，但项目仍然不成功时，往往是由于定义了不现实的成本和期限。成本过高或者开发周期过长等因素，经常会导致不能从客户手中得到这个项目的委托，甚至会让竞争对手拿到项目。所以，在项目谈判时，需要很多技巧，这样才能在固定的成本和期限中，以满足客户要求的质量成功地完成这个项目。

项目的另外一个特征是单次性。也就是说，当项目目标达成后，所设定的想法得到实现，也就意味着项目的结束，同样的开发过程不会再进行第二次。在实际中，经常需要再开发类似的产品或者升级换代的版本。所以，虽然项目具有单次性的特点，其他的项目不会完全相同，但会很相似。在某种产品方面比较专业的公司，大多数的项目都是高度类似的，也就这些公司的日常工作是在很多内容类似的项目中，重复相同的步骤。

研发中的这种现象和生产类似。每一款汽车都是单次性的，但其他相同的或者类似的汽车都可以通过相同的生产步骤进行生产。生产步骤并非单次性的，并且需要具有高度精确的可重复性。在一辆汽车生产结束之后，又会使用相同的步骤对下一辆汽车进行生产。这种过程称为流程（Process）。

同一个公司或者部门的项目，尽管具有单次性，但内容却经常类似，例如，为A整车厂开发的电控单元的流程和为B整车厂开发的流程高度类似。所以，研发项目所开发的产品虽然各不相同，但大都基于一个特定的流程开展。在很多公司中，这个流程称为产品开发流程（Product Development Process）。

和生产流程类似，产品开发流程也由不同的、独立的步骤组合在一起。在生产过程中的很多质量保证措施，也适用于产品开发流程。但是需要指出的是，生产过程中所尝试采用的自动化方法，却不适合于产品开发流程。尽管生产和开发流程中有很多相同点，但二者之间还是有诸多区别：

1）生产流程的产出比开发流程的产出有更强的一致性。

2）生产流程对产出有非常明确的定义，而在产品开发流程中，则是首先基于经验和项目的目标对产出进行推测，然后在随后的开发过程中对其逐渐完善。设计任务书的编写也是产品开发流程的一部分。

3）产品开发部门的工作方式和方法不同于生产部门。生产部门对每个细节都有具体、清晰的规定，但是产品开发部门的工程师们却会对太死板的规定产生抵触心理，他们需要一定的灵活度。

4）生产流程中，可以通过对一些物理参数的测量来判断是否符合标准，但在产品开发流程中，进行评估时，却往往不能再基于一些简单的、可测量的物理量，而是更加复杂。

不仅项目可以划分为不同的等级和子项目，流程也可以划分为子流程，子流程又可以再进行细分。所以，产品开发项目中也包含了所有有关子流程的规格计划。

11.4 实践中的项目

在很长一段时间中，如何通过项目解决特定的技术性问题并不是不言自明的。随着公司结构的发展，一般的公司中基于部门组织（Line Organization），也就是说分设为大的部门、隶属部门以及基层小组，每一个部门和小组都有一个负责人。小组作为组织结构的最基本单位，负责一定的专业领域，例如模拟电路设计组、数字电路设计组、软件组等。但对一些复杂性的问题，需要各个组通过合作来解决，这时部门组织的结构就显现出不完善性，一些组会认为自己不该对某些领域负责，所以不愿意承担相关的工作，会导致合作效率很低。这个问题可以通过成立项目团队（Project Organization）的方式，将不同技术背景的成员结合在一起，共同为了实现项目的目标而合作。如今，大多数公司采用矩阵式组织结构（Matrix Organization），也就是说每一个成员还是隶属于部门组织，例如硬件开发部门，但同时也和来自其他组织部门的成员一起隶属于某个项目团队。

项目团队的方式提高了合作的效率，但仍然不是最佳的解决方案。尤其在软件开发领域中，尽管很多年前就对各项原因进行过深入的分析，但项目的失败还是屡见不鲜（成本过高、超期、产品功能缺陷或者项目终止等）。读者可以参考[Fröhli01]，这本有趣、言辞激烈的书中介绍了项目失败的各种原因。

第一个也是最大的对失败的项目进行系统分析的是斯坦迪什集团的混沌研究方法（Chaos Study），从1994年第一次应用以来，一直不断地更新和改进[Standish]。它将失败的原因大体分为几类。

第一类也是最重要的一类是：项目开发的目标不清晰性或者不现实性。在第11.5.2节中说明，开发人员最初对项目目标不清楚，而是首先开始开发，随着工作的进展再进一步讨论项目目标，本末倒置。很多情况下，项目受成本和期限的压力，即使一开始便知道目标很难达成，但项目负责人还是会接手此项目。

第二类是项目管理或者项目执行方面的问题。这方面的错误没有一个固定的样板，但本章结束后，读者应该可以有所了解，在项目开展期间项目经理或者其他成员究竟会犯哪些错误。

第三类是缺乏来自于管理层的支持。例如，管理层没有分配足够的人力给项目组，这时候项目便不能顺利进行开展。对于这种情况，可以建立管理层和项目团队之间的沟通渠道，用来监督项目进展状况。有时，项目团队和部门组织之间也可能发生一些冲突，需要管理层从中协调。

11.5 项目的阶段性

零部件供应商的每个开发项目都可以分为获取阶段、规划阶段和开发阶段，在此之后进入到生产支持阶段。不同的公司对生产支持有不同的定位，有些公司将其看作开发项目的一个附加阶段，有些公司则不将其归入开发项目，而是归入生产阶段。当在生产过程中发现需要进行改进的时候，会单独设立一个开发项目。

整车厂的项目不具有获取阶段，取而代之的是中期市场观察和长期的趋势分析，然后才开始开发活动。

由于整车开发的过程需要持续多年，所以没有必要对短期市场的波动做出反应。为了保证销售更贴近市场，整车厂往往会尽量缩短研发周期，但这也导致了产品在不够成熟时就已经开始了销售工作，一些紧要的情况下，还需要对售出的汽车召回进行维修，这时，不仅成本代价非常高，还有可能损害品牌形象。

11.5.1 获取阶段

在项目获取阶段，技术销售人员起到很大的作用。在获取阶段不仅要决定项目是否进行，而且也需要讨论如果要开发一个产品，这个产品能够带来多少利润、节省多少成本、需要多少研发经费等问题。个别情况下，即使某个项目不能带来利润，但从长远的战略角度（客户黏性、新技术引进等）来看有必要时，也会付诸实施。除了成本，项目时间也很重要。成本和期限会对质量产生影响，所以在项目的获取阶段就从某种意义上决定了项目在技术上的成功与否。在协商时如果决定了以过低的研发经费和不现实的期限来进行这个项目的话，之后基本不可能达到很好的质量。

在某个客户有报价请求时（Request for Quotation，RFQ），项目获取阶段就开始了。当然，公司并不会消极地等待报价请求，市场部门、广告部门以及销售部门需要针对潜在客户进行前期宣传。客户最终会将报价请求以书面形式或者在网上进行发布。客户也越来越多地使用［TED］等在线招标门户网站。

销售部门首先要向研发部门询问，然后由研发部门对所需的人力成本、材料成本以及时间进行预算。由于此时还没有正式的项目，所以这些工作需要其他项目研发工程师来进行。

即使真正的总项目预算比较低，销售部门也会尝试给客户报一个市场通常价格。另外，计划产量对研发成本也会有所影响。先期的研发成本将完全由整车厂来承担。当把研发过程完全作为服务进行采购时，研发的成本不能和后期的产量直接挂钩。零部件供应商需要将研发成本的计算方法提供给整车厂，这样整车厂可以估计以后如果做产品改进时的大概成本。同样，详细估算也使得项目在零部件供应商内部各部门之间更透明。

即使客户和供应商都来自于同一个公司，也需要进行类似的预算，但这时做预算的目标不再是使某个部门的利润最大化，而是使公司的总体利益最大化。例如，所产生的利润并不要集中在效率最高的部门，而是要尽量分配在税负较低的地区或者是成本较低的部门。

成功地进行成本谈判之后，便会签署合同，同时标志项目获取阶段的结束。

在项目开始之前所进行的成本估算，并没有必要像在项目结束之后或者某个阶段结束之后的成本核算一样精确。成本可以分为人力成本、固定投资、易耗品、项目管理费用以及外包成本。

人力成本往往占整个项目预算中最大的一部分。研发部门向销售部门提交成本预算时，一般会使用人工周（Man Weeks）或者人工月（Man Months）来作为工作量的单位，所以严格说来，不应该说是成本估算，而是开支估算（但这个概念很少使用）。电子部件开发项目中，又可以分为软件开发、硬件开发、系统开发、工程应用、项目管理以及其他。做成本估算时，需要参照项目日历表，因为工期也会对成本产生影响。

在软件开发领域，成本估算有多种标准算法，例如类比法、关联法、乘积法、权重法、参数方程、功能点法和构造性成本模型（Constructive Cost Model，COCOMO）[USC]。这些方法的概述请参照[BunFab04]。很多标准算法的一个缺点是，需要预先给出代码行数（Lines of Code，LOC），但代码行数在项目初期是未知的。

在硬件开发领域，一般不采用标准算法。汽车电子相关的多数项目，软件开发成本要远远大于硬件开发成本，但是在随后的生产过程中，每件产品都需要有硬件成本投入，而软件成本则相对可以忽略不计。

项目类似的情况下，可以用类比法，也就是说，根据在其他项目中所积累的经验来对当前项目做成本估算。这种方法可以在很短的时间内得出估算值，而且经验表明，估算大多很准确。其中可能也有这方面的原因，也就是一旦估算的成本确定了，负责执行的部门会精确地控制实际支出来和预算保持一致。这种提前给定的预算称为目标成本（Target Costing）。

固定投资，例如昂贵的实验器材，可以通过一个或者几个项目联合结算进行购买。首先，需要索取所需要购买仪器的报价，然后才能做决定是否进行购买。但在实际情况中，在项目开始之初，由于人力有限，加上来自客户的时间压力，一般只会对固定投资和易耗品进行粗略的估计，然后将成本包括到总的目标成本中。

项目管理费用包括办公场所租金或者维护费、其他部门例如人力资源管理部门的开销以及高层管理人员的薪酬等。这些支出和具体的项目内容并无直接联系，但仍然需要客户来支付。

11.5.2 规划阶段

在签署合同之后，需要首先对项目进行规划，然后才能开展技术性的细节工作。最主要的几项（成本、日历表）在项目获取阶段已经粗略规划过，在此需要进一步改善，以便项目工作可以以此为依据来开展。规划太粗略，可能会导致项目失败；规划太过详细，也有可能会在项目进展中起到负面作用。规划应该详细到什么程度，并没有一个统一的标准，这取决于项目类型、公司结构以及项目成员的工作方式㊀。很多公司中，还会成立一个由各部门的领导组成的委员会，来监督和评估项目运作是否成功。在项目核心团队之外，还通常需要扩展另外一些成员，例如来自生产部门或者售后部门的人员，他们并不是在开始生产和销售之后才介入，而是应该在项目开始之初就已经参与到开发团队中。

1. 团队建设

首先，上面提到的管理委员会或者其他的领导层需要任命一位项目经理，也就是团队负责人。理想的情况是，团队负责人可以自己选择适合的成员组建项目团队，这样可以保证团队积极有效地合作。但实际中，大多数工作人员都已经划分在别的项目团队之中了。除了"谁适合我的项目"这个问题，还需要考虑"谁能够从别的项目中离开"的问题。所以，团队建设一般都是两个问题的折中方案。当然，有时候也会出现没有合适人选的情况。这时候需要聘用合适的临时雇员，或者将相应的工作模块外包（Outsourcing）。

指定了所有的成员之后，一个可以运作的团队便成立了。在此对团队负责人和管理委员会之间进行的一系列讨论会不予以详述。

汽车电子开发项目团队需要具有哪些方面的能力呢？软件在汽车电子的产业链中所占的比重越来越高，所以软件开发人员常常是团队中最大的一部分。然后是应用工程师和硬件开发人员。另外，还需要成员对所开发电子部件所处的整体系统（发动机控制、驾驶动力学控制等系统）进行测试，对电子部件（传感器、执行器）之间的接口进行检测。项目经理负责整体项目。当项目规模很小时，可以由某个人承担多个角色，在很少见的情况下，甚至会出现单人项目，也就是说项目经理独自进行规划和开发。当然，当项目规模很大、项目团队有超过两位数字的成员

㊀ 德国的公司常常会为项目做非常详细的规划，但实际中结果往往不完全和计划一样。

数时，需要将项目划分为子项目，并且指定子项目负责人。

2. 日程规划

在和客户协商好项目的最终完成时间之后，下一步任务就是将项目分解为小的工作包，并且为每一个工作包指定工作时间和完成日期。在制定计划时，要避免不同的工作包因为同时占用相同的资源而发生冲突。相同的资源可以是指工作人员或者一些特殊的设备（例如测试台）等。另外，工作包之间也存在相互依赖的关系。例如，一些软件的研发和调试工作，就需要在硬件样品完成之后再开始进行。同时，为了避免意想不到的事件发生，在做计划时还应该考虑一些缓冲时间。

另外，即使在规划日程时遇到特殊的、不能确定的情况，也要在计划中对可能发生的情况进行描述，这样可以有一个好的项目总览。

随着项目复杂度的增加，把所有相关的日程都写在纸上也变得越来越困难。如今大多使用 Microsoft Project 或者 SAP 的 PS 模块等应用程序，起草相关的日程计划。首先需要将每一个工作包以表格的形式进行输入，然后逐一建立工作包之间的依赖关系。除了表格，还可以用图表对日期进行显示，使用最多的为甘特图（Gantt Chart），如图 11.3 所示，这是一种条形图，用于显示项目的进度随时间变化的情况，其中的每一个工作包都可以指定前后关系，用于顺序显示。还可以给每一个工作包分配特定的资源，当资源发生冲突时，程序也会自动显示。

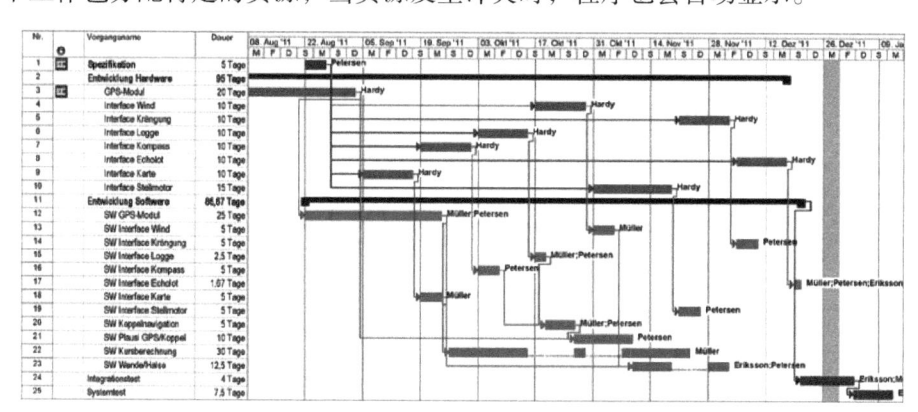

图 11.3 假想项目"快艇导航系统"的一部分日程安排以及其甘特图

在每一个项目中，有一些任务序列发生延迟时，会导致整个项目的推迟，这样的序列称为关键序列（Critical Path）。图 11.4 所示为网络图以及加粗的关键序列。和甘特图不同，关键序列并不显示随时间的变化，而是显示任务的先后顺序。这样的图表称为网络图。图 11.4 所示的任务总共需要 38 天完成（任务 A、B、C、E 所需时间的总和）。当这几项任务有所延迟时，整个项目也会有所延迟，例如，C 如果不是需要 20 天而是 21 天，那么整个项目也会延迟一天。所以，任务 A-B-C-E 这个顺序便组成了项目的关键序列。但任务 D 有所延迟时，只要延迟的时间不超过任务 B 和 C 的总和，便不会对整个项目产生影响。在项目很复杂时，寻找关键序列并不是特别容易，但却非常重要。

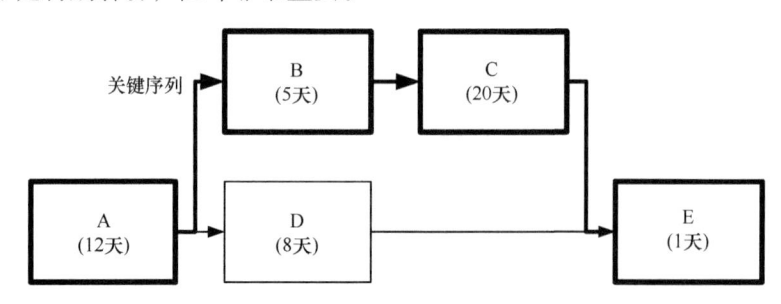

图 11.4　网络图以及加粗的关键序列

复杂的项目很难对每一项任务的日程都进行追踪，在实际中经常采用的方法是，将整个项目划分为几个大阶段，每一个阶段的结束称为一个里程碑（Milestone）。在里程碑之前，如果有的任务没有成功结束，便有可能对整个项目的日程造成影响。在这种情况下，需要采取措施加快进度，在必要的情况下，还需要推迟里程碑举行的日期。里程碑的推迟情况可以在项目中用图表进行显示，这种图表称为里程碑趋势分析图（Milestone Trend Analysis），项目经理可以通过这种图表了解项目的进行情况。

当日程推迟时，一个不是很有效的办法，是在项目进展的后期新增人力投入。因为新成员对项目的各项具体任务都不熟悉，受培训的过程中还需要占用其他成员的时间，所以往往不能对整个项目提供有效的帮助。

3. 成本规划

进行报价时已经对成本做了粗略的估计，随后进行的日程规划可以对其他的成本尤其是人力成本进行详细计算。

从公司的角度讲，需要对某个时期分阶段支付的开销进行详细的规划。总的成本是和客户协商达成的，而分阶段的成本预算则是为了更好地控制项目进展过程中的花费。如果出现了某个阶段所做的成本预算不足的情况，需要在短时间内从别的项目中挪用资金来填补空缺；相反，如果在某个阶段所做的成本预算过多，则会将不必要的资金绑定在本项目中，而妨碍了将这部分资金用在别的项目中进行盈利，不能有效地利用资金。

4. 过程模型

过程模型这个概念最初用于软件开发领域，但也适用于机电系统的开发项目。过程模型描述了研发过程中不同工作步骤的时间安排，以及不同工作步骤之间的关联。在项目规划初期就需要选择合适的过程模型。一个公司经常为所有的项目选择一个通用的过程模型。但由于不同行业和公司组织结构的多样性，多数标准化的过程模型并不能适用于所有的项目，而是需要针对公司或者某个项目做出相应的调整

(Tailoring)。如果不进行调整或者调整不恰当,开发人员在工作的时候,只能自行决定以某种不专业的方式绕开模型的规定,才能继续开展工作——这当然会导致效率降低。

很多人尝试对软件和硬件采取一致的过程模型。但事实表明这并不是必需的。

开发项目所采用的过程模型中,最主要步骤为设计任务书、设计、执行、模块测试、集成和系统测试。其中,设计任务书前面已经提到过,属于计划阶段的一部分,而其他的步骤则属于开发阶段,将在下面的章节中详细讲述。在此先做大体介绍。

设计是指将设计任务书进一步细化。设计任务书的内容主要从应用的角度考虑,局限于系统层面,而设计则是指从开发人员(软件或者硬件)的角度来定义产品的细节。

执行包括进行软件编写,以及制造开发样品等。

模块测试是指将硬件或者软件分解为模块进行测试,而不是测试最终的整体产品。

模块测试之后,可以将不同的模块组合为一个功能性的产品。这个步骤称为集成。

系统测试是指根据设计任务书的要求,从用户的角度测试系统是否可以实现所期望的功能。

此外,还有一个步骤为验收测试,也就是由客户所做的系统测试,也属于验收过程中的一部分。

下面几个模型是当前常用的过程模型:

1)瀑布模型/生鱼片模型。
2)V模型/V模型XT。
3)并发模型。
4)面向对象的模型。
5)螺旋模型。
6)原型实验模型。
7)演化模型。
8)增量模型。
9)Timebox模型。
10)敏捷模型。
11)开放源代码。

下面我们对这些模型中和汽车电子相关或者有应用潜力的模型进行讨论和比较。要说明的是,本书并不比较模型的优劣,而是说明不同的模型也可以结合运用。关于其他模型的论述,有兴趣的读者请参见[BalZrt08]或者在互联网上搜索相关资源。

(1) 瀑布模型/生鱼片模型

简单的瀑布模型（Waterfall Model）由于其图表的形象化而得名 [Royce70]，如图 11.5 所示其中所包含的步骤例如设计任务书、设计、执行、模块测试、集成以及系统测试是逐步进行的。根据情况还有可能在开始加入客户要求、在最后加入验收测试这两个步骤。其中双向的箭头表示经常需要在步骤之间循环。

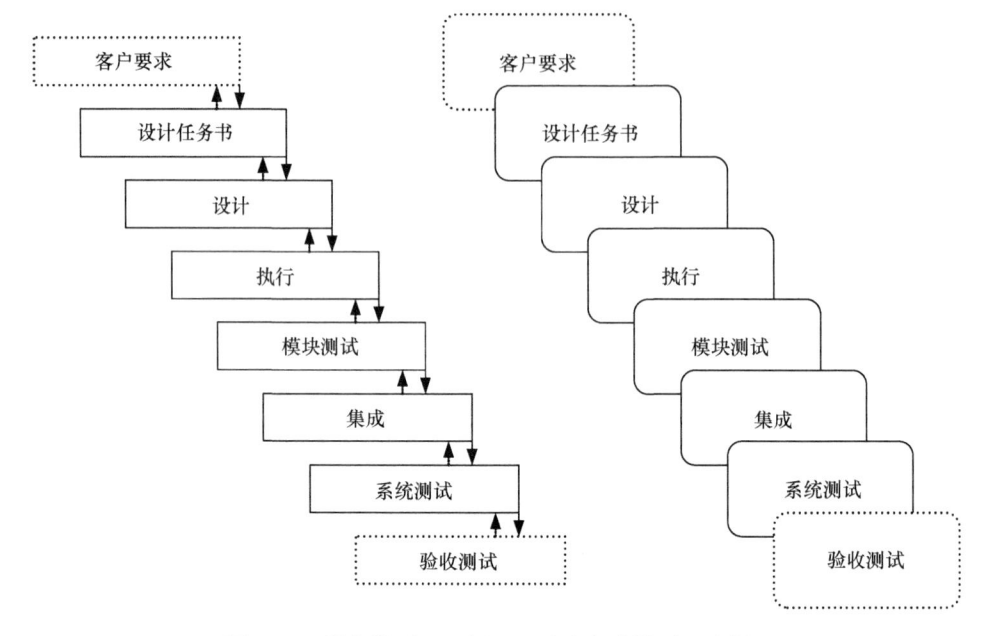

图 11.5　瀑布模型（左侧）以及生鱼片模型（右侧）

很多情况下，步骤与步骤之间不能够进行严格的区分。生鱼片模型⊖（Sahimi Model）和瀑布模型类似，差别是每步之间却没有明显的界线，每个模块之间都互相重叠。模型的名字形象化地来源于重叠的生鱼片。

(2) V 模型/V 模型 XT

瀑布模型和生鱼片模型并未考虑步骤之间可能存在依赖关系。例如，在模块测试和集成测试时，根据设计要求对软硬件进行测试，在系统测试时，根据设计任务书对集成完毕的产品进行测试，在验收测试中，客户要根据最初的要求对设计完毕的产品进行测试。如图 11.6 所示，V 模型中添加了步骤之间的相互关系。和瀑布模型的不同之处在于，右侧的步骤是根据左侧的每一步的文档来进行的。由于在每一步中都需要进行文档记录，而后续的步骤都要参照这些文档记录，所以 V 模型也称为文档驱动模型。

在 20 世纪 70 年代，V 模型第一次出现在科技文献中 [Boehm79]，到 20 世纪

⊖ 在日本，生鱼片作为菜肴常常部分重叠在一起。

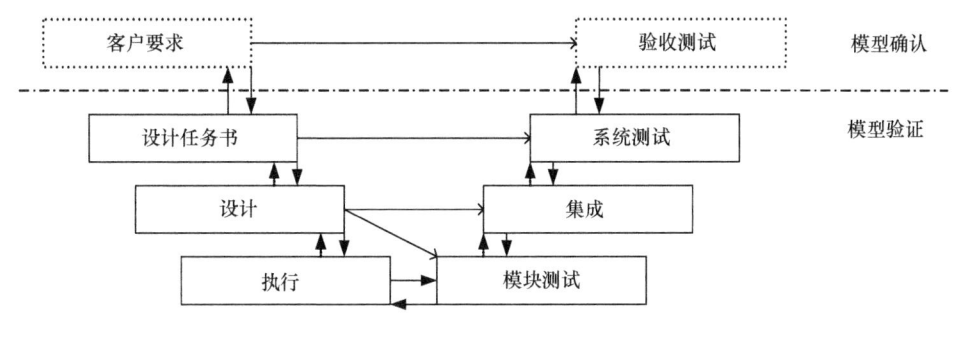

```
┌─────────┐                    ┌─────────┐
│ 客户要求 │ ─────────────────→ │ 验收测试 │     模型确认
└─────────┘                    └─────────┘
─ ─ ─ ─ ─ ─ ─ ─ ─ ─ ─ ─ ─ ─ ─ ─ ─ ─ ─ ─ ─ ─ ─ ─
┌─────────┐                    ┌─────────┐
│ 设计任务书│ ─────────────────→ │ 系统测试 │     模型验证
└─────────┘                    └─────────┘
      ┌─────┐              ┌─────┐
      │ 设计 │              │ 集成 │
      └─────┘              └─────┘
           ┌─────┐    ┌─────────┐
           │ 执行 │    │ 模块测试 │
           └─────┘    └─────────┘
```

图 11.6　V 模型

80 年代中期，军事领域中已经开始开发功能相当复杂的软件，同时要求很高的可靠性，所以常常用到结构清晰的 V 模型。1997 年，V 模型成为德国的民用和军用项目的标准过程模型［BRD97］，称为 V 模型 97。除系统开发，V 模型也为项目管理、配置管理（见第 8.5 节）以及质量管理等应用提供相应的子模型。

V 模型在汽车领域的应用也很广泛。然而，V 模型有两个明显的缺点。第一，在项目开始之初，就需要根据 V 模型的要求把所有的规格和计划具体化，在项目开始之后的灵活性很小，而这在实际情况中往往是不现实的。第二，往往在项目最后进行系统测试时，才能发现最初所犯的一些基本的错误，而这时已经没有时间进行任何改动。所以，对于大多数开发人员来说，V 模型显得过于死板和僵化。

为了增加灵活度，2004 年引入了新版本的 V 模型，称为 V 模型 XT[①]。描述 V 模型 XT 1.4 版的 PDF 文档有将近 1000 页，V 模型 XT 2.3 版［BRD19］大约只有一半。V 模型 XT 的一项重大创新是有几页专门用于剪裁。它的目的是防止 V 模型通过适配选项（取决于灵活方法），被看作项目的过程模型。但没有人按照这种模型工作，因为它不合适。

V 模型 XT 适用于不同类型的项目，例如硬件系统、软件系统、嵌入系统、机电系统以及不同组件的系统集成等，应用也不局限于技术领域，而是也扩展到商业领域。V 模型的子模型也扩展成多个过程单元。

V 模型支持分级应用，也就是说，一个新项目的总体系统可以分为硬件部分和软件部分，这时的一个"大 V"可以分解为两个"小 V"，其右侧分支最终再汇集到一起。通过这种方式，总体系统的设计任务书也同时对子系统有所规定，而子系统可以依据独立的 V 模型进行开发，开发结束后再集成到总体系统中。一个特别有趣的案例是安全关键系统的开发。功能安全标准［ISO 26262］提供了一种方法，在该方法中，产品的安全性与第二个 V 中的功能并行开发。

（3）并发模型

并发模型的目标为，尽可能多地将不同的开发过程平行进行，以节省开发时间。

[①] 一般认为 XT 指 "eXtreme Tailoring"，但具体来源不可考。

并发模型并不是一种单独的模型，而是其他模型的补充。例如，采用 V 模型时，需要等到一个步骤结束之后，才能进行下一步。采用并发模型，是指将总项目分为同时进行的子项目。但并发模型也增加了项目的复杂程度，尤其是当子项目之间相互依赖时，往往随着开发工作的进行才发现还需要对已经完成了的子项目进行修改。另外，并发模型也要求增加研发团队讨论的次数，间接地导致研发成本升高。

（4）面向对象的模型

面向对象的编程语言 C++ 或者 Java 在汽车工业中除了多媒体领域基本没有应用。在软件开发章节我们已经对这一点进行过介绍。

即使不面向对象进行编程时，软件开发过程中也经常分为不同的单元（不称为对象，而是称为模块），在随后的代码中也可以对其进行调用。硬件开发时（例如集成电路设计）有时候也会用到模块化的概念。

特别是进行相似的项目时，模块的意义便体现得非常明显。汽车电子领域中，无论硬件还是软件，都经常用到设计模块，为了和"面向对象"进行区分，一般称为"模块系统"。

图 11.7 所示为面向对象的模型，利用面向对象的专业用语显示了开发流程。在没有对象的前提下开发软件或者硬件时，每一步名称中的"OO"可以省略。

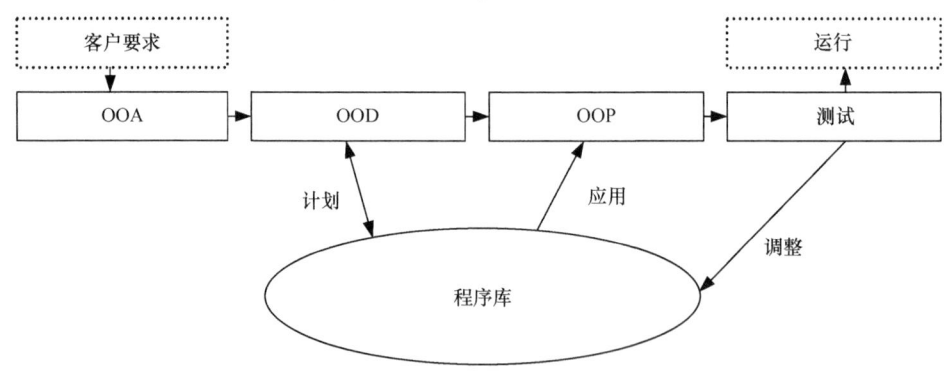

图 11.7 面向对象的模型（与面向对象开发的技术术语。OOA 为面向对象分析，OOD 为面向对象设计，OOP 为面向对象编程）

面向对象的模型的特点在于，进行设计时首先对程序库进行检查，看有没有已经存在的可用模块；在程序开发的过程中，一旦有了新的模块，也将其添加到程序库中，以便以后进行调用。

实际开发过程往往是有时间压力的。在保证不耽误产品开发的前提下，再对新的模块或者对象进行记录和注解，并且将其收录在程序库中以便其他的项目可以调用，这需要很高的纪律性。即使模块本身代码很好，但如果没有一个清晰的记录和文档，往往没有利用的价值。

（5）螺旋模型

到目前为止，许多公司，包括美国的军方都在进行一些大型软件项目的开发，但其中很多都以失败的产品或者由于经济问题而告终。

所以，对有一定风险性的项目，需要在项目进行时有足够的机会来决定是否进行修正，必要时甚至终止项目。这类模型的一种称为螺旋模型，也是由 Boehm 提出的［Boehm88］。

研发步骤类似于螺旋排列［Boehm88］，所以称为螺旋模型。模型进行多次循环（例如 4 次），每一个循环都由目标、其他选项（自行研发还是对外采购）、风险分析、原型样品、下一个开发步骤等所组成。由于模型中包含很多风险分析元素，所以也称为风险驱动模型。由于采用螺旋模型的成本很高，在汽车电子行业并没有得到广泛应用。但是，我们下面将提到的一些模型采用了简化的螺旋模型的一部分元素。

除了简化版的螺旋模型，还有为了让所有参与方都受惠的扩展版的螺旋模型。双赢模型（WinWin Model）也是由 Boehm 提出［Boehm89］，虽然模型本身很有趣，但是过于关注心理学层面的知识，而缺少对项目参与人员本身的考虑，所以并未得到实际应用。

（6）原型实验模型

在项目之初，客户并不一定清楚未来产品的细节，而是经常需要在原型样品开发出来之后，才能决定项目后续应该如何进行。I don't know what I want, but I will know it when I see it（我不知道我想要什么，但当我看到它时，我会知道的）——经常从客户口中听到这句话，这种情况简写为 IKWISI。

客户得到原型样品，并且可以在实验车中进行测试的这一步骤，称为原型实验（Prototyping）。在原型实验步骤之间为完整的开发周期，可以基于其他的过程模型进行。从这一点上讲，原型实验模型为一种简化版的螺旋模型。虽然螺旋模型非常罕见，但原型实验模型却很流行，而且经常和 V 模型结合使用。

如图 11.8 所示，每一个原型样品都对应设计任务书进行开发并需要通过验收测试。在每一步原型样品之内可以采用其他的过程模型。从原型样品中积累的经验将会体现在下一步原型样品的规格要求中。由于客户做原型实验一般需要相当长的时间，所以在原型实验的同时，供应商就需要开始进行下一步原型的研发工作，而原型实验的经验只有等到再下一个原型开发时再进行应用。

（7）演化模型

演化模型（Evolution Model）和原型实验模型类似，而且二者之间没有明显的界线。在演化模型中，首先实现核心要求，然后客户可以根据需要再提出扩展要求。但发现扩展要求和核心要求发生冲突时，有时需要重新开始设计工作，这也是演化模型的一个潜在问题。

（8）增量模型

和演化模型不同，增量模型（Incremental Model）从项目一开始就定义了整体系统的核心框架，用于避免以后再对核心要求进行修改。但实现定义好的系统核心

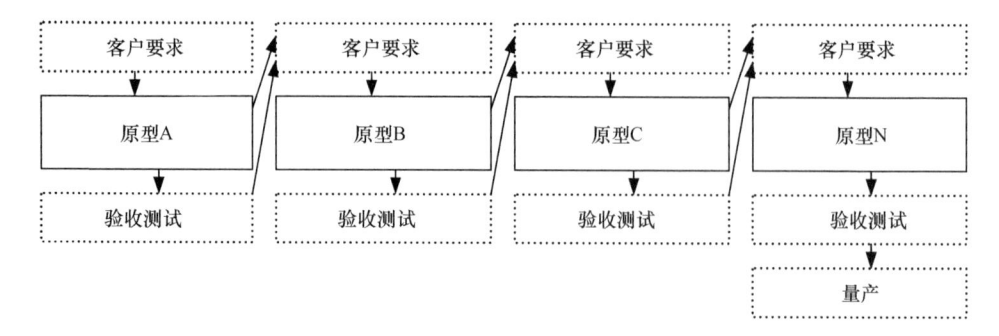

```
┌─────────┐     ┌─────────┐     ┌─────────┐     ┌─────────┐
│客户要求 │     │客户要求 │     │客户要求 │     │客户要求 │
└────┬────┘     └────┬────┘     └────┬────┘     └────┬────┘
     ↓ ↑             ↓ ↑             ↓ ↑             ↓
┌─────────┐     ┌─────────┐     ┌─────────┐     ┌─────────┐
│ 原型A   │ →   │ 原型B   │ →   │ 原型C   │ →   │ 原型N   │
└────┬────┘     └────┬────┘     └────┬────┘     └────┬────┘
     ↓               ↓               ↓               ↓
┌─────────┐     ┌─────────┐     ┌─────────┐     ┌─────────┐
│ 验收测试│     │ 验收测试│     │ 验收测试│     │ 验收测试│
└─────────┘     └─────────┘     └─────────┘     └────┬────┘
                                                     ↓
                                                ┌─────────┐
                                                │  量产   │
                                                └─────────┘
```

图 11.8 原型实验模型

框架也是一步一步地进行工作，在此期间客户仍然有足够机会要求做出修改。所以，虽然增量模型从一开始就定义好了核心框架，但随着新的想法的出现，还是会随着项目的进展逐渐转变为演化模型。

（9）Timebox 模型

Timebox 模型在汽车电子领域中没有应用。Timebox 模型中，只是规定项目开发的成本和日程，而不定义明确的开发目标。随着项目的进展，才能逐步获悉技术开发能达到什么样的程度。有时将 Timebox 模型归入快速应用模型中。

（10）敏捷模型

如前所述，一些模型比如 V 模型在项目开始后，就没有机会再根据客户的请求做出改动，而原型实验模型、演化模型以及增量模型则提供一定的灵活度。敏捷模型（Agile Modeling）的目标，便是对客户的改动请求快速地做出响应。

如果把原型实验模型想象为非常多、无限小的小步，每一步都有一个改动无限小的原型样品的话，那么每当改动一行代码（一行代码也并非"无限小"的改动），就要向客户提供一个新的软件原型。而客户则需要时时刻刻监视这些软件的开发工作。对于硬件开发项目来说，实现起来更加困难。而敏捷模型恰恰是尝试着尽可能实现这种极端的情况。

敏捷模型有很多种，例如 Scott W. Ambler 的敏捷数据库（Agile Database，AD）、敏捷建模（Agile Modeling，AM）［Ambler02］、自适应软件开发（Adaptive Software Development，ASD）［Highsm00］、Crystal［Cckbrn01］、功能驱动开发（Feature Driven Development，FDD）［CoLeDL99］、动态系统开发方法（Dynamic Systems Development Method，DSDM）［DSDM］、精益软件开发（Lean Software Development）［PopPop06］、Scrum［BeeSch02］，Scrumban［Reddy16］，以及并不总是属于敏捷模型的统一软件开发过程（Rational Unified Process，RUP）［Ration］、测试驱动设计（Test Driven Design，TDD）［Beck02］、Agile Enterprise mitXBreed［XBreed］、XP（eXtreme Programming）。

有意思的是，V 模型 XT 在调整（Tailoring）中也明确地包括了敏捷系统开发模型。

这些模型互相重叠，许多情况下是互补关系。在 21 世纪初，涌现出了很多敏捷模型，也有很多销声匿迹了，在这种动态变化的情况下很难对敏捷模型进行详细介绍。在很多模型中，有两个模型脱颖而出，一个是代表了敏捷模型的 XP，另外一个是 Scrum。XP 的第一版出现在 2000 年［Beck00］，当今应用最多的为根据经验修正过的第二版［Beck04］。

XP 并不在项目开始将产品作为整体来定义标准和要求，而是将项目分解为很多个小的、时长约 2 周的工作包进行实现（XP 术语称为"Short Releases"）。客户的修改要求通过客户和供应商的协调会议记录在游戏计划（"Planning Game"）中，同时也对修改的成本以及优先级进行协商。对产品功能性的要求不是通过抽象的设计任务书，而是简单明了地通过比喻（"Metaphors"）来进行定义。客户紧密地参与到开发项目中来，最理想的情况是常驻在供应商处（On-Site Customer）⊖。另外，还要求所有项目参与人员每天举行一次短暂例会（"Standup Meeting"）。

"测试"在每一种过程模型中都有重要的作用，而且和开发结合越紧密越好。所以 XP 建议首先开发测试程序，甚至自动测试程序，然后再开始进行编码——这种顺序听起来似乎不合逻辑，但是在 V 模型中，设计任务书中就规定了测试的方法。所以在完成设计任务书时，就应该指明，规定的某项功能应该如何进行测试。XP 则在 V 模型的基础上更进一步，不是采用设计任务书中的文档，而是真正的测试程序。采用这个顺序，也可以避免在项目后期的时间压力下草率编写测试程序的情况。对一个模块进行改动时，要进行连续集成测试（Continuous Integration），验证在改动之后其他模块是否仍然无故障运作。

XP 中还有其他的概念，例如，追溯（Retrospectives）是指采取以往的经验；编码标准（Coding Standards）是指编程需要遵守的标准；可持续步（Sustainable Pace）用来避免时间压力下出错率的升高；设计简洁（Simple Design）用来保证任意时间都可以进行改动。当一个模块由于太多的修改变得不能维护或者速度过慢时，还需要有足够的魄力对其重写（Refactoring）。XP 还有一个特点是成对编程（Pair Programming），也就是说需要两个人同时进行工作，这样做的原因是降低错误出现的概率，同时经过两个人的交互可以产生创新性的想法，也通过共同所有权（Collective Ownership）来增强团队的责任感⊖。

XP 让位于类似的灵活方法，即 Scrum。1～4 周的短工作包（sprint）也在 Scrum 中处理。在这里，客户也通过"产品负责人"密切参与。还有一个组织团队

⊖ 实际上这种情况不太可能，因为无论是客户常驻供应商处，还是供应商常驻客户处都不是对方所希望的。

⊖ 来试图说服管理层同意支付更高的人力成本以便两人同时工作，事实上并不是一件容易的事情。XP 模型也可以在不设置 Pair Programming 的情况下使用。

负责人，称为"Scrum Master"。在计划会议上，定期协商动态需求列表（"积压"）中的哪些项目将在下一个 sprint 中处理。Scrum 描述了一个与 XP 非常相似的管理框架，但与 XP 相比，日常工作的细节在很大程度上是开放的。

诸如 XP 这类敏捷模型，也适用于硬件研发么？答案是否定的。假如要经常修改电路板的布线的话，成本会急剧增加。由于汽车行业的硬件一般都是模块化的，对于不同的客户要求可以做出相应的调整，而项目后期的功能修改一般只针对软件，所以硬件研发时一般不需要采用敏捷模型。所以，和其他过程模型不同，敏捷模型的应用只局限于软件。

许多公司现在都拥有 XP、Scrum 和自定义灵活流程模型的经验。通常这些都是小公司。但有时也有金融领域的公司集团。特别是客户在现场，成对编程往往被免除了。经常 Scrum 也被 XP 的个别技术所补充。这些公司积极地报告了各自的经历。然而，一家汽车电子公司也得出结论，XP 不是该公司的替代方案。对安全至关重要的产品的一个问题是每次交付都需要进行大量测试。来自各个公司的详细和匿名的现场报告可以在［WoRoLi05］中找到，该书也被推荐作为 XP 的介绍。Object Spectrum 杂志不定期会发表现场报告［ObjSpe］。如果在课程中使用 V 模型和 XP 并行处理项目，XP 组中的学生会发现工作更灵活，更有创意，但随着项目的进展，他们希望在 V 模型中有更好的文档。

和敏捷模型密切相关的是快速应用模型（Rapid Application Development，RAD）。在软件领域，快速应用模型已经出现了将近 20 年，原理就是利用专用的开发工具，快速地生成初步的、功能性的原型样品。但当时并未采用"敏捷"（Agile）这个概念。如今，当利用专用工具（例如仿真）做功能性检查时，人们仍然使用 RAD 这个概念。RAD 和快速原型或者快速控制原型相似，只不过后者更多地用于嵌入式系统。

（11）开放源代码

在汽车工业之外，还存在一些开放源代码的软件，所有感兴趣的人都可以义务对软件进行改进。最典型的例子当属 Linux 操作系统。

这种听起来非专业的方式，实践证明也可以带来高品质和高可靠性的产品。但是，开放源代码也意味着舍弃了项目开发的保密性。除此之外，义务性的开发工作也并不能严格按照固定好的日程来进行。所以，开放源代码的形式虽然在一些领域有成功的例子，但并不适用于汽车工业。

（12）过程模型的比较

以 V 模型为代表的记录驱动模型的优点在于每一个步骤都会产生明确的文档记录，而缺点是灵活性比较低，测试也只能在项目快结束时进行。相反，原型实验模型或者敏捷模型则具有较高的灵活性。

然而到现在为止，在汽车这个相对传统的领域，敏捷模型的应用还比较少，使用经验还相对缺乏。

在汽车领域最优化的解决方案是总体框架采用原型实验模型，而每一步原型样品之间的工作则按照 V 模型来开展。

5. 要求和规范

在项目规划结束时，应该有清楚的项目目标，但未规定达成目标的方法。这些应该在开发任务书（Pflichtenheft）中进行定义。由客户所定义的要求称为设计任务书（Lastenheft）。开发任务书应该作为上面提到的项目规划的基础。

在项目规划即将结束时就产生完善的开发任务书只是理想的情况。在实际中，常常是在项目开发进行到一定的程度、有时甚至在量产之前才出现最终版本的开发任务书。这是因为，一方面，在项目初期来自客户的要求还没有完全明确，随着项目的开展，客户才能提出越来越清晰的要求，另一方面，项目进行中，开发团队也会获取新的认识，并且将这些也逐渐写入到开发任务书中。

建立开发任务书的过程，称为需求工程（Requirements Engineering）。想深入了解的读者请参阅［Rupp09］。需求工程分为两步，第一步是领会客户的需求，第二步是将需求以正规的格式进行书面记录，以便各方查阅。

对客户需求的领会首先通过阅读客户的设计任务书，在此期间要和客户进行多次交谈，然后将客户需求总结到开发任务书中，并不断进行完善。即使在设计任务书中已经存在的需求，也需要反复和客户沟通，以便避免在项目后期才发现必须做出昂贵的改动。有时客户有一些想法，但是由于他主观地认为这是大家的共识，所以并不一定会在设计任务书中进行提及。如果由于未提及的方面而导致项目进展不顺利的话，作为供应商，虽然可以和客户说明，责任在客户一方，但是却有可能导致客户的满意度降低。所以，供应商也有义务对客户进行技术支持，以便使设计任务书更加完善，甚至可以向客户建议一些自己的想法。

除了客户方面，开发任务书中还应该包含其他方面的信息。例如，项目要遵循法律法规以及供应商公司内部的规定。另外，还要注意来自社会或者道德方面的规定，有些规定是不成文的，但是不注意的话，却有可能导致供应商的声誉受损。当客户提出的要求违背法律或者道德约束时，供应商有义务和客户进行商谈。例如，客户由于成本等因素，要求供货商省略安全相关系统中的安全性部件时。

当一个开发项目没有客户，也就是说由供应商单独进行开发时，这种情况下不存在设计任务书。这时，需要通过其他的方式，例如市场调研等，收集和汇总潜在的客户期望，并且将其转化为技术性的要求。应用最广泛的一种方式为质量功能展开（Quality Function Deployment，QFD）［AkKiMa04］。

QFD 的一种重要方法为质量屋（House of Quality）。质量屋为二维的评估矩阵，由于其上部的三角形半矩阵看起来类似屋顶而得名。主矩阵的行是客户要求以及优先级，列则为不同的技术指标。上部的三角形半矩阵为技术指标和竞争对手的比较（例如仪表板显示屏要大和设备体积尽可能小会有冲突）。另外，技术指标也决定了产品的成本。利用质量屋分析方法，可以鉴别产品的技术指标，对产品的市场竞争力和技术竞争力进行评估。

如图 11.9 所示,质量屋不仅适用于技术产品,也适用于流程。图中的例子就是根据客户期望对供应商的开发流程进行的评估。

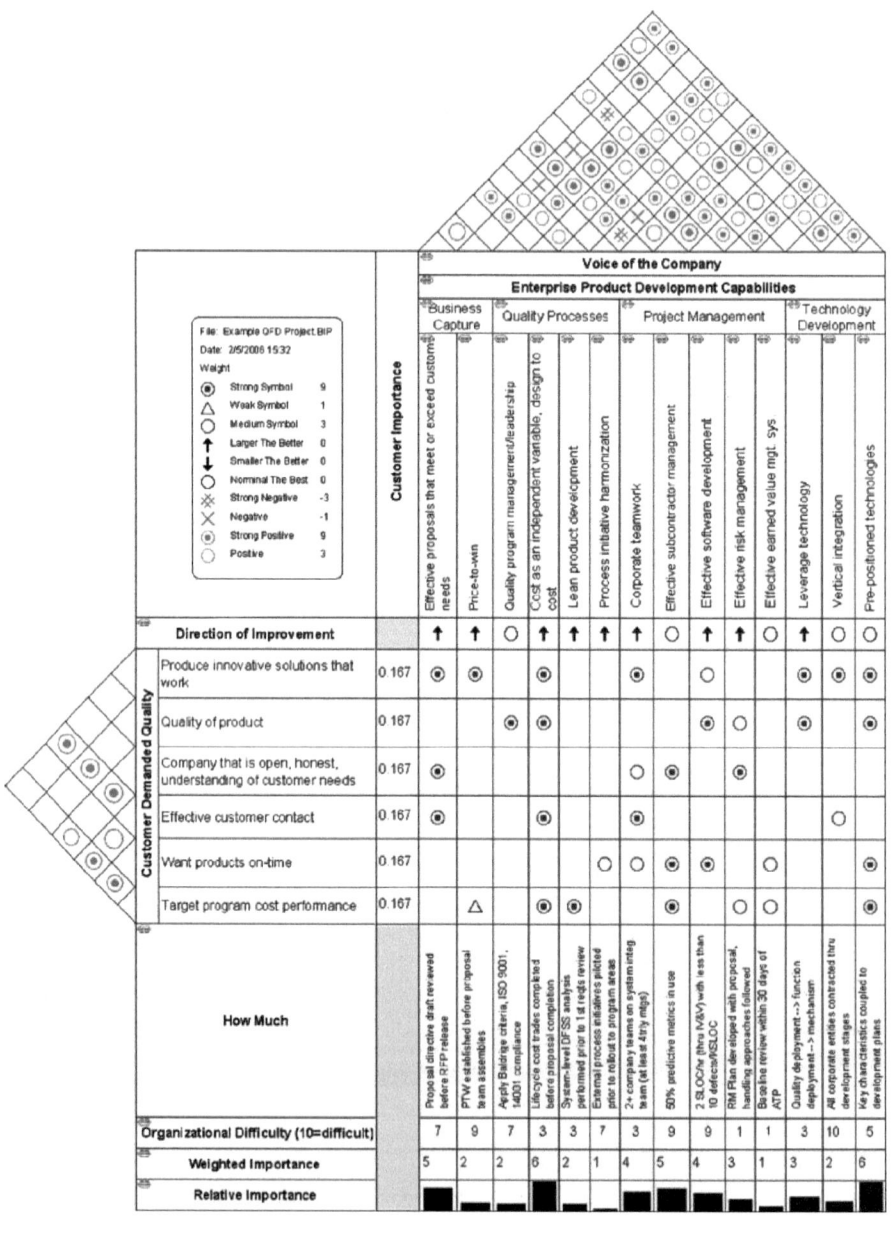

图 11.9　质量屋举例 [WikiQ]

下一步就是建立和存储开发任务书。清晰完善的开发任务书可以在整个项目中应用，从而节省了项目的总体工作量。有时由于时间和人员不够，项目组会倾向于把开发任务书的制作推迟，但从经验来看，随着项目进展，在后期也几乎不可能有更多的时间和人手来着手这项工作。

开发任务书可以以图表或者文本的形式来完成，一般二者兼具。为了达到明确清晰的目的，需要选择标准的语言（也可以是基于图表的语言）来对功能进行描述。

对硬件来说，很早以前就有了统一的图表语言：电路图。而对软件，不同的公司有不同的标准化描述方法，但通常的做法是，通过仿真程序的图像编辑器来建立开发任务书，这样，在软件开发完成之后，也可以通过仿真程序对其进行检验。

一种在软件领域应用很广的描述性语言为统一建模语言（Unified Modeling Language，UML）。UML通过应用多种图表来描述软件的动态功能或者静态架构。UML最初是为在汽车领域中还未广泛应用的面向对象的编程来设计的，所以其中的重要组成部分为种类繁多的类图。但是UML也使用于其他语言，例如C语言。UML所包含的图表类型并非是新开发的，而是在此之前就存在，例如状态图或者类图等。

使用UML可以对不同类型的图表做调整，使它们彼此之间相互完善。通过UML可以明确地对功能进行定义，甚至通过一些软件开发工具自动生成代码草稿，也就是说，UML也可以作为一种编程语言使用，旧版［SeeGud00］提供了结构良好、简洁、易于理解的UML介绍，但它不再是最新的（UML2.5.1）。［Kecher17］推荐对UML2进行深化。对UML自动生成代码感兴趣的读者可以参考"UMLStudio"［PraSof10］，其内容由浅入深，而且提供了一些免费的示例。

UML主要应用于信息技术领域，它对于嵌入式系统建模的变种称为系统建模语言（System Modeling Language，SysML），目前版本为1.1［OMG19］。主要应用在汽车系统建模中的语言为EAST-ADL［EAA］。

值得一提的是，对描述性语言进行注释是不可或缺的，这样不仅帮助开发人员了解自己工作的方向，客户也可以批准开发任务书。为了避免误解，在描述一个功能的细节之前，有必要对其简单地注释，即说明这个功能是做什么用的。

经常会出现的问题是，无论是客户还是开发人员，都习惯于编辑抽象性的文档。这使得设计任务书并不总是容易理解。所以，双方都要尽量清晰、明确地完成计划书，这样才能避免误解，成功达成项目的目标。

6. 项目手册

前面所提到的决定需要总结到项目手册中。项目手册并不是指一本书，而是大概10页左右的文档，其中记录了项目最重要的指标。项目手册应该供所有成员使用。

一个项目应该拥有一个统一的文件目录。当项目成员来自于不同的地区时，在保证网络传输安全、保密的情况下，应该把文件目录向所有的成员开放。

设计任务书和开发任务书由于内容太广泛，一般来说不编入项目手册中，但应该存储在同一个目录下。

另外，项目手册中还需要包含一些"细节"的内容，例如什么样的文档存储在哪个目录下等类似的信息。

11.5.3 开发阶段

在规划阶段结束之后，开发工作可以开始开展了。本书的内容安排假定在理想情况下，也就是说，设计任务书在规划阶段就已经成型，但实际情况中，设计任务书的制定一般会延续到开发阶段，有时甚至会占用大部分的人力和时间。规划阶段制定的其他文档，例如日程安排等，理论上不应该再进行改动，但实际中却也往往需要做一些小的调整，例如有的成员因病请假等情况。

图 11.10 所示为汽车领域（并不局限于汽车电子）典型的项目流程图。项目团队中一般由一个项目经理、若干系统工程师以及硬件和软件开发人员所组成。另外，客户、生产部门也可以参与到开发过程中来。通常还由两个或三个管理人员组成指导委员会⊖对项目的进展进行监督。有些时候，客户和开发团队之间通过销售部门进行信息交流，这种方式的优点是开发团队不会因为经常需要回答客户的问题而影响到日常工作，而缺点则是可能导致开发团队和客户之间的交流不畅而产生误解。

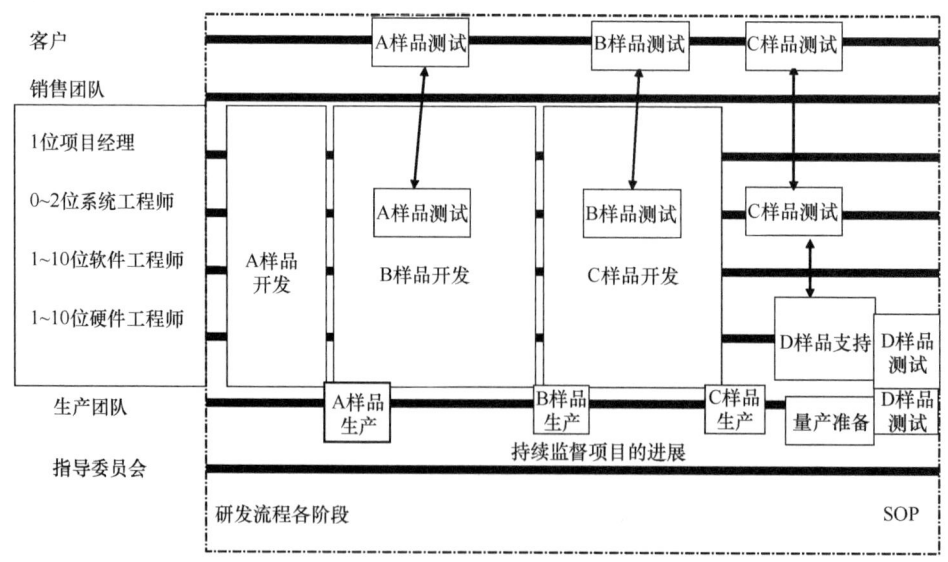

图 11.10 汽车领域（并不局限于汽车电子）典型的项目流程图

⊖ 不同的公司有不同的叫法，但几乎每个公司都有这个组织。

开发团队的主要任务就是设计开发不同阶段的实验样品，在汽车工业中常称为 A、B 以及 C 样品。这样的流程基于前面所讲的过程模型的一种——原型实验模型来进行。对公司内部的项目，常常可以对流程进行简化，也就是说减少样品的数量。对于结构复杂的项目来说，也有可能增加实验样品的数量。

A 样品通常是为了让客户能有第一手体验而快速组装的样品，通常，A 样品离最终产品相去甚远。在实际中，还经常基于其他已有产品进行相关功能性的改动，用来当成 A 样品。A 样品通常委托给某个生产线的样品间进行手工组装，当可以基于已有产品进行小范围的改动时，甚至可以由开发团队自己组装。A 样品的数量不多，一般在 1~10 之间。当在开发项目开始阶段已经有了明确和清晰的设计任务书时，从原则上讲可以跳过 A 样品阶段，但是客户仍然可能需要这个 A 样品，用来测试其他相关系统的性能，以便避免之后整车系统之间不兼容的问题。

出于成本考虑，B 样品和 C 样品的搭建也应该尽量利用已有的产品或者经验。B 样品仍然是比 A 样品更完善的试验品，而 C 样品则应该代表了成熟的产品。实际情况中，在 C 样品开发之前，很难冻结所有的技术指标，所以在开发的过程中，仍然需要添加来自客户的新的要求。

每一个样品的开发阶段，不仅需要由供应商进行测试，还需要由客户进行测试。在不同的样品开发阶段之间，如果计划了测试等待时间，就会延长项目完成的期限。但是如果在 B 样品完成后、C 样品开始前不计划等待时间的话，客户得到 B 样品之后还没有来得及测试，更加难以冻结对 C 样品的技术指标要求。

B 和 C 样品需要由生产线的样品间组装。生产部门这时候应该已参与到该研发项目的项目团队中。

D 样品是成熟的产品，所以不能在样品间进行生产，而是应该使用批量使用的生产线设备进行生产。当 D 样品经过详细的测试确认无误时，测试结果要记录在原始样品测试报告（Initial Sample Inspection Report，ISIR，德国的标准用法，见 Wiki）中。随后，产品可以由客户进行量产放行，过程根据标准化的生产件批准程序（Production Part Approval Process，PPAP）进行［ISO 16949］。同时，客户需要审查供应商提供的零件提交保证书（Part Submission Warrant，PSW）。

通常客户还要对 D 样品（或者放行之后的产品，称为 F 样品）甚至生产设备再次进行审核。根据采购政策的不同或者项目初期和供应商的约定，每一个整车厂对零部件的 PPAP 都有特定的要求。由于这些正规过程成本很高且至关重要（批准过程出错甚至有可能引起昂贵的法律纠纷），所以一般由受过相关培训的有经验的工作人员来完成。

在 PPAP 之后开始的生产过程称为量产开始（Start of Production，SOP）。到此时为止，开发项目正式完成，开发团队也可以解散，一般只需要指定一个维持已投产产品的负责人即可。

在项目进行时，会不断地对产品设计进行变化和改动。一方面，这些变化是来自客户设计要求的更改（这种情况下变化成本一般由客户支付），另一方面，也可能由于供应商自己的设计缺陷而需要修改（这种情况需要供应商自己承担费用）。对于项目进展过程中的后续变更的管理，称为变更管理（Change Management 或者 Change Request Management）。变更管理可以看成需求管理（Requirements Management）的一个特殊情况，其特殊点就在于不是在一开始就定义要求，而是随着项目的进展不断地出现新的要求。

图 11.11 所示为研发过程中的变更管理内部流程图。流程和项目获取阶段的流程类似，每一个后续的变更要求，都像在大项目的框架内开展一个小项目一样对待。对于变更的成本和边界条件都需要进行清楚的描述，而且整支开发团队都要对变更做出评估，达成一致。当变更的工作量非常大时，还需要扩展团队人员。变更项目的开发工作应该基于和整体项目一致的过程模型。

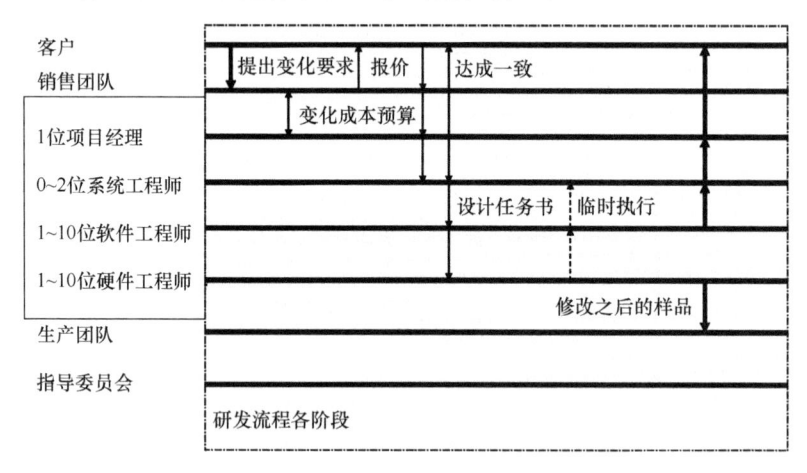

图 11.11　研发过程中的变更管理内部流程图

当设计任务书由多个子设计任务书组成时，客户会根据需求对其中的一个部分做出改动，这时，最好将每一个子设计任务书（例如设备的某项功能）作为单个文档分开存储，然后利用一个表格作为索引。图 11.12 所示为设计任务书汇总表格举例，除了表格和单个文档，汽车工业中的需求管理中还常常使用"Doors"等工具［Telelo07］。

图 11.12　设计任务书汇总表格举例

表格左侧为每个子设计任务书的连续编号，接下来是大体的描述，随后是三个状态指示列，每一列都以红绿黄三种颜色标明子功能的状态。一些规格要求称为

FR，另一些称为 FP，其中 FR 代表功能需求（Functional Request），FP 代表功能问题（Functional Problem）。后续的变化要求和已识别的错误一样，两种情况都在计划之外，而且都需要更多的工作量来进行处理。和设计任务书不同，"错误"的记录文档中，一般包含不符合规格的错误类型，所以对错误记录时要写明错误的表现、在何种条件下错误会出现以及违反了哪一个设计任务书的要求。特别重要的一点是错误出现的条件及其可重复性，这是以后修改错误以及针对性测试的前提。

一些可能影响整体项目进展的错误，需要通知客户。通知可以通过非正式的形式进行，也可以使用汽车工业中通用的格式，称为 8D Report。一些公司内部部门之间的交流中也使用这个格式。8D Report 的内容包含组织团队、负责人、错误类型和说明、出错原因、短期措施及成功标准、长期措施，例如验证措施、防错控制、验证的有效性以及解决问题后对小组成员必要的物质、精神奖励等。

当设计任务书有所改动时，有必要指定版本号。有时候甚至可以通过配置管理功能来管理不同软件版本（见第 8.5 节）。

11.6 产品生命周期管理

之前的章节中经常提到一个重要的概念，是产品的"生命周期"。使用"周期"这个说法，是因为老产品投入市场之后积累的经验和改进，可以应用到未来的新产品的开发设计中。

产品生命周期管理（Product Lifecycle Management，PLM）是指在整个产品的生命周期之中，收集和管理产品的各项数据。生命周期从项目开发过程中的设计任务书、设计、结构、源代码等开始，包括生产过程中的质量数据，直到销售过程以及售后服务。

管理在产品生命周期之中产生的大量数据需要借助于数据库技术（尽管一些公司仍然继续使用文本文档或者表格的方式）。标准的数据库可以满足需要，但由于行业的特殊性，一些针对某些行业的专用 PLM 数据库软件逐渐出现，有些基于公司内部的数据库系统，有些则可以和内部数据库共享数据。同时，很多公司也希望将 PLM 数据库和内部数据库进行集成。公司内部数据库一般称为企业资源计划（Enterprise Resource Planning，ERP）系统，SAP 为典型的服务提供商之一。

在当今的 PLM 系统之前，曾经有过很多种版本的解决方案，将所有的版本放在一起，需要使用配置功能进行版本管理（见第 8 章）。大部分方案都并非跨越整个 PLM 周期，而只是涵盖了开发阶段。其他扩展到整个 PLM 周期的解决方案称为信息生命周期管理（Information Lifecycle Management，ILM）。在结构设计方面，需要采用专用的版本管理软件，称为工程数据库（Engineering Database）或者工程数据库管理（Engineering Data Management）。

其中，还有产品管理程序（Product Data Management，PDM）专用数据库，也就是汇集了产品的主要数据和图形的数据库。数据库采用分级结构，允许快速对产品中的某个零部件进行定位和查询。对于大型的整车厂来说，产品中有几百万个小的零件，所以PDM数据库不仅仅在产品的开发过程中，也在其他部门（如售后服务）中都极大地提高了产品管理的效率。

PLM系统的目标是将目前已经存在的多种不兼容的解决方案综合成为一个统一的解决方案。然而需要注意的是，由于经济方面和组织方面的原因，将已有的解决方案转化为PLM系统的过程并不总是可以成功实现的。

只要产品数据管理（PDM）还存在，那么PLM就类似于一个更高一层的数据库，起到联系产品生命周期各个环节的框架的作用，所以各个环节之间，例如开发过程中也应该对PLM数据库提供支持。

整车厂对生产的汽车以及车内来自于供应商的零部件都提出了详细的要求，一部分要求来自于不同的市场调查，还有一部分来自于领导层的偏好。当开始为不同配置的汽车设计规格要求时，一个车型的所有配置可能会多达上百种组合。

对于不同的配置组合，在开发过程中，首先定义所有必要的功能并将其网络化，然后将功能分配给特定的电控单元，然后才能对电控单元的电子、力学、软件，以及电控单元之间的通信和电源供给进行定义。随着复杂度的增加，这个设计过程已经不能人为、直观地来完成，而是需要借助于专用的开发工具。开发工具和之后产生的产品以及PLM系统都密切相关。

对产品生命周期管理详细的介绍请参见［PLM］。

11.7 基于架构的开发

至今为止，汽车的电子系统在很多领域中都有应用，例如动力总成或者底盘控制等。每一个领域都采用电控单元进行控制，而不同的电控单元具有不同的功能。这种应用领域→电控单元→功能的等级开发方法从很早之前到现今都广泛采用。但是，随着近年来电子系统复杂度的不断增加，这种传统的等级方法显得僵化，很多时候不是最好的选择。

当整车厂计划向市场提供多种多样具有不同配置的同款车型时，需要用到不同功能和配置的电控单元。从物流和组装的角度来看，即使硬件相同的电控单元，只要功能不同，也应该作为不同的电控单元类型来看待。同时，每辆汽车中所用的电控单元数量也越来越多，最终导致一个车型的电控单元类型及其组合的数量非常庞大，很难对这么庞大的数量进行管理和测试。

基于架构的开发是指在新车型开发的过程中，首先定义功能，然后寻找实现这些功能的解决方案，例如如何把这些功能分配到不同的电控单元中。以下是作为开发起点的典型示例，首先将功能粗略地表示为框并联结成网状，然后将功能分配给各个控制单元，再分配对组件的电气、机械和软件要求以及通信和供应网络的定义。随着复杂性的增加，这个过程不再能够在直观的基础上进行，而是需要开发工具。该开发过程与最终的开发产品密切相关，因此也与 PLM 密切相关。目前，基于架构的开发还没有足够的经验，所以还不能详细评判这种方法的优劣。

但目前市面上已经出现了支持基于架构的开发方法的开发工具。ECU 中的软件架构，如 AUTOSAR（第 8 章）在这方面也有帮助。

11.8 维护已投产产品

在开发项目结束之后，开发部门仍然会对已投产产品提供技术支持，但此时的工作重点已经转移到生产部门以及售后服务部门。

11.8.1 开发部门对已投产产品的支持

产品开发部门对产品的各项特性是最了解的，所以在投产以后，开发部门也对特定的产品指定相应的联系人。但是由于开发部门的主要任务是进行其他新的项目，所以并不直接回答来自客户的问题，而只是利用一小部分时间支持本公司的售后部门。

当产品开始量产且已经出售给最终用户之后，如果此时再确认产品有功能性缺陷甚至有安全隐患的话，会发生每一个开发人员都非常不愿意看到的情况：召回。除了缺陷责任（法律规定的保修期），整车厂还会要求供应商对由于零部件缺陷而进行召回所产生的花费进行赔偿。另外，零部件供应商的声誉也会受到影响。此时，生产部门维护已投产产品的负责人已经不能独自解决这个问题，而是需要开发部门的团队承担这个责任。

还有一种情况，那就是客户要求对投产之后的产品进行特定的改动。这时，需要由供应商自行评估改动的大小，然后决定是在生产过程中进行改动，还是需要通过设立新的开发项目、重新设计、测试之后再引入改动。

在欧洲，一个车型的平均投产时间在 8 年之内，零部件和备用件的生产则在 20 年之内，如图 11.1 所示。在一些极端情况下，一些电控单元甚至连续生产了 30 年。与此相反，半导体行业的产品生命周期明显要短很多，相同的产品只会生产几年。所以，在电控单元生产的过程中，某个微控制器已经不能从半导体供货商处采购了——有时因为这个原因，电控单元的系列管理需要进行相关的改动和重新放行，以便可以使用新型的微控制器来实现同样的功能。

11.8.2 量产

生产部门在开发项目进行的过程中已经参与到开发团队之中，这样可以保证开发和生产之间有良好的衔接性，在 SOP 之后可以马上进行量产。生产的安全性和可靠性也已经通过不同阶段的样品得到了验证。

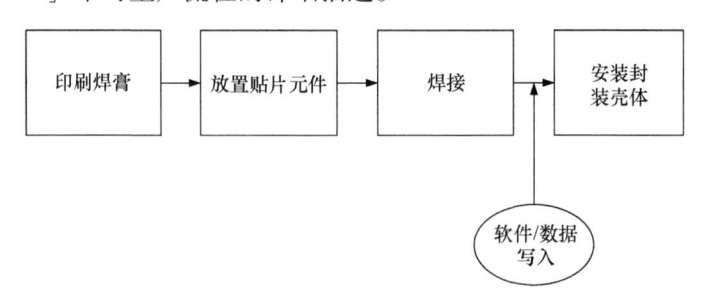

电控单元的生产过程和其他电子产品类似，如图 11.13 所示。有兴趣的读者请参见 [Scheel99] 中对生产流程的详细描述。

```
印刷焊膏 → 放置贴片元件 → 焊接 → 安装封装壳体
                              ↑
                         软件/数据写入
```

图 11.13　电控单元生产步骤（步与步之间要进行测试）

首先，通过丝网印刷工艺，将焊膏印刷在电路板上。然后通过工具对表面贴装元件（SMT）进行放置，放置时应该相对焊膏施加微作用力。放置完毕的电路板通过红外回流炉或者气相回流炉，在高温下焊膏中的溶剂以及黏合剂（如松香等）挥发或者分解，而焊膏中的金属部分会融化。然后，印刷电路板在经过明确定义的温度曲线变化之后冷却下来，这样就不会出现不允许的机械应力，并且焊料滴会变硬。如果除了表面贴装元件，还有其他类型的元件（例如插接槽或者大电感等），可以随后通过波峰焊（Wave Soldering）或者选择焊（Selective Soldering）的步骤完成。

焊接过程完成后，可以对软件和数据集进行编程。然后可以将印刷电路板放置在外壳中。在这种情况下，还可能在功率半导体和外壳之间引入导热黏合剂，以及在外壳组件之间引入密封黏合剂，之后在没有损坏的情况下打开外壳可能是困难的或不可能的。

在上述每步之间，都需要进行检查，如今检查设备都已经高度自动化了。首先进行光学检查，也就是通过光学成像自动识别样品，称为自动光学检查（Automated Optical Inspection，AOI）。焊接后可以进行电气测试。借助广泛的在线测试或电路测试（ICT），对测试点进行测试并自动评估其准确性。在最后的测试中，成品设备通过具有典型操作信号的插接器进行测量。汽车电子工业中，同款电控单元的生产数量一般在十万件。尽管为了这样一个产量去进行前期投资是值得的，但相比其他的消费电子产品，例如手机等，电控单元的产量还是很低的。而且，对于不同的车型，电控单元的产量也会有很大的浮动，例如同为大众集团旗下的 VW Golf 品牌就会比 BugattiVeyron 品牌的产量高得多。

这种产量的浮动性有时也会使电控单元的生产处于一种进退两难的境地。一方面，要保持高的灵活性，小到几十个电控单元的订单也要可以供货，另一方面，对于畅销车型的电控单元，产量会高达数百万个，这时要尽量采用高自动化的装备降低成本，才能收获量产效应所带来的利润。解决问题的办法是设置两个工厂（或者将工厂分为两个部门），其中一个装备高自动化的生产线，如图 11.14 所示，用来降低成本，提高产量，而另外一个则采用分步生产的方式，保持高的灵活性，即便小的订单也可以供货。这里所讲的"灵活性"，甚至可以是单独设置一个有经验的工人，操作所有需要的设备，来完成全部的生产步骤。

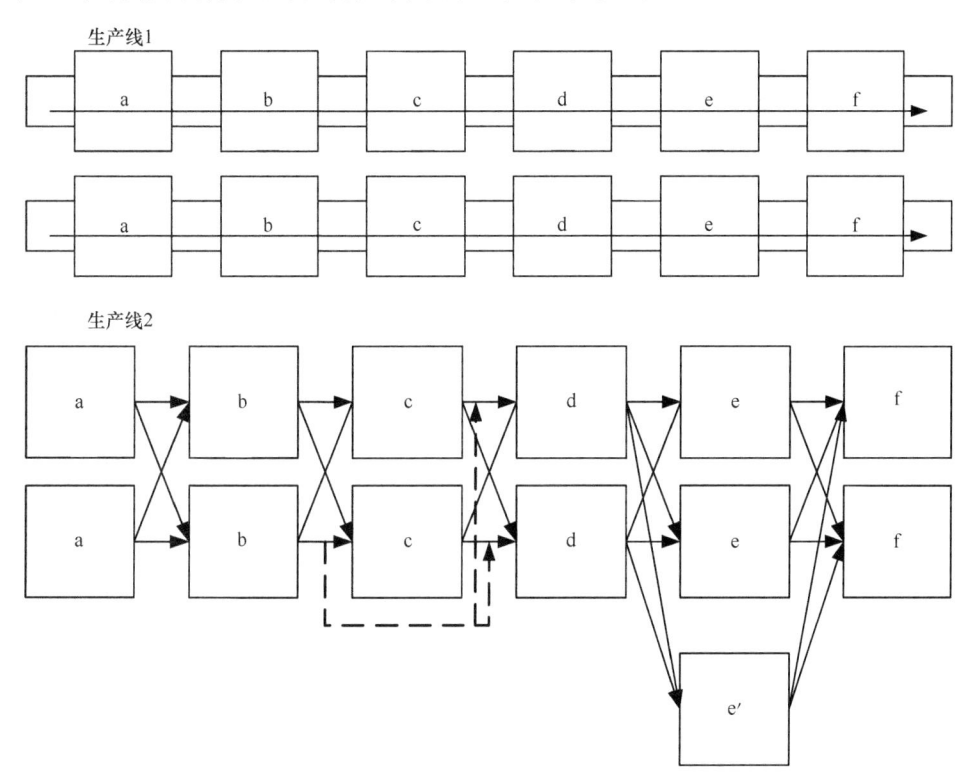

图 11.14　上方的生产线 1 是顺序的自动化流水线，产量高时可以降低成本。下方是分步生产的生产线 2，即使产量小，也能保证灵活性。虚线箭头表示可以跳过某些步骤，e′表示某些步骤的技术性指标可以有所不同

另外，在选择生产工厂时，也要考虑物流方面的成本，例如有一款车型在其他国家销量很好，其中的电控单元如果还在德国进行生产，然后再运输到海外，成本就会相对较高。

所以要尽早决定在哪个工厂进行电控单元的生产，最好在最初的计划阶段生产部门就能介入开发项目中，这样有利于对之后的生产做出评估。

11.8.3　售后服务

售后服务包括周期性的汽车保养以及在品牌或者独立汽车维修站进行汽车维修等。

和新车销售比起来，售后服务是一个利润空间更大的市场。很多汽车品牌都是

通过售后服务来实现高的营收额。汽车的最终用户也希望获得良好的售后服务，所以售后服务也是汽车品牌质量的一个重要组成部分。

对电子部件来说，售后服务最主要的内容是通过诊断仪来诊断电子系统或者电子部件的功能（见第 8 章），如果发现故障，需要更换电控单元以及相应的传感器或执行器。

尽管根据欧盟指令［EU10-461］，存在反垄断例外，但根据欧盟法规［EU08-692］，不再允许个别制造商仅向自己的服务组织提供全方位诊断，从而使独立车间处于不利地位。此外，［EU07-715］，包括随后的修订条例，包含访问服务信息的要求。特别是对于拥有少量经销商和服务网络的外国制造商，开放诊断接口也可以为客户带来额外的好处。

售后服务逐渐面对的一个挑战是，汽车电子系统的种类和复杂度在不断增加，这使得维修人员很难对系统有透彻的了解。特别是对独立维修站来说，要掌握所有汽车品牌的电子系统更是难上加难。为了解决这个问题，维修站应该更突出专业性，例如专注于某些汽车品牌，或者专注于汽车中的某些系统等。

11.9　产品质量

读者肯定对"质量"这个定义毫不陌生。很多消费者认为质量应该满足以下几个关键词：满足使用要求、达到期望值、高可靠性、长的使用寿命等。在理想的情况下，一个理想的产品应该满足所有用户的所有要求，使用过程中不会出错，而且产品的使用寿命要超过用户的寿命。这样的产品肯定最受欢迎，但是产品的生产成本也会很高，以至于很少有人消费得起。从供应商的角度来讲，研发理想产品的成本很高，投资很大，但最后由于用户群体很小，因此反而不能带来任何利润。

［DIN55350-11］和与之相似的［DIN8402］中对质量的准确定义为

使一个装置满足设计所要求的所有特性的完备性。其中，装置可以是一件产品，或者其他物品。设计要求是预先定义的或者默认的，具有一定的应用目的。

相似地，［ISO 9126-1］中给出了软件的质量定义。

所以产品的质量就是指满足基于某种使用目的预先定义的或者默认的设计要求。

设计要求应该在客户给出的设计任务书中详细给出。没有事先进行规定的设计要求，是和质量无关的。比较难以掌握的一点是默认的要求，因为这个概念经常是主观性的。对于前面提到的可靠性也是这样，因为每一个客户对于产品的可靠性要求是不同的。对于这样主观性的概念，需要通过统计的方法（例如问卷调查等），尽量将其进行量化和可测量化。

需要提到的一点是，产品的质量需要以使用目的为基础。如果供应商生产的产品也有其他用途（例如具有潜水功能的汽车），多数客户不会为这个昂贵的附加功能买账，也不会将这个功能的优劣作为评估产品质量的主要标准，因为在绝大多数情况下，汽车的主要任务是在道路上行驶。

仍然会有一些客户，会对潜水附加功能非常看重，愿意支付一些钱来购买这个多功能的汽车。这些客户会把潜水的附加功能，例如驾驶舱的密封性、水中前进的动力等作为质量的判断标准。

所以，使用目的是根据目标客户群体而变化的。以山地越野汽车为例，购买汽车主要在城市的街道上行驶的用户，几乎不会只为了外观等因素去支付高昂的账单去购买山地越野汽车，这时，汽车的越野功能不是质量的判断标准。但对于购买汽车去山地行驶的用户，如果购买了不具备越野功能的城市用车，反而会认为城市用车有质量缺陷，因为在越野的过程中，汽车可能产生损坏。

总的来讲，汽车的零部件的使用目的比整车更容易确定。在向供应商进行零部件定制时，如果说明了全部的设计和功能要求，那么上面提到的对质量的定义在大多数情况下都是适用的。

图 11.15 所示为质量的"黄金三角"，说明了在汽车电子产品的开发过程中经常会面临的冲突（对于其他产品或者服务来说也类似）。在汽车电子开发中，如果一味追求产品质量，那么产品研发和生产成本以及周期都会增加。同样，如果降低成本或者缩短研发和生产时间，会导致产品质量下降。

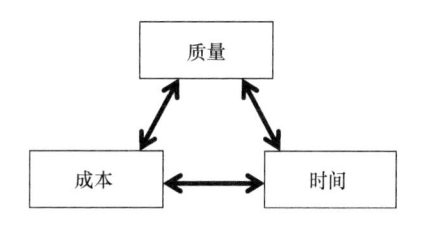

图 11.15　质量的"黄金三角"

读者可能还记得在 20 世纪 90 年代，一个汽车集团的新任"生产优化和采购部"经理因为成功降低了产品成本而举行了庆祝仪式，但不久以后，这个品牌频繁出现质量问题。原因就是成本的降低是依靠给零部件供应商施加成本和工期的压力，供应商只能以牺牲质量为代价实现这些不现实的指标。

11.9.1　质量管理

质量管理（Quality Management）的概念最早起源于生产过程。长期以来，工业界普遍采用质量控制（Quality Control）的方法，也就是说，利用检测手段将不合格的产品过滤掉。随着成本压力的增加，越来越需要在进行生产之前就避免出现质量不合格的产品。

随着质量管理在生产过程中的成功，类似的方法也应用到了产品的开发过程。开发过程中的错误往往比生产过程的错误要付出更加昂贵的代价，因为这种错误很可能需要把产品召回，甚至会有损品牌形象以及背负法律责任等。

图 11.16 所示为质量管理的基本元素，显示了质量管理是一个宽泛的概念。前面所讲的质量的定义是针对最终产品，最终产品的质量称为产出质量。如果只考虑

产出质量，那就是前面提到的质量控制的方法。和生产过程类似，在开发过程中，也要从一开始就进行质量控制，避免错误的产生，而不是等出错之后再进行修正。即使有时候产出质量达标，但这也不能在多次进行批量生产时仍然保证质量的可重复性。

要想系统性、可重复性地成功进行生产，必须在进行产品生产之前，严格控制流程。在汽车电子行业，核心流程中包含所有影响最终质量目标的因素。所以质量管理可以概括为"我们是否在做正确的开发"这样的问句。

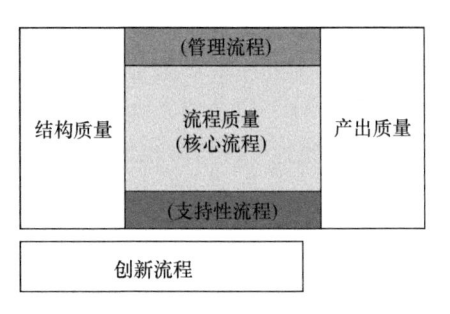

图 11.16 质量管理的基本元素

甚至即使开发流程正确无误，还是会因为一些其他问题使项目得到延迟，例如由于组织结构设置或者计算机中心的联网等。这种支持性的流程也是非常重要的，因为缺少了这些流程，核心流程便无法运作下去。所以质量管理中也应该包含这些支持性流程。

再好的开发团队，也会被不合格的管理方式所拖延。管理层的小错误，可能会对项目进展产生重大影响。所以也需要把管理流程包含在质量管理中。实际上这是非常难的一件事，因为并非所有的公司都会追究管理层的错误。

当然，就算流程都正确，也并不能保证开发工作顺利进行。例如当开发人员共享一间嘈杂的办公室来进行程序开发时，即使都按照流程来做，也难免会出错；当硬件开发人员的实验室中缺少必要的工具和设备时，也会对结果直接产生影响。所以，基本设施是保障各项工作正常运行的前提条件。对于这些基础设施要周期性地进行检查和改善。

很多读者可以将质量这个概念和熟悉的大学教育相对比，就会发现开发质量和教学质量一样，是很重要，但又难以直接测量。如何测量一所大学的教学质量呢？这需要对毕业生进行跟踪，并且对其职业发展进行评估，例如谁成功，谁收入高，谁人脉广等。对于这些评估指标本身就很难去量化，所以一所大学的教学质量也很难去量化。核心开发流程的质量管理就相当于对教学过程进行评估，支持性流程则是对大学管理进行评估。大学的管理层对自己的管理方法做出改进，这属于流程管理的一部分。例如实验室设备、教授的评估、生源质量等，属于组织质量的范畴。

在图 11.16 中，带问号的一项是创新流程。大多数开发部门已经对其他的流程有了共识，但却对创新流程有不同的定义，如何在创新流程中进行质量管理仍然存在不少争议。只是基于已经存在的产品进行改进而推出一项产品的过程，并不能成为创新。创新是采用从根本上有别于已有技术的新技术，并用一个很长的时间（几年或者十年）将其改进并转化为产品，从而成功推向市场的一个过程。在图 11.2 中，越靠近客户项目，流程越清晰，也越容易进行质量管理。而在最初的基础研究阶段，特别是在研究所的实验室中，则不存在固定的流程，可以灵活地开展各项工作。另外，在开发初期，还没有制定清晰的产品要求，所以质量管理并没有实际意义。如果在创新阶段进行质量管理，反而存在用条条框框限制开发团队进行创新的风险。

本节经常使用"测量"这个概念。众所周知，应该对于质量有关的变量进行测量，但是，对这些变量进行定义本身就困难重重。可以想象，仅仅对这些变量进行测量是不够的，还需要定义偏离目标值时做何种响应。工程师需要通过目标值和实际值的比较，通过反馈进行控制。

事实上，尽管质量相关的变量并不像电压或者转速一样容易测量，但质量管理中也利用回路控制的原理。图 11.17 所示为质量闭环控制举例。

在项目中，开发流程相当于一个控制系统，流程运作的效果如何，需要通过测量特征变量来体现。和生产过程中清晰明确的物理量不同，开发过程中的特征变量大多是抽象的，例如日程安排情况、已经支出的开发成本或者发生问题的个数等。这类变量进行抽象时，经常会在目标值和实际值之间出现偏差。例如，需要对不同的问题进行分类，并且为每个类别分配权重进行问题的重要性评估。

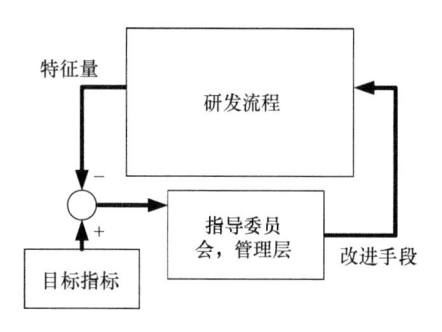

图 11.17　质量闭环控制举例

在技术控制中，实际值需要和目标值相比较，求得其偏差。在项目管理中，目标值在计划阶段进行定义或者由管理层指定，并且在某些时候会随着项目进展而变化。

类似于控制器，在项目管理中，管理层需要在偏离目标值时，给出调整措施，由项目团队来执行。这些调整措施相当于控制器的调节变量。

实际情况中，这种人为的调整并不总像电子控制器一样精确运作。其中一个已经提到的问题是对质量变量进行抽象相对困难。如果没有成功地对变量进行提取，还可能会阻碍项目的进展。例如，忽略已知的问题，也不做相应的记录，这样虽然暂时不会引起注意，但问题本身还是没有解决，反而会随着项目的进展，牵扯的范围越来越广，以至于最后整个项目陷入危机。

质量管理循环和技术控制回路的另外一个区别在于，人的思想和行为的复杂性，远远高于电子电路。让项目成员参与到质量管理中来，并且将自己视为控制过程的一部分并非易事，相反，当成员对质量管理有不同的理解时，还有可能会拒绝参与其中。

当一件事情出现偏差时，人们所选择的措施往往会带有惩罚性。例如，当一项工作受阻时，人们更倾向于对责任人施加压力，而不是去找出限制工作的瓶颈，并且分配更多的资源。这时，如果责任人感觉到压力过大，也会拒绝支持质量管理的目标。

上述的质量管理循环称为 PDCA 循环（Plan-Do-Check-Action）[Zollon11]，或者 Deming 循环○。按照这个 PDCA 的步骤，首先需要规划一个流程，然后执行、核查以及协调和行动。这个循环反复运行。这种循环的一个缺点是，对流程进行再规划，并不能和更改流程进行区分。总的来说，质量管理循环要比技术控制回路的"弹性"要高，采取不僵化的管理办法对整个团队来说，利大于弊。

1. 从大处看质量管理循环：持续流程改进

从大处看质量管理类似于一个模型，用于管理平行的流程，也用于积累经验，以便下一个类似的项目从开始就可以得到科学的管理。质量管理可以在开发项目的规划阶段进行，伴随项目的开展来执行，并且周期性地对项目进行回顾。积累的错误经验，也可以对之后的项目起到警示的作用，以便采用其他的方式和方法来开展项目工作。这样，每一次执行流程时，都会越来越适用（类似于一个没有经验的工作人员，第一次尝试失败了，但随着练习次数的增多，表现得越来越好）。这种办法称为持续流程改进（Continual Improvement Process）。

2. 从小处看质量管理循环：回顾

持续流程改进虽然可以从长远的角度改善整个流程，但是其作用效果慢，所以在一个项目之内还需要更快的管理循环，用于监视和更正项目进展中的子流程。通常采用的质量管理方法是，每当项目进展到一个阶段，就对之前的工作做出回顾（Review），必要的时候进行改善。尤其对一些在后期才进行测试的过程模型（例如 V 模型）来说，这种阶段性的回顾尤其重要。

继续以 V 模型为例，周期性的回顾包含每一个设计任务书或者子设计任务书、每一个设计草案或者子设计草案以及每一次执行。每一次回顾都可以看成一次测试，但是并不是测试真正的样品，而是测试样品出现之前的文档。例如，当回顾一个设计任务书时，设计任务书的制定人会邀请其他相关人员一起进行讨论和修改。可选择的受邀请人员，可以是之后使用此产品的客户，还可以从这个项目之外选择对制定设计任务书有经验的专家等。需要进行回顾的对象（称为检测品），应该在回顾之前发送给每位邀请人员，以便更好地进行准备。

回顾的过程中，检测者会针对性地提出问题、批评以及改进方法，这些将被记录下来。其中重要的一点是，应该客观地针对检测品提出批评，但不应该针对其负责人。为了保证回顾公正地进行，有时需要指定一个会议主席来主持会议。从另一点来讲，负责人也不应该只是自己辩护，而是应该虚心接受批评和建议，只有在存在误解的情况下，才进行必要的解释。

○ William Edwards Deming，1900 年 10 月 14 日—1993 年 12 月 20 日，物理学家，在日本和美国的公司中率先引入质量管理体系，是这个领域公认的先驱之一。

最后由负责人来制作会议记录。负责人有权决定，回顾中提出的建议和批评，有哪些被采纳。这样才能保证在回顾中进行公开、公正的讨论，而不出现负责人为自己辩护或者试图回避犯过的错误的情况。

进行回顾的过程，也是在公司内部进行知识交流的一个过程。

一种成本最小的回顾方法，不是采用会议的方式，而是将空白的记录表格交给另外一个人，这个人完成表格然后交回给负责人。

并没有必要每进行一次测试就进行一次回顾，但是可以对测试计划进行回顾，这样可以减少后续的改动。另外，回顾也可以和测试并行进行，在软件项目中一个典型的例子是代码回顾（Code Review）。代码回顾的一种方式称为 Walk Through，这时将按照处理器执行代码的步骤对代码进行人工检查。

经验表明，回顾对于早期的实验样品以及设计任务书尤其有帮助，这样可以尽早地识别错误，收集新的想法。而代码回顾的效率则不是特别高，但有时也可以识别某些测试时不能发现的错误。

11.9.2　质量标准

进行质量管理时，可以采取不同的想法和方式，并没有一个严格的执行标准。这种多样化使得客户指定质量标准时的难度增大。尽管客户可以针对每个特定的产品定义相应的质量特性，但是客户期望供应商对不同的产品也一直达到这个质量特性，而不是对每一个产品都必须再提出一遍要求。前面提到了，质量管理的目的是通过控制开发流程来保证稳定的产品质量，但是在实践中却并非总能达到设想的效果。

为了便于客户对供应商流程质量定义清楚的要求，需要使用统一的语言规则，也因此出现了各种质量标准。

1. ISO 9000

最初，不同的国家和不同的行业都采用不同的质量标准，而国际标准组织在 ISO 9000 质量标准中第一次对不同的行业采取了统一的国际标准。1987 年最初引入了 ISO 9000、ISO 9001、ISO 9002、ISO 9003，在 2000 年又对其进行了大范围的修改，形成了今天仍然采用的结构。2015 年，内容再次修订。如今采用的质量标准分为［ISO 9000］、［ISO 9001］以及［ISO 9004］。其中，ISO 9001 包含质量要求，ISO 9000 中只是对概念的定义和解释，2005 年之后也包含大量的质量相关的专业词汇定义（这些词汇来自于早期的［ISO 8402］）。ISO 9004 是国际标准组织的规则，说明了如何来实现质量管理系统的要求。现在人们提到 ISO 9000 时，通常是指 ISO 9001 中所定义的质量要求规范。

客户如何了解供应商是否按照 ISO 9000 的标准开展工作呢？供应商可以通过周期性的审计（Audit）来获取 ISO 9000 的认证。审计一般按照［ISO 19011］（取代 ISO 10011）所规定的流程进行，一般由权威的专业机构派出评审委员对供应商的公司以及质量管理系统做出评估。审计的成本非常高。审计人员会对供应商的公司做出细致的检查，会随机对工作人员进行询问，也会查看其工作记录。典型的问题是"为什么进行这步工作""为什么以这种方式进行工作"或者"某种设备在哪里"等。

对于 ISO 9000 也有批评的声音，最主要的是因为大量的文档记录消耗很大的成本，也导致一定的官僚主义。如果过于追求质量管理的形式，还会导致一个工作人员无暇顾及其本职工作，甚至会使产品质量下降。

对 ISO 9000 的另一个批评是，一些供应商并不严格按照标准的规定来执行，而仅仅是为了通过审计，临时采取一些手段，甚至包括不被员工接受的手段来暂时达到标准。

2. IATF 16949

ISO 9000 的质量标准不能完全满足汽车行业的要求，整车厂对供应商制定了更加严格的要求，例如客户满意度、员工满意度、产品安全性（见第 10 章）、测试设备监测等。在汽车行业，优越产品质量的前提是积极、有进取心的员工，但这一点对其他一些行业来说并不是特别重要。测试设备监测，也就是定期对生产以及研发部门的测试设备进行维护、校准、标识，可以避免错误的测试结果。

在 ISO 9000 出现之后，一些汽车生产厂家并没有放弃原有的生产规范，而是作为 ISO 之外的附加要求继续采用。所以存在不同的对 ISO 9000 的补充，例如德国汽车工业协会的 VDA6.1、意大利汽车联合会（ANFIA）的 AVSQ（ANFIA ValutazioneSistemiQualità）、法国的 EAQF（Evaluation Aptitude QualitéFournisseurs）以及美国的 QS9000［包括前瞻性的质量规划（Advanced Product Quality Planning，APQP）］。这些国家级别的规范也来自于不同的汽车厂，例如克莱斯勒、福特和通用汽车共同开发了 4 年，将 QS9000 作为三个公司的共同标准。

国际标准 ISO/TS 16949（自 2016 年起为 IATF 16949）［ISO 16949］尝试将 VDA6.1、AVSQ、EAQF 和 QS9000 作为国际统一的标准来定义。［Hoyle00］中详细介绍了 ISO/TS 16949 的概要以及和 ISO 9000 之间的补充关系。

有一点需要指出的是，ISO/TS 16949 并不能脱离 ISO 9000 单独使用，满足 ISO 9000 是 ISO/TS 16949 的前提条件。后续文件 IATF 16949：2016 删除了这种直接引用，但仍需要 ISO 9001：2015。

3. 流程的成熟度

上面提到的标准涵盖的方面非常广泛，在进行审计的时候，需要按照达标或者不达标来进行评估。尽管审计时，在供应商内部，会对每一项指标进行详细打分，用来表示完成度，但对于外界，则只公布两种状态，一是达标得到认证，二是不达标得不到认证。

从供应商的角度出发，却常常需要向外界展示，自己的质量管理流程比其竞争对手要好。因此，对开发流程进行评估的分级系统应运而生。流程质量的等级也称为成熟度（Maturity Level）。

Bootstrap［Koch93］是欧盟大力支持的成熟度级别系统，如今已不再适用。最常见的开发流程成熟度评估系统起源于软件开发领域，随后扩展到整体系统，如今在电控单元开发中都有广泛的应用。在美国主要采用 CMM 以及 CMMI 系统，在欧洲则主要采用 SPICE 系统。供应商常常要根据客户的需要，同时执行这两种系统，所投入的费用也非常高。一些咨询公司的主要业务就是向其他公司引入这类评估系统。

（1）CMMI

最早的能力成熟度模型（Capability Maturity Model，CMM）系统由卡耐基梅隆大学软件学院在 1986 年为军用软件应用所开发。系统分为 5 个成熟度等级，达到某个等级之前，首先需要在关键过程领域（Key Process Areas，KPA）实现预定的要求。

CMM 在美国迅速得到了普及，甚至在欧洲的一些汽车公司也开始采用其中的某些成熟度等级。成熟度一般在称为评估（Appraisal）的审计过程中被审查。

第一个成熟度级别也是最低级别的（Initial）成熟度并没有具体的要求，所以一直可以达到。第二个成熟度级别（Repeated）需要在保证在基本的质量管理的基础上，产出好的且具有可重复性的工程结果。应用最多的是软件工程中的一些基本方法（需求管理、项目管理以及质量管理）。第三个成熟度级别（Defined）相对来说就比较难达到，一个重要的要求是工作必须依据清晰定义的流程、由受过良好职业培训的成员通过正式的项目团队的形式来完成。有人对这一点提出批评，理由是太注重形式化会导致费用增加，同时不利于创新性的想法得以实施。

第四个成熟度级别为 Managed，第五个成熟度级别为 Optimizing。Managed 意味着整个开发流程被相关团队所领会理解，得到认同，并且可以有效执行。最理想的情况是，公司的管理层可以通过中央控制工具，来及时监督所有运行中的项目的流程参数。最高级别的成熟度 Optimizing，并不只要求收集项目的流程参数，还要求可以利用这些参数对项目进行调整，也就是前面提到的质量管理循环。

CMM 最初是为软件开发项目而设计的，随后扩展为可以应用到含有不同技术模块的整体系统的 CMMI（CMM Integrated）。自 2007 年 12 月 31 日起，在软件领域已经宣布 CMM 无效，而是全面采用新的 CMMI 标准进行评估。CMMI 不仅扩展到整体系统开发，而且还包含对旧版本的一些更新。除了用于开发的 CMMI 模型（CMMI-DEV），CMMI 1.3 还引入了单独的采购模型（CMMI-ACQ）和服务模型（CMMI-SVC），在 2.0 版本中与新的人员能力成熟度模型融合。

和 CMM 相比，CMMI 在很大程度上采用了新的术语和定义，所以供应商引进此系统时，有时候也需要咨询公司的帮助。CMMI 的成熟度分级大体和 CMM 类似。

CMMI-DEV 22 过程域（例如"配置管理""项目规划"）也被重新定义，取代了 CMM 中的关键过程域。除了整个组织的 5 个成熟度级别，还可以为每个单独的过程域确定 6 个成熟度级别中的一个，在此称为能力级别。

用于开发安全关键系统的 CMMI 扩展以 + SAFE［SEI2007］的名称发布。这带来了 2 个额外的过程域，即"安全管理"和"安全工程"。

（2）SPICE

在欧洲，和 CMMI 竞争的另外一个对开发流程成熟度分级的模型是根据 ISO/IEC 15504 的软件流程优化能力测试系统（Software Process Improvement Capability Determination，SPICE）。该模型已在欧洲取代 CMMI。SPICE 成功可能是因为软件工程学院的商业模式，CMMI 的成本很高。另一个经常提到的支持 SPICE 的论点是它与 ISO 9000 系列标准的兼容性。

SPICE 定义了 40 个过程，并为每个单独的过程确定了成熟度等级。对于开发过程中的那些过程，这是预先确定的。［ISO 155041-1］规定了基本概念，［ISO 155041-2，3］和新的［ISO 33020］则对执行评估（Assessments，相当于 CMMI 的 Appraisal）的过程做出了规范。评估应该用于流程的改进，这在［ISO 155041-4］中有详细解释。［ISO 155041-5］通过举例的方式解释了 SPICE 的原理。2008 年，国际标准组织又出版了两个补充性的技术报告［ISO 155041-6，7］。其中一份类似于 CMMI，为整个组织定义了流程成熟度。

该标准的其他部分考虑了与汽车电子不太相关的特殊方面，但也提及专门处理安全关键系统的部分［ISO 15504-10］。自 2015 年以来，ISO 15504 已被 ISO 3300x 系列的新标准［ISO 33001，ISO 33002，ISO 33003，ISO 33004］部分取代。一些行业已经对 SPICE 做出了调整，在 2006 年，由几个汽车领域的厂家发起倡议制定了流程评估模型（Process Accessment Model，PAM），也称为 Automotive-SPICE。其中，规定了管理（Management）、工程（Engineering）［现分为系统工程（System Engineering）和软件工程（Software Engineering）］、支持（Supporting）、获取（Acquisition）、供应（Supply）、过程改进（Process Improvement）以及重新使用（Reuse），总共包含 31（现为 32 个）个需要进行评估的子流程（相比来说，CMMI 中有 22 个流程领域）。SPICE 的资源和基础设施（Resource&Infrastructure）和操作（Operation）这两大类并没有被 Automotive-SPICE 所采纳［MüHöDZ07］。

SPICE 共有 6 个成熟度：0 代表不完整（Imcomplete），1 代表已执行（Performed），2 代表已管理（Managed），3 代表已建立（Established），4 代表可预测（Predictable），5 代表优化（Optimizing），和 CMM（I）中所规定的成熟度有很大区别，如图 11.18 所示。

第 11 章　项目管理、流程和产品

```
CMMI                              SPICE
┌─────────────────────────┐   ┌──────────────────────┐
│ Optimizing              │   │ Optimizing           │
├─────────────────────────┤   ├──────────────────────┤
│ Quantitatively Managed  │   │ Predictable          │
│ (CMM: Managed)          │   ├──────────────────────┤
├─────────────────────────┤   │ Established          │
│ Defined                 │   ├──────────────────────┤
├─────────────────────────┤   │ Managed              │
│ Managed                 │   ├──────────────────────┤
│ (CMM: Repeated)         │   │ Performed            │
├─────────────────────────┤   ├──────────────────────┤
│ Initial                 │   │ Incomplete           │
└─────────────────────────┘   └──────────────────────┘
                                      过程 →
```

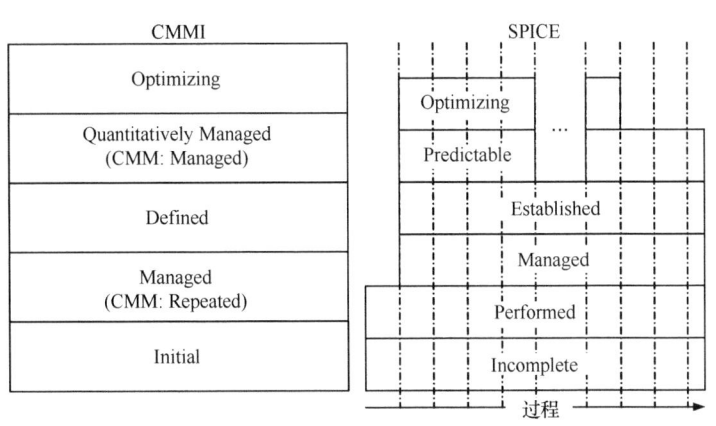

图 11.18　CMMI 和 SPICE 的成熟度等级。在 SPICE 中，每个过程都达到自己的成熟度水平

参 考 文 献

[AkKiMa04]　Y. Akao, B. King, G. H. Mazur: „*Quality Function Deployment: Integrating Customer Requirements into Product Design*", Productivity Press, 2004, ISBN 978-1563273131. Der Hauptautor Yoji Akao ist Miterfinder der QFD.

[Ambler02]　S. W. Ambler: „*Agile Modeling*", Wiley, 2002, ISBN 978-0471202820

[BalZrt08]　H. Balzert: „*Lehrbuch der Software-Technik*", Band 2, Software-Management, Spektrum Akademischer Verlag, 2. Auflage, 2008, ISBN 978-3-8274-1161-7

[Beck00]　K. Beck: „*eXtreme Programming Explained—Embrace Change*", Addison-Wesley, Reading (MA), 1. Auflage, 2000, ISBN 978-0201616415

[Beck02]　K. Beck, C. Andres: „*Test Driven Development*", Addison-Wesley, 2002, ISBN 978-0321146533

[Beck04]　K. Beck: „*eXtreme Programming Explained—Embrace Change*", Addison-Wesley, Reading (MA), 2. Auflage, 2004

[BeeSch02]　M. Beedle, K. Schwaber: „*Agile Software Development with Scrum*", Prentice Hall, 2002, ISBN 978-0130676344

[Boehm79]　B. W. Boehm: „*Guidelines for Verifying and Validating Software Requirements and Design Specifications*", Euro-IFIP 1979, Tagungsband erschienen bei North-Holland Publishing Company, 1979

[Boehm88]　B. W. Boehm: „*A spiral model of software development and enhancement*", Computer, Volume 21, Heft 5, 1988, S. 61–72

[Boehm89]　B. W. Boehm, R. Ross: „*Theory-W software project management principles and examples*", IEEE Transactions on Software Engineering, Volume 15, Juli 1989, S. 902–916

[BRD19]　Bundesrepublik Deutschland: *V-Modell XT*, aktuelle Version 2.3, März 2019, https://www.itzbund.de/static/download/Produkte/VMXT/V-Modell-XT-Bund-2.3.pdf

[BRD97]　Bundesrepublik Deutschland: „*Entwicklungsstandard für IT-Systeme des Bundes*", gegliedert in AU (allgemeiner Umdruck) 250: „*Vorgehensmodell*", AU 251: „*Methodenzuordnung*", AU 252 „*Funktionale Werkzeuganforderungen*", 1997

[BunFab04]　M. Bundschuh, A. Fabry: „*Aufwandschätzung von IT-Projekten*", MITP-Verlag, April 2004, ISBN 978-3826608643

[Cckbrn01]　Alistair Cockburn: „*Agile Software Development*", Addison-Wesley, 2001, ISBN 978-0201699692

[CoLeDL99]　P. Coad, E. Lefebvre, J. De Luca: „*Java Modeling in Color with UML: Enterprise Components and Process*", Prentice Hall International, 1999, ISBN 978-0130115102

[DIN...]	→ siehe Normenverzeichnis
[DSDM]	Homepage DSDM Consortium, https://www.agilebusiness.org (20.10.2020)
[EAA]	Homepage EAST-ADL Association, http://www.east-adl.info (20.10.2020)
[EU07-715]	Europäische Union: „*Verordnung (EG) Nr. 715/2007 des Europäischen Parlaments und des Rates vom 20. Juni 2007 über die Typgenehmigung von Kraftfahrzeugen hinsichtlich der Emissionen von leichten Personenkraftwagen und Nutzfahrzeugen (Euro 5 und Euro 6) und über den Zugang zu Reparatur- und Wartungsinformationen für Fahrzeuge*"
[EU08-692]	Europäische Union: „*Verordnung (EG) Nr. 692/2008 der Kommission vom 18. Juli 2008 zur Durchführung und Änderung der Verordnung (EG) Nr. 715/2007 des Europäischen Parlaments und des Rates über die Typgenehmigung von Kraftfahrzeugen hinsichtlich der Emissionen von leichten Personenkraftwagen und Nutzfahrzeugen (Euro 5 und Euro 6) und über den Zugang zu Reparatur- und Wartungsinformationen für Fahrzeuge*"
[EU10-461]	Europäische Union: „*Verordnung (EG) Nr. 461/2010 der Kommission vom 27. Mai 2010 über die Anwendung von Artikel 101 Absatz 3 des Vertrags über die Arbeitsweise der Europäischen Union auf Gruppen von vertikalen Vereinbarungen und abgestimmten Verhaltensweisen im Kraftfahrzeugsektor*" (Gruppenfreistellungsverordnung)
[Fröhli01]	A. W. Fröhlich: „*Mythos Projekt – Projekte gehören abgeschafft. Ein Plädoyer.*", Galileo Press, 2001, ISBN 978-3898421539
[Highsm00]	J. A. Highsmith: „*Adaptive software development: a collaborative approach to managing complex systems*", Dorset House, New York, 2000, ISBN 0-932633-40-4
[Hoyle00]	D. Hoyle: „*Automotive Quality Systems Handbook*", Butterworth-Heinemann Ltd., Oxford, 2000
[Infineon03]	Infineon AG: „*C167CR Derivatives, User's Manual*", V3.2, Mai 2003
[ISO...]	→ siehe Normenverzeichnis
[KBA]	Bundesrepublik Deutschland, Kraftfahrt-Bundesamt, https://www.kba.de/DE/Statistik/Fahrzeuge/Bestand/Fahrzeugalter/fz_b_fahrzeugalter_archiv/2020/b_alter_kfz_z.html?nn=2595302 (19.10.2020)
[Kecher17]	Chr. Kecher, A. Salvanos, R. Hoffmann-Elbern: „*UML 2.5: Das umfassende Handbuch*", Rheinwerk-Verlag, 6. Auflage, 2017, ISBN 978-3-8362-6018-3
[Koch93]	G. Koch: „*Process Assessment: The ‚BOOTSTRAP' Approach.*", Information and Software Technology 35 (1993) 6/7, S. 387–403
[Lohr89]	in Anlehnung an eine Grafik von F. W. Lohr: „*Marktorientierte Kraftfahrzeugentwicklung*", 2. Aachener Kolloquium „Fahrzeug- und Motorentechnik", 1989, S. 1–18
[MüHöDZ07]	M. Müller, K. Hörmann, L. Dittmann, J. Zimmer: „*Automotive SPICE™ in der Praxis*", dpunkt-Verlag, 2007, ISBN 978-3-89864-469-3
[ObjSpe]	SIGS DATACOM GmbH: „*OBJEKTspectrum*", zweimonatlich erscheinende Fachpublikation
[OMG19]	[OMG19] Object Management Group: „*OMG Systems Modeling Language (OMG SysML™)*", V1.6, 2019, kostenlos verfügbar unter http://sysml.org (19.10.2020)
[PLM]	https://www.plmportal.org (20.10.2020)
[PopPop06]	M. Poppendieck, T. Poppendieck: „*Implementing Lean Software Development*", Addison-Wesley, 2006, ISBN 978-0321437389
[PraSof10]	„*UMLStudio*", PragSoft Corporation, Newark (DE), USA, Version 8.0, Build 840, 16. August 2010, ohne Lizenzschlüssel im Demo-Modus verwendbar, Download unter http://www.pragsoft.com (20.10.2020)
[Ration]	IBM, https://www.ibm.com/developerworks/rational/library/content/03July/1000/1251/1251_bestpractices_TP026B.pdf (20.10.2020)

[Reddy16]	Ajay Reddy: „*The Scrumban [R]Evolution: Getting the Most Out of Agile, Scrum, and Lean Kanban*", Pearson, 2016, ISBN 978-0134086217
[Royce70]	W. W. Royce: „*Managing the Development of Large Software Systems*", Proceedings IEEE Wescon, August 1970
[Rupp09]	Chris Rupp: „*Requirements-Engineering und -Management. Professionelle, iterative Anforderungsanalyse für die Praxis*", Hanser, 5. Auflage, 2009, ISBN 978-3446405097
[Scheel99]	W. Scheel: „*Baugruppentechnologie der Elektronik, Montage*", Verlag Technik, Berlin, 1999, ISBN 978-3341012345
[SeeGud00]	J. Seemann, J. Fr. Wolff v. Gudenberg: „*Softwareentwurf mit UML*", Springer, 2000, ISBN 3-540-64103-3
[SEI2007]	Carnegy Mellon University, Software Engineering Institute: „*+SAFE, V1.2; A Safety Extension to CMMI-DEV, V1.2*", Technical Note CMU/SEI-2007-TN-006, März 2007
[Standish]	Standish Group, http://www.standishgroup.com (20.10.2020)
[TED]	Europäische Union: „*Tenders Electronic Daily*", elektronisches Ausschreibungsportal, http://ted.europa.eu (20.10.2020)
[Telelo07]	Telelogic (von IBM übernommen): „*Doors*"
[USC]	University of Southern California, Los Angeles, Center for Systems and Software Engineering, http://sunset.usc.edu/csse/research/COCOMOII/cocomo_main.html (06.09.2018)
[VW]	Homepage des Volkswagen Auto-Museums, http://automuseum.volkswagen.de (20.10.2020)
[WikiQ]	Wikimedia Commons, Datei: „*A1 House of Quality.png*" von Benutzer „Cask05" am 05.02.2006, gemeinfrei, http://en.wikipedia.org/wiki/Quality_function_deployment (20.10.2020)
[WoRoLi05]	H. Wolf, S. Roock, M. Lippert: „*eXtreme Programming, Eine Einführung mit Empfehlungen und Erfahrungen aus der Praxis*", dpunkt.verlag, Heidelberg, 2005, ISBN 3-89864-339-5
[XBreed]	heisst nun agile enterprise, Homepage deaktiviert
[Zollon11]	H.-D. Zollondz: „*Grundlagen Qualitätsmanagement. Einführung in Geschichte, Begriffe, Systeme und Konzepte*", Oldenbourg, 2011, ISBN 978-3486597981

第12章 应用示例

本章中,将介绍几个汽车电子的应用实例。其中的内容我们只局限在介绍总体框架概览,不做细节的讲解。有一些实例本书中只标明文献索引,没有进行介绍。其中,第12.1节通过空调控制来讲解了汽车电子的功能开发过程。

12.1 空调控制系统的功能开发

12.1.1 空调控制的原理

空调系统不仅增强乘客舒适性,并且使得驾驶员的注意力集中度提高,间接地提高了驾驶安全性。空调还可以使车内空气更加干燥,避免水蒸气凝聚在车窗上。缺点是空调的使用会增加油耗,并且需要车主定期维护空调[Deh11]。由空调的工作、维护或空调关机时的制冷剂挥发引起的环境问题,可以通过使用二氧化碳作为制冷剂解决。制冷剂 R1234yf 因其高可燃性、生成氟化氢和产生对环境有害的降解产物(三氟乙酸)而广受争议[HAB13]。

如图 12.1 所示,空调的工作原理类似于冰箱压缩机。制冷剂在标准大气压下的蒸发点为 -30℃,当其在闭合的系统中循环流动时,在蒸发器中进行热交换,车内空气中的热量被低温的制冷剂吸收。当制冷剂流经压缩机时,压强被增加至几个大气压,在位于散热器格栅后面的冷凝器中,制冷剂冷凝并向进入的气流放热。液体制冷剂仍处于加压环境,将通过膨胀阀中泄压。如图 12.1 中的箭头所示,膨胀阀可以调节。蒸发器需要一定量的制冷剂,一方面要尽可能多地进行热交换,另一方面防止出现制冷剂的流量不足而对压缩机造成损坏的情况。

压缩机通过电磁离合器由发动机的传动带驱动。最容易想到的是通过开启或关闭压缩机来达到对温度的控制(例如冰箱的工作原理),但是由于开关压缩机时会对离合器产生力学冲击,也会间接地加重传动带的负担。所以通常情况下使用另外的方法进行控制,一种是通过控制外部进气气流的温度来进行温度控制,另一种通过控制压缩机制冷剂的流量来进行温度控制。从节约能源的角度,更加倾向于使用第二种方法。

空调制热过程是将气流由温度约为 90℃ 的冷却水进行加热,汽车冷起动时,

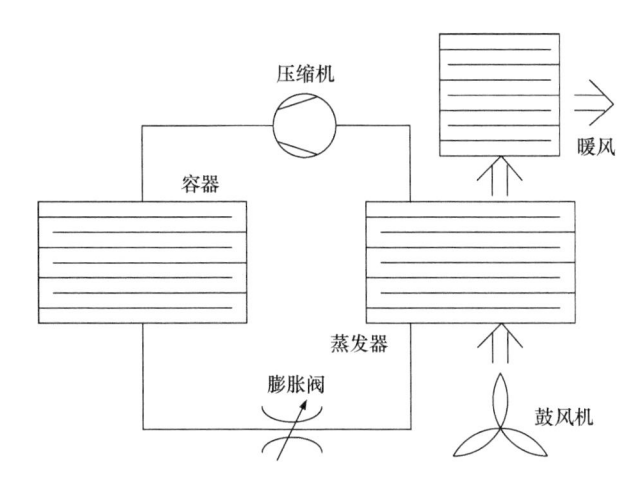

图 12.1 汽车空调系统的结构（简化版），左侧是由蒸发器、
压缩机和膨胀阀组成的制冷剂的闭路循环，右侧为气流方向

还可以用电热丝加热使冷却水快速达到工作温度。空气循环的主循环中设计一个可控阀门产生分支，形成加热循环，加热后的空气和冷空气按一定的比例混合达到温度控制的目的。

压缩机是一个功率相对高的用电器，运作时，会加重发动机的负担，所以只有在发动机电控单元许可之后才能够开通。当压缩机的压强过高（高于 25bar）或者过低（低于 2bar）时，需要将其关闭，因为压强过高可能导致设备损坏，压强过低则表示压缩循环不密封，有泄漏。

12.1.2 空调控制系统的结构（示例）

在以下示例中，可以假定压缩机的流量是可调的。膨胀阀是可调的。为简单起见，仅假设内舱温度一致，此处忽略温度分布。还假设示例系统无法对多个区域进行不同空调温度调节。共有 4 个电控单元参与到空调系统中：发动机电控单元、空调电控单元、加热电控单元和操作部件。图 12.2 所示为空调控制系统结构示例。控制单元通过 CAN 总线相互通信。由于发动机电控单元不位于舒适系统 CAN 总线上，而是位于动力总成 CAN 上，因此信号会通过网关路由。由于空调系统和发动机电控单元之间的通信有时可能非常耗时，因此这两个设备有时通过单独的线路连接。

12.1.3 空调电控单元的功能开发（示例）

空调电控单元的主要任务有两个，一是温度控制，二是膨胀阀控制。

温度控制是指控制驾驶室内部温度达到设定值，内部温度为控制变量，如图 12.3 所示。设定值 T_SOLL 通过 CAN 总线传输到空调电控单元。当前温度值 T_IST

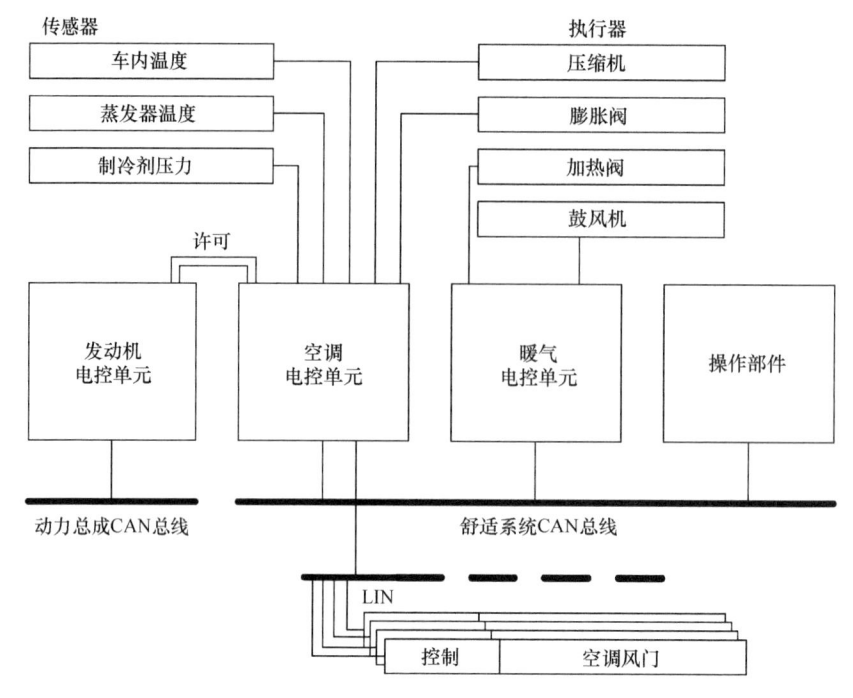

图 12.2　空调控制系统结构示例

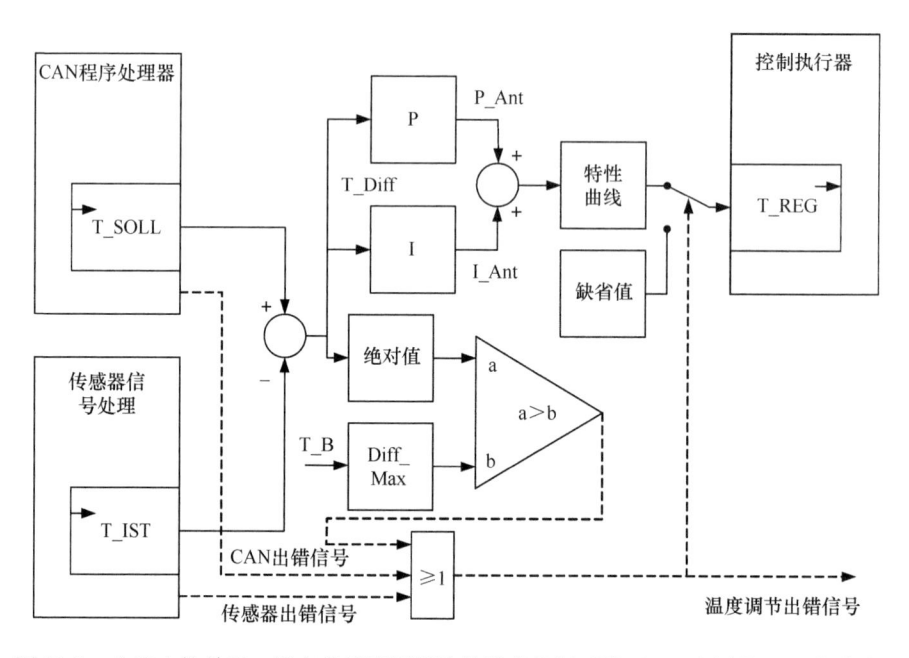

图 12.3　空调电控单元：带有故障识别模块的温度控制系统（P：比例器，I：积分器）

通过传感器测量（硬件和相应软件），也通过 CAN 总线传输到空调电控单元。T_SOLL 和 T_IST 之间的偏差为 T_Diff，这个值通过比例和积分之后，输出值和事先设定的特性曲线相比较。特性曲线经常是非线性的。另外，还要考虑压缩机的流量增加时，偏差 T_Diff 也会相应增加。根据偏差值和特性曲线的比较结果，压缩机会相应地增加或减少功率。

从原则上来讲，当某个功能还只停留在概念层面、并不确定会在未来的产品中采用时，可以考虑使用特性曲线或者特性场进行校准。根据经验，很多功能在应用甚至测试中，都需要进行大范围的修改。采用特性曲线或者特性场可以避免频繁进行昂贵的软件修改。一些在后期证实不必要的功能，也可以通过特性曲线来设置停用（用使用者的口语说就是"关死"）。

除了检查常用功能的完善性，还需要考虑什么样的错误可能发生，发生时应该如何响应。错误大体可以分为三类：传感器出错、CAN 信号出错以及偏差过高出错。特性曲线中定义了随着空调运行时间 T_B 而变化的 Diff_Max，作为偏差的最大值。在刚刚开启空调时，通常情况下偏差最大，随着空调的调整，偏差会逐渐减小。一旦出现某种错误，特性曲线输出端后的开关被触发，并且驱动信号的计算值将由一个使用者预先选择的常量——补偿值替代，必要时甚至完全关闭空调系统。二进制的 error_TemReg 出错信号还可以向其他电控单元（如诊断系统）传递信息。监管偏差的重要性在于，建立数值以定义不同的监管临界的上、下限。为了便于澄清，这里省略了这一点。

图 12.4 所示为膨胀阀的控制原理。可以设定蒸发器的额定值，这里可以设定

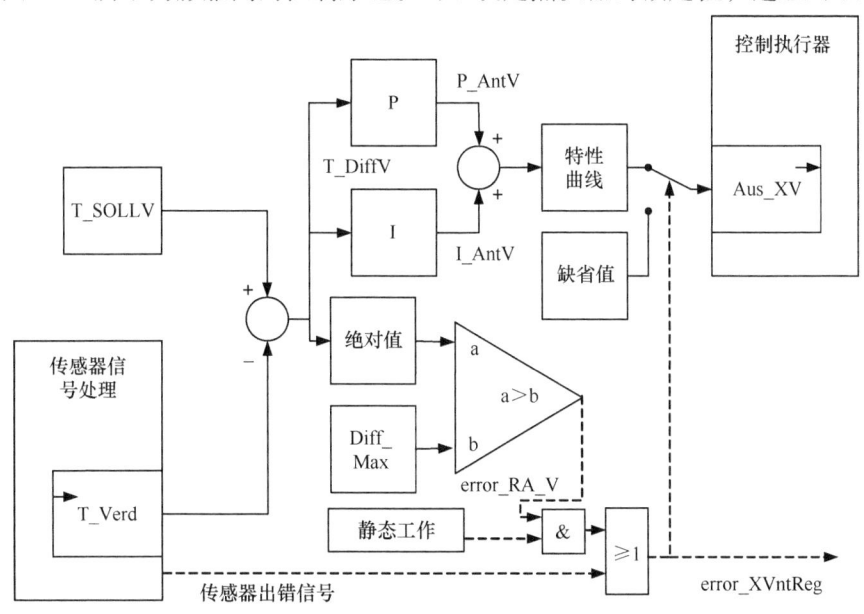

图 12.4 空调电控单元：膨胀阀的控制原理（P：比例器，I：积分器）

空调温度为接近制冷剂气化温度的固定值,例如 -20℃;如果考虑外界环境的影响,也可以不采用固定值,而是通过综合特性曲线将蒸发器温度视为随外界温度(可以以发动机控制器温度为进气温度)变化的函数。

图 12.4 中的控制器在很大程度上类似于图 12.3 中的温度控制器。采取其他任务中已有的结构模块,并且应用到新的项目中,可以极大地节省开发成本和时间,因为可以重复使用许多现有代码。

由于蒸发器需要经过一定的时间才可以达到最佳的工作温度,所以一般等待蒸发器的温度达到稳定值之后,才考虑测量偏差,在这段时间之内,测量偏差很大。等待时间的长短可以根据外界温度和压缩机功率的特性曲线推导得出。

加热电控单元的功能和上述功能基本类似。

在发动机电控单元进行确认之后,压缩机才能够通过离合器和发动机传动带进行连接。这个过程的实现需要在空调电控单元和发动机电控单元中设计专用功能。空调电控单元中,这项功能相对简单,但对于发动机电控单元来说,实现起来则比较复杂。一些看起来非常简单的功能,在实际中实现起来则有可能非常复杂,有时候还需要借助级联状态机和滞后效应来实现。

12.2　动力总成系统

动力总成系统中,最主要的控制部件是柴油或者汽油发动机的电控单元,对于自动档的汽车来说,还包括变速器电控单元。在第 6 章中已经提到,动力总成系统中,很多功能都集成到了这些控制单元中。只有少数几个功能通过其他的电控单元(例如柴油发动机的预热时间控制)来实现。

12.2.1　汽油发动机电控单元

第 5 章中,我们已经对柴油发动机电控单元进行了详细的介绍,汽油发动机电控单元也与之类似。如今甚至连喷油系统(无论是喷入进气歧管还是气缸直喷)都非常类似于柴油机的共轨系统,只是汽油的喷射压力要相对小一些,一般低于 350bar。汽油喷油器的电流增速会低于柴油共轨喷油器。喷油器中没有伺服液压系统,因此可以基于电流增加的小幅下降,通过电气的方式,轻松检测出初始针头的运动(注射周期的开始,BIP)。

图 12.5 所示为汽油直喷系统的关键部件。为了获得均匀的混合物,汽油喷射不得晚于进气循环⊖,仅通过缸内直喷装置(Fuel Stratified Injection,FSI),即类似于柴油喷射器,在薄燃油喷射直接通过火花塞的过程中,将在活塞快要到达其上止点时进行喷射。

⊖ 一些制造商正在开发现代喷射概念,其中除了均质喷射外,还会在点火之前附加喷射 [BasSpi16]。

图 12.5 汽油直喷系统的关键部件（图片来源：博世公司）

即使在使用压缩天然气（Compressed Natural Gas，CNG）或动力发动机时，喷射系统的搭建具有类似汇流排的形式，以供应吹入阀，原则上符合共轨喷射器或汽油喷射器的设计。双燃料车有两套独立的喷油系统（例如汽油/天然气）。当使用液化汽油（Liquefied Petrol Gas，LPG）发动机时，采用类似于共轨喷射的系统向进气歧管进行喷射，或者在喷射之前将液化气进行气化。

汽油发动机及其控制装置与柴油发动机及其控制单元的不同之处在于燃料的正极点火分别通过控制点火正时和控制 λ（空燃比）来调整。分层喷射时 λ 的控制可以忽略。此时，汽油发动机的燃烧类似于柴油发动机的燃烧。

1. 点火

由于气缸中的温度并不能达到燃料的燃烧点，所以汽油发动机需要装备点火系统。但是具有受控自点火特性的汽油发动机也在进行研究。点火借助火花塞两个电极之间的火花放电来实现。

人们正在研究当今火花塞的替代品，以满足现代汽油发动机对点火正时精度、点火能量和点火火花持续时间越来越高的要求。激光点火 [DeaShe13，WinKSA13] 目前远不能批量生产，微波等离子体 [LiRGSH05] 或电晕放电 [Bu-LyMi13] 点火技术已达到批量生产水平。火花放电需要用到 15~40kV 的电压。电子设备应该选择哪一个火花塞点燃（分配），并提供点火电压（高压发电）。突然切断初级线圈中的电流时，由于次级线圈（点火线圈）的感应作用，会产生很高的感应电压，原理类似于变压器，如图 12.6 所示。

现在越来越多的电子点火系统可以利用较低的电压进行点火，每一个火花塞都有专用的、直接装载在发动机上的铅笔线圈（Pencil Coil）。还可以采用低成本的连接方式，就是双重点火，每一个次级线圈都和火花塞相连，这样可以同时点燃两个具有相反极性的火花塞。

老式的汽车中，断开线圈的电流的方法还是通过在凸轮上加装力学接触点的方

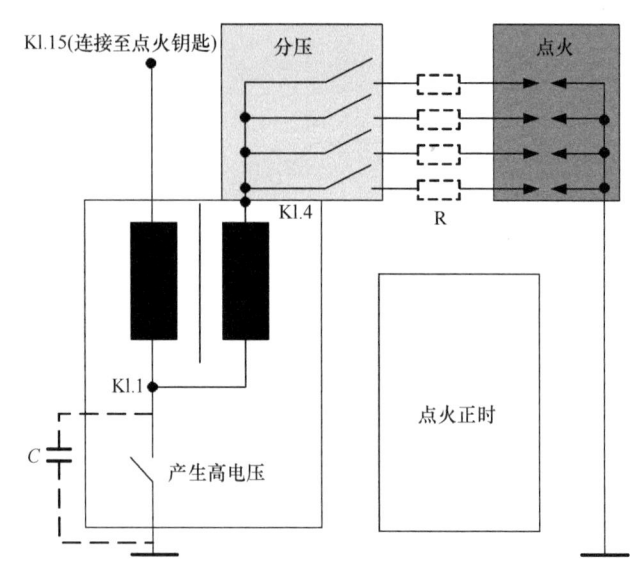

图12.6 点火装置的工作原理（对力学或者晶闸管点火装置都有效），在 Kl.1 和地线之间的开关用来产生高电压

式，分压器也是由随着凸轮转动的接触点来实现。在一些摩托车上已经应用的电子点火系统是通过和晶闸管相连接的电容对点火线圈放电来实现。最初在19世纪已经发明的磁电机点火，目前在汽车中已经没有应用，只是在一些没有电源的产品中（例如园艺工具）仍然能够发现其身影。

为了降低电流急剧变化带来干扰，一般在火花塞中添加电阻，或者电缆采用电阻型的碳纤维作为导线。有时，电感会限制电流增加。

最佳的点火正时需要通过特性场进行计算。从理论上讲，在大的负载或者高转速时，需要尽量提前点火正时，以确保完全燃烧。但这也容易导致燃料不可控地爆炸性燃烧（爆燃）。所以往往不能达到特性场所要求的最佳点火正时。这时可以通过附加的爆燃控制功能，以小的步长将点火正时提前，直到爆燃发生时，再稍微推后。尽管在达到爆燃界限时会产生轻微的爆燃现象，但其强度并不至于损坏发动机。通过爆燃控制，发动机还可以针对不同质量的燃油进行参数调节。安装在发动机缸体上的爆燃传感器使用压电陶瓷将振动转换为电压，可以检测是否到达爆燃极限。

点火正时并不总选在发动机的最大效率和转矩处。当点火正时的轻微变化时，转矩发生变化，发动机控制装置将基于点火正时的变化快速改变转矩，使得调节器（比如抖动阻尼器）快速做出响应。通过节流阀控制速度过慢，这里不适用。不过，快速响应的代价是牺牲一部分发动机效率。

2. λ-调节（氧传感器）和废气后处理

多数汽油发动机在进气行程吸进气缸的是汽油和空气的混合气，数量计算也更加复杂，因为不能像柴油发动机或者汽油气缸直喷（质量控制）一样简单地通过增加燃油喷射量来提高发动机的转矩。这时候必须精确计算空气和燃油的比例（空燃比 λ），只有空气-燃料混合物的总量可以变化（数量控制）。燃烧 1kg 汽油，需要 14.7kg 空气，这时 $\lambda = 1$。

在汽车加速时，通过节气阀增加发动机的进气量，未来节气阀可被进气门可变控制替代。节气门不再通过机械节气门拉力操作，而是像现代柴油机一样，驾驶员通过电子加速踏板将加速请求传递给控制单元，控制单元通过伺服电机操作进气阀。λ 控制装置将燃油量调整为驾驶员指定的空气量。

不管是混合气过稀（$\lambda > 1$）还是过稠（$\lambda < 1$），发动机都不在最佳的状态，甚至会熄火。混合气过稠时，排放的废气中一氧化碳和未完全燃烧的燃油含量过高。当今的汽油发动机采用三元催化器，要求 λ 的值更加精确。这通过在三元催化器前加装氧传感器来实现。当 λ 值偏离 1 时，需要通过调整燃油喷射量来使 λ 的值回到 1。

为了检测三元催化器是否正常工作，还需要在催化器之后再添加一个氧传感器。当前置和后置氧传感器检测信号相似时，可以证明催化器没有起到催化的作用 [Reif14]。

即使发动机的油气混合物过稠，只要在三元催化器之前精确地向废气中引入一定量的新鲜空气，也可以达到 $\lambda = 1$。在一些老式的、没有精确发动机电控单元的汽车中，可以通过这种加装"可控催化器"（G-Kat）的方法使废气达标。

在分层燃烧发动机中，汽油发动机的废气成分类似柴油发动机，但是会释放出更多的颗粒物和氮氧化物。因此，使用分层燃烧的汽油发动机通常在 3 路催化转换器后面加装 NO_x 存储催化剂（见第 5 章）。与柴油控制单元相连。在分层燃烧模式下，λ 不再调节为 1。即使没有分层燃烧装置，由于空气-燃料混合物的不均匀性较高，直喷汽油发动机也比混合气在外部形成的汽油发动机排放更多的颗粒物，但仍然少于柴油发动机。自 2017 年，汽油发动机必须遵守与柴油发动机相同的颗粒物限制，这就是许多直喷汽油发动机需要颗粒过滤器（Gasoline Particle Filter，GPF）的原因。

3. 燃油箱通风

为防止汽油挥发到环境中，如今的燃油箱由带有机械阀的活性炭过滤器进行通风，在发生翻车时机械阀被触发，关闭排气管路。活性炭滤清器的另一根软管通常通过再生阀通向发动机的进气道。如果节流阀关闭时在进气道中产生真空，控制单元会打开电磁感应的再生阀，从过滤器中吸入汽油气，从而实现部分再生利用。由此产生的混合物的短期润滑由控制单元通过较少的燃料补偿。

12.2.2 可变凸轮轴电控单元

凸轮轴控制的目的是，调节进气门和排气门开启和关闭的时间点。除了时间控制之外，一些制造商还要求控制阀门开启的时序，从而控制新鲜空气的进入量。对于从排气门所排出的废气量则并不需要进行控制。

首先，在做功行程结束之后，排气门开启，将工作循环产生的废气排出（见第5章）。大多数人猜想应该当活塞正好处于下止点时，排气门开启，但实际上，当活塞仍然在向下运动（通常在下止点之前约40°）时，阀门便开启了，这样虽然没有将做功行程完全利用，但废气在排气行程开始之前就排出，也省略了一部分功率。具体排气门的开启时刻取决于发动机的运行状态，所以阀门需要具有可调节性。

在排气行程和进气行程之间，排气门关闭，进气门开启——这应该同时发生在活塞到达上止点时，但其实存在一个理想情况下可变的进/排气阀门同时开启的短暂时间。在这个重合时间内，可以利用气体良好的流动性，更好地向气缸填充新鲜空气。当延长重合时间时，还可以重新吸收一定量的废气（内部排气再循环），从而可以省略第5章中提到的排气再循环系统。重合开启时间的另外一个优点是可以利用新鲜空气来冷却高温的排气门。

与排气门类似，进气门也并不是精确在活塞到达下止点时关闭，而是有一定的调节范围。稍微推迟进气门的关闭时间，可以利用剩余的气流使新鲜空气更好地填充气缸，随着发动机转速的提高，关闭时间还要相应推迟更多一些。当关闭时间偏离下止点更多时，虽然会减少空气进气量，但却可以实现缸内气压的可调性。

在混合动力汽车中，内燃发动机一般只在一个较小的转速范围内运行，所以可变气门正时的优点并不是很明显。

有一些可变气门的控制功能过于复杂，并没有集成在发动机电控单元中，而是由一个高性能的独立电控单元所完成。这时的控制过程相对复杂很多。当阀门可以在不同的时序下工作时，需要对一个阀门采用两个或多个凸轮。这时需要利用液压控制系统来决定哪一个凸轮给阀门提供驱动力，其余的凸轮只是空转。

实现可变凸轮轴的另外一个办法是通过传输链条调节器来实现，如图12.7所示。这个系统的前提是，进气门和排气门通过两个独立的凸轮轴来控制，这种情况适用于绝大多数的新式发动机。利用链条调节进气门时，排气凸轮轴通过发动机的传输链条以一个给定的转速进行驱动。进气凸轮轴通过另外一条传输链条由排气凸轮轴来驱动。由于链条的长度是固定的，中间的液压泵可以向上或向下移动来调整链条的位置。电控单元的任务是根据发动机的运行状态，来控制液压泵调节链条的位置以及张紧的情况。

一个被多个厂家所采用的方法是利用液压回转马达来调整凸轮位置，从而调整阀门开关时刻，如图12.8所示。液压回转马达的"定子"部分由链条驱动，而"转子"则固定在凸轮轴上。转子移动时，如图12.8所示，多个液压腔室由相应的分配阀来充满或者放出压力油，从而产生驱动转子向左或者向右运动的压力差。出于成本因素，汽车中的液压回转并不采用独立的液压油循环系统，而是利用已有

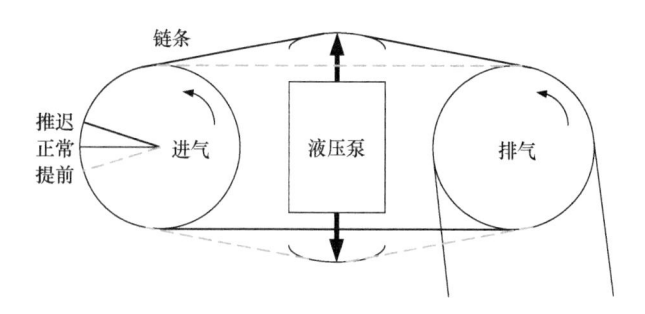

图 12.7 用来控制凸轮轴旋转的传输链条调节器的原理图（当中间的液压泵挤压上侧链条向上、下侧链条向下运动时，进气门凸轮轴向推迟进气的方向旋转。图中的虚线表示的是进气门凸轮轴提前开启时刻的情况）

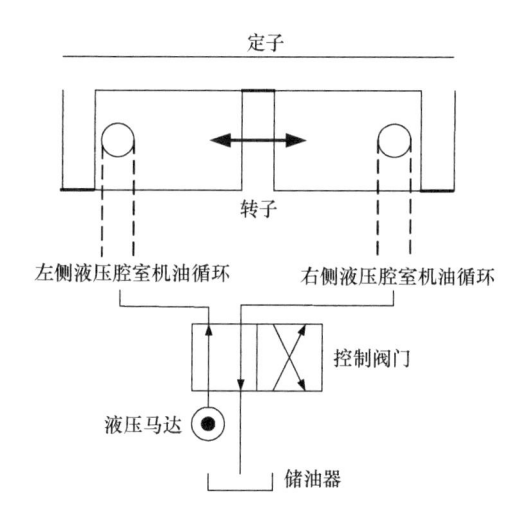

图 12.8 液压回转马达控制凸轮轴的原理图（在图中所示的阀门状态时，左侧的液压腔室充满机油，右侧的液压腔室为空，机油回流到油底壳。转子受到从左向右的压力，从而向右侧转动。同样的道理也适用于右侧液压腔室充油的情况）

的发动机机油进行控制，所以发动机需要在不同的液压状态下进行工作。

这个系统并不只有左侧和右侧两个状态，还需要可以保持在中间状态。这时需要两侧的液压腔室都填充机油，并且关闭两侧的阀门。考虑阀门的非密封性，即使在阀门关闭的状态，转子仍然会偏离中间位置。所以，阀门并不能只是左、中、右三级调整，而应该可以连续调整转子的位置。从这个意义上说，需要采用专用的控制功能，来快速地调整阀门状态，并且恒定地保持这个状态。

还有一种控制进气量和进气门正时的复杂方法是采用电子阀门技术（例如宝马公司的发动机）。进气门相对于凸轮轴的位置由一个电机借助主轴和辅助凸轮带动两个调整杠杆中的一个以进行调节。完全可控的可变气门可以通过电子液压系统、电子气动系统或者电磁控制系统来实现（称为电子凸轮轴，Electrical Camshaft）。

例如，菲亚特公司已经量产的 Uniair 系统就是基于这种技术［CRF02］，适用于需要机械凸轮的电动液压系统。液压系统位于凸轮和阀门之间，类似液压挺杆，可以通过每个阀门的电动电磁阀快速泄压来调整气门升程（工作原理类似于柴油发动机的泵喷嘴喷油器）。使用无断向式电磁阀，可以保持凸轮轴和阀门之间的全部压力，使凸轮的运动完全传递给阀门（即使在电气控制发生故障的情况下）。但是一旦压力降低，阀门将不再完全跟随凸轮运动，从而实现进气阀门的开启幅度和时间的调节。该机制产生如下几种结果：

1）气门过早关闭的进气行程（"部分负载"指进气时间略微缩短，"进气门提前关闭"指进气行程缩短至约 1/4）。

2）凸轮旋转一周包含连续多次短时间的进气行程（即"多重提升"）。

3）在进气门开启幅度和时间上都降低的进气行程（即"进气阀门迟开"）。

12.2.3　电控燃油泵

所有内燃机工作时，必须首先将燃料从油箱输送到燃油系统中，然后通过喷油泵将其以高压喷射等方式送入发动机，形成可燃混合物。不同于在汽油机、柴油机上应用时分别产生 100bar、3000bar 以上压力的高压喷油泵，燃油泵只需要几巴的压力。早期的燃油泵通常使用齿轮泵或隔膜泵，由发动机带动凸轮轴直接驱动。如今，电控燃油泵（即集成电动机作为驱动器的泵）更常见，通常将其安装在油箱或燃油管路中（直列泵）。电控燃油泵可以由发动机电控单元通过继电器进行最简单的控制，然而这样无法对油箱中的吸油量进行控制，因此可能导致泵的吸油量多于发动机需要的实际油量，多余的燃油再通过另一条管路返回油箱，降低功率，造成能量浪费。因此，需要根据实际需求，在发动机电控单元或燃油泵电控单元中调节燃油泵的电机转速。

12.2.4　电控机油泵

电调节或电驱动的油泵在汽车上广泛投入使用，这使得燃油输送能够根据需求和润滑剂温度调节；电动油泵的自动启停系统保证油泵即使在发动机短时间关闭时也能保持油压，该功能通过受控油泵的调节执行器实现。以齿轮泵为例，类似液压缸，泵的齿轮轴可以移动，从而实现电磁阀控制辅助油路的开闭。其他电控油泵的类型还有叶片泵。电动泵通过驱动电机进行调整，可以使用发动机电控单元控制执行器，目前带有集成控制单元的泵也逐渐普及。控制需要的油温数据在泵中测量，与发动机转速一起通过数据总线从发动机控制单元传输到泵控制单元。

12.2.5 变速器电控单元

在手动档汽车中，驾驶员需要自己操作变速器和离合器来选择合适的档位，而自动档汽车则不再需要人工换档，而是由变速器电控单元自动选择合适的档位。这通过变速器内部的油压驱动多片离合器进行接合或者分离。电控单元通过控制相关电磁阀的开合来调节离合器内部的液压。

无级自动变速器（Continuous Variable Transmission，CVT）中通过链传动来实现无级换档[⊖]。如果两个包裹的链轮的圆周比发生变化，这也会导致不同传动比。由于轮径的无级可变增大的实现方案过于复杂，成本很高，因此改用了变速器。变速器的链条在两个锥形表面之间运行。如果将两个圆锥体向内靠拢，链条被向外挤压，周长增加，如图12.9所示。这种调节通过固定一个锥体并以液压方式移动对侧锥体来实现。

如今，市场上越来越多的是介于手动变速器和昂贵的自动变速器之间的手自一体变速器。手自一体变速器中保留了变速杆和离合器踏板，但换档的过程却采用了电子操控的原理。有些读者可能了解有些赛车运动中，车手可以通过按键来进行电子换档。

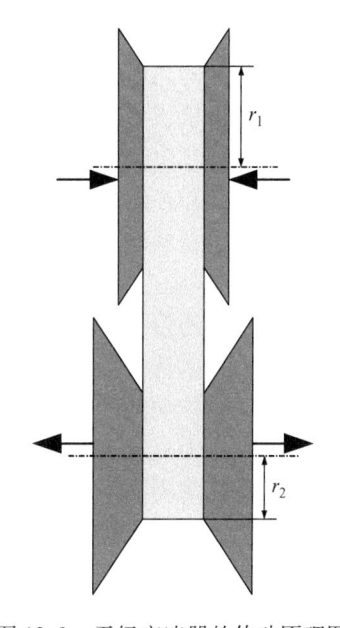

图12.9 无级变速器的传动原理图

自动变速器和手自一体变速器都需要控制系统。出于成本、重量以及灵活性的考虑，早期的自动变速器中所采用的液压控制系统已经完全被电子控制系统所取代，通常称为变速器控制单元（Transmission Control Unit，TCU）或者变速器控制模块（Transmission Control Module，TCM）。在摩托车或者机械制造领域，无级变速也可以通过离心力的力学控制实现，但汽车中还是较多地采用电子控制的形式。

对离合器的详细介绍和总结以及其电子控制的原理请参见［LechNau08］。

手自一体变速器中，变速器控制单元需要密切地和离合器控制单元通信，有时会将离合器的控制功能集成到变速器控制单元中。

12.2.6 离合器电控单元

发动机和变速器之间需要一个起动件，以便在车辆静止时将急速发动机与制动

⊖ 早期的自动变速器例如DAF Variomatic是通过传动带进行传输，但由于输出力矩非常有限，在汽车中没有应用。如今传动带普遍应用在小型摩托车中。

动力总成分离。离合器的作用是将发动机和变速器之间连接或者分离。手动变速器和手自一体变速器中，不能在负载的情况下换档，所以在换档时，需要将变速器和发动机之间的动力传输切断。除去拥有流体动压转换器的自动变速器，其他变速器需要一个离合器来实现起动和换档时的动力流中断，并且流体动压转换器通常具有锁定离合器。除了通常的干式离合器（单离合器和双离合器）外，还有如磁粉离合器和多片离合器等其他类型的离合器。

离合器的状态由驾驶员通过离合器踏板来控制。为了增加驾驶的舒适性，一些汽车采用电子的离合器控制系统，在起动和换档时可以通过电动、气动或者液压的方式来进行接合或者断开。由于手自一体变速器换档时更加敏感，所以更需要离合器控制系统。

自动离合器控制系统所面临的一个问题是，很多驾驶员主观地认为，间接的电子离合控制比直接通过脚踏板进行离合控制的速度要慢（认为这会影响汽车的行驶速度）。事实上电子离合控制的速度比脚踏板控制的速度还要快。

一些厂家还为手自一体变速器采用了双离合器，它们由两个同轴排列的多片离合器组成，可以选择变速器的两个不同传动轴进行调节。这需要一种特殊的变速器，允许同时挂上两个档位，但只允许一个档位通过其中的一个离合器和发动机进行动力传输，大众称为直接换档变速器（Direct Shift Gearbox，DSG）。这样，变速器预先选择好需要的下一档位，在换档时，只需要将连接的原部分离合器分离，同时新的部分离合器直接连接新档位。这样的换档过程时间间隔短，在两个相邻的档位之间转换也更加平稳。但是当电控单元所推测的换档次序并不是实际需要的换档次序时，双离合的优势就不太明显了。

12.2.7　电子差速器锁

汽车在弯道时，外围的车轮所移动的距离比内圈的车轮长，所以其转速也高。内外车轮的转速差由位于车轴中间的差速器来进行平衡。

差速器也有其缺点。虽然它可以将阻力均匀地分配在转速不同的两轮上，但有些情况下两边车轮的阻力是不同的。例如，当左侧的车轮处于沥青路面，而右侧车轮位于冰面上时，右侧车轮打滑，由于差速器的作用使阻力均匀分配，所以左侧车轮的阻力也会降低为零，也就是说在一只车轮打滑的情况下，另一只车轮也不能移动，汽车会抛锚。由于这种非对称性的动力分配主要针对离开平滑路面的汽车（大多数为越野车），所以这些汽车中的差速器应该可以进行锁死，不让差速器起作用。锁死差速器时，驱动轴就像一个坚硬的钢轴，即使一个车轮打滑，另一侧的车轮也可以驱动整个汽车脱险。对于四轮驱动的汽车，需要将前差速器、后差速器和中央差速器同时锁死。

一些差速器会随着两轮之间阻力差的增大而逐渐变得僵硬，这种差速器称为限滑差速器。如今这项任务也可以通过电子控制的方式实现，电控单元通过监测转速传感器（已经存在于其他系统如 ABS 中）来识别两轮间的转速差，然后通过液压执行器对差速器进行锁止。

和限滑差速器不同，电子差速器锁止系统只是分析转速差，由于成本因素不采用阻力传感器。同时，ABS 不能够受到影响（第 12.3.1 节）。电子差速器锁止系统还负责向发动机电控单元传输锁止状态信息，这样即使是没有经验的驾驶员，还有发动机电控单元可以自动调整汽车的运行状态。

12.2.8 发动机安装

通常，发动机、离合器和变速器单元通过由金属和橡胶制成的三个支撑点与车身连接，较少通过结构固定的液压阻尼器连接到车身。底盘中可能存在类似于减振器的液体阻尼。悬架一方面能尽可能牢固地支撑驱动单元，另一方面缓冲不舒适的振动，减弱进入车身的路面振动及发动机冲击。为折中解决上述两个相互冲突的问题，被动悬架一般硬一些以增强支承作用，但在临界转速，特别是在空转时，悬架可以相对软一些。被动悬架也间接支持气缸停用等可能导致振动增加的发动机功能。

如图 12.10 所示，最简单的发动机支承方法是在充满液体的减振器中以电磁方式打开或关闭一个孔节流，这种可切换的阻尼器拥有自己的控制单元或由发动机电控单元控制，已经安装在当今的许多车辆中。为了增强适应性，发动机舱布置时通常会在发动机侧集成加速度传感器以进行振动测量。

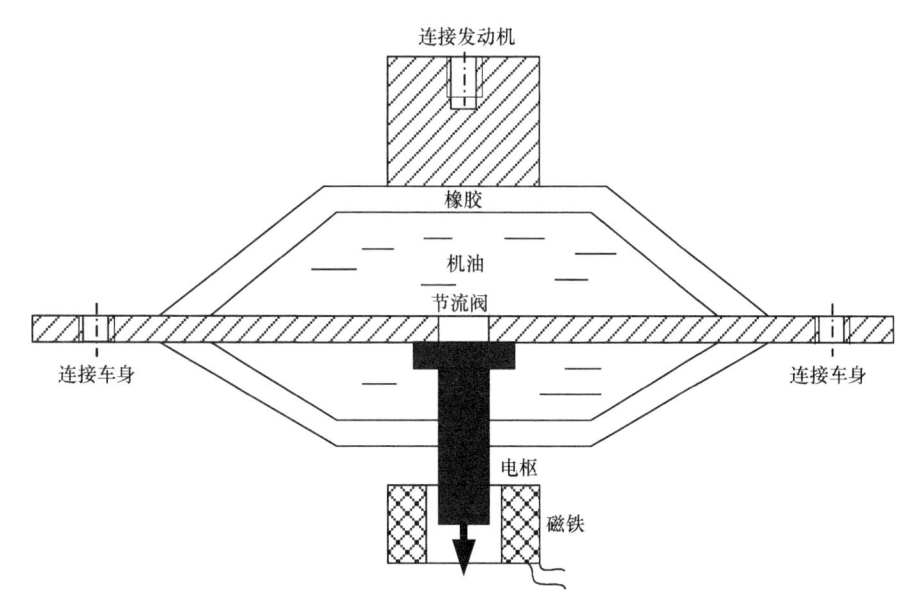

图 12.10 可变发动机支承方案的原理（节流阀不仅包括单独的孔，而且包括管路系统。此外，可以使用由橡胶和金属制成的更复杂的结构来代替黏合剂）

自适应（或控制电子设备作为适配器）阻尼器是常被提及的系统，其工作范围不只是打开和关闭节气门。液体阻尼器作为目前正在研究和开发的众多解决方案，其中液体的黏度可以通过电或磁方式改变。

压电元件逐步成为机电一体化标准组件，也适用于悬架。它的组成成分是陶瓷，通常是铅锆钛酸酯（PZT）[一]或聚偏二氟乙烯（PVDF）等聚合物。压电元件在压力作用下时产生电压，或者反过来在通电时产生压力变化，故不同的压电元件，甚至一些相同的压电元件既可以用作传感器，也可以用作执行器。使用时，它们需要合适的无源或有源电子元件，［GYMPLR06］提供了此类电路的例子。

可变阻尼器还包括通过施加电场或磁场可逆地改变其黏度的液体。

电流变液体，也称电黏性液体，由油中的介电颗粒组成。如今的介电颗粒由聚合物取代陶瓷，以防止颗粒碎掉导致磨损。通电时，颗粒在电场中互相连接，使液体更黏稠。甚至在水中加入面粉也可以检测到非常弱的电黏度剂效应。因为需要千伏级别的控制电压，使用电黏性液体如何保证悬架的耐用性，一直是电黏性液体在实际应用中的问题。

磁流变液体的工作原理类似将工作粒子由介电粒子换成含有铁磁粒子的"电流变液体"，比如使用铁合金作为原料。它的开发目标是降低对沉淀的敏感性，并降低控制电压线圈的功率要求。磁流变液体可以在以较小的磁通量管理的液体或永磁体和电磁铁叠加磁场中实现，如［BöEhTr09，Vrbata09］中的减振器示例所示。

除了具有电或磁适应性的液体，还有磁流变聚合物。流变聚合物几乎无法实现，多用介电弹性体（由塑料制成的薄膜）替代；它类似板电容器，两侧为导电涂层，并通过导电层之间的静电场力发生形变。

主动吸收器与可变的阻尼器配合工作，对施加的力和力矩产生反力和反力矩，并通过矢量加法抵消初始力。主动吸收器的发展中，电子控制吸收器引入了自适应技术的概念，不容忽视的是，自发动机量产以来，机械控制（曲轴上的配重或高质量发动机中的平衡轴）的吸收器一直是最先进的。发动机支承的主动阻尼器使用通电移动的反质量块，这些反质量块直接安装在振动被引入车身的地方——传动系的悬架下方，由单独的控制单元控制，该控制单元工作时同时接收引入点附近的振动传感器的信号，如图12.11所示。然而在非周期性振荡中，存在难以控制所需的质量块的缺点。

与发动机支承类似的底盘的减振开发也在进行中，但由于外力大且弹簧行程长，适应系统在这里更难实现。尽管存在困难，一些汽车制造商仍实现了自适应阻尼器批量生产。

[一] 由于PZT的铅含量高，正在寻求更环保的替代品，但目前没有等效的无铅压电陶瓷可用。

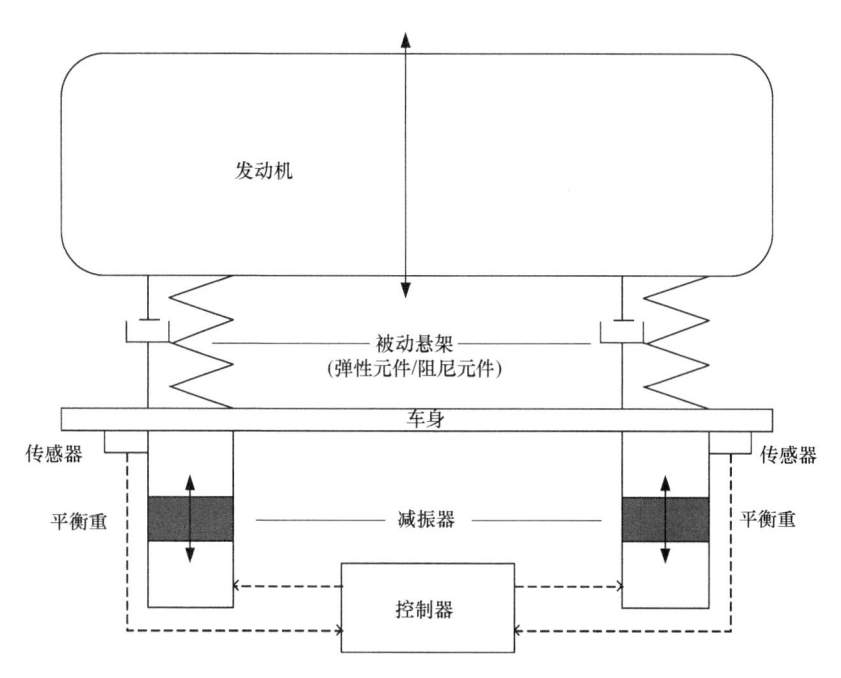

图 12.11　借助对置的平衡重抵消发动机振动示意图

12.3　汽车动力学和主动安全系统

　　力学中，动态是指运动和受力的组合。汽车的动态控制则表示整车对加速和制动、转向盘以及对道路状况的响应。汽车的动态主要通过底盘、轮胎和汽车的整体重心来进行控制，现如今也更多地采用先进的机电系统如防抱死制动系统（ABS）或者 ESP。

　　汽车的动力学又分为纵向动力学（包括加速、制动）、横向动力学（包括汽车在弯道的动力特性）、垂直动力学（包括汽车在垂直方向上或者向下的受力和运动状态）。纵向和横向动力学对汽车的安全性有着决定性的影响，而垂直动力学则主要和驾驶舒适性相关（特定情况下也和安全性相关）。这三种动力学息息相关，例如在制动和加速的时候汽车发生的"点头"现象，汽车在弯道制动时会发生"甩尾"现象等。由于纵向、横向和垂直动力学之间的相互作用，不能只侧重于一个方面的控制而影响了其他方面，所以将不同的电控单元成功地结合在一起是一项难度非常高的任务。这种集成控制系统已经商用的有 Opel 的 ICC（Integrated Chassis Control）、大陆公司的 GCC（Global Chassis Control）等。

　　和被动安全系统不同，主动安全系统的目的是预防事故的发生。主动安全系统通常嵌入到汽车动力学系统中，例如，在极端天气条件下仍然运行可靠的制动系统、装配 ABS 系统的汽车在急制动时仍然可以掌握方向，以及装配 ESP 系统在弯道时达到良好的动态稳定性。这几个例子将在下面的章节中进行讲述。很多情况下，汽车动力学和主动安全密切相关。

关于汽车动力学详细的介绍请参见［Willum98］（偏理论）和［HeiErs11］（偏实践）。［Isermn06］对汽车动力学控制的机电系统做了全面的讲解。

12.3.1 纵向动力学和制动系统

1. 驱动防滑系统

车轮的滑动率可以写为

$$\lambda = \frac{v - \omega_{\text{Rad}} r}{v} \tag{12.1}$$

式中，r 为车轮半径；ω_{Rad} 为车轮的角速度；v 为汽车的行驶速度；$\omega_{\text{Rad}} r$ 为车轮的圆周速度。滑动率用来表示车轮是否发生滚动（行驶速度 = 圆周速度，$\lambda = 0$），当汽车行驶在摩擦系数很小的路面时，如果紧急制动，车轮会相对于地面完全滑动（$\lambda = 1$）。当车轮既滚动又滑动的时候，λ 的值介于 0 和 1 之间。

一个重要的发明是汽车的 ABS，可以防止在急制动时方向失控，并且缩短总的制动距离［Bosch04］。ABS 检测每一个车轮的转速（四通道式 ABS 检测四个车轮），当发现车轮打滑时，采用压力调节器来调整制动力矩，最大限度地利用每个车轮的附着力。在滑动率等于 0 时，汽车的方向控制性最好，但是这时车轮并不能有效传递制动和加速的力矩，所以沥青路面上最优的滑动率应该是略高于 0 的，在砾石或雪地上，可以选择更高的滑移率。老式的 ABS 总是尽可能地减小滑动率（尽可能达到 $\lambda = 0$），这样尽管汽车在制动过程中可以保证可操作性，但缺点是会增加制动距离。摩托车中也可以采用 ABS。

ABS 也适用于两轮车，从 2018 年开始，自行车也采用了非常紧凑的设计。为了防止翻车，车轮需要稳定角动量作为额外的限制。一种基于两轮 ABS（MSC）的系统通过传感器和调节器来测量摩托车的倾斜度，基于此调节制动，以保持驾驶的稳定性。一个副作用是加速时前轮质心上升（前轮离地）或制动时的后轮拖移（抱死）。2017 年制定了适用于摩托车的 ABS 规定。

滑移率通过调节每个车轮的制动压力来调节。当滑动率高时，油压降低，当滑动率低时，油压升高。通过每个车轮的电磁控制液压阀增加或维持制动压力，压力传感器可以直接控制制动压力。阀门不单独布置在车辆中，而是集成在 ABS 单元或液压单元中，如图 12.12 所示。为了降低制动压力，每个制动回路集成布置一个电动泵，也有集成布置在单个车轮的轮边制动泵。在使用 ABS 紧急制动时调节制动压力会导致制动踏板上出现明显的振动，此时驾驶员应当继续全力将制动踏板踩到底，不要受到干扰。

ABS 可以扩展为驱动防滑（Antriebsschlupfregelung，ASR）系统，也称为牵引

图12.12 集成了电子控制单元的液压控制器,上方是液压泵电动马达的封装壳体

力控制系统(Traction Control System,TCS),用来避免汽车起动时驱动轮打滑。ASR系统不仅控制制动油压,也对发动机的转矩进行调节。ABS只有在驾驶员踩踏加速踏板时产生油压来控制制动,但是在汽车起动时,驾驶员并不能踩加速踏板,所以ASR系统使用电磁泵来产生制动油压进行驱动轮控制,正常行驶时制动油压也通过电磁泵和附加的液压阀门来控制。

ABS和ASR可以采用独立的电控单元,或者使用基于低温共烧陶瓷(LTCC)基体的电路板集成到中央液压调节器中。

2. 制动控制和线控制动系统

线控制动(Brake-by-Wire)系统是指利用电子系统取代传统的力学液压制动系统。通过采用电子系统可以降低成本。此外,采用电子系统也减轻了整车的重量,还有利于在未来集成其他的功能,例如同时集成ABS功能,但其安全性还需要进一步检验。出于这一点考虑,线控制动系统采用三重的冗余度(三个独立的制动电控单元)。在制动时,电控单元读取制动踏板的电压值,然后通过独立的线路或者通过实时总线系统(例如FlexRay)将信号传递给四个车轮的独立制动单元。由于三重冗余的成本很高,最终也可以采用和如今的液压制动系统类似的有两个电控单元的双重环系统。轮胎制动单元由电子液压执行器或电磁执行器来控制。线控制动系统的前提是电能,当电源供给系统故障时,制动系统也会发生故障。此外,还要考虑制动系统受到干扰突然进行制动的情况,这也会有很高的危险性。

一种执行器的原理为电子楔式制动器(Electronic Wedge Brake,EWB),这种电子制动器由 eStop 公司发明，然后由大陆公司（之前的西门子 VDO）所采用，如图 12.13 所示。

制动片（图 12.13 中的 1）带有有角表面，通过电子执行器在短距离内线性移动。制动片 2 上也带有有角表面。两个有角表面之间为滚子轴承 3。制动时，制动片 1 中的有角表面凸起的位置会推动滚子轴承纵向运动，产生的横向压力将会使制动片压在一起。称为"楔式"制动器是因为转动的制动片通过有角表面推动滚子轴承，从而使其对制动片产生楔式的挤压，达到制动的目的。通过这种自增强原理，电子执行器只需要通过很小的运动距离便会对制动片施加很高的压力，即使在断电时，制动系统仍然可以运行。

图 12.13　电子楔式制动器（图片来源：大陆集团）

作为楔块的替代，可以使用电机驱动的主轴将制动片推到制动盘上。

线控制动单元需要通过模拟制动踏板的踩踏力等方式来使驾驶员获得制动的感觉。一个优点是，即使在紧急制动时，也不会出现像 ABS 的脉冲噪声了。

3. 制动辅助系统

经验表示，很多驾驶员在紧急制动时，并不会将制动踏板踩到底，这也使得制动距离增长。这可以通过制动辅助系统来进行调整，当汽车车速超过一定值，快速踩踏制动踏板时，制动辅助系统会自动识别驾驶员的制动意图，并且产生最大的制动力。同样，这里也要考虑到制动系统并非出于驾驶员意图，而是干扰或故障而导致的急制动。这往往会让乘员面临更加危险的状态。

扩展的制动辅助系统还可以评估测距模块的雷达信号或摄像头的图像，甚至可以在发生危险时自动干预制动（Collision Mitigation System，CMS；Autonomous Emergency Braking，AEB）。因为在制动辅助系统在主动干预制动之前已经做好制动准备，故可以将制动缩短 100ms。这种辅助装置也可弥补车辆盲区，应用在缓慢倒车场景。

除此之外，电子制动力分配（EBV 或 EBD）也是有用的辅助功能。EBV 出现之前，车辆前后轮之间的制动力分布是固定的，通过 EBV 可以电控改变制动力分布以对车辆的负载或车辆运动（俯仰）等影响制动效果的因素进行制动补偿。

由于制动器潮湿时制动距离延迟，因此出现了通过偶尔制动来确保制动环境干燥的制动干燥功能（Brake Disk Wiping，BDW）。但目前的方法很难准确检测制动器潮湿状况，例如评估风窗玻璃刮水器的开启，对制动器干湿状况的表示十分局限。

4. 驻车制动器和起动辅助系统

在高档汽车中，驻车制动系统更多被电子停车制动（EPB，Electronic Parking Brake）系统所代替，通过电子按钮对整车锁止，并且在汽车重新起动等特定情况下再打开。EPB 配备中央执行器，比如机械驻车制动器，执行器通过制动线路作用于后制动器，或者直接集成到制动卡钳中。

起动辅助（HSA 或 HHC）使得坡路起步更加容易操作，当驾驶员离开制动踏板时，系统也保持自动制动，只有等驾驶员踩踏加速踏板之后，才会停止制动状态。与从驻车制动器或 EPB 起步不同，HHC 用到的是行车制动器。

下坡辅助（Hill Descent Control，HDC）系统使用制动干预和发动机干预来调节下坡行驶的速度，主要应用在崎岖的越野行驶环境。

5. 车速和车间距离控制

为了提高驾驶舒适度，一些汽车中装备了车速控制系统（Tempomat），也就是平常所说的巡航定速。驾驶员首先通过加速踏板和制动器选择速度，当达到所需速度时，按下转向盘上的按钮（通常为"set"键），向控制器发出指令，设定当前速度为目标速度。然后，汽车就会自动保持车速，不再需要人为地通过加速踏板控制车速。在上坡或者下坡时，汽车也会通过电机在物理限制内进行自动调整以便维持车速（在简单系统的情况下，无须制动系统干预）；通常车速控制系统正常运行时，仪表盘显示绿色车速表符号。驾驶员踩下加速踏板或制动踏板后再次获得控制权，通过按下另一个按钮（通常称为"resume"键），车速再次转为自动控制。然后，车速目标值基于斜坡函数设定为上次设定的值。巡航定速系统的控制部分集成在发动机电控单元中。

巡航定速系统大大地简化了驾驶员的任务，但同时也会降低驾驶员的注意力集中度。当使用巡航控制系统辅助驾驶时，在如前方车辆行驶缓慢的情况下系统会认为出现干扰而中断控制。此时驾驶员可以尝试以恒定的速度紧密跟车行驶，并且在最后一刻才制动，停止巡航定速系统。在巡航定速下，行驶速度均匀，有助于降低油耗。

自适应巡航控制（Adaptive Cruise Contro，ACC）也称为自动距离控制（AutomatischeDistanzregelung，ADR）或车距调节速度控制器，是巡航控制逻辑上的升级。ACC自动检测前方障碍物，并控制车速以解决紧凑慢速跟车的问题，使自车与前方车辆保持在选定距离。自由行驶时，ACC则具有巡航定速系统相同的功能。可见，ACC是级联控制（Cascaded Control）的生动例子［LutWen12］，外控制环为车距控制，内控制环为车速控制。除乘用车和商用车外，ACC现在还可用于摩托车。

ACC系统通常只能在略高于最低速度的区间工作，比如30 km/h。随着应用范围的扩大，ACC也可适用于步行速度，通常与辅助车道保持一起作为辅助交通拥堵系统出售。

距离传感器是安装在保险杠下方或散热器格栅后面的雷达（RADAR），或者少部分是安装在保险杠下方或后视镜后面的激光雷达（LIDAR）。激光雷达系统使用不损伤视力的脉冲红外激光束代替雷达的GHz波，它们的工作原理类似。由于一些测距系统无法可靠地检测到静止的车辆或弯道后面的车辆，因此驾驶员必须密切关注交通状况并在必要时进行制动。

雷达系统使用脉冲信号或更优的连续波（Continuous Wave，CW）信号。车上的连续波雷达工作时，也使用频率调制（Frequency Modulated Continuous Wave，FMCW）进行速度监测。短程雷达（Short Range Radar，SRR）的射程约为10m，工作频率从之前的24GHz变为现在的77~81GHz之间；距离约100m的远程雷达（Long Range Radar，LRR）的工作频率在76~77GHz；中程雷达系统（Mid Range Radar，MRR）有时也工作在76~77GHz的频率。低于77GHz的范围称为77GHz范围，高于77GHz的范围称为79GHz范围，或者也称为77GHz范围。频率的选择一方面取决于法律，另一方面取决于雷达波在空气中传播时消减程度最小的频率。超宽带系统采用极短脉冲，仅在少数情况下使用，并且由于存在干扰其他宽带系统的风险而严格受到法律规约束。测距系统的典型传输功率为10mW，根据目前的研究，这基本不会损害健康。

脉冲雷达的脉冲以光速传播，通过测量脉冲经前方车辆后反射并重新回到组合发射/接收天线的传输时间来确定距离。此外，基于多普勒效应，可以直接从雷达反射信号的偏移频率中求解速度信息。脉冲雷达的缺点是峰值功率很高。使用FMCW时，通过发送和接收的一组信号之间的频率差计算传输时间，因此多普勒效应测距法不能直接求解速度，甚至会干扰测距；通过三角频率调制或阶跃频移键控（Frequency Shift Keying，FSK）方法进行合适的信号处理可以避免多普勒效应的干扰。无法测量多普勒频移的系统会根据运行时间的变化计算速度，原理也是根据单位时间内距离的变化来计算。

降低如此复杂的雷达技术的成本至大众产品标准是比较困难的，所幸出现了通过印刷电路实现的低成本天线，同时用更便宜的硅锗构建块取代砷化镓半导体元件也大大降低了成本［Lehbring08］。天线与计算机组成控制单元进行信号评估，也可使用单独的雷达传感器代替天线，此时预处理的数据通过 CAN 总线传输到 ACC 或其他驾驶员辅助系统的控制单元，如图 12.14 所示。

图 12.14　装配雷达的 ACC 单元，上部晶体外壳连接雷达波，用于更远距离的雷达传感器也使用扁平外壳（图片来源：罗伯特·博世有限公司）

12.3.2　横向动力学、转向系统和车身电子稳定系统（ESP）

1. 转向系统

介于今天通常使用的力学转向系统和未来可能采用的电子转向系统之间的解决方案是电子辅助转向，例如宝马的主动前轮转向（Active Front Steering）。

这种系统最简单的应用是电动助力转向（Electrical Power Steering，EPS），其中附加的电机提供额外的转矩辅助转向盘旋转动作进行机械传递。电机取代了以前动力转向系统中常见的转向液压伺服系统，因此压力不必不断产生，具有能量需求更低的优点。然而，转向过程中出现的几个 100W 的功率峰值会造成车载电气系统的负担。

除了动力转向之外，电机控制系统比液压系统更灵活，因为电机还可以做其他应用，例如，有的助力转向系统可以根据行驶状态改变电子助力的转矩，或者如果变道辅助系统检测到危险或无意识的车道变换时，电机还可以对转向盘施加轻微的反向转矩。转向系统中的电控干预对安全至关重要，所以对系统本身有很高的可靠性要求。

通常所说的线控转向是指不再通过转动转向盘来产生通过转向杆作用在车轮上的转矩，而是完全通过电子系统来转向，未来甚至可以发展出单轮转向系统。

2. ESP

在北欧的斯堪的纳维亚半岛，距离长而又分布稀疏的公路上经常会有穿行的野生动物，例如麋鹿等。因此，首先由北欧国家制定了汽车的麋鹿测试，也就是测试快速行驶的汽车为了躲闪突然出现的麋鹿而进行换道再马上换回原道的能力。1997年，奔驰公司 A 系车在麋鹿测试中，产生了翻车事件。在这个事件之后，奔驰公司为车辆装备了一个新的系统，称为车身电子稳定系统（Electronic Stability Program，ESP）［Bosch04］，有时也称为 ESC（Electronic Stability Control）或者 VDC（Vehicle Dynamics Control）。

如今，麋鹿测试已经发展成为规范的标准测试［ISO 3888-2］，防止汽车由于紧急转动转向盘而发生侧滑的车身电子稳定系统也已经成为如今的标准技术（State-of-the-Art Technology）。从 2011 年起，欧盟境内出产的新车必须装备动力学控制系统。最近，出现了拖车稳定性辅助（Trailer Stability Assist，TSA），以对车辆（例如有拖车的乘用车）进行稳定的动力学控制。

图 12.15 所示为 ESP 的原理示意图。动力学控制系统通过转向角传感器来获知驾驶员的转向意图，转向角传感器一般位于转向柱或者传动轴上。但是汽车的转向盘一般可以向相反的方向旋转 720°，所以一个转向角可以对应 4 个不同的转向值。为了消除混淆，需要采用两个分传感器，用来测量转向系统左右两侧的齿轮比。分传感器由和齿轮相连并随着齿轮转动的磁铁和固定的磁性传感器组成。和非接触性电子加速踏板不同（采用霍尔效应传感器测量角度），这里采用各向异性磁阻（Anisotropic Magnetoresistance，AMR）传感器。AMR 传感器的电阻随着磁场的变化会发生很强的变化。通过两个分传感器的位置，可以利用游标算法（Nonius Algorithm）来精确计算转向角，并且和已知的行驶模型做对比计算。在进行计算时，并不是采用转向角 δ 的绝对值，而是参考动力学模型，同时也考虑汽车当前的行驶速度，来获知驾驶员的转向意图。

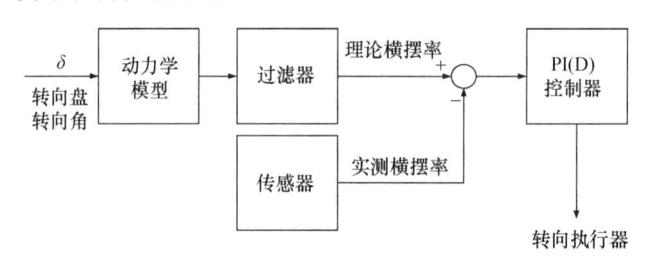

图 12.15　ESP 的原理示意图

通过使用陀螺仪传感器测量围绕汽车的垂直轴的旋转速度（$d\psi/dt$），以及使用横向加速度传感器测量离心力，可以计算汽车的实际转向状态，并且和驾驶员的转向意图对比和调整。加速度传感器和陀螺仪传感器都是基于微机电技术制造的，和电控单元一起安装在汽车底盘上，并且通过 CAN 总线和汽车动力学电控单元以及其他的电控单元进行通信。

陀螺仪内部经常测量的力为科里奥利力（Coriolis Effect），对其详细的介绍请参考物理文献，在此只通过一个简短的例子介绍科里奥利力的原理。

假设在一个旋转的圆盘上发射一枚子弹，子弹将会直线飞行。静止的观察者所看到的飞行轨迹如图 12.16 所示。但是，此时另一个观察者在圆盘上，按圆盘的圆周转速转动，该圆周速度随观察者位置与圆盘中心的距离增加而成比例增加。尽管该观察者在子弹发射的轨迹之外，然而从他的角度来看，子弹的轨迹似乎向他弯曲，甚至看起来会撞上他。在他看来，一股看不见的力量让子弹加速冲向他——这个看起来不存在的"牵引力"就是科里奥利力。

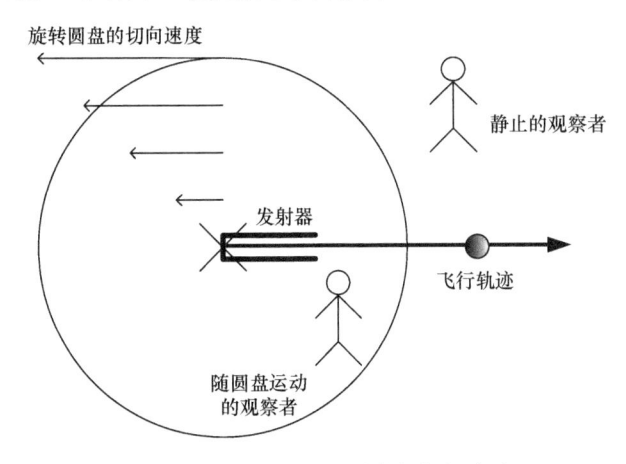

图 12.16　关于科里奥利力的假想实验

如果随着圆盘转动的观察者想要避免碰撞子弹，他可以建造一个发射管道连接圆盘中心和圆盘边缘，这时候，子弹不能再向他飞来，子弹现在被迫穿过管子，其飞行轨迹相对于转动的圆盘是直线的。但是静止的观察者这时候却需要寻找一个安全的区域，因为子弹这时候会旋转，有可能会和静止的观察者碰撞。也就是说，发射管道给飞行物施加了一个切向力，使其具有了切向的动量。这个力也就是科里奥利力，这时它不光看起来存在，而且可以测量。

在汽车的 ESP 中，汽车在弯道或者打滑时围绕其垂直轴发生旋转，汽车本身就相当于旋转的圆盘。传感器中虽然不发射飞行物，但是却有振动的物体围绕垂直轴旋转振动。不同生产商有不同的传感器设计细节（例如博世和 VT Technologies），甚至同一个生产商的不同产品也采用不同的设计［KRLPRSS97］。径向振动的振幅一般只是在微米量级，科里奥利力由测量的电磁或者静电信号通过集成芯片处理推导得出，然后传递给电控单元。对基于微机电系统的传感器和执行器的详细介绍请参见［Mesche06］。

上面介绍的 ESP 传感器并不能区分汽车的旋转是由汽车行驶在弯道而产生的，还是由于车轮和路面之间的打滑等造成的车身旋转而产生的。在这两种情况之间进行区分需要借助于其他加速度传感器。由于在商用车中车辆的最佳转弯性能也取决于负载的分布，负载由车辆行为即可确定，此时不再需要额外的传感器。较新商用车的 ESP 中采取这样的布置方法。

从长远来看，通过轮胎变形测量横向力的传感器也可以分析行驶状况。已经开发出了具有此功能的侧壁扭转传感器（SWT），但因为需要配套具有定义磁化侧面的轮胎而很难实现量产；也可使用非旋转磁场传感器通过归纳法确定两轮胎侧面间距，从而通过感应确定其变形［Becher00］。

由于在大多数车辆中，主动干预转向是不可能且不足够的，因此系统使用 ABS 对每一个车轮分别进行制动。受制动的车轮与地面之间的滑移增大，对车身传递的侧向力不再与其余的车轮相同，造成矫正转矩作用于车身。在汽车转弯时，对内侧后轮进行制动，汽车可以更容易转向。相反，如果汽车在弯道转向过度（甩尾现象），需要对外侧前轮进行制动，用来减小转向角。这时后轮会产生一个摩擦力，保持车尾位于内侧，也就是说施加一个和车辆甩尾方向相反的转矩。

3. 主动车轴动力学

在"F400 Carving"测试车上，戴姆勒公司展示了车轮外倾角电控系统。该车配备了特殊轮胎，轮胎的轮廓经过优化，与摩托车一样可以侧面转弯，同时应用了改性的橡胶化合物。转弯时，外倾角控制装置使车轮倾斜最高 20°并保持车辆行驶，此时优化的轮胎侧翼与道路接触。这种系统不用于量产车［Ammon04］。

采埃孚公司开发了主动式后桥运动学控制（Active Kinematics Control，AKC），可以主动控制两个后轮的轨道，从而改善转向特性。

12.3.3　垂直动力学

垂直动力学主要影响驾驶舒适性（良好的减振）。但是过软的减振或者过弱的振动阻尼也可能会导致某一个车轮短暂地离开地面，从而使制动性能变差，也使得沿着车道行驶的轨迹准确度降低。图 12.17 所示为垂直动力学的简单模型。

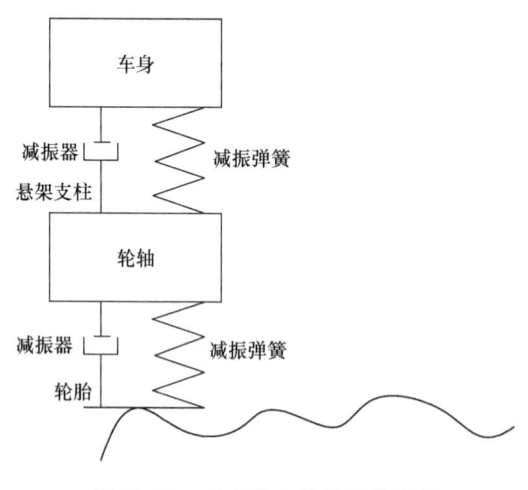

图 12.17　垂直动力学的简单模型

图 12.17 中，支柱和轮胎简化为弹簧和阻尼的两侧的平行连接，弹簧力正比于偏移量，阻尼器力正比于偏转速度。加速的质量产生与加速度成正比的惯性力，即

偏转的二阶导数。所有力包含在一个微分方程组中［Willum98］。

1. 自适应悬架和主动悬架

整车厂需要决定是否设计软减振、舒适的汽车，还是硬减振、运动型的汽车，或是在两者之间取折中方案。最佳的解决方案是根据不同的路面和行驶状态，自动调整汽车的减振性。

雪铁龙在20世纪60年代已经尝试的一个方案是调整汽车的高度，当时还没有借助电子系统。最简单的方法是由驾驶员进行设置。和当初雪铁龙大约20cm的可调高度差相比，如今的高度调整量很小，大多情况下觉察不到，但在高速行驶中已经可以对汽车的稳定性产生很大的影响。注意，降低公交车车高（空气悬架）以便于上下车也属于高度调节的范畴。高度调节的下一步是自动车高调整，这在一些投产的车型中也已经得到了采用。

除了车高之外，减振弹簧的硬度也是一个重要的参数。虽然硬度非常难以调节，但对汽车的垂直动力学有很大的影响。只有气垫弹簧才可以调整其硬度，对于螺旋弹簧来说，尽管可以通过串行连接或者架桥的方式进行调整，但是由于过于复杂，没有太大的实用意义。

比调整弹簧硬度更容易的是通过电子控制执行器调节阻尼（连续阻尼控制，CDC），通常是控制流体（油或空气）在阻尼器中流动的阀门。

相比于调整弹簧硬度，对减振器的电控调节［连续减振控制（Continuous Damping Control，CDC）］更加容易实现。调整时一般通过电动执行阀门，控制减振器内流体的运动（液压油或者压缩气体）。可以调整硬度或者减振系数的悬架称为自适应悬架。

汽车生产商的长期计划是将由弹簧和减振器组成的减振臂完全通过主动的机电一体化系统来取代，轮胎和车身之间的距离作为时间的函数可实现快速可控。自适应调节的执行器与普通高度调节的不同之处在于必须高速精准，且要实现车轮的单独控制。目前，电磁执行器和电控液压系统都难以达到这种性能要求。

有一些厂商在目前自适应底盘和未来的主动悬架之间，发展了过渡产品，称为半主动悬架。半主动悬架在结构上类似于可调悬架，但其参数的变化相对于弹簧的振动速度来说很快，所以在一些条件下，已经可以作为主动悬架使用［HeiErs11］。

另一个悬架系统的开发目标是借助摄像头和模式识别对其进行前瞻性干预，实现提前检测障碍物、路况和相关交通标志。

2. 侧倾控制系统

一辆具有软减振系统的汽车行驶在弯道时，会产生倾斜现象，外侧车轮降低，内侧车轮升高。减少内侧车轮的受力可能会影响驾驶安全性。倾斜时，汽车的重心偏离，可以通过模型计算得出汽车离心力的大小。对于高底盘的汽车（Sport Utility Vehicle，SUV），过大的离心力经常会导致侧翻［KweKok03］。

汽车的稳定器可以限制车身侧倾，稳定器是连接车轴两端的起到扭转弹簧作用的杆。主动侧倾控制系统的一种实现方法是，在稳定器中加装液压或电动的旋转回转电机提供助力，在市面上应用于主动侧倾稳定系统（Active Roll Stabilization，ARS，也被宝马称为"Dynamic Drive"）、戴姆勒的主动车身控制系统（Active Body Control，ABC）和保时捷的动态底盘控制系统（Porsche Dynamic Chassis Control，PDCC）。

3. 预测系统

底盘控制的一个问题是，控制系统仅对干扰参数（如道路不平坦等）做出反应，此时干扰已经出现，即车辆前轮已经处于不平衡状态，即使传感器、控制器和执行器极速响应，也不可能实现完全无延迟的调节。为解决延迟问题，戴姆勒通过使用激光雷达主动扫描道路［IEEESp08］，但目前这只能在直线路线上实现，并且该方法无法进行不平坦度的一致性（比如所预测路面是坚硬的沥青路面，或是较软的泥土路面）的区分辨别。

12.3.4 轮胎监测系统

汽车进行制动或者加速的纵向力，以及弯道时的侧向力，都是通过轮胎向地面传递的。轮胎的胎面花纹深度以及橡胶材料本身都会随着使用时间的增加而退化，影响轮胎性能。胎面花纹深度和材料状况的电子监测系统仍处于起步阶段，即使胎面看起来仍然良好，驾驶员也有责任监测胎面花纹深度并更换旧轮胎。

轮胎监测系统的发展最初是由法律推动的，欧盟强制要求新注册的车辆包含电子轮胎监测系统［EU09-661］。轮胎监控对于预警漏气轮胎尤其重要，否则就算轮胎完全失去压力也可能会驾驶员被忽视。

新车必须对轮胎内部压力和空气温度进行电子监控，电子监控系统会识别出缓慢的胎压下降，过低胎压会导致轮胎接地时表面形变而增加油耗。在少数情况下，轮胎磨损后胎压降低，可以降低轮胎爆裂的风险。

压力测量系统也可用于轮胎压力控制，该系统根据压力的测量值降低或增加压力，必要时也会参考路况进行调压。由于该系统难以连接到车轮，且需要在车上加装泵体、导致成本增加，因此此类系统仅保留在一些特殊车辆上；使用车轮集成泵的压力测量系统预计会在将来有更广泛的使用。

胎压监测系统（TPMS）可作为原装设备或改装套件提供。改装套件的通用传感器通过软件匹配对应的车辆，这种方法对于轮胎传感器和车辆之间的非标准化数据通信十分适用。

TPMS在每个轮胎都布置有一个传感单元，位于轮胎气门上，或被一些制造商安置在胎面或轮辋上，用于测量轮胎内的压力和温度。测量信号由电控单元进行分析，有必要的时候会对驾驶员发出警告。商用TPMS无法对备胎的胎压进行监控，而备胎检测容易被车主遗忘，造成有需要时备胎无法使用。

由于传感单元随着轮毂转动，传感单元和电控单元之间的数据传输需要以无线的形式进行，大多数情况下，无线传输频率为433MHz。

轮胎制造商在轮胎上安装TPMS模块的过程大有门道，要使生产的轮胎在从制造商到客户的物流链中全程可被轻松识别出来。如此，安装后的轮胎可以将技术识别数据传输到车辆，这有利于车辆动力系统与所安装的轮胎进行更好的协调。上述目标的实现还存在相当大的困难，主要围绕如何保证TPMS模块与轮胎内壁可靠连接、如何实现TPMS与不同车辆系统的兼容性、废弃TPMS的处置问题以及消费者轮胎换新时额外收费等方面。

传感单元由锂电池（扣式电池）提供电源，通常电池没电后必须更换传感器。一般要采用将传输消息量缩减至最小的算法来进行信号传输，用来最大限度地延长电池的使用寿命。用微波来对传感单元进行无线供电的系统已经开始进入市场，另一种借助压电能量转换器利用轮胎的滚动反向供电［DE202005011627U1］的想法还较难实现实际应用。

图12.18所示为车胎气压监测传感器模块。左侧是锂电池，旁边是集成电路元件和集成温度测量的电容式压力传感器。传感单元以数字信号方式通过串行接口将信号发送到右侧的微控制器，控制器集成了部分高频电路来控制天线；发射天线布置成环状的走线，位于集成电路板的背面。传感器和微控制器下方的部件为石英晶振。

图12.18　车胎气压监测传感器模块（图片来源：Freescale）

除了直接的压力测量方法，还可以间接进行压力测量。例如ABS持续地测量车轮转速，当发现其中一个车轮的转速持续比其他车轮高时，就可以说明这个轮胎的气压过低而引起转动直径减少。然而，相对于直接测量来，间接测量的灵敏度较低。

随着气压的变化，轮胎的硬度也会发生变化，从而改变轮胎不同振动模式的共振频率。因为不同胎压的轮胎的振动行为（例如叠加的转速波动）不同，可以利用这一点实现不需要额外传感器的压力损失检测，此时需要在控制单元中进行快速傅里叶变换（FFT）等窄带滤波器或数字信号处理，将时间信号转换为频谱图。

有时轮胎的损坏很难被检测到，例如当快速驶过路面碎石或停车不当时造成的损坏，外部无法识别，但可能导致高速行驶时爆胎，车辆完全失去控制。一篇专利提出过一种通过激光检测胎面变化的方法［DE10153072B4］，该方法可能会比使用轮速振荡检测胎面松弛的方法有更高的可行度。［DE202005011627U1］提出了一种用于轮胎预热的加热丝，上面集成了损坏监控功能，整个预热丝网同样被层压到轮胎中。［DE102004036811A1］尝试在固体传声的传声器的帮助下检测损坏。也有专利不检测损坏本身，而是检测带来损坏的事件。比如在［DE000003920384A1］中，检测高速下的强力降速，同样可以在加速度传感器的帮助下检测到车辆碾压路缘石。

大陆集团在胎面下布置传感器测量轮胎的接地面积，以此估计胎面花纹深度和负载。另一种选择是通过无线局域网（WLAN）或移动无线电将轮胎数据传输到车队运营商的中央服务器中。

未来的一个方向是使用光纤传感器或将光纤作为结构元素引入轮胎织物中，利用光纤释放化学物质指示剂（比如染料）或使用加速度传感器，以记录轮胎历史信息（比如碾压路缘石）。

目前尚未建立可以记录压力曲线或长时间驾驶时轮胎面碾压路面形成的热曲线的外部监控措施。以前用于轮胎生产的剪切成像可评估激光干涉图案，也适用于外部监控。

12.4 被动安全系统

和主动安全系统不同，被动安全系统的目标是，在一个不可避免的或者已经发生的事故中，将伤害的程度降到最低。对人员的保护（避免受伤、死亡）是最重要的，其次是减少其他财物损失。除了保护车内乘员的人身安全，保护车外其他人员的安全也越来越重要。对于被动安全措施的详细解释参见［Kramer13］。

以往，被动安全性一般通过车身设计和汽车内部空间设计来进行改善。例如，以前采用的转向柱在汽车碰撞时，碰撞后有可能穿入驾驶员身体，所以现在一般采用可溃缩的转向柱。这方面被动安全性的提高主要借助于大型的模拟计算机、先进的碰撞实验设备和不断增长的经验。电子部件只是间接地对研发起到支持的作用，例如碰撞实验中的人体模型中，采用了很多电子测量部件来测量受力以及加速度。

如今，汽车的乘员保护系统中也有电子部件来增强被动安全性，主要包括安全气囊系统（Airbag）和预紧式安全带（Belt Pretensioner）等。和乘员保护系统类似，一些保护行人的新系统也正在开发中。

现在的乘员保护系统并不只是在碰撞的时候才会发生作用，在一些其他的事故中也会起作用，例如当汽车翻车时被触发的翻车感应器（Roll-Over-Sensing，ROSE）。乘员保护系统的执行器依据事故情况而变，在发生翻车时，前置的安全气囊并不引爆，而侧面的安全气囊引爆，同时激活安全带预紧器。在敞篷车辆中，有一定弹簧预拉伸力的防滚杆可以延长。有别于从座椅释放的防滚杆，横向贯穿车辆的防滚杆位于后排座椅之后，并通过旋转运动向上延伸。

事故发生后，发生二次伤害的可能性很高，例如车辆可能被撞入逆向车道与对向车辆对碰，或者发生与其他车辆的二次碰撞。首次事故引发的安全系统在发生更严重的二次碰撞时可能无效。这个问题尚未得到解决，很多研究课题旨在防止二次碰撞并降低其影响。汽车供应商和制造商目前使用的乘员保护范围从车车相撞时的自动紧急制动开始，然后进行安全车道引导，到最终车辆停止为止。

事故发生后，仍可通过电子设备为乘员提供帮助，如自动拨打紧急电话，解锁车门，并在必要时采取进一步措施，以便乘员的救援或乘员在等待救援时维持车中生存。

12.4.1 预碰撞系统

主动安全系统可以在可能发生碰撞之前采取行动以防止交通事故，而被动安全系统则在事故发生后的几毫秒内响应以降低伤害。为了提前几秒钟预警不可避免的事故并采取措施以进一步提高车辆安全性，出现了预碰撞系统或预安全系统，即一些介于主动和被动系统之间的进行事故时间标定的系统。预碰撞系统在不断发展下，起到了主动和被动系统之间的桥接作用，它们可以调用传感器（如测距雷达）以及主动安全、辅助系统和被动安全系统的执行器。得益于预碰撞系统，制动和紧急制动辅助系统（第 12.3.1 节）可以分配给辅助系统以及主动安全系统或预碰撞系统，带张紧器（第 12.4.2 节）可以分配给预碰撞系统或被动安全系统。此外防滚杆的调用也可以通过控制气囊控制单元进行扩展。

12.4.2 安全带张紧器

迄今为止，车辆被动安全最有效的约束系统是安全带。安全带扣中的微动开关或霍尔传感器可检测安全带磨损（前提是所有乘员都佩戴安全带），若安全带未安置对应装置，则安全气囊负责控制单元调用附带的座椅占用传感器发出安全带未系紧警告，并为未系紧安全带的乘员对应的安全气囊上设置为可展开状态，但安全气囊无法完全取代安全带的功能。需要电子带张紧器，也称为伸缩器，随时为可能发生的事故做好准备。电子带张紧器是一种预碰撞系统，最初的带张紧器是烟火带张紧器，由安全气囊控制单元通过电点火触发；目前更多的安全气囊张紧器配备小型电动发动机，并且通常在安全气囊控制单元发现事故之前触发。此外，安全气囊张紧还配备新的附加功能，例如通过较温和地绷紧来警告驾驶员危险。然而，在此类功能进入市场之前，必须进行一系列心理测试以保证在实操时警告不会造成驾驶员分心。

由于安全带宽度小，事故发生时，即使已经存在带拉力限制器，乘员身体仍会受到高压。目前正在研究的充气安全带，在紧急情况下可以将力释放到更大的身体区域，减少局部压力。这种安全带必须非常迅速地膨胀，因此可能会使用与安全气囊相同的技术。

12.4.3 安全气囊

Takata 公司和 TRW 公司的工程师对驾驶室内可充气气囊进行的实验成功之后，电子设备开始被引入车辆的被动安全系统中。当时的技术难点是，在汽车识别出事故之后的 20ms 内，气囊必须引爆来保护乘员避免撞击。只有通过电火花引爆器电点燃，才能保证快速充气。这些使用烟火原理的气囊称为安全气囊。

安全气囊并不是人们想象中的柔软的枕头，其实它展开时会令它的作用对象者感到非常不愉快甚至痛苦，在乘员坐姿不当时甚至可能导致伤害，展开时发出的爆炸声也会损害听力。触发前加入扬声器声音能够降低耳朵对安全气囊爆炸声的敏感性，从而减小听力损伤。此外，安全气囊内气体膨胀后可能会持续发烫。较旧的安全气囊逸出的气体可能含有有毒成分。但是气囊表面的"白烟"并没有毒，只是防止气囊黏合而使用的粉末。鉴于安全气囊的确挽救了无数生命，所以说承担上述风险是值得的。

通过爆炸物产生气体属于受法律限制的实验［SprengG］，业余人员禁止进行相关实验。旧的汽车进行报废处理时，其中的安全气囊需要由专业方式进行引爆。［ISO 26021］建议任何报废车型的安全气囊引爆都应通过诊断工具完成。发生交通事故时，应该将受伤的人员挪移至汽车外，以免赶到的救助人员被推迟引爆的安全气囊所伤害。在安全气囊和乘员之间不应该有其他的物品。装备安全气囊的汽车中，应该使用原装的座椅，不应该对其进行改装。

安全气囊电控单元的任务是通过加速度传感器或者车门内置的压力传感器，来识别汽车是否发生了碰撞，如果是，则立刻点燃气体发生器，实现安全气囊中毫秒级别的气体填充。无论是发生碰撞时不进行引爆，还是不必要的时候引爆了气囊，都会让乘员发生危险，所以电子部件必须有非常高的可靠性。因此，既要检查碰撞实验中安全气囊可以按照设计规格点燃，又要对各种不能引爆气囊的情况进行误爆测试（Misuse Tests）。现代安全气囊控制单元需要处理包括其他控制单元数据在内的大量数据，例如汽车速度、发动机转速、时间、加速踏板位置和制动踏板接触数据，控制单元通常会记录下这些通常在气囊触发时产生的数据以方便以后读取。

现代系统使用传声器检测结构传播的声音来检测碰撞的类型和程度（碰撞撞击声音传感，CISS），从而可以启动适应特定事故事件的渐进触发。

当安全气囊或者传感器不是直接和传感器相连，而是通过数据总线系统和电控单元进行通信时，需要使用安全气囊的专用总线系统（参见第 6.4.3 节）。

为了保证安全气囊在断开电源连接时仍然可以工作，其电控单元中一般使用大电容器作为能量存储器。图 12.19 所示为集成功率输出级的点火芯片原理（简化版），其中含有两个点火线路的点火芯片。一个线路监测外部碰撞传感器，另一个线路则监测电控单元内部集成的安全处理传感器（Safing Sensor）。当两个传感器都检测到碰撞时，电控单元引爆点火。通过引入小的检测电流，可以对点火器的电阻状态做持续自检。检测电流的大小可以通过测量外接的特定阻值电阻器的电压来确定。

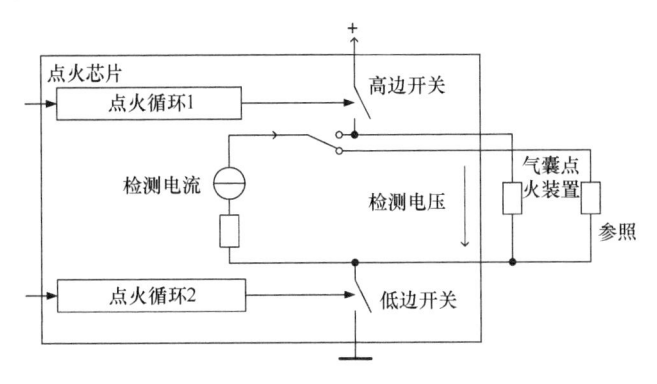

图 12.19　集成功率输出级的点火芯片原理（简化版）

先进的安全气囊系统可以根据乘员在座位上的具体位置、乘员的重量等做出特定的响应。这也要求电控单元能够粗略地评估一个人的体格。车辆中通常使用接触型坐垫，辅助安全气囊控制单元检测座椅是否被占用以及占用者的大致身高体重，同时也有的车辆采用光学方法进行体格估计。为了气囊响应时可精确控制时间，需要使用多个点火点对安全气囊进行两级或多级触发，必要时可以在各个点火点的触发器之间设置延迟以适应不同的事故情况。

加装儿童座椅时，应该通过控制面板将相应座椅的安全气囊设置为无效。一些品牌的汽车可以通过儿童座椅自动识别系统（Child Seat Presence and Orientation Detection，CPOD）来识别儿童座椅，即使在忘记手动解除安全气囊时，仍然保证儿童的安全。

安全气囊首先被安装在转向盘中，称为驾驶员安全气囊，此后仪表盘中引入了乘客安全气囊，如今出现了更先进的安全气囊，比如膝部安全气囊和侧面安全气囊，它们从座椅或车顶展开。为了保留仪表盘空间，从上方展开的乘客安全气囊正在研究过程中。新的应用还有后部安全气囊，以及集成到安全带中的安全气囊，后者可以增加安全带的面积，从而在事故中可以快速降低安全带对身体的高压。

2009 年在测试车辆中提出的"Braking Bag"是未来安全气囊技术的一种可能——这是一个大型安全气囊，在车辆和道路之间展开，能比制动更快地停住车辆。横向褶皱区跟前部皱褶区相比空间更小，因此供应商提供了额外的外部安全气囊。除了检测到的碰撞，环境传感器（例如摄像头和短程雷达）也能触发这些安全气囊。

12.4.4　行人保护系统

［EU05-66］的法律规定，汽车生产厂家需要提高撞击时对行人的保护，从而增加在正常城市车速的碰撞中行人生存的机会。最迟到 2012 年 12 月，要求新注册

的所有车辆在发生撞击时不得超过指令要求的生物力学限值。对于新开发的汽车，又将这个限制进一步缩小。同时应保证腿部测试标本、大腿测试标本、儿童头部测试标本和成人头部测试样本在模拟冲击实验中都证明合格。

汽车的外形设计中有行人保护的元素，例如设计行人友好的汽车外形尺寸、避免车辆前部的尖端和锋利边缘、在发动机舱盖和发动机硬体结构中留有足够的空间等。除此以外，汽车中也正在开发机电系统以提高对行人的保护。目前汽车供应商、制造商和各大研究机构都在研发外部安全气囊、后置式发动机舱盖的行人缓冲以及前端部件的位移量。

行人保护系统（在［KüFrSch06］中详细讨论）包括一个传感器，用于检测与行人或骑自行车的人即将发生或已经发生的碰撞，以及一个控制单元和用于保护行人措施的触发执行器。系统中的传感器种类丰富，例如光纤电缆、带有压力传感器的软管和前保险杠中的加速度计。基于摄像头的系统使用频率日益增加，因为摄像头能在撞击前就检测到行人。系统中的难点在于执行器。车外气囊的工作原理和车内气囊的原理类似，但是缺点在于在非必要引爆之后，必须去汽修厂做整修。技术上要求极高的是在碰撞后发动机舱盖后部区域甚至是前端部件（比如扰流板）的位移需要几厘米，因此必须非常快速地吸收较大的力。可以基于点燃技术通过液压或气动释放弹簧来完成。对于最终客户来说，有吸引力的执行器应当允许驾驶员在触发后将其带回正常位置。

12.4.5 座椅安全系统

后部撞击可导致颈椎受到复杂、不自然的压力（颈部扭伤）。位于恰当位置的头枕会提供良好的保护。发生事故时，主动式头枕会接近头部，以提高保护效果。目前为止，只在事故发生时激活的主动头枕多采用机械装置，而电控解决方案（如后碰辅助系统）则可以在碰撞前使用雷达传感器测量与后面车辆的距离，从而触发主动式头枕，雷达传感器结构与ACC系统雷达结构类似（第12.3.1节）。

由于侧碰中变形的车身与乘员之间的空间很小，因此在某些车辆中，靠背平面可以将人向车辆的中间推，以增加空间。

12.4.6 事故数据记录器

事故数据记录器［又称"黑匣子"（Motor Vehicle Event Data Recorders，MVEDR）］在行程中记录数据并储存发生事故时对应数据的设备，它一方面可作为定罪标准，另一方面能为事故研究提供匿名数据。黑匣子的基本组成是被循环写入的存储器，事故发生后，写入过程终止，此时事故发生前几秒钟的相关信息仍然可用。一些汽车营销市场为推广事故数据记录器，推出优惠的保险费率活动，但它目前在德国仍然不常见。美国的事故数据记录器通常基于［IEEE 1616］标准建立。

事故数据记录器的技术难点是，防止数据造假、避免未经授权的数据读出以及存储器的升级，因为传统的 EEPROM 的写入周期远低于一百万次，且使用寿命短。因此，有可能考虑使用 RAM，同时在发生事故时将数据复制到非易失性存储器中。这需要依赖安全气囊控制单元的供电装置。

12.5 驾驶辅助系统和信息系统

正如其名，驾驶辅助系统对驾驶员提供辅助。辅助的形式多种多样，例如为驾驶员提供必要的信息，有时也包括直接对转向盘或者制动系统进行操控。驾驶辅助系统的最终目的是提高驾驶的安全性和舒适性。从这一点上说，很多驾驶辅助系统也可以归为主动安全系统的范畴。在广义上讲，车灯照明系统也属于驾驶辅助系统的一部分，因此本节中也包括一部分光学技术。一些驾驶辅助系统，例如制动辅助可以直接对汽车进行操控，这种情况下，驾驶辅助系统和主动安全系统不存在一个明确的界限。高级驾驶辅助系统的缩写 ADAS（Advanced Driver Assistance Systems），其中"高级"属性适用于当今的所有电子系统。

新型的辅助系统通常首先引入昂贵车型，之后引入量产车型。起初，它们通常作为一个昂贵的附加功能，一段时间后会降价，再之后成为基本设备的一部分；一些辅助系统要求具备一定的成熟度和推广度后，以保证新车的道路安全性能的进一步增高。

12.5.1 车道保持辅助系统和变道辅助系统

导致交通事故的一个重要原因是驾驶过程中车辆偏离车道，尤其是当驾驶员疲劳时很容易发生这种情况。偏离车道时，汽车有可能会驶离公路，甚至有可能和其他车道的车辆发生碰撞事故。有时即使是主动变道，也有可能因为没有注意到从后面来的高速车辆而发生事故。

在过去的几年中，市面上出现了相应的技术来应对这些问题，有危险状况时，这些系统可以通过光信号、声信号、感觉（触觉）信号或转向中加入明显阻力等对驾驶员发出警告。预防无意更换车道的系统称为车道偏离警示系统（LDW，Lane Departure Warning）或车道保持辅助系统。该系统在车辆前部使用简单的光学传感器或摄像头（例如后视镜上的摄像头）来检测道路标记，而激光雷达因为成熟度不高，未能推广使用。自 2013 年以来，欧盟一直强制要求货车配备车道保持辅助系统。

窄道辅助系统尤其会在窄道（高速公路施工现场）行驶环境下发挥作用，通过测量车辆到左右侧车辆或到护栏的距离（比如通过超声波传感器或摄像头），并通过抬头显示为驾驶员提供他所在的车道信息，辅助驾驶员驾驶。如果车辆前方的车道太窄，辅助系统会发出警告。

除了警告，在驾驶员可能会过度转向时，辅助系统还可以对转向进行温和干预。干预系统也称为车道保持辅助（Lane Keeping Assist，LKA）系统。此外，一些系统会检测驾驶员的不正常驾驶行为，并在多次警告后停车。

检测后视镜盲区车辆的系统称为变道辅助系统或盲点监测系统（Blind Spot Detection，BSD）系统。系统通过摄像头以及专用的图像处理算法对车道或者其他的车辆进行识别。越来越多的车辆使用雷达系统代替摄像头，虽然雷达无法检测到轨道标记，但可以在能见度极差的环境下工作。

如果检测到危险状况，可以点亮反光镜上的指示灯对驾驶员进行警告。由于人们很难在很短的时间内把声学信号和某种危险情况进行关联，声学信号警告有时被认为会分散驾驶员注意力。触觉信号，例如在变道时转向盘会振动等，虽然会有一定的作用，但如果当驾驶员有意识地变道时方向盘仍然振动，则会令人厌烦。在非常紧急时可以振动座椅作为警告，但这样的体验感并不好。

主动辅助系统可以进行转向干预，或与 ESP 一样通过单侧制动来防止车道变换。

弯道辅助系统的功能类似货车上的变道辅助系统。它们的主要功能是防止在转弯时忽略骑自行车的人，避免出现致命事故。

车道保持辅助系统或变道辅助系统的硬件设备可以通过应用层软件开发出一些新的功能，例如，在乘客打开车门时警告有路过的骑行者。

12.5.2 泊车辅助

早期的车辆通常视野开阔，完全可以不需要辅助泊车。有盲点的车辆通常具有固定或可伸展的车宽标杆以辅助泊车。

最简单的电子泊车辅助系统是保险杠中的距离传感器（使用超声波、光学原理，少部分使用雷达），也称为泊车距离控制（Park Distance Control，PDC）。公共汽车或货车也使用后置摄像头。美国儿童保护的相关立法［NHTSA10］将推动倒车摄像头在车辆中的批量安装。在倒车摄像头图像中显示附加信息的系统现在很常见，例如显示基于转向角度规划的路线。此外，现在的新系统可以生成人工视图（"全局视野"或称"环视视野"），视图基于几个简单的立体摄像头，辅以其他传感器数字合成，生成后可以从鸟瞰图中观察自己的车辆。可以在 A 柱（或其他限制视野的车身部件）内侧安装显示器显示外部视图的系统，减少驾驶员盲区，这种系统已准备量产。未来预计将利用后视摄像头通过模式识别来检测障碍物。不过车辆后部倒车摄像头的污染问题目前还没有最终解决方案。

泊车辅助主要在难以停车的 SUV 上被作为可选功能提供，旨在当停车空间足够大时提示缓慢泊车的驾驶员，如果需要，可以在泊车过程中向驾驶员发出转向指令或自动转向进入停车位。为了确保在法律意义上驾驶责任仍然由驾驶员承担，必须由驾驶员负责泊车期间的加速、制动动作，泊车辅助系统仅接管转向以及给驾驶员提供各种信息。即使是可以独立制动和加速的系统，在出现问题时也必须警告驾驶员并保留驾驶员的干预能力。比如许多系统无法可靠地检测到粗网围栏，此时驾驶员必须进行干预。

普遍意义上的泊车辅助类似于专门用于泊车的驾驶动态控制。实际上不需要垂直方向的动态控制。规划出进入停车位的最佳路径后，泊车辅助系统取代驾驶动态控制系统提出转向请求。路径规划过程应该尽量采用简单的数学函数，比如摆线。辅助系统必须将实际位置与规划路径进行比较，并纠正偏差或给出提示。卫星定位导航系统进行泊车定位的结果会过于宽泛，因为泊车时航道很短，且卫星定位用在局部定位中不够精准。相反，系统会根据轮速、测得的偏航率和停车时的转向角，使用航位推算法确定当前位置，实现几米短距离内的导航（第12.5.3节），甚至也有一些泊车辅助系统可以实现狭窄车库的泊车。

泊车辅助系统应用越来越广泛，可以通过手机应用程序或车钥匙远程操作。这种系统需要全面的设计验证和质量验证后才能量产，以防止误操作、技术失误和误用。

12.5.3 导航系统

导航系统主要有两个功能，第一个功能是确定当前的位置，第二个功能是根据当前位置寻找到达目的地的路线。对于只具有第一个功能的导航系统，需要人工来寻找路线。对于两个功能都具备的导航系统，只需要驾驶员给出目的地，导航系统就会指示行车路线，驾驶员只需要按照指示操纵转向盘就可以了，导航任务总览如图12.20所示。未来的导航系统也可能减轻驾驶员的操作任务，并自动将车辆驶向目的地（详见12.5.5节自动驾驶）。这种系统需要自动识别路上的障碍。

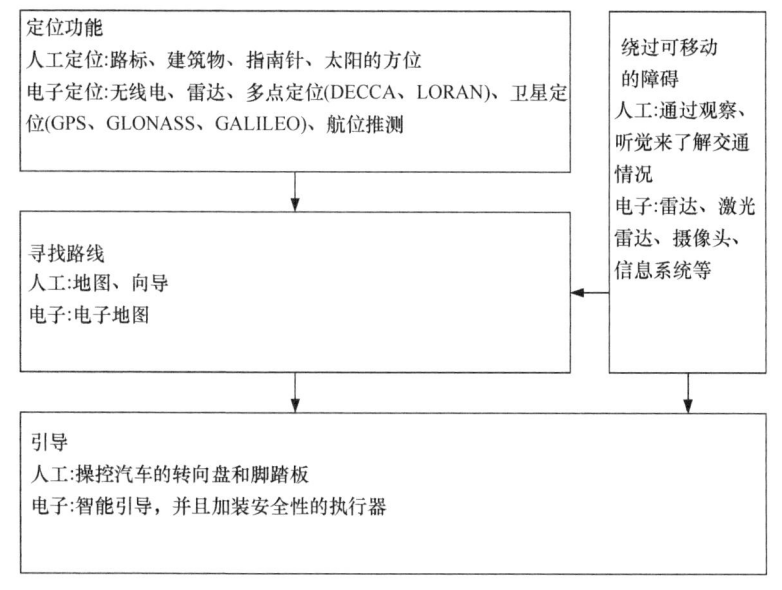

定位功能
人工定位:路标、建筑物、指南针、太阳的方位
电子定位:无线电、雷达、多点定位(DECCA、LORAN)、卫星定位(GPS、GLONASS、GALILEO)、航位推测

绕过可移动的障碍
人工:通过观察、听觉来了解交通情况
电子:雷达、激光雷达、摄像头、信息系统等

寻找路线
人工:地图、向导
电子:电子地图

引导
人工:操控汽车的转向盘和脚踏板
电子:智能引导，并且加装安全性的执行器

图12.20 导航任务总览

航海或者航空领域早在几十年前就已经采用了电子导航系统，例如利用无线电方位、雷达或者多点定位等方法进行定位［Riet92］，而在陆地上，由于没有电子辅助工具，车辆则通过罗盘、地图、路标、标志性建筑或地形点等来确定方位。这在1995年美国的军用全球定位系统（Global Positioning System，GPS）投入使用之后出现了改变，在分辨率不高的情况下，GPS也免费支持民用。2000年，民用应用也可提供全精度。和GPS并行的还有俄罗斯的最初出于军用目的开发的GLONASS系统。同时中国有北斗导航体系，欧洲搭建了伽利略（GALILEO）系统，而且可以提高精度，但是其中的一些服务需要付费［Mans09］。

卫星定位系统，尤其是GPS，已经逐渐取代了传统的航海定位系统，应用在陆地上的汽车则是在过去几年中才逐渐兴起的。系统由车载的接收器来接收来自围绕地球环绕的卫星信号进行定位。

卫星大概发送三个频段的加密信号，频率在1575.42MHz（L1频段）的是民用信号，频率在1227.60MHz（L1频段）的是军用信号，频率在1176.45MHz（L5频段）的是航空和救援服务信号，信号中包含发送时间以及发送卫星的当前位置等信息。

接收器则包含接收天线以及信号处理模块，通过对接收到的卫星信号进行计算，可以得出当前的位置信息。

为了确定当前位置，接收器会测量接收到信号的时间。需要接收器根据来自不同卫星的信号的时间点，确定它们之间的传输时间和接收时间差，据此确定卫星之间的距离差。接收时间已知时，接收器通过三颗卫星的位置信息便可以确定当前的位置。

以每颗卫星为中心，取相同距离为半径，形成一个球体区域，区域半径与测量的传输时间成比例，如图12.21所示。由于大气对传播的影响，所形成的球体可能会失真。接收器的位置为三个以卫星为中心的球面（同时包括接收器所处的地球表面）的交汇点。

接收器并不能确定精确的接收时间（除非每个接收器中都装备有原子时钟），还需要来自第四颗卫星的信号。这样就形成了四个方程（来自于四颗卫星）和四个未知数（精确的接收时间和三个空间坐标）。这个四维非线性方程组由接收器进行运算和求解。求导出的结果一般是以地球中心为坐标原点的当前位置的球坐标（方位角，仰角和海拔高度）。

民用导航系统的精度能达到15m，通过使用差分GPS（DGPS，Differential GPS），还可以进一步提高精度。DGPS需要使用在地面静止的基站把精确已知的位置坐标和GPS信号位置坐标进行对比，然后发射校准信号，由集成了DGPS信号接收器的移动接收器进行接收并对GPS信号进行修正。除了DGPS基站，有的DGPS利用地球同步卫星⊖作为参照，例如2003年美国的广域增强系统（Wide Area Augmentation System，WAAS），2006年欧洲的欧洲地球同步卫星导航增强服务系统

⊖ 同步卫星是指离地球36000km随地球转动的卫星，相对于地球来说是静止的。

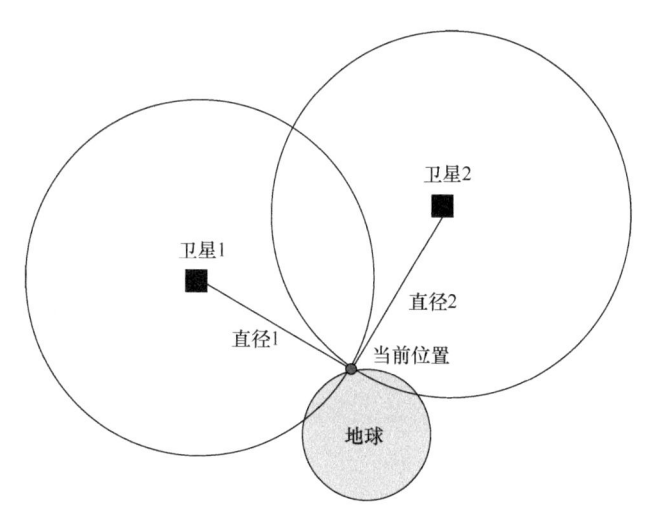

图 12.21　GPS 的原理。简化的原理图为二维空间，所以只需要两个卫星。
两个卫星的信号只有两个交点，在地球表面的交点是当前位置，另一个在图的
上方。在实际的三维的空间中，至少需要三个卫星才能确定唯一的当前位置

（European Geostationary Navigation Overlay Service，EGNOS）以及 2007 年日本的多功能卫星增强系统（Multifunctional Satellite Augmentation System，MSAS）等。这些系统的精度可以达到 3m。基于地球同步卫星的 DGPS 也称为基于卫星的增强系统（Satellite Based Augmentation System，SBAS）。相对于 DGPS 基站，SBAS 系统的优点是可以将校准信号以和 GPS 信号相似的频率来发送，车载接收器中没必要再集成附加的天线模块。与传统的 DGPS 相比，SBAS 通过将来自卫星的载波信号的相位与在已知位置测量的相位进行比较，可以进一步提高定位精度。

当卫星信号因为汽车进入隧道或者在峡谷中而短暂终止时，可以通过航位推算法确定位置。航位推算（Dead Reckoning）是指由汽车运动的轨迹和速度来推测汽车的当前位置。导航系统读取仪表盘的车速作为速度指数，当汽车的方向变化时，可以利用附加的螺旋仪来确定方位。

确定了汽车的当前位置之后，下一个任务是找到通向目的地的路线。驾驶员通过接收器的控制面板给出目的地，可以是城市名字、特定的公路和门牌号或者某个建筑物。系统自动计算从当前位置到目标位置的最佳路线。路线计算所需要的地图已经存储在接收器的内存中或者可以通过光盘读取。由于地图具有很高的商业价值，所以只有合法的客户才可以授权进行读取。除地图数据，新式的导航系统还可以通过交通信息频道（Traffic Message Channel，TMC）接收当前的交通情况的信息，或者通过付费的 TMCpro 和 HD-Traffic 等进行信息接收，或者还可以通过运输协议专家组（Transport Protocol Experts Group，TPEG［ISO 21219］）协议的数字广播来获取道路的拥堵、事故或者其他的障碍等信息。虽然 TPEG 性能优越，但目前

在原装设备中的普及率较低。

较新的导航系统还可以包括有关导航中交通流量的最新信息，通过 TMC，商业服务 TMCpro 和 HD-Traffic 发送的有关交通拥堵、事故和其他的信息，或者在通过 TPEG 协议［ISO21219］进行数字广播的情况下发送信息。尽管性能优越，但 TPEG 的普及率仍然很低。

在确定了最优路线之后，导航系统会一直将当前位置和最优路线进行比较，并且通过图像或者语音提示来告知方向。图像信息最好使用带有箭头的抽象地图，可以将其展示在显示屏或风窗玻璃的抬头显示器上，比如可以通过在道路上进行明显的标记作为简单的提示。如果图像信息太过详细，有可能会分散驾驶员的注意力。除此以外，还可以通过使用合成语音进行提示，例如"前方 400m 向右转"等。

12.5.4 车载信息服务系统

Telematics 一般翻译为车载信息服务系统，这是一个很宽泛的概念，但在过去的几年中，越来越多地被用到汽车行业中。车载信息服务系统的目标是远程数据交换或者远程控制。在这个意义上，前面提到的无人自动导航系统也可以归为车载信息服务系统的范畴内，尤其是当汽车并不能完全自动，而是需要远程人工控制台操控到达目的地的时候，更是属于这一范畴。

1986—1992 年之间，欧盟曾启动过 PROMETHEUS 项目，对信息服务系统进行详细的研究。但当时计算机技术和通信技术还比较落后，对项目的整体期望值都没有得以实现，导致最终项目以失败告终。随着近年来各方面技术的进步，Telematics 成功的概率也越来越高。

Telematics 的主要应用为无人驾驶、提供当前的交通信息（修路、事故、停车场空余车位情况等）以对导航系统进行补充、根据交通状况进行交通信号灯控制、可变交通指示牌、车外环境提示以及自动电子收费系统等。

Telematics 的所有应用有一个共同点，那就是既需要位于车内的计算机，也需要车外的计算机（固定或者位于其他车内）。这些分布式计算机必须通过无线通信接口进行数据交换（见第 12.5.4 节）。

Telematics 应用于警告忽略交通标志的驾驶员等场景［Borgeest07］。车载信息服务系统示例如图 12.22 所示，交通标志配备烟盒大小的网络服务器，使用 WLAN 模块与过往车辆建立连接。车辆通过自身的 WLAN 模块接收 XML 格式的文件，该文件包含交通标志相关信息，同时留有可供将来扩展的空间。车辆中收到文件后，将其转发到决策模块。开发过程中上述过程由车载计算机上的程序实现，未来可使用控制单元实现。决策模块将在摄像头画面中比对识别到的交通标志，如果根据位置和方向（通过比较传输的位置信息与车辆的 GPS 信息）将交通标志识别为对车辆有效，则调动执行器在驾驶员忽略交通标志时发出警告。Telematics 的 4 个执行器分别是：显示字符的车内后视镜、风窗玻璃中显示字符的抬头显示器、可振动的转向盘和电动带张紧器。在［Borgeest12］中研究了基于 WLAN 的车辆通信系统的 EMC。

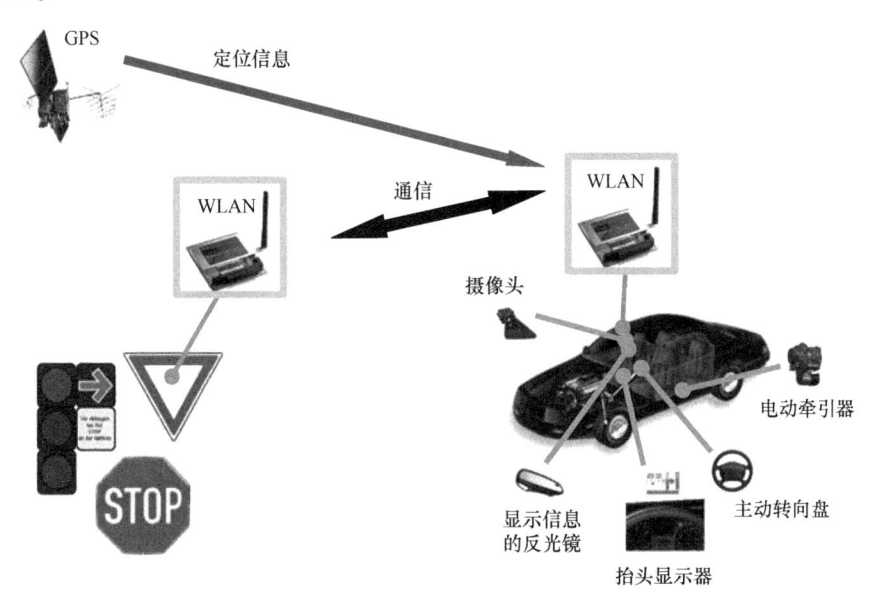

图 12.22　车载信息服务系统示例

上述系统不仅是实现无线通信的二类系统，也可以单独作为驾驶员辅助系统中的传感器工作。例如，大陆集团的交通标志识别系统作为现有车辆的标配，能够通过车道标识牌检测高速公路的入口。

Telematics 在被动安全领域中的应用是自动呼救系统（eCall System），在事故发生后，系统会通过移动网络自动进行紧急呼叫，发送包含当前 GPS 信息数据、事故车辆的识别数据和其他可选数据的数据包。欧盟规定该系统将强制用于 2018 年起生产的新车，并规定旧车需加装该系统。

另外一个例子是在德国通过 Telematics 对高速公路上以及乡村公路上行驶的载重货车进行识别，并且根据行驶距离收取公路使用费（货车通行费）。这样的制度旨在通过技术手段实现"多用多缴费"的原则。Telematics 进行收费比只使用高速公路贴票更加公平，同时也具有更高的技术复杂性，因为一旦当前稳定工作的系统发生延迟运转，公众就能清楚地发现问题。

随着该系统在德国的实施，可以提前支付（使用 ATM 或线上支付）指定路线的通行费，也可以基于车载电子设备（OBU，也称为车载单元）记录的车辆实际行驶路线的 GPS 位置数据，并将其传输到系统运营商，然后由运营商通过移动无线网络进行计费。该系统通过高速公路的摄像头自动识别过往车辆的车牌，并报告既没有 OBU 也没有提前支付相应路段费用的欺诈车辆的车牌号。

自动收费系统的一些特性也已经规范化了，例如测试方法［ISO 14907］和系统架构［ISO 17573］。这个系统也表明，在 Telematics 开发的过程中，既要考虑政治和经济目标，又要注重技术细节，还要考虑法律公正性的问题。

Telematics 还可以应用在十字路口的交通控制领域，可以用于控制车辆的交通信号灯系统，如控制车辆等待时间内交通信号灯的自动启停；也可以发出安全指令，如以交叉路口辅助系统的形式，向驾驶员警告突然出现的横向或对向车辆。当前市场的交叉路口辅助系统中有基于摄像头或基于雷达的解决方案，基于无线电的 Telematics 的出现给已有系统带来了竞争，然而虽然已有的雷达系统只能检测可视范围内的横向车流，但同时具备不依赖额外的路侧基础设施的优势。

当汽车和固定设施（例如固定的路灯）进行数据交换时，这种通信模式称为 Car2I（Car to Infrastructure）。当不同汽车之间进行数据交换时，这种通信成为 Car2C（Car to Car）。Car2C 和 Car2I 统称为 Car2X，致力于制定相应标准的组织称为"车辆间通信联盟"（CAR 2 CAR Communication Consortium）［C2C］。这些术语也与"车辆（Vehicle）"连用，相应缩写为 V2I、V2V、V2X。

为在原理上实现车辆与其周围环境之间的无线通信，尝试过红外线、可见光（Visual Light Communication，VLC）或无线电，但只有使用无线电进行通信才具有可实践性。目前考虑的无线通信方案是使用移动无线电和 WLAN。大多数开发人员都支持除紧急呼叫系统，使用 WLAN 进行 V2X 通信。

虽然前面提到的通信例子中仍然使用标准的 WLAN，但修改后适应汽车应用的 WLAN 传输标准日益得到重用，如在 5.9GHz 频段附近的专用短程通信（Dedicated Short Range Communication，DSRC）［IEEE 802.11p］和 ITS-G5（Intelligent Transportation Systems，5GHz 频段）［ETSI202663］。DSRC 和 ITS-G5 在技术上与 WLAN 关系紧密，具有与 WLAN 相似的物理层和访问协议。在美国出现了以 IEEE 802.11p 为基础，名为车载环境无线网络（Wireless Access in Vehicular Environments，WAVE）的标准化协议［IEEE 1609.1-4］。WAVE 可以使用互联网典型的协议（TCP/IP），但也提供专用、高效的 WSMP（WAVE Short Message Protocol）。基于 IEEE 802.11p 的标准 ISO 14822-1 于 2009 年被撤销。

在基于 WLAN 的解决方案能够在市场上稳定量产之前，使用第 5 代电信网络（简称 5G［3gpp］，不同于 ITS-5G）也是可能的量产方案，回顾历史，5G 的前身是移动网络，但在技术上与 WLAN 应用通用。LTE 解决方案被视为 5G 成熟之前的过渡方案。在手机供应商的大力支持下，2019 年，欧盟出人意料地决定未来优先考虑使用移动通信而不是 WLAN 的方案，理由是虽然移动通信尚未成熟，但是 5G 的延迟时间（最大传输延迟）可被限制在毫秒范围，从长远来看更占优势。

12.5.5 自动驾驶

在 20 世纪 70 年代就出现了车辆自动驾驶的设计理念，但还远未达到用于民用车辆的量产水平。长期以来，自动驾驶的最伟大的革新都来自军事领域，其中广为人知的例子就是美国国防高级研究计划局（Defense Advanced Research Projects Agency，DARPA）组织的自动驾驶汽车挑战赛，但并非所有参赛车辆都能抵达终点［DARPA］。美国国防部的比赛举办动机是挑选自动驾驶车辆送往战区。在民用领域，谷歌在美国首次进行了自动驾驶的重大尝试。

自动驾驶应用在民用车辆的问题是，在可以选择的情况下，车主是否想要自动驾驶到目的地。绝大多数交通事故是人为错误造成的，自动驾驶旨在提供更高的安全性，下一步的发展目标是提供更节能的驾驶风格。然而，令人担忧的是，受限于技术的成熟度，过渡阶段的自动驾驶暂时无法达到极高的安全性。

自动驾驶所需的大部分技术在前面介绍的驾驶辅助系统中已经具备了，为了实现自动驾驶，仍需要完成两个主要步骤：一是必须实现现有系统网络互联，二是开发的安全系统必须考虑到所有可能结果。现有的自动驾驶系统，比如奥迪已经批量生产的系统，将已有的分散的辅助功能集中到尽可能少的（甚至一个）驾驶辅助控制单元。

自动驾驶至少需要在两个级别上进行导航，上层对应于第 12.5.3 节中介绍的全局导航，下层是局部导航，用于避开交通中的障碍物和车流中的自车方向引导。参照人类行为，上层对应有规划的缓慢动作，而下层对应反射动作。因此，下层相比上层反应时间短、数据量大，做出的是最可能的基础决策，并且工作在几米或更短距离内。局部导航是对 12.5.4 节中的远程信息处理系统的扩展，要求在雷达传感器、超声波传感器、摄像头、激光扫描仪和超声波的帮助下对车辆环境进行详细感知，同时融合分析来自上述传感器的数据。由于局部导航只有很短的响应时间，但与车辆安全高度相关，因此尽管来自传感器的数据量很大，但原则上仍要保持算法尽可能简单。

车辆的自动驾驶等级可以根据［J3016］分为以下阶段：

1）L0 级：手动驾驶。

2）L1 级：辅助驾驶，比如 ACC 系统。

3）L2 级：部分自动化，只在某些驾驶情况（如停车）实现自动化。

4）L3 级：高度自动化，车辆在很大程度上自动驾驶，但个别情况下，需要驾驶员立即干预或接管。

5）L4 级：完全自动化，驾驶员只需在特殊情况下主动操作。

6）L5 级：无人驾驶。

已经有大量的 L2 级车辆的生产经验，目前正在推出 L3 级的车辆。

这种自动驾驶分级适用于公路运输以及其他运输方式，然而不同运输方式实现自主或半自主操作的技术任务完全不同。

未来的自动驾驶可能会通过无线网络实现车车、车与基础设施高度互联，这与自主性概念相矛盾。因此，术语"自主"更经常地替换为术语"自动"（或"自动化"）。

12.5.6 车窗清洁系统

驾驶员最主要的获取信息来源的方式是通过车窗进行观察。冬天夜晚，高速公路上如果有积雪时，融雪会很快附着在车窗上，影响驾驶员的视线，危险性非常高。根据规定（根据§40［StVZO］），所有的前风窗玻璃和大部分后窗玻璃都必须装备刮水器。即使前后风窗玻璃干净时，脏的侧窗玻璃也可能会引发危险[⊖]，例如阻碍驾驶员左右观察，以至于错误判断先行权。

刮水器系统由永磁直流电机所驱动，而电机的运动又由集成电路所控制。刮水器的工作模式分为：通过驾驶员推动按钮杆的手动模式；设置一定频率的自动模式。以前的刮水器，冬天的积雪冻结在车窗上时不能运动，进行刮水可能会损坏电机，而如今大多数刮水器都对电机设置了过载保护。从转向盘的按钮杆到刮水器电子控制器之间的数据传输一般通过CAN总线来进行。

一些系统中应用光学的雨量传感器，可以自动对刮水频率和速度进行调整。雨量传感器利用光线在风窗玻璃上发生全反射的性质，当玻璃上有雨时，全反射停止，传感器检测出反射光强的减弱值，向控制电路传输数字或者模拟的输出信号。当汽车点火后，雨量传感器也可能会响应，使窗户和天窗关闭。

博世公司的［DE102008043610A1］和Preh公司的［DE102006032372A1］、［DE102008019178B4］等项目正在开发电容式传感器作为光学雨量传感器的替代品，以降低误触发概率。Hella提供的一个刮水器系统可以通过细导线几乎无形地集成到玻璃平面中［DE102006054938A1］。

刮水器系统的另一个任务是，当存储箱中的玻璃水量不足时对驾驶员发出警告。

在后风窗玻璃中（最近也应用在前风窗玻璃中），提供了加热丝形式的加热系统，以提高能见度。由于加热丝的功耗很高，电源管理模块需要保证在车辆起动过程中后风窗加热不会影响起动电池的电流输出。

博世推出的一款透明遮阳板，可通过设定降低驾驶员目眩区域的亮度。该装置利用摄像头捕捉驾驶员的脸部，界定目眩区域，通过算法使黏合的透明液晶薄膜的区域变暗。预计未来这项技术可以直接集成到风窗玻璃中。

12.5.7 照明系统

照明系统一方面为驾驶员夜间行车提供照明（如前照灯），另一方面可以警示其他道路使用者并标明自车轮廓（例如尾灯、后雾灯、停车灯、前位灯、侧标灯和示廓灯）以及本车的行驶状态（例如制动灯）和计划动作（转向灯）。从这一点

⊖ 如果车窗内侧有污物，需要驾驶员利用清洗剂和专用抹布擦除。虽然没有科技含量，但却是最有效的一种方法。

上说，照明系统可以说是先进的信息交换系统的最原始形式，但是其重要性是不言而喻的。欧盟要求被认证的汽车和货车的新车型必须配备日间行车灯（Daytime Running Light，DRL）以提高能见度。

前照灯可以配备清洁系统，防止灯上的污垢影响照明效果。清洁系统将液体从外部引流到前照灯，现在的清洁系统已不再使用小型刮水器。清洁系统是氙气前照灯的必选装备，是其他类型前照灯的可选装备。考虑到车辆外观和行人保护因素，如今清洁系统仅在必要时才被使用。

对比旧车使用的驾驶员能几分钟内完成自行更换的价值约 5 欧元的车灯，而新车车灯维修可能需要超过 100 欧元的成本。此外，为了确保维修工作不会偷工减料、威胁道路安全，[R48E7] 规定，除氙气灯或 LED 前照灯外，驾驶员本人重新更换车灯时必须选择原配车灯。

自动驾驶汽车如何照明是引人入胜的问题。自动驾驶照明既要考虑如何通过相关传感器设定光照距离值，也要考虑是否该对人类驾驶员预先提供可选引导。目前，摄像头似乎是不可或缺的传感器，但摄像头识别的最佳照明距离可能与人类驾驶员感受不同。由于照明也旨在确保车辆被其他道路使用者看到，因此自动驾驶汽车的照明并不是多余的。

1. 汽车照明

以前，转向灯和制动灯都使用灯泡，制动灯由制动时制动踏板带动开关来控制，转向灯的闪烁则由继电器控制。

如今，照明系统都由电控单元通过晶体管进行中央控制。有时所有的灯都通过一个电控单元来控制，或者分为车前侧和车后侧两个电控单元进行控制。拖车的照明，借助标准或改装的拖车电控单元，通过触点可以识别拖车车厢并控制照明。照明控制电控单元主要采用 MOSFET 作为高边开关（和第 7.1 节介绍的在其他电控单元中采用的低边开关不同）。电控单元自动识别短路，停止对短路的灯进行供电。当排除掉短路故障时，电控单元会进行状态确认并继续供电，如此避免更换熔丝。自动识别发生故障的灯泡也提高了驾驶的安全性。除了正常的闪光灯开关控制，电控单元还可以产生特殊的闪光模式，例如快速拨动转向信号杆开启的高速公路闪光，或用于紧急情况的双闪。还可以对多段闪光灯进行类似的控制。在被电子设备取代后，为了保持闪烁继电器的"嗒嗒"声，一般在仪表盘之后加装小型扬声器模拟。通过用 PWM 信号控制车灯，可以实现调光。由于人眼在时间上的分辨率不超过 10ms，故无法识别对电压变化敏感的 LED 亮度的调制，但若观看者的眼睛相对于车辆移动，可以在局部实现亮度调制（珍珠串效应）。

高位制动灯通常由发光二极管组成。由于发光二极管的效率越来越高，转向灯和制动灯都越来越多地使用发光二极管。发光二极管不仅寿命更长、功耗更低，而且设计还更容易、更灵活。

颜色不同的 LED 的正向电压在 1~3V 之间，单个 LED 的通过电流约为 10mA。

使用多LED的照明应用中，设置同样多的电阻器会大大增加功耗，是不可接受的，因此半导体制造商针对此应用设计了专门的集成电路——开关转换器（第7.1节）。

目前汽车的行车灯包括远光灯和近光灯，一般采用双螺旋灯丝的卤素灯泡。在高端车型中，越来越多地采用填充氙气和金属卤化物混合物的气体放电灯（Gas Discharge Lampe，GDL）来代替卤素灯泡［Bosch11］。气体放电灯由高达25kV的电压启动，通过400Hz的交流频率维持发光。气体放电灯的工作电压由集成在灯座上的电控单元提供，点火后几秒钟即可达到最大亮度。但气体放电灯产生的眩光会影响对向交通，且价格极其高昂，目前也使用发光二极管取代气体放电灯。使用LED，尽管功耗上有所改善，但其散热问题有待解决。宝马目前专注研发新的激光前照灯，激光二极管不直接向前辐射，而是激活荧光层，将光学白光投射到路面上。激光前照灯与光束灵活结合整形后，可以实现进一步的照明以防止眩光，能源需求也可以进一步降低。

有机LED（OLED）的使用正在研究中。得益于非点状的扁平聚光灯，OLED厚度小（小于1mm）且有弹性，可应用于任何表面以实现新的设计。使用OLED可以省去反射器等其他光学元件。

2. 光照标准

在20世纪80年代，具有双螺旋灯丝的卤素灯（Biluxlampen）被认为是跨时代的进步。因为这种灯泡结构可以在一个头灯中通过点亮不同的灯丝来实现远光灯和近光灯的转换。远光灯和近光灯之间的切换可以手动完成，也可以借助后视镜（灯光辅助系统）上的摄像头自动完成。

照明技术供应商正在研究传统远近光之外的解决方案，以尽可能实现进一步的自适应灯光系统（Adaptive Frontlighting System，AFS）。使用AFS的高速公路灯旨在照亮远距离的狭窄直车道，类似布置的城市灯则旨在照亮车辆前方的广阔区域。恶劣天气用警示灯可以取代经典雾灯的位置，以提供良好的路缘照明。卤素灯前加装可调节光学元件可以调整光分布；为防止重大交通事故，也存在逐个像素单独控制优化灯光分布的方案研究。

转向灯也是智能驾驶灯的一个研究方向，弯道行驶时，需要转向灯提供转弯的最佳照明。首先，区别于20世纪的纯粹机械方法，如今的转向灯分为静态转向灯和动态转向灯（前照灯的旋转角度取决于转向角度和行驶速度，由步进电机进行设置），静态转向灯在侧面加装了可切换的额外光源。较好的转向灯可以利用感知驾驶员视线的摄像头实现在转向之前即照亮弯道。摩托车的动态转向灯可以通过车身倾斜位置控制。

标记灯是另一项车灯革新，它通过摄像头及图像识别技术来识别行人等物体并进行照明或闪光。

如今［StVZO］规定，注册使用气体放电灯的车辆需匹配前照灯高度自动调节系统，以确保当车辆后部负载时，前照灯的光线不会太高。该系统通过底盘上的车辆位置传感器，控制电机上下旋转前照灯以照射正确位置。使用卤素车灯可以手动调整前照灯高度。

如今，新上市了使用摄像头检测对向车辆的系统，即远光灯辅助系统，该系统可以暂时变暗部分灯光以调节光线照射区域，从而避免对向车辆的眩光。远光灯辅助系统的设计难点是对骑行人员的检测，照射光线的变暗可以通过多光束照明系统实现，多光束照明系统将照明区域的上半部分划分为两个光束，并调暗两光束中间区域。更便捷的调光方案是移动要变暗的区域，要么使用具有两条变暗的可移动光束（帆光束），要么仅调整变暗程度（动态阴影）。这些方案仅适用于单个变暗的区域，如果要将多个区域连续变暗，必须排列多个可单独调控的遮光单元（矩阵光束）。将投影图像分解为可以任意控制的单个像素可以保证最大的自由度[FlEvRaRe12]，此时可以一直开启远光灯。标准化的像素矩阵控制方法会大大节省街道照明成本。单个像素矩阵实现方法包括减法实现和非减法实现，减法是指应用微机械镜面矩阵或高级LCD矩阵实现的强光源做差，非减法（有时称为加法）是指可以直接应用LED矩阵做像素矩阵。目前，减法实现技术分辨率更高，但使用LED矩阵功率转化过程中热损失较大。

欧司朗开发的LED矩阵前照灯应用在转向灯和远近光控制，矩阵包括数千个单点，可呈现任何光束轮廓。该LED矩阵包括多个IC单元，必要部分使用独立LED，在每个IC的16mm^{2}窗口中包含1024个LED和相关的电控设备。这种使用不同半导体的集成发光二极管的硅芯片，制造工艺复杂。LED矩阵与LCD屏幕类似，像素缺陷会影响使用，因此为了更高效地生产，需开发相关的制造维修流程。矩阵中的每个LED都可单独调光，因此在功率耗散方面较优于仅在产生光后选择性变暗的激光前照灯。

Hella展示了一个具有100×300个点的LED矩阵模型，其中每个点的亮度都可以单独控制。该矩阵不仅可以匹配任何照明配置文件，甚至可以投影符号和文本。

12.5.8 夜视系统

对道路的照明还要考虑两点因素，一是不能影响对面来车，二是要考虑电能消耗。传统的照明系统中，对于街道边缘的照明一般比较弱，所以很难看清路边有横穿马路的行人或者野生动物。

通过使用夜视系统（图12.23）可以提高可见性。夜视系统不使用可见光，而是用红外光来代替，大体分为两种工作原理。

第一种称为近红外（Near Infrared）夜视，所采用的红外光波长大概为1μm（可见光为400~800nm）。红外光源向汽车前方照射，反射回来的光线由红外摄像头来解析为图像，显示在显示器或者投射在风窗玻璃上。图像和平时所见的黑白照片类似。

第二种称为远红外（Far Infrared）夜视，红外光的波长大概为 $10\mu m$，属于红外辐射的范围。生物自身的红外辐射就足以使其成像，并不需要附加红外光源进行照射。但是，和近红外的红外摄像头不同，远红外系统需要使用昂贵的热成像系统来解析图像。除此以外，热成像图像对于没有经验的驾驶员来说，并不容易理解，有时还可能造成干扰。

图 12.23 夜视系统（近红外）（图片来源：博世公司）

12.5.9 疲劳辅助系统

驾驶员疲劳驾驶，造成货车在高速公路上未及时制动发生追尾的事故频发。即使是乘用车的驾驶员，在长途高速公路夜间行车时，也可能出现疲劳导致"微睡眠"的危险情况。很难通过先进系统避免疲劳驾驶的出现，但至少能发出疲劳预警。疲劳辅助系统就用于检测驾驶员的疲劳并发出警告。

疲劳检测可以通过监控驾驶行为来完成。与酒驾类似，过度疲劳的驾驶员的典型动作是迟缓但强烈的转向行为，导致直道驾驶时车辆轨迹往往呈现蛇形，可在车外识别。从控制的角度来看，过度疲劳的驾驶员就像一个有明显死区时间的控制器，通过刺激控制回路振动保持航向。这种转向行为可以借助转向角传感器识别，还可以借助光学检测车辆到路缘的距离识别，还可以借助光学或声学检测驾驶员的头部位置是否异常偏离,更先进的方法是通过视频监控驾驶员的目光。

疲劳辅助系统可以通过仪表盘显示警告消息,比如发现疲劳驾驶即发光显示一个咖啡杯的符号。驾驶辅助系统可以通过疲劳辅助系统知晓驾驶员何时不再有反馈,并引导车辆安全静止。

12.5.10 防眩目后视镜

防眩目后视镜旨在减少后车车灯造成的眩光。一旦后视镜中的光传感器检测到高于环境亮度的炫光,就会控制电倾斜玻璃楔块,使驾驶员看不到后车的强光照射,只可见后车较强光线。目前的防眩目后视镜配合使用通电变色液晶,通电后实现无级亮度调节。

随着防眩目系统的进一步发展,后视镜中会集成越来越多的 LED,以便直接在驾驶员的视野中显示警告。最新的防眩目系统还集成了 LED 背光显示屏,可以显示倒车摄像头的图像。

12.5.11 外后视镜

外后视镜上可以集成的功能有加热、折叠、集成转向灯信号,还可额外具备警告功能(见 12.5.1 节)。驾驶员车门上的开关可以自动触发外后视镜的机电调节机构,某些车型的机电调节机构也由停车动作自动触发。

后视镜存在盲点,加宽了车辆并增加了风阻。这些缺点可以在电子外后视镜的帮助下解决,该外后视镜使用更小的摄像头来拍摄图像并显示在驾驶员区域。镜头必须防尘和防潮。

外后视镜中的电子元件一旦发生功能损坏,会产生相当大的额外成本。

12.6 人机交互

一辆汽车越复杂、科技含量越高,生产商就越应该重视汽车的操作应该简洁明了,而不能越来越复杂。人机交互(Man Machine Interface,MMI 或者 Human Machine Interface,HMI)包括脚踏板、集成了多种功能的转向盘、转向盘后面的仪表盘、中控系统(档位、空调),以及部分车型中将信息投射到风窗玻璃上的抬头显示器。未来,使用语音识别技术的驾驶员和车辆之间的语音通信系统日渐重要。驾驶时,应将驾驶员所需要的功能的操控键尽量集中在转向盘附近,太多的交互会对驾驶员形成干扰,太少的交互则信息量不足。如何来确定功能的多少并不仅仅是技术问题,而是需要心理学以及用户问卷的信息支持。

虽然制动踏板和离合器踏板都加装了电子开关,并且向电控单元(制动踏板、汽车动力学、发动机、离合器)传递电子信号,但对于驾驶员的操控来说,脚踏板在过去的 50 年内并没有改变。以往脚踏板通过力学传动带动其他部件的运动,而现今通过引入线控系统（By Wire System），踏板的位置通过传感器转化为电信号之后再进行传递。例如，过去加速踏板通过力学传动带动节气门或者控制喷油泵，而今天则完全是通过电子系统来控制。在第5章中讲述柴油发动机电控单元时对电子加速踏板有详细的讲解。踏板通过一个弹簧来模拟驾驶员踩踏时的力学感觉，在将来还可以想象采用一个主动执行器，在某些情况下，例如超速时，自动加速踏板上形成一个反向力矩，提醒驾驶员注意速度。

转向盘在过去的几年中有了很多改进。以前当驾驶员进行一些操作时（例如调整收音机的音量），都需要一只手离开转向盘，而现如今，很多按键都集成在转向盘上（多功能转向盘）。也有一些供应商尝试将显示设备集成在转向盘上，但直到现在还并未在市场上取得成功。转向盘的侧面为操纵杆开关，集成了转向灯或者刮水器控制等功能。

另外，还有一些从外面看不容易发现的设备，例如安全气囊以及电子转向角传感器等。操纵杆以及转向盘的其他开关都越来越多地由转向盘电控单元通过CAN总线和其他电控单元进行通信，例如，转向盘电控单元将转向灯信号传输至照明电控单元。在线控转向系统中，转向盘和底盘之间并没有力学关联，而是通过电子信号对转向盘的状态进行模拟。转向盘中还可以集成其他一些功能，例如监控驾驶员的手是否离开了转向盘、当驾驶员疲劳时对他发出警告或者在其他紧急情况下进行响应等。

喇叭是通过转向盘控制的电气元件，通过按压触点产生声音，从而与其周围环境之间进行交互。随着安全相关的部分关键组件的集成度增高，将主要由缠绕电缆取代相对不可靠的滑动触点。

在一些测试汽车中，曾经尝试用操控杆来代替转向盘，左右推动代表转向，前后推动代表制动和加速。测试中发现大多数人更习惯将向后推作为加速，向前推作为制动。在很多计算机游戏中，操控杆很受欢迎。但是在实际汽车行驶中，向前推杆制动时，驾驶员由于惯性往往也会向前倾，而这时很有可能导致不经意间后拉操纵杆来加速，这会增加危险系数。在个别情况下，从技术上使用操纵杆代替转向盘，以作为残疾驾驶员的特殊转向盘。但对于大多数习惯了转向盘的用户来说，操纵杆并不现实。另外，使用操纵杆也很难从触觉上带给人驾驶的感觉[ChaSch04]。

人机交互的一个主要部件是转向盘之后的仪表盘。老式汽车中，仪表盘中有纯机械仪表（例如车速表）、电控仪表（例如冷却水温度）以及一些开关和早期为灯泡、后来使用发光二极管的指示灯等。电控指针式的仪表盘通常使用线圈绕组，现在仪表盘则几乎完全使用步进电机。早在20世纪80年代，人们就尝试将仪表盘数字化。当时的技术水平已经可以实现，但是客户却更倾向于购买安装经典的指针显示表的汽车，因为除了实用功能，还起到美化的作用。

后期，仪表盘中还集成了一小块数字显示面板，用来显示汽车的油耗信息、警告或者其他的导航信息等。由于现在数字技术的多样性、灵活性以及进一步的发展，很多生产商还是在尝试将仪表盘数字化，但不像是20世纪80年代那样取代指针显示，而是利用数字技术模拟经典指针。

仪表盘所显示的信息类型也有了很多改变。老式的车速表由测速计力学驱动，而如今，车速可以由ABS电控单元或者发动机电控单元来进行测量。其他的力学系统也逐渐被电子部件所取代。为了避免仪表盘的引线越来越多，大多使用CAN总线来对各种仪表进行控制。如今，仪表盘本身具有一个独立的电控单元，并且通过通信接口读取其他电控单元的信息。

除了功能性的要求，仪表盘还有很强的外观和声学要求。例如，仪表盘的指示颜色直到生命周期结束都需要保持不变。这看似简单的要求，其实需要进行多方面的、详细的测试和改进才可以实现。

汽车的里程表可以通过机械或者电子的方式进行改动，有些人希望改动里程数，以便出售二手车时可以获得更高的价钱。现在，车厂一般对里程表进行加密，用户一般没有权限进行改动，但是一些"专业人士"还是可以对加密方法进行破解。所以，法律规定，改动里程或者购买、制造修改里程所用的工具都需要根据§22b承担法律责任［StVG］。在德国境外修改过里程的汽车，在德国境内进行销售也是违法的。

在中控面板上所集成的功能，例如空调和收音机等，在驾驶过程中使用的频率比较低。中控面板下方为变速杆，或者自动档汽车的选择杆。变速杆并不仅仅是出于人体工学的角度来设计，而是真正地对离合器进行力学控制。自动档汽车或者手自一体变速器一般不再需要变速杆，所以一些自动档汽车将档位控制按钮集成到转向盘侧面，节省了中控面板下方的空间。

高档汽车中，中控面板位置上通常集成了显示屏，用于显示汽车设置、收音机、操作菜单甚至卫星电视信号等。

随着技术的进步，出现了一些从不同的角度观看，可以显示不同图像的显示屏。采用这种各向异性的显示屏，可以利用同一个显示屏向驾驶员显示导航信息，与此同时，前排乘客可以收看娱乐节目。甚至可以将各向异性扩展到三个方位。这种显示屏的工作原理是同一个像素点有三个不同的像素单元，利用光栅技术，每一个方位的观察者只能看到其中的一个像素单元，也就是说只能接收一组图像，如图12.24所示。

未来可能在高档车型中取得应用的还有触觉开关，也就是说利用触觉产生的电信号，用来操作特定的装置。

有些车辆有抬头显示器（HUD）。这种技术最初应用在战斗机，将信息投射到飞行员前的风窗玻璃上，比如在风窗玻璃上使用发光光标导航并标记目标。在汽车中，HUD用于直接展示给驾驶员重要信息，越野车中甚至可显示近地面的前置摄像头图像，模拟透明发动机舱盖并检测障碍物。在战斗机中，通常的投影屏是风窗

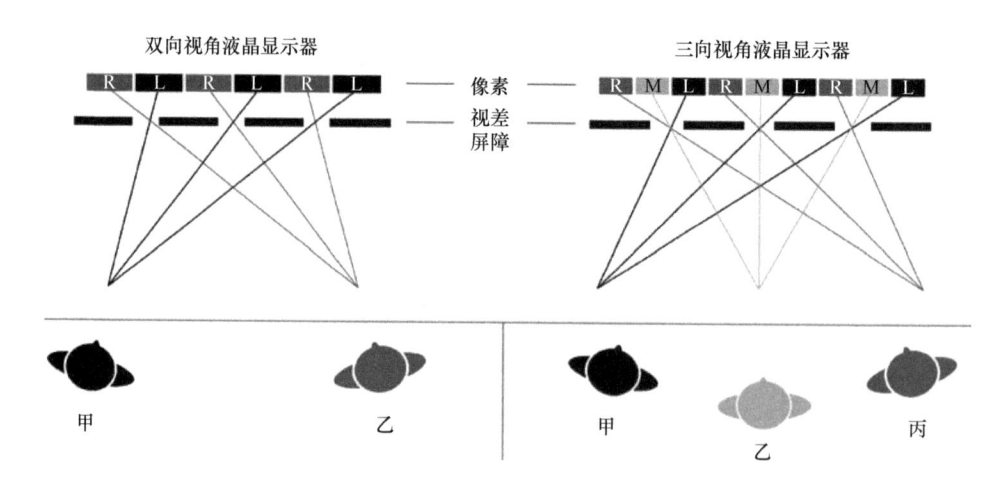

图 12.24 可以向不同的观察方向显示不同图像的各向异性显示屏
（图片来源：Sharp Microelectronics Europe）

玻璃后第二个窗格，而在汽车中最好直接投影在风窗玻璃，必须在玻璃出厂时就准备好配套显示器。普通风窗玻璃板也可以改装成 HUD，但显示器的质量会比制造商集成的系统差。此外，有部分改装 HUD 方案和成本较低的原装 HUD 方案，直接在风窗玻璃上加装小型的投影屏幕，类似于飞机 HUD。上述方案的显示屏位于仪表盘后面的仪表板中，内含图像源和复杂的电子可调光学元件，保证图像投射到弯曲的风窗玻璃不失真，清晰地展示给驾驶员。由于投射到车窗前的光线离开设备的轨迹几乎平行，因此反射的图像在驾驶员前方很远的位置，保证距离稳定，防止驾驶员眼睛的不适。夜间驾驶时，仅需要较低的亮度，但图像源光强必须足够强，保证阳光直射下也能在玻璃中投射高可见度的图像。图像源的高光强工作功率高，需要在仪表盘后面狭窄安装空间安装散热装置。考虑到成本，良好的 HUD 仍然主要在豪车上配备。新的研究中，实现了将摩托车的 HUD 集成到头盔中。

12.7　舒适性系统

以下舒适功能列表可以通过许多制造商特定的舒适功能进行扩展。很多功能即使提高"少许"的舒适度，也要有很高的研发成本，特别是涉及多个电控单元利用总线进行通信的时候更是如此。因此，考虑成本，许多舒适功能仅在豪车中存在，带来的问题是，一些在车辆静止时照常运行的舒适功能会增加车辆的静态电流，导致尽管有先进的电源管理系统，也不利于停车较长时间后的车辆起动。加入的舒适功能不应该抽象化车辆的操作，否则会适得其反。在初期开发阶段，会根据功能原型测试，选择足够数量的代表人员，测试其对舒适性特征的主观感知。对每个额外的系统或子系统进行风险评估同样重要，应通过实验评价舒适功能出现故障给驾驶员带来的麻烦多于便利的风险。

12.7.1 座椅系统

除了前面多次提到的空调系统，座椅也是舒适性的一个重要组成部分。如今的高档座椅中使用多个电机进行调整，并且可以将个人的设置进行保存，以便下次使用。一些座椅有加热功能、座椅通风功能，甚至还有的集成了按摩功能。

发生碰撞事故时，座椅的结构不仅能为乘员的身体提供保护，而且越来越多地集成了安全性的系统，例如侧面气囊、头部主动保护或者其他的传感器。座椅可以自动移动位置，以最大限度地降低在发生碰撞时的风险（Submarining）。

12.7.2 电动车窗和天窗

电动天窗的工作方式类似。与此同时，在许多车辆中，如果电机电流的增加表明存在障碍物，则通过关闭或反转电机来缓解玩耍的孩子可能因升高的窗户或关闭天窗而严重受伤的问题。当夹紧保护检测到手指等障碍物时，可能已经发生了轻微的伤害，因此正在努力集成传感器，以便在车窗玻璃施加压力之前检测障碍物。例如除电子措施外，通过用拉动开关取代压力开关，提高了车窗升降器的儿童安全性。

目前汽车中电动车窗已经很普及，用户只需要按一下按钮，车窗就会自动打开或者关闭。当然，缺点是当断电时，车窗不能打开。电动天窗也是相同的原理。之前的自动车窗关闭时，孩子的手卡在玻璃上会受伤，而如今的车窗驱动电机通常具有遇到障碍停止或者回转的功能。即使这样，当手指被夹时，仍然会感到疼痛，所以一些车窗中还集成了特殊的传感器，在电机遇到相反的力矩之前就可以监测到障碍物。为了实现上述功能，可以在上部窗框下使用嵌入光纤电缆橡胶，通过光电二极管测量连续光在被困物体刚发生变形时的加速衰减。为确保车窗升降器在遇到问题时仍能工作，一些制造商在特定情况确保安全前提下取消了车窗防夹手功能，或者在电流多次超过常值时提高防夹手功能的响应阈值。为了安全关闭窗户，在车窗接近上限时关闭防夹保护功能。此外，儿童座椅旁的车窗按钮可以采用安全性更高的拉线开关来代替按钮开关。

一些汽车由于设计和美观的需要，车门没有窗框，这时候需要在开车门的时候，车窗控制器需要自动降低玻璃的高度，关车门时玻璃要自动升高一部分，再嵌回到密封环之内。一些车窗升降器会在关车门或行李舱盖时稍微打开窗户，以减少压力波的产生。

当检测到即将发生事故时，安全系统关闭窗户和天窗，防止障碍物进入，并避免打开的窗户影响侧向安全气囊展开。

执行器是直流电机，它取代了机械车窗升降器的手摇曲柄。大多数情况下通过涡轮传动装置驱动钢丝绳，带动玻璃升降。

12.7.3 顶盖控制

过去敞篷车的顶盖控制单元布置在车辆上或折叠在后座后,需要手拉控制,现在多通过按钮在车辆静止状态下完成操作。打开顶盖时,顶盖的最先打开位置在后座和行李舱之间的车身,几个直流电机操作顶盖机构运动;再次关闭顶盖,顶盖移入时与打开的过程相反。控制单元的任务是协调、控制参与机构的电机,以及报告故障。顶盖控制系统常常包含检测顶盖位置的微动开关。

侧翻杆不仅需要能连续移出,而且在事故发生时必须把移出时间控制在几百毫秒内。这不是顶盖控制器而是安全气囊控制器的任务,有时配备专门负责的防滚杆专用控制器。

12.7.4 个性化

由于对舒适功能的主观个体感知不同（比如,作者本人不喜欢座椅加热功能,别人却觉得这"棒呆了"）,因此车辆功能需要个体适应性,但为此而附加的操作元件又与直观可操作性的要求相矛盾。

高端车型允许用户对汽车进行个人设置,例如座椅高度、个人的通信录、导航系统的目的地收藏夹等。为了避免每次更改驾驶员时都重新进行这些设定,需要将个人用户的数据存储在单独的配置文件内。用户可以通过磁卡或者生物体征例如指纹等来对存储的个人数据进行调用。

12.7.5 车内照明

舒适功能还包括车内照明。普通车辆的照明通过车门触点切换,而电控车内照明支持根据个人喜好进行柔和调光功能。在某些情况下,插槽或卡袋的照明通过靠近程度进行切换或调暗。过去,车内几个地方的照明用白炽灯来实现,如今,大部分的白炽灯被各种颜色组合的发光二极管所取代,这些二极管大量分布在车内,在豪车中,方便的二极管也越来越多地成为设计元素。车内也使用光纤照明。不同于直接通过开关与电池相连的传统灯具,发光二极管需要给它的电源设置电流,通过可变占空比的脉冲电流实现调光。更复杂的先进室内照明系统,需要设置照明电控单元决定LED的发光位置、时间及颜色,同时存储个人照明偏好。

12.8 娱乐系统

虽然目前娱乐系统不断地推陈出新,但车载娱乐性系统的发展却明显慢于其他领域。之所以这样,最主要的原因还是大部分客户对安全性的需求,要远远大于对娱乐性多媒体系统的需求。

最主要的娱乐单元还是能收短波或者其他波段的车载收音机,更多时候人们会用到数字媒体。车载收音机也随着电子元器件小型化的整体趋势而发展，如今收音机的体积非常小，而且可以达到以往只能用固定收音机可能达到的音效。之前汽车在车翼或者车顶棚上常常安装的天线，后来越发展长度越短，而如今则是更多地集成在顶棚内部，从外面看不出来。[ISO 7736] 对收音机的安装接口进行了规范。很多整车厂为了从原装的零配件中获得更多的收益，不采用规范的接口，而是使用自主品牌的接口。在 [ISO 10487] 中对当今的汽车收音机的插接器进行了标准化，其中收音机的接插触点可能不同。收音机的各个部件（操作显示面板、CD 播放器、功率放大器等）并不是集成在一起，而是可以作为独立的部件安装在汽车的不同位置，通过总线系统进行通信，例如通过第 6 章讲到的 MOST 总线。最常见的是 4 音箱的立体声系统。

在德国，最近取消使用的驾驶员广播信息系统（Autofahrer Rundfunk Information，ARI），开始于 20 世纪 70 年代，该系统中收音机可以自动识别电台发送的信号。当播放交通信息时，关闭的收音机会自动进行播放。从 20 世纪 80 年代开始，收音机数字信号（Radio Data System，RDS）逐渐流行，所发送的数字信号中还可以附加电台信息、节目类型等信息。尤其重要的 RDS 信息为前面提到的含有交通情况信息的 TMC 信号，可以由导航接收器进行读取并对驾驶员显示。

未来，数字传输可能取代今天流行的电台模拟电波。如今已经有少量在调频广播（FM）上定期播放的用数字信号广播（Digital Audio Broadcast，DAB）或由它衍生的 DAB+，在其他频率上的也有测试电台使用世界数字无线电广播（Digital Radio Mondiale，DRM）。同时，TMC 也会由功能更加强大的 TPEG 数字传输协议来取代 [TPEG]。一些德国的电台也已经开始试运行发射 TPEG 信号。

某些客户希望汽车的音响系统有更强的重音以及更高的音量，所以市面上提供可以加装的功率放大器，其功率高达几百瓦。为了避免如此大功率功率放大器工作时影响整车的电气网络的稳定性，功率放大器的电源一般都是由高达数法拉的大电容进行缓存。低音音响一般安装在行李舱中，声波会引起车身的共振，从而传输至车外。有一点需要注意的是，音响的音量高到妨碍驾驶员听到车外的警报时，是违反交规的 [StVO]。

在高档车型中，除了音响系统，有时还集成视频播放系统。前排乘客可以使用显示交通信息的显示器播放视频，后排的乘客则可以观看座椅后侧或者汽车顶棚上集成的显示屏。视频播放硬件一般不和显示屏集成在一起，而是安装在其他的位置，例如隐藏在行李舱下面。

正如第 6 章所述，各个多媒体系统之间通过总线系统进行通信。

车辆中的多媒体应用，越来越多地集成安装在个人计算机（PC）中，保证在车辆这种不便操作的条件下也能可靠地运作。在德国市场上有一种 CAR-PC 系统，通过触摸屏方便操作。相比内置多媒体系统，CAR-PC 带给用户更高的灵活性。尤其在很多数字媒体被通过技术措施人为限制了可用性的情况下，CAR-PC 允许安装程序，大大提高了用户对数字媒体的利用空间。CAR-PC通过相应接口连接到车辆总线系统，可以对车辆的显示和诊断功能进行编程，作为补充组合仪表显示。相比于半导体存储器，机械硬盘驱动器在驾驶过程中的操作更为重要，因此通常使用稳定的笔记本计算机硬盘作为驱动器。目前，CAR-PC可靠性的数据未被公开。作为操作系统还诞生了Linux衍生物，如专用于汽车娱乐的Linux ICE系统。

娱乐性系统（Entertainment）和电子信息的融合也被称为娱乐性电子信息系统（Infotainmen）。娱乐性电子信息系统使用的操作系统不是其他典型ECU的实时系统，而是Android、Linux或QNX等操作系统，并且操作系统之上可以存在另外的服务层，例如Genivi［Genivi］。

12.9　车辆声学

车辆声学的存在是让车辆内外的噪声不再难以掌控，而是可以被人为设计。通常，车辆声学的目标是减少车辆内外部的噪声。同时也可以修正已有噪声，例如，为了使排气噪声听起来更"运动化"，甚至可以按照驾驶员的希望产生声音，以便使驾驶员即使在隔声良好的车内也能听到发动机的声音。

在电动车辆中，需要人为产生行驶噪声以引起行人关注，从而提高安全性。这种噪声不会产生干扰。

过去并没有用于降噪的电子设备，不过预计将来这种情况会得到改良。有一些研究发现，可以在排气管中安装扬声器，用主动噪声补偿取代排气中的消声器，如此排气管可以更小、更轻。电子设备产生与测量噪声相反的信号，并通过扬声器发射该信号，破坏性干扰原始噪声，即人为产生的反噪声抵消了部分原始噪声。在第12.2.8节中也提出了通过主动或自适应悬架减少结构噪声的措施。

12.10　防盗保护

12.10.1　车辆进入

将门窗锁好是最简单和直接的汽车防盗（或防止他人未经许可放置物品）方法。首先应锁上所有门上的机械锁，包括行李舱。便利的中控锁可以通过操作单个锁来锁定或解锁所有锁。为了防止行驶过程中儿童开门事故，引入了儿童安全装置。配件市场提供了种类更精细的机械锁，例如转向盘和踏板之间的锁。

锁上的执行器是电磁驱动器（在旧型号中是气动），在改造方案中，常由单独的控制单元控制；在串联方案中，常由门控系统控制，通常控制单元同时也具有控制权限。通常通过舒适系统的CAN总线进行涉及的控制单元的通信。

如今，位于钥匙中的发射器在几百毫秒内可以启动中央锁定系统，欧洲发射器的频率为在约 433MHz 或约 868MHz 的 ISM⊖，欧洲外的地区也使用其他频率；在 20 世纪 90 年代，红外发射器也被普遍使用。使用无线电遥控有时被称为无钥匙系统（Keyless Entry）或遥控无钥匙系统（Remote Keyless Entry），注意，稍后介绍的系统有类似名称，不要混淆。无线电遥控范围小于 100m，如今系统始终加密通信，存在不同的调制方法，传输速度高达 20kbit/s。对于没有加密的旧系统，可以监听遥控信号并使用发射器再现，因此这些系统仅通过机械才能实现防盗保护。［Garcia16］指出今天的系统在使用不断变化的代码，但即使如此也不能保证完全安全：有时一次窃听也可以入侵系统；恩智浦的 Hitag2 算法几乎被当今所有汽车制造商和许多非车用电子锁系统制造商使用，想要入侵它至少需要拦截几个信号才能生成有效的开启代码。

该算法发射的消息包含一个计数器值，每次使用密钥时都会递增该值，保证不再使用已使用且可能被截获的代码。因此，新的计数器值必须大于车辆接收的最后一个值。为了确保钥匙在车内容易触碰到的地方（比如裤子口袋），误触后不会阻止将来正常进入汽车，新的计数器值也可能与上次值相差大于 1，但存在上限，需要避免计数器因误触达到最大值而失去功能。

通过无线电进行开锁/上锁后会进行视觉或听觉提醒，比如通过车辆的转向信号或钥匙中的 LED 等视觉信号，同时，声学信号也很常见的。应特别注意信号安全，否则潜在的攻击者可能会针对从钥匙到车辆的通信过程在汽车锁定时尝试入侵。

仅当无线电遥控器不再工作时，例如电磁干扰、过多次的误触、车辆超出范围或钥匙亏电等情况，才会用到机械锁。钥匙内通常使用市场销售的锂电池，可以由车主自行更换，但通常比车辆还耐用。

在紧急制动期间，会把车门解锁，以便在发生事故时被困人员可以得到救援，但是这也导致了强行紧急制动打开车门偷窃物品的犯罪现象。

被动无钥匙进入（Passive Keyless Entry，PKE）是一些豪华级车辆具备的舒适功能，即无须解锁车辆即可进入车辆，仅需要在打开车门时保证钥匙是放在口袋里。当门把手中的电容式传感器感知到门将被打开时，通过无线信号传输开门控制信号。使用千赫兹范围内的频率（通常为 125kHz）来检测和定位钥匙，与普通无线电钥匙一样，使用频率约为 433MHz 或 868MHz 的 ISM 频段进行钥匙和车辆之间的进一步通信。如果钥匙向车辆验证了自己的身份，则车门控制单元将释放车门锁并打开车门，同时停用所有现有的警告系统。

可以通过一个或多个中继器任意扩展无线通信的范围，有的犯罪分子利用这一点，将此中继器放置在车辆和存储钥匙的公寓之间实现无钥匙进入功能［中继攻击（Relay Attack）］。这么做的前提是了解钥匙的位置、到达钥匙附近（不必偷

⊖ "工业，科学，医疗"频率，频率范围内可以未经授权用于工业、科学和医疗目的。

走），同时具有技术知识。中继攻击不需要了解任何传输数据的内容，因此不需要复杂的加密方法。如果按下钥匙上的按钮后车门才能发送应答编码，则需要实际拥有钥匙才能开锁，会使攻击变得更加困难，但会降低车主的舒适程度。防止中继攻击的另一种方法是增加插入的发射器/接收器的技术含量，比如可以频繁改变防盗器和应答器之间的传输频率。享受 PKE 功能的车主不应将钥匙放在门窗附近，这样对钥匙位置的物理屏蔽具有一定的保护作用。某些系统允许通过按键上的组合键关闭 PKE 功能。

一些制造商还实现了智能手机开车锁，宝马在 2015 年展示了可以轻易地不经授权打开具有 PKE 舒适功能的车型［Heise15］。有一个专业的行业联盟——汽车通信联盟（Car Connectivity Consortium），正在研究安全的解决方案。

豪华轿车的另一个舒适功能，是车门电动吸合功能，这同时也是装甲轿车重型车门的必需功能。该功能旨在让车门容易关上，并通过电动驱动器确保车门完全关闭。

12.10.2　防盗器

进入汽车之后，还需要起动汽车。绝大多数汽车中，接通汽车车身的供电以及起动发动机都需要通过车钥匙接通点火开关来进行。没有钥匙时，只需要将开关的一根电线进行短路便可以进行点火，所以并不具备很强的防盗作用。在 20 世纪 90 年代初，欧洲的汽车盗窃案急剧增加，在保险公司的压力下车辆引入了另一种保护机制，即防盗（WFS），在行业内通常用英语 Immobilizer 或 Immo 简称来指代。

欧盟指令 95/56/EC［EU95-56］要求，从 1998 年起，汽车强制要求配备防盗锁止器。多次更新后的法规是 2019/2144［EU19-2144］，联合国欧洲经济委员会第 116 号指令［R116］已经在本质上取代了旧的欧洲法规。指令 2015/653［EU15-653］是对 2006/126/EC 的更新，将酒驾闭锁防盗器写入法律。酒驾闭锁防盗器包含一个额外的传感器，同时测试呼吸空气中的酒精含量，以避免酒驾者谎称酒精敏感来逃避在驾驶证上记录酒后驾驶。

在尝试起动时，钥匙开关附近小的控制单元使用无线传输（通常为 125kHz，较少为 22kHz 或其他频率）来检查有效车钥匙是否在车内。该钥匙通过内置的应答器（图 12.25）、小型发射器和接收器进行识别，该接收器还可以感应获得防盗控制单元信号中的工作能量。

图 12.25　汽车防盗锁的应答器（大致原始尺寸）

这个原理被称为射频识别（Radio Frequency Identification，RFID）。最早的防盗器中，利用钥匙发送（或手动输入）固定的代码，目前这种解锁流程已停用。密钥中的应答器接收控制单元的请求（Challenge），然后通过无线电发回合适的代码（Response）。只有有效代码可以起动车辆，无效代码会被拒绝。

发动机控制单元接收小型防盗控制单元（或类似功能的其他控制单元）发送的钥匙代码并进行检查，或者直接通过防盗控制单元检查代码并起动发动机，但这种方法存在向发动机控制器发送释放信号的风险。如今，防盗控制单元和发动机控制单元之间的通信是加密的。发动机控制单元可以访问至少3个规定的停止路径（比如起动机、燃油泵、喷射系统），从而可以防止未经授权的起动。为了节约起动检查的执行时间，会不检查就立即发动车辆，如果车辆身份验证失败，关闭发动机作为补救措施。鉴于目前车载计算的能力有限，且一旦发生故障可能造成驾驶时发动机的无故突然关闭，这几乎是一种不合理的补救措施。

发动机控制单元也具有支持其他功能的足够空间，例如训练对新钥匙的识别。训练功能开启后，控制单元上锁，仅用于与钥匙中的应答器的通信。

类似于被动无钥匙进入，在某些型号上也可以在不插入钥匙的情况下进行起动（无钥匙起动，Keyless Go）。

德国通过引入防盗系统，可以大大减少汽车盗窃案。虽然随机偷盗的难度大大增加，但一些专业盗贼组织仍然会设法偷走配备防盗器的汽车。昂贵车辆的偷盗情况更频繁［GDV20］，这会影响车主的保险费用。

尽管有现代防盗装置，通过用没有防盗装置的设备替换发动机控制单元、用受控防盗器或通过更换整个控制单元和防盗器网络也可以实现被偷走汽车的使用。除了更换原设备，也可以进行更耗时的重新编程。学习新车钥匙的功能也可能被盗贼滥用。

因此，在一家德国保险公司的大力参与下，2005年定义了一项防盗车新标准，该标准虽不强制，但几乎被当代所有制造商，特别是昂贵车辆的制造商使用。符合该高标准的车型会得到安联技术中心的认证，颁发AZT证书。该证书要求相关单位通过难以用物理或用软件替换发动机控制单元的方式来加强防盗保护。为了使窃贼（以及车厂）更难更换发动机控制单元，一项隔离措施已经被广泛实施。该措施中，要求利用可以识别陌生控制单元的CAN网络对ECU进行相互监控。只有在制造商激活并在网络中注册后才能更换控制单元。在经过认证的车辆中，新钥匙训练功能也不能再简单地进行（因此，在丢失钥匙的情况下更换钥匙更昂贵了）。该证书不仅需要技术支持，还需要车辆配件的支持，因此认证车辆的配件贸易也受到限制。这导致了防盗保护法的激烈竞争，立法者在这里进行的规范性干预会部分干涉竞争自由。

除了使用电子方法防止ECU更换，也有机械方法，例如用可拆卸螺钉紧固控制单元（螺钉头在预定的断裂点拧紧时会脱落，此时的"无头螺钉"在狭窄的安装比例下很难松开），该措施会合法增加维修成本。诊断插接器上方加装可锁定盖，也可增加ECU重新编程的困难。

防盗锁止器和应答器之间应仅在短距离内通信，该距离应仅允许带有应答器的钥匙在锁中或附近。虽然此时也可以通过继电器攻击桥接实现更长的距离，但桥接只能取代钥匙开关的机械操作，以打开起动机的终端15，并用无钥匙起动解锁转向盘。

12.10.3 转向盘锁

与防盗相同的欧洲法律［StVZO］还为汽车、货车和其他一些车辆规定了"防止未经授权使用的安全装置"。通常拔出点火钥匙时，转向盘或变速杆即被机械锁定，或阻塞电力传输。

此外，越来越多的机电系统受到中央舒适控制单元的控制，比如有的机电系统在检测到钥匙已被移除或电机已关闭后，通过一个内部齿套筒被小型电动机推到转向柱上的齿轮环上进行锁止，并在启动释放时再次后推。

12.10.4 报警系统

哪怕已经采取了所有已知的安全预防措施，车辆仍有可能在未经授权的情况下打开或被驶离。为此许多车辆还额外配备或改装了报警系统。

报警系统可以对手动打开电子锁门的动作报警。在超声波的帮助下，系统会检测车辆中未经授权的人员存在。加速度传感器被设定为一旦有人触碰车辆就立刻感受到振动，因此可能触发频繁误报。根据［StVZO］，在德国不可使用这种传感器，但加速度传感器仍普遍出现在改装系统中。利用重力加速度 g，加速度传感器可以用作倾角传感器，以检测试图完全拖动车辆或将其抬起以拆卸零件的尝试。

发生警报时，系统自动启动喇叭或其他声音信号装置（最长30s）和转向信号（最长5min）来吸引其他车辆的注意。由于可能存在误报，除了报警声音的持续时间外，［StVZO］还规定了报警音量。此外，还可以给先前设定的电话号码发送短信。如果车内有GPS接收器，报警系统还可以在几米的精度内传达被盗车辆的当前位置。对于报警系统的一般标准化，应参考［IEC60839］。

参 考 文 献

[Ammon04]　　D. Ammon: „Künftige Fahrdynamik- und Assistenzsysteme", Automatisierungstechnische Praxis 06/2004, Band 46, S. 60–70

[BasSpi16]　　R. van Basshuysen: „Ottomotor mit Direkteinspritzung und Direkteinblasung: Ottokraftstoffe, Erdgas, Methan, Wasserstoff", ATZ-MTZ-Fachbuch, Springer Vieweg, Wiesbaden, 4. Auflage, 2016, ISBN 978-3-65812214-0

[Becher00]　　Th. Becherer, T. Oehler, R. Raste: „Der Seitenwandtorsionssensor SWT", ATZ Automobiltechnische Zeitschrift 11/2000, Band 102, S. 946

[BöEhTr09]　　H. Böse, J. Ehrlich, A.-M. Trendler: „Performance of Magnetorheological Fluids in a Novel Damper With Excellent Fail-Safe Behavior", 11th Conference on Electrorheological Fluids and Magnetorheological Suspensions, 2009

[Borgeest07]	K. Borgeest: „*Car2x, a Platform for Wireless Communication Based Assistance Systems*", 4. International Workshop on Intelligent Transportation, Hamburg, 20.–21. März 2007, S. 125–130
[Borgeest12]	K. Borgeest: „*EMC Aspects of Car Communication Systems*", IEEE Electromagnetic Compatibility Magazine, Band 1, Nr. 1, 2012
[Bosch04]	Robert Bosch GmbH: „*Sicherheits- und Komfortsysteme*", 3. Auflage, Vieweg, 2004, ISBN 3-528-13875-0
[Bosch11]	Robert Bosch GmbH: „*Autoelektrik, Autoelektronik*", 6. Auflage, Vieweg + Teubner, 2011, ISBN 978-3-8348-1274-2
[BuLyMi13]	John Burrows, Jim Lykowski, Kristapher Mixell: „*Corona-Zündsystem für hocheffiziente Ottomotoren*", MTZ – Motortechnische Zeitschrift, 6/2013, S. 484–487
[ChaSch04]	R. Chakirov, H.-P. Schöner: „*Aktiver Sidestick für Steer-by-Wire-Systeme*", Automatisierungstechnische Praxis (atp), Heft 06/2004
[CRF02]	Centro Ricerche FIAT: „*Sistema di controllo elettronico delle Valvole UNIAIR*", Firmenzeitschrift „Innovazione Competitività", Nr. 8, Juni 2002
[C2C]	CAR 2 CAR Communication Consortium, Homepage https://www.car-to-car.org (20.10.2020)
[DARPA]	DARPA, Homepage http://www.darpa.mil (20.10.2020)
[DE000003920384A1]	U. Brüggemann: „*Verfahren zum Erfassen von Überbeanspruchungen der Reifen eines Kraftfahrzeugs*", Offenlegungsschrift, Anmeldung 22.06.1989 durch Preh GmbH, Offenlegung 17.01.1991
[DE10153072B4]	B. Hartmann, A. Köbe: „*Verfahren zur Ermittlung sich anbahnender Laufstreifenablösungen eines Luftreifens an einem Fahrzeug*", Patent, Anmeldung 30.10.2001 durch Continental AG, Offenlegung 04.11.2004
[DE102004036811A1]	A. Köbe, V. Koukes, J. Kunz, F. Schreiner: „*Vorrichtung und Verfahren zur Überwachung von Kraftfahrzeugreifen*", Offenlegungsschrift, Anmeldung 29.07.2004 durch Continental Teves AG & Co. oHG, Offenlegung 28.07.2005
[DE102006032372A1]	H.-M. Schmitt, M. Blaufuss, J. Gans, Th. Polzer, M. Rienecker,: „*Kapazitiver Regensensor*", Offenlegungsschrift, Anmeldung 13.07.2006 durch Preh GmbH, Offenlegung 15.02.2007
[DE102006054938A1]	Chr. Regenhardt, H. Schäfer: „*Fensterscheibe für Kraftfahrzeuge*", Offenlegungsschrift, Anmeldung 22.11.2006 durch Hella KGaA Hueck & Co., Offenlegung 29.05.2008
[DE102008019178B4]	O. Eisenmann, J. Gans, Th. Polzer, M. Rienecker, H.-M. Schmitt: „*Sensoranordnung mit einem kapazitiven Regensensor und einem Lichtsensor*", Patent, Anmeldung 17.04.2008 durch Preh GmbH, Offenlegung 05.11.2009, Erteilung 08.04.2010
[DE102008043610A1]	NN: „*Kapazitiver Regensensor*", Offenlegungsschrift DE102008043610A1 Anmeldung 10.11.2008 durch Robert Bosch GmbH, Offenlegung 12.05.2010
[DE202005011627U1]	Octagon Cebulla KG: „*Reifenheizung und Reifenschadenerkennungseinrichtung*", Gebrauchsmusterschrift, Anmeldung 20.07.2005, Offenlegung 17.11.2005
[DeaShe13]	Geoff Dearden, Tom Shenton: „*Laser ignited engines: progress, challenges and prospects*", Optics Express, Band 21, Ausgabe S6, http://dx.doi.org/10.1364/OE.21.0A1113

[Deh11]	U. Deh: „*Kfz-Klimaanlagen*", Vogel, 2011, 3. Auflage, ISBN 978-3834332127
[ETSI...]	→ siehe Normenverzeichnis
[EU95-56]	Europäische Union: „*Richtlinie 95/56/EG der Kommission vom 8. November 1995 zur Anpassung der Richtlinie 74/61/EWG des Rates zur Angleichung der Rechtsvorschriften der Mitgliedstaaten über die Sicherungseinrichtung gegen unbefugte Benutzung von Kraftfahrzeugen an den technischen Fortschritt*"
[EU05-66]	Europäische Union: „*Richtlinie 2005/66/EG des Europäischen Parlaments und des Rates vom 26. Oktober 2005 über die Verwendung von Frontschutzsystemen an Fahrzeugen und zur Änderung der Richtlinie 70/156/EWG des Rates*"
[EU09-661]	Europaische Union: „*Verordnung (EG) Nr. 661/2009 des Europäischen Parlaments und des Rates vom 13. Juli 2009 über die Typgenehmigung von Kraftfahrzeugen, Kraftfahrzeuganhängern und von Systemen, Bauteilen und selbstständigen technischen Einheiten für diese Fahrzeuge hinsichtlich ihrer allgemeinen Sicherheit*"
[EU15-653]	Europäische Union: „*Richtlinie (EU) 2015/653 der Kommission vom 24. April 2015 zur Änderung der Richtlinie 2006/126/EG des Europäischen Parlaments und des Rates über den Führerschein*"
[EU19-2144]	Europaische Union: „*Verordnung (EU) Nr. 2019/2144 des Europaischen Parlaments und des Rates vom 27. November 2019 über die Typgenehmigung von Kraftfahrzeugen und Kraftfahrzeuganhängern sowie von Systemen, Bauteilen und selbstständigen technischen Einheiten für diese Fahrzeuge im Hinblick auf ihre allgemeine Sicherheit und den Schutz der Fahrzeuginsassen und von ungeschützten Verkehrsteilnehmern, zur Änderung der Verordnung (EU) 2018/858 des Europäischen Parlaments und des Rates und zur Aufhebung der Verordnungen (EG) Nr. 78/2009, (EG) Nr. 79/2009 und (EG) Nr. 661/2009 des Europäischen Parlaments und des Rates sowie der Verordnungen (EG) Nr. 631/2009, (EU) Nr. 406/2010, (EU) Nr. 672/2010, (EU) Nr. 1003/2010, (EU) Nr. 1005/2010, (EU) Nr. 1008/2010, (EU) Nr. 1009/2010, (EU) Nr. 19/2011, (EU) Nr. 109/2011, (EU) Nr. 458/2011, (EU) Nr. 65/2012, (EU) Nr. 130/2012, (EU) Nr. 347/2012, (EU) Nr. 351/2012, (EU) Nr. 1230/2012 und (EU) 2015/166 der Kommission*"
[FlEvRaRe12]	Benoist Fleury, Laurent Evrard, Jean-Paul Ravier, Benoit Reiss: „*Erweiterte Funktionalität blendfreier LED-Fernlichtsysteme*", ATZ – Automobiltechnische Zeitschrift, 6/2012, S. 510–517
[Garcia16]	Flavio D. Garcia, David Oswald, Timo Kasper, Pierre Pavlidès: „*Lock It and Still Lose It—On the (In)Security of Automotive Remote Keyless Entry Systems*", 25th USENIX Security Symposium, 10.–12. August 2016, Austin, TX, S. 929–944
[GDV20]	Gesamtverband der Deutschen Versicherungswirtschaft e. V. GDV: „*Alle Zahlen zum Autoklau auf einen Blick*", 10.09.2020, https://www.gdv.de
[GENIVI]	https://www.genivi.org (21.10.2020)
[GYMPLR06]	D. Guyomar, K. Yuse, Th. Monnier, L. Petit, E. Lefeuvre, C. Richard: „*Semipassive Vibration Control: Principle and Applications*", Annals of the University of Craiova, Electrical Engineering series, No. 30, 2006

[HAB13]	René Soukup: „*Wie gefährlich ist R1234yff für die Autofahrer?*", Hamburger Abendblatt, 23.02.2013
[HeiErs11]	Bernd Heißing, Metin Ersoy: „*Fahrwerkhandbuch*", Springer-Vieweg, Wiesbaden, 3. Auflage, 2011, ISBN 978-3834808219
[Heise15]	heise online: „*ConnectedDrive: Der BMW-Hack im Detail*", 05.02.2015 https://www.heise.de/newsticker/meldung/ConnectedDrive-Der-BMW-Hack-im-Detail-2540786.html (21.10.2020)
[IEC...]	→ siehe Normenverzeichnis
[IEEE...]	→ siehe Normenverzeichnis
[IEEESp08]	IEEE Spectrum: „*The Soul of a New Mercedes*", Ausgabe Dezember 2008
[Isermn06]	R. Isermann (Hrsg.): „*Fahrdynamik-Regelung*", Vieweg, Wiesbaden, 2006, ISBN 978-3-8348-0109-8
[ISO...]	→ siehe Normenverzeichnis
[J...]	→ siehe Normenverzeichnis
[Kramer13]	F. Kramer (Hrsg.): „*Integrale Sicherheit von Kraftfahrzeugen*", Springer-Vieweg, Wiesbaden, 4. Auflage, 2013, ISBN 978-3834826077
[KRLPRSS97]	H. Kuisma, T. Ryhänen, J. Lahdenperä, E. Punkka, S. Ruotsalainen, T. Sillanpää, H. Seppä „*A Bulk micromachined Silicon Angular Rate Sensor*", Transducers '97, Chicago 1997
[KweKok03]	Y.-J. Kweon, K. M. Kockelman: „*Overall injury risk to different drivers: combining exposure, frequency, and severity models. Accident Analysis and Prevention 35*", S. 441–450, 2003
[KüFrSch06]	M. Kühn, R. Fröming, V. Schindler: „*Fußgängerschutz Unfallgeschehen, Fahrzeuggestaltung, Testverfahren*", Springer,Heidelberg, 2006, 978-3-540-34302-8
[LechNau08]	Harald Naunheimer, B. Bertsche, G. Lechner: „*Fahrzeuggetriebe*", Springer, Heidelberg, 2. Auflage, 2008, 978-3540306252
[Lehbring08]	Wolfgang Lehbrink: „*Radar-Chips aus SiGe*", Hanser Automotive 3-4, 2008
[LiRGSH05]	K. Linkenheil, H.-O. Ruoss, T. Grau, J. Seidel, W. Heinrich: „*A novel spark-plug for improved ignition in engines with gasoline direct injection (GDI)*", IEEE Transactions on Plasma Science, Band 33, Ausgabe 5, 2005; https://doi.org/10.1109/TPS.2005.856409
[LutWen12]	H. Lutz, W. Wendt: „*Taschenbuch der Regelungstechnik*", Verlag Harri Deutsch, 7. Auflage, 2012, ISBN 978-3817118953
[Mans09]	W. Mansfeld: „*Satellitenortung und Navigation*", Springer-Vieweg, 3. Auflage, 2009, ISBN 978-3834806116
[Mesche06]	Ulrich Mescheder: „*Mikrosystemtechnik, Konzepte und Anwendungen*", 2. Aufl., Teubner, Wiesbaden, 2006, ISBN 978-3519162568
[NHTSA10]	Department of Transportation (Verkehrsministerium der USA), National Highway Traffic Safety Administration: „*Federal Motor Vehicle Safety Standard, Rearview Mirrors; Federal Motor Vehicle Safety Standard, Low-Speed Vehicles, Phase-in Reporting Requirements*", 49 CFR Parts 571 and 585, Docket No. NHTSA-2010-0162, RIN 2127-AK43, (ugs. Cameron Gulbransen Kids Transportation Safety Act)
[R48E7]	Wirtschaftskommission der Vereinten Nationen für Europa (UN/ECE): „*Einheitliche Bedingungen für die Genehmigung der Fahrzeuge hinsichtlich des Anbaus der Beleuchtungs- und Lichtsignaleinrichtungen*", Ergänzung 7 (für die Hersteller verbindlich seit August 2006)

[R116]	Wirtschaftskommission der Vereinten Nationen für Europa (UN/ECE): „*Regulation No 116 of the Economic Commission for Europe of the United Nations (UN/ECE)—Uniform technical prescriptions concerning the protection of motor vehicles against unauthorized use*", Rev. 2 (2015) + Korrekturen und 5 Nachbesserungen (2015–2016)
[Reif14]	Robert BoschGmbH (Hrsg. K. Reif): „*Ottomotor-Management*", 4. Auflage, Springer-Vieweg, 2014, ISBN 978-3834814166
[Riet92]	T. Rietveld: „*Decca, Radar und Satellitennavigation*", Delius-Klasing, 1992, ISBN 3874121097
[SprengG]	Bundesrepublik Deutschland: „*Gesetz über explosionsgefährliche Stoffe (Sprengstoffgesetz – SprengG)*" vom 13. September 1976, neu gefasst durch Bek. v. 10.09.2002 (BGBl I 3518); zuletzt geändert durch Art. 232 der Verordnung vom 19. Juni 2020 (BGBl. I S. 1328)
[StVG]	Deutsches Reich, Bundesrepublik Deutschland: „*Straßenverkehrsgesetz*" vom 03.05.1909 (RGBl 1909, 437), neu gefasst durch Bek. v. 05.03.2003 (BGBl I 1458); zuletzt durch Art. 1 des Gesetzes v. 10.07.2020 (BGBl. I S. 1653) geändert
[StVO]	Deutsches Reich, Bundesrepublik Deutschland: „*Straßenverkehrsordnung*" vom 6. März 2013 (BGBl. I S. 367); zuletzt geändert durch Art. 1 der Verordnung v. 20.04.2020 (BGBl. I S. 814)
[StVZO]	Bundesrepublik Deutschland: „*Straßenverkehrs-Zulassungs-Ordnung*" vom 26. April 2012 (BGBl. I S. 679), zuletzt geändert durch Art. 1 der Verordnung vom 26. November 2019 (BGBl. I S. 2015)
[TPEG]	Homepage der Traveller Information Services Association, http://tisa.org (21.10.2020)
[Vrbata09]	J. Vrbata: „*Design und Aufbau eines energieeffizienten magnetorheologischen Stoßdämpfers*", Diplomarbeit Hochschule Aschaffenburg, 2009
[Willum98]	H.-P. Willumeit: „*Modelle und Modellierungsverfahren in der Fahrzeugdynamik*", Teubner, Stuttgart, 1998, ISBN 3-519032457
[WinKSA13]	E. Wintner, H. Kofler, D. K. Srivastava, A. K. Agarwal: „*Laser plasma ignition: status, perspectives, solutions*", Proc. SPIE 9065, Fundamentals of Laser-Assisted Micro- and Nanotechnologies 2013, 28.11.2013, https://doi.org/10.1117/12.2053152
[3gpp]	3rd Generation Partnership Project, Homepage, http://www.3gpp.org/news-events/3gpp-news/1614-sa_5g (21.10.2020)

第13章 汽车的个性定义与调整

对于汽车"发烧友"来说,自己动手设计汽车电子或者改装某些部件是非常有趣的启发性经历。但是这一切都应该在法律、技术、安全允许的范围之内进行。

德国交通法规［StVZO］第§20条规定,汽车生产商都必须为所销售的车型申请上路许可。汽车改装后,运行许可到期,上路许可自动失效。改装并不只是指对驱动系统或者安全性系统改装,一些看起来并不关键的改动也包括在内,例如改变车灯的效果,有可能会分散其他驾驶员的注意力,也是不允许的。对汽车改装时,根据德国交通法规［StVZO］第§21条规定,要重新申请上路许可,对某辆车单独申请许可的价格要比量产车型昂贵。

对安全性和汽车动力学相关系统进行改装时,更应该非常小心。所安装的系统必须经过和量产车一样的全面测试。一般的"发烧友"并没有像整车厂或者零部件供应商一样的模拟器或者测试场地,所以不可能测试得非常周密。这时,不应该对安全性和动力学系统做任何改装。

另外,在技术方面,"发烧友"也并不是可以样样精通。一辆现代化的汽车通常是由整个职业团队经过多年的开发工作才能定型,其中涉及非常庞杂的加工体系,加工团队除需要必备的电子电器、电磁兼容性、微控制器编程以及其他的汽车知识,还需要适当的实验室设备方面的经验,此外很多情况下要求更多。即使在开发部门,动力系统的处理也常常受防盗器的影响而困难重重,比如会遇到没有足够的文档参考的情况。

尽管这样,并不意味着汽车改装是一个禁区。所有这一切并不一定意味着车辆是自建者甚至自开发者的禁忌区。允许车主在舒适性系统或者车上的充电装置上进行改装,也可以个人组装转速传感器［Elekto08-07］、功率计［elv07］、油温计［Elekto11-07］、简单的辅助系统［elv08, Elekto09-7］或泊车辅助系统［Elekto18］⊖。在电子杂志和业余爱好者杂志中经常会发表一些测试和诊断领域相关的文章,甚至包括详细的改装说明［Elekto05, Elekto06, Elekto07, Elekto09-9, Elekto10, Elekto11-4, Elekto13, Elekto17, Schäff07］。

通过加装CAN/USB转换器［Elekto08-9］,可以对CAN总线内容进行接收。但是接收的是原始数据,并不是文本格式(见第6章)。所以,即使使用复杂的格

⊖ §23［StVO］规定不允许改装雷达探测器。

式转换也只能读取其中一小部分信息。比较容易读取的信息是进行某项操控时CAN总线立刻响应的信息，例如转向灯信号、制动信号等。

对动力总成系统进行一定的改装也不是不可能的，例如加装自造的点火装置［Clarke05］。在网上甚至可以查找到自行设计发动机电控单元的步骤说明［DIYEFI，MegSqu］。

为了避免汽车改装时违背法律或者环境法规，需要在改装后在测试台上对废气进行采样，以及对OBD记录的信息（第8章）做出评估，通过测试之后，才能取得上路许可。改装是否会影响汽车的生命周期，只能在使用中才可以得知。由于动力总成系统的改装需要一定的经验和专用设备，很多人提供发动机改装服务。一些比较好的服务供应商还可以合法代办上路许可。

改装汽车的一个最主要目的是提高发动机的功率。但是，为什么整车厂在出厂时，没有设置发动机的最大功率呢？主要出于三点原因。

第一个原因是出于对不同款式的车型的考虑。一款新车大多有不同功率的车型，但发动机却非常类似，有时甚至是同一款发动机，只不过控制软件中采用了不同的参数。顾客多付钱购买大功率的车型时，其实是在购买"更好"的软件参数。

第二个原因是发动机之间都有一定的差别。即使是一个发动机之内的不同气缸，对转矩的贡献也不是完全相同的。所以，一款汽车中，发动机的硬件参数存在一定的浮动。对每一台发动机都制定和调整参数是非常昂贵的，所以生产商一般为所有发动机都采用平均参数，所以发动机的功率也有一定的浮动。未来的发动机可以通过智能学习功能来自动调整参数。

第三个原因是，如果将功率最大化，有可能会影响其他特性（例如使用寿命、油耗、尾气数值等）。这一点生产商也很清楚，所以经过改装或者调整过的发动机，一般不再属于保修的范围。

一些其他的改装，例如改变汽车的外形等，并不属于汽车电子的范畴，所以在此不做讨论。最简单的通过电子部件对汽车进行改装的办法，是操控传感器信号。如果对载重传感器加装一个电阻，这样传感器的电压降低，汽车显示的载重值会比实际的载重值要低。但是过重的汽车会影响道路或者汽车本身的寿命。最有效但也最难的一种方式是进行芯片改装（Chiptuning），也就是说将软件参数或者软件本身通过其他的参数或者软件来代替。之前这样做需要更换存储器，现在只需要对闪存进行重写（第8.5节），不再需要更换硬件。或许有人会利用相似的方法更改汽车仪表盘的读数，但这是违法的，在德国会被判处一年以内的有期徒刑。

汽车生产商采取了多种措施来防止别人修改软件和参数，总体来讲非常奏效。但是，百分之百安全的防护措施并不存在，一些软件还是会被"发烧友"们"破解"。

参 考 文 献

[Clarke05]   J. Clarke: „*Universal High-Energy Electronic Ignition System*", Silicon Chip, Heft 207, Dezember 2005, S. 30–37 und Folgeheft
[DIYEFI]   DIY_EFI-Projekt (Do-It-Yourself-Electronic-Fuel-Injection), http://www.diyefi.org (21.10.2020)
[Elekto05]   „*OBD-2-Analyser, Zugriff auf die Fahrzeug*", Bauanleitung Elektor, Juli/August 2005
[Elekto06]   „*Fahrzeug-Diagnose für unterwegs, OBD-2-Analyser*", Bauanleitung Elektor, Mai 2006
[Elekto07]   „*Kompakter OBD-2-Analyser*", Bauanleitung Elektor, Juni 2007
[Elekto08-7]   „*Digitaler Diesel-Drehzahlmesser*", Bauanleitung Elektor, Juli 2008
[Elekto08-9]   „*Yes – we CAN! Kompakter USB/CAN-Adapter*", Bauanleitung Elektor, September 2008
[Elekto09-7]   „*Tempowarner*", Bauanleitung Elektor, Juli 2009
[Elekto09-9]   „*OBD-2-Analyser NG, Next-Generation-Handheld mit Grafikdisplay, ARM-Cortex-M3-Controller und Open-Source-User-Interface*", Bauanleitung Elektor, September 2009
[Elekto10]   „*Das virtuelle Auto, OBD2-Mini-Simulator für PWM/ISO/KWP2000*", Bauanleitung Elektor, Juni 2010
[Elekto11-4]   „*OBD-2-Wireless, Diagnose-Interface mit Bluetooth oder ZigBee*", Bauanleitung Elektor, April 2011
[Elekto11-7]   „*Öltemperaturanzeige für Scooter*", Bauanleitung Elektor, Juli/August 2011
[Elekto13]   „*CAN-Tester*", Bauanleitung Elektor, November 2013
[Elekto17]   „*OBD2-Handheld mit dem Raspberry Pi*", Bauanleitung Elektor, März 2017
[Elekto18]   „*EPS – Easy Parking System*", Bauanleitung Elektor, Januar 2018
[elv07]   „*Kfz-Leistungsmesser KL 100 – Zeigt, was in Ihrem Motor steckt*", Bauanleitung elv-Journal 2/2007…5/2007
[elv08]   „*Sicherer fahren – GPS-Gefahrenmelder GGM 1*", Bauanleitung elv-Journal 2/2008
[MegSqu]   MegaSquirt-Projekt, http://www.megamanual.com (21.10.2020)
[Schäff07]   F. Schäffer: „*Fahrzeugdiagnose mit EOBD*", Elektor-Verlag, 2007, ISBN 978-3-895761737
[StVO]   Deutsches Reich, Bundesrepublik Deutschland: „*Straßenverkehrsordnung*" vom 6. März 2013 (BGBl. I S. 367); zuletzt geändert durch Art. 1 der Verordnung v. 20.04.2020 (BGBl. I S. 814)
[StVZO]   Bundesrepublik Deutschland: „*Straßenverkehrs-Zulassungs-Ordnung*" v. 26.04.2012 (BGBl. I S. 679), zuletzt geändert durch Art. 1 der Verordnung v. 26.11.2019 (BGBl. I S. 2015)

第 14 章　未来的汽车科技

本章对未来汽车科技做一个简短的展望。其中，最主要的是新兴的交叉技术，例如自适应系统、纳米技术、光电子技术，以及它们在汽车领域带来的改变。对于这些新的科技领域并没有一个严格的划分，因为这些概念最初起源于流行语，有时不恰当地应用在广告或政治演讲中，已经淡化了最初的意义。所以，本章的内容局限于技术发展的大体趋势，只有在创新技术即将推出市场的情况下才能进行可靠的预测。微系统技术不在本章强调，因为它目前作为成熟的科技，已经应用在现代车辆的许多传感器和执行器中。

除了上面列举的技术，新技术还包括生物技术。生物技术在汽车上的应用目前仅有微生物燃料电池，但未来汽车工程师可能会引入更多生物技术，一些为汽车行业开发微系统产品的公司正致力于将现有技能应用于生物技术。

14.1　自适应系统

自适应系统是一个较新的概念，也就是说采用具有特殊性质的智能材料（Smart Materials）。智能材料的一个典型的例子是变色玻璃，在强烈的光照下，玻璃会变暗，移去光源之后，玻璃可以恢复原色。本身具有自适应性的材料并不多，但是可以借助传感器和执行器来达到动态改变材料特性的目的。

自适应系统的开发需要交叉学科的知识，首先需要清楚地定义自适应系统的工作原理以及需要进行控制的参数的类型，然后还需要采用合适的材料，配用相应的传感器和执行器，另外还需要进行信号处理、设计控制软件和硬件等。

自适应系统还是一个较新的领域，目前虽然在汽车领域还没有取得应用，但有很大的应用潜力，例如对空气噪声或者结构噪声进行主动消声。结构噪声是指汽车的动力总成或者底盘系统的振动会通过汽车框架传递到车身，空气噪声是指车身的振动会通过空气中的声波在车内传递。另外，废气排放系统或者发动机所产生的噪声也属于空气噪声。

另一个实际的例子是基于形状记忆合金的车门支架，当发生碰撞事故时，形状记忆合金（Shape Memory Alloys，SMA）如镍钛合金，可以发生变形，并且会在加热的情况下，产生极高的应力以迅速恢复到最初的状态。在事故中通过形状记忆合金短期锁定车门，可以在短时间内稳定结构。该应用由位于达姆施塔特的弗劳恩霍夫研究所 LBF 开发，属于广义的适应系统［MSKTZMWG08］。

形状记忆合金还可以应用到其他的执行器中，例如正在研发中的温控风扇离合器等。可以通过添加电控单元及一个加热线圈来进行自动温度控制。

14.2　纳米技术

纳米技术涉及原子组成级别的部件的开发和制造，或者开发制造仅由原子层决定表面行为的材料。

含有纳米颗粒的油漆具有特殊的性质，已经取得了广泛的工业应用。轴承的表面处理以及废气的处理过程，也都具有采用纳米技术的潜力，但目前纳米技术在汽车电子领域还没有大规模的应用。

纳米科技还可以应用于自适应系统中，例如在基于电流变流体或者磁流变流体的执行器中用于产生流体。

在电子学领域，纳米技术应用在 EMC 中，用于制成纳米薄膜吸收电磁波；新型电子元件也应用纳米技术，例如使用纳米碳管制成的场效应晶体管。传统微电子的制造工艺也正在纳米范围内往越来越小的尺度发展。

纳米技术还是开发燃料电池和电极材料的重要手段。

在一些新式的传感器，尤其是化学传感器中已经采用了纳米技术，但在汽车领域还没有实际应用。

今天所使用的电喷油系统的执行器，未来有潜力通过一系列纳米阀门的组合来实现，可以达到精度更高、速度更快。

一家德国的汽车公司从研究的角度出发，对有潜力在汽车中应用的纳米技术做了总结，有兴趣的读者可以参考［PreKön03］。

14.3　光电子技术

光电子技术（Photonics）是光学（Optics）和电子学（Electronics）所结合形成的学科。过去在电子技术兴起之前，光波和无线电波就一直作为主要的信息载体，如今，光电子学和经典光学之间并没有明确的界限，一些光学传感器也属于光子学的范畴，有时候也包括激光及其光源。

汽车中，光学信息传输已经是成熟的技术，例如第 6 章中提到的光纤总线 MOST。但是对于信息的处理还是基于电子芯片技术（见第 7 章）。可以直接处理光学信号的处理器还正在开发中，需要首先在信息领域取得应用，等到技术成熟之后，才有可能应用到汽车工业中。和电子技术相比，光电子信息传输具有更强的抗干扰性，但是目前从成本角度来看还没有明显优势，要等到未来光学芯片技术成熟之后才有可能大量降低成本。

在传感器领域，近年来也出现了基于光电子技术的新的发明。例如光子混合设备（Photonic Mixer Devices，PMD），就是利用特定的摄像头，除了能够记录图像信息，还可以记录每一个像素点的距离。虽然这个设备的成本还非常高，但用作驾驶辅助系统和危险状况自动识别系统传感器是可行的［XuRHBR］。

14.4 增强现实技术

增强现实技术将附加信息展示在驾驶员视野中，AR-HUD可以被视为一种非常原始的增强现实方式。

增强现实技术除了为驾驶员展示相关信息，还应用在其他领域。比如在售后服务时，员工将在其视野中收到其他信息，例如使用数据眼镜可以看到拧紧螺钉需要的拧紧力矩。

14.5 其他的未来科技

在过去的30年中，汽车技术突飞猛进，一方面是来自客户的需求，另一方面则是得益于其他领域中技术的快速发展。

从长远的角度看，技术发展的推动力主要来源于以下需求：减少有害气体排放、减少油耗、更高的安全性。一些之前提到的目标，例如汽车全自动驾驶等，虽然从技术层面上可以实现，但并没有来自客户的强烈需求，所以在可预见的未来并不会取得快速发展，相反，驾驶辅助系统则会越来越完善，对驾驶员提供更多的辅助。

汽车技术的发展也得益于同期其他技术的快速发展。如今的汽车中安装有几十个微处理器芯片，这些处理器的运算能力比十几年前的大型计算机还要高很多，也因此实现了汽车中的复杂功能。随着微处理器运算能力的指数增长，未来一些电控单元可以做更复杂的运算，例如第8章中提到的基于模型的控制等。即使更加复杂的神经网络等概念也有可能在汽车工业中得到应用甚至普及，例如汽车可以在发生事故之前自动决定如何响应等功能。

微机电技术是多种传感器（例如加速传感器、陀螺仪、压力传感器等）的基础，而精确的传感器又是复杂的系统（如ABS或者喷油系统）的前提。如今，德国的微机电技术在全世界的范围内处于领先地位，而且正在一方面向下发展，深入纳米技术的领域，另一方面则向上发展，在微米级别和传统的精密加工技术形成接口，这一切都使得德国在设计和制造新式的传感器和执行器方面具有很大的技术优势。

参 考 文 献

[MSKTZMWG08]　T. Melz, B. Seipel, T. Koch et al.: „*A New Pre-Crash System for Side Impact Protection*", *International Journal of Crashworthiness,* 2008, Band 13, Nr. 6, S. 679–692

[PreKön03]　H. Presting, U. König: „*Future nanotechnology developments for automotive applications*", online verfügbar unter http://www.sciencedirect.com (21.10.2020)

[XuRHBR]　Z. Xu, R. Schwarte, H. Heinol, B. Buxbaum, T. Ringbeck: „*Smart pixel—photonic mixer device (PMD)*", http://www.pmdtec.com (21.10.2020)